宁德市
档案史料
丛书

编纂委员会

闽东抗日战争档案史料

第四辑 游击队与前进游击地区

宁德市档案局（馆） 福鼎市档案局（馆） 厦门大学马克思主义学院 编

主　编　姚锡青　陈承纯　李小平　张　侃

执行主编　陈劲松　董兴艳　郑　伟　叶召法

厦门大学出版社
XIAMEN UNIVERSITY PRESS
国家一级出版社
全国百佳图书出版单位

图书在版编目(CIP)数据

闽东抗日战争档案史料.第四辑/宁德市档案局(馆),福鼎市档案局(馆),厦门大学马克思主义学院编.—厦门:厦门大学出版社,2018.11
(宁德市档案史料丛书)
ISBN 978-7-5615-7197-2

Ⅰ.①闽…　Ⅱ.①宁…②福…③厦…　Ⅲ.①抗日战争—历史档案—福建　Ⅳ.①K265.06

中国版本图书馆 CIP 数据核字(2018)第 260566 号

出 版 人　郑文礼
责任编辑　韩轲轲
装帧设计　李夏凌
技术编辑　朱　楷

出版发行　厦门大学出版社
社　　址　厦门市软件园二期望海路 39 号
邮政编码　361008
总 编 办　0592-2182177　0592-2181406(传真)
营销中心　0592-2184458　0592-2181365
网　　址　http://www.xmupress.com
邮　　箱　xmupress@126.com
印　　刷　厦门集大印刷厂

开本　787 mm×1 092 mm　1/16
印张　33
插页　4
字数　733 千字
版次　2018 年 11 月第 1 版
印次　2018 年 11 月第 1 次印刷
定价　180.00 元

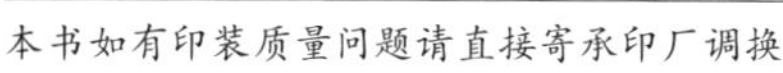
本书如有印装质量问题请直接寄承印厂调换

厦门大学出版社
微信二维码

厦门大学出版社
微博二维码

前　言

1931年的“九一八”事变后，中国人民经过十四年艰苦卓绝的浴血奋战，最终赢得了抗日战争的胜利，这是中国近代以来抗击帝国主义入侵的第一次完全胜利，也是为世界人民反击法西斯主义暴政和争取和平所做出的重大贡献。抗日战争中，中国人始终洋溢着自信、自立、自强的民族精神；抗日战争的胜利，也开启了古老中国凤凰涅槃、浴火重生的新征程；如今，鲜血写就的抗日战争历史，其精神已凝结为中华民族走向伟大复兴的核心价值。

历史是一个民族的灵魂，不是任人打扮的婢女。维护历史的尊严，就是维护人类良知，就是要留下正义、善良与仁慈，将邪恶、血腥、残暴钉在历史的耻辱柱上；坚守真实的共同记忆，就是坚守理性火炬而照亮自我，念念不忘，必有回响，才可穿越丛林，走向未来。

20世纪像一列轰轰烈烈的火车，正渐渐地驶离我们的视野。但它依旧是未曾合上的书，与现实生活仍有千丝万缕的联系。习近平总书记强调，坚持正确的历史观，就是“让历史说话，用史实发言”。[①] 史料是一切历史阐述的基础，前辈学者早就指出：“只有掌握了更丰富的史料，才能使中国的历史，在史料的总和中，显出它的大势；在史料的分析中，显出它的细节；在史料的升华中，显出它的发展法则。”[②]有人比喻，历史解释犹如果肉，历史事实犹如果核，严肃、负责的历史解释都必须建立在“事实的硬核”之上。[③] 缺乏基本史实的支撑，任何历史描述和历史解释只能是没有生命的空壳。

---

① 习近平：《让历史说话，用史实发言》，《人民日报》2015年8月1日。

② 翦伯赞：《略论中国文献学上的史料》，载翦伯赞：《史料与史学》，北京大学出版社1985年版，第17页。

③ [英]爱德华·霍列特·卡尔：《历史是什么?》，商务印书馆1981年版，第4页。

一直以来，日本极右翼分子不顾历史事实，美化战争，甚至走向否认历史、推卸战争责任的极端。清代龚自珍说："欲知大道，必先为史。灭人之国，必先去其史。"因此，如何遏制解构、歪曲、篡改历史的行为，已成为社会各界必须面对的问题。习近平总书记就高屋建瓴地指出："抗战研究要深入，就要更多通过档案、资料、事实、当事人证词等各种人证、物证来说话。"[①]此论切中要害。敬畏历史，尊重事实，才能守住记忆。

1937 年"八一三"事变后，日本除在华北各地进一步扩大侵略和进攻上海外，还加紧在沿海地区的侵略活动。8 月 25 日，日本海军宣布对中国海岸实行封锁，企图占领福建，变其为侵略华南地区以至东南亚地区的基地。宁德俗称闽东，南靠福州市，北邻浙江省温州市，东临东海，西接建阳，现辖宁德、福鼎、霞浦、福安、寿宁、周宁、古田、屏南、柘荣 9 县(市)。宁德人民素有光荣的革命传统，为了抗击日本帝国主义的野蛮侵略，开展了多种形式的民众抗日运动，实行全民抗战。

闽东抗日战争档案资料丰富，为了使整理、编辑工作细致有序的展开，本辑以"游击队与前进游击地区"为主题进行相关档案的汇编。抗日战争进入相持阶段后，《福建省游击战指导方案》将全省划分为前进游击地区、主游击地区、预备游击地区，闽东之福鼎、霞浦县等为前进游击地区。前进游击地区"所属游击队，应协力于第一线之作战，于必要时化整为零，继续在沦陷地区达成游击任务"；"为使游击部队得以动止自如、补给容易，以及病伤者之医疗与补充兵训练便利起见，必须有良好之根据地，以从事于适宜之准备与设施，俾能保持作战机动力与持久力"。闽东是第三战区组建游击队、树立游击区的重要区域，游击战也是闽东全民抗战的核心内容和主要任务之一。

闽东抗日战争档案现在被保存在宁德市各级档案局(馆)中，它们既是"闽东之光"的历史见证，也是宁德人民的精神财富和文化遗产。为了充分发挥档案"存凭、留史、资政、育人"的作用，宁德市各级档案局(馆)与厦门大学马克思主义学院合作，编辑出版《闽东抗日战争档案史料》，谨以为志。铭记历史，用史实发言；开创未来，中华民族走在复兴路上。

---

① 习近平：《让历史说话，用史实发言》，《人民日报》2015 年 8 月 1 日。

编辑说明

“宁德市档案资料丛书”汇编宁德市、县(市、区)的珍贵馆藏档案,本辑《游击队与前进游击地区》所用档案资料以福鼎市档案馆藏民国档案资料辑成。宁德市档案馆民国档案历经辗转,接收时大部分已虫蛀,破损。从1986年开始,档案馆逐卷进行整理、托裱、编制卷内目录和案卷目录,更换案卷皮,重新编制全宗号和案卷号。目前已有案卷目录、全引目录和人物卡片等三种检索工具。

因本丛书所汇编的档案来自不同档案馆的不同卷宗,为了便于利用,采取了两种方式处理。

一、分类排列,给每份档案定名并确定时间。第一部分为前进游击区建设,第二部分为游击自卫区树立,第三部分为国防工事。按时间归类排列。

二、保留每份档案的馆藏档号,以维护档案的原有属性和归档系统。

福鼎市档案馆藏民国档案为:G133-003-0086、G133-003-0087、G133-003-0111、G133-003-0112、G133-003-0181、G133-003-0182。

影印出版闽东抗日战争档案资料,既保持了文献内容的原汁原味,呈现史料原貌,亦为抗战史研究提供了颇具特色、细致翔实的历史文献。

为便于阅读,将部分较大页面分为a、b面排版,并尽可能保留原档案所载信息。只是,档案文稿底色、印鉴颜色等因黑白印刷之故,无法保留原色。

由于经验及水平限制,我们在编辑与考订上难免存在缺漏。本书的错误和缺点必定不少,诚恳地希望各方面提出批评和指正。

目　录

一　前进游击区建设

驻闽绥靖主任兼第二十五集团军总司令关于颁发县游击队各种表式希速填造的代电(附表式)(1939 年 11 月 16 日) …… 3
某县游击队组织系统表(1939 年 11 月) …… 4
第三战区第廿五集团军前进游击地区×县游击队官兵人数统计表(×年×月×日×县游击队指挥部制)(1939 年 11 月) …… 5
第三战区第廿五集团军前进游击地区×县游击队×月份枪弹统计表(×年×月×日×县游击队指挥部制)(1939 年 11 月) …… 6
第三战区第廿五集团军前进游击地区×县游击队×月份被服装具统计表(×年×月×日×县游击队指挥部制)(1939 年 11 月) …… 7
第三战区第廿五集团军前进游击地区×县游击队兵力驻地一览表(×年×月×日×县游击队指挥部制)(1939 年 11 月) …… 8
福鼎县政府关于颁发游击队各种表式并遵照办理的复电(1939 年 12 月 1 日) …… 9
福鼎县政府译驻闽绥靖主任公署关于限三日内赶速填造所颁县游击队各种表式的电文(1939 年 12 月 5 日) …… 10
福鼎县政府关于填具本年十一月份应报各种表式的复电(1939 年 12 月 14 日) …… 11
福鼎县游击队组织系统表(1939 年 12 月) …… 12
第三战区第廿五集团军前进游击地区福鼎县游击队官兵人数统计表(1939 年 12 月) …… 14
第三战区第廿五集团军前进游击地区福鼎县游击队十一月份枪弹统计表(1939 年 12 月) …… 15
第三战区第廿五集团军前进游击地区福鼎县游击队十一月份被服装具统计表(1939 年 12 月) …… 16
第三战区第廿五集团军前进游击地区福鼎县游击队兵力驻地一览表(1939 年 12 月) …… 18

福鼎县政府译驻闽绥靖主任公署关于十一月份各种报表均悉仍仰按月各填报两份以凭存转的电文(1939 年 12 月 26 日) …… 19
福鼎县政府关于呈送二十八年十二月份第廿五集团军前进游击地区福鼎县游击队月报表五种给驻闽绥靖主任兼第二十五集团军总司令的呈文(附表)(1940 年 1 月 11 日) …… 20
福鼎县游击队组织系统表(拟稿)(1940 年 1 月 10 日) …… 21
福鼎县游击队组织系统表(1940 年 1 月 10 日) …… 22
第三战区第廿五集团军前进游击地区福鼎县游击队官兵人数统计表(1940 年 1 月 10 日) …… 23
第三战区第廿五集团军前进游击地区福鼎县游击队十二月份枪弹统计表(1940 年 1 月 10 日) …… 24
第三战区第廿五集团军前进游击地区福鼎县游击队十二月份被服装具统计表(1940 年 1 月 10 日) …… 25
第三战区第廿五集团军前进游击地区福鼎县游击队兵力驻地一览表(1940 年 1 月 10 日) …… 27
驻闽绥靖主任公署关于福鼎县所呈上年十二月份游击队月报表五种均悉存转的快邮代电(1940 年 1 月 25 日) …… 28
福鼎县政府关于呈送一月份前进游击地区各表给驻闽绥靖主任公署的呈文(附表)(1940 年 2 月 3 日) …… 29
第三战区第廿五集团军前进游击地区福鼎县游击队官兵人数统计表(1940 年 1 月 3 日) …… 30
第三战区第廿五集团军前进游击地区福鼎县游击队一月份枪弹统计表(原档未标月份)(1940 年 1 月 3 日) …… 31
第三战区第廿五集团军前进游击地区福鼎县游击队一月份被服装具统计表(1940 年 1 月 3 日) …… 32
第三战区第廿五集团军前进游击地区福鼎县游击队兵力驻地一览表(1940 年 1 月 3 日) …… 34
福鼎县政府译福建省保安第一团关于遵照各项纲要速电报凭转的电文(1940 年 2 月 8 日) …… 35
福鼎县政府关于呈送二月份前进游击地区各种月报表给驻闽绥靖主任公署的呈文(附表)(1940 年 3 月 2 日) …… 36
第三战区第廿五集团军前进游击地区福鼎县游击队官兵人数统计表(1940 年 2 月 2 日) …… 37
第三战区第廿五集团军前进游击地区福鼎县游击队二月份枪弹统计表(1940 年 2 月 2 日) …… 38
第三战区第廿五集团军前进游击地区福鼎县游击队二月份被服装具统计表(1940 年 3 月 2 日) …… 39

第三战区第廿五集团军前进游击地区福鼎县游击队兵力驻地一览表
(1940年2月2日) …… 41
福鼎县政府关于呈送前进游击地区三月份报表给驻闽绥靖主任公署的呈文(附表)
(1940年4月2日) …… 42
第三战区第廿五集团军前进游击地区福鼎县游击队官兵人数统计表
(1940年3月) …… 43
第三战区第廿五集团军前进游击地区福鼎县游击队三月份枪弹统计表
(1940年3月) …… 44
第三战区第廿五集团军前进游击地区福鼎县游击队三月份被服装具统计表
(1940年3月) …… 45
第三战区第廿五集团军前进游击地区福鼎县游击队兵力驻地一览表
(1940年3月) …… 47
福鼎县政府关于呈送四月份游击队月报表四件给驻闽绥靖主任公署的呈文(附表)
(1940年5月4日) …… 48
第三战区第廿五集团军前进游击地区福鼎县游击队官兵人数统计表
(1940年5月1日) …… 49
第三战区第廿五集团军前进游击地区福鼎县游击队四月份枪弹统计表
(1940年5月1日) …… 50
第三战区第廿五集团军前进游击地区福鼎县游击队四月份被服装具统计表
(1940年5月1日) …… 51
第三战区第廿五集团军前进游击地区福鼎县游击队兵力驻地一览表
(1940年5月1日) …… 52
第二十五集团军总司令部关于福鼎县呈送四月份游击队月报表核收无误的证明
回单(1940年5月22日) …… 53
福鼎县政府档案签注表:第二十五集团军总司令部关于速报游击队各种月报
统计表的来文(1940年5月23日) …… 54
福鼎县政府关于呈送廿九年五月份游击队月报表四种给驻闽绥靖主任公署的呈文
(附表)(1940年6月14日) …… 55
第三战区第廿五集团军前进游击地区福鼎县游击队官兵人数统计表
(1940年5月4日) …… 56
第三战区第廿五集团军前进游击地区福鼎县游击队五月份枪弹统计表
(1940年5月4日) …… 57
驻闽绥靖主任公署兼第二十五集团军总司令部关于福鼎县呈送五月份该县前进游击
区游击队兵力驻地、枪支弹药、被服装具、官兵人数统计表核收无误的证明回单
(1940年6月9日) …… 58

第三战区第廿五集团军前进游击地区福鼎县游击队五月份被服装具统计表
(1940年6月4日) …… 59
第三战区第廿五集团军前进游击地区福鼎县游击队兵力驻地一览表
(1940年6月4日) …… 61
福鼎县政府关于呈送七月份前进游击地区月报表四种给驻闽绥靖主任公署的呈文
(附表)(1940年7月10日) …… 62
第三战区第廿五集团军前进游击地区福鼎县游击队官兵人数统计表
(1940年7月) …… 63
第三战区第廿五集团军前进游击地区福鼎县游击队七月份枪弹统计表
(1940年7月) …… 64
第三战区第廿五集团军前进游击地区福鼎县游击队七月份被服装具统计表
(1940年7月) …… 65
第三战区第廿五集团军前进游击地区福鼎县游击队兵力驻地一览表
(1940年7月) …… 67
驻闽绥靖主任公署兼第二十五集团军总司令部关于福鼎县呈送七月份该县前进游击区游击队兵力驻地、枪支弹药、被服装具、官兵人数统计表核收无误的证明回单
(1940年7月22日) …… 68

二　游击自卫区树立

福鼎县政府关于奉令呈送自卫区树立进度九月份上旬旬报表祈核备的呈文(附表)
(1939年9月13日) …… 71
福鼎县自卫区树立进度旬报表(二十八年八月份上旬)(1939年8月) …… 73
福鼎县自卫区树立进度旬报表(二十八年八月份上旬)(1939年8月) …… 75
驻闽绥靖主任兼第廿五集团军总司令关于福鼎县自卫区树立进度九月份上旬旬报表收悉的快邮代电(1939年9月29日) …… 77
福鼎县政府关于呈送本县游击自卫区树立进度九月中旬旬报表给驻闽绥靖主任公署的呈文(1939年9月25日) …… 78
福鼎县政府关于呈送本县游击自卫区树立进度九月中旬旬报表给闽东区司令部的呈文(附表)(1939年9月25日) …… 79
福鼎县游击自卫区树立进度九月中旬旬报表(1939年9月) …… 80
驻闽绥靖主任公署关于福鼎县呈送游击自卫区树立进度九月中旬旬报表经核交无误的证明回单(1939年10月14日) …… 82
福鼎县政府关于呈送二十八年九月下旬自卫区树立进度旬报表给闽东区司令部、驻闽绥靖主任公署的呈文(附表)(1939年10月2日) …… 83

福鼎县自卫区树立进度二十八年九月下旬旬报表(1939 年 9 月 29 日) …………………84
驻闽绥靖主任公署关于福鼎县呈送游击根据地树立进度二十八年九月下旬旬报表经核明无误的证明回单(1939 年 10 月 28 日) …………………85
福鼎县政府关于呈送福鼎县自卫区树立进度二十八年十月上旬旬报表的呈文(附表)(1939 年 10 月 12 日) …………………86
福鼎县自卫区树立进度二十八年十月上旬旬报表(1939 年 10 月 10 日) …………………87
驻闽绥靖主任公署关于福鼎县呈送游击根据地树立进度二十八年十月上旬旬报表经核明无误的证明回单(1940 年 10 月 28 日) …………………88
福鼎县政府关于呈送本县二十八年十月中旬游击自卫区树立进度旬报表给驻闽绥靖主任公署、闽东区司令部的呈文(附表)(1939 年 10 月 21 日) …………………89
福鼎县二十八年十月中旬游击自卫区树立进度旬报表(1939 年 10 月 20 日) …………………90
福鼎县政府译驻闽绥靖主任公署关于此后游击根据地树立旬报表应照规定表式按旬填报的电文(1939 年 11 月 8 日) …………………91
福鼎县政府译福建省保安第二旅司令部关于遵照绥靖公署所示七项按旬填表径报并分报本部的电文(1939 年 11 月 11 日) …………………92
福鼎县政府关于呈送二十八年十月下旬游击自卫区树立进度旬报表给闽东区司令部、驻闽绥靖主任公署的呈文(附表)(1939 年 11 月 15 日) …………………93
福鼎县游击自卫区树立进度二十八年十月下旬旬报表(1939 年 11 月 5 日) …………………94
福鼎县政府关于呈送二十八年十一月上旬游击自卫区树立进度旬报表给闽东区司令部、驻闽绥靖主任公署的呈文(附表)(1939 年 11 月 15 日) …………………96
福鼎县游击自卫区树立进度二十八年十一月上旬旬报表(1939 年 11 月 15 日) …………………97
福鼎县政府译福建省保安第二旅司令部关于督促防区各县从速径报游击根据地树立概况表的电文(1939 年 11 月 18 日) …………………99
福鼎县政府关于呈送福鼎县二十八年十一月中旬游击自卫区树立进度旬报表给驻闽绥靖主任公署的呈文(附表)(1939 年 11 月 22 日) …………………100
福鼎县政府关于呈送福鼎县二十八年十一月中旬游击自卫区树立进度旬报表给闽东区司令部的呈文(附表)(1939 年 11 月 22 日) …………………101
福鼎县二十八年十一月中旬游击自卫区树立进度旬报表(1939 年 11 月 20 日) …………………102
福鼎县政府关于制发自卫区树立进度旬报表并按旬具报给社训总队的训令(附表式)(1939 年 11 月 22 日) …………………104
附表式:福鼎县二十×年×月×旬游击自卫区树立进度旬报表(×月×日填报) …………………105
福鼎县政府关于呈送福鼎县二十八年十一月下旬游击自卫区树立进度旬报表给驻闽绥靖主任公署的呈文(拟稿)(1939 年 12 月 1 日) …………………107
福鼎县二十八年十一月下旬游击自卫区树立进度旬报表(1939 年 11 月 1 日) …………………108
驻闽绥靖主任公署兼第二十五集团军总司令部关于十一月下旬游击根据地树立进度旬报表收悉,上、中两旬进度前据报不合速另行填报的快邮代电(1939 年 12 月 23 日) …………………110

福鼎县政府关于奉驻闽绥靖主任公署饬令切实填报十月下旬、十一月上旬游击自卫区树立进度旬报表的呈文(附表)(1939年12月11日) …… 111
福鼎县二十八年十月下旬游击自卫区树立进度旬报表(1939年12月11日) …… 112
福鼎县二十八年十一月上旬游击自卫区树立进度旬报表(1939年12月11日) …… 114
驻闽绥靖主任公署兼第二十五集团军总司令部关于十月下旬及十一月上旬该县游击根据地树立进度旬报表收悉的快邮代电(1939年12月28日) …… 116
福鼎县政府关于奉遵驻闽绥靖主任公署电填送十一月中旬自卫区树立进度旬报表的呈复(1939年12月14日) …… 117
福鼎县二十八年十一月中旬游击自卫区树立进度旬报表(1939年12月) …… 118
驻闽绥靖主任公署兼第二十五集团军总司令部关于十一月中旬福鼎县游击根据地树立进度旬报表收悉的快邮代电(1939年12月29日) …… 120
福鼎县政府关于呈送福鼎县二十八年十二月上旬游击自卫区树立进度旬报表给驻闽绥靖主任公署的呈文(附表)(1939年12月16日) …… 121
福鼎县政府关于呈送福鼎县二十八年十二月上旬游击自卫区树立进度旬报表给闽东区司令部的呈文(附表)(1939年12月16日) …… 122
福鼎县二十八年十二月上旬游击自卫区树立进度旬报表(1939年12月12日) …… 123
驻闽绥靖主任公署兼第二十五集团军总司令部关于十二月上旬福鼎县自卫区树立进度旬报表收悉的快邮代电(1939年12月29日) …… 125
福鼎县政府关于呈送福鼎县二十八年十二月中旬游击自卫区树立进度旬报表给驻闽绥靖主任公署的呈文(附表)(1939年12月22日) …… 126
福鼎县政府关于呈送福鼎县二十八年十二月中旬游击自卫区树立进度旬报表给闽东区司令部的呈文(附表)(1939年12月22日) …… 127
福鼎县二十八年十二月中旬游击自卫区树立进度旬报表(1939年12月21日) …… 128
驻闽绥靖主任公署兼第二十五集团军总司令部关于十二月中旬该县游击根据地树立进度旬报表收悉的快邮代电(1940年1月6日) …… 130
福鼎县政府关于呈送二十八年十二月下旬福鼎县游击自卫区树立进度旬报表给驻闽绥靖主任公署的呈文(附表)(1940年1月6日) …… 131
福鼎县政府关于呈送二十八年十二月下旬福鼎县游击自卫区树立进度旬报表给保安第二旅的呈文(附表)(1940年1月6日) …… 132
福鼎县二十八年十二月下旬游击自卫区树立进度旬报表(1940年1月2日) …… 133
驻闽绥靖主任公署关于福鼎县呈送该县十二月下旬游击根据地树立进度表核收无误的证明回单(1940年1月) …… 135
福鼎县社训总队关于呈送十二月份三旬游击自卫区树立进度表三份的呈文(附表)(1940年1月14日) …… 136
福鼎县二十八年十二月一旬游击自卫区树立进度旬报表(1940年1月) …… 137
福鼎县二十八年十二月二旬游击自卫区树立进度旬报表(1940年1月) …… 139

福鼎县二十八年十二月三旬游击自卫区树立进度旬报表(1940 年 1 月) …………… 141

福鼎县政府关于呈送福鼎县二十九年一月上旬游击自卫区树立进度旬报表给驻闽绥靖主任公署的呈文(附表)(1940 年 1 月 14 日) …………………………… 143

福鼎县政府关于呈送福鼎县二十九年一月上旬游击自卫区树立进度旬报表给闽东区司令部的呈文(附表)(1940 年 1 月 14 日) …………………………… 144

福鼎县二十九年一月上旬游击自卫区树立进度旬报表(1940 年 1 月) …………… 145

驻闽绥靖主任公署关于福鼎县呈送该县一月上旬游击根据地树立进度表核收无误的证明回单(1940 年 1 月 30 日) …………………………… 147

福鼎县政府关于呈送福鼎县二十九年一月中旬游击自卫区树立进度旬报表给驻闽绥靖主任公署的呈文(附表)(1940 年 1 月 27 日) …………………………… 148

福鼎县政府关于呈送福鼎县二十九年一月中旬游击自卫区树立进度旬报表给闽东区司令部的呈文(附表)(1940 年 1 月 27 日) …………………………… 149

福鼎县二十九年一月中旬游击自卫区树立进度旬报表(1940 年 1 月 23 日) ………… 150

第二十五集团军总司令部关于福鼎县呈送该县一月中旬游击根据地树立进度表核收无误的证明回单(1940 年 2 月 17 日) …………………………… 152

福鼎县政府关于呈送福鼎县二十九年一月下旬游击自卫区树立进度旬报表给驻闽绥靖主任公署的呈文(附表)(1940 年 2 月 1 日) …………………………… 153

福鼎县政府关于呈送福鼎县二十九年一月下旬游击自卫区树立进度旬报表给闽东区司令部的呈文(附表)(1940 年 2 月 1 日) …………………………… 154

福鼎县二十九年一月下旬游击自卫区树立进度旬报表(1940 年 1 月 31 日) ………… 155

第二十五集团军总司令部关于福鼎县呈送该县一月下旬游击根据地树立进度表核收无误的证明回单(1940 年 2 月 17 日) …………………………… 157

福鼎县政府关于呈送福鼎县二十九年二月上旬游击自卫区树立进度旬报表给驻闽绥靖主任公署的呈文(附表)(1940 年 2 月 14 日) …………………………… 158

福鼎县政府关于呈送福鼎县二十九年二月上旬游击自卫区树立进度旬报表给闽东区司令部的呈文(附表)(1940 年 2 月 14 日) …………………………… 159

福鼎县二十九年二月上旬游击自卫区树立进度旬报表(1940 年 2 月 12 日) ………… 160

第二十五集团军总司令部关于福鼎县呈送该县二月上旬游击根据地树立进度表核收无误的证明回单(1940 年 2 月 29 日) …………………………… 162

福鼎县政府关于呈送福鼎县二十九年二月中旬游击自卫区树立进度旬报表给驻闽绥靖主任公署的呈文(附表)(1940 年 2 月 23 日) …………………………… 163

福鼎县政府关于呈送福鼎县二十九年二月中旬游击自卫区树立进度旬报表给闽东区司令部的呈文(附表)(1940 年 2 月 23 日) …………………………… 164

福鼎县二十九年二月中旬游击自卫区树立进度旬报表(1940 年 2 月 22 日) ………… 165

第二十五集团军总司令部关于福鼎县呈送该县二月中旬游击根据地树立进度表核收无误的证明回单(1940 年 3 月) …………………………… 167

福鼎县政府关于呈送福鼎县二十九年二月下旬游击自卫区树立进度旬报表给驻闽绥靖主任公署的呈文(附表)(1940 年 3 月 6 日) …… 168
福鼎县二十九年二月下旬游击自卫区树立进度旬报表(1940 年 2 月) …… 169
第二十五集团军总司令部关于福鼎县呈送该县二月下旬游击根据地树立进度表核收无误的证明回单(1940 年 3 月 27 日) …… 171
福鼎县政府关于呈送福鼎县二十九年三月上旬游击自卫区树立进度旬报表给驻闽绥靖主任公署的呈文(附表)(1940 年 3 月 22 日) …… 172
福鼎县二十九年三月上旬游击自卫区树立进度旬报表(1940 年 3 月 15 日) …… 173
福鼎县政府关于呈送福鼎县二十九年三月中旬游击自卫区树立进度旬报表给驻闽绥靖主任公署的呈文(附表)(1940 年 3 月 22 日) …… 175
福鼎县二十九年三月中旬游击自卫区树立进度旬报表(1940 年 3 月 22 日) …… 176
第二十五集团军总司令部关于福鼎县呈送该县三月上、中旬游击根据地树立进度表核收无误的证明回单(1940 年 4 月 7 日) …… 178
福鼎县政府关于呈送福鼎县二十九年三月下旬游击自卫区树立进度旬报表给驻闽绥靖主任公署的呈文(附表)(1940 年 4 月 8 日) …… 179
福鼎县二十九年三月下旬游击自卫区树立进度旬报表(1940 年 4 月 2 日) …… 180
第二十五集团军总司令部关于福鼎县呈送该县三月下旬游击根据地树立进度旬报表核收无误的证明回单(1940 年 4 月 25 日) …… 182
福鼎县政府关于呈送福鼎县二十九年四月上旬游击自卫区树立进度旬报表给驻闽绥靖主任公署的呈文(附表)(1940 年 4 月 29 日) …… 183
福鼎县二十九年四月上旬游击自卫区树立进度旬报表(1940 年 4 月 15 日) …… 184
福鼎县政府关于呈送福鼎县二十九年四月中旬游击自卫区树立进度旬报表给驻闽绥靖主任公署的呈文(附表)(1940 年 4 月 29 日) …… 186
福鼎县二十九年四月中旬游击自卫区树立进度旬报表(1940 年 4 月 25 日) …… 187
福鼎县二十九年四月中旬游击自卫区树立进度旬报表(1940 年 4 月 25 日) …… 188
第二十五集团军总司令部关于福鼎县呈送该县四月上、中两旬游击根据地树立进度旬报表核收无误的证明回单(1940 年 5 月 27 日) …… 189
福鼎县政府关于呈送福鼎县二十九年四月下旬游击自卫区树立进度旬报表给驻闽绥靖主任公署的呈文(附表)(1940 年 5 月 4 日) …… 190
福鼎县二十九年四月下旬游击自卫区树立进度旬报表(1940 年 5 月) …… 191
第二十五集团军总司令部关于福鼎县呈送该县四月下旬游击根据地建立进度表核收无误的证明回单(1940 年 5 月 22 日) …… 193
福鼎县政府关于呈送福鼎县二十九年五月上旬游击自卫区树立进度旬报表给驻闽绥靖主任公署的呈文(附表)(1940 年 5 月 30 日) …… 194
福鼎县二十九年五月上旬游击自卫区树立进度旬报表(1940 年 5 月 15 日) …… 195

福鼎县政府译驻闽绥靖主任公署关于克日补造游击根据地树立进度旬报表和游击队各种月报统计表送部勿延的电文(1940 年 5 月 22 日) …………………………… 197
福鼎县政府关于呈送福鼎县二十九年五月中旬游击自卫区树立进度旬报表给驻闽绥靖主任公署的呈文(附表)(1940 年 5 月 30 日) ………………………………… 198
福鼎县二十九年五月中旬游击自卫区树立进度旬报表(1940 年 5 月 25 日) ………… 199
福鼎县政府关于呈送福鼎县二十九年五月下旬游击自卫区树立进度旬报表给驻闽绥靖主任公署的呈文(附表)(1940 年 6 月 11 日) ………………………………… 201
福鼎县二十九年五月下旬游击自卫区树立进度旬报表(1940 年 6 月 5 日) ………… 202
福鼎县政府关于呈送福鼎县二十九年六月上旬游击自卫区树立进度旬报表给驻闽绥靖主任公署的呈文(附表)(1940 年 7 月 17 日) ………………………………… 204
福鼎县二十九年六月上旬游击自卫区树立进度旬报表(1940 年 6 月 13 日) ………… 205
福鼎县二十九年六月中旬游击自卫区树立进度旬报表(1940 年 6 月) ………………… 207
福鼎县二十九年六月下旬游击自卫区树立进度旬报表(1940 年 6 月) ………………… 209
驻闽绥靖主任公署兼第二十五集团军总司令部关于福鼎县呈送该县六月中、下旬，七月上、中、下旬游击根据地树立进度旬报表核收无误的证明回单(1940 年 8 月 17 日) ……………………………………………………………… 210
福鼎县政府关于呈送福鼎县二十九年八月下旬游击自卫区树立进度旬报表给驻闽绥靖主任公署的呈文(附表)(1940 年 9 月 10 日) ………………………………… 211
福鼎县二十九年八月下旬游击自卫区树立进度旬报表(1940 年 9 月 7 日) ………… 212
驻闽绥靖主任公署兼第二十五集团军总司令部关于福鼎县呈送该县九月上、中旬，下旬游击根据地树立进度旬报表核收无误的证明回单(1940 年 9 月 8 日、9 月 22 日)…………………………………………………… 214
福鼎县政府关于呈送福鼎县二十九年九月上旬游击自卫区树立进度旬报表给福建全省保安司令部的呈文(附表)(1940 年 9 月 21 日) ………………………………… 215
福鼎县二十九年九月上旬游击自卫区树立进度旬报表(1940 年 9 月 13 日) ………… 216
福鼎县政府关于呈送福鼎县二十九年九月中下旬游击自卫区树立进度旬报表给驻闽绥靖主任公署的呈文(附表)(1940 年 10 月 10 日) ………………………………… 218
福鼎县二十九年九月中旬游击自卫区树立进度旬报表(1940 年 9 月 25 日) ………… 219
福鼎县二十九年九月下旬游击自卫区树立进度旬报表(1940 年 10 月 5 日) ………… 221
驻闽绥靖主任公署兼第二十五集团军总司令部关于福鼎县呈送该县九月中、下旬游击根据地树立进度旬报表核收无误的证明回单(1940 年 10 月 23 日) ……… 223
福鼎县政府关于呈送福鼎县二十九年十月上旬游击自卫区树立进度旬报表给驻闽绥靖主任公署的呈文(附表)(1940 年 10 月 21 日) ………………………………… 224
福鼎县二十九年十月上旬游击自卫区树立进度旬报表(1940 年 10 月 15 日) ……… 225
驻闽绥靖主任公署兼第二十五集团军总司令部关于福鼎县呈送该县十月上旬游击根据地树立进度旬报表核收无误的证明回单(1940 年 11 月 4 日) ………………… 227

福鼎县政府关于呈送福鼎县二十九年十月中、下旬游击自卫区树立进度旬报表给驻闽绥靖主任公署的呈文(附表)(1940 年 11 月 2 日) …………………………… 228
福鼎县二十九年十月中旬游击自卫区树立进度旬报表(1940 年 10 月 25 日) ……… 229
福鼎县二十九年十月下旬游击自卫区树立进度旬报表(1940 年 10 月 30 日) ……… 231
福鼎县政府关于呈送福鼎县二十九年十月下旬、十一月中旬游击自卫区树立进度旬报表给福建全省保安司令部的呈文(附表)(1940 年 11 月 16 日) ……………… 233
福鼎县二十九年十月下旬游击自卫区树立进度旬报表(1940 年 11 月 5 日) ………… 234
福鼎县二十九年十一月上旬游击自卫区树立进度旬报表(1940 年 11 月 10 日) …… 236
驻闽绥靖主任公署兼第二十五集团军总司令部关于福鼎县呈送该县十一月中、下旬游击根据地树立进度旬报表核收无误的证明回单(1940 年 11 月 15 日) ……… 238
驻闽绥靖主任公署兼第二十五集团军总司令部关于福鼎县呈送该县一月下旬游击根据地树立进度旬报表核收无误的证明回单(1941 年 2 月 22 日) ……………… 239
福鼎县政府关于呈送福鼎县二十九年十二月上旬至三十年一月下旬游击自卫区树立进度旬报表给驻闽绥靖主任公署的呈文(附表)(1941 年 3 月 9 日) ……………… 240
福鼎县二十九年十二月上旬游击自卫区树立进度旬报表(1940 年 12 月) …………… 241
福鼎县二十九年十二月中旬游击自卫区树立进度旬报表(1940 年 12 月) …………… 243
福鼎县二十九年十二月下旬游击自卫区树立进度旬报表(1940 年 12 月) …………… 245
福鼎县三十年一月上旬游击自卫区树立进度旬报表(1941 年 1 月) ………………… 247
福鼎县三十年一月中旬游击自卫区树立进度旬报表(1941 年 1 月) ………………… 249
福鼎县三十年一月下旬游击自卫区树立进度旬报表(1941 年 1 月) ………………… 251
福鼎县政府关于呈送福鼎县三十年二月上、中、下旬及三月上旬游击自卫区树立进度旬报表给驻闽绥靖主任公署的呈文(附表)(1941 年 3 月 22 日) ………………… 253
福鼎县三十年二月上旬游击自卫区树立进度旬报表(1941 年 2 月 11 日) …………… 254
福鼎县三十年二月中旬游击自卫区树立进度旬报表(1941 年 2 月 21 日) …………… 256
福鼎县三十年二月下旬游击自卫区树立进度旬报表(1941 年 3 月 2 日) …………… 258
福鼎县三十年三月上旬游击自卫区树立进度旬报表(1941 年 3 月 11 日) …………… 260
驻闽绥靖主任公署兼第二十五集团军总司令部关于福鼎县呈送该县二月上、中、下旬，三月上旬游击根据地树立进度旬报表核收无误的证明回单(1941 年 4 月 3 日) …………………………………………………………… 262
福鼎县政府关于呈送福鼎县三十年三月中旬游击自卫区树立进度旬报表给驻闽绥靖主任公署的呈文(附表)(1941 年 3 月 28 日) ………………………………… 263
福鼎县三十年三月中旬游击自卫区树立进度旬报表(1941 年 3 月 24 日) …………… 264
驻闽绥靖主任公署兼第二十五集团军总司令部关于福鼎县呈送该县三月中旬游击根据地树立进度旬报表核收无误的证明回单(1941 年 5 月 3 日) ………………… 266
福鼎县政府关于呈送福鼎县三十年三月下旬游击自卫区树立进度旬报表给驻闽绥靖主任公署、福建省第一区保安司令部、陆军七五师二二五团的呈文(附表)(1941 年 4 月 8 日) …………………………………………………………… 267

福鼎县三十年三月下旬游击自卫区树立进度旬报表(1941年3月31日)……………… 268
陆军第七五师二二五团关于各县游击根据地及保安团队驻地月报表每月报部各二份给福鼎县政府的公函(附表式)(1941年2月25日)…………………………………… 270
福建省××县游击根据地树立进度月报表(卅年×月份)(表式)…………………………… 271
福鼎县政府关于填送自卫区树立进度、兵力驻地月报表各一份请查备给陆军第七五师二二五团的公函(附表)(1941年3月15日)……………………………………………… 272
福建省福鼎县保安团队暨地方自卫团队兵力驻地月报表(1941年2月)……………… 274
福鼎县三十年二月游击自卫区树立进度月报表(1941年3月10日)…………………… 275
驻闽绥靖主任公署关于各县报二十九年度游击根据地树立进度及自四月起改旬报为月报并规定月报表样式的代电(1941年4月2日)……………………………………… 277
福建省××县前进游击根据地×月份树立进度月报表(民国三十年×月×日)(表式)………………………………………………………………………………………… 278
福鼎县政府关于造送廿九年度本县前进游击根据地树立概况表二份给南平绥靖主任公署的代电(附表)(1941年5月18日)……………………………………………… 280
福建省福鼎县前进游击根据地树立概况表(1941年5月1日)……………………… 281
福鼎县政府关于呈送五月份前进游击根据地树立进度月报表给驻闽绥靖主任公署的呈文(附表)(1941年6月5日)……………………………………………………… 285
福建省福鼎县前进游击根据地五月份树立进度月报表(1941年5月31日)……… 286
福鼎县政府关于呈送六月份前进游击根据地树立进度月报表给驻闽绥靖主任公署的呈文(附表)(1941年7月3日)……………………………………………………… 288
福建省福鼎县前进游击根据地六月份树立进度月报表(1941年6月30日)……… 289
福鼎县政府关于呈送七月份前进游击根据地树立进度月报表给驻闽绥靖主任公署的呈文(附表)(1941年8月5日)……………………………………………………… 291
福建省福鼎县前进游击根据地七月份树立进度月报表(1941年7月31日)……… 292
福鼎县政府关于呈送八、九月份前进游击根据地树立进度月报表给第二十五集团军司令部的呈文(附表)(1941年10月7日)…………………………………………… 294
福建省福鼎县前进游击根据地八、九月份树立进度月报表(1941年10月4日)…… 295
福鼎县政府关于呈送十、十一月份前进游击根据地树立进度月报表给第二十五集团军司令部的呈文(附表)(1941年11月27日)…………………………………… 297
福建省福鼎县前进游击根据地十、十一月份树立进度月报表(1941年11月24日)………………………………………………………………………… 298
福鼎县政府关于本县三十年十二月份游击根据地树立进度情形同前请察查的代电(1942年1月27日)…………………………………………………………………… 300
福鼎县政府关于呈送四月份前进游击根据地树立进度月报表给第二十五集团军司令部的呈文(1942年5月15日)…………………………………………………… 301
福鼎县前进游击根据地四月份树立进度月报表(1942年5月13日)………………… 302

第三战区副司令长官办公室关于将游击根据地建立概况按月填表具报的代电（1942年8月6日） …… 304
福鼎县政府关于呈送六、七、八三个月游击根据地建立概况月报表的代电（附表）（1942年9月11日） …… 305
福鼎县三十一年六月份游击自卫区树立进度月报表（1942年6月） …… 306
福鼎县三十一年七月份游击自卫区树立进度月报表（1942年7月） …… 308
福鼎县三十一年八月份游击自卫区树立进度月报表（1942年8月） …… 310

三 国防工事

福建省政府第一区行政督察专员公署关于严禁外国人在国防工事等地活动的密训令（1937年6月18日） …… 315
福鼎县政府关于为调查本县有关国防地点应予绝对禁止或半禁止者绘图呈送核转的呈文（1937年6月30日） …… 317
福建省政府第一区行政督察专员公署关于福鼎县有关国防地点绘图准予转报仰即补送地图一份存查的令文（1937年7月13日） …… 319
福鼎县政府关于补送有关国防地图给福建省政府第一区行政督察专员公署的呈文（1937年8月4日） …… 320
福建省政府第一区行政督察专员公署关于国防地点均应依照规定各项切实调查划定限制区域及范围绘图报核以符功令的密快邮代电（1937年7月27日） …… 322
福鼎县政府关于将本县禁止外国人游览摄影区域地图呈送省政府察核的呈文（1937年8月5日） …… 323
福鼎县政府关于将本县禁止外人游览摄影区域地图呈送省政府核办请第一区行政督察专员公署察核的呈文（1937年8月5日） …… 325
福建省政府第一区行政督察专员公署关于福鼎县政府将本县禁止外人游览摄影区域地图呈送省政府核办请察核呈悉，仍仰补送地图一份呈署备查的令文（1937年8月18日） …… 327
陆军第一零七师关于详细调查福鼎县所属地区内既设工事，依本部所颁工事种类数量调查表格式填明并附图，限电到七日后具报为要的代电（1941年10月11日） …… 328
陆军第一零七师颁工事种类数量调查表（1941年10月11日） …… 329
福鼎县政府关于抄发陆军第一零七师工事种类数量调查表式并限本月廿六日前依照表式详细填就专差送府汇转勿延的代电（1941年10月23日） …… 330
福鼎县国民兵团自卫第一中队关于填具工事种类数量调查表呈请察核的报告（附表）（1941年10月30日） …… 331

福建省福鼎县国民兵团自卫第一中队工事种类数量调查表(1941年10月) …………… 333
福鼎县国民兵团自卫第二中队关于遵令呈送工事种类数量调查表的联单
(1941年10月31日) …………………………………………………………… 334
福鼎县国民兵团自卫第二中队沙埕山、南镇山工事种类数量调查表
(1941年10月31日) …………………………………………………………… 335
福鼎县政府关于国民兵团自卫第二中队呈送调查表数量不对应予申斥的指令
(1941年11月11日) …………………………………………………………… 336
福鼎县第三区安仁乡公所关于遵令查填西阳根据地工事种类数量调查表的呈文
(附表)(1941年10月31日) …………………………………………………… 337
福鼎县第三区安仁乡西阳根据地工事种类数量调查表(1941年11月2日) ……… 339
福鼎县政府军事科王靖远关于沙埕、南埕两地工事种类数量已复查完竣谨具文连同
工事调查表报请察核的签呈(1941年11月8日) ………………………………… 340
福鼎县沙埕山、南镇山工事种类数量调查表(1941年11月8日) ………………… 341
福鼎县政府译陆军第一零七师关于速将县属地区既设工事调查表具报勿延的电文
(1941年11月3日) ……………………………………………………………… 343
福鼎县政府关于电送本县工事调查表给陆军第一零七师的代电(附表)
(1941年11月9日) ……………………………………………………………… 344
福鼎县工事种类数量调查表(1941年11月8日) …………………………………… 345
福鼎县政府关于令派民伕修筑工事并将具工日期及轮派壮丁名额造册报核勿延的
训令(1941年11月11日) ………………………………………………………… 347
陆军第一零七师第三二零团关于应行准备事项并将拟办计划所需用各种材料及其
意见限十月三十日前报部凭转的快邮代电(1941年10月24日) ………………… 349
福鼎县政府关于流江西湾间构成第二封锁线现已派员查勘的代电
(1941年11月4日) ……………………………………………………………… 351
福鼎县政府关于派县政府军事科王靖远赴沙埕等地测量洋幅、水深、流速及调查
船只的命令(1941年11月11日) ………………………………………………… 352
福鼎县政府军事科王靖远关于遵令勘查洋幅、水深、流速及调查沙埕一带船只的签呈
(附船只调查单七纸)(1941年11月17日) ……………………………………… 353
福鼎县政府关于该第二封锁线工事构筑事宜与请派员前来指导设计的报告
(1941年11月17日) …………………………………………………………… 355
福鼎县第一区沙埕镇公所保船只调查单(左)、福鼎县第二区店下镇澳腰保船只
调查单(右)(1941年11月10日) ………………………………………………… 356
福鼎县第二区溪美镇上澳保船只调查单(左)、福鼎县第二区溪美镇中澳后保船只
调查单(右)(1941年11月10日) ………………………………………………… 357
福鼎县第二区溪美镇复兴保船只调查单(左)、福鼎县第二区溪美镇中澳前保船只
调查单(右)(1941年11月13日) ………………………………………………… 358

福鼎县政府关于电送勘测沙埕港内封锁线情形给陆军第一零七师三零二团的代电（附图）(1941 年 11 月 20 日) …… 359
福鼎县沿海形势略图(1941 年 11 月) …… 361
福建省第一区保安司令部关于电发本地区沿海阵地工事构筑计划的快邮代电(1942 年 3 月 14 日) …… 362
福建省第一区保安司令部福安、霞浦、福鼎、寿宁沿海地区阵地工事构筑计划(1942 年 3 月) …… 363
福建省第一区保安司令部福安、霞浦、福鼎各县应破坏之大小道路一览表(1942 年 3 月) …… 369
福鼎县政府关于加紧构筑防御工事限期完竣专电具报的代电(1942 年 3 月 19 日) …… 371
福鼎县政府关于加紧构筑防御工事限于本四月底前完竣并将勘查情形加具意见签报的训令(1942 年 3 月 19 日) …… 372
福鼎县政府关于派员克赴沿海等处督筑工事并绘图报府核转的训令(1942 年 3 月 25 日) …… 374
福鼎县政府译省政府关于构筑国防工事之垫款可报请国防工程处汇转核发的电文(1942 年 3 月 28 日) …… 375
福鼎县政府关于报送构筑国防工事所需材料预算书的代电(1942 年 5 月 12 日) …… 376
福鼎县政府构筑国防工事所需材料预算书(1942 年 5 月 9 日) …… 377
福鼎县政府构筑国防工事所需材料预算书(1942 年 5 月 9 日) …… 378
福建省第一区保安司令部关于计划尚妥希遵前电将办理情形绘图具报汇转勿延的快邮代电(1942 年 4 月 1 日) …… 379
福鼎县政府军事科关于呈送工事位置要图暨工事数量种类报告表的代电(1942 年 4 月 20 日) …… 380
福鼎县沿海地区警戒阵地工事数量种类报告表(1942 年 5 月) …… 381
福鼎县沿海阵地工事位置要图(1942 年 5 月) …… 385
福建省第一区保安司令部关于电发第一零七师守备地区内道路破坏及水路封锁要图的快邮代电(1942 年 4 月 11 日) …… 386
福建省第一区保安司令部福霞鼎地区内道路破坏及水路封锁要图(1942 年 4 月 13 日) …… 388
福鼎县政府关于报呈勘测沙埕封锁线情形的代电(1942 年 4 月 26 日) …… 389
福鼎县政府关于报呈勘察秦屿硖门水路封锁困难情形的代电(1942 年 5 月 12 日) …… 391
福建省第一区保安司令部关于派参谋李森武前往福鼎各县视察防务布置各情形的代电(1942 年 4 月 20 日) …… 392
福鼎县兵力部署治安及国防工事工作概况(1942 年 4 月) …… 393

福建省第一区保安司令部关于沙埕封锁工程浩大已电宋师长转请国防工程处协助的密代电(1942 年 5 月 8 日) …… 401
福建省第一区保安司令部关于转知沙埕东冲口封锁工程暂缓施工的代电(1942 年 5 月 27 日) …… 402
福鼎县政府关于县城四郊构筑防御工事需木料八十株限桐山镇文到二日内备款购齐送府点收的急代电(1942 年 6 月 16 日) …… 403
福鼎县政府译福建省政府关于构筑城防工事并将部署情形绘图报核的电文(1944 年 8 月 2 日) …… 404
福鼎县政府译福建省第八区行政督察专员兼保安司令公署关于电到三日内将该县城防工事及部署情形绘图报凭核转的电文(1944 年 8 月 11 日) …… 405
福鼎县政府关于呈送城防工事位置及兵力配备要图的代电(1944 年 8 月 16 日) …… 406
福建省第八区行政督察专员兼保安司令公署关于随文附发构筑城防工事注意事项并将办理情形报核的代电(1944 年 8 月 18 日) …… 408
构筑城防工事注意事项(1944 年 7 月 16 日) …… 409
福鼎县政府关于本县城防工事已完成并绘具要图报呈的代电(1944 年 8 月 25 日) …… 412
福建省政府关于转发军事委员会国防工事移交监护及奖惩规则的代电(1944 年 3 月 11 日) …… 413
军事委员会国防工事移交监护及奖惩规则(1944 年 1 月 15 日) …… 415
福鼎县政府关于呈报本县无工事移交情形的代电(1944 年 9 月 21 日) …… 432
福建省政府关于奉司令长官电示各地工事完成后应注意事项的代电(1944 年 11 月 17 日) …… 433
福鼎县政府关于检送防御工事要图的代电(1944 年 12 月 19 日) …… 434
福建省政府关于奉委座电示构筑工事原则的密代电(1945 年 2 月 10 日) …… 435
第三战区闽东区警备司令部关于限期填报国防工事位置调查表并附要图的代电(附表格式)(1945 年 3 月 22 日) …… 436
第×战区国防工事位置调查表(×年×月×日)(1945 年 3 月 22 日) …… 437
第三战区闽东区警备司令部关于注意监护修缮国防工事按月列表报部凭转的代电(1945 年 3 月 25 日) …… 438
福建省第八区行政督察专员兼保安司令公署关于奉电填报国防工事位置调查表限期遵办具报的代电(1945 年 4 月 3 日) …… 439
第×战区国防工事位置调查表(×年×月×日)(1945 年 4 月 3 日) …… 440
福鼎县政府译第三战区闽东区警备司令部关于速报国防工事调查表的电文(1945 年 4 月 13 日) …… 441
福鼎县政府关于本县自抗战以来未曾奉令构筑永久或半永久要塞工事的复电(1945 年 4 月 17 日) …… 442

福建省第八区行政督察专员兼保安司令公署关于转电饬报国防工事位置调查表并注意监护修缮的代电(1945 年 4 月 18 日) …… 443
福鼎县政府关于奉电遵填工事位置调查表请察核的代电(1945 年 4 月 16 日) …… 445
第三战区国防工事位置调查表(三十四年四月)(1945 年 4 月) …… 446
福鼎县政府译福建省保安司令部关于为加强警备应修整或增建重要处之碉堡并派兵守护的电文(1945 年 2 月 12 日) …… 449
福鼎县政府关于订发修筑碉堡实施办法并遵办具报的代电(1945 年 2 月 24 日) …… 450
福鼎县各乡镇修筑碉堡实施办法(1945 年 2 月 24 日) …… 451
碉堡立面图(样式)(1945 年 2 月 24 日) …… 454
福鼎县桥亭乡公所关于呈报本乡原有碉堡调查表的报告(1945 年 2 月 28 日) …… 456
福鼎县桥亭乡公所原有碉堡调查表(1945 年 2 月 28 日) …… 457
福鼎县安阳乡公所关于遵令查报本乡碉堡调查表的报告(1945 年 2 月 28 日) …… 458
安阳乡原有碉堡调查表(1945 年 2 月 28 日) …… 460
福鼎县政府译福建省保安司令部关于迅报附城及重要乡镇碉堡修整情形的电报(1945 年 3 月 3 日) …… 462
福建省第八区行政督察专员兼保安司令公署关于电饬将修建碉堡情形具报凭转的代电(1945 年 3 月 9 日) …… 464
福鼎县政府关于电催各乡镇查填碉堡调查表克日报府汇转勿延的命令(1945 年 3 月 17 日) …… 465
福鼎县点头镇公所关于填送本镇碉堡查明表的呈文(1945 年 3 月 21 日) …… 466
福鼎县点头镇碉堡调查表(1945 年 3 月 21 日) …… 468
福鼎县前岐镇公所关于呈送本镇碉堡所在地明细表的报告(1945 年 3 月 21 日) …… 469
福鼎县前岐镇碉堡所在地明细表(1945 年 3 月 21 日) …… 470
福鼎县琳阳乡公所关于呈送本乡原有碉堡调查表的报告(1945 年 3 月 23 日) …… 471
福鼎县琳阳乡原有碉堡调查表(1945 年 3 月 23 日) …… 473
福鼎县磻溪乡公所关于呈复本乡原未有碉堡本年奉令建筑一座正在赶筑的报告(1945 年 3 月 23 日) …… 474
福鼎县磻溪乡公所关于呈报本乡建筑碉堡情形及竣工日期的报告(1945 年 4 月 27 日) …… 475
福鼎县桐山镇公所关于本镇各碉堡勘查完竣填具调查表请核转的令文简便呈复表(1945 年 3 月 26 日) …… 476
福鼎县桐山镇原有碉堡调查表(1945 年 3 月 26 日) …… 477
福鼎县南溪乡公所关于呈送本乡原有碉堡调查表的报告(1945 年 3 月 30 日) …… 478
福鼎县南溪乡原有碉堡调查表(1945 年 3 月 30 日) …… 480
福鼎县政府关于呈送本县修筑碉堡情形及各乡镇碉堡统计表的代电(1945 年 4 月 4 日) …… 481

福鼎县各乡镇现有碉堡统计表(三十四年四月份调查)(1945 年 4 月) …………………… 482
福鼎县硖门乡公所关于本乡两座碉堡于去年修理完竣尚属堪用的报告
(1945 年 4 月 10 日) …………………………………………………………………… 488
第三战区闽东区警备司令部关于电转构筑工事应遵行的事项的代电
(1945 年 3 月 27 日) …………………………………………………………………… 490
构筑工事应遵行的事项(1945 年 3 月 27 日) …………………………………………… 491
福鼎县玉溪镇公所关于建筑碉堡木石工请求酌予增价以维最低生活的报告
(1945 年 4 月 11 日) …………………………………………………………………… 494
福鼎县玉塘示范乡升平保具关于负责保管梅溪地方碉堡一座的保管结
(1945 年 4 月 30 日) …………………………………………………………………… 496
福鼎县桐山镇中山二保具关于负责保管溪岗地方碉堡一座的保管结
(1945 年 5 月 3 日) ……………………………………………………………………… 497
福鼎县桐山镇流美保具关于负责保管水流美地方碉堡一座的保管结
(1945 年 5 月 3 日) ……………………………………………………………………… 498
第三战区闽东区警备司令部电饬查填奉筑各处工事领用及征用自购材料及现存数量
调查表于文到三日内报部凭转的代电(1945 年 8 月 13 日) ………………………… 499
福鼎县政府关于奉电饬查剩余材料复请察核的代电(1945 年 9 月 5 日) ……………… 501

附　录

福鼎县地形图…………………………………………………………………………………… 505

前进游击区建设

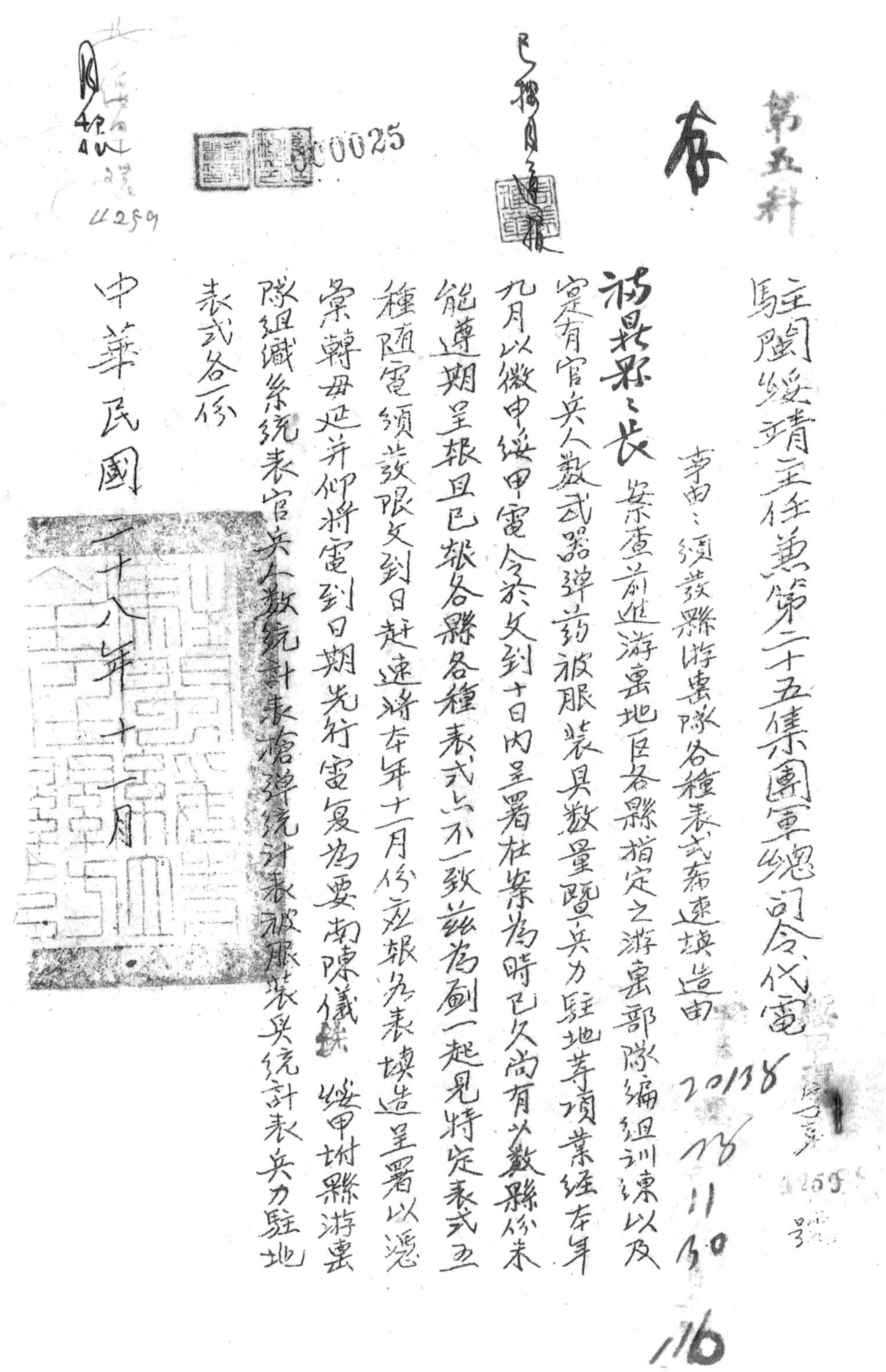
第五科

存

000025

駐閩綏靖主任兼第二十五集團軍總司令代電

事由：頒發縣游擊隊各種表式希速填造由

各縣縣長：案查前進游擊地區各縣指定之游擊部隊編組訓練以及定有官兵人數武器彈藥被服裝具數量暨兵力駐地等項業經本年九月以微申綏甲電令於文到十日內呈署杜案為時已久尚有少數縣份未能遵期呈報且已報各縣各種表式亦不一致茲為劃一起見特定表式五種隨電頒發限文到日起速將本年十月份應報各表填造呈署以憑彙轉毋延并仰將電到日期先行電復為要 南陳儀 綏甲衍 縣游擊隊組織系統表 官兵人數統計表 槍彈統計表 被服裝具統計表 兵力駐地表式各一份

中華民國二十八年十一月

駐闽绥靖主任兼第二十五集团军总司令关于颁发县游击队各种表式希速填造的代电(附表式)

(1939 年 11 月 16 日)　G133-003-0111

某縣游擊隊組織系統表

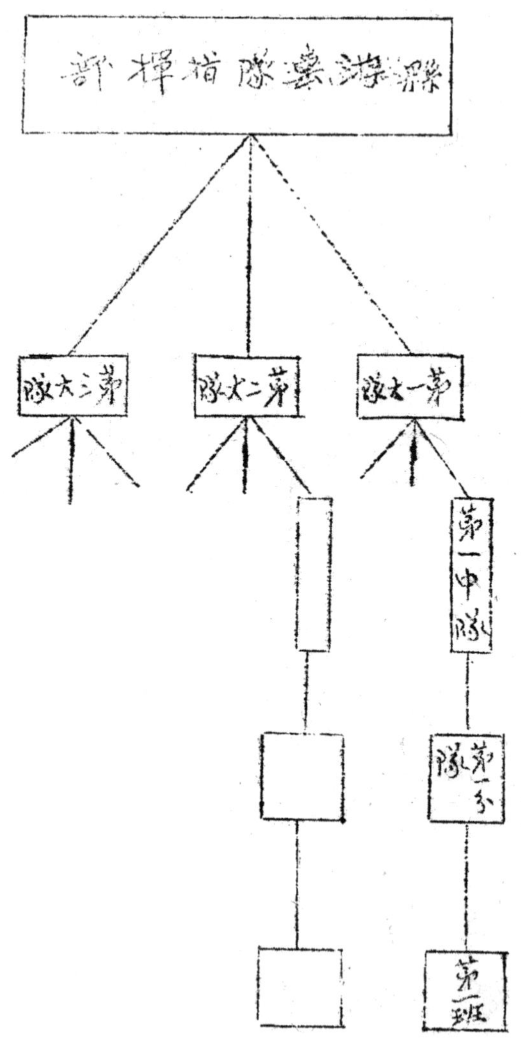

某县游击队组织系统表(1939 年 11 月) G133-003-0111

000027

乂格

依式油印三十份

第三戰區第廿五集團軍前進游擊地區　縣游擊隊官兵人數統計表

階級		隊別					合計	附記
官佐	上校							
	中校							
	少校							
	上尉							
	中尉							
	少尉							
	准尉							
小計								
士	上士							
	中士							
	下士							
兵	上等兵							
	一等兵							
	二等兵							
伕役	伕役							
小計								
總計								

年　月　日　　縣游擊隊指揮部製

第三战区第廿五集团军前进游击地区×县游击队官兵人数统计表

(×年×月×日×县游击队指挥部制)(1939 年 11 月)　G133-003-0111

七枪

第三戰區第廿五集團軍前進游擊地區　縣游擊隊　月份槍彈統計表

槍彈別	名稱 ＼ 數量 ＼ 隊別		總計	附記
槍類	七九步槍			
	六五步槍			
	七九馬槍			
	六五馬槍			
	付來浔手槍			
	白郎林手槍			
	左輪手槍			
	七九輕机槍			
	六五輕机槍			
	七九重机槍			
	六五重机槍			
	合計			
弾類	七九步槍弾			
	六五步槍弾			
	七九馬槍弾			
	六五馬槍弾			
	付來浔手槍弾			
	白郎林手槍弾			
	左輪手槍弾			
	七九輕机槍弾			
	六五輕机槍弾			
	七九重机槍弾			
	六五重机槍弾			
	木柄手溜弾			
	長柄手溜弾			
	合計			
附件	刺刀			
	馬刀			

〇〇縣游擊隊指揮部製　年　月　日

第三战区第廿五集团军前进游击地区×县游击队×月份枪弹统计表
(×年×月×日×县游击队指挥部制)(1939 年 11 月)　G133-003-0111

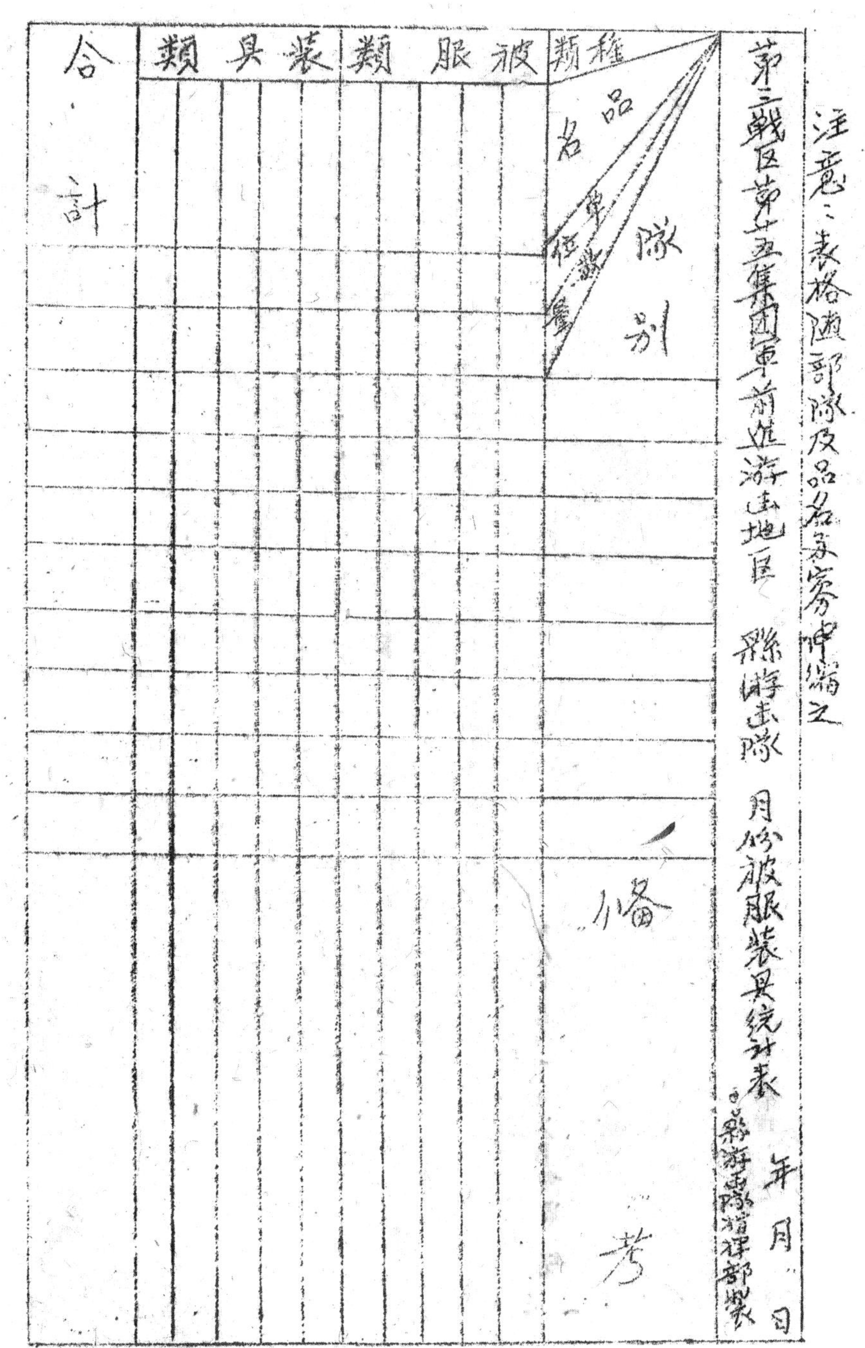

第三战区第廿五集团军前进游击地区×县游击队×月份被服装具统计表

(×年×月×日×县游击队指挥部制)(1939 年 11 月)　G133-003-0111

000030

注意：表格隨兵力多寡伸縮之

第三戰區第廿五集團軍前進游擊地區　縣游擊隊兵力駐地一覽表

年　月　日

縣游擊隊指揮部製

區分（縣別／隊別）	主官姓名	兵力	駐地	備考
縣游擊隊指揮部	宛方舟			
第一大隊 第一中隊				
第一大隊 第二中隊				
第一大隊 第三中隊				
第一大隊 第四中隊				
第二大隊				
第二大隊				
第二大隊				
第二大隊				

附記　例（詔安縣）

第三战区第廿五集团军前进游击地区×县游击队兵力驻地一览表

（×年×月×日×县游击队指挥部制）（1939 年 11 月）　G133-003-0111

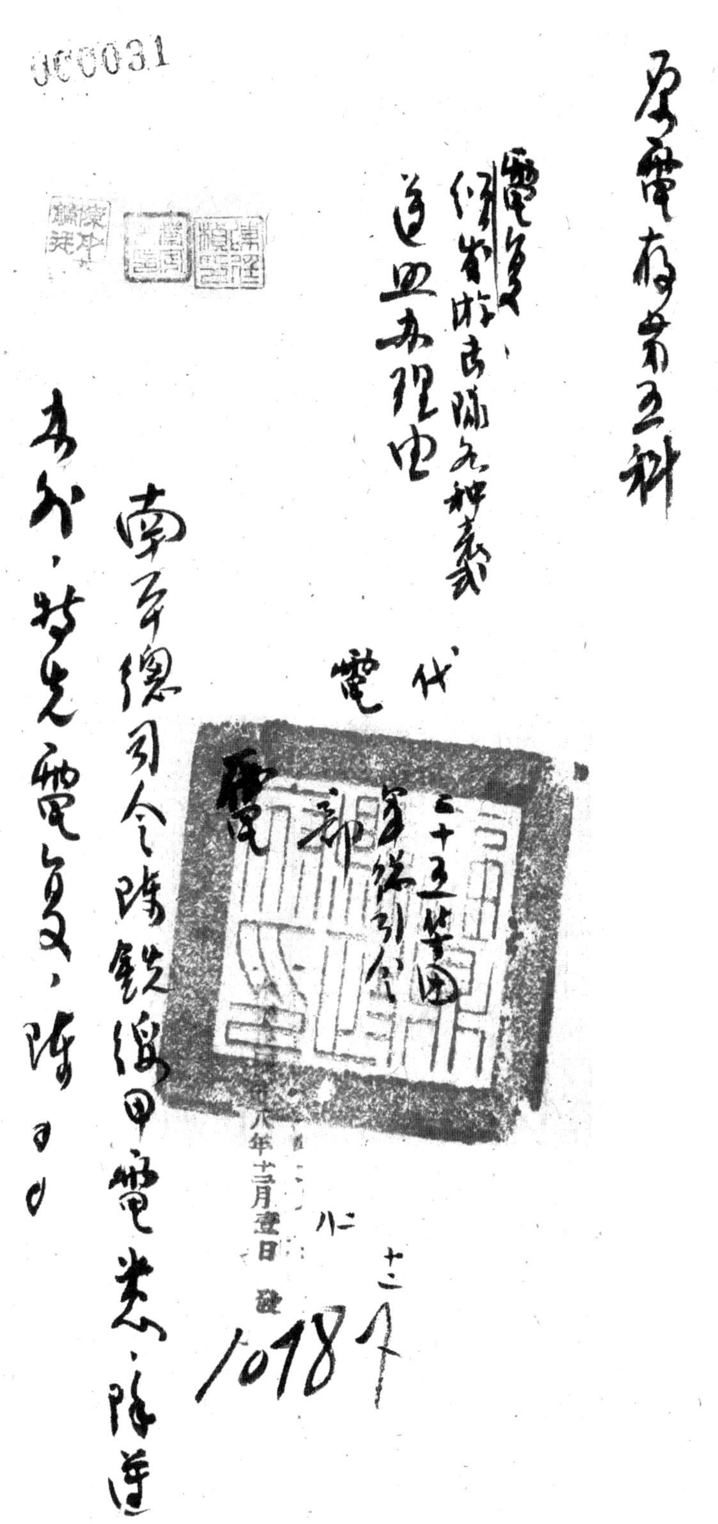

福鼎县政府关于颁发游击队各种表式并遵照办理的复电

（1939 年 12 月 1 日） G133-003-0111

收報紙 RECEIVING FORM

交通部電報局

TELEGRAPH OFFICE

MINISTRY OF COMMUNICATIONS,

由 From	流水號數 Running No.	報類 Class	發報局名 Office From	來報號數 Telegram No.
時刻 Time	原來號數 Original No.	字數 Words	日期 Date	時刻 Time
值機員 By	備註 Service Instructions:			派送員 By

注意：如有查詢事項請帶此紙

Note: Any enquiries regarding this telegram, please produce this form

福鼎县政府译驻闽绥靖主任公署关于限三日内赶速填造所颁县游击队各种表式的电文

（1939 年 12 月 5 日） G133-003-0111

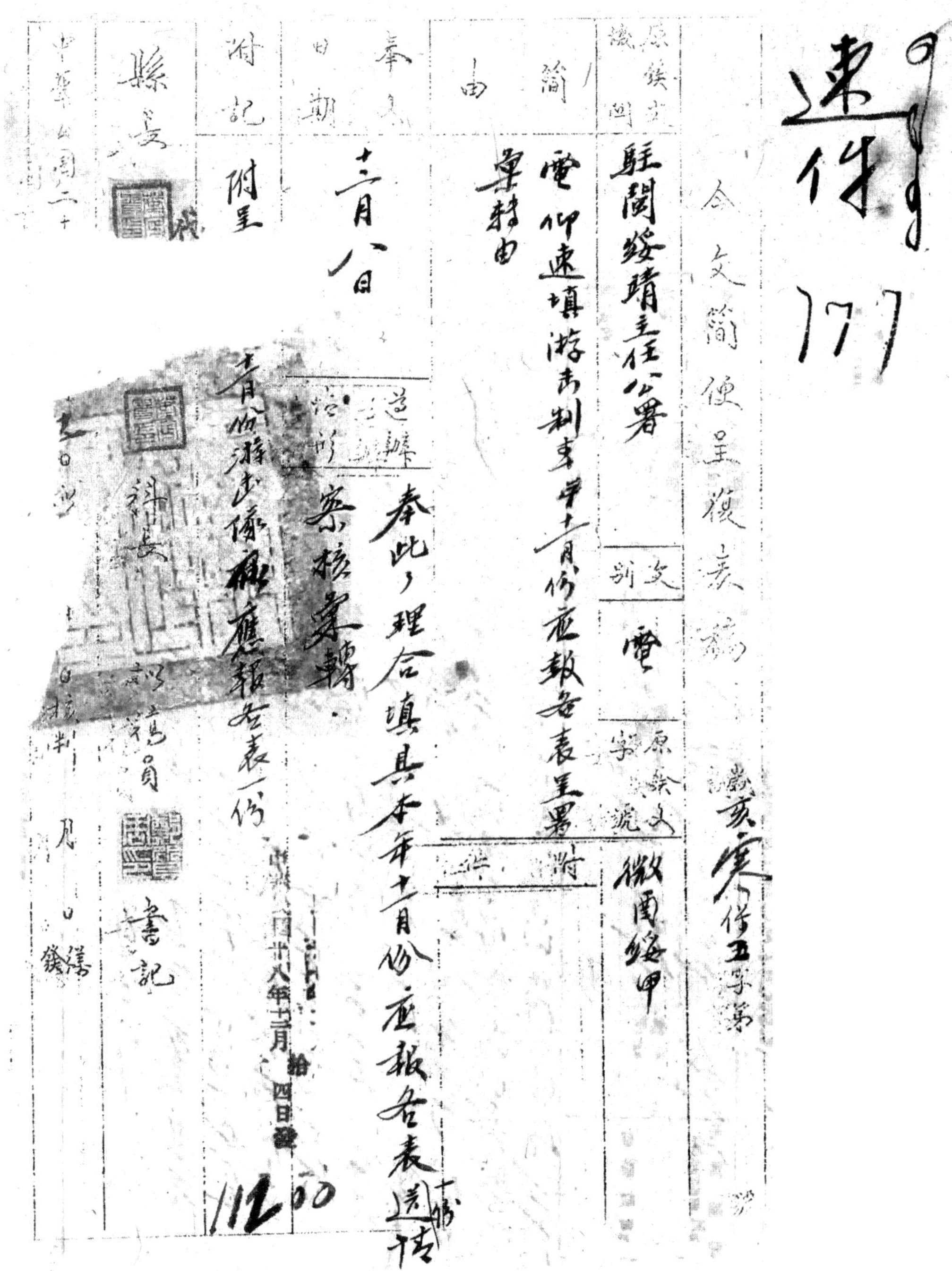

000033

速件 177

令文简便呈复表稿

原发出机关：驻闽绥靖主任公署

文别：电

原发文字号：徽闽绥甲

事由：电仰速填游击制本年十一月份应报各表呈署核转由

奉此，理合填具本年十一月份应报各表送请察核汇转。

附记：附呈青份游击队应报各表一份

奉文日期：十二月八日

中华民国廿八年十二月拾四日发

县长

秘书

科长

拟稿员

书记

亥寒价五字第

112.00

福鼎县政府关于填具本年十一月份应报各种表式的复电

（1939 年 12 月 14 日） G133-003-0111

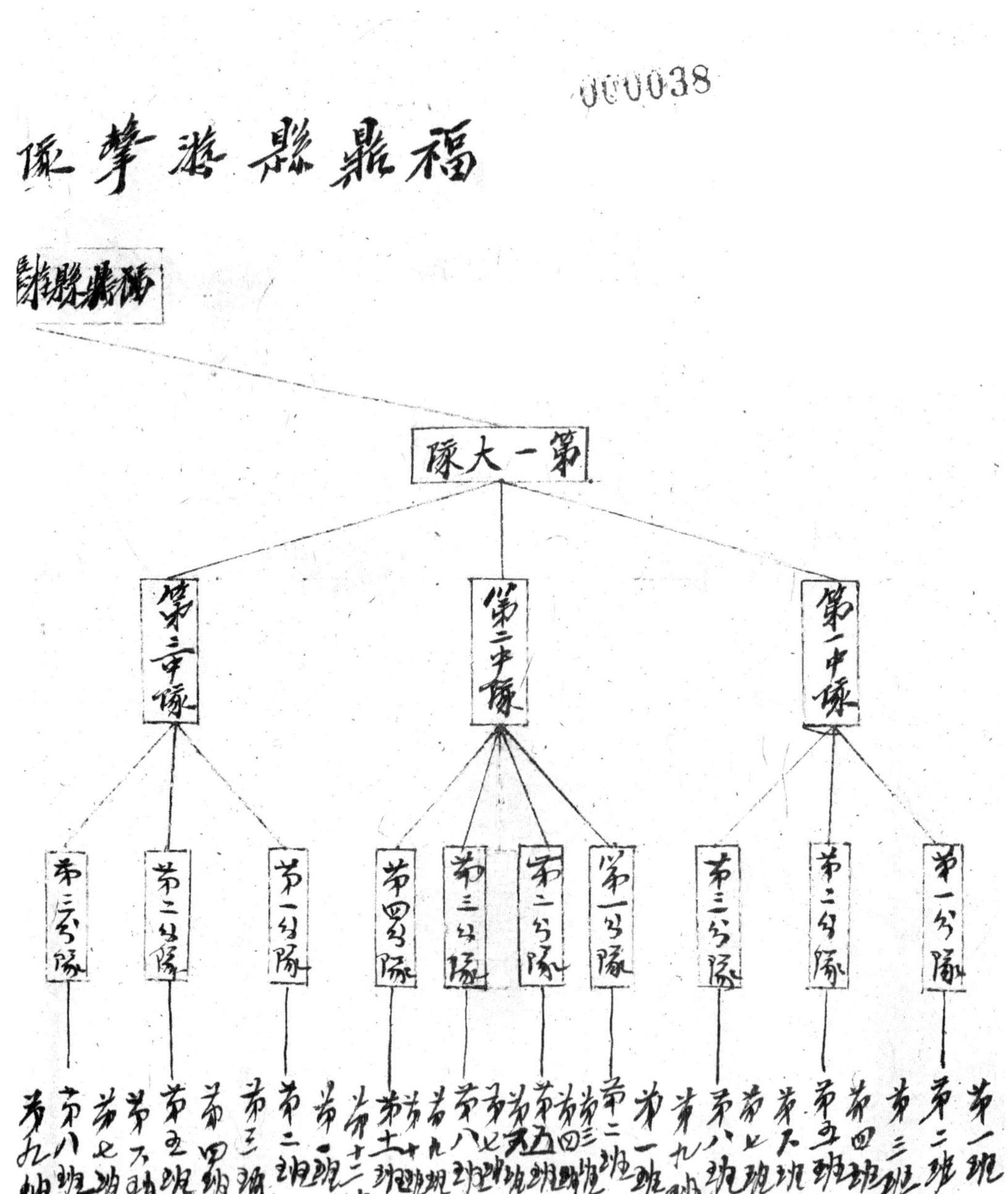

福鼎县游击队组织系统表(1939 年 12 月)a 面 G133-003-0111

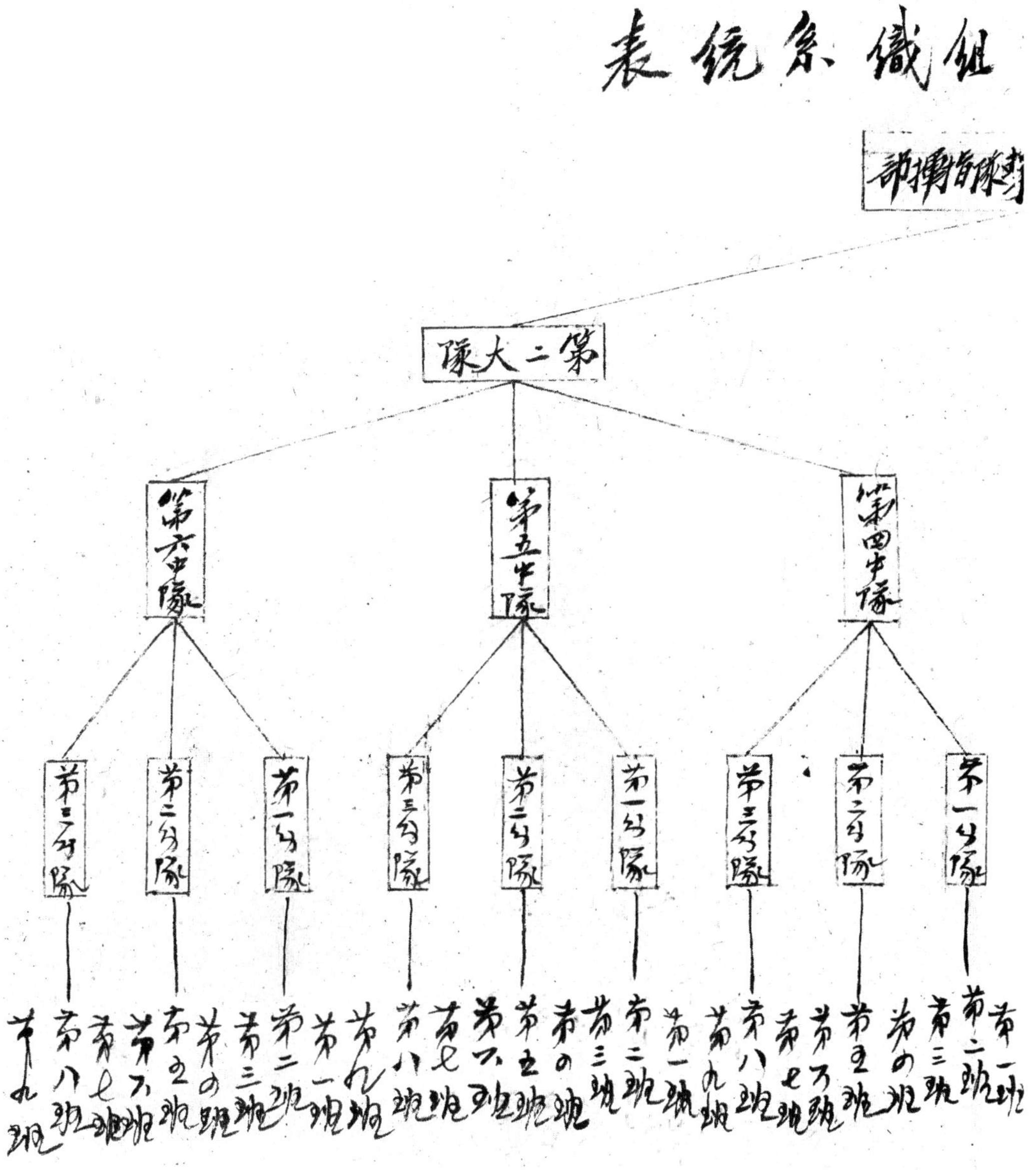

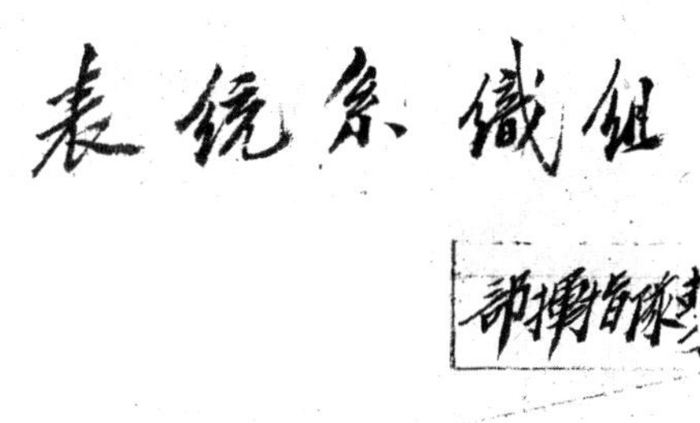

福鼎县游击队组织系统表(1939 年 12 月)b 面　G133-003-0111

第三戰區第廿五集團軍前進游擊地區福鼎縣游擊隊官兵人數統計表

二十　年　月　日　福鼎縣游擊隊指揮部製

隊別＼階級	官佐：上校	中校	少校	上尉	中尉	少尉	准尉	小計	士兵：上士	中士	下士	上等兵	一等兵	二等兵	伕役	小計	總計
縣游擊隊指揮部		一	一			三	一	六	一						二	三	九
第一中隊				一	一	二	一	五	一	三	六	一三	三八	五一	六	一一八	一二三
第二中隊				一	一	三	一	六	一	四	八	一九	一	一五六	二	二〇一	二〇七
第三中隊				一	一	二	三	七		三	六	九	一八	五四	[illegible]	九〇	九七
合計		一	一	三	三	一〇	六	二四	三	一〇	二〇	四一	五七	二六一	二〇	四一三	四三六

附記：尚有第二大隊第四五六中隊係全區警衛隊及各區義勇警察獨立分隊暨自衛隊自本年八月東區自衛大隊集訓期滿後返居鄉閭如遇公務臨時召集之義警分隊均係任務式。

第三战区第廿五集团军前进游击地区福鼎县游击队官兵人数统计表

（1939 年 12 月）　G133-003-0111

第三戰區第廿五集團軍前進游擊地區福鼎縣游擊隊　月份槍彈統計表

槍彈別	名稱　數量 ＼ 隊別	縣游擊隊指揮部	第一中隊	第二中隊	第三中隊				總計	附記
槍	七九步槍		113	143					256	第四五六中隊係召集時臨時發給。
	六五步槍			9	19				28	
	七九馬槍									
	六五馬槍									
	自來得手槍		1	3	[illegible]				4	
	白郎林手槍									
	左輪手槍			2					2	
	七九輕机槍									
	六五輕机槍									
	七九重机槍									
	六五重机槍									
類	合計		114	157	19				290	
彈	七九步槍彈		5999	15306					21305	
	六五步槍彈			634	425				~~1014~~ 1059	
	七九馬槍彈									
	六五馬槍彈									
	自來得手槍彈		8	29	44				~~81~~ 37	
	白郎林手槍彈									
	左輪手槍彈			57					57	
	七九輕机槍彈									
	六五輕机槍彈									
	七九重机槍彈									
	六五重机槍彈									
	木柄手溜彈									
	無柄手溜彈									
類	合計		6007	16092	425				22454	
附件	刺刀		58	14					~~22454~~ 72	
	馬刀									

二十八年　月　日

福鼎縣游擊隊指揮部製

第三战区第廿五集团军前进游击地区福鼎县游击队十一月份枪弹统计表

（1939 年 12 月）　G133-003-0111

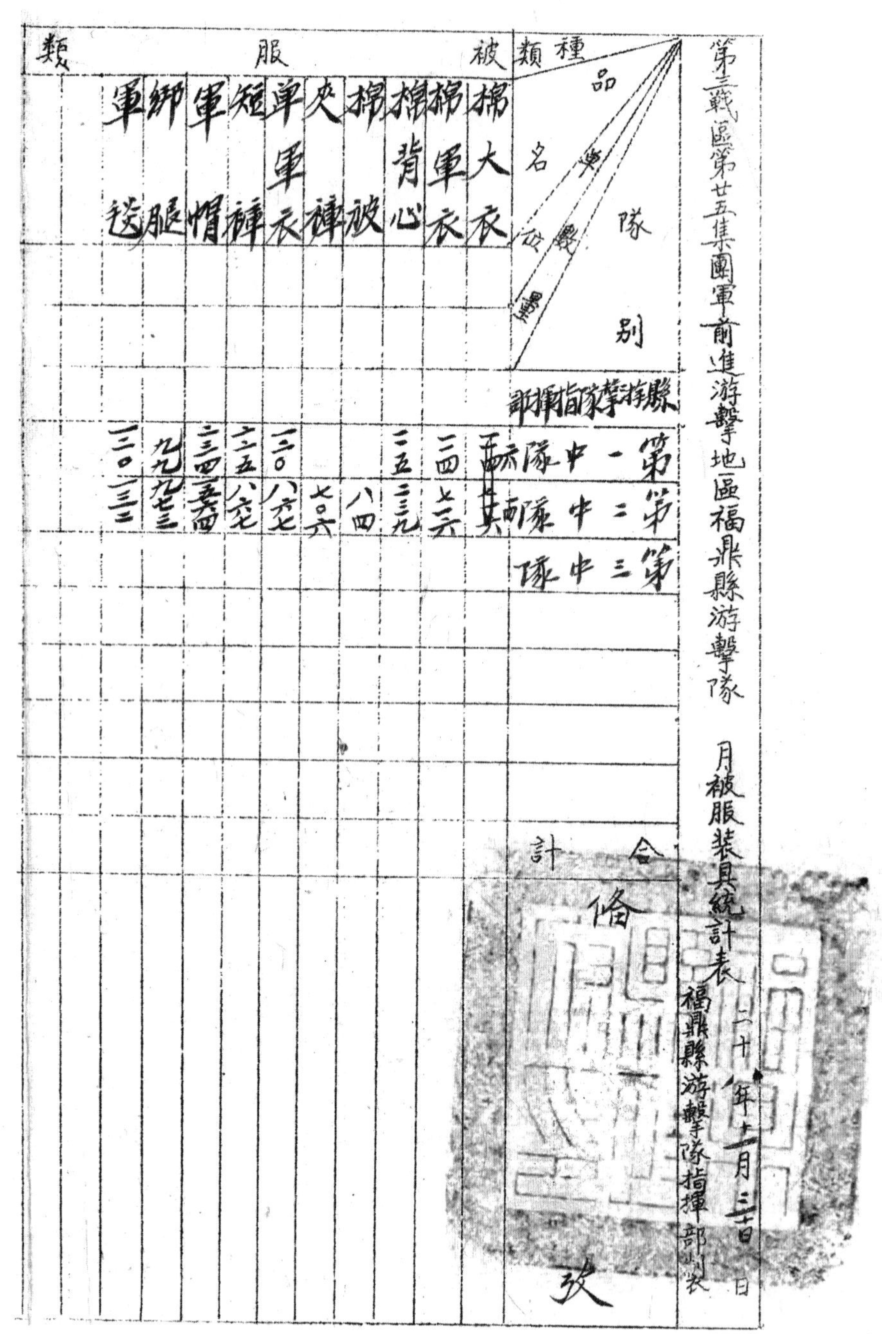

136

第三戰區第廿五集團軍前進游擊地區福鼎縣游擊隊 月被服裝具統計表

隊別 \ 品名 數量 種類	棉大衣	棉軍衣	棉背心	棉被	夾褲	單軍衣	短褲	軍帽	綁腿	軍毯
縣游擊隊指揮部										
第一中隊	一五六	二四	二五			一二〇	二二五	二三四	九九	一二〇
第二中隊	一七四	二七六	三三九	八四	七〇六	八六七	八六七	二五四	九七三	一三二
第三中隊										
合計										

（被服類）

福鼎縣游擊隊指揮部 制表

二十八年十二月三十日

第三战区第廿五集团军前进游击地区福鼎县游击队十一月份被服装具统计表

(1939 年 12 月)a 面 G133-003-0111

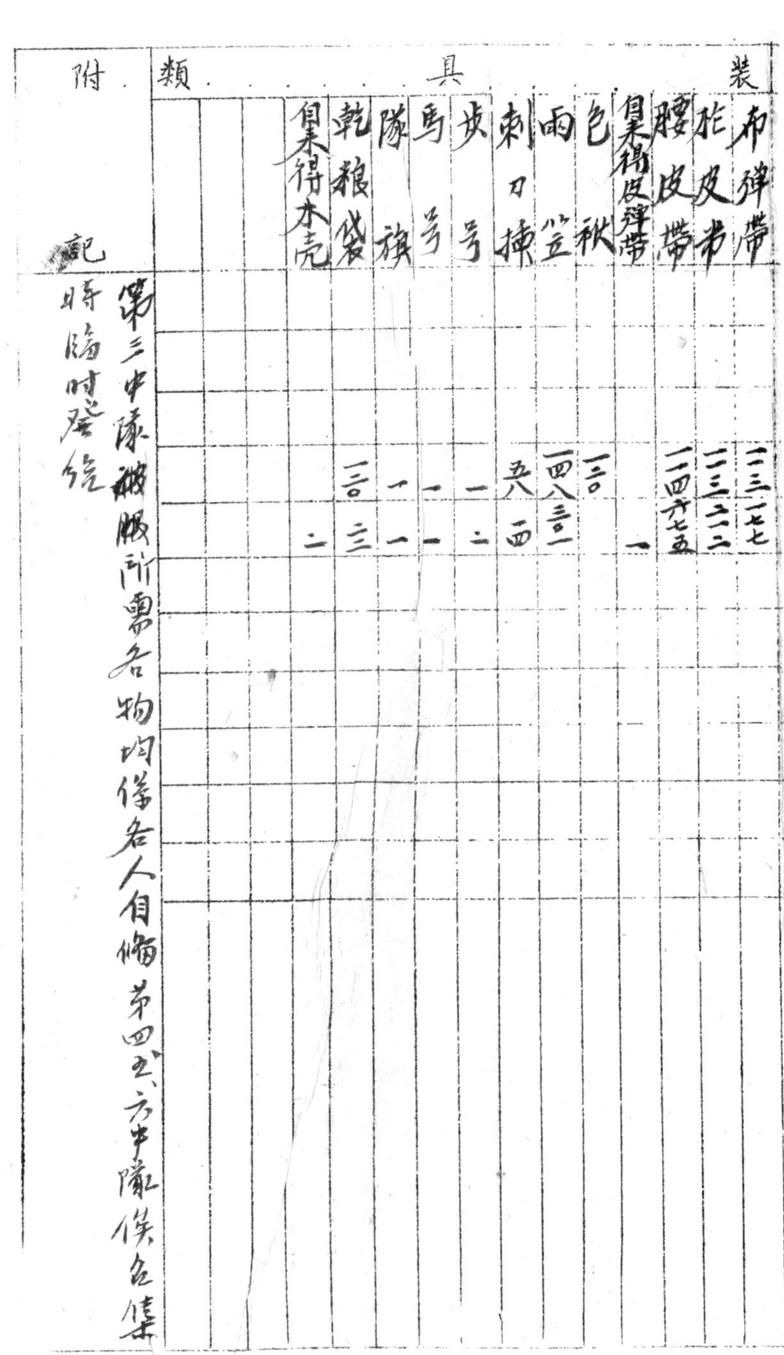

裝具類		
布彈帶	一一三	一七七
枪皮帶	一一三	二一二
腰皮帶	一一四	六七五
自來得皮彈帶		一
色袱	一三〇	
雨笠	一四八	三〇一
刺刀（捕）	五八	四
步号	一	二
馬号	一	一
隊旗	一	一
乾粮袋	一三〇	三
自來得木壳		二

附記：第三中隊被服所需各物均係各人自備，第四、五、六中隊俟集時臨時發給

第三战区第廿五集团军前进游击地区福鼎县游击队十一月份被服装具统计表

(1939年12月)b面　G133-003-0111

第三戰區第廿五集團軍前進游擊地區福鼎縣游擊隊兵力駐地一覽表

二十 年 月 日 福鼎縣游擊隊指揮部製

縣別	隊別	主官姓名	兵力	駐地	備攷
福鼎縣	縣游擊隊指揮部	陳進枚	九員名	桐城	
	第一大隊 第一中隊	陳樹心	一二三員名	〃	
	第一大隊 第二中隊	陳先	二〇七員名	〃	
	第一大隊 第三中隊	賴鎮國	九七員名	〃	
	第二大隊 第四中隊				
	第二大隊 第五中隊				
	第二大隊 第六中隊				

附記：第二大隊第四五六中隊平時散居鄉間俟臨時召集之

第三战区第廿五集团军前进游击地区福鼎县游击队兵力驻地一览表

（1939 年 12 月） G133-003-0111

收報處
RECEIVING DESK

交通部電報局

TELEGRAPH OFFICE

MINISTRY OF COMMUNICATIONS

由 From	流水號數 Running No.	報類 Class	發報局名 Office From	來報號數 Telegram No.
時刻 Time	原來數號 Original No.	字數 Words	日期 Date	時刻 Time
值機員 By	備註 Service Instructions:			投遞員 By

注意：如有查詢事項請帶此紙

Note: Any enquiry respecting this telegram, please produce this form

福鼎县政府译驻闽绥靖主任公署关于十一月份各种报表均悉仍仰按月各填报两份以凭存转的电文

（1939年12月26日） G133-003-0111

000040

1525

二十九年　月　日交辦　一月　七日擬稿　月　日核判　一月　十日發繕

縣長　秘書　科長　擬稿員　書記

謹呈送二十八年十二月份二五集團軍前進游擊地區福鼎縣游擊隊月報表五種計各二份仰祈

鑒核

謹呈

駐閩綏靖主任兼二五集團軍總司令陳

福鼎縣縣長陳○○

主管人員陳○○

中華民國廿九年壹月拾壹日發

字第　號

注意：發件時依左邊虛線裁下

福鼎县政府关于呈送二十八年十二月份第廿五集团军前进游击地区福鼎县游击队月报表五种给驻闽绥靖主任兼第二十五集团军总司令的呈文(附表)(1940 年 1 月 11 日)　G133-003-0111

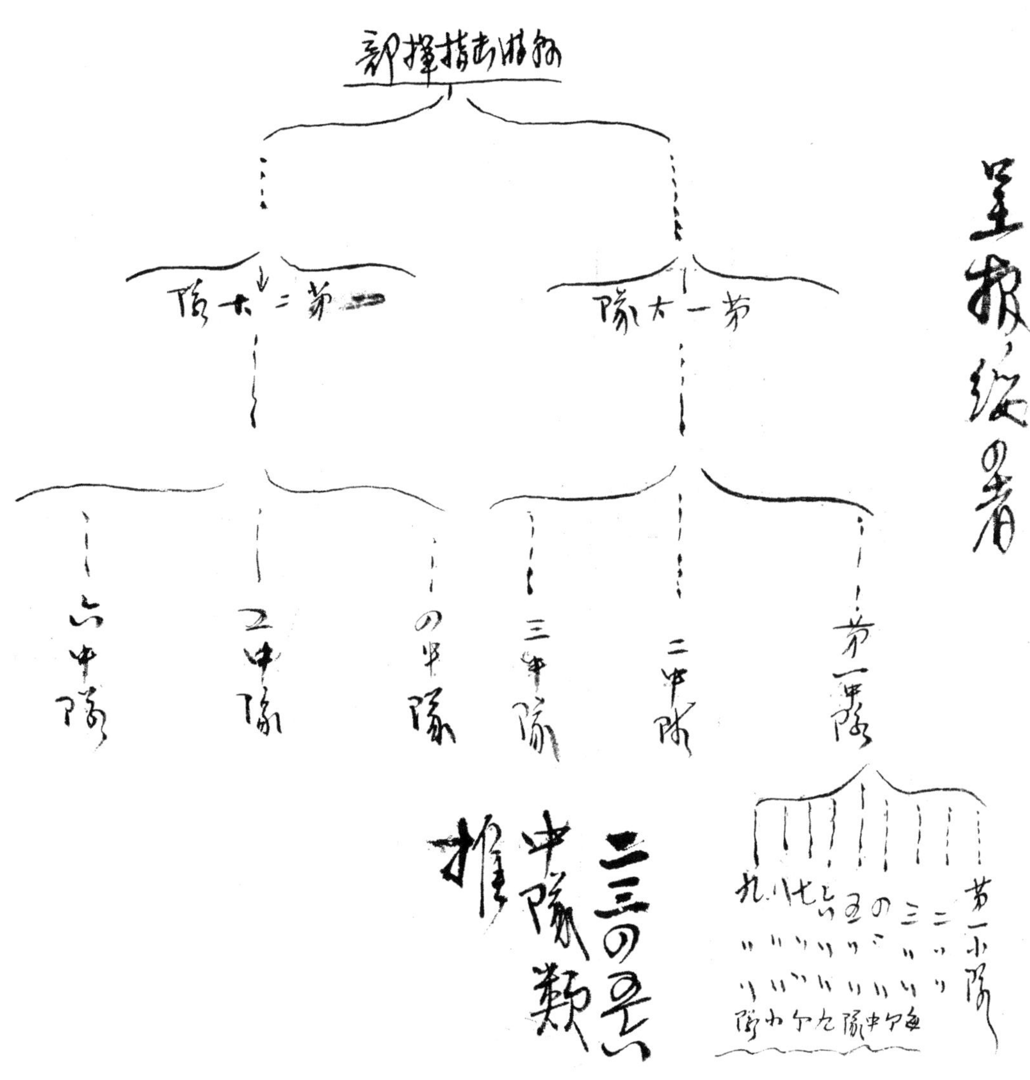

福鼎县游击队组织系统表(拟稿)(1940 年 1 月 10 日)　G133-003-0111

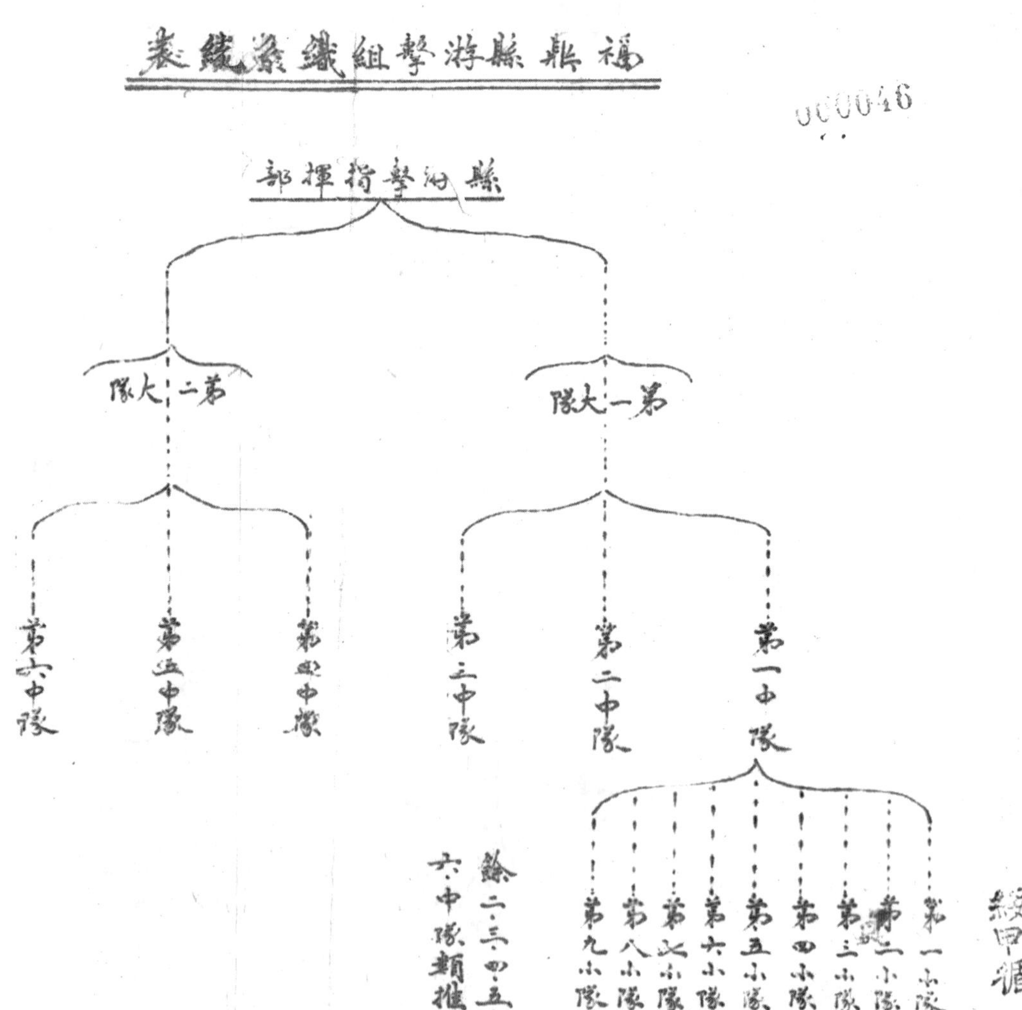

福鼎县游击队组织系统表(1940 年 1 月 10 日)　G133-003-0111

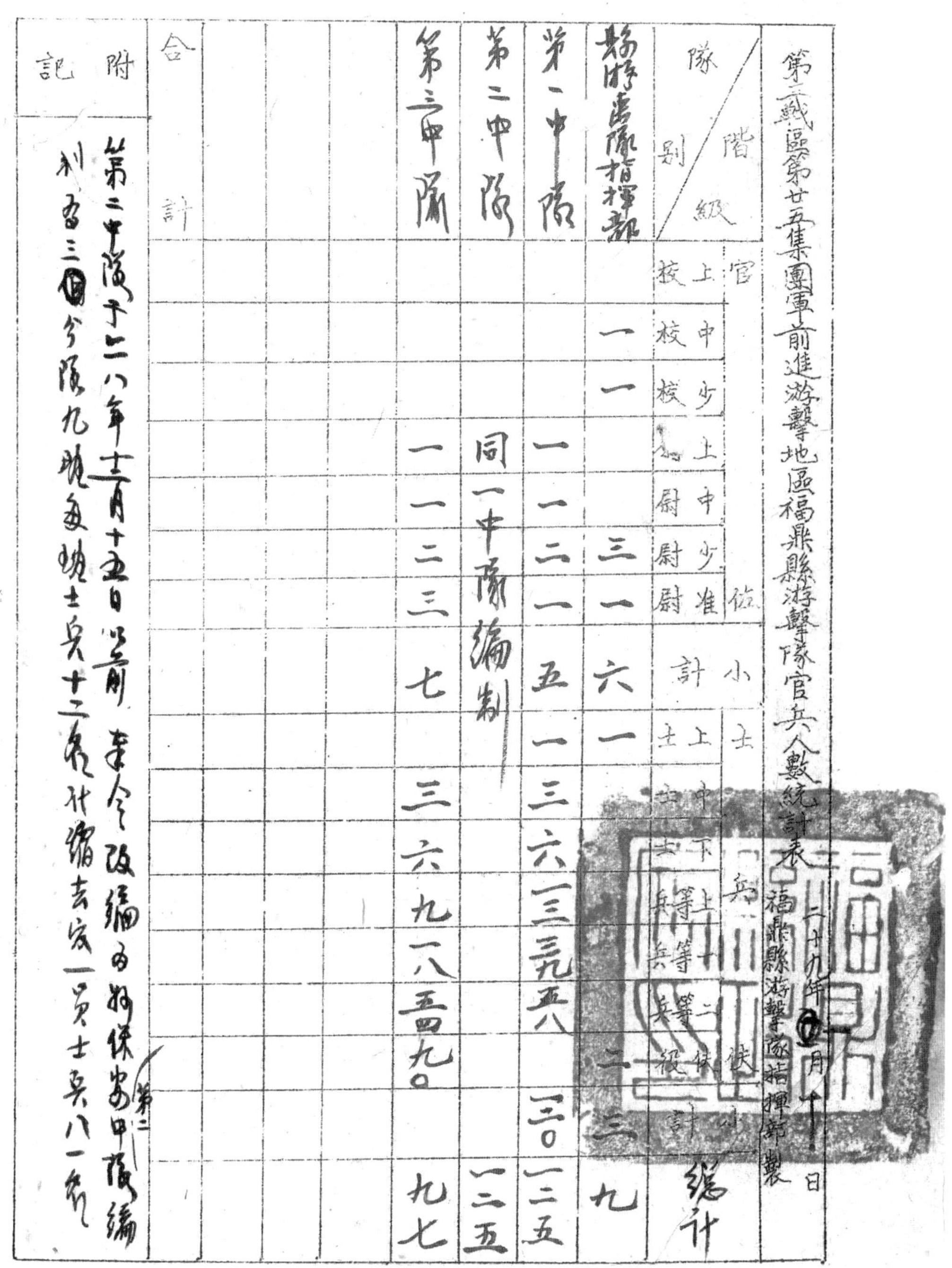

第三戰區第廿五集團軍前進游擊地區福鼎縣游擊隊官兵人數統計表

二十九年一月十日 福鼎縣游擊隊指揮部製

階級 \ 隊別		游擊隊指揮部	第一中隊	第二中隊	第三中隊				合計
官佐	上校			同一中隊編制					
	中校	一							
	少校	一							
	上尉		一		一				
	中尉		一		一				
	少尉	三	二		二				
	准尉	一	一		三				
小計		六	五		七				
士兵	上士	一	一						
	中士		三		三				
	下士		六		六				
	上等兵		一三		九				
	一等兵		三九		一八				
	二等兵		五八		五四				
伕役	伕役	二			九〇				
小計		三	一三〇						
總計		九	一三五	一三五	九七				

附記：第二中隊于二八年十二月十五日以前奉令改編為將保安第二中隊編制，當三個分隊九班，每班士兵十二名，計縮去官一員、士兵八一名。

第三战区第廿五集团军前进游击地区福鼎县游击队官兵人数统计表

（1940 年 1 月 10 日） G133-003-0111

UC0041

第三战区第廿五集团军前进游击地区福鼎县游击队十二月份枪弹统计表

枪弹别	名称	福鼎县游击指挥部	第一中队	第二中队	第三中队					总计
枪类	七九步枪		113	113	19					
	六五步枪									
	七九马枪									
	六五马枪									
	自来得手枪		1	3						
	白郎林手枪									
	左轮手枪			2						
	七九轻机枪									
	六五轻机枪									
	七九重机枪									
	六五重机枪									
	合计		114	118	19					
弹类	七九步枪弹		5999	15307	425					
	六五步枪弹			634						
	七九马枪弹									
	六五马枪弹									
	自来得手枪弹		8	29						
	白郎林手枪弹									
	左轮手枪弹			57						
	七九轻机枪弹									
	六五轻机枪弹									
	七九重机枪弹									
	六五重机枪弹									
	木柄手榴弹									
	铁柄手榴弹									
	合计		6007	16027	425					
附件	刺刀		58	14						
	马刀									

附记：编制九班制每班士兵十二名除所发枪弹外经缴存。第二中队于二八年十二月十五日以前奉令改编为保安第二中队。

二十九年一月十日
福鼎县游击指挥部制

第三战区第廿五集团军前进游击地区福鼎县游击队十二月份枪弹统计表

（1940 年 1 月 10 日） G133-003-0111

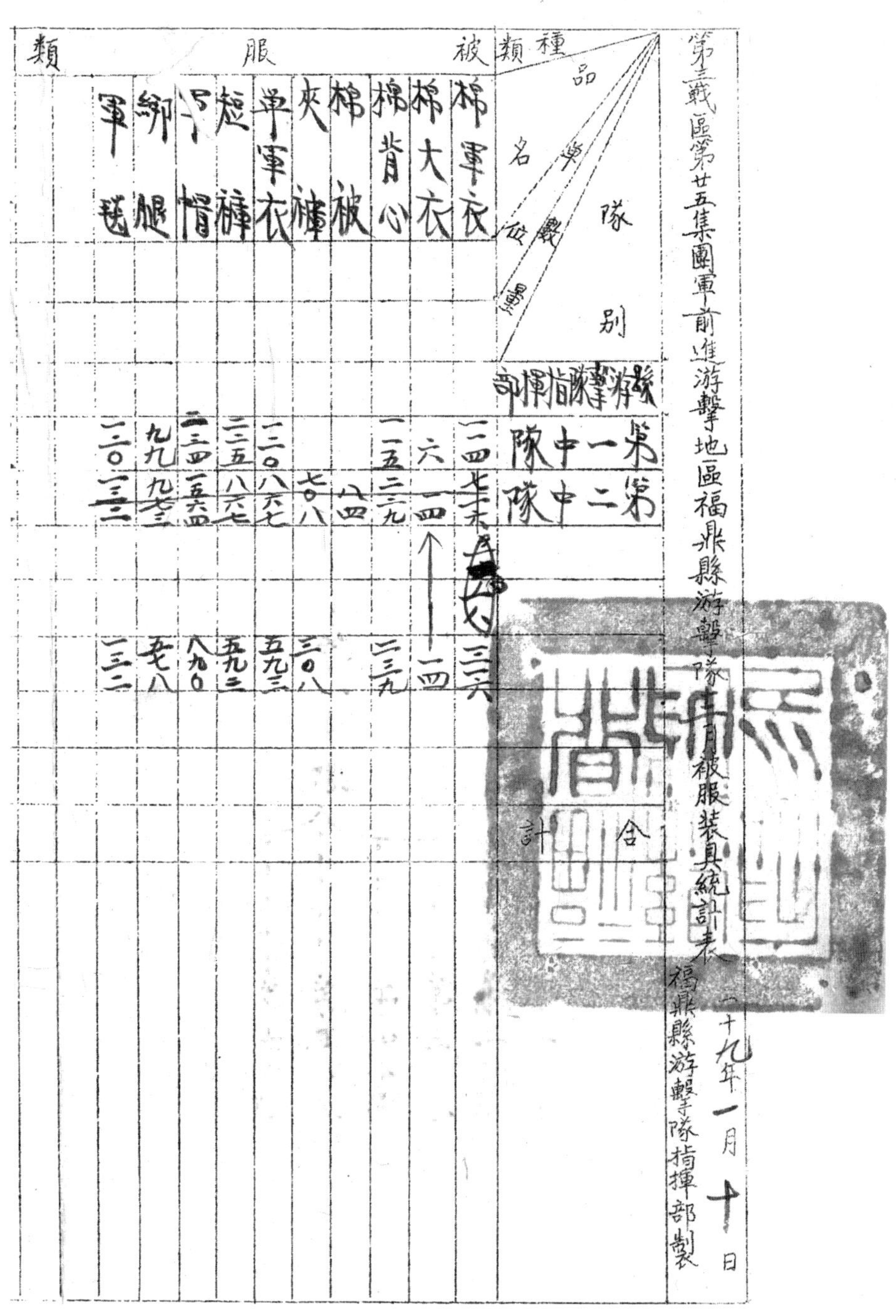

第三戰區第廿五集團軍前進游擊地區福鼎縣游擊隊十二月被服裝具統計表

種類 / 品名 / 單位 / 數量 / 隊別	棉軍衣	棉大衣	棉背心	棉被	夾褲	单軍衣	短褲	軍帽	綁腿	軍毯
縣游擊隊指揮部										
第一中隊	一一四	六	一一五			一二〇	二三五	二三四	九九	一二〇
第二中隊	七一六	一一四	二二九	八四	七〇八	八六七	八六七	一五六四	九七三	一三二
	三一六	一四	二三九		三〇八	五九三	五九二	八九〇	五七八	一三二
合計										

二十九年一月十日

福鼎縣游擊隊指揮部製表

第三战区第廿五集团军前进游击地区福鼎县游击队十二月份被服装具统计表

(1940 年 1 月 10 日)a 面　G133-003-0111

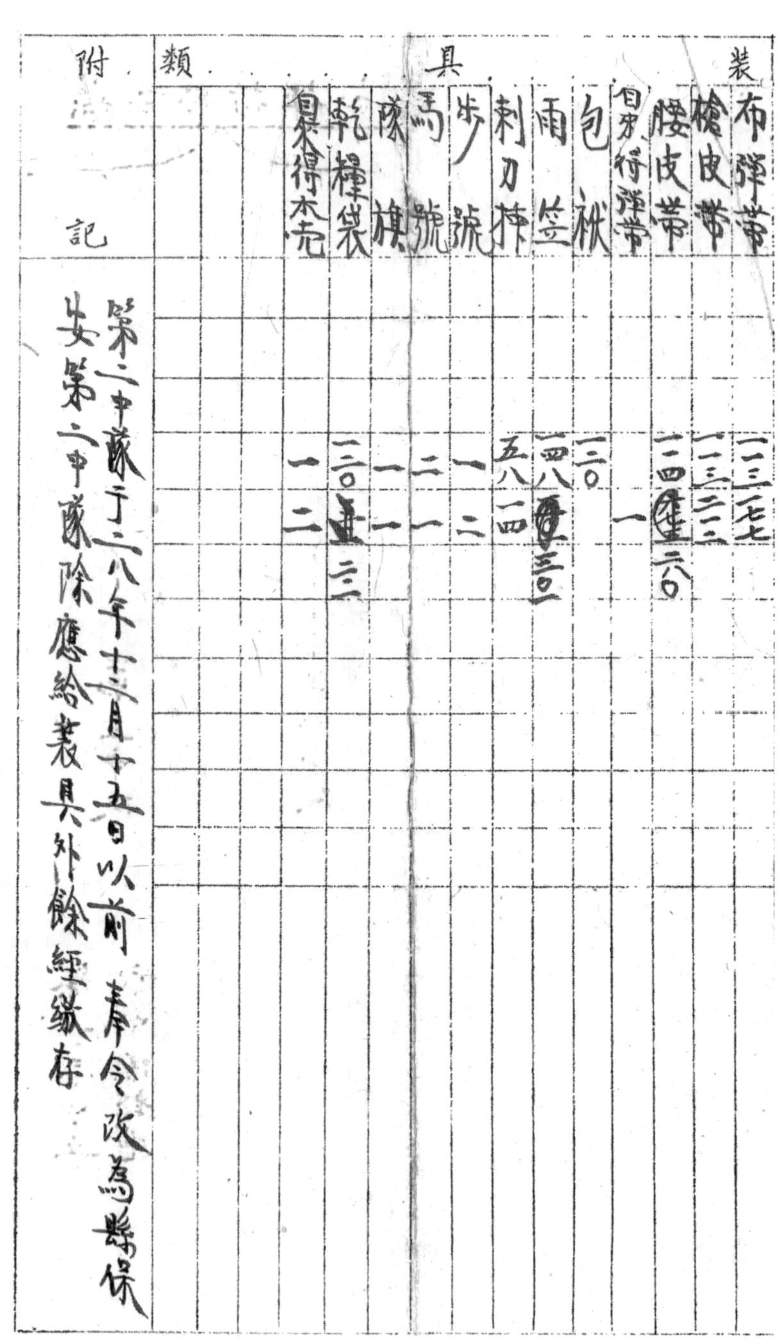

裝具類															附記
布彈帶	槍皮帶	腰皮帶	[illegible]待彈帶	包袱	雨笠	刺刀插	步號	馬號	隊旗	乾糧袋	累得木壳				
一三一七七	一三三三	一四六〇	一	一二〇	一四八三〇一	五八一四	一二	二一	一一	二二〇三二	一二				第二中隊于二八年十二月十五日以前奉令改為縣保安第二中隊除應給裝具外餘經繳存

第三战区第廿五集团军前进游击地区福鼎县游击队十二月份被服装具统计表

(1940年1月10日)b面 G133-003-0111

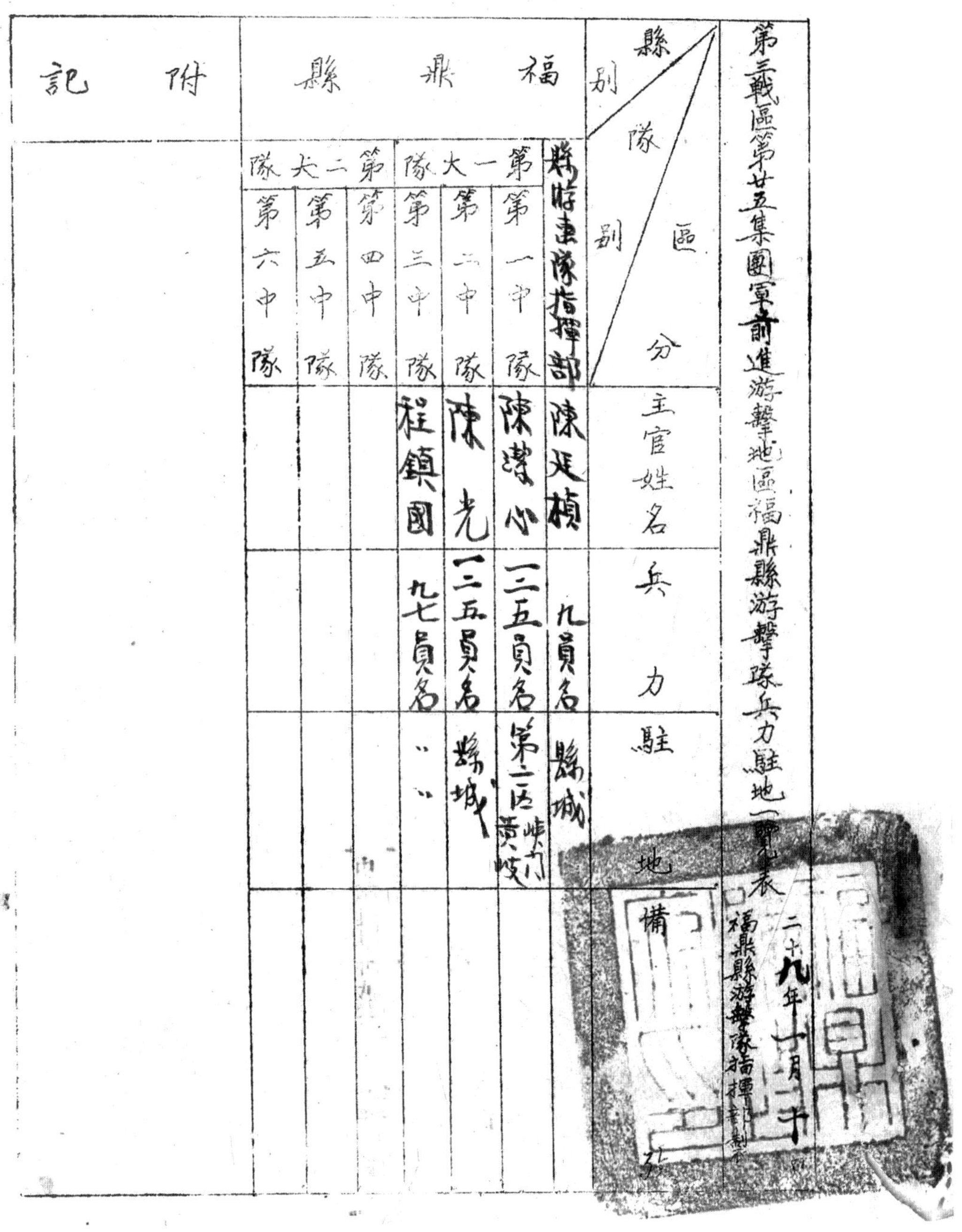

000042

第三戰區第廿五集團軍前進游擊地區福鼎縣游擊隊兵力駐地一覽表

縣別	隊別 區分		主官姓名	兵力	駐地	備考
福鼎縣	縣游擊隊指揮部		陳廷楨	九員名	縣城	
	第一大隊	第一中隊	陳潛心	一三五員名	第二區黃岐峽門	
		第二中隊	陳光	一三五員名	縣城	
		第三中隊	程鎮國	九七員名	〃〃	
	第二大隊	第四中隊				
		第五中隊				
		第六中隊				
附記						

二十九年一月十日 福鼎縣游擊隊指揮部製

第三战区第廿五集团军前进游击地区福鼎县游击队兵力驻地一览表

（1940 年 1 月 10 日） G133-003-0111

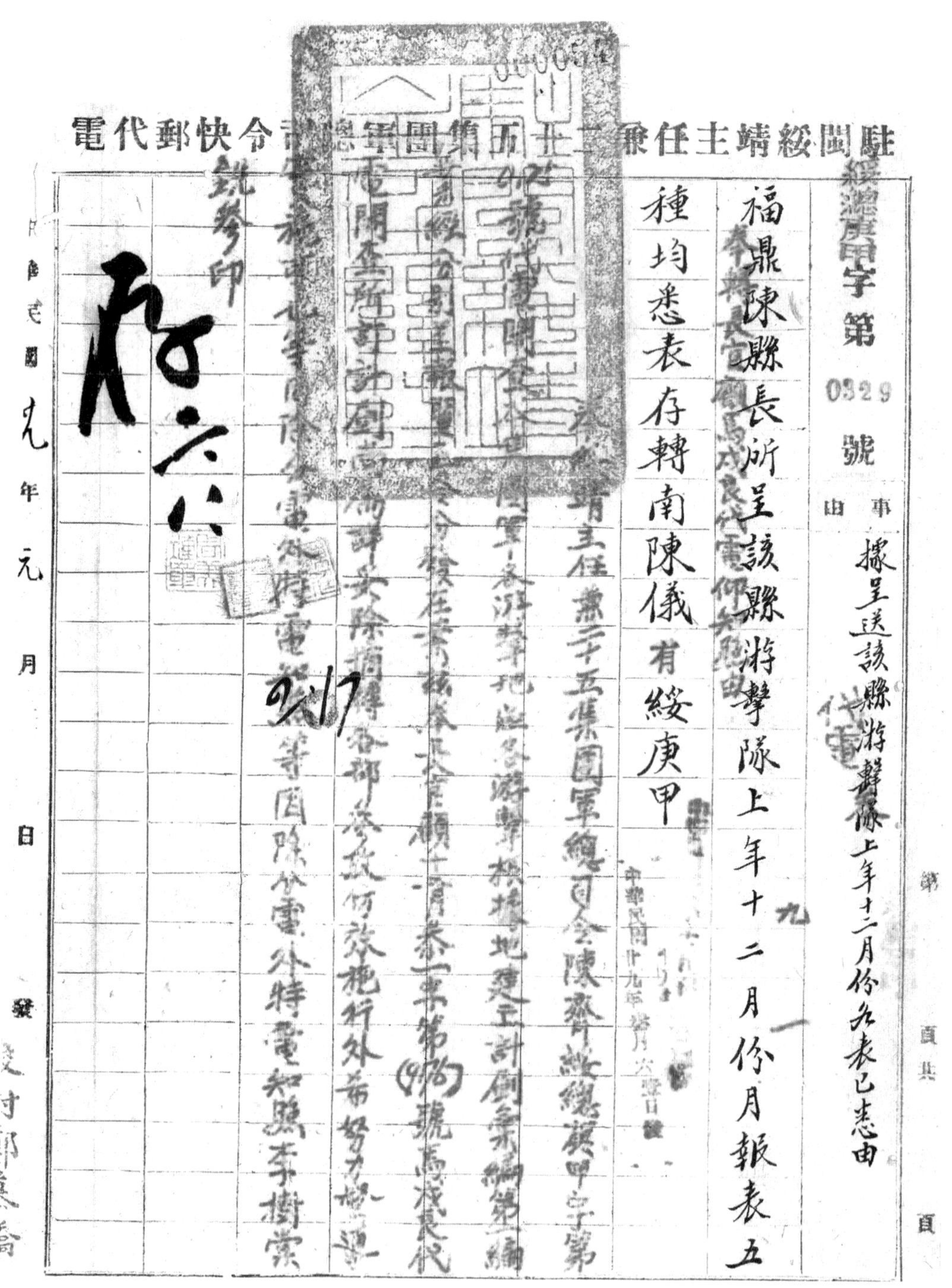

駐閩綏靖主任兼第二十五集團軍總司令部快郵代電

綏總庚甲字第0329號

事由：據呈送該縣游擊隊上年十二月份各表已悉由

福鼎陳縣長：所呈該縣游擊隊上年十二月份月報表五種均悉。表存轉。南陳儀。有綏庚甲

駐閩綏靖主任公署关于福鼎县所呈上年十二月份游击队月报表五种均悉存转的快邮代电

（1940 年 1 月 25 日） G133-003-0111

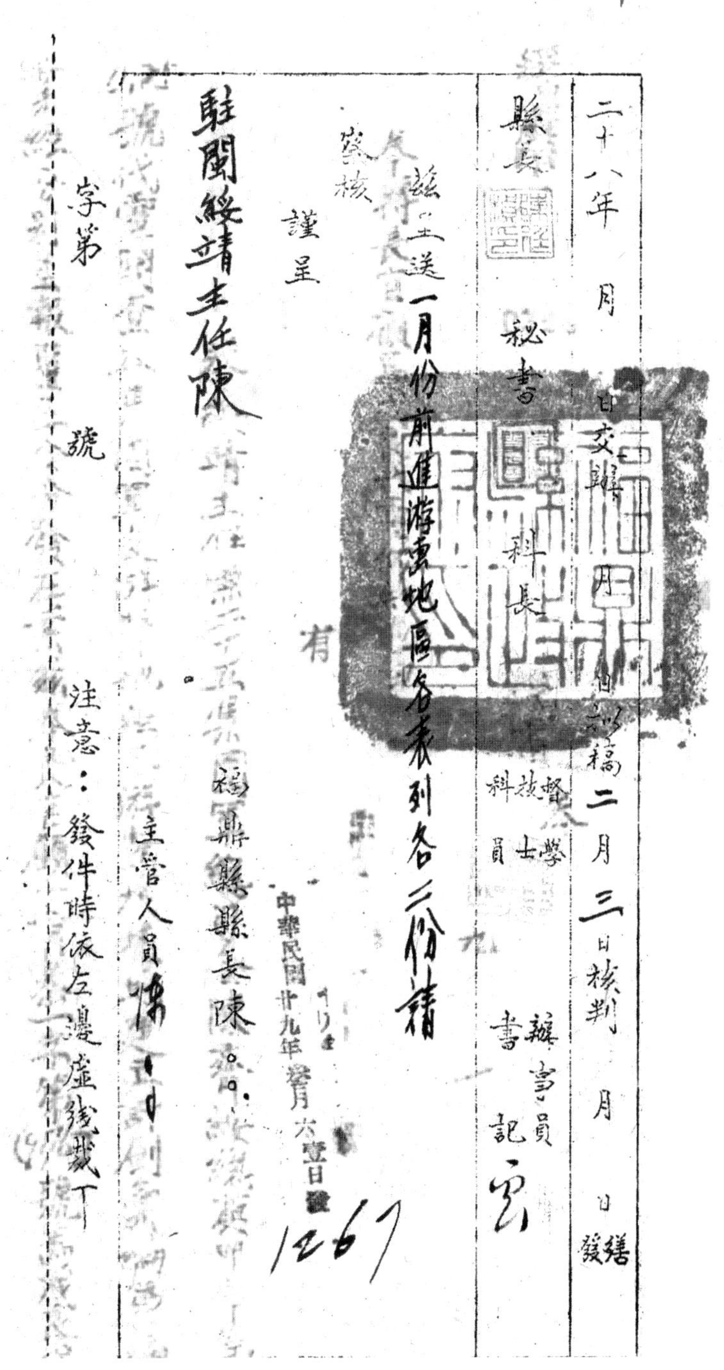
000055　441

二十八年　月　日交辦　月　日擬稿　二月三日核判　月　日發繕

縣長　秘書　科長　督學　技士　科員　辦事員　書記

茲呈送一月份前進游擊地區各表列各二份，請

鑒核

謹呈

駐閩綏靖主任陳

福鼎縣縣長陳○○

主管人員

中華民國廿九年貳月叁日發

字第　號

注意：發件時依左邊虛綫裁下

福鼎县政府关于呈送一月份前进游击地区各表给驻闽绥靖主任公署的呈文(附表)

(1940 年 2 月 3 日)　G133-003-0111

第三戰區第廿五集團軍前進游擊地區福鼎縣游擊隊官兵人數統計表

階級 \ 隊別		縣指揮部	第一中隊	第二中隊	第三中隊	合計	附記
官佐	上校						
	中校	一				一	
	少校	一				一	
	上尉		一	一	一	三	
	中尉		一	一	一	三	
	少尉	三	二	二	二	九	
	准尉	一	一	一	三	六	
	小計	六	五	五	七	二三	
士	上士	一	一	一		三	
	中士		三	三	三	六	
	下士		六	六	六	一八	
兵	上等兵		一三	一三	九	三五	
	一等兵		三九	三九	一八	九六	
	二等兵		五八	五八	五四	一七〇	
伕	伕役	二	六	六		一四	
[illegible]計		三	一三〇	一三〇	九〇	三三三	
[illegible]		九	一三五	一三五	九七	三五六	

福鼎縣游擊隊指揮部

二十九年一月三日

第三战区第廿五集团军前进游击地区福鼎县游击队官兵人数统计表

（1940 年 1 月 3 日） G133-003-0111

第三戰區第廿五集團軍前進游擊地區福鼎縣游擊隊　月份槍彈統計表

槍彈別	名稱 \ 數量 \ 隊別	縣游擊指揮部	第一中隊	第二中隊	第三中隊			總計	附記
槍類	七九步槍		103	113				226	
	六五步槍				19			19	
	七九馬槍								
	六五馬槍								
	自來得手槍		1	3	1			5	
	白郎林手槍								
	左輪手槍			2				2	
	七九輕机槍								
	六五輕机槍								
	七九重机槍								
	六五重机槍								
	合計		114	118	20			252	
彈類	七九步槍彈		5999	15306				21305	
	六五步槍彈				425			425	
	七九馬槍彈								
	六五馬槍彈								
	自來得手槍彈		8	29				37	
	白郎林手槍彈								
	左輪手槍彈			57				57	
	七九輕机槍彈								
	六五輕机槍彈								
	七九重机槍彈								
	六五重机槍彈								
	木柄手溜彈								
	無柄手溜彈								
	合計		6007	15392	425			21824	
附件	刺刀		58	14				72	
	馬刀								

二十八年　月　日

福鼎縣……指揮部（印）

第三战区第廿五集团军前进游击地区福鼎县游击队一月份枪弹统计表(原档未标月份)

(1940 年 1 月 3 日)　G133-003-0111

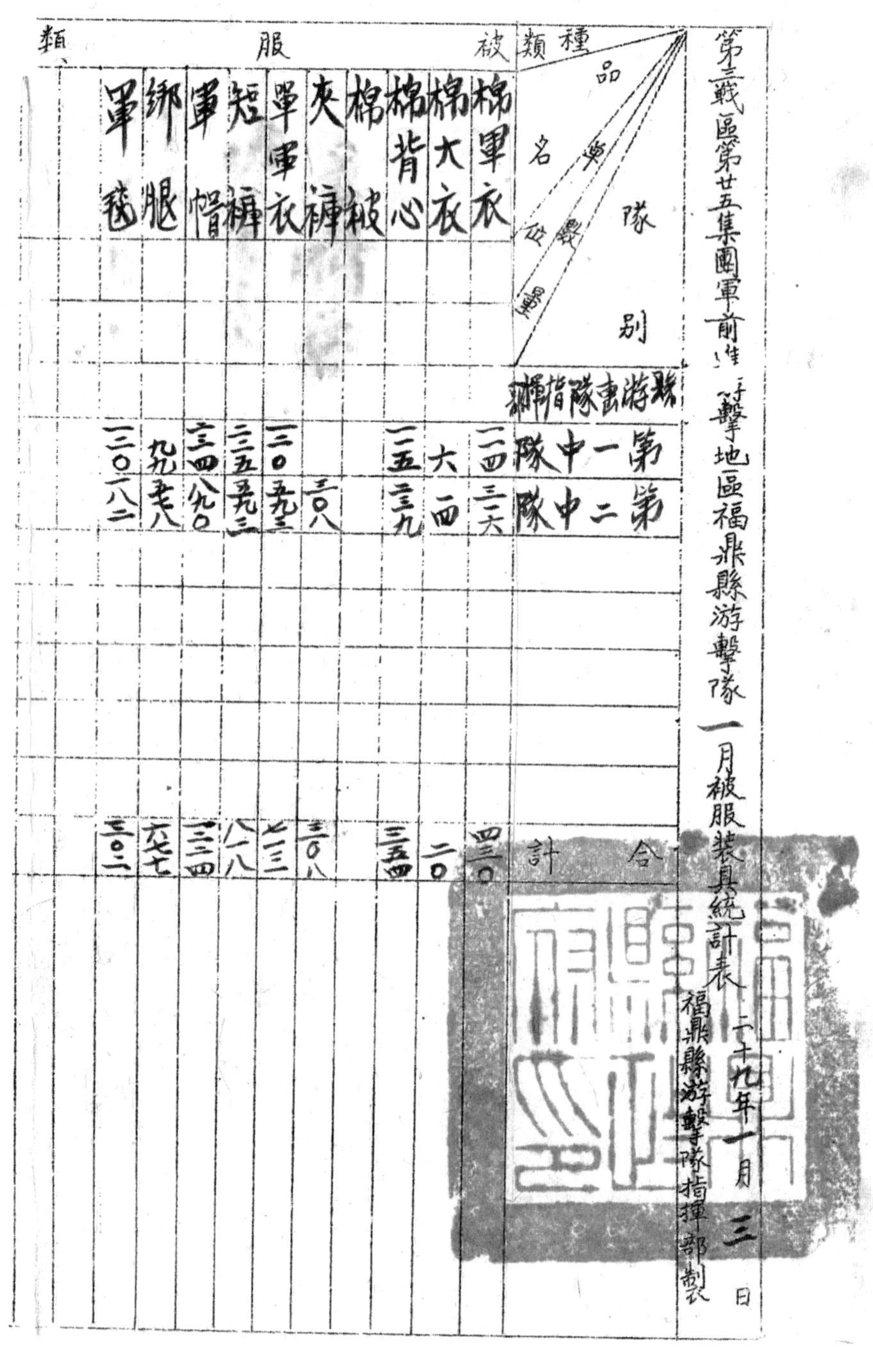

第三戰區第廿五集團軍前進游擊地區福鼎縣游擊隊一月被服裝具統計表

隊別＼品名（單位）種類	棉單衣	棉大衣	棉背心	棉被	夾褲	單軍衣	短褲	軍帽	綁腿	軍毯
縣游擊隊指揮部										
第一中隊	一一四	六	一一五			一二〇	二二五	二二四	九九	一二〇
第二中隊	三一六	一四	二三九		三〇八	五九三	五九三	八九〇	五七八	一八二
合計	四三〇	二〇	三五四		三〇八	七一三	八一八	一一一四	六七七	三〇二

二十九年一月三日　福鼎縣游擊隊指揮部製

第三战区第廿五集团军前进游击地区福鼎县游击队一月份被服装具统计表（1940年1月3日）a面　G133-003-0111

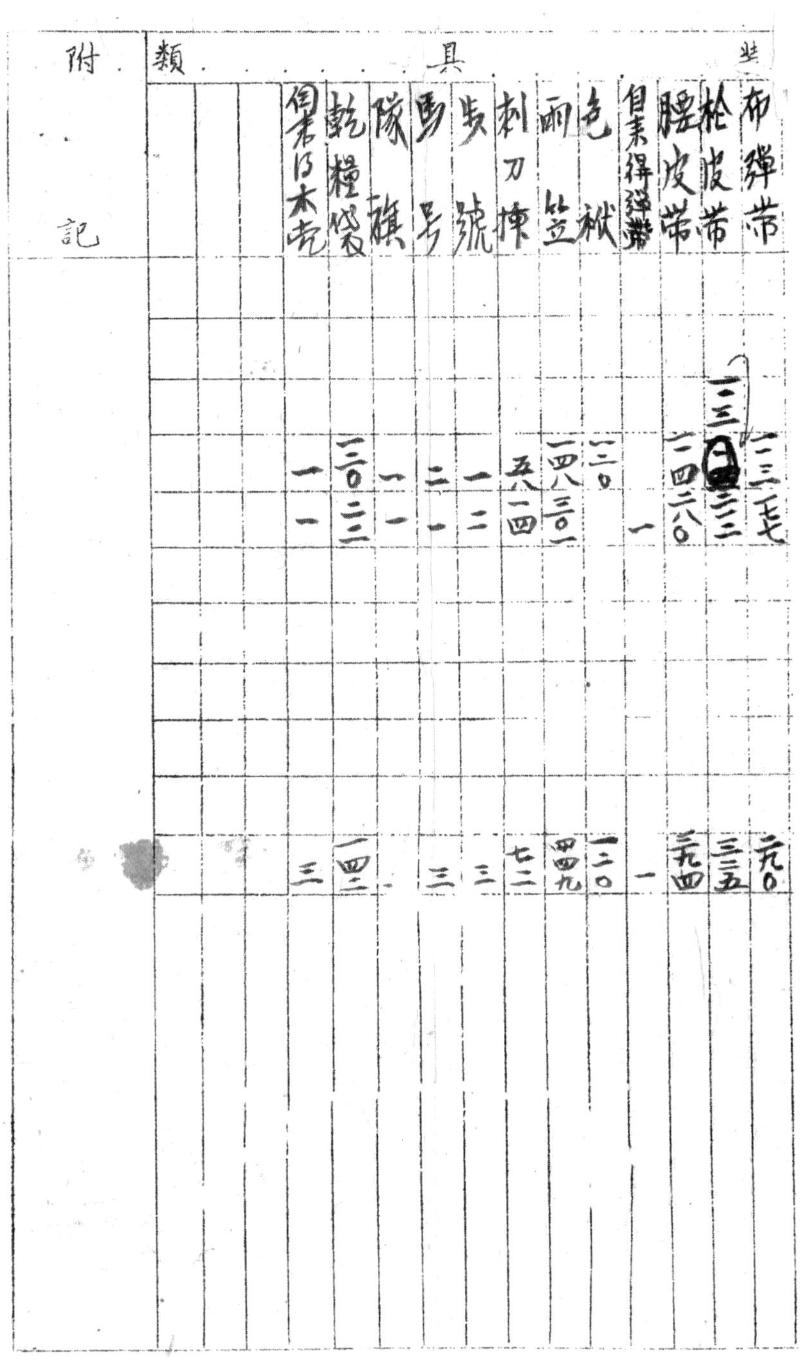

附記	裝具類										
	[illegible]木壳	乾糧袋	隊旗	馬号	步號	刺刀挂	雨笠	包袱	自來得弹帶	腰皮帶	槍皮帶	布弹帶
	一	一二〇	一	二	一	五八	一四八	一二〇		一〇四	[illegible]	一三三
	一	二二	一	一	二	一四	三〇一		一	二八〇	[illegible]	二五七
	三	一四二		三	三	七二	四四九	一二〇	一	三八四	三三五	三九〇

第三战区第廿五集团军前进游击地区福鼎县游击队一月份被服装具统计表

(1940 年 1 月 3 日)b 面　G133-003-0111

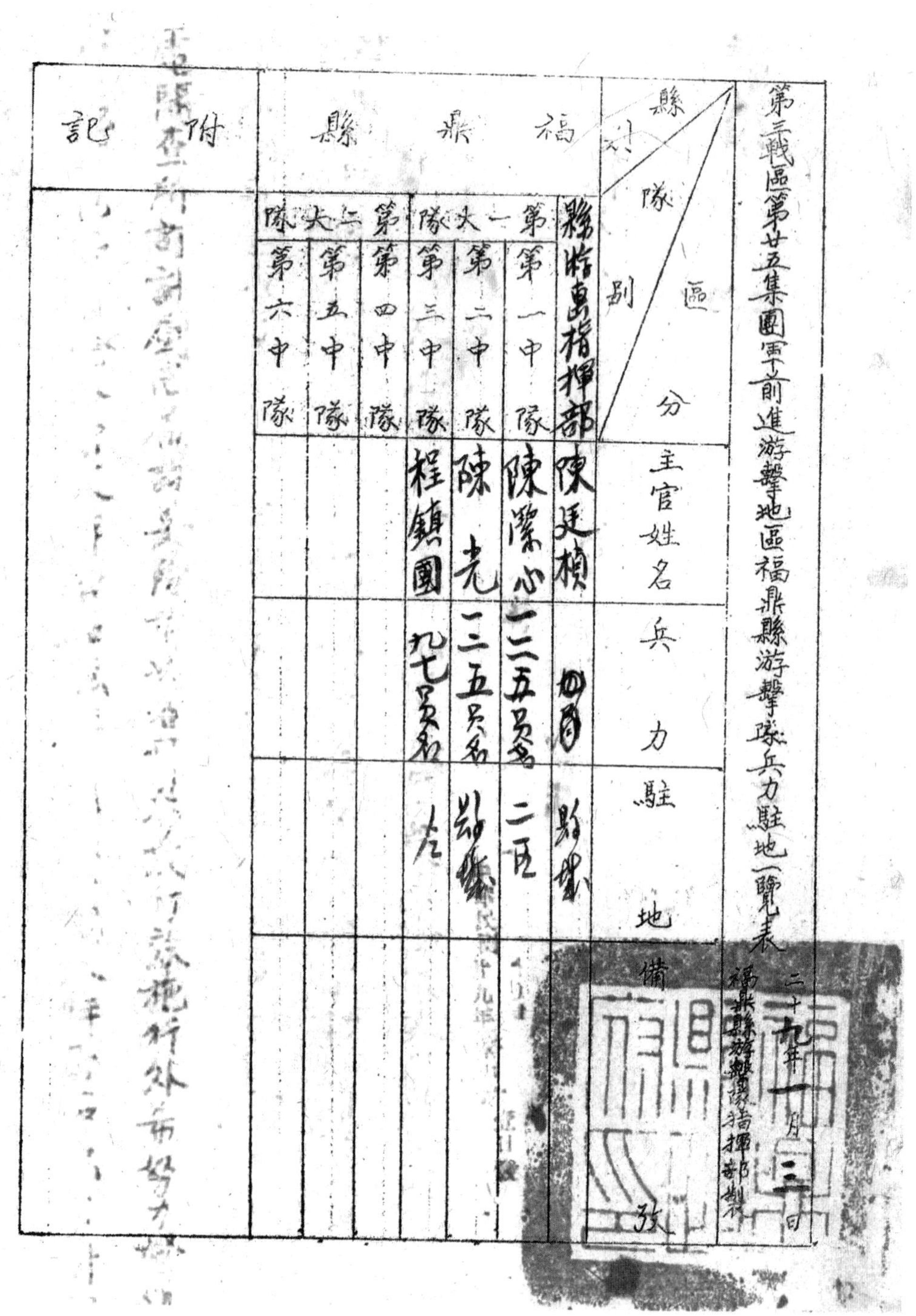

000056

第三戰區第廿五集團軍前進游擊地區福鼎縣游擊隊兵力駐地一覽表

縣別	隊別	區分	主官姓名	兵力	駐地	備攷
福鼎縣		縣游擊指揮部	陳廷楨	[illegible]	縣城	
	第一大隊	第一中隊	陳潔心	一二五員名	二區	
		第二中隊	陳光	一三五員名	[illegible]	
		第三中隊	程鎮國	九七員名	[illegible]	
	第二大隊	第四中隊				
		第五中隊				
		第六中隊				
附記						

二十九年一月三日

福鼎縣游擊隊指揮部製

第三战区第廿五集团军前进游击地区福鼎县游击队兵力驻地一览表

（1940 年 1 月 3 日） G133-003-0111

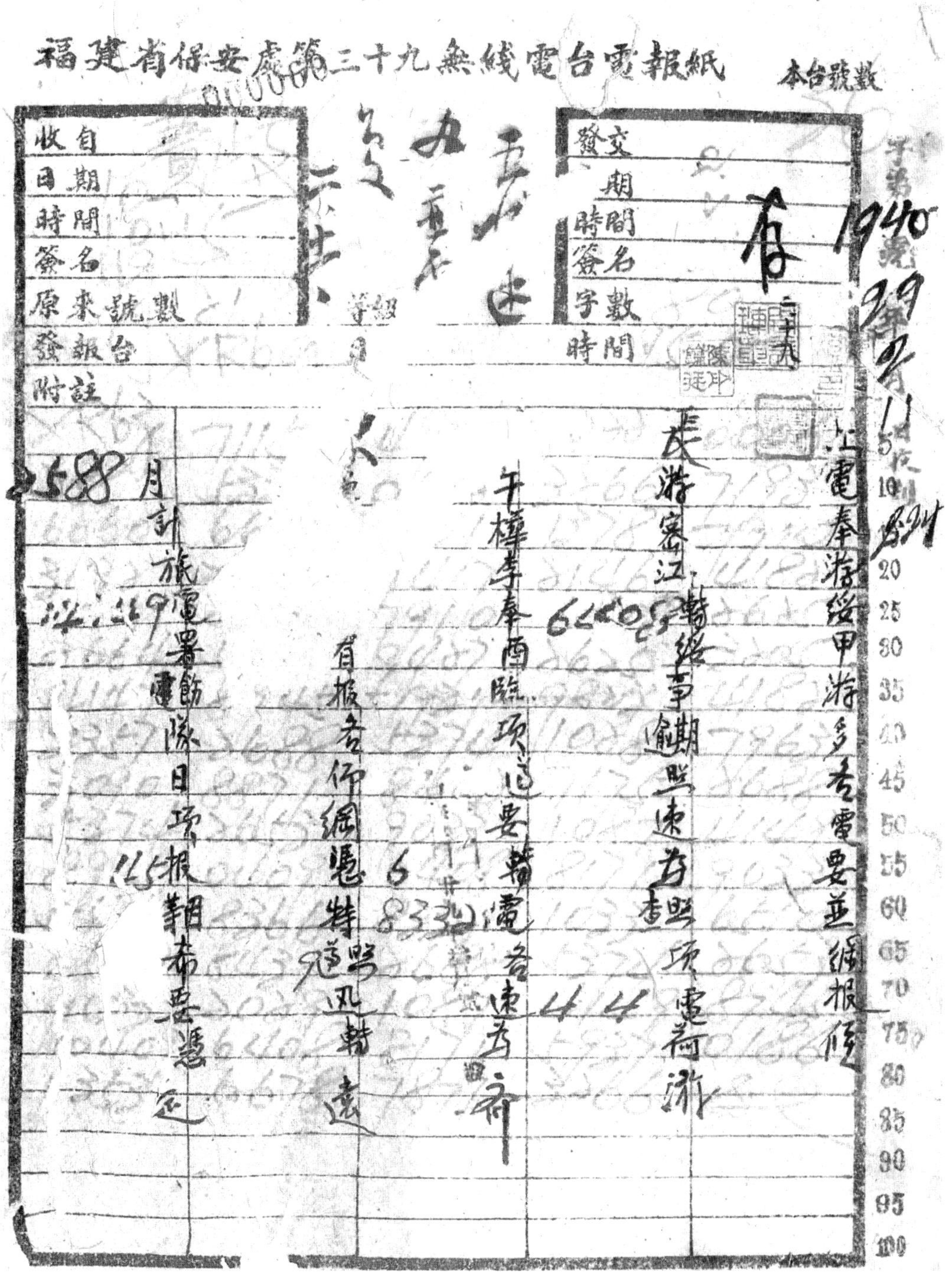

福建省保安處第三十九無線電台電報紙

本台號數

收自

日期

時間

簽名

原來號數

發報台

附註

發交

期

時間

簽名

字數

時間

福鼎县政府译福建省保安第一团关于遵照各项纲要速电报凭转的电文

（1940 年 2 月 8 日） G133-003-0111

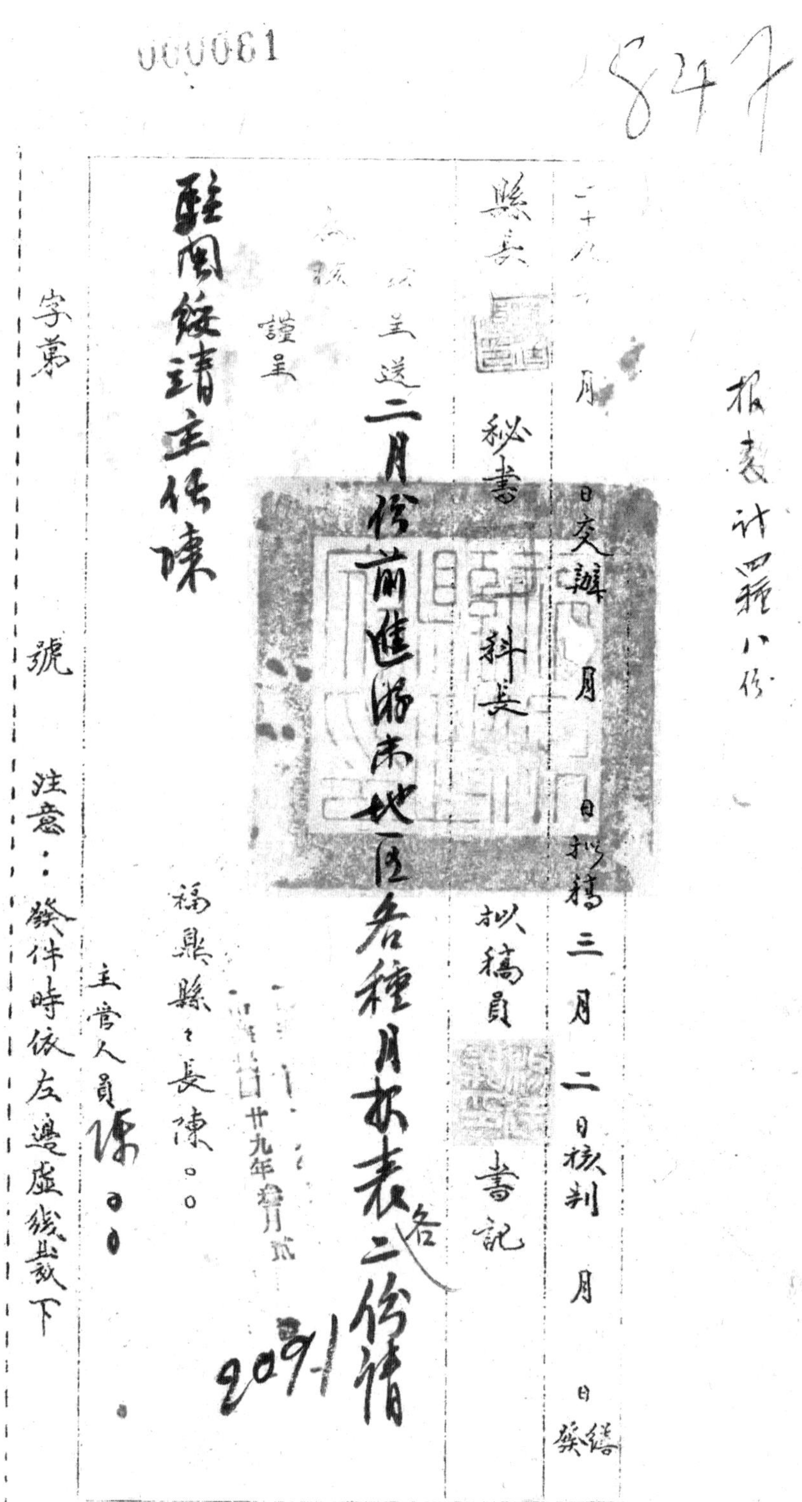

000061

8247

縣長　秘書　科長　擬稿員　書記

二十九年三月二日交辦　三月二日擬稿　三月二日核判　月　日繕

報表計四種八份

呈送二月份前進游擊地區各種月報表各二份請

核鑒

謹呈

駐閩綏靖主任陳

福鼎縣縣長陳〇〇

主管人員陳〇〇

廿九年叁月貳

字第　號

注意：發件時依左邊虛綫裁下

2091

福鼎县政府关于呈送二月份前进游击地区各种月报表给驻闽绥靖主任公署的呈文(附表)

(1940 年 3 月 2 日)　G133-003-0111

第三戰區第廿五集團軍前進游擊地區福鼎縣游擊隊官兵人數統計表

階級 \ 隊別	縣游擊隊指揮部	第一中隊	第二中隊	第三中隊				合計	附記
官佐 上校									
中校	一							一	
少校	一							一	
上尉		一	一	一				三	
中尉		一	一	一				三	
少尉	三	二	二	二				九	
准尉	一	一	一	三				六	
小計	六	五	五	七				二三	
士 上士	一	一	一					三	
中士		三	三	三				九	
下士		六	六	六				一八	
兵 上等兵		一三	一三	九				三五	
一等兵		二九	二九	八				九六	
二等兵		五八	五八	五四				一五四	
伕 伕役	二	六	六					一四	
[illegible]	三	一二○	一二○	九○				[illegible]	
	九	一二五	一二五	九七				三五六	

二十九年二月二日 福鼎縣游擊隊[illegible]製

第三战区第廿五集团军前进游击地区福鼎县游击队官兵人数统计表

（1940 年 2 月 2 日） G133-003-0111

第三戰區第廿五集團軍前進游擊地區福鼎縣游擊隊一月份槍彈統計表

二十九年二月二日

福鼎縣游擊隊指揮部製

槍彈別	名稱（隊別／數量）	縣游擊隊指揮隊	第一中隊	第二中隊	第三中隊				總計	附記
槍類	七九步槍		113	113					226	
	六五步槍				19				19	
	七九馬槍									
	六五馬槍									
	自來得手槍		1	3	1				5	
	白郎林手槍									
	左輪手槍			2					2	
	七九輕机槍									
	六五輕机槍									
	七九重机槍									
	六五重机槍									
	合計		114	118	20				252	
彈類	七九步槍彈		5999	15306					21305	
	六五步槍彈				425				425	
	七九馬槍彈									
	六五馬槍彈									
	自來得手槍彈		8	29						
	白郎林手槍彈									
	左輪手槍彈			57						
	七九輕机槍彈									
	六五輕机槍彈									
	七九重机槍彈									
	六五重机槍彈									
	木柄手溜彈									
	鐵柄手溜彈									
	合計		6007	15392	425				21824	
附件	刺刀		58	14					72	
	大刀									

第三战区第廿五集团军前进游击地区福鼎县游击队二月份枪弹统计表

（1940 年 2 月 2 日） G133-003-0111

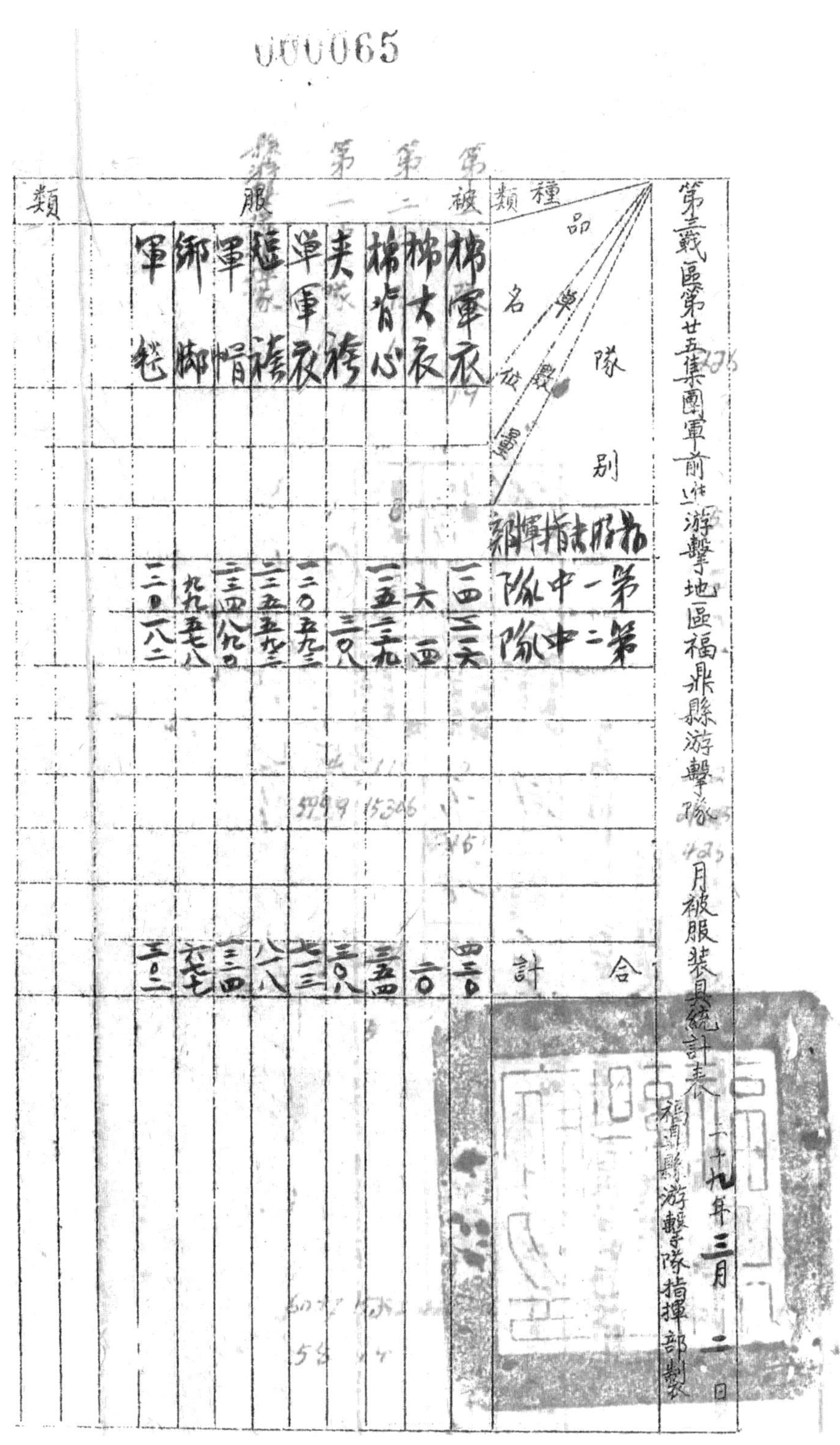

000065

第三戰區第廿五集團軍前進游擊地區福鼎縣游擊隊 月被服裝具統計表

隊別 / 數量 / 品名 / 種類	棉軍衣	棉大衣	棉背心	夾褲	單軍衣	短褲	軍帽	綁腳	軍毯
被服類									
第一中隊	一四	六	一五		一二〇	一三五	一二四	九九	二〇
第二中隊	二六	一四	一二九	二〇八	一五九三	一五九三	八九〇	五七八	一八二
合計	四〇	二〇	二五四	二〇八	七一三	八一八	一三一四	六七七	三〇二

二十九年三月二日 福鼎縣游擊隊指揮部製

第三战区第廿五集团军前进游击地区福鼎县游击队二月份被服装具统计表

(1940年3月2日)a面 G133-003-0111

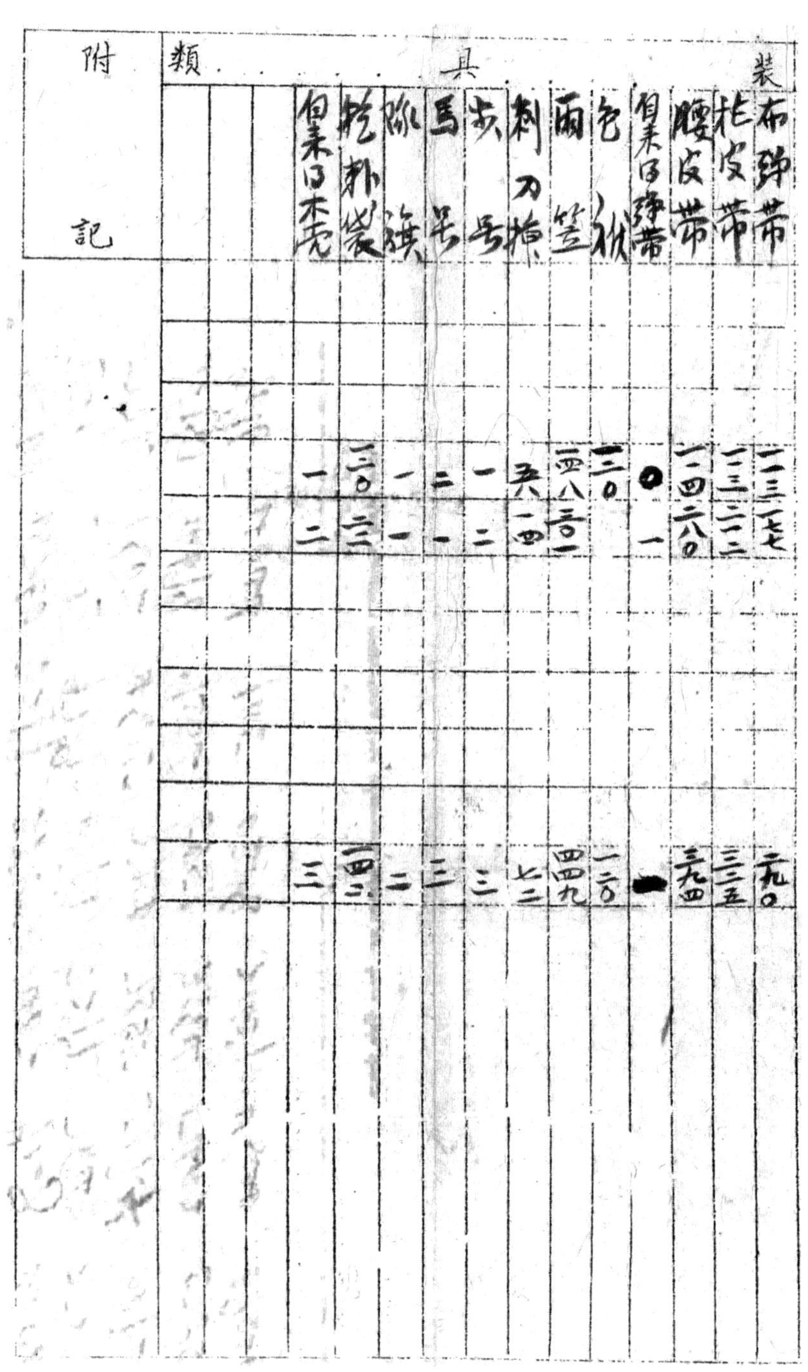

附記	類			具									裝
				自來日水壺	乾粮袋	隊旗	馬號	步號	刺刀鞘	雨笠	包袱	自來日綁帶	腰皮帶	牛皮帶	布綁帶
				一	二〇	一	二	一	五八	二四八	一二〇	〇	一一四	一一三	一一三
				二	二二	一	一	二	一四	二〇一		一	二八〇	二二二	一七七
				三	四二	二	三	三	七二	四四九	一二〇	一	三九四	三三五	二九〇

第三战区第廿五集团军前进游击地区福鼎县游击队二月份被服装具统计表

(1940年3月2日)b面　G133-003-0111

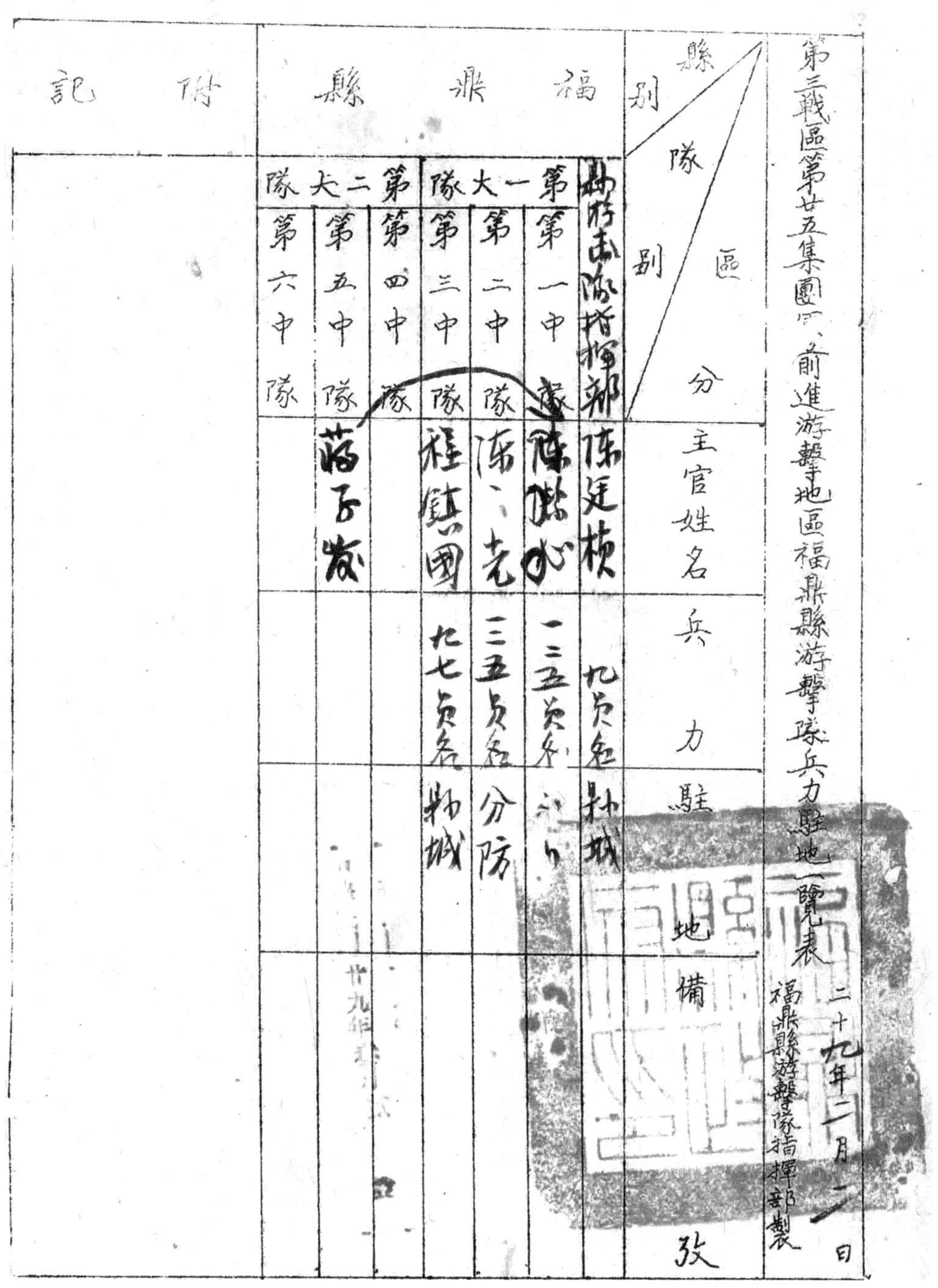

第三战区第廿五集团军前进游击地区福鼎县游击队兵力驻地一览表

（1940 年 2 月 2 日） G133-003-0111

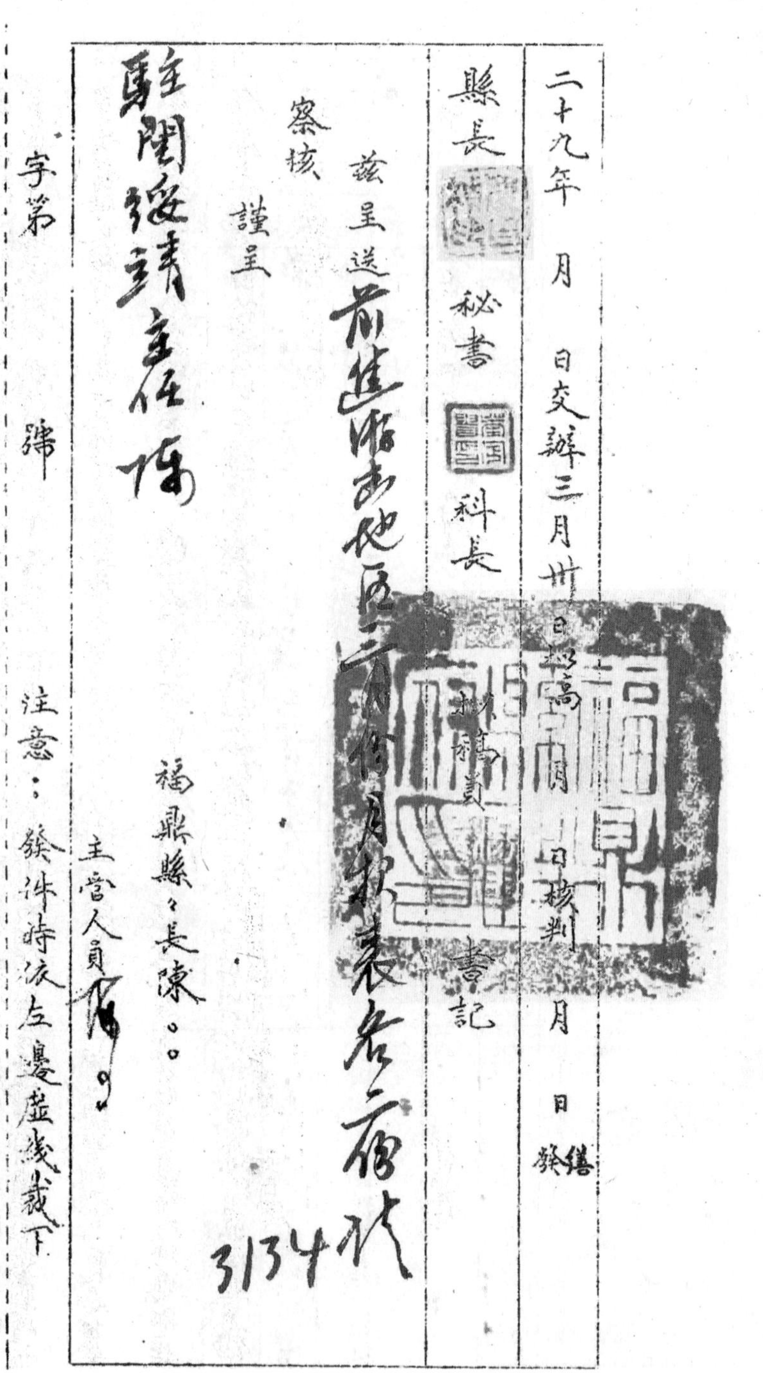
000071
212
二十九年 月 日交辦三月卅日擬稿 月 日核判 月 日繕發
縣長 秘書 科長 擬稿員 書記
茲呈送前進游击地区三月份月報表各一份，敬祈
察核。
謹呈
駐閩綏靖主任陳
福鼎縣縣長陳○○
主管人員
字第 號
注意：發件時依左邊虛綫裁下
3134

福鼎县政府关于呈送前进游击地区三月份报表给驻闽绥靖主任公署的呈文(附表)

(1940年4月2日) G133-003-0111

第三戰區第廿五集團軍前進游擊地區福鼎縣游擊隊官兵人數統計表

二十九年三月　日　福鼎縣游擊隊指揮部製表

階級 \ 隊別		縣游擊隊指揮部	第一中隊	第二中隊	第三中隊				合計
官佐	上校								
	中校	一							一
	少校	一							一
	上尉		一	一	一				三
	中尉		一	一	一				三
	少尉	三	二	二	二				九
	准尉	一	一	一	三				六
	小計	六	五	五	七				二三
士兵	上士	一	一	一					三
	中士		三	三	三				九
	下士		六	六	六				一八
	上等兵		二三	一三	九				三五
	一等兵		三五	三九	一八				九六
	二等兵		五八	五八	五四				一七〇
	夫役	二	六	六					一四
	小計	三	一三〇	一二〇	九〇				四一八
總計			一三五	一二五	九七				三五六

附記

第三战区第廿五集团军前进游击地区福鼎县游击队官兵人数统计表

（1940 年 3 月）　G133-003-0111

000073

第三戰區第廿五集團軍前進游擊地區福鼎縣游擊隊 月份槍彈統計表 二十九年三月 日

槍彈別	名稱 / 數量 / 隊別	[illegible]游擊隊指揮部	第一中隊	第二中隊	第三中隊				總計	附記
槍類	七九步槍		113	113					226	
	六五步槍				19				19	
	七九馬槍									
	六五馬槍									
	自來得手槍		1	3	1				5	
	白郎林手槍									
	左輪手槍			2					2	
	七九輕机槍									
	六五輕机槍									
	七九重机槍									
	六五重机槍									
	合計		114	118	20				252	
弾類	七九步槍弾		5999	15306					20305	
	六五步槍弾				425				425	
	七九馬槍弾									
	六五馬槍弾									
	自來得手槍弾		8	29						
	白郎林手槍弾									
	左輪手槍弾			57						
	七九輕机槍弾									
	六五輕机槍弾									
	七九重机槍弾									
	六五重机槍弾									
	木柄手溜弾									
	無柄手溜弾									
	合計		6007	15392	425				21824	
附件	刺刀		58	14					72	
	馬刀									

福鼎縣游擊隊…

第三战区第廿五集团军前进游击地区福鼎县游击队三月份枪弹统计表

（1940 年 3 月） G133-003-0111

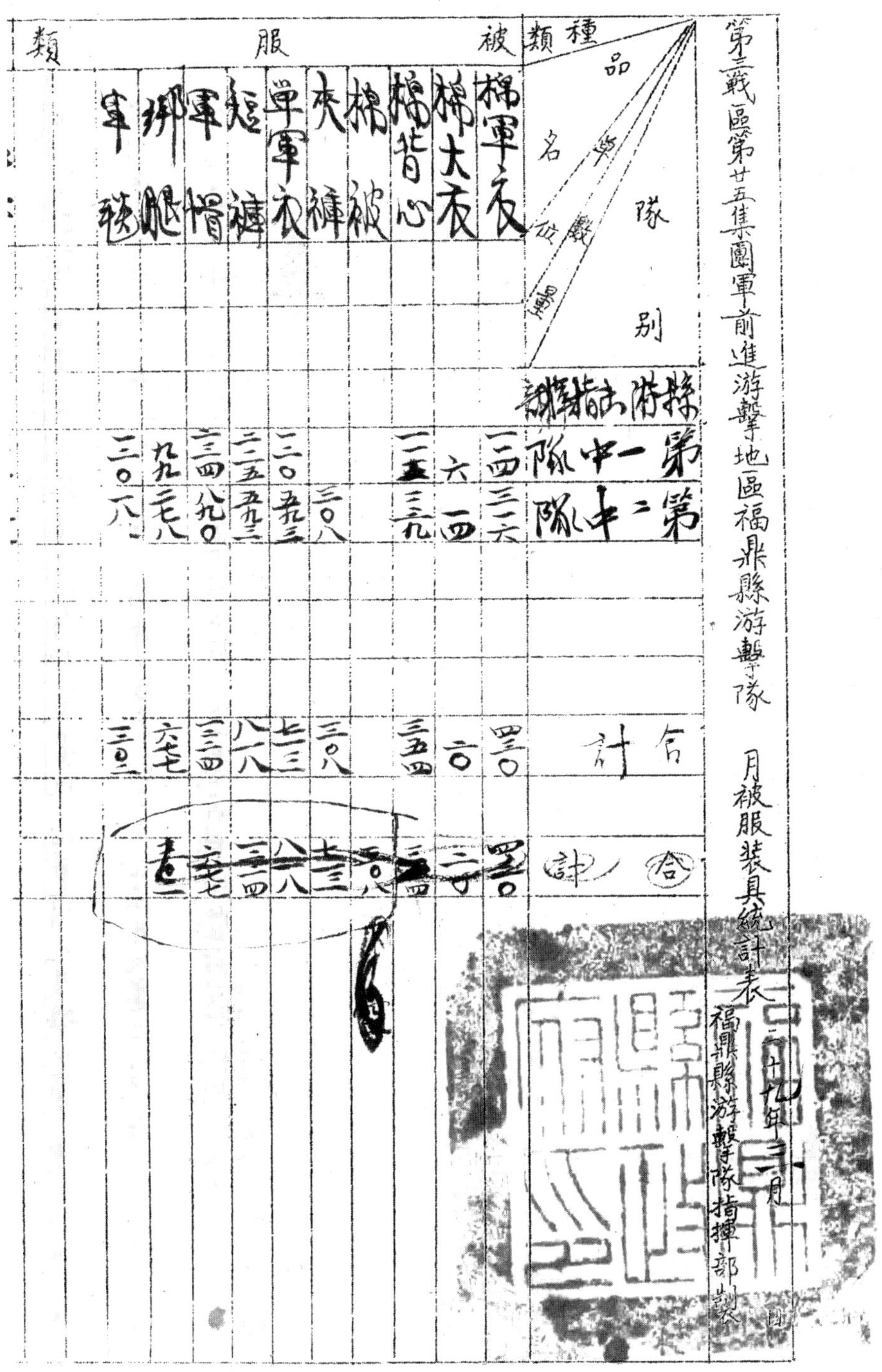

第三戰區第廿五集團軍前進游擊地區福鼎縣游擊隊　月被服裝具統計表

種類 / 品名 / 單位 / 數量 / 隊別	棉軍衣	棉大衣	棉背心	棉被	夾褲	單軍衣	短褲	軍帽	綁腿	軍毯
特務游擊指揮部										
第一中隊	一一四	六	一一五			一二〇	二三五	一三四	九九	三〇
第二中隊	三一六	一四	二三九		三〇八	五九三	五九三	八九〇	五七八	八二
合計	四三〇	二〇	三五四		三〇八	七一三	八二八	一〇二四	六七七	三〇二
合計	四三〇	二〇	三五四		三〇八	七一三	八二八	一〇二四	六七七	三〇二

二十九年三月　福鼎縣游擊隊指揮部製

第三战区第廿五集团军前进游击地区福鼎县游击队三月份被服装具统计表

(1940年3月)a面　G133-003-0111

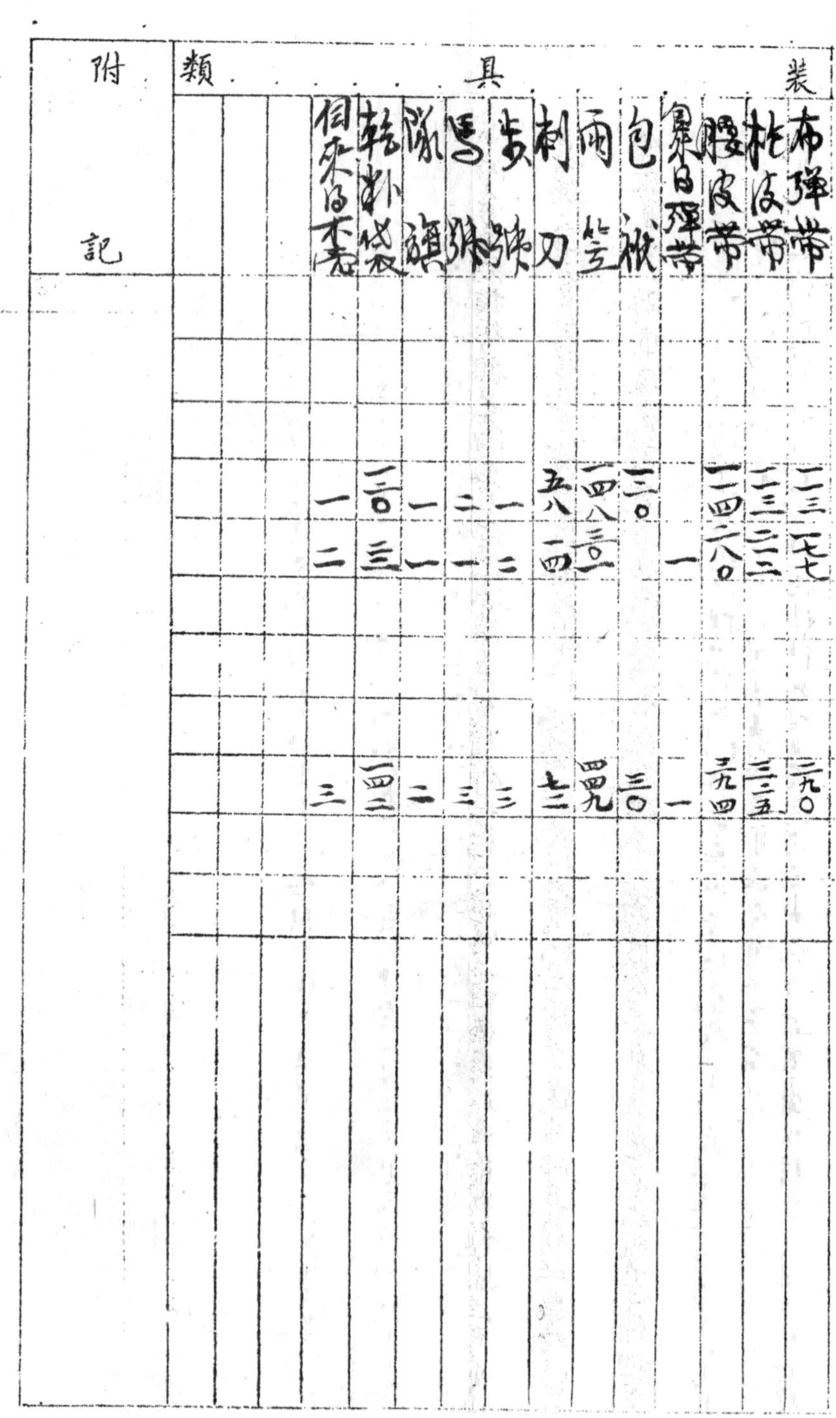

装具類 布弹带	枪皮带	腰皮带	[illegible]白弹带	包袱	雨笠	刺刀	步號	馬號	隊旗	乾粮袋	[illegible]			附記
一一三	一一三	一四		三〇	一四八	五八	一	二	一	一三〇	一			
一七七	二二二	二八〇	一		三〇一	一四	二	一	一	一二	二			
二九〇	三三五	二九四	一	三〇	四四九	七二	三	三	二	一四二	三			

第三战区第廿五集团军前进游击地区福鼎县游击队三月份被服装具统计表

(1940年3月)b面　G133-003-0111

第三戰區第廿五集團軍前進游擊地區福鼎縣游擊隊兵力駐地一覽表

縣別	隊別	區分	主官姓名	兵力	駐地	備考
福鼎縣		縣游擊隊指揮部	陈廷楨	九員名	縣城	
	第一大隊	第一中隊	蒋子发	一三五員名	分防	
		第二中隊	陈光	一三五員名	縣城	
		第三中隊	程鎮國	九七員名	〃〃	
	第二大隊	第四中隊				
		第五中隊				
		第六中隊				
附記						

二十九年三月 福鼎縣游擊隊指揮部製

第三战区第廿五集团军前进游击地区福鼎县游击队兵力驻地一览表

（1940 年 3 月） G133-003-0111

000076

477

二十九年 月 日核判 月 日發繕

縣長

秘書

科長

主任

擬稿員

書記

茲呈送四月份游击队月报表四件各二份請

察核

謹呈

駐閩綏靖主任陳

福鼎縣縣長陳○○

主管人員陳○○

中華民國廿九年五月 日

字第 號

注意：發件時依左邊虛线裁下

4380

福鼎县政府关于呈送四月份游击队月报表四件给驻闽绥靖主任公署的呈文(附表)

(1940年5月4日) G133-003-0111

第三戰區第廿五集團軍前進游擊地區福鼎縣游擊隊官兵人數統計表

階級		隊別	縣游擊隊指揮部	第一中隊	第二中隊	第三中隊				合計	附記
官佐	上校										
	中校		一							一	
	少校		一							一	
	上尉			一	一	一				三	
	中尉			一	一	一				三	
	少尉		三	二	二	二				九	
	准尉		一	一	一	三				六	
	小計		六	五	五	七				二三	
士兵	上士		一	一	一					三	
	中士			三	三	三				九	
	下士			六	六	六				一八	
	上等兵			一三	一三	九				三五	
	一等兵			三九	三九	一八				九六	
	二等兵			五八	五八	五四				一七〇	
伕役	伕役		二	六	六					一四	
	小計		三	一二〇	一二〇	九二				四一八	
總計			九	一二五	一二五	九七				三五六	

福鼎縣游擊隊指揮部製

二十九年五月一日

第三战区第廿五集团军前进游击地区福鼎县游击队官兵人数统计表

（1940 年 5 月 1 日） G133-003-0111

000078

第三戰區第廿五集團軍前進游擊地區福鼎縣游擊隊四月份槍彈統計表 二十八年五月一日
福鼎縣游擊隊指揮部製

槍彈別	名稱（隊別 / 數量）	特務[illegible]隊指揮部	第一中隊	第二中隊	第三中隊				總計	附記
槍類	七九步槍		113	113					226	
	六五步槍				19					
	七九馬槍									
	六五馬槍									
	自來得手槍		1	3	1				5	
	白郎林手槍									
	左輪手槍			2						
	七九輕机槍									
	六五輕机槍									
	七九重机槍									
	六五重机槍									
	合計		114	118	20				252	
彈類	七九步槍彈		5999	15306					31305	
	六五步槍彈				425					
	七九馬槍彈									
	六五馬槍彈									
	自來得手槍彈		8	29					37	
	白郎林手槍彈									
	左輪手槍彈			57						
	七九輕机槍彈									
	六五輕机槍彈									
	七九重机槍彈									
	六五重机槍彈									
	木柄手溜彈									
	無柄手溜彈									
	合計		6007	15392	425				21824	
附件	刺刀		58	14					72	
	馬刀									

第三战区第廿五集团军前进游击地区福鼎县游击队四月份枪弹统计表

（1940年5月1日） G133-003-0111

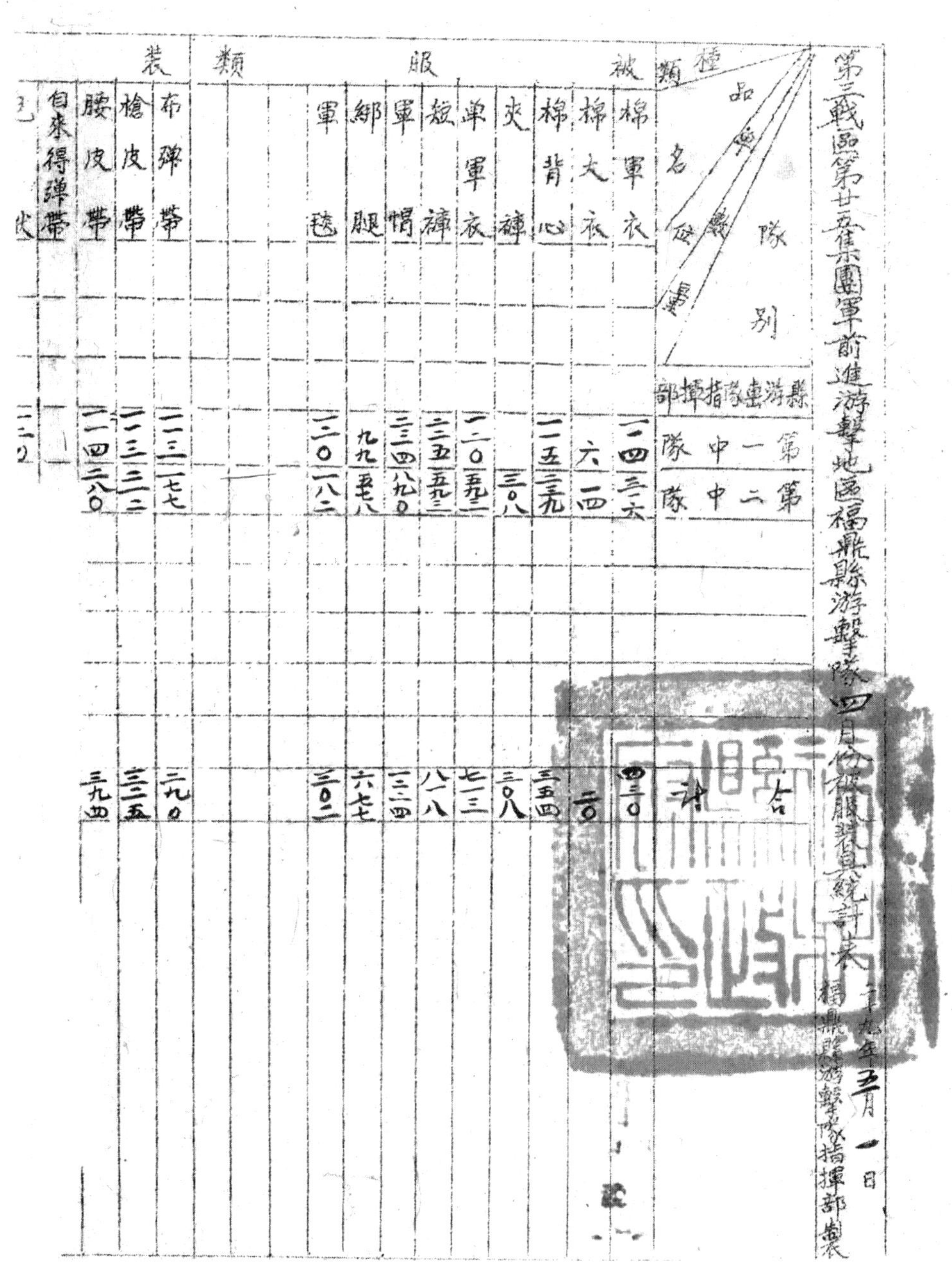

第三戰區第廿五集團軍前進游擊地區福鼎縣游擊隊四月份被服装具統計表

隊別	棉軍衣	棉大衣	棉背心	夾褲	单軍衣	短褲	軍帽	綁腿	軍毯				布彈帶	槍皮帶	腰皮帶	自來得彈帶
第一中隊	一一四	六	一一五		一二〇	二三五	三三四	九九	一二〇				一一三	一一三	一一四	一
第二中隊	三一六	四	二三九	三〇八	五九三	五八三	八九〇	五七八	一八二				一七七	二二二	二八〇	
合計	四三〇	一〇	三五四	三〇八	七一三	八一八	一二二四	六七七	三〇二				二九〇	三三五	三九四	

二十九年五月一日

福鼎縣游擊隊指揮部部長

第三战区第廿五集团军前进游击地区福鼎县游击队四月份被服装具统计表

（1940 年 5 月 1 日） G133-003-0111

第三戰區第廿五集團軍前進游擊地區福鼎縣游擊隊兵力駐地一覽表

區分 隊別		主官姓名	兵力	駐地	備考
福鼎縣	游擊隊指揮部	陳廷楨	九員名	縣城	
第一大隊	第一中隊	蔣子發	一三五員名	〃	
	第二中隊	孫伯楨	一三五員名	〃	二三八分隊分防硤門白鷺
	第三中隊	程鎮國	九七員名	〃	
第二大隊	第四中隊				
	第五中隊				
	第六中隊				
附記	第二中隊長陳克呈准長假現調孫伯楨接充				

二十九年五月一日

福鼎縣游擊隊指揮部製

第三战区第廿五集团军前进游击地区福鼎县游击队兵力驻地一览表

（1940 年 5 月 1 日）　G133-003-0111

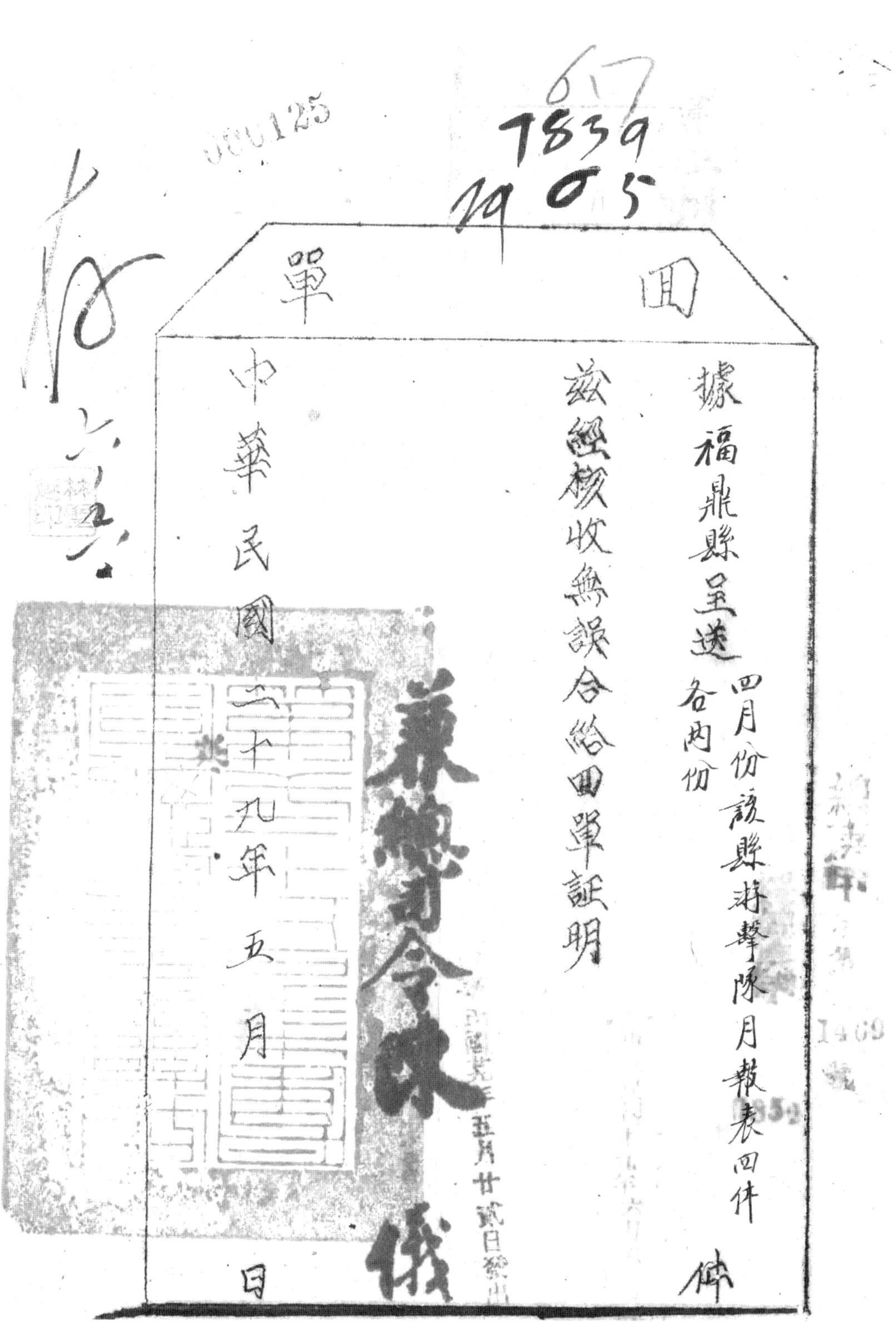
回單

據福鼎縣呈送四月份該縣游擊隊月報表四件各四份

茲經核收無誤合給回單證明

中華民國二十九年五月 日

第二十五集团军总司令部关于福鼎县呈送四月份游击队月报表核收无误的证明回单

（1940 年 5 月 22 日） G133-003-0112

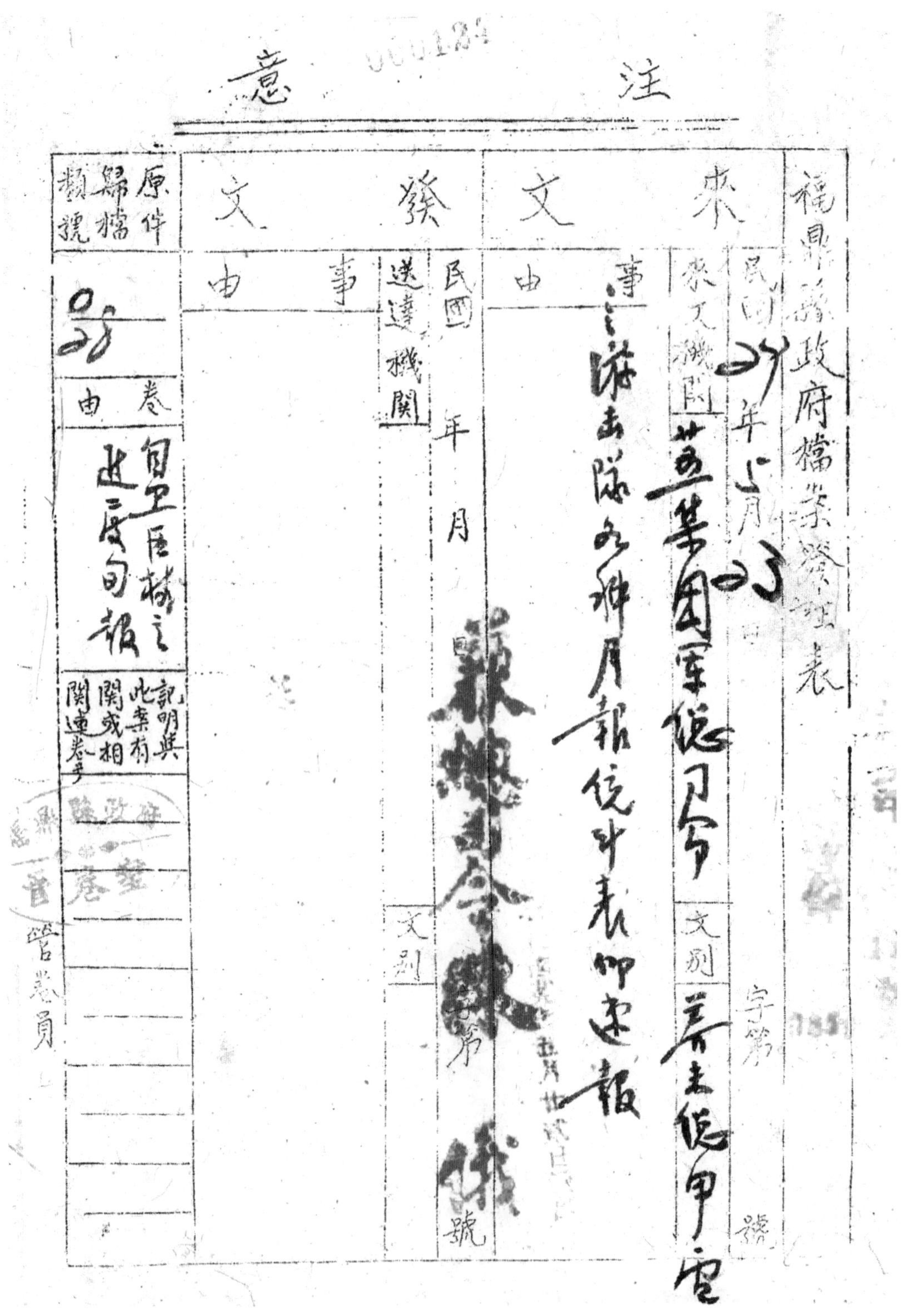

注意

福鼎縣政府檔案簽注表

來文		發文		原件歸檔類號
民國 年 月 日	發文機關	民國 年 月 日	送達機關	
事由		事由		卷由
文別 字第 號		文別 字第 號		記明與此案有關或相關連卷号
				管卷員

福鼎县政府档案签注表：第二十五集团军总司令部关于速报游击队各种月报统计表的来文（1940 年 5 月 23 日） G133-003-0112

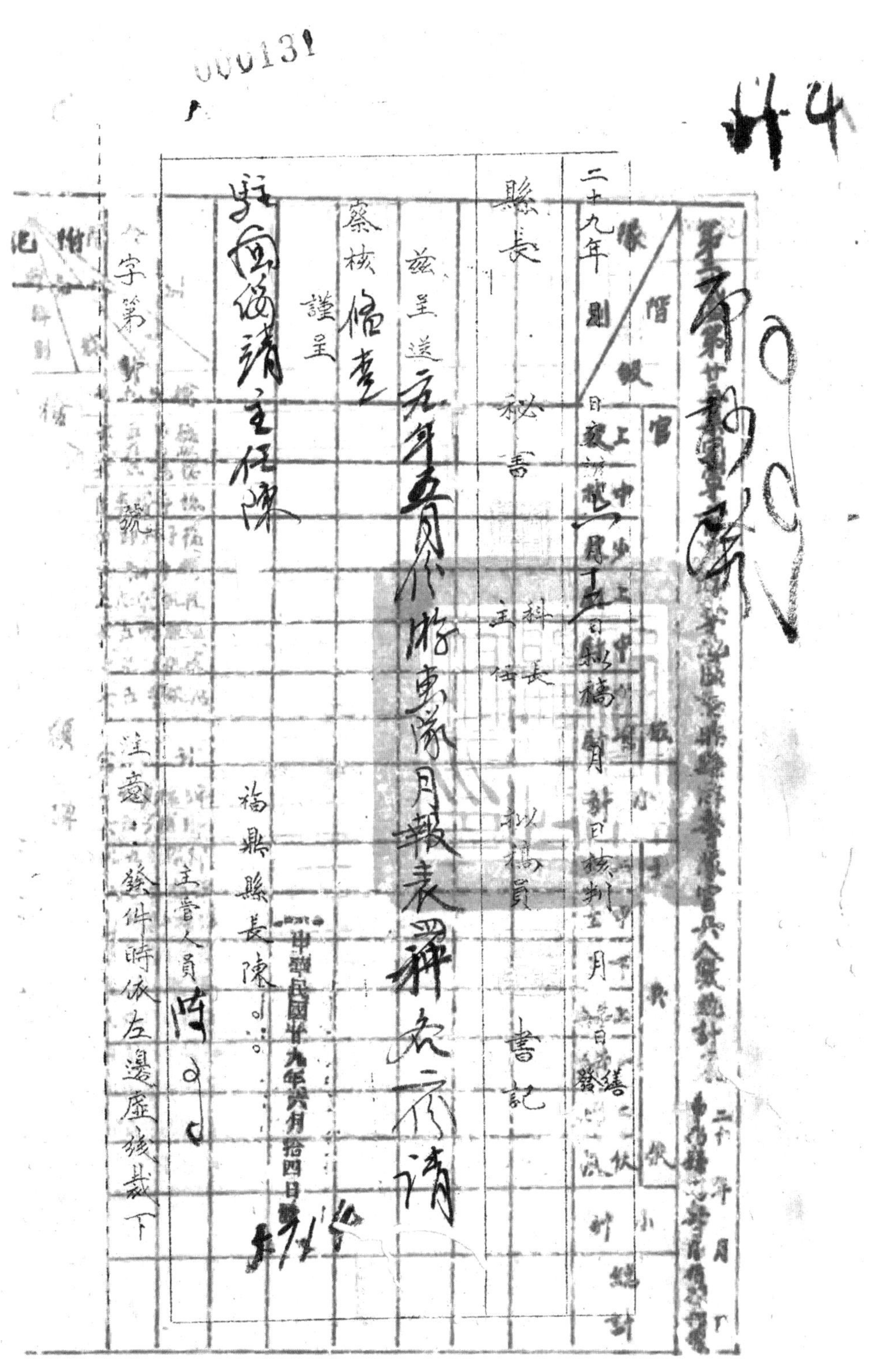

縣長
秘書
主任 科長
二十九年 月 日
茲呈送 五月份游击队月報表四種 請
察核 備查
謹呈
駐閩綏靖主任陳
福鼎縣長陳
中華民國廿九年六月拾四日
主管人員
注意：發件時依左邊虛綫裁下

福鼎县政府关于呈送廿九年五月份游击队月报表四种给驻闽绥靖主任公署的呈文(附表)

(1940 年 6 月 14 日)　G133-003-0112

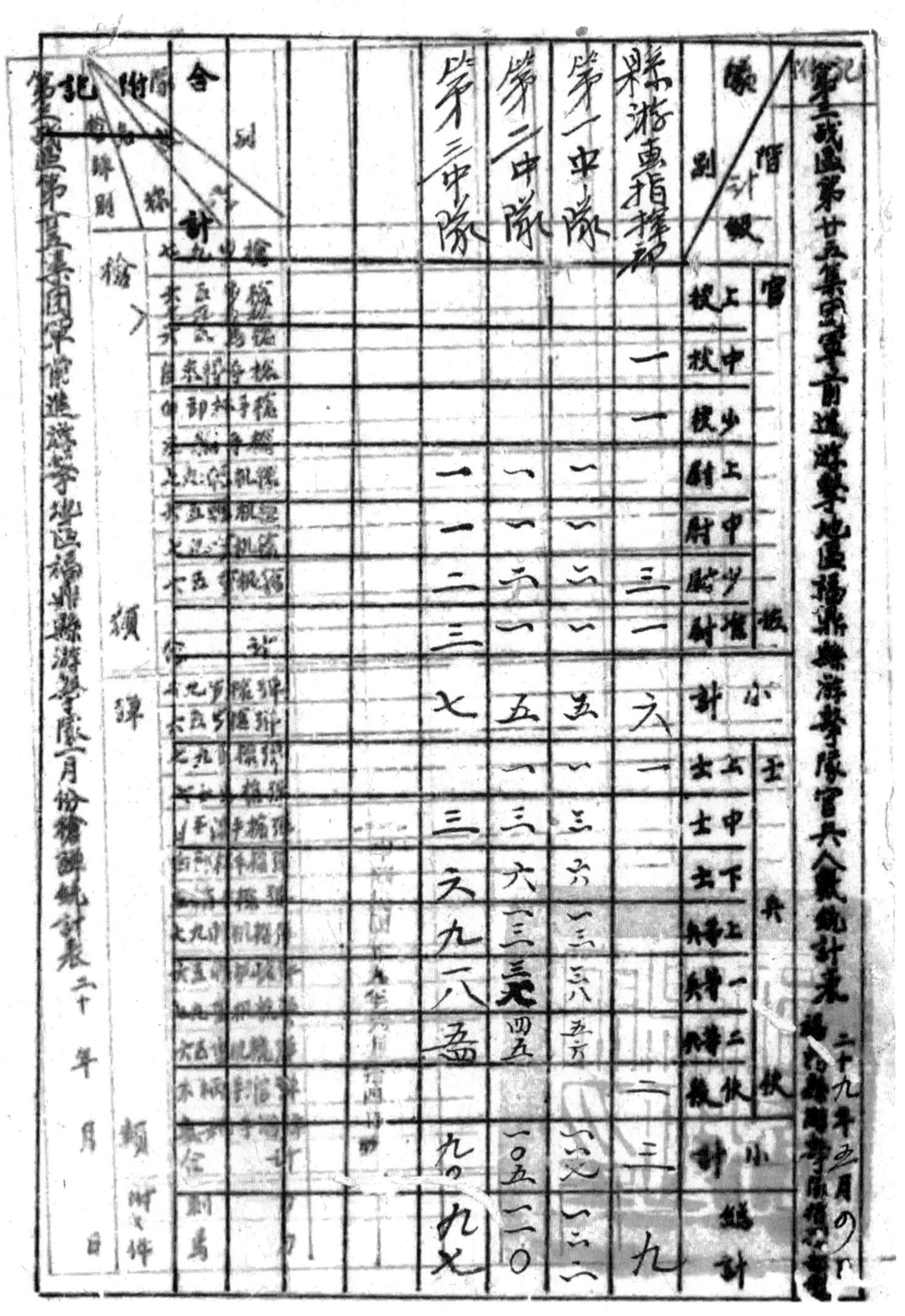

000132

第三戰區第廿五集團軍前進游擊地區福鼎縣游擊隊官兵人數統計表 二十九年五月四日

階級	區別	縣游擊指揮部	第一中隊	第二中隊	第三中隊				合計
官佐	上校								
	中校	一							
	少校	一							
	上尉		一	一	一				
	中尉		一	一	一				
	少尉	三	二	二	二				
	准尉	一	一	一	三				
	小計	六	五	五	七				
士兵	上士	一	一	一					
	中士		三	三	三				
	下士		六	六	六				
	上等兵		一三	一三	九				
	一等兵		三八	三七	一八				
	二等兵		五六	四五	五四				
	伙夫	二							
	小計	三	一一七	一〇五	九〇				
總計		九	一二二	一一〇	九七				

附記

第三戰區第廿五集團軍前進游擊地區福鼎縣游擊隊 月份槍彈統計表 二十 年 月 日

第三战区第廿五集团军前进游击地区福鼎县游击队官兵人数统计表

（1940 年 5 月 4 日） G133-003-0112

第三战区第廿五集团军前进游击地区福鼎县游击队五月份枪弹统计表 二十九年五月四日

类别	名称	县游击指挥部	第一中队	第二中队	第三中队						
枪类	七九步枪		113	105							
	六五步枪			8	19						
	六五马枪										
	自来得手枪		1	3	1						
	白郎林手枪										
	左轮手枪			2							
	七九轻机枪										
	六五轻机枪										
	七九重机枪										
	六五重机枪										
	合计		114	118	20						
弹类	七九步枪弹		8890	15292							
	六五步枪弹			634	425						
	七九马枪弹										
	六五马枪弹										
	自来得手枪弹		8	27							
	白郎林手枪弹										
	左轮手枪弹			57							
	七九轻机枪弹										
	六五轻机枪弹										
	七九重机枪弹										
	六五重机枪弹										
	木柄手榴弹										
	铁壳手榴弹		6								
	合计		8904	16010	425						
附件	刺刀		54	14							
	马刀										

附记：第三战区第廿五集团军前进游击地区福鼎县游击队官兵合计[illegible]

第三战区第廿五集团军前进游击地区福鼎县游击队五月份枪弹统计表

（1940 年 5 月 4 日） G133-003-0112

收據

第　號

駐閩綏靖主任公署兼第二十五集團軍總司令部回單

茲據福鼎縣呈送五月份該縣前進游擊區游擊隊兵力駐地、槍枝彈藥、被服裝具、官兵人數統計表各九〔?〕份，經核收無誤，合給回單為證。

主任兼總司令　陳儀

中華民國二十九年六月九日

驻闽绥靖主任公署兼第二十五集团军总司令部关于福鼎县呈送五月份该县前进游击区游击队兵力驻地、枪支弹药、被服装具、官兵人数统计表核收无误的证明回单（1940 年 6 月 9 日）　G133-003-0112

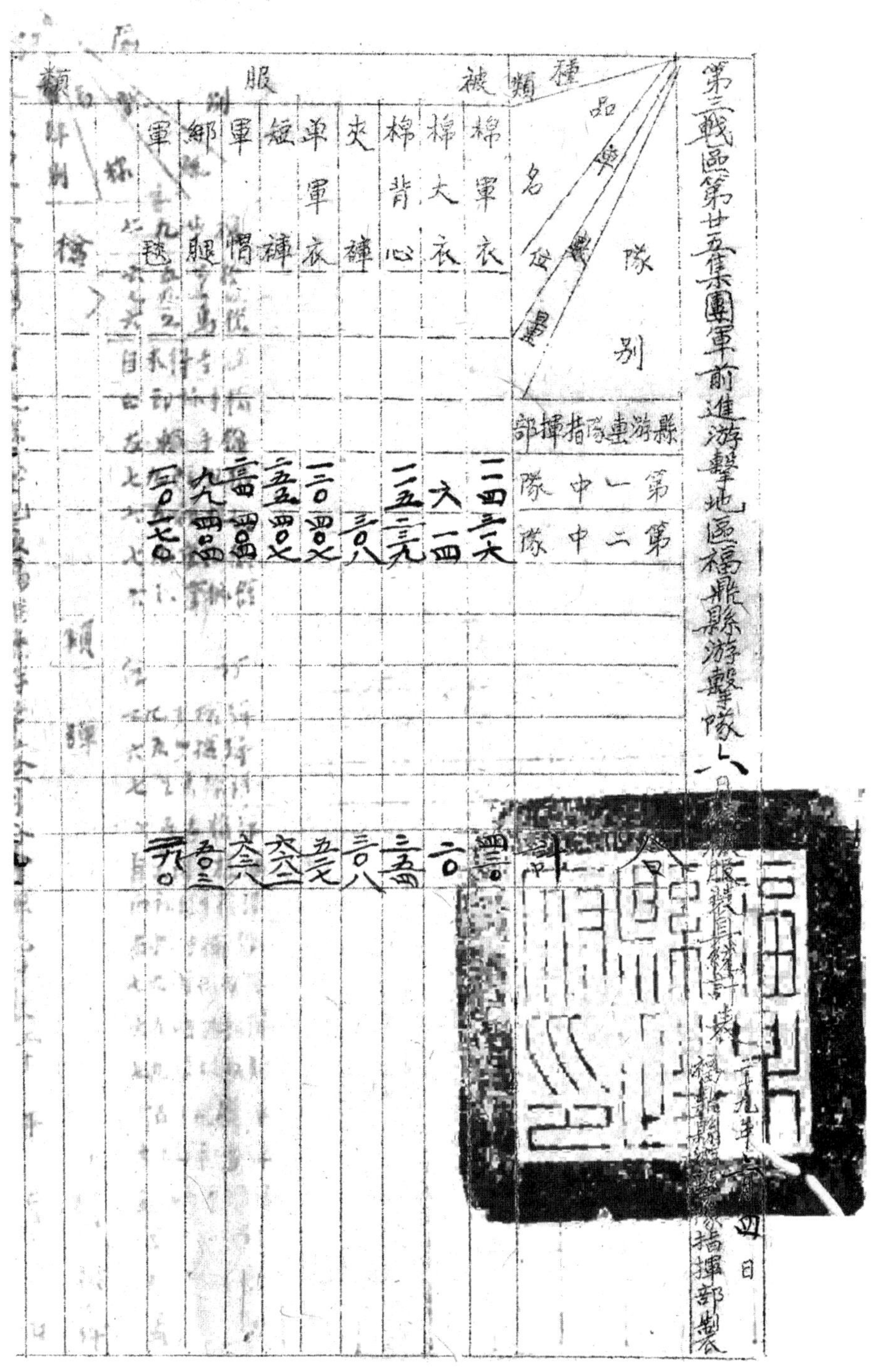

第三战区第廿五集团军前进游击地区福鼎县游击队五月份被服装具统计表
(1940 年 6 月 4 日)a 面 G133-003-0112

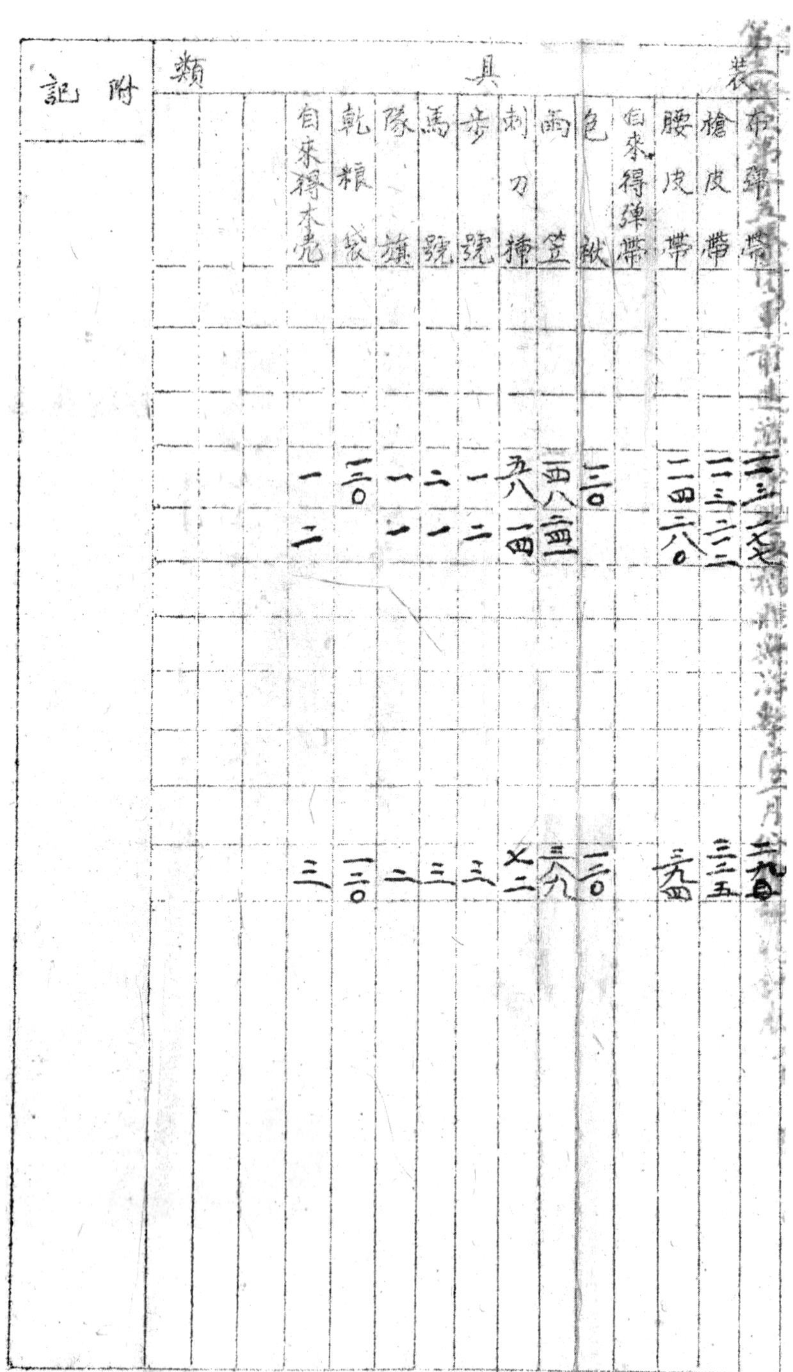

裝具類											
布彈帶	槍皮帶	腰皮帶	自來得彈帶	包袱	雨笠	刺刀搢	步號	馬號	隊旗	乾粮袋	自來得木壳
一三三	一二三	一二四		一三〇	四八	五八	一	二	一	一三〇	一
一六一	一一二	三〇			一四一	一四	二	一	一		二
二九四	二三五	一五四		一三〇	一八九	七二	三	三	二	一三〇	三

附記

第三战区第廿五集团军前进游击地区福鼎县游击队五月份被服装具统计表

(1940年6月4日)b面 G133-003-0112

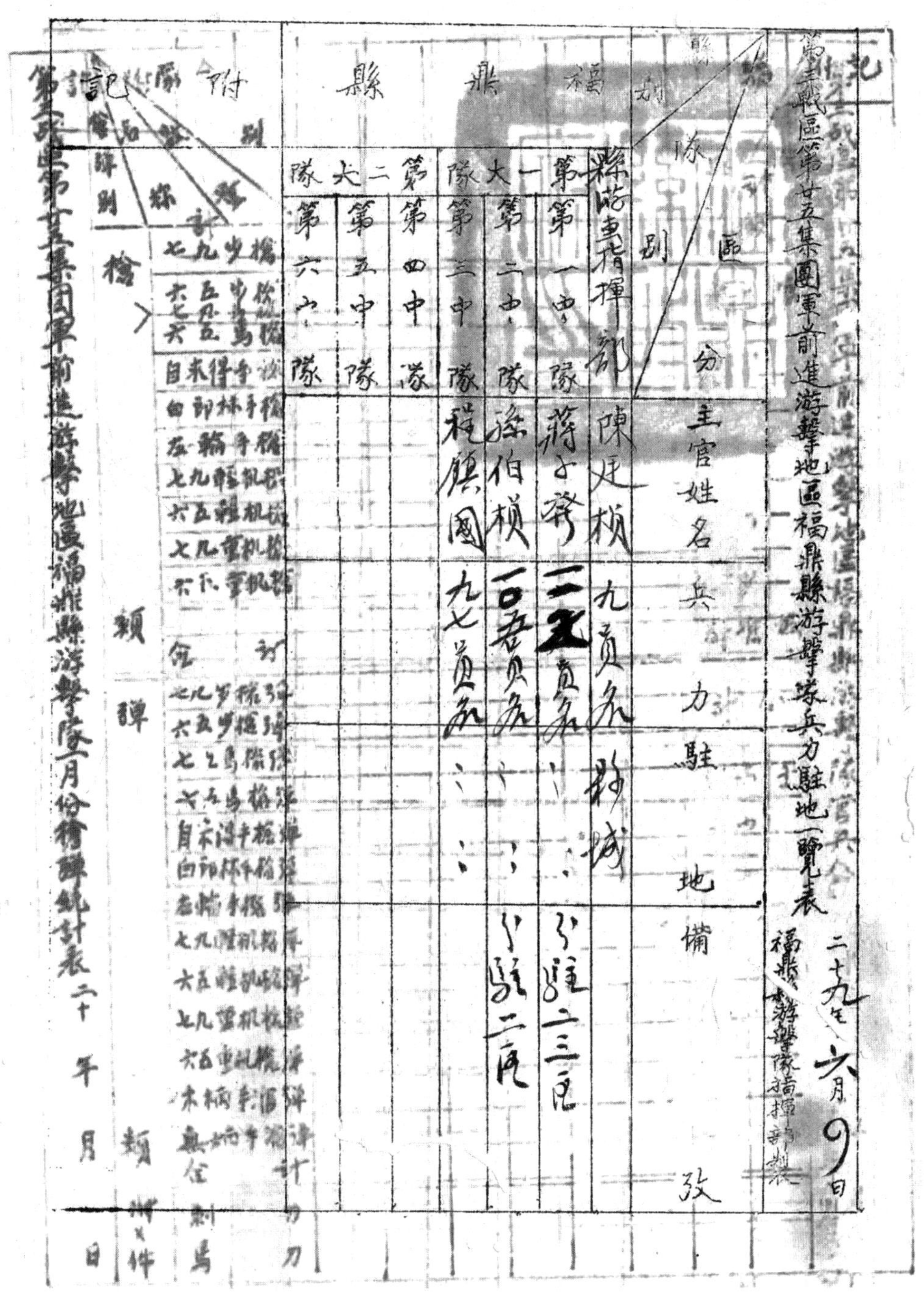

第三战区第廿五集团军前进游击地区福鼎县游击队兵力驻地一览表

区分 队别	主官姓名	兵力	驻地	备考
福鼎县游击指挥部	陈廷桢	九员名	县城	
第一大队 第一中队	蒋子[illegible]	一二五员名	〃	分驻三区
第一大队 第二中队	孙伯桢	一百[illegible]员名	〃	分驻二区
第一大队 第三中队	[illegible]镇国	九七员名	〃	
第二大队 第四中队				
第二大队 第五中队				
第二大队 第六中队				

二十九年六月9日 福鼎县游击队指挥部制

第三战区第廿五集团军前进游击地区福鼎县游击队 月份情弹统计表 二十 年 月 日

第三战区第廿五集团军前进游击地区福鼎县游击队兵力驻地一览表

（1940 年 6 月 4 日） G133-003-0112

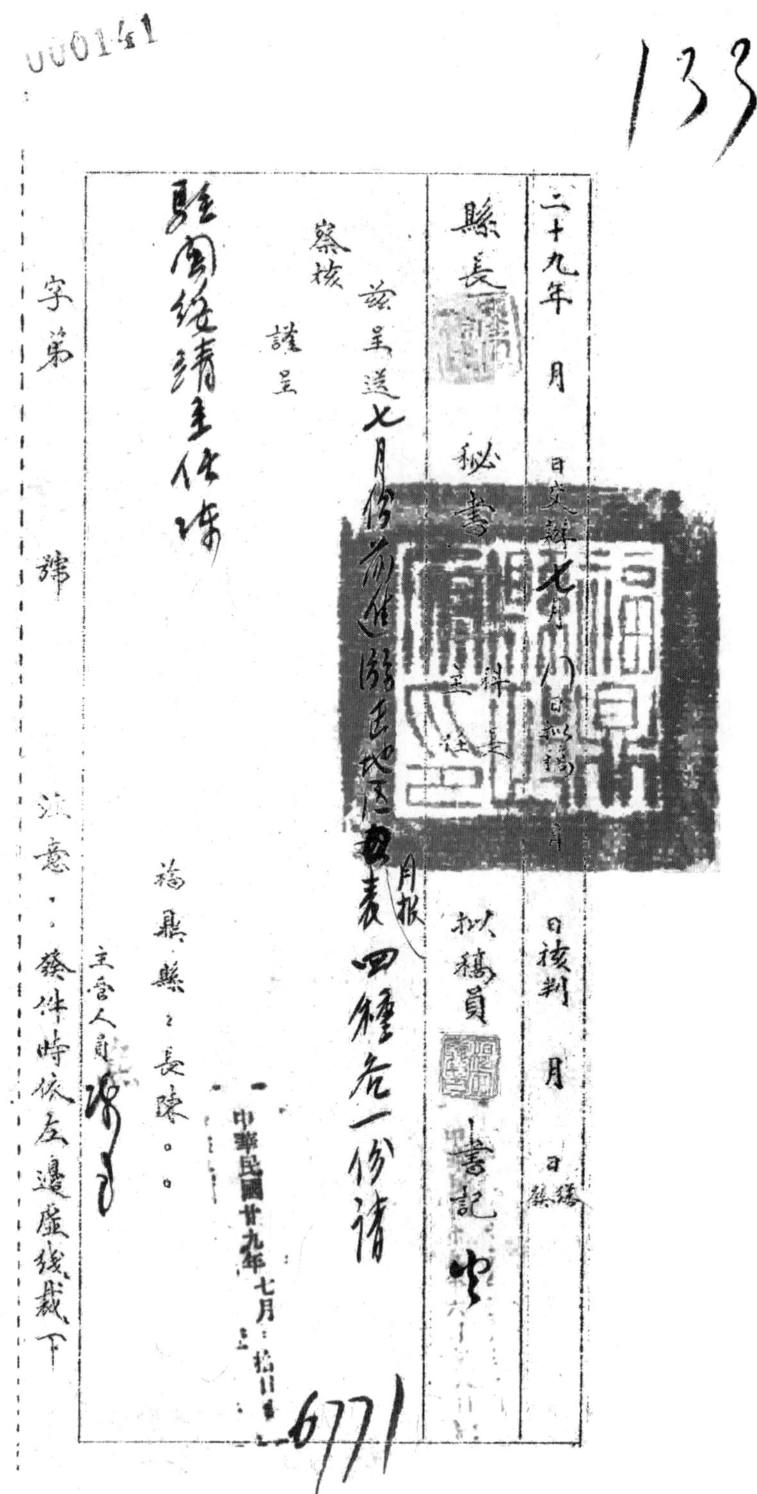

000141

133

二十九年 月 日交辦 七月 日核判 月 日繕

縣長 秘書 主任 科長 擬稿員 書記

茲呈送七月份前進游擊地區月報表四種各一份請

察核

謹呈

駐閩綏靖主任陳

福鼎縣縣長陳○○

主管人員

中華民國廿九年七月 日

字第 號

注意：發件時依左邊虛線裁下

6771

福鼎县政府关于呈送七月份前进游击地区月报表四种给驻闽绥靖主任公署的呈文(附表)

(1940年7月10日) G133-003-0112

第三戰區第廿五集團軍前進游擊地區福鼎縣游擊隊官兵人數統計表

二十九年七月　日　福鼎縣游擊隊指揮部製

隊別＼階級	官佐 上校	官佐 中校	官佐 少校	官佐 上尉	官佐 中尉	官佐 少尉	官佐 准尉	官佐 小計	士兵 上士	士兵 中士	士兵 下士	士兵 上等兵	士兵 一等兵	士兵 二等兵	士兵 伕役	士兵 小計	總計
縣游擊隊指揮部		一	一			三	一	六	一						二	三	
第一中隊				一	一	二	一	五	一	三	六	一二	三八	五四	六	一二〇	一二五
第二中隊				一	一	二	一	五	一	三	六	一二	三八	五四	六	一二〇	一二五
第三中隊				一	一	二	四	八								八四	九二
合計		一	一	三	三	九	七	二四	三	六	一二	二四	七六	一〇八	一四	三二七	三五一
附記																	

第三战区第廿五集团军前进游击地区福鼎县游击队官兵人数统计表

（1940 年 7 月）　G133-003-0112

第三戰區第廿五集團軍前進游擊地區福鼎縣游擊隊七月份槍彈統計表

二十九年七月 福鼎游擊隊指揮部製

槍彈別	種類 \ 數量 \ 隊別	縣指揮部	第一中隊	第二中隊	第三中隊				總計	附記
槍類	七九步槍		113	113					226	
	六五步槍				19					
	七九馬槍									
	六五馬槍									
	自來得手槍		1	3	1				5	
	白郎林手槍								2	
	左輪手槍			2						
	七九輕机槍									
	六五輕机槍									
	七九重机槍									
	六五重机槍		~~114~~							
	合計		114	118	20				252	
彈類	七九步槍彈		5999	15306					21305	
	六五步槍彈				425					
	七九馬槍彈									
	六五馬槍彈									
	自來得手槍彈		8	29					37	
	白郎林手槍彈									
	左輪手槍彈			57					57	
	七九輕机槍彈									
	六五輕机槍彈									
	七九重机槍彈									
	六五重机槍彈									
	木柄手溜彈									
	無柄手溜彈									
	合計		6007	15392	425				21824	
附件	刺刀		58	14					72	
	大刀									

第三战区第廿五集团军前进游击地区福鼎县游击队七月份枪弹统计表

（1940 年 7 月） G133-003-0112

第三戰區第廿五集團軍前進游擊地區福鼎縣游擊隊七月份被服裝具統計表

隊別 \ 品名 數量 \ 種類	被服類 棉軍衣	棉大衣	棉背心	夾褲	單軍衣	短褲	軍帽	綁腿	軍毯
縣游擊隊指揮部									
第一中隊	一一四	六	一五		一二〇	二五五	二三四	九九	三〇
第二中隊	三二六	一四	三三九	三〇八	四〇七	四〇七	四〇七	四〇七	一七〇
	四四〇	二〇	三五四	三〇八	五二七	六六二	六四一	五〇六	二〇〇

二十九年七月　日　福鼎縣游擊隊指揮部製表

中華民國廿九年七月　日

第三战区第廿五集团军前进游击地区福鼎县游击队七月份被服装具统计表

(1940年7月)a面　G133-003-0112

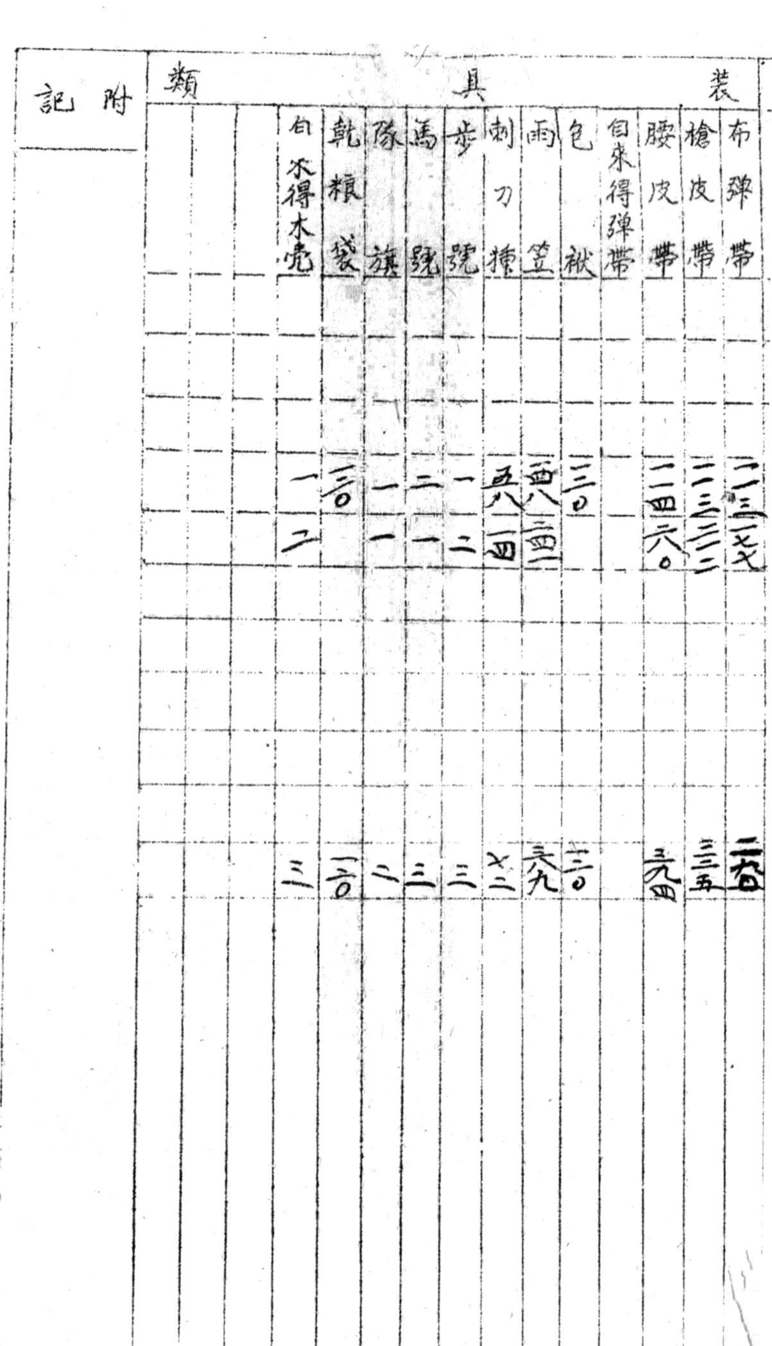

裝具類															附記
布彈帶	槍皮帶	腰皮帶	自來得彈帶	包袱	雨笠	刺刀擋	步號	馬號	隊旗	乾粮袋	自來得木壳				
一二三	一一三	二三四		三〇	一四八	五八	一	二	一	一〇	一				
一七七	二二二	六〇			一四二	一四	二	一	一		二				
三〇〇	三三五	二九四		三〇	二九〇	七二	三	三	二	一〇	三				

第三战区第廿五集团军前进游击地区福鼎县游击队七月份被服装具统计表

(1940 年 7 月)b 面 G133-003-0112

第三戰區第廿五集團軍前進游擊地區福鼎縣游擊隊兵力駐[illegible]表

縣別	隊別	區分	主官姓名	兵力	駐地	附記
福鼎縣	縣游擊隊指揮部		陳廷禎	九員名	縣城	
	第一大隊	第一中隊	[illegible]	一二五員名	縣城 [illegible] 第二分隊駐[illegible]二区	
		第二中隊	孫伯楨	一二五員名	縣城 [illegible] 駐[illegible]白	
		第三中隊	程鎮國	九二[illegible]名		
	第二大隊	第四中隊				
		第五中隊				
		第六中隊				

廿九年七月 福鼎縣游擊隊指揮部 [illegible]

第三战区第廿五集团军前进游击地区福鼎县游击队兵力驻地一览表

（1940 年 7 月） G133-003-0112

收據

駐閩綏靖主任公署兼
第二十五集團軍總司令部 回單

茲據福鼎縣呈送七月份該縣前進游擊區游擊隊官兵人數
駐地槍彈統計
服裝具統計表 各乙 份
經核收無誤合給回單為證

主任兼總司令 陳儀

中華民國廿九年七月廿二日

驻闽绥靖主任公署兼第二十五集团军总司令部关于福鼎县呈送七月份该县前进游击区游击队兵力驻地、枪支弹药、被服装具、官兵人数统计表核收无误的证明回单(1940 年 7 月 22 日) G133-003-0113

游击自卫区树立

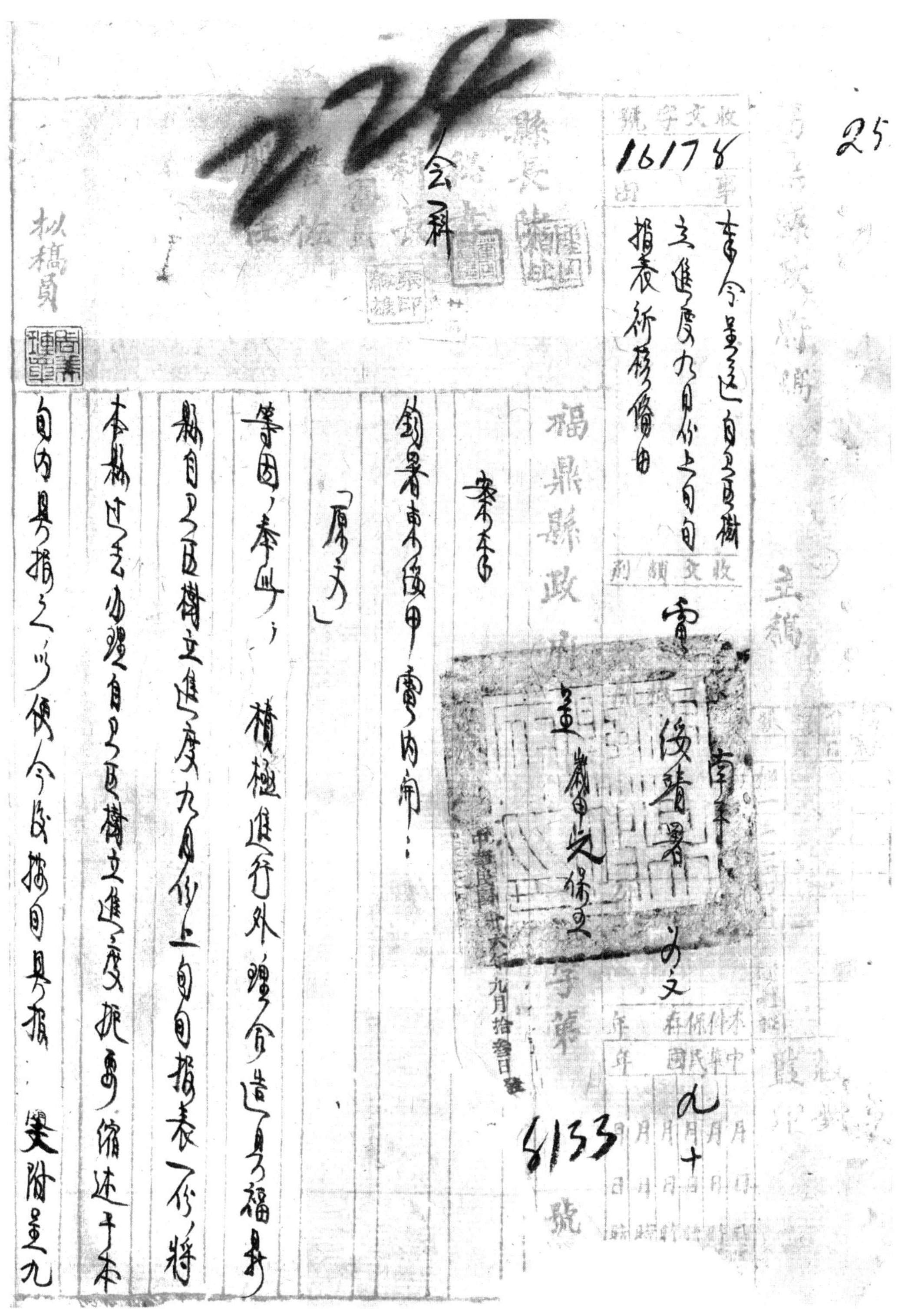

福鼎县政府关于奉令呈送自卫区树立进度九月份上旬旬报表祈核备的呈文(附表)
(1939年9月13日)a面　G133-003-0086

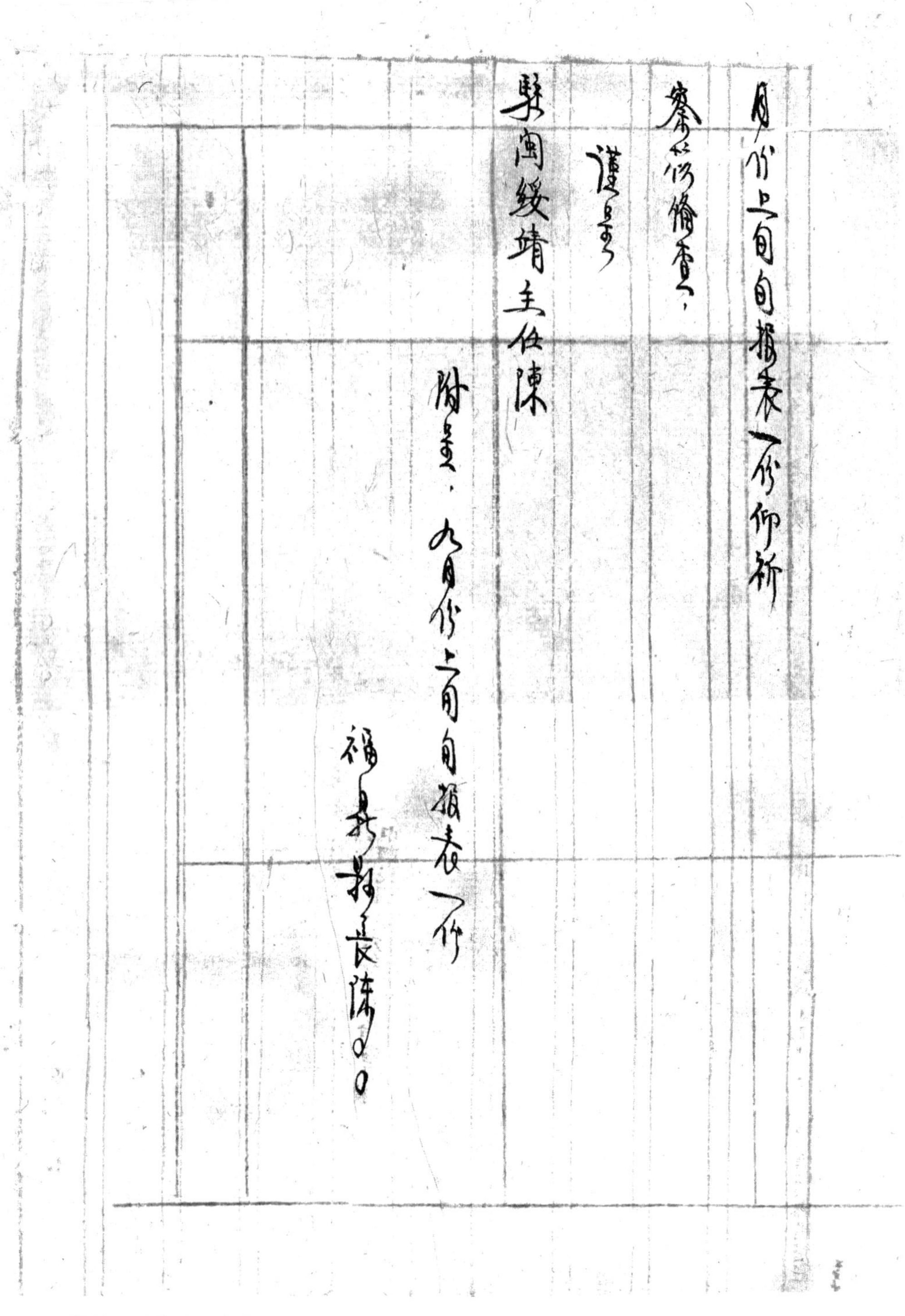
月份上旬旬报表一份，仰祈
察核備查。
謹呈
閩綏靖主任陳
附呈：九月份上旬旬報表一份
福鼎縣縣長陳○○

福鼎县政府关于奉令呈送自卫区树立进度九月份上旬旬报表祈核备的呈文(附表)
(1939 年 9 月 13 日)b 面 G133-003-0086

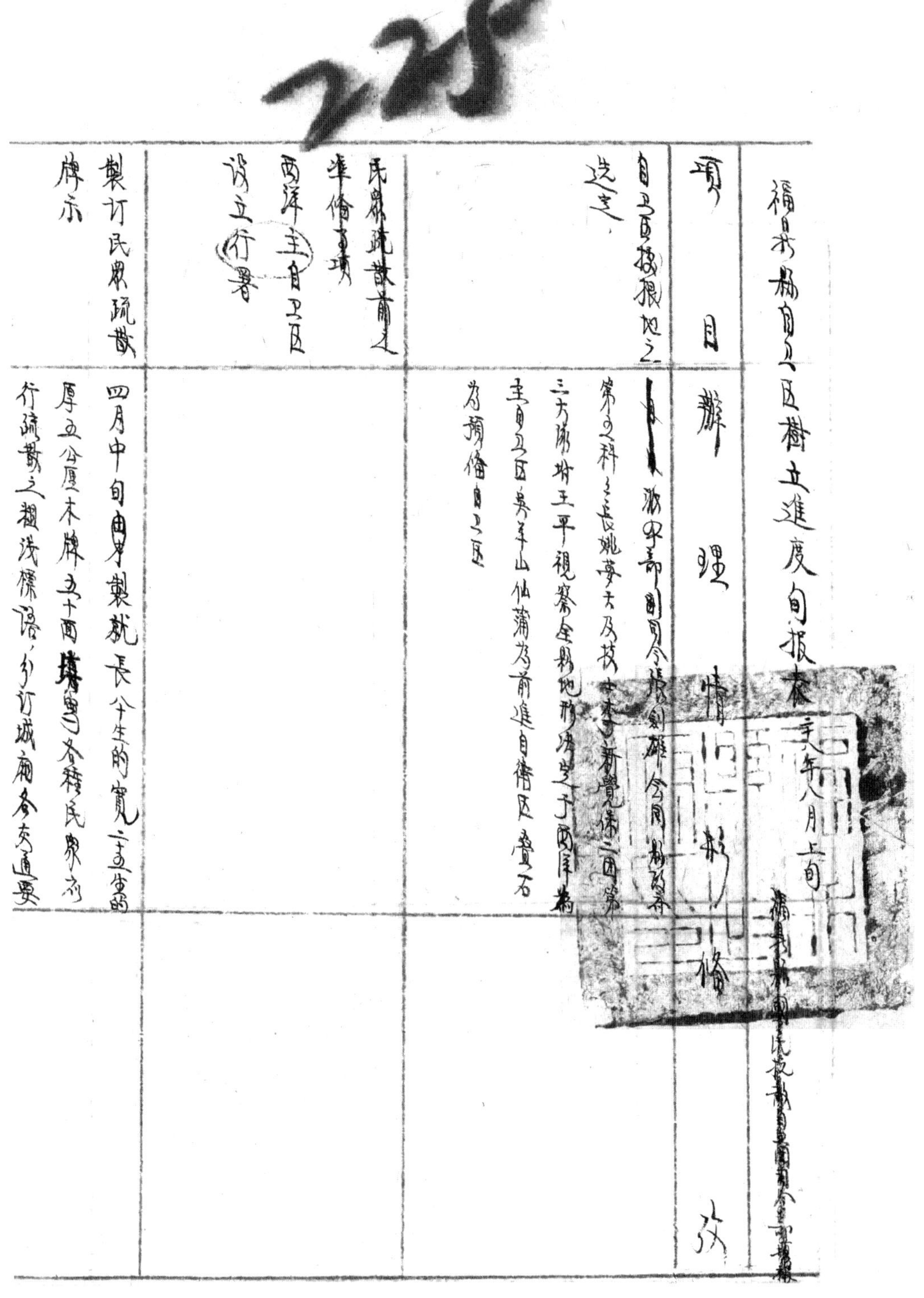

福鼎縣自衛區樹立進度旬報表　二十八年八月上旬

項目	辦理情形	備考
自衛區根據地之選定	由政治部副司令張劍雄會同縣政府第三科科長姚夢天及技士李新覺、保二團第三大隊附王平視察全縣地形，決定于西洋為主自衛區，秦[?]嶼、仙蒲[?]為前進自衛區，疊石為預備自衛區	
民衆疏散前之準備事項		
西洋主自衛區設立行署		
製訂民衆疏散牌示	四月中旬由本署製就長八十生的、寬六十生的、厚五公厘木牌五十面，填寫各種民衆應行疏散之粗淺標語，分訂城廂各交通要	

福鼎縣[illegible]

福鼎县自卫区树立进度旬报表(二十八年八月份上旬)

(1939 年 8 月)a 面　G133-003-0086

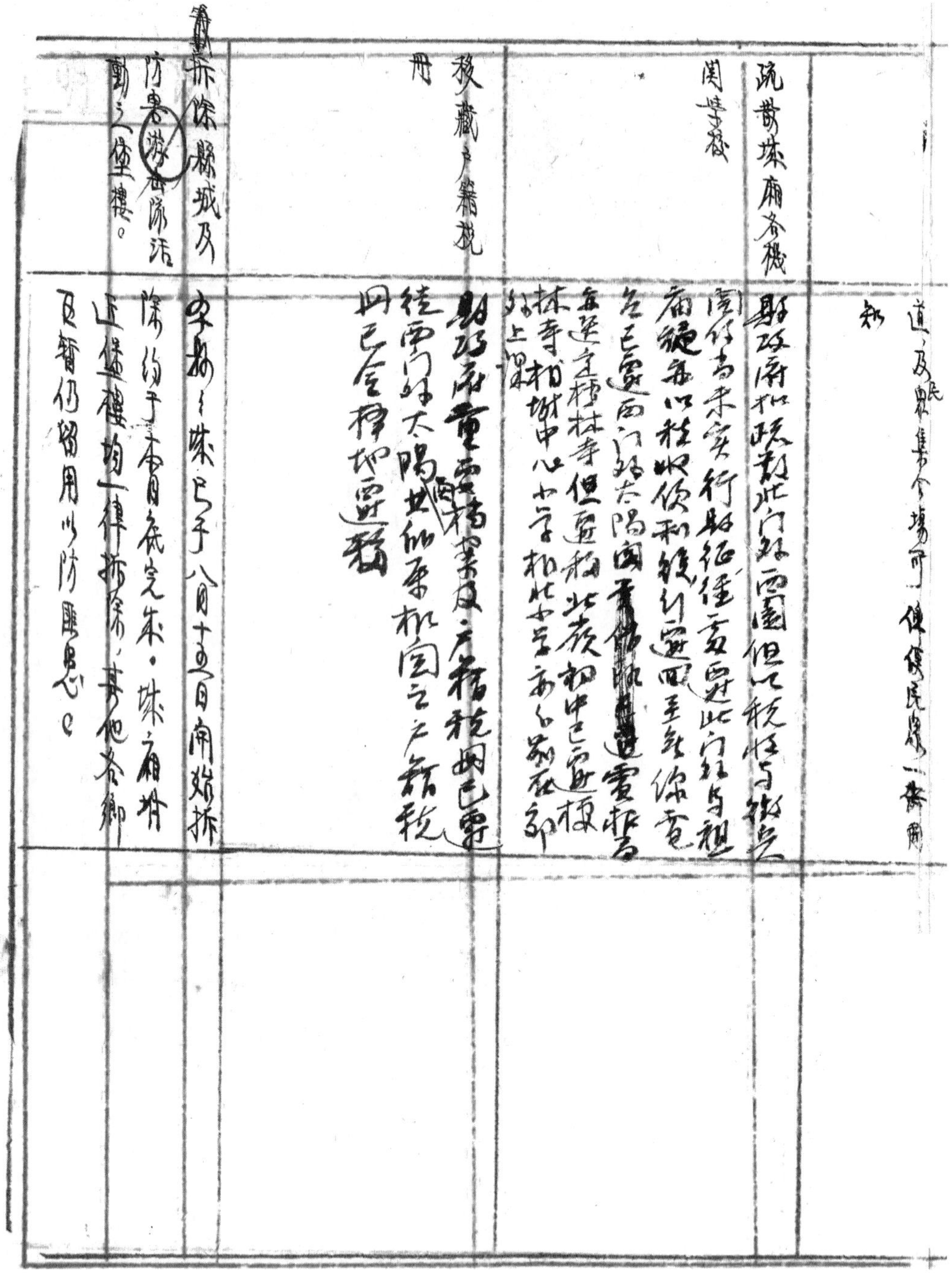

福鼎县自卫区树立进度旬报表(二十八年八月份上旬)

(1939 年 8 月)b 面　G133-003-0086

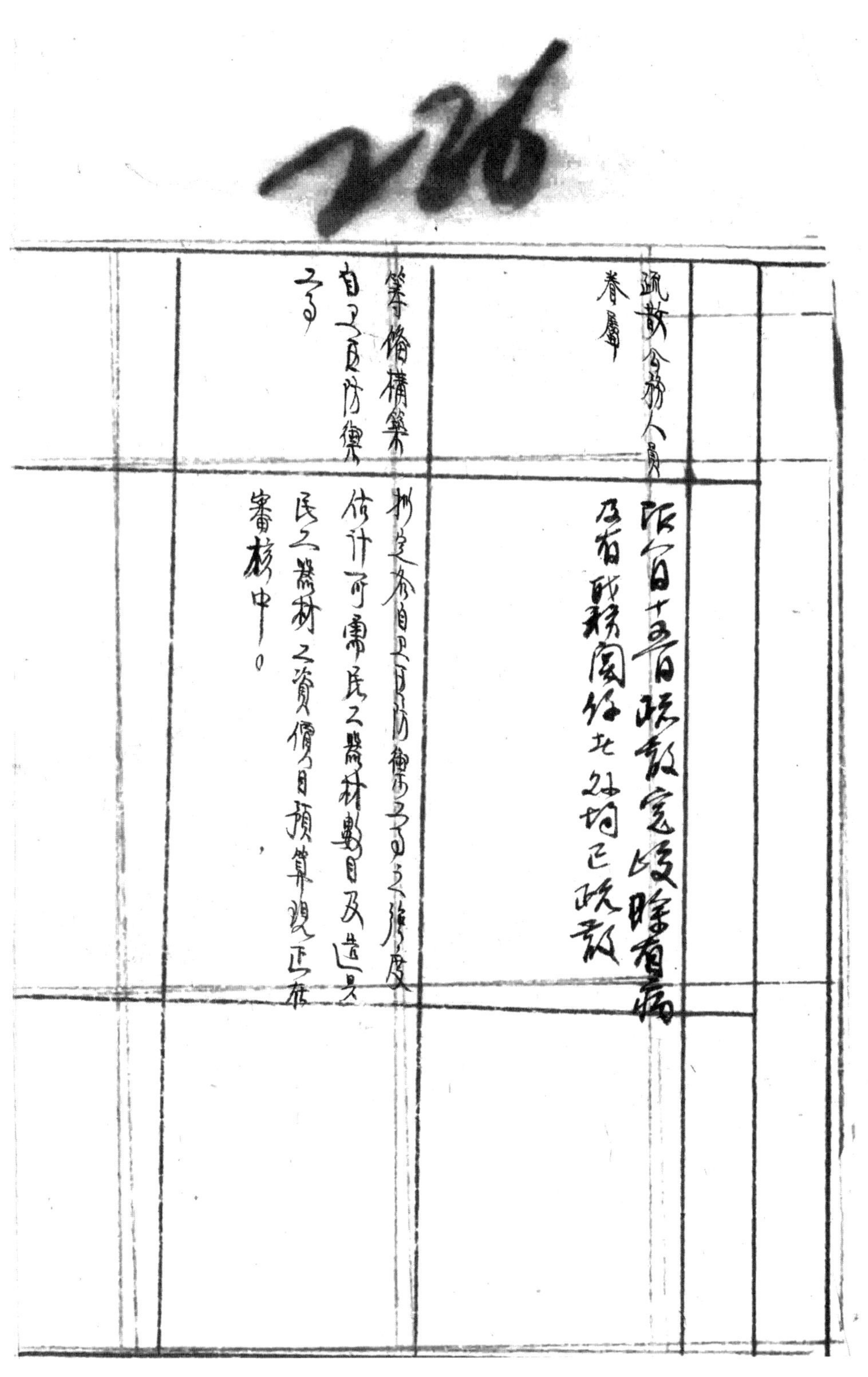

福鼎县自卫区树立进度旬报表(二十八年八月份上旬)
(1939 年 8 月)a 面　G133-003-0086

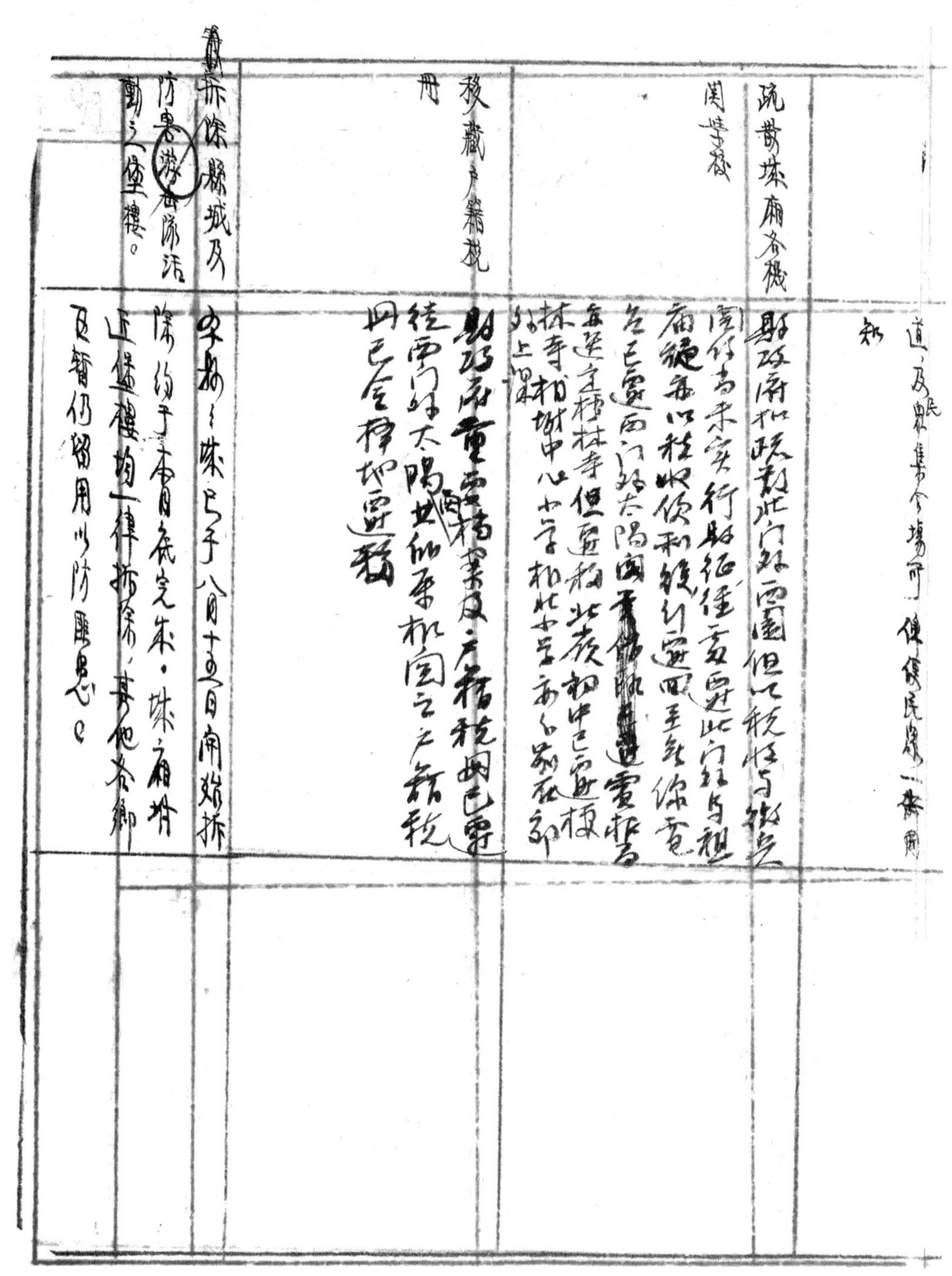

道、及民众集会场所，使便民众一齐用　新

项目	办理情形
疏散城厢各机关学校	县政府拟移设北门外西园，但以[illegible]尚未实行。[illegible]已迁西门外太阳岭[illegible]，[illegible]梅林寺，[illegible]初中已迁[illegible]，中心小学[illegible]北小学[illegible]上课
移藏户籍税册	县政府重要档案及户籍税册，[illegible]西门外太阳岭[illegible]之户籍税册已全部搬迁[illegible]
拆除县城及防患游击队活动之堡楼	本城城墙已于八月十五日开始拆除，约于本月底完成。城厢附近堡楼均一律拆除，其他各乡则暂仍留用以防匪患。

福鼎县自卫区树立进度旬报表(二十八年八月份上旬)

(1939年8月)b面　G133-003-0086

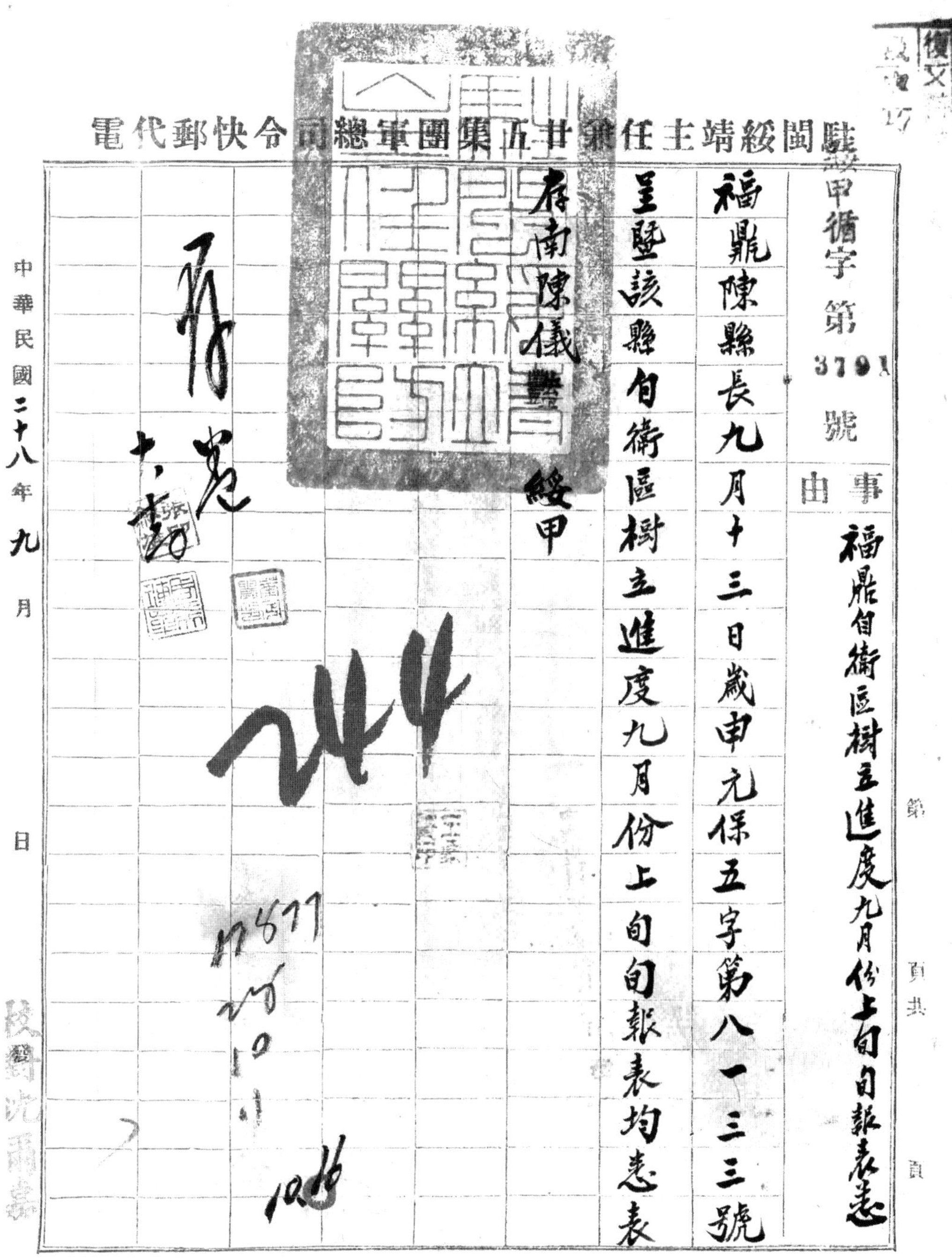
駐閩綏靖主任兼第廿五集團軍總司令快郵代電

綏甲循字第3791號

事由：福鼎自衛區樹立進度九月份上旬旬報表悉

福鼎陳縣長九月十三日歲申元保五字第八一三三號呈暨該縣自衛區樹立進度九月份上旬旬報表均悉。表存。南陳儀。艷。綏甲

中華民國二十八年九月　日

驻闽绥靖主任兼第廿五集团军总司令关于福鼎县自卫区树立进度九月份上旬旬报表收悉的快邮代电(1939 年 9 月 29 日)　G133-003-0144

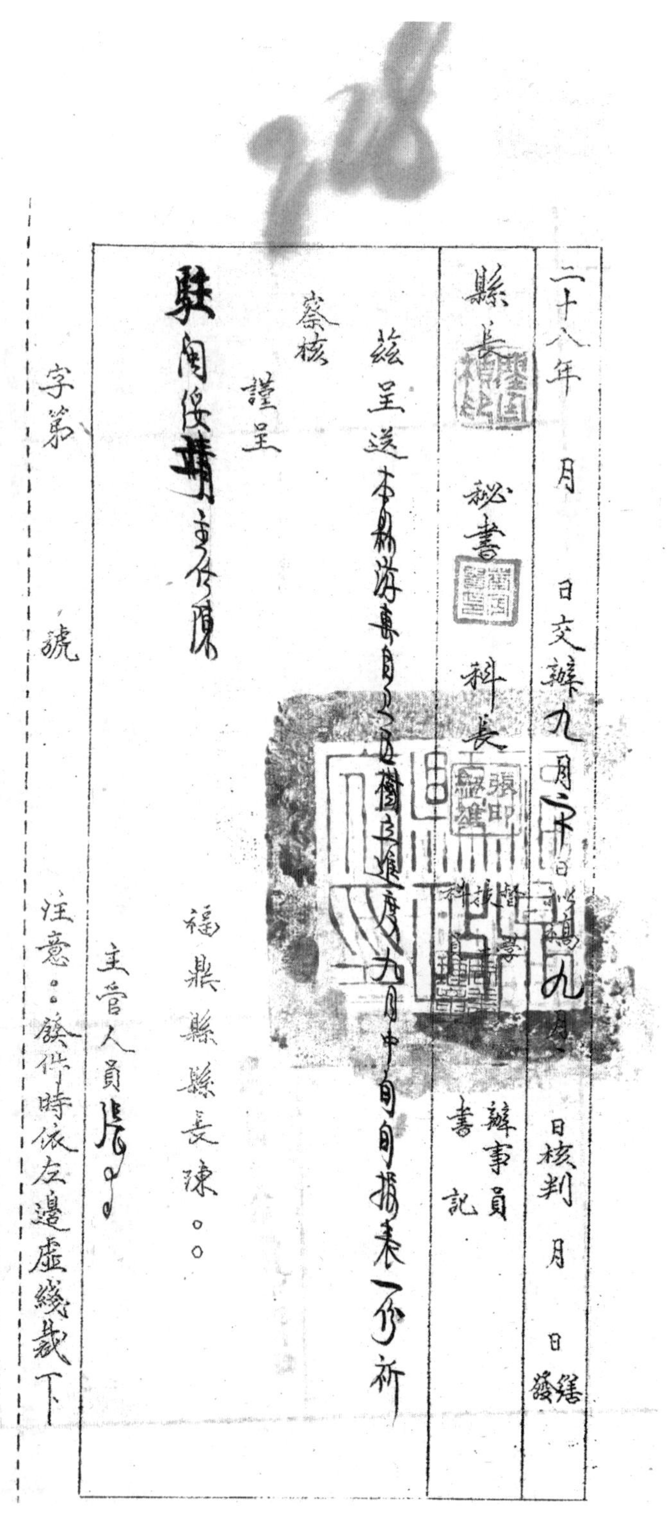

福鼎县政府关于呈送本县游击自卫区树立进度九月中旬旬报表给驻闽绥靖主任公署的呈文

（1939年9月25日） G133-003-0086

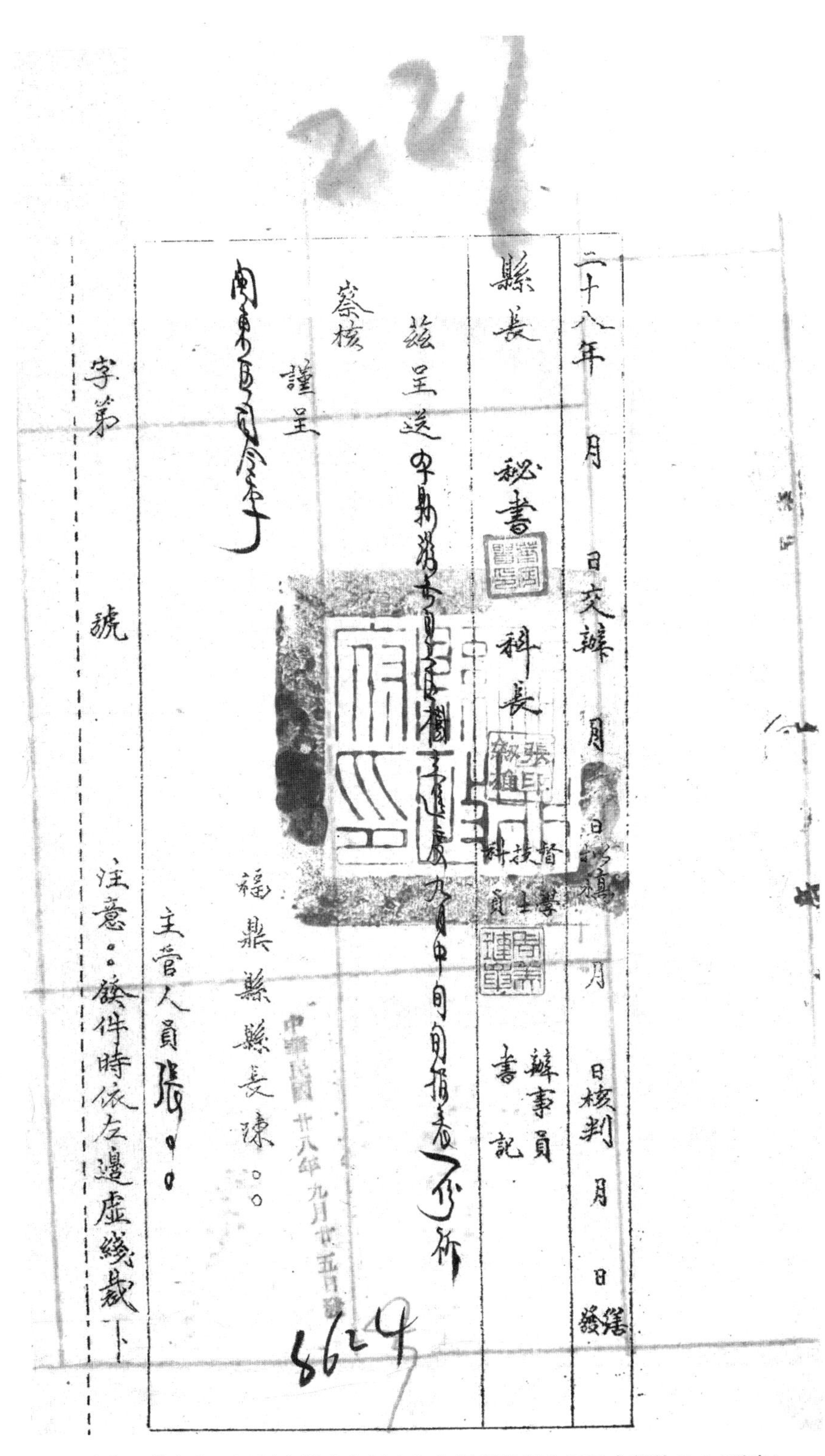

福鼎县政府关于呈送本县游击自卫区树立进度九月中旬旬报表给闽东区司令部的呈文(附表)

(1939 年 9 月 25 日)　G133-003-0086

福鼎縣游擊自衛區樹立進度旬報表　九月中旬

項目	辦理情形	備攷
令飭區署徵集民工	本縣第二區構築工事，前經呈奉核准備案，前擬于十月七日由各區集民工開始構築工事。于本月十四日擬訂工作計劃，令各區署召集民工準備如期開工。	
本月內拆除城牆之經過	本縣拆除城牆，本月內每日由各區召集民工五百名搬運土石，並無間斷，約于本月底可完工。	

福鼎县游击自卫区树立进度九月中旬旬报表

(1939 年 9 月)a 面　G133-003-0086

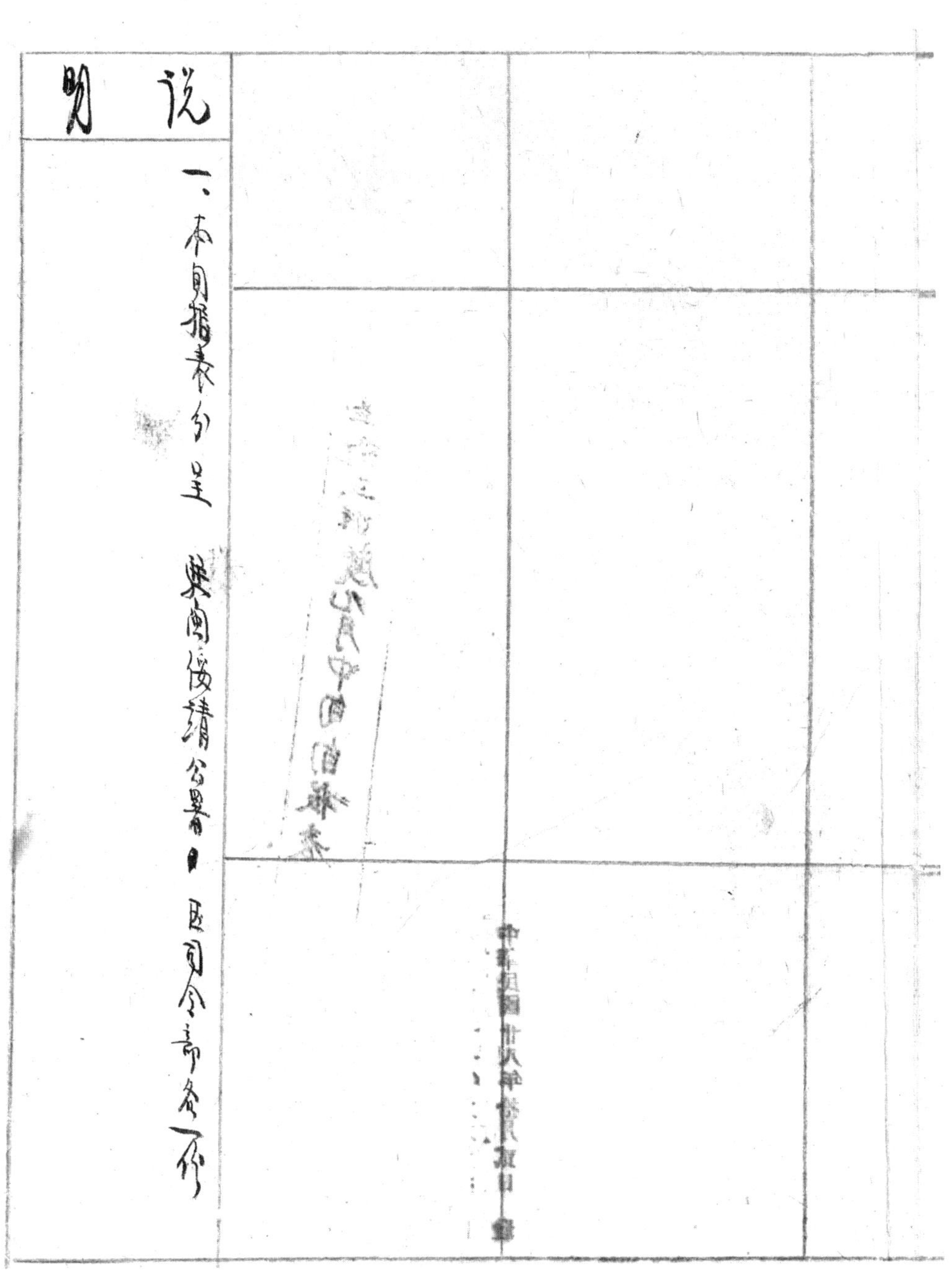

福鼎县游击自卫区树立进度九月中旬旬报表

(1939年9月)b面　G133-003-0086

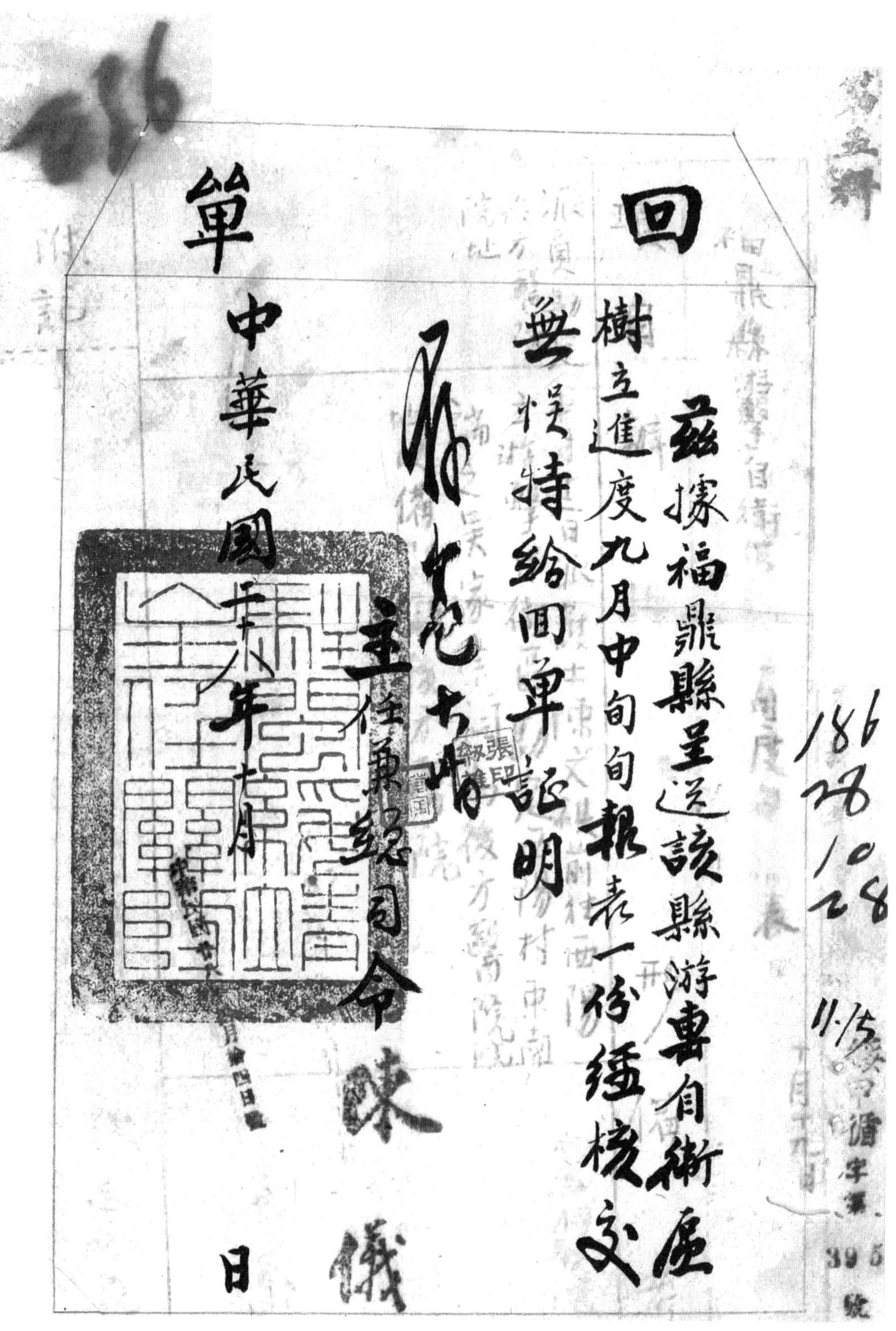
回單

茲據福鼎縣呈送該縣游擊自衛區樹立進度九月中旬旬報表一份經核交無誤特給回單證明

主任兼綏司令 陳儀

中華民國二十八年十月 日

驻闽绥靖主任公署关于福鼎县呈送游击自卫区树立进度九月中旬旬报表经核交无误的证明回单

（1939 年 10 月 14 日） G133-003-0086

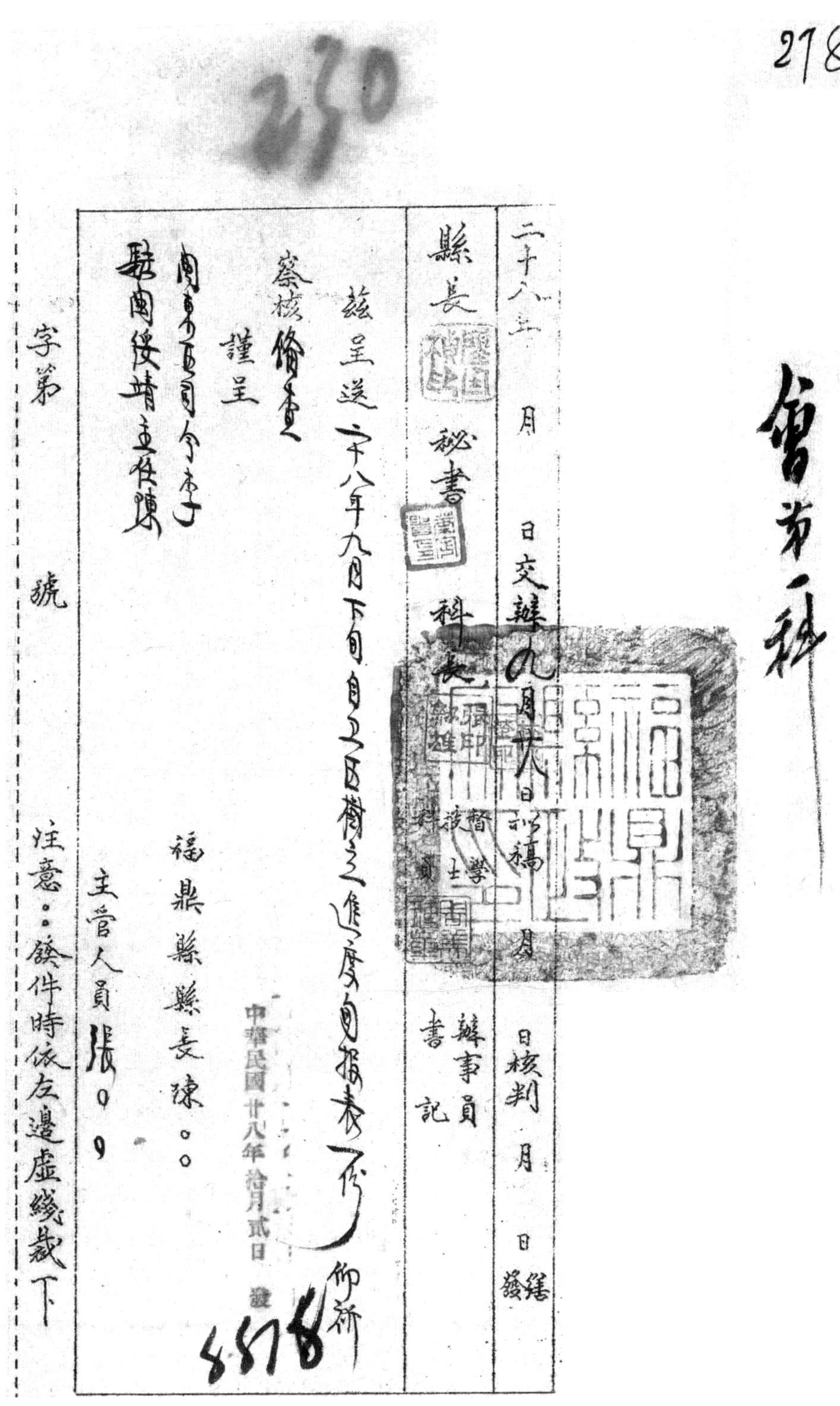

278

230

二十八年 月 日交辦 九月廿八日擬稿 月 日核判 月 日發繕

縣長 秘書 科長 科員 督學 辦事員 書記

茲呈送二十八年九月下旬自衛區樹立進度旬報表乙份 仰祈

察核備查

謹呈

閩東區司令李

駐閩綏靖主任陳

福鼎縣縣長陳○○

中華民國廿八年拾月貳日 發

主管人員 張○○

注意：發件時依左邊虛綫裁下

字第 號

會第一科

4878

福鼎县政府关于呈送二十八年九月下旬自卫区树立进度旬报表给闽东区司令部、驻闽绥靖主任公署的呈文(附表)(1939年10月2日) G133-003-0086

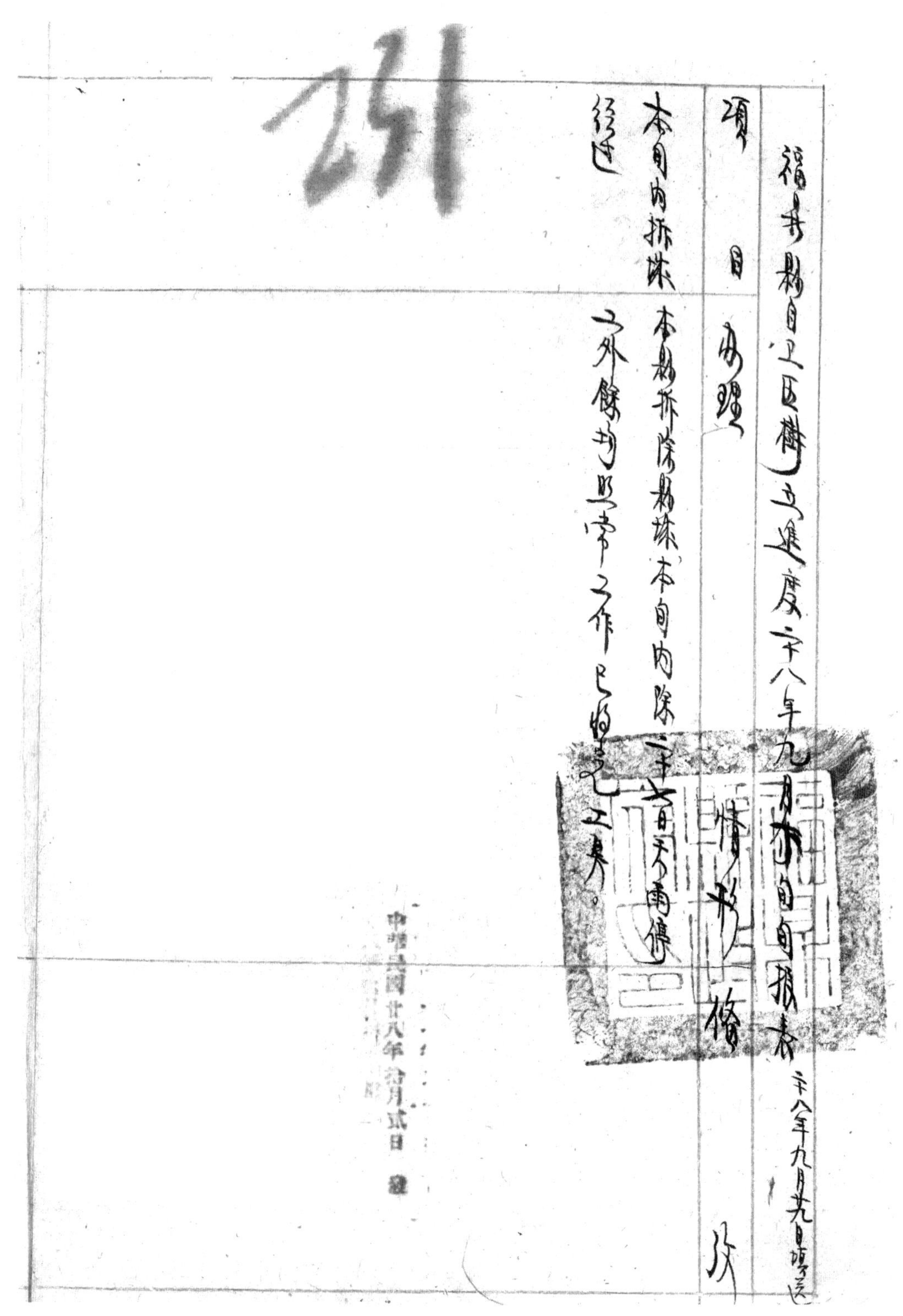
福鼎县自卫区树立进度二十八年九月下旬旬报表 二十八年九月廿九日填送
项目：办理情形：备考
本旬内拆冻：本县拆除县冻，本旬内除二十六日天雨停工外，余均照常工作，已将完工矣。
中华民国廿八年九月廿日

福鼎县自卫区树立进度二十八年九月下旬旬报表
（1939 年 9 月 29 日） G133-003-0086

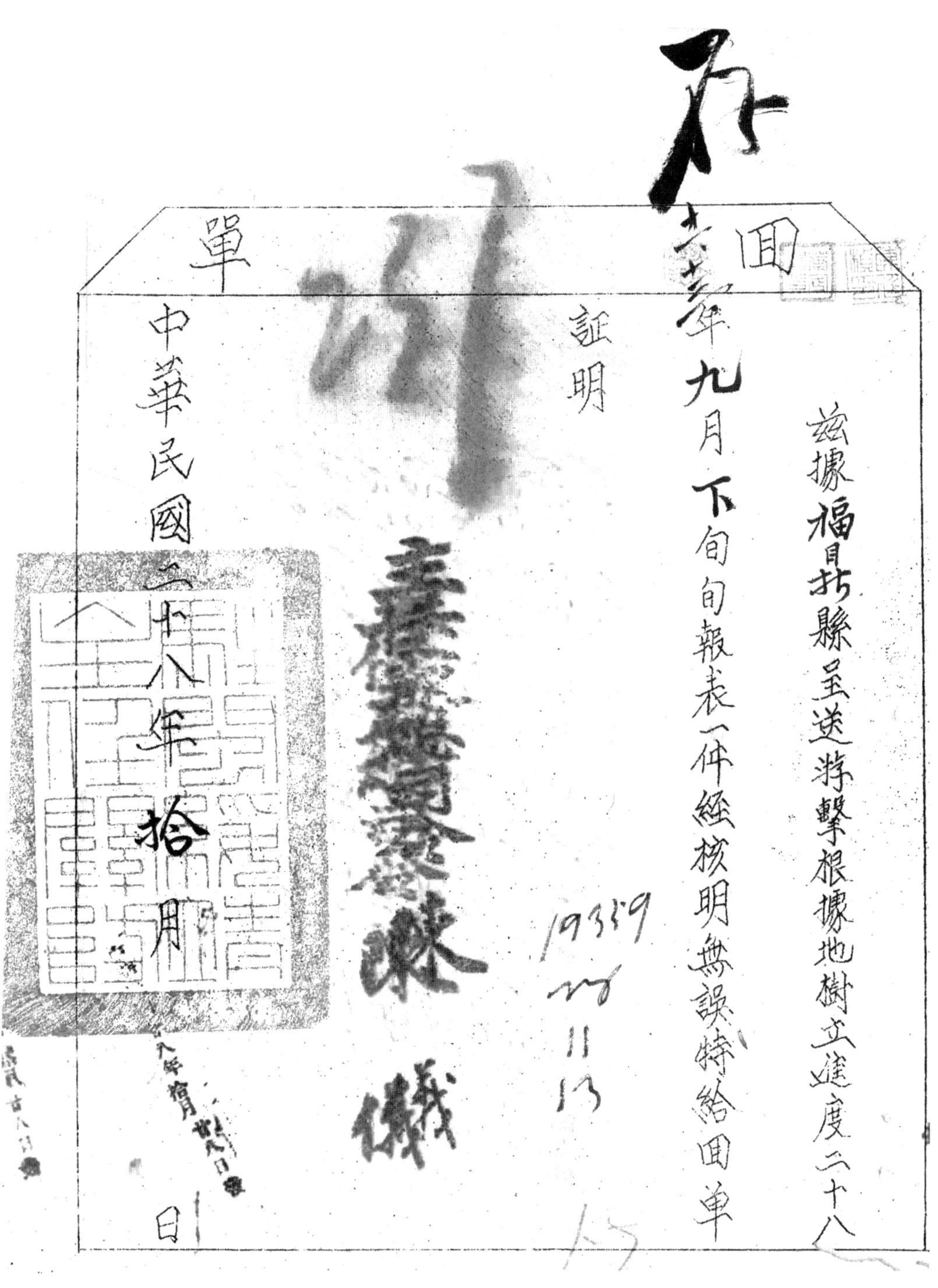

存

回 證明 單

兹據福鼎縣呈送游擊根據地樹立進度二十八年九月下旬旬報表一件經核明無誤特給回单

主任 陳儀

中華民國二十八年拾月 日

1939 10 28 11 13

驻闽绥靖主任公署关于福鼎县呈送游击根据地树立进度二十八年九月下旬旬报表经核明无误的证明回单(1939 年 10 月 28 日)　G133-003-0086

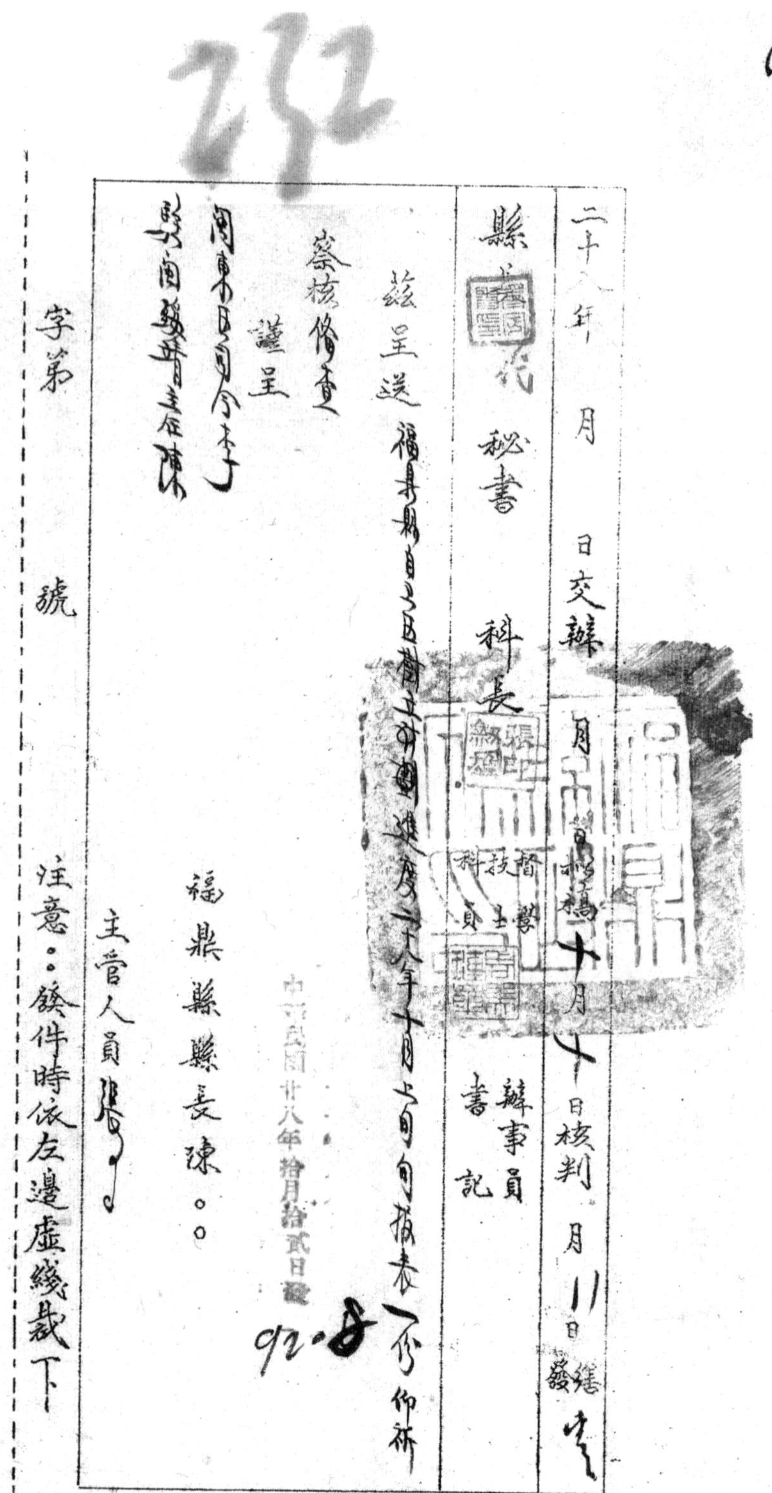
二十八年　月　日交辦　月　日核判　月11日發繕
縣長　秘書　科長　科員　技士　督學　辦事員　書記
茲呈送福鼎縣自衛區樹立進度二十八年十月上旬旬報表一份仰祈
察核備查
謹呈
閩東區司令李
縣自衛隊督導主任陳
福鼎縣縣長陳○○
主管人員張
中華民國廿八年拾月拾貳日發
字第　號
注意：發件時依左邊虛綫裁下

福鼎县政府关于呈送福鼎县自卫区树立进度二十八年十月上旬旬报表的呈文(附表)
(1939年10月12日)　G133-003-0086

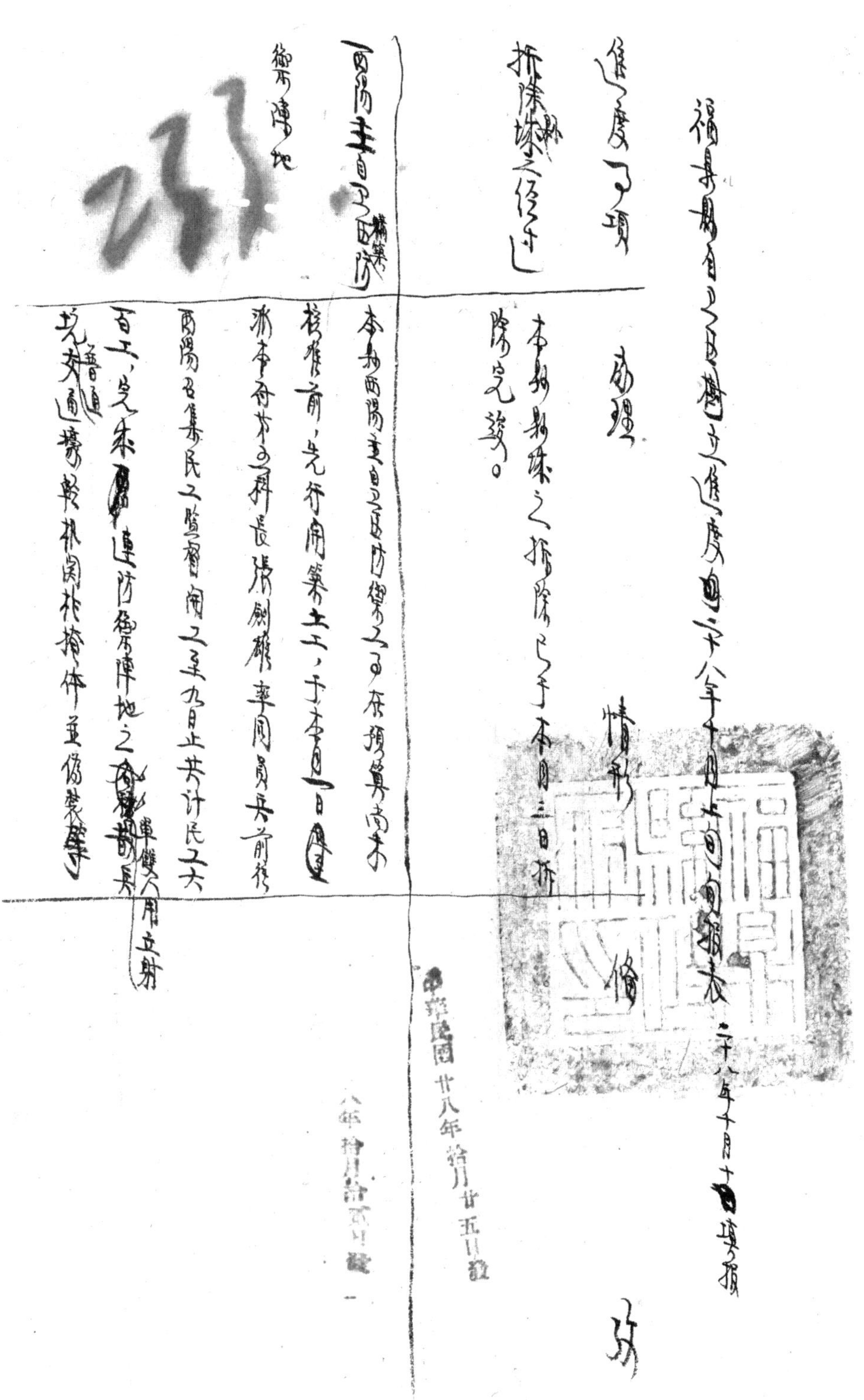

福鼎县自卫区树立进度二十八年十月上旬旬报表

（1939 年 10 月 10 日） G133-003-0086

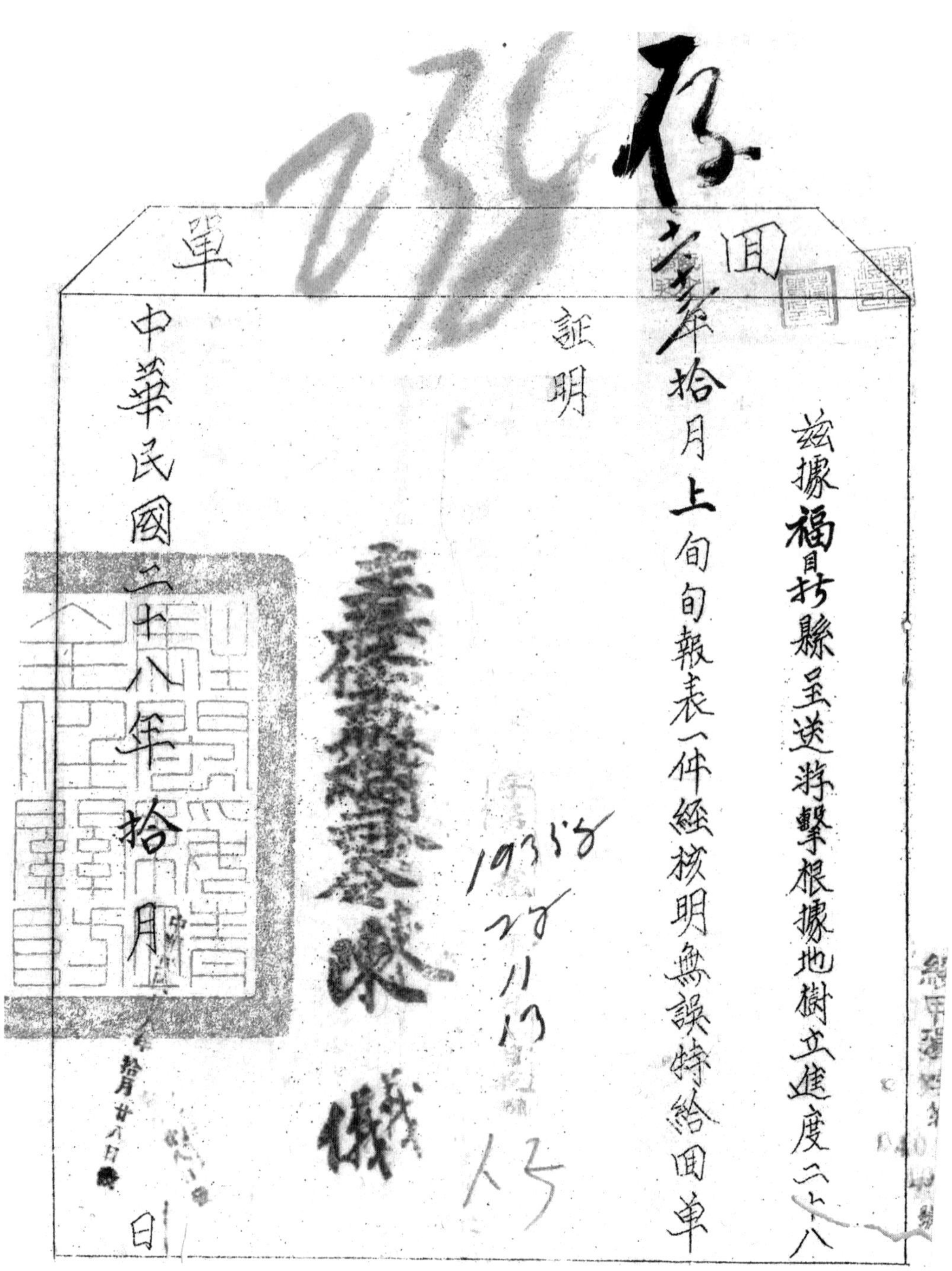
回單

茲據福鼎縣呈送游擊根據地樹立進度二十八年拾月上旬旬報表一件經核明無誤特給回單

證明

陳儀

中華民國二十八年拾月 日

驻闽绥靖主任公署关于福鼎县呈送游击根据地树立进度二十八年十月上旬旬报表经核明无误的证明回单(1940 年 10 月 28 日) G133-003-0086

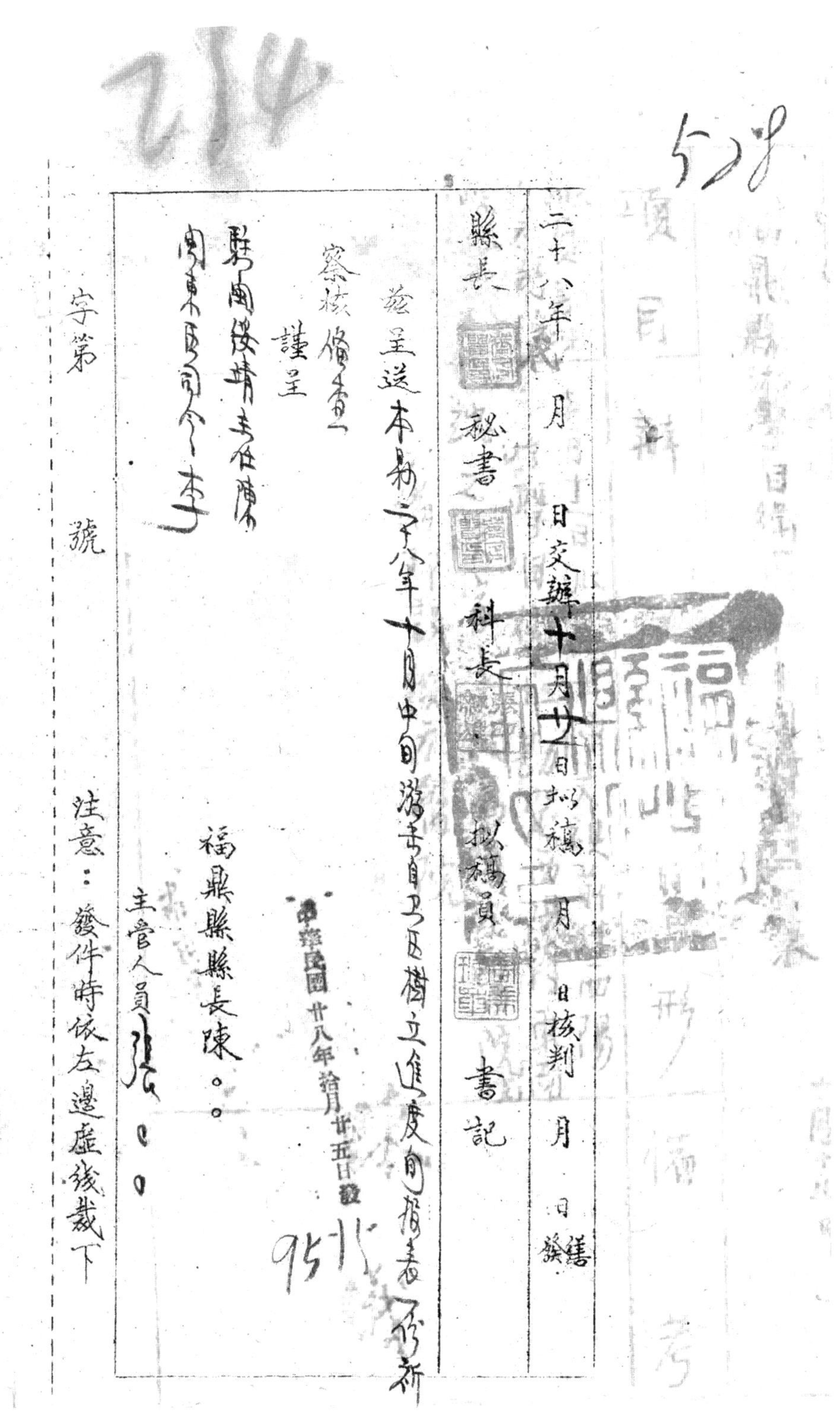
二十八年　月　日交辦十月廿日擬稿　月　日核判　月　日發繕
縣長　秘書　科長　擬稿員　書記
茲呈送本縣二十八年十月中旬游击自卫区樹立進度旬報表一份祈
察核備查
謹呈
駐閩綏靖主任陳
閩東區司令李
福鼎縣縣長陳〇〇
主管人員張〇〇
中華民國廿八年拾月廿五日發
字第　號
注意：發件時依左邊虛綫裁下

福鼎县政府关于呈送本县二十八年十月中旬游击自卫区树立进度旬报表给驻闽绥靖主任公署、闽东区司令部的呈文(附表)(1939 年 10 月 21 日)　G133-003-0086

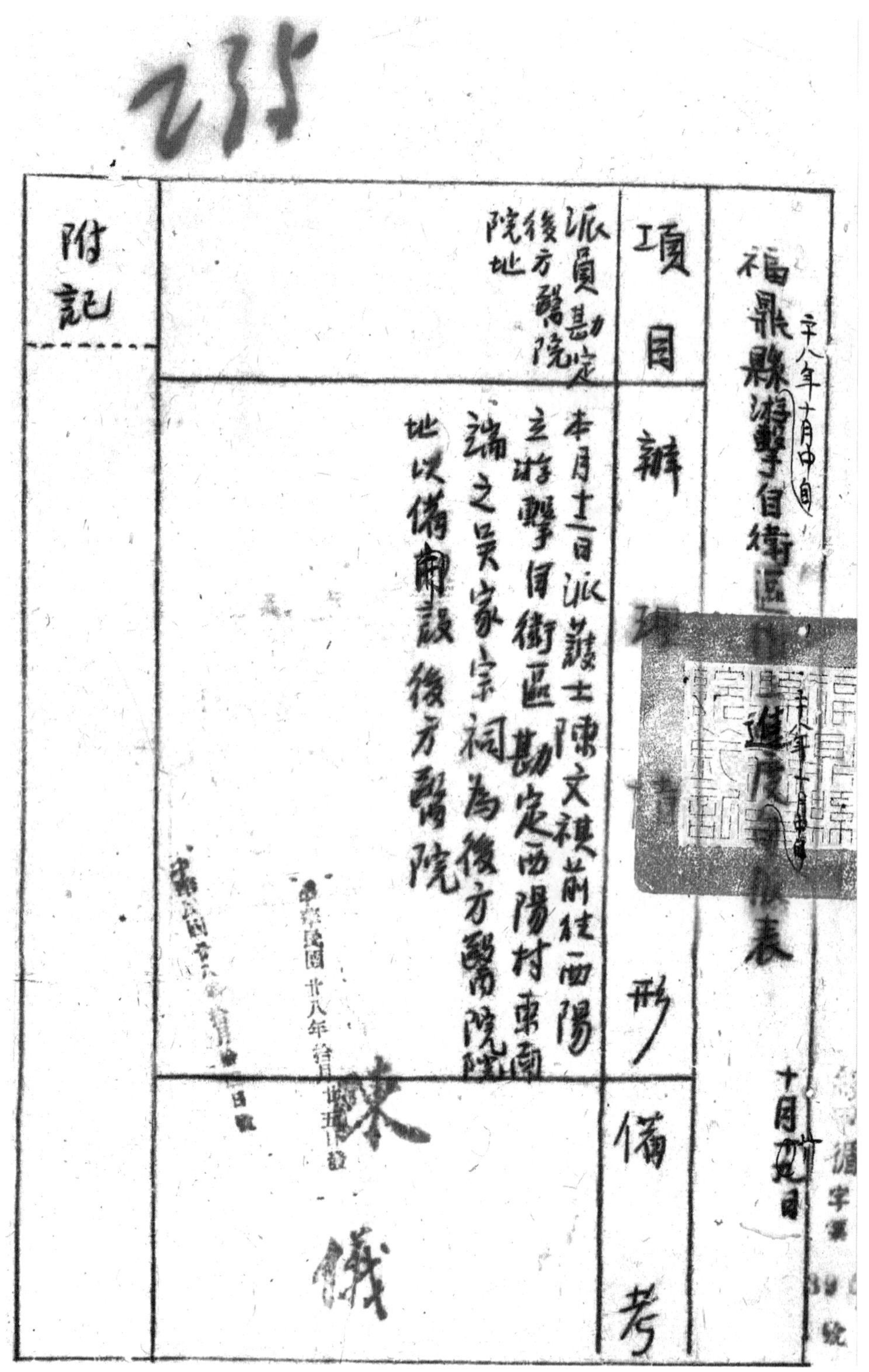
235

福鼎縣游擊自衛區樹立進度旬報表

二十八年十月中旬

項目	辦理情形	備考
派員勘定後方醫院地址	本月十二日派護士陳文祺前往西陽立游擊自衛區勘定西陽村東南端之吳家宗祠為後方醫院院址以備開設後方醫院	陳儀

附記

中華民國廿八年拾月　日收

中華民國廿八年拾月　日發

十月廿日

福鼎县二十八年十月中旬游击自卫区树立进度旬报表

（1939 年 10 月 20 日） G133-003-0086

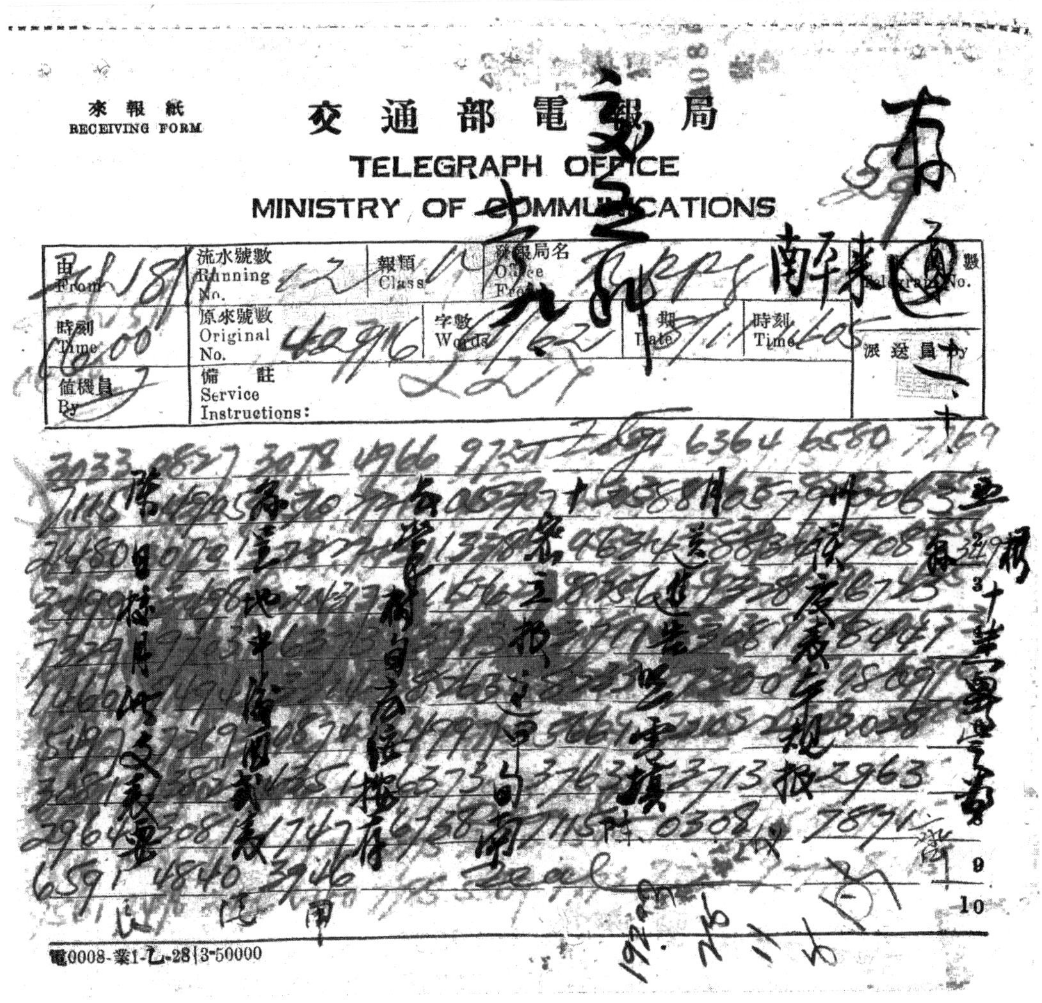

來報紙
RECEIVING FORM

交通部電報局
TELEGRAPH OFFICE
MINISTRY OF COMMUNICATIONS

由 From	流水號數 Running No.	報類 Class	發報局名 Office From	電報號數 Telegram No.
時刻 Time	原來號數 Original No.	字數 Words	日期 Date	時刻 Time
值機員 By	備註 Service Instructions:			派送員 By

電0008-業1-乙-28|3-50000

福鼎县政府译驻闽绥靖主任公署关于此后游击根据地树立旬报表应照规定表式按旬填报的电文

（1939 年 11 月 8 日） G133-003-0086

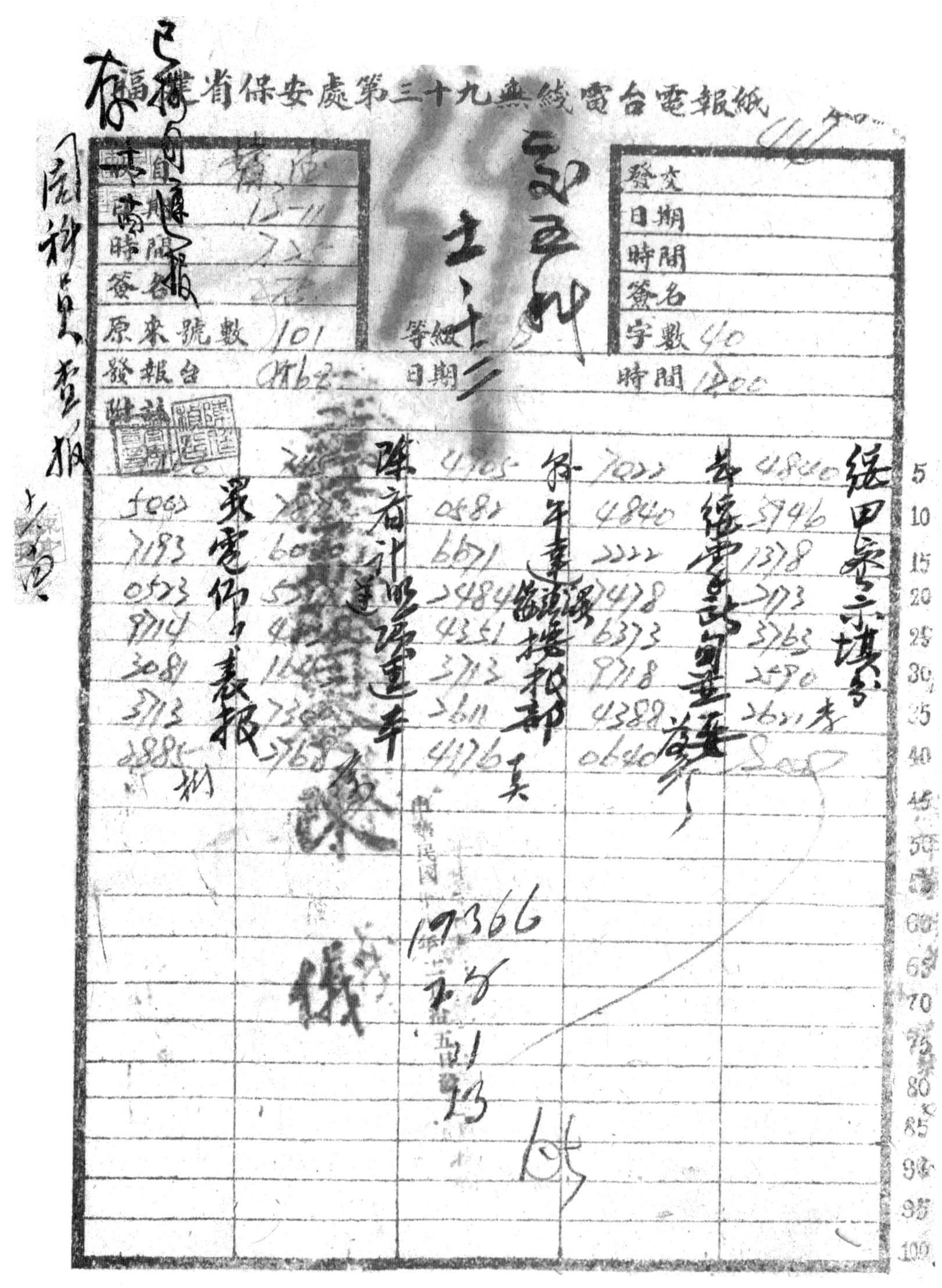

福建省保安處第三十九無線電台電報紙

收自	
日期	12-11
時間	
簽名	
原來號數	101

發交	
日期	
時間	
簽名	
字數	40

等級

發報台 日期 時間 1200

附註

福鼎县政府译福建省保安第二旅司令部关于遵照绥靖公署所示七项按旬填表径报并分报本部的电文(1939 年 11 月 11 日)　G133-003-0086

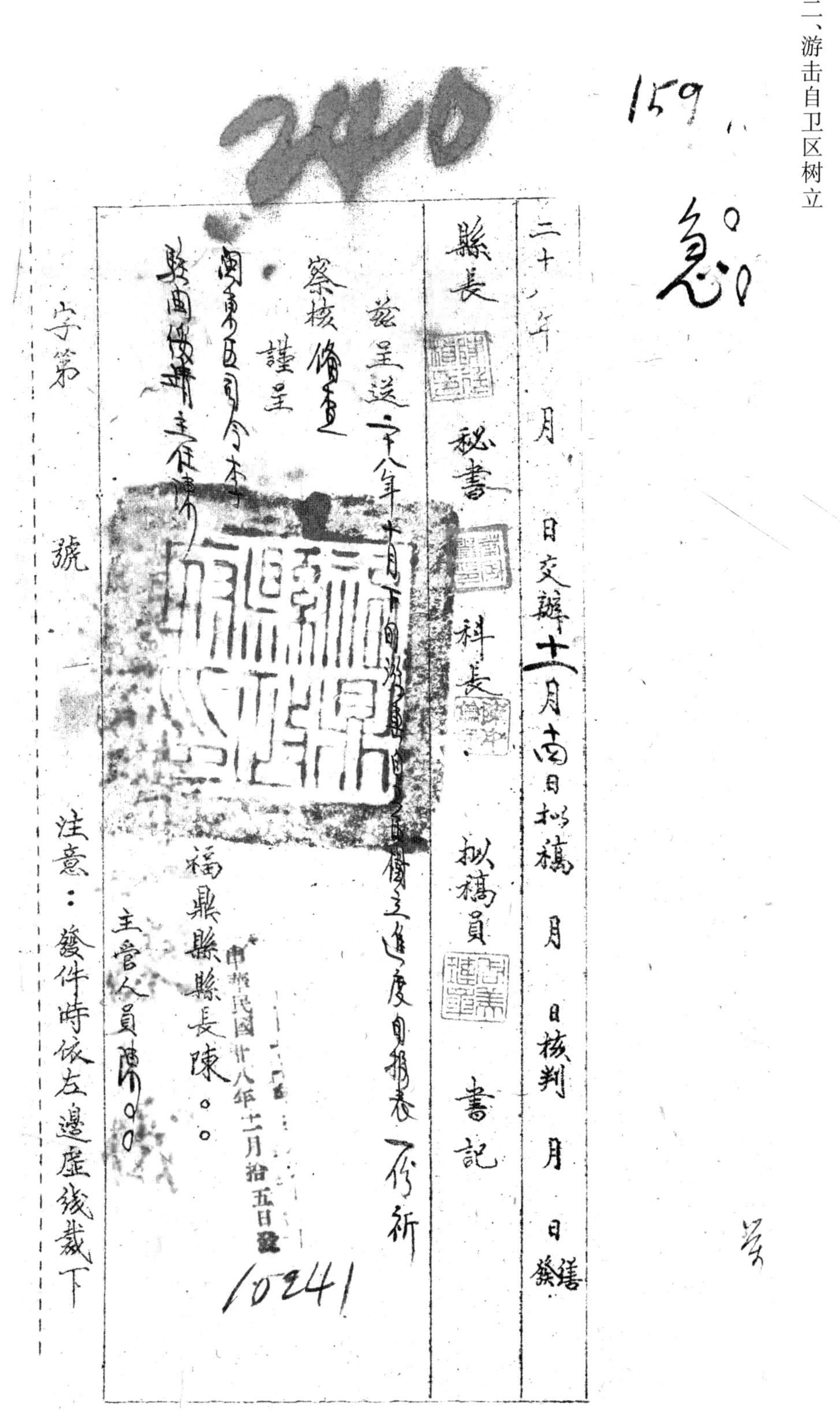
二十八年 月 日交辦十一月十三日擬稿 月 日核判 月 日發繕

縣長 秘書 科長 擬稿員 書記

茲呈送二十八年十月下旬游擊自衛區樹立進度旬報表一份祈

察核備查

謹呈

閩東區司令李

駐閩綏靖主任陳

福鼎縣縣長陳〇〇

主管人員陳〇〇

中華民國廿八年十一月拾五日發

字第 號

注意：發件時依左邊虛线裁下

福鼎县政府关于呈送二十八年十月下旬游击自卫区树立进度旬报表给闽东区司令部、驻闽绥靖主任公署的呈文(附表)(1939 年 11 月 15 日) G133-003-0086

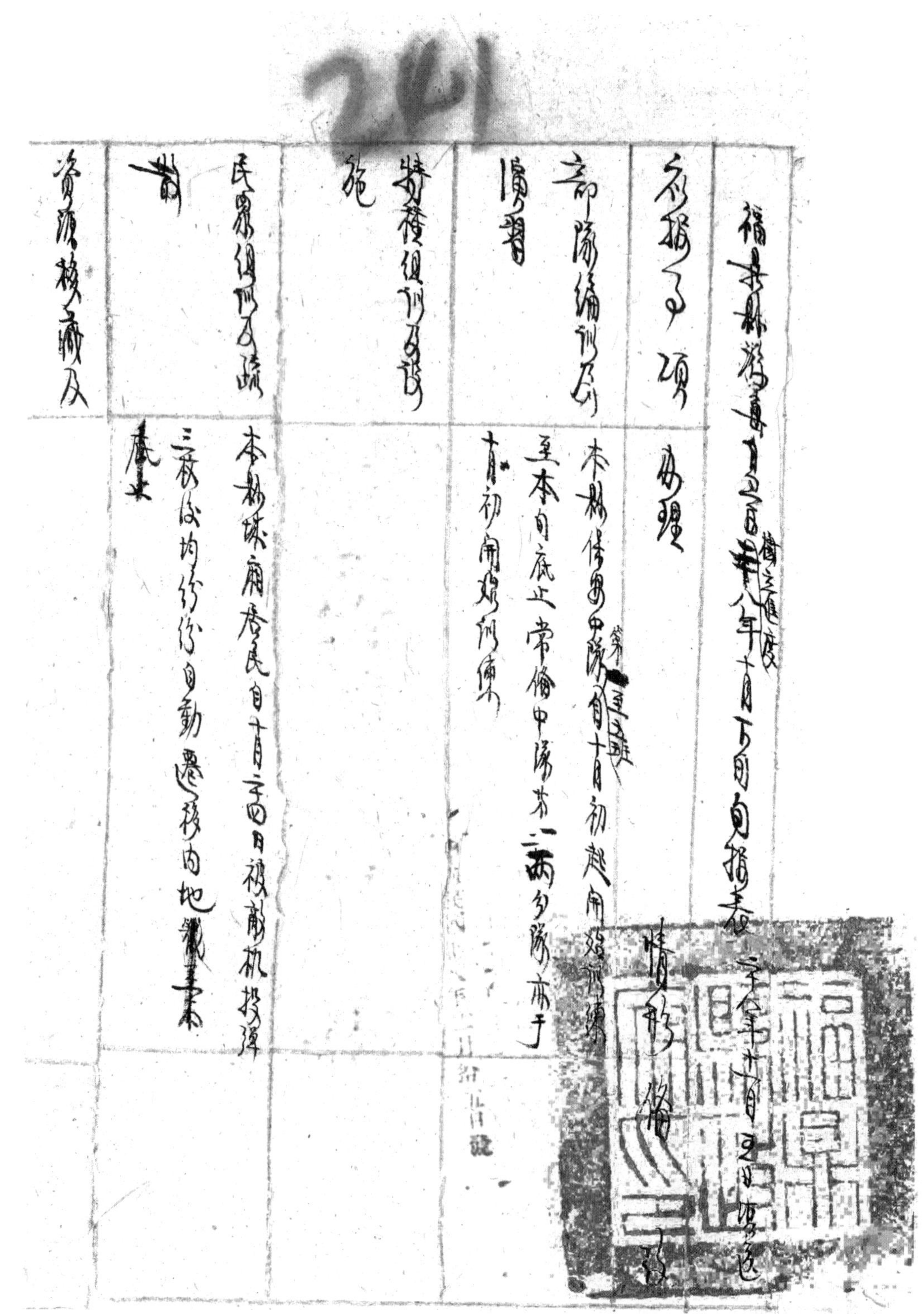

福鼎县游击自卫区树立进度二十八年十月下旬旬报表

(1939年11月5日)a面　G133-003-0086

福鼎县游击自卫区树立进度二十八年十月下旬旬报表

(1939年11月5日)b面　G133-003-0086

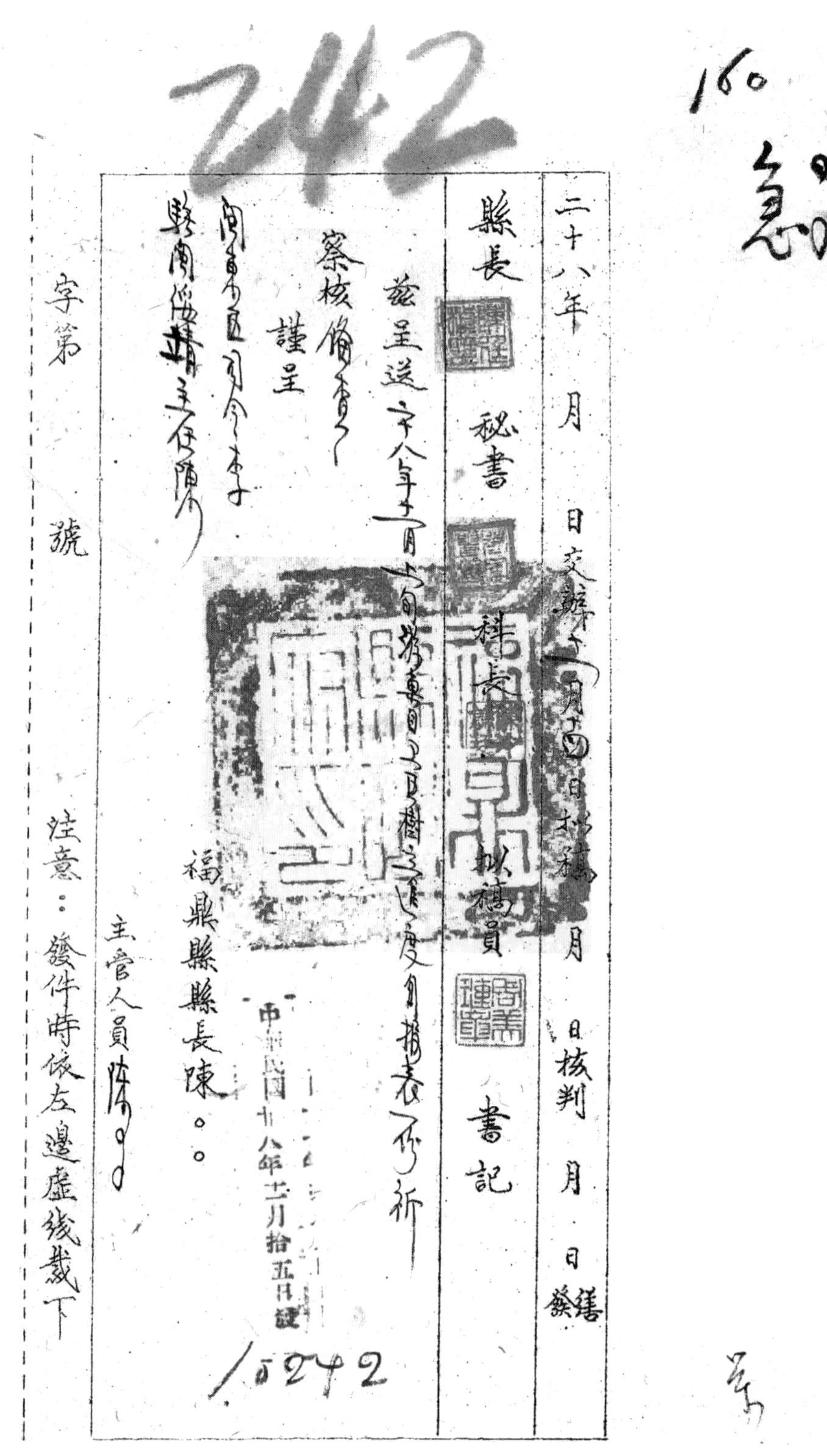

福鼎县政府关于呈送二十八年十一月上旬游击自卫区树立进度旬报表给闽东区司令部、驻闽绥靖主任公署的呈文(附表)(1939年11月15日) G133-003-0086

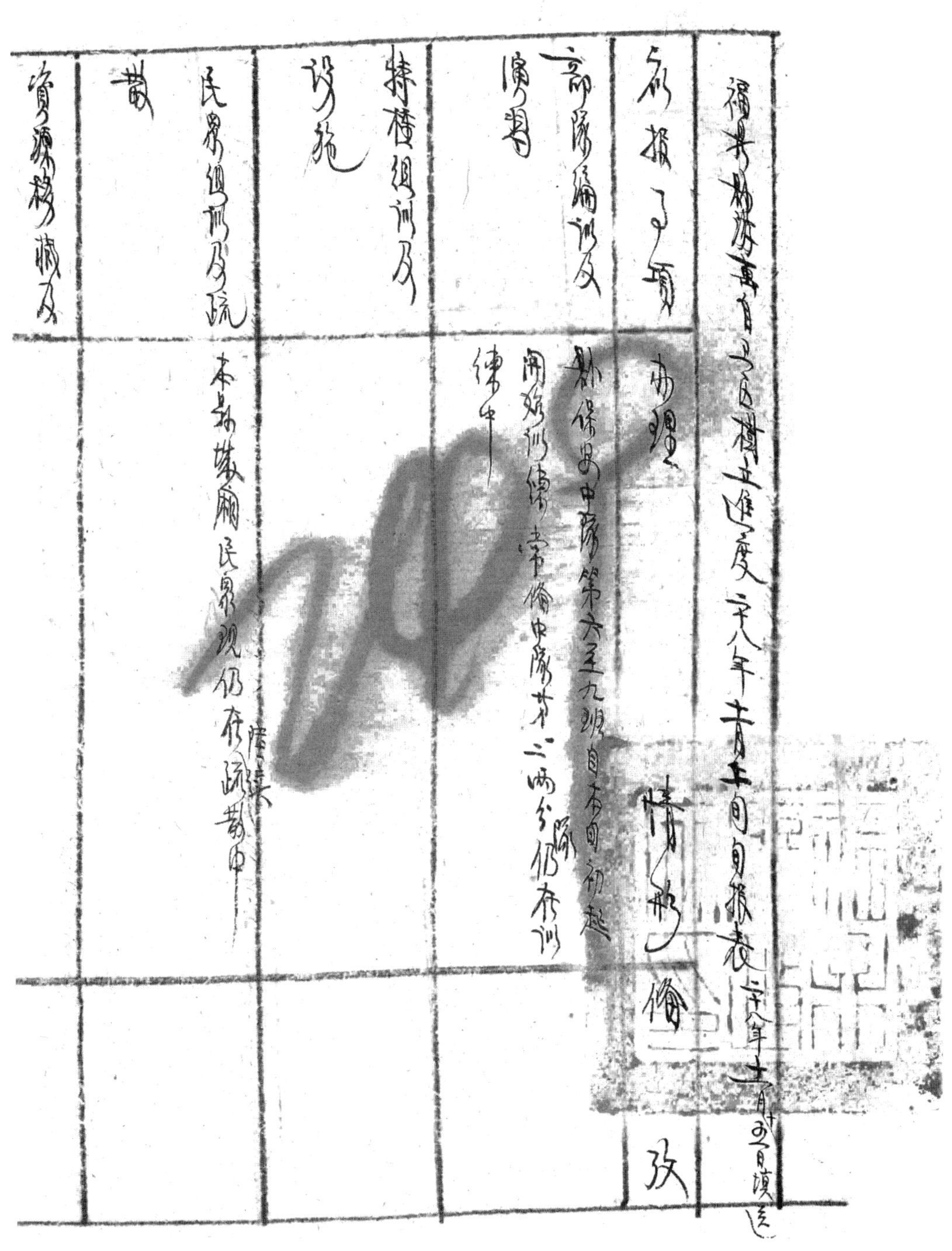

福鼎县游击自卫区树立进度二十八年十一月上旬旬报表

(1939 年 11 月 15 日)a 面　G133-003-0086

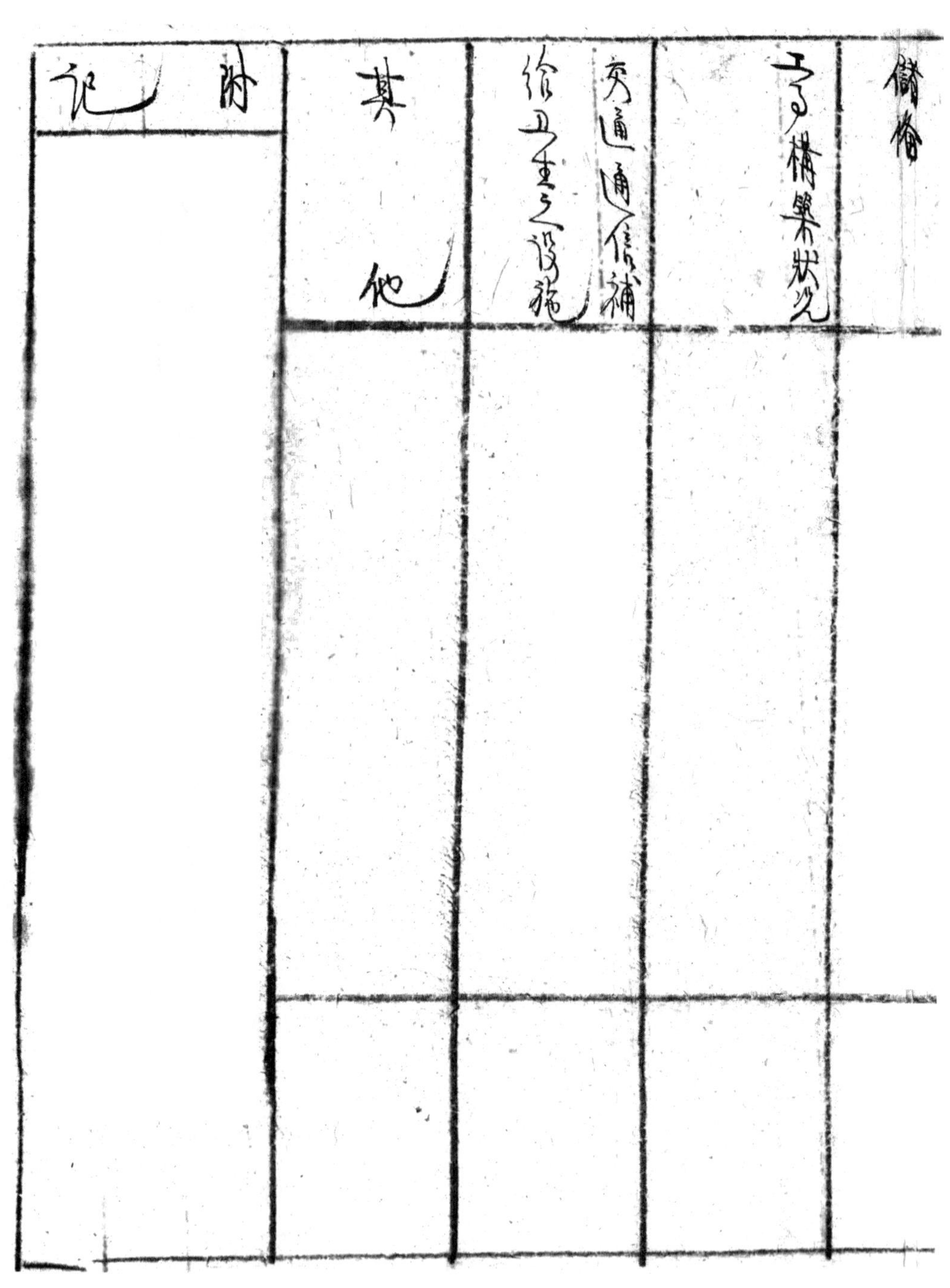

福鼎县游击自卫区树立进度二十八年十一月上旬旬报表
(1939 年 11 月 15 日)b 面　G133-003-0086

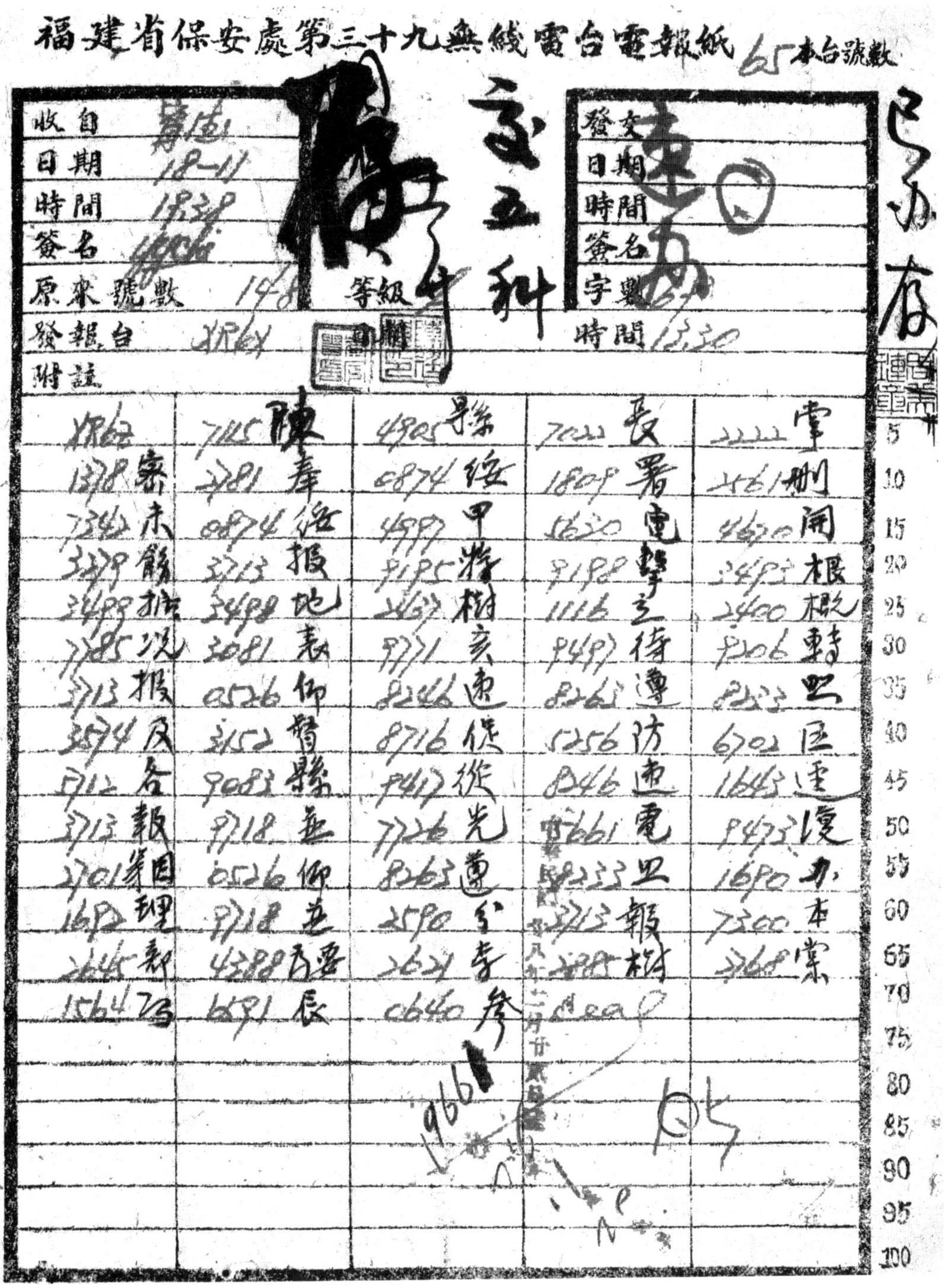

福鼎县政府译福建省保安第二旅司令部关于督促防区各县从速径报游击根据地树立概况表的电文(1939年11月18日) G133-003-0086

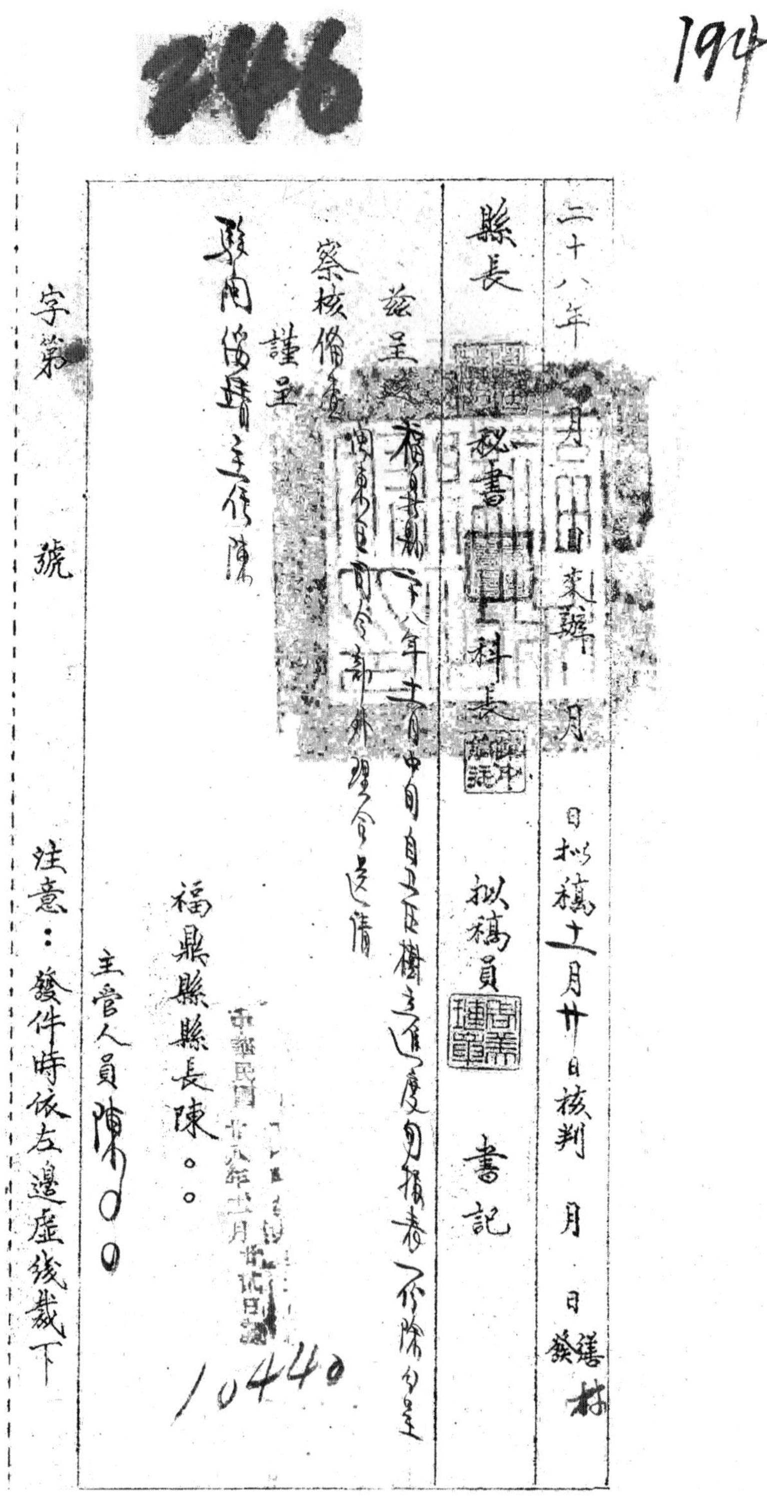

福鼎县政府关于呈送福鼎县二十八年十一月中旬游击自卫区树立进度旬报表给驻闽绥靖主任公署的呈文(附表)(1939 年 11 月 22 日) G133-003-0086

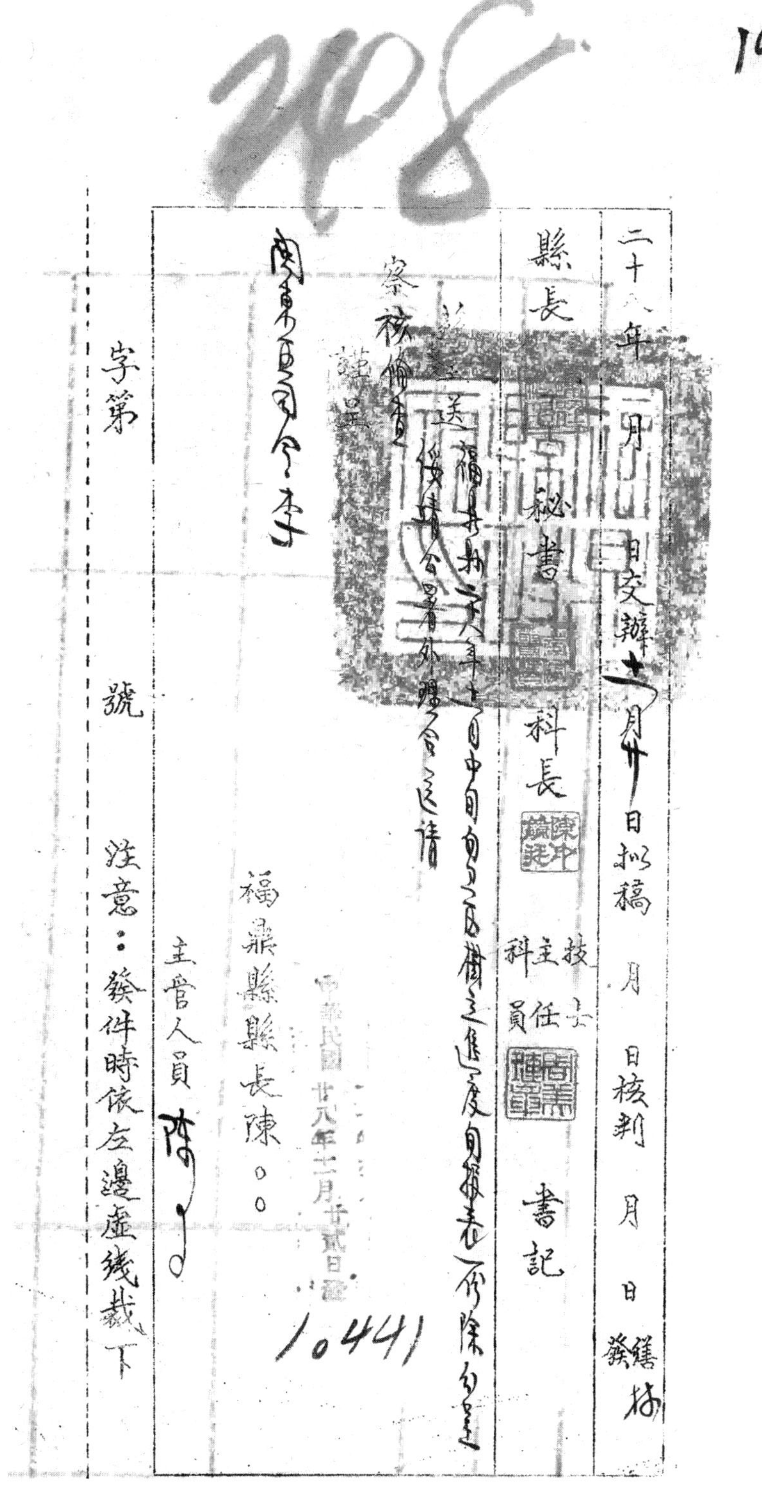

福鼎县政府关于呈送福鼎县二十八年十一月中旬游击自卫区树立进度旬报表给闽东区司令部的呈文(附表)(1939年11月22日) G133-003-0087

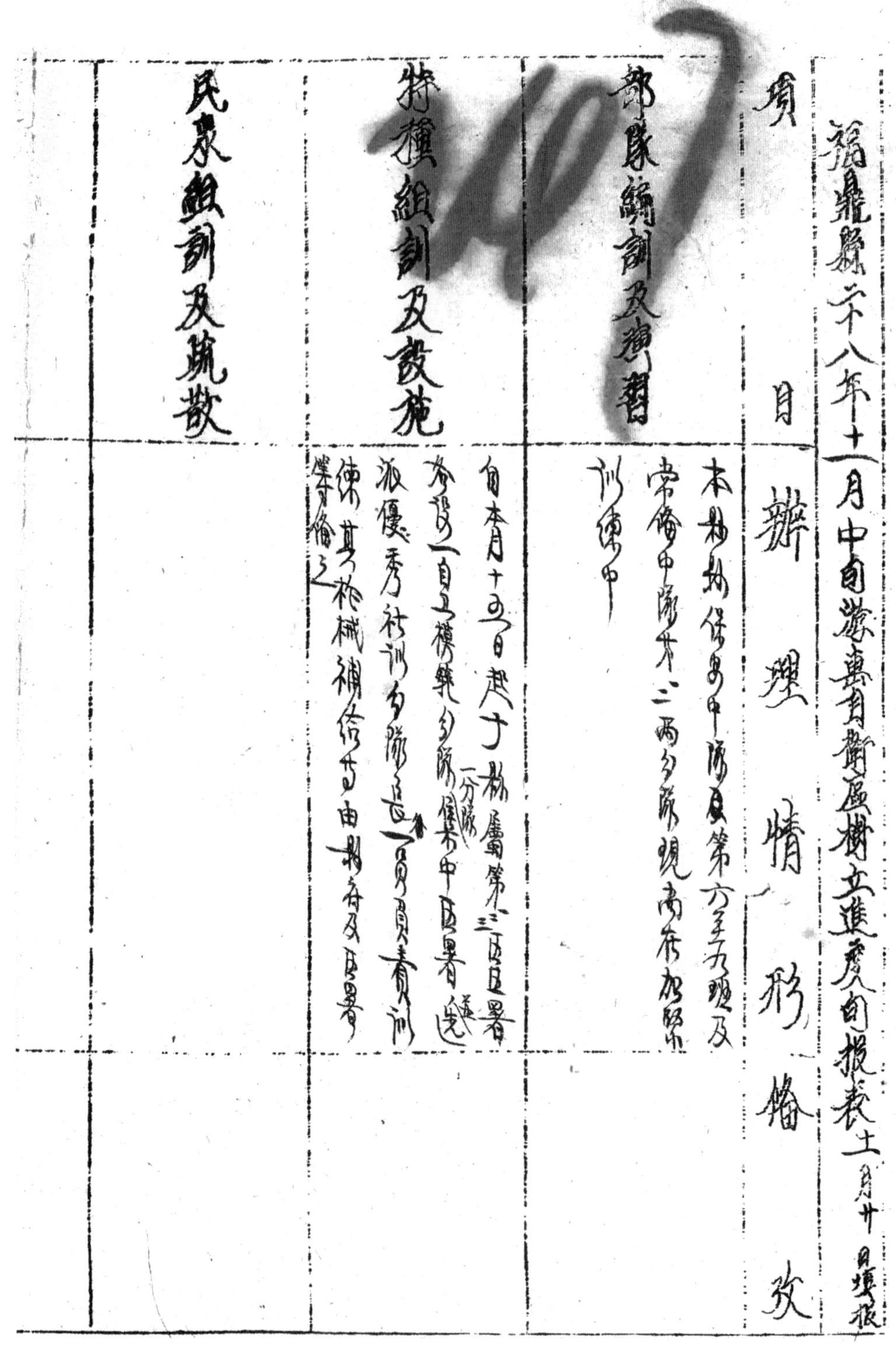

福鼎縣二十八年十一月中旬游擊自衛區樹立進度旬報表　十一月廿日填報

項目	辦理情形	備攷
部隊編訓及演習	本縣縣保安中隊及第六七九班及常備中隊第十二兩分隊現在加緊訓練中	
特種組訓及設施	自本月十五日起本縣屬第三區區署為設立一自衛模範分隊（一分隊）保甲中區署遴選派優秀社訓分隊長一員負責訓練其槍械補給由縣府及區署籌備之	
民衆組訓及疏散		

福鼎县二十八年十一月中旬游击自卫区树立进度旬报表
(1939 年 11 月 20 日)a 面　G133-003-0086

資源移藏及儲備	工事構築狀況	交通通信補給 衛生之設施	其他	附記
				本科碉樓之拆除前已專案呈報在卷不另列報

福鼎县二十八年十一月中旬游击自卫区树立进度旬报表

(1939年11月20日)b面　G133-003-0086

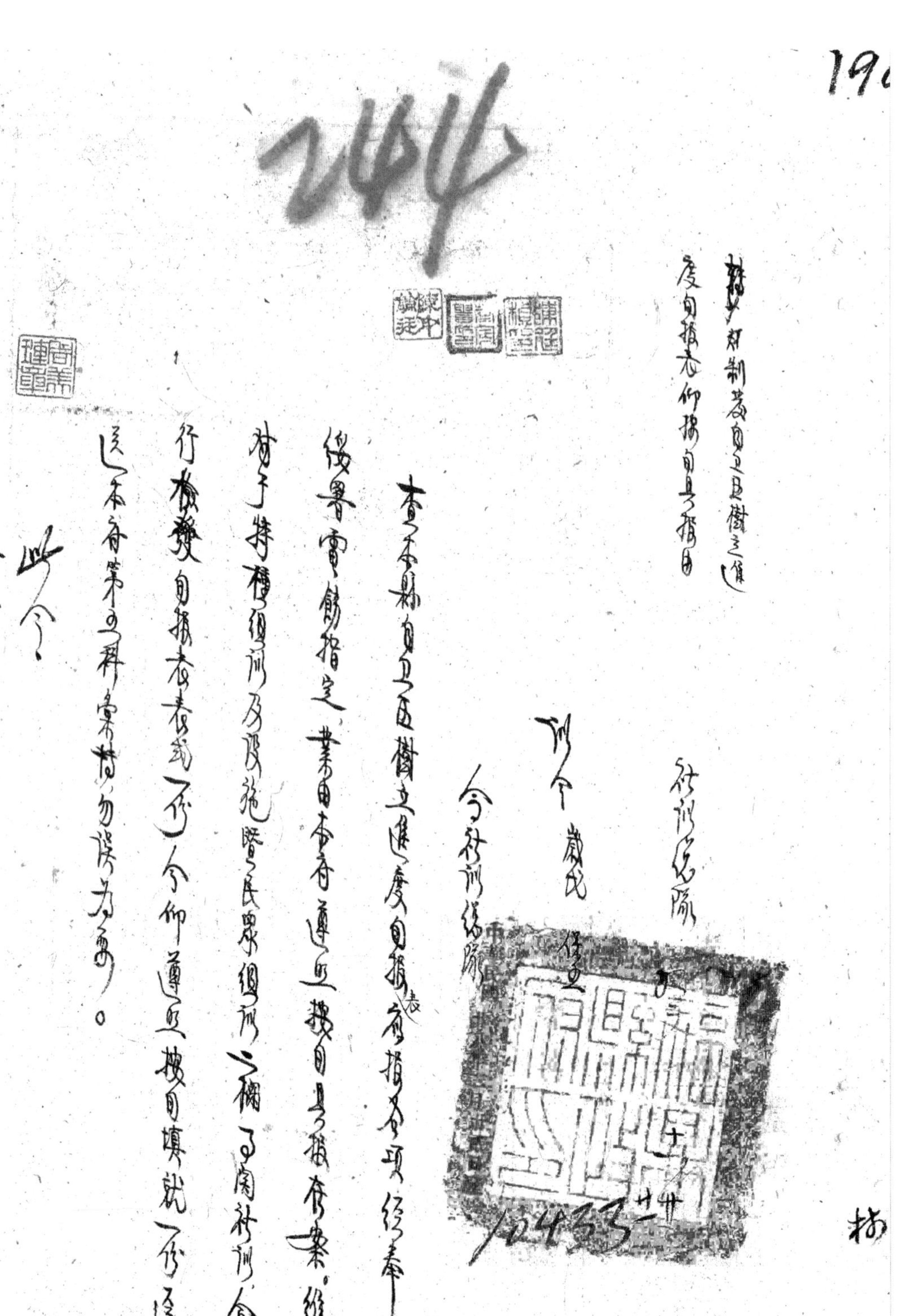
为制发自卫区树立进度旬报表仰按旬具报由

社训总队

训令

令社训总队

查本县自卫区树立进度旬报表各项，经奉保署电饬指定，业由本府遵照按旬具报在案。维对于特种组训及实施民众组训之补助团社训，合行检发旬报表表式，仰即遵照按旬填就，呈送本府第三科察核，勿误为要。

此令

福鼎县政府关于制发自卫区树立进度旬报表并按旬具报给社训总队的训令(附表式)

(1939 年 11 月 22 日)　G133-003-0086

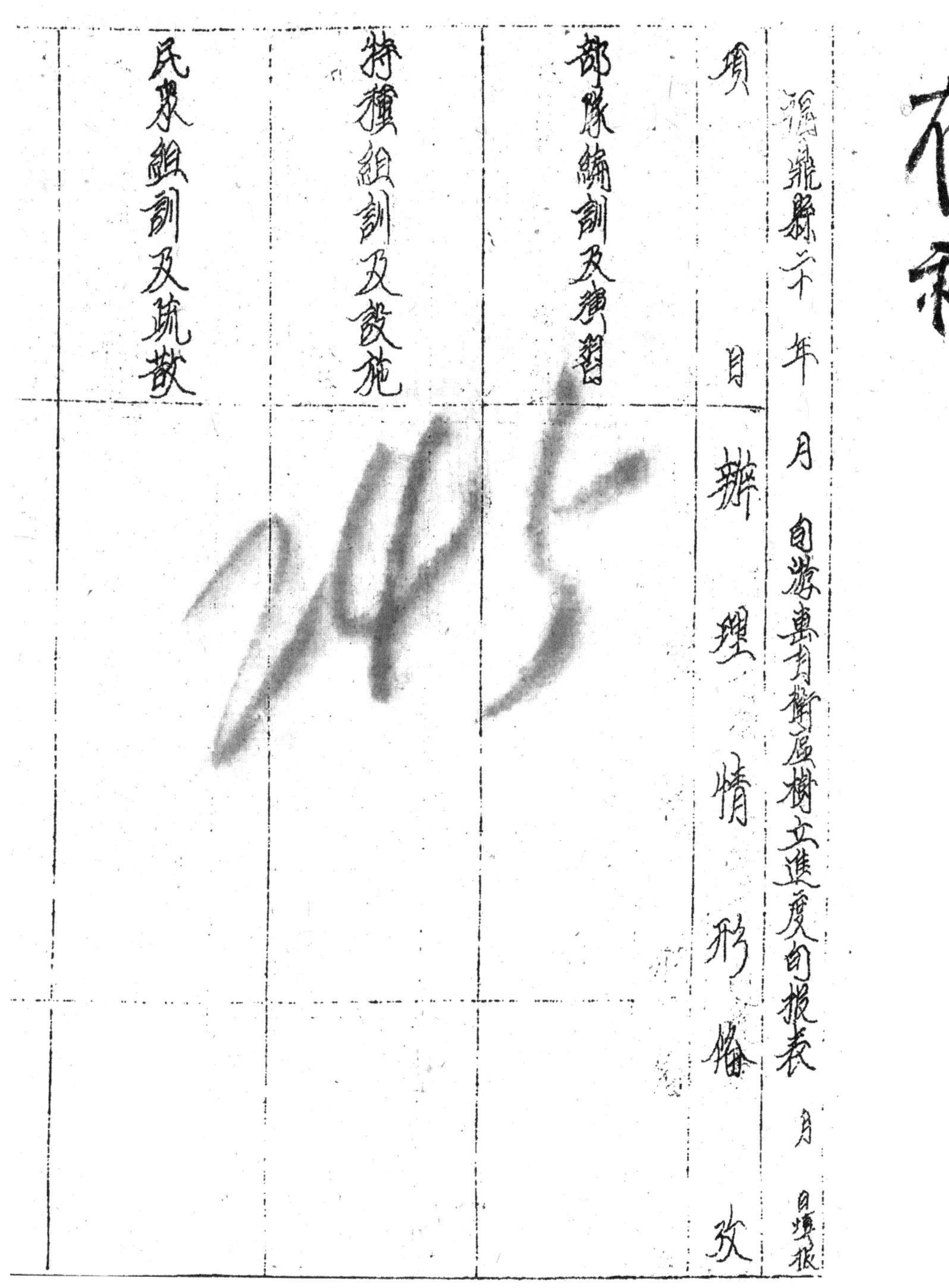

福鼎縣二十 年 月 旬游擊自衛區樹立進度旬報表 月 日填報

項目	辦理情形備攷
部隊編訓及演習	
特種組訓及設施	
民眾組訓及疏散	

附表式:福鼎县二十×年×月×旬游击自卫区树立进度旬报表(×月×日填报)a面

資源秘藏及儲備	工事構築狀況	交通通信補給 衛生之設施	其他	附記

附表式：福鼎县二十×年×月×旬游击自卫区树立进度旬报表（×月×日填报）b面

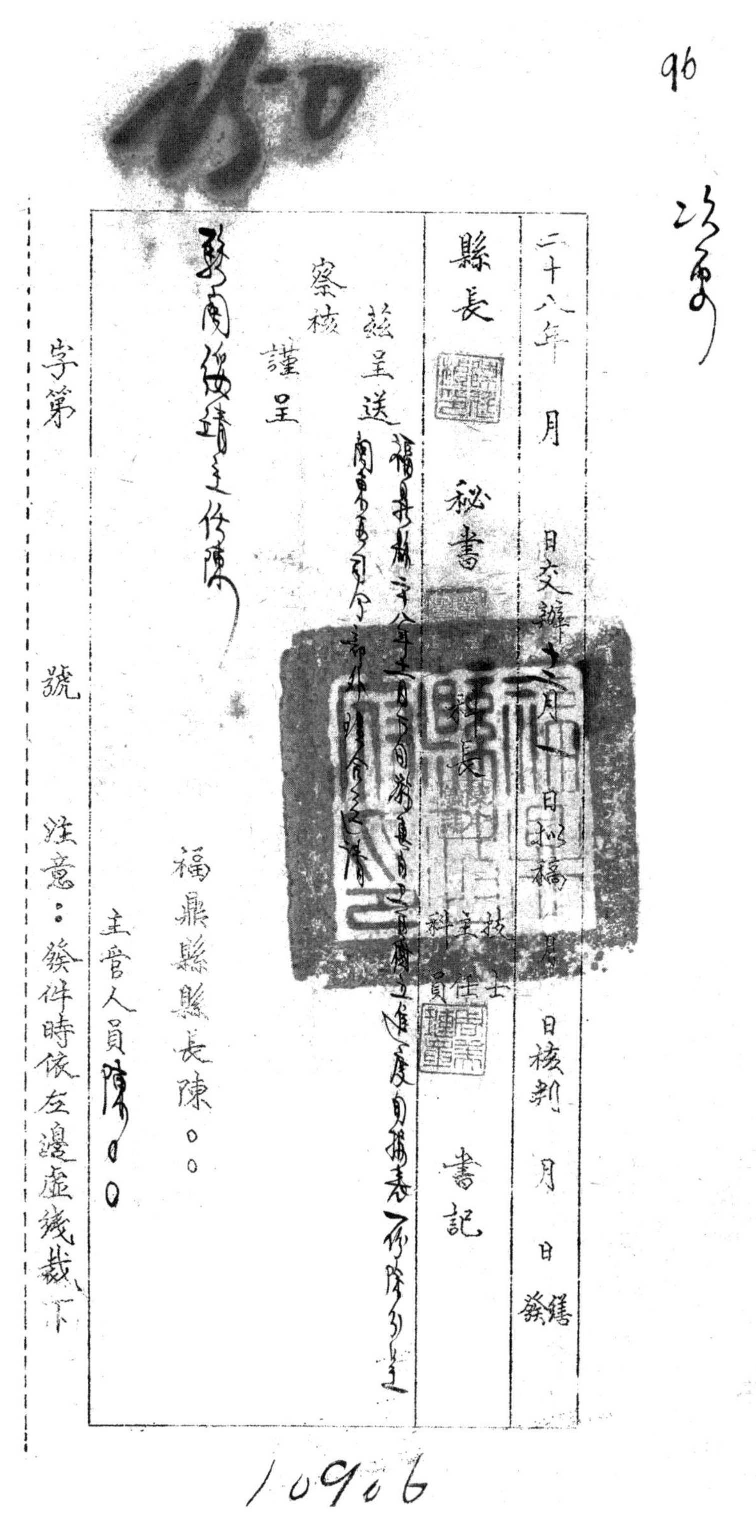

福鼎县政府关于呈送福鼎县二十八年十一月下旬游击自卫区树立进度旬报表给驻闽绥靖主任公署的呈文(拟稿)(1939 年 12 月 1 日) G133-003-0086

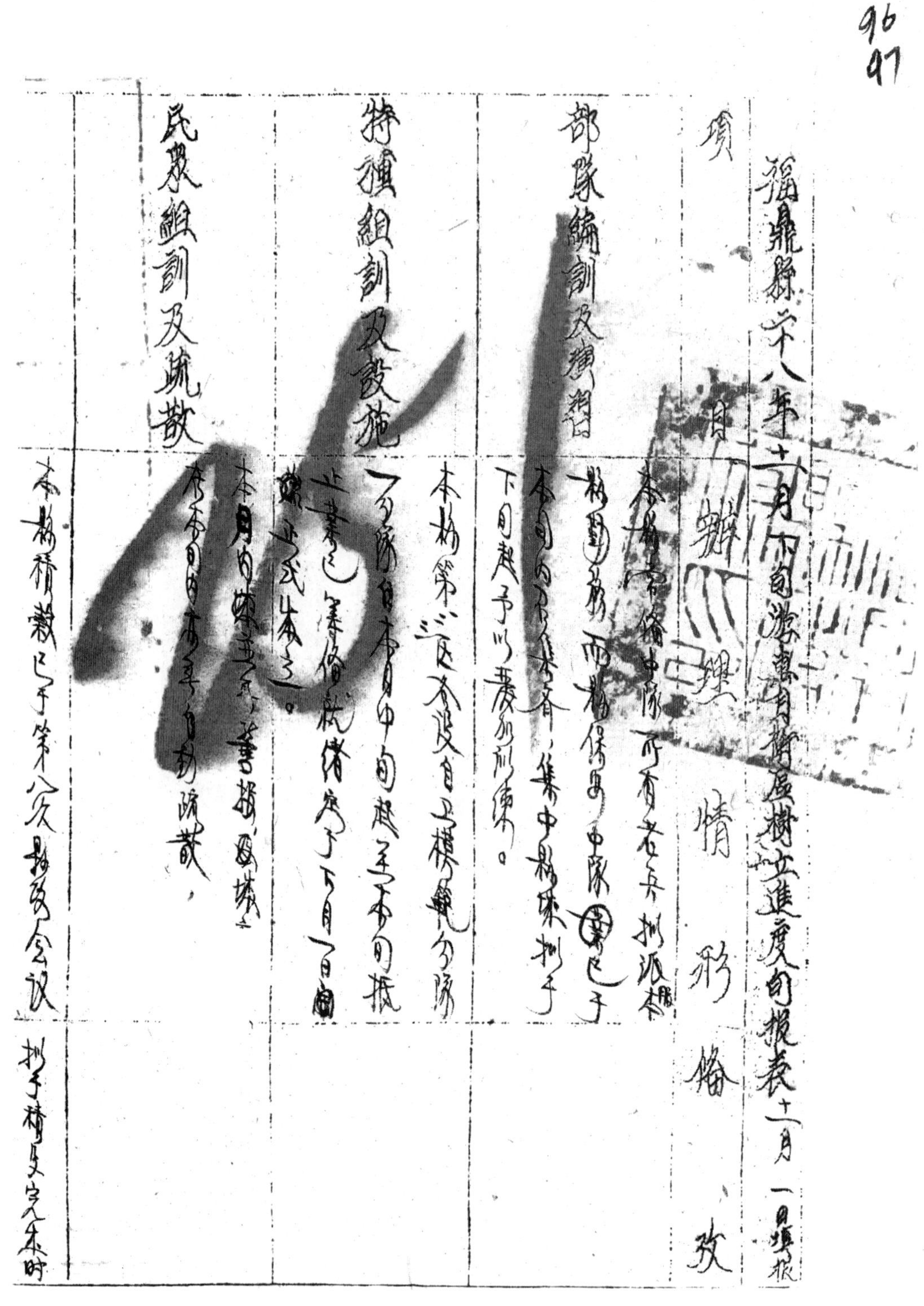

福鼎县廿八年十一月下旬游击自卫区树立进度旬报表 十一月一日填报

项目	办理情形	备考
部队编训及训练	[illegible] 下月起予以严格训练。	
特种组训及设施	本旬第三区各设自卫模范分队 [illegible]	
民众组训及疏散	[illegible] 自动疏散	
	本旬[illegible]第八次[illegible]会议	[illegible]

福鼎县二十八年十一月下旬游击自卫区树立进度旬报表

(1939 年 11 月 1 日)a 面　G133-003-0086

附記	其他	交通通信補給衛生之設施	工事構築狀況	資源秘藏及儲備
			本旬尚未動作	決定勒令各區于下月底一律繳儲請建。移置運至大郝子自立日儲藏。

福鼎县二十八年十一月下旬游击自卫区树立进度旬报表

（1939 年 11 月 1 日）b 面 G133-003-0086

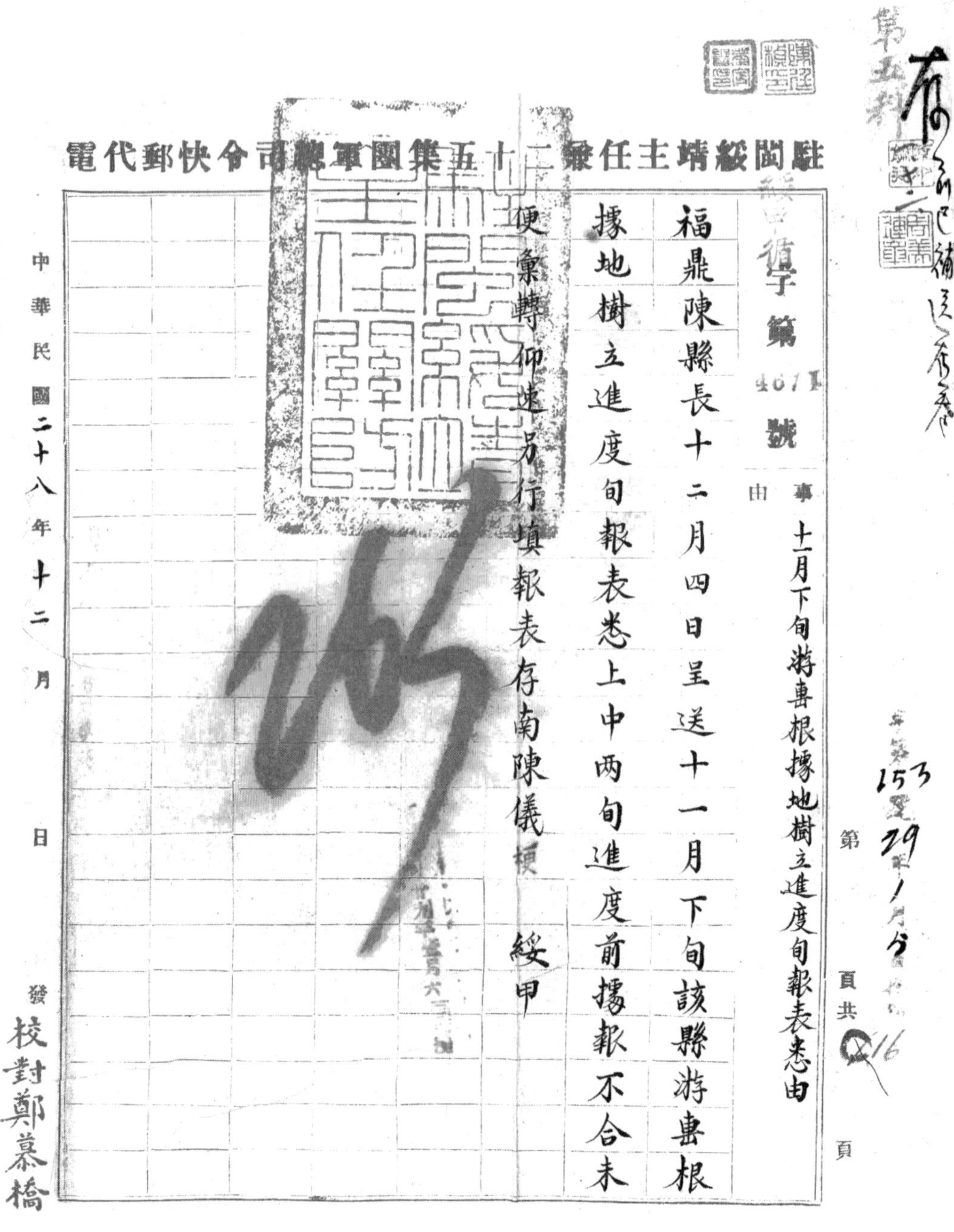
駐閩綏靖主任公署兼第二十五集團軍總司令部快郵代電

綏甲循字第4671號

事由：十一月下旬游擊根據地樹立進度旬報表悉由

福鼎陳縣長十二月四日呈送十一月下旬該縣游擊根據地樹立進度旬報表悉上中兩旬進度前據報不合未便彙轉仰速另行填報表存南陳儀梗綏甲

中華民國二十八年十二月日發

校對鄭慕橋

驻闽绥靖主任公署兼第二十五集团军总司令部关于十一月下旬游击根据地树立进度旬报表收悉，上、中两旬进度前据报不合速另行填报的快邮代电(1939年12月23日) G133-003-0086

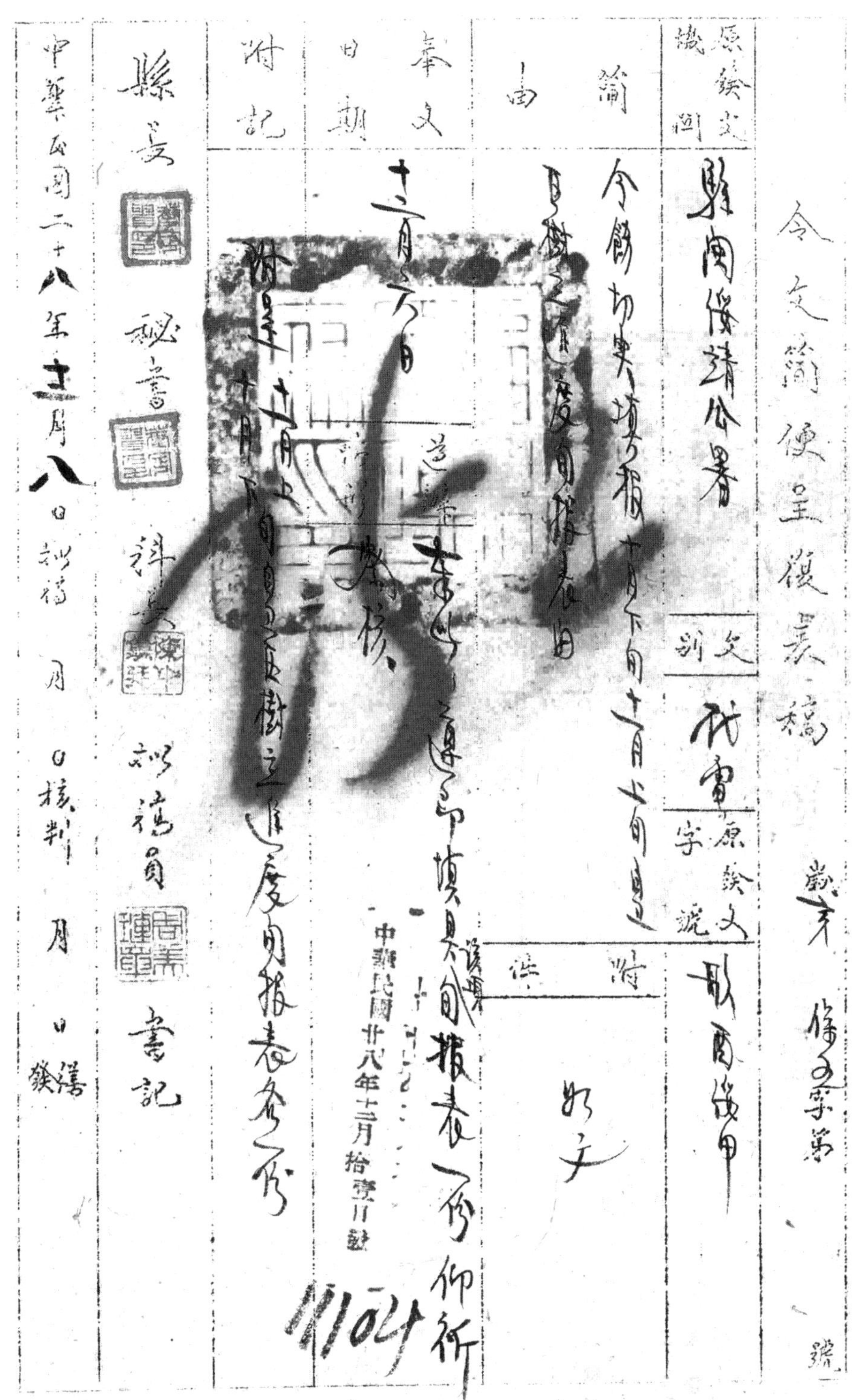

令文簡便呈復表稿

原發文機關	駐閩綏靖公署
簡由	令飭切實填報十月下旬十一月上旬游擊自衛區樹立進度旬報表由
别文字號	戰西後甲
附送	如文
奉文日期	十二月六日
附記	附呈十一月上旬自衛區樹立進度旬報表一份

遵經奉此，遵即填具該項旬報表一份，仰祈鑒核。

中華民國廿八年十二月拾壹日發

縣長　秘書　科長　科員　書記

中華民國二十八年十二月八日擬稿　月　日核判　月　日發繕

數字第　號

11024

福鼎县政府关于奉驻闽绥靖主任公署饬令切实填报十月下旬、十一月上旬游击自卫区树立进度旬报表的呈文(附表)(1939年12月11日)　G133-003-0086

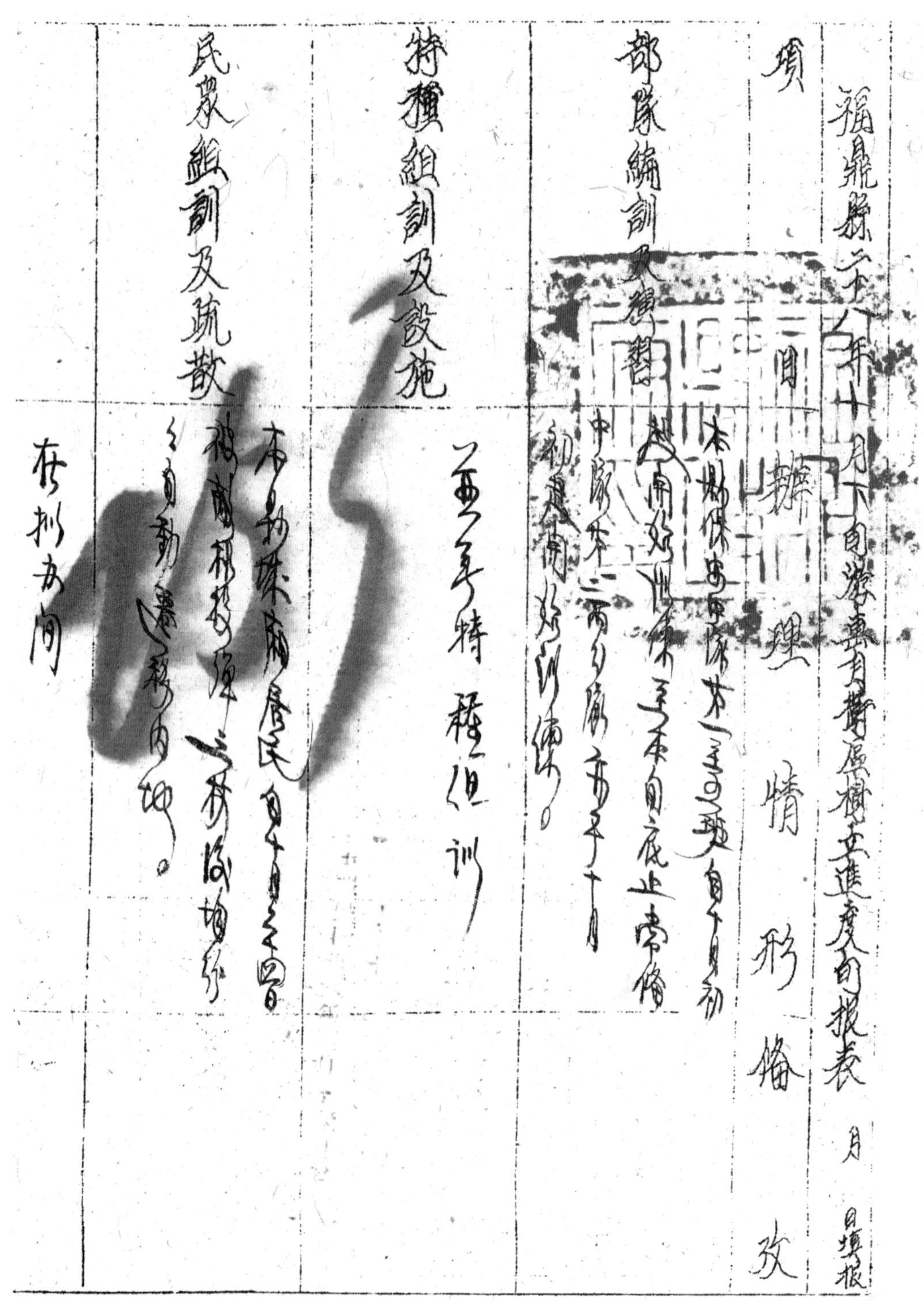
福鼎县二十八年十月下旬游击自卫区树立进度旬报表　月　日填报

项目
办理情形
备考

部队编训及督练

特种组训及设施

民众组训及疏散

福鼎县二十八年十月下旬游击自卫区树立进度旬报表

(1939 年 12 月 11 日)a 面　G133-003-0086

資源移藏及儲備	工事構築狀況	交通通信補給	衛生之設施	其他
[illegible]儀自這	構築之預算尚未批准工作等候間。	令飭各區切實計劃办理		

附記

福鼎县二十八年十月下旬游击自卫区树立进度旬报表

(1939年12月11日)b面 G133-003-0086

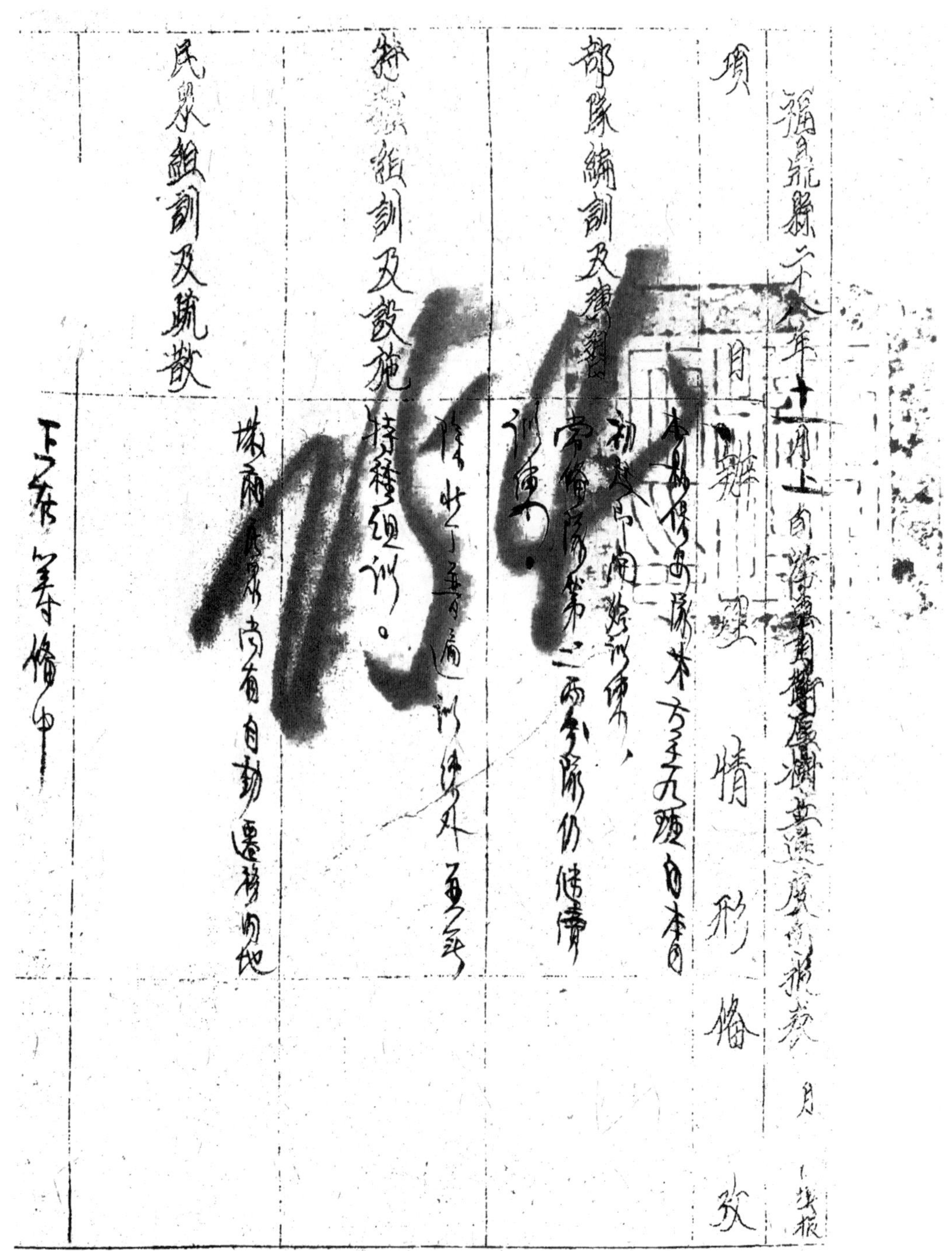

福鼎县二十八年十一月上旬游击自卫区树立进度旬报表

项目	办理情形	备考
部队编训及整训	常备队第二两分队仍继续训练。	
游击组训及设施		
民众组训及疏散	城内民众尚有自动迁移内地	

福鼎县二十八年十一月上旬游击自卫区树立进度旬报表

(1939 年 12 月 11 日)a 面 G133-003-0086

工事構築狀況	擬築之自衛連防禦陣 各種掩蔽部尚在計劃中
交通通信補給衛生之設施	擬于西陽構築倉庫 因經費問題至今尚未解決
其他	
附記	

福鼎县二十八年十一月上旬游击自卫区树立进度旬报表

(1939年12月11日)b面　G133-003-0086

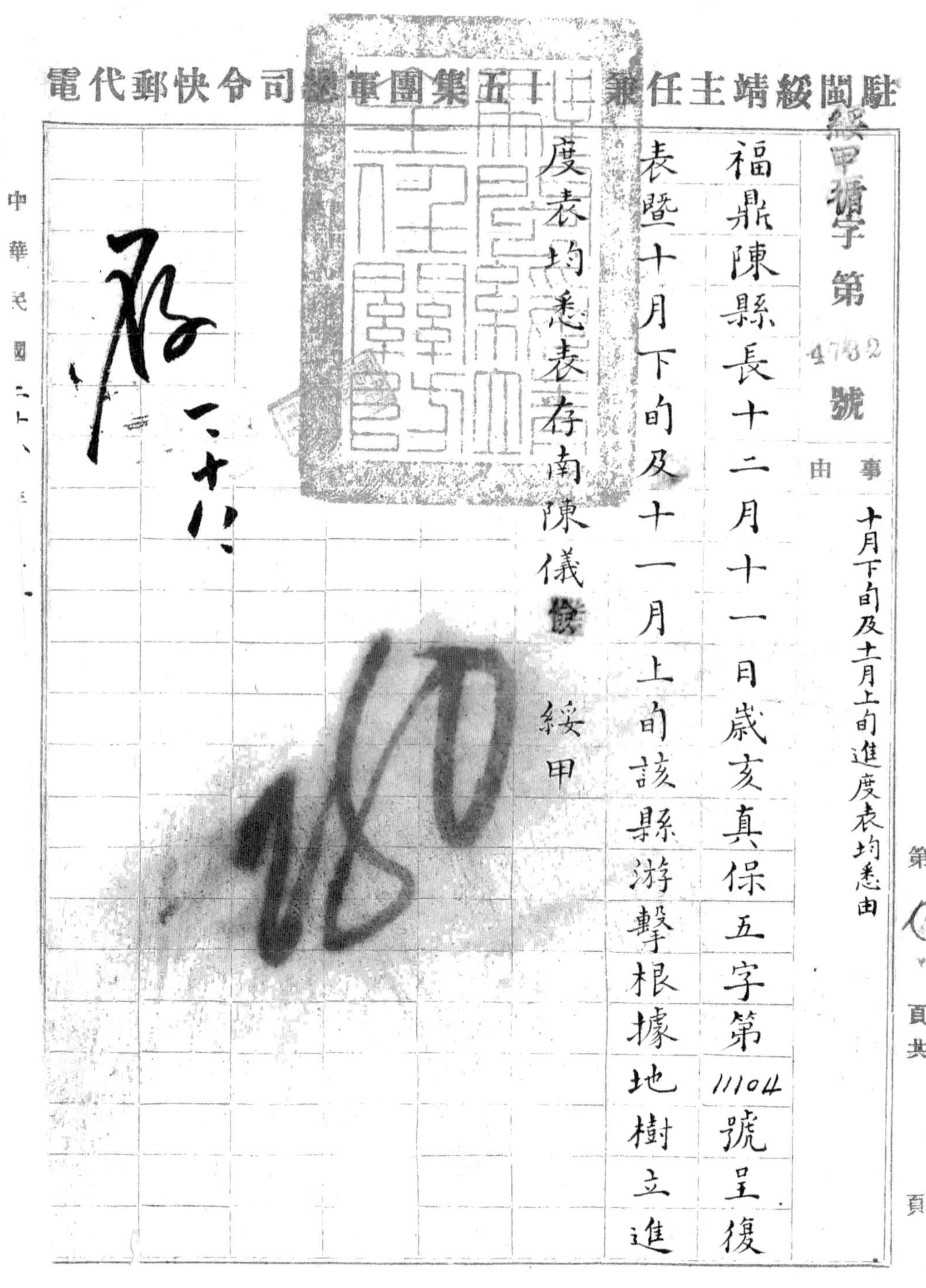
駐閩綏靖主任兼第二十五集團軍總司令快郵代電

綏甲權字第4782號

事由：十月下旬及十一月上旬進度表均悉由

福鼎陳縣長十二月十一日戌亥真保五字第11104號呈復表暨十月下旬及十一月上旬該縣游擊根據地樹立進度表均悉表存南陳儀儉綏甲

中華民國二十八、十二、

駐闽绥靖主任公署兼第二十五集团军总司令部关于十月下旬及十一月上旬该县游击根据地树立进度旬报表收悉的快邮代电(1939年12月28日) G133-003-0086

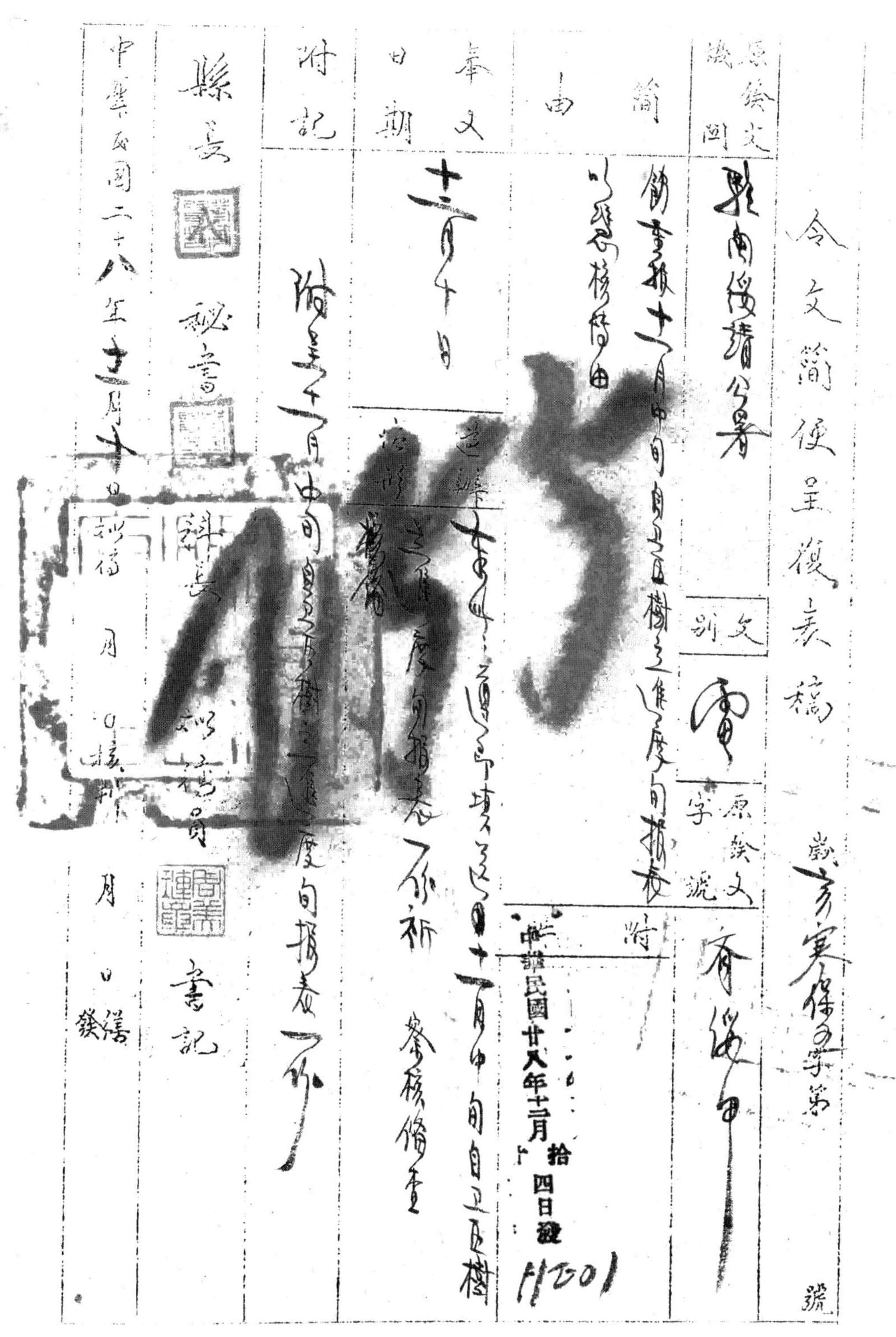

福鼎县政府关于奉遵驻闽绥靖主任公署电填送十一月中旬自卫区树立进度旬报表的呈复

（1939 年 12 月 14 日） G133-003-0086

福鼎縣二十八年十一月中旬游擊自衛區樹立進度旬報表　十一月　日填報

項　目	辦理情形	備考
部隊編訓及演習	本縣保安中隊現仍以一半担任治安勤務，一半集中縣城訓練；保安常備中隊第二兩排仍在訓練中。	
特種組訓及設施	查本年特種組訓暫緩設施	
民衆組訓及疏散	本縣城厢民衆除以前未離者，尚有少數人自動遷移内地。	
資源移藏及儲備	催令各區徵集二十八年度積穀，擬移藏于西洋自衛區。	

福鼎县二十八年十一月中旬游击自卫区树立进度旬报表

(1939 年 12 月)a 面　G133-003-0086

工事構築狀况	交通通信補給	衛生之設施	其他	附記
已完成本區自衛區要衝鄉陣各種掩体	正在籌劃開設後方醫院中			

福鼎县二十八年十一月中旬游击自卫区树立进度旬报表

(1939年12月)b面　G133-003-0086

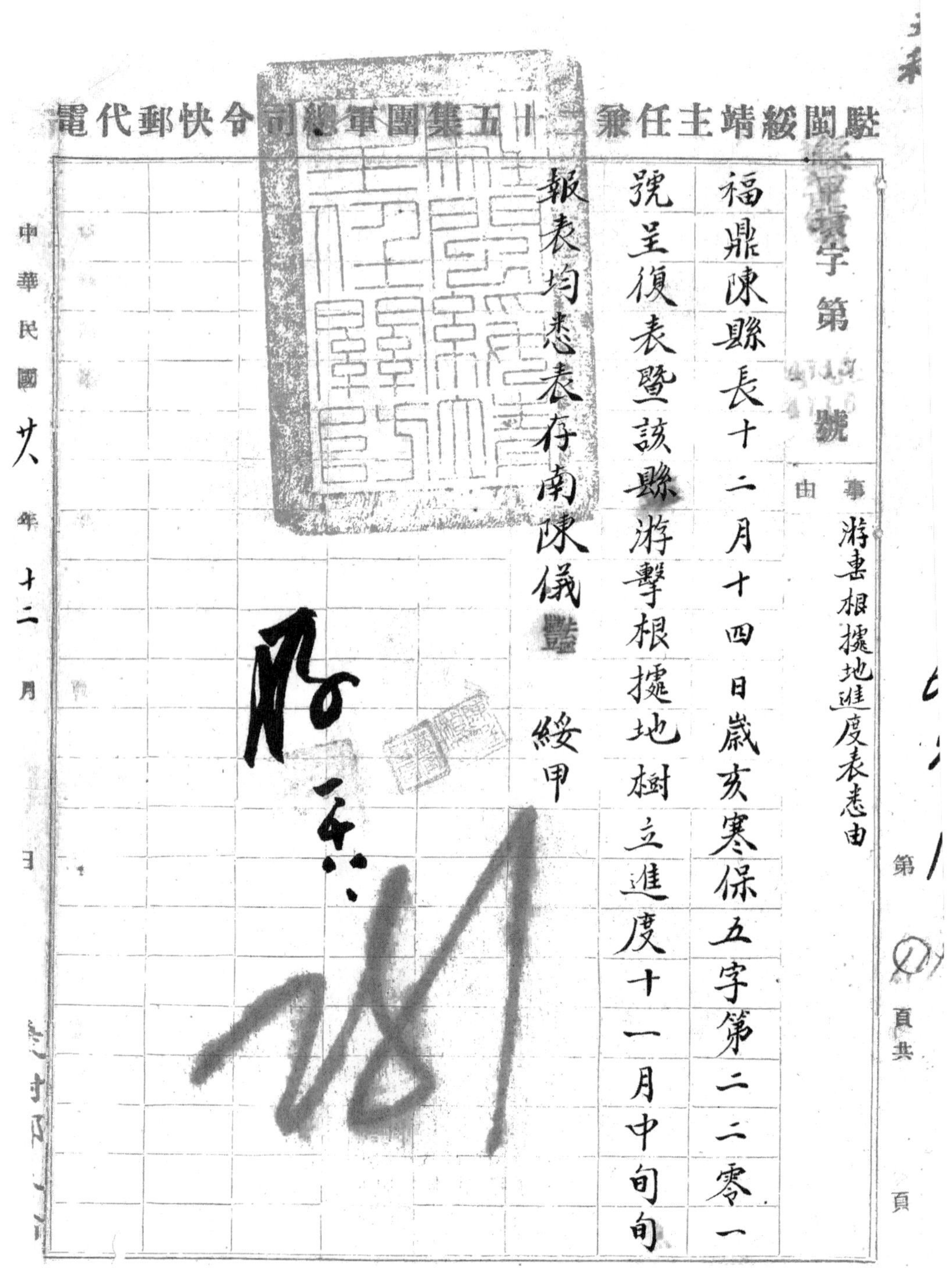
駐閩綏靖主任兼第二十五集團軍總司令部快郵代電

福鼎陳縣長十二月十四日歲亥寒保五字第二二零一號呈復表暨該縣游擊根據地樹立進度十一月中旬旬報表均悉表存南陳儀𬃭 綏甲

事由 游擊根據地進度表悉由

中華民國廿八年十二月　日

駐閩綏靖主任公署兼第二十五集团军总司令部关于十一月中旬福鼎县游击根据地树立进度旬报表收悉的快邮代电(1939年12月29日)　G133-003-0086

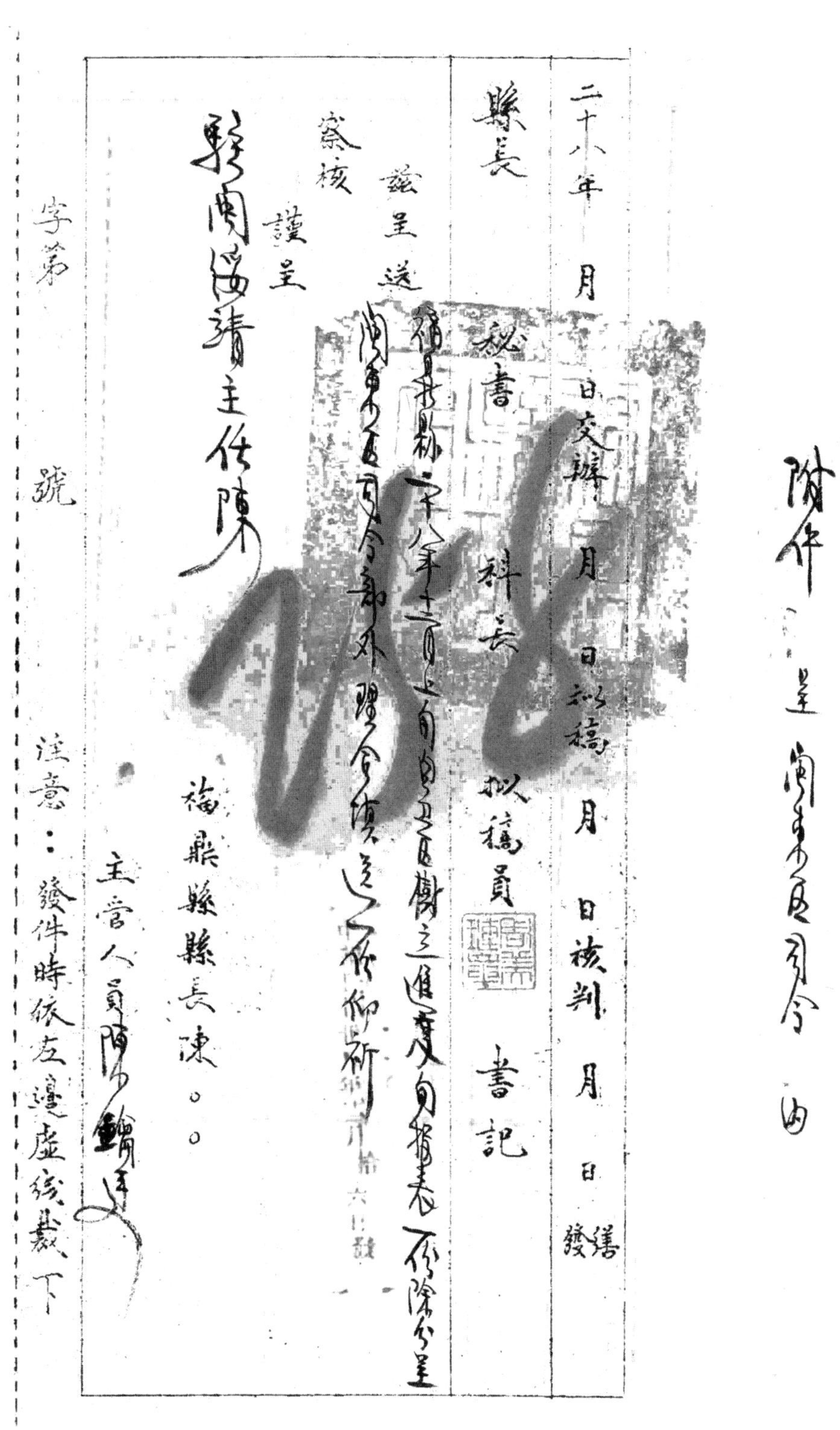
二十八年　月　日交办　月　日拟稿　月　日核判　月　日发缮
县长　秘书　科长　拟稿员　书记
签呈送福鼎县二十八年十二月上旬自卫区树立进度旬报表，除分呈闽东分区司令部外，理合备文呈送仰祈
察核
谨呈
驻闽绥靖主任陈
福鼎县县长陈○○
主管人员陈锵
字第　号
注意：发件时依左边虚线裁下
附件：呈闽东分区司令函

福鼎县政府关于呈送福鼎县二十八年十二月上旬游击自卫区树立进度旬报表给驻闽绥靖主任公署的呈文(附表)(1939年12月16日)　G133-003-0086

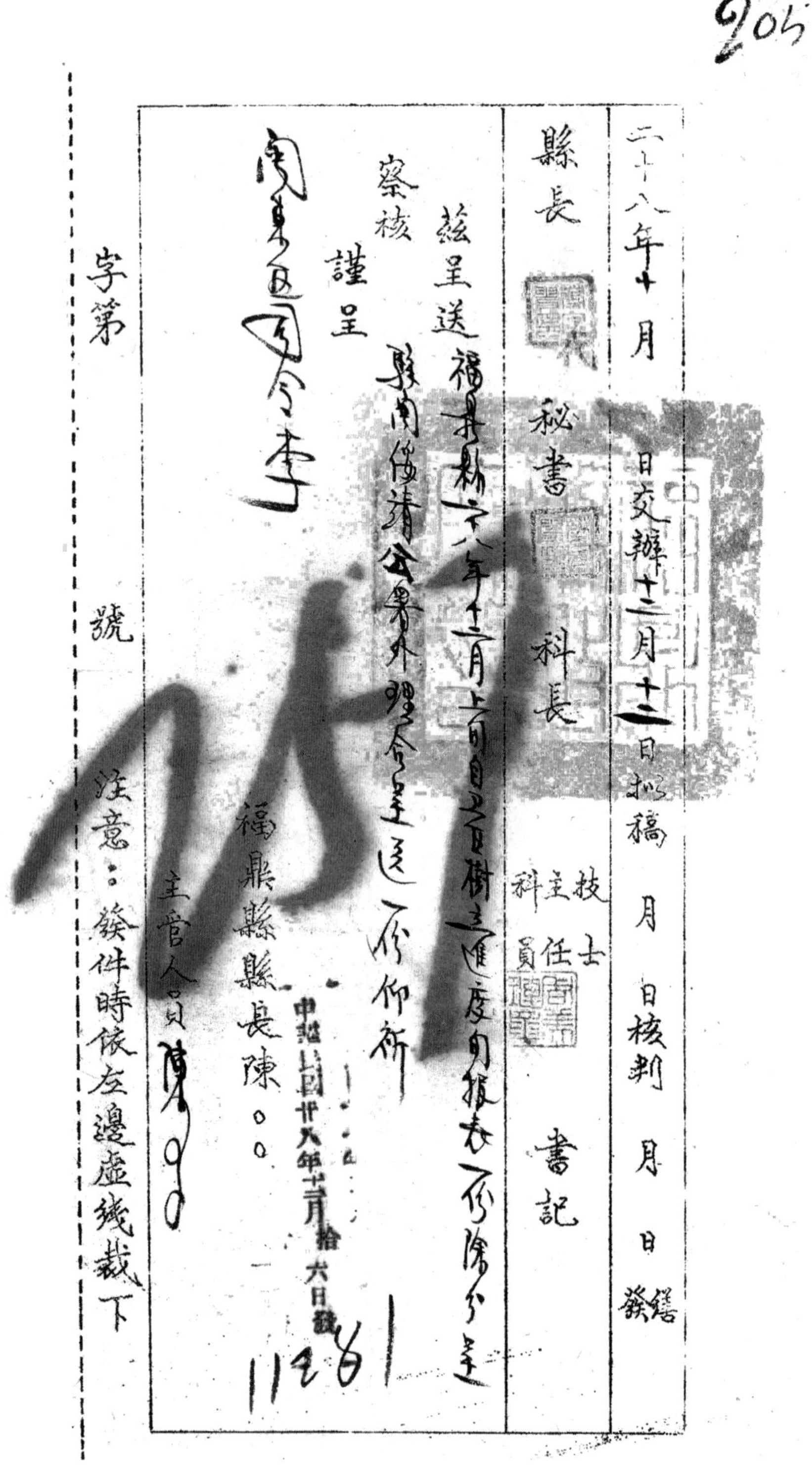
205

二十八年十二月　日交辦十二月十二日擬稿　月　日核判　月　日發繕

縣長　秘書　科長　技士　主任科員　書記

茲呈送福鼎縣二十八年十二月上旬自衛區樹立進度旬報表

察核

謹呈

閩東區司令李

福鼎縣縣長陳〇〇

中華民國廿八年十二月拾六日發

主管人員

注意：發件時依左邊虛綫裁下

字第　號

福鼎县政府关于呈送福鼎县二十八年十二月上旬游击自卫区树立进度旬报表给闽东区司令部的呈文(附表)(1939 年 12 月 16 日)　G133-003-0086

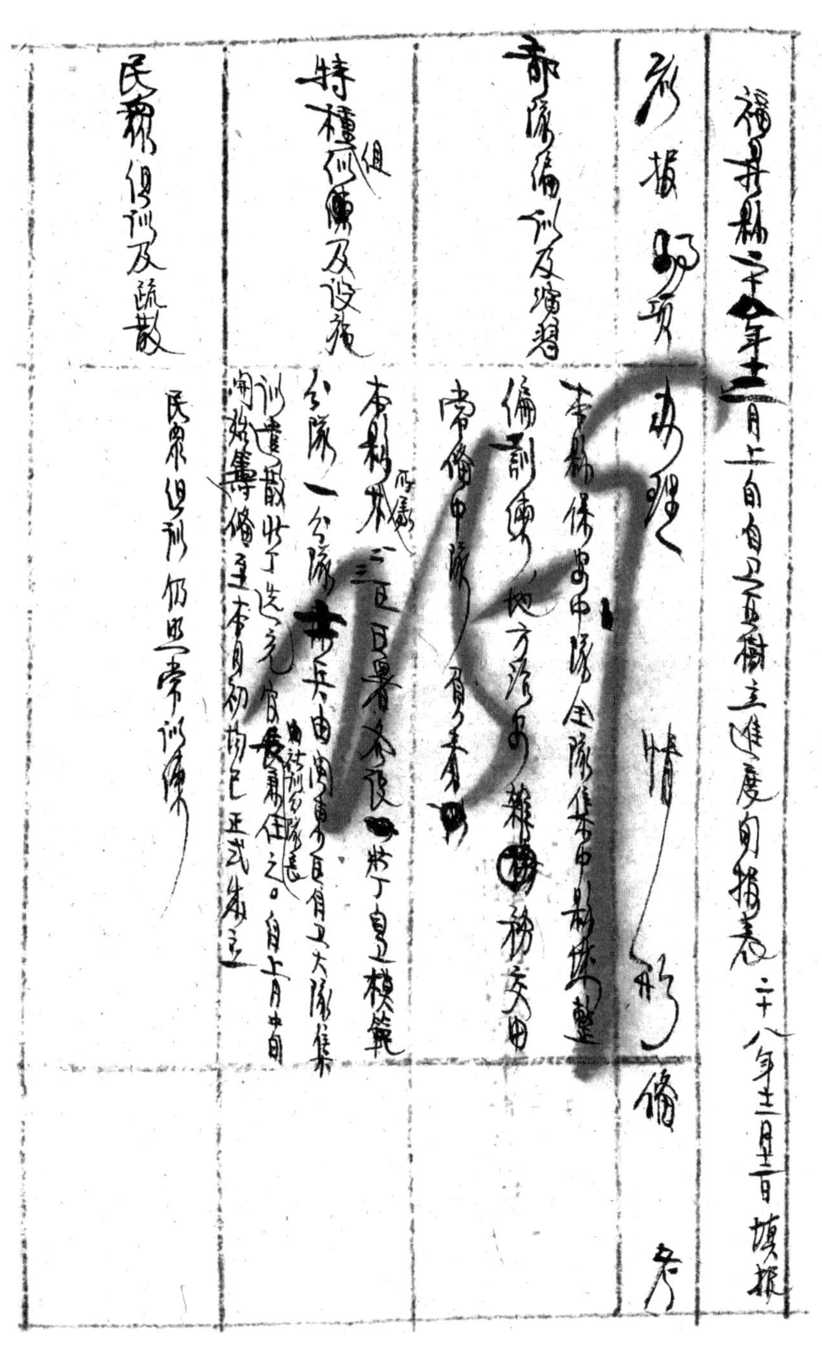

附　　文

福鼎县二十八年十二月上旬游击自卫区树立进度旬报表
(1939年12月12日)a面　G133-003-0086

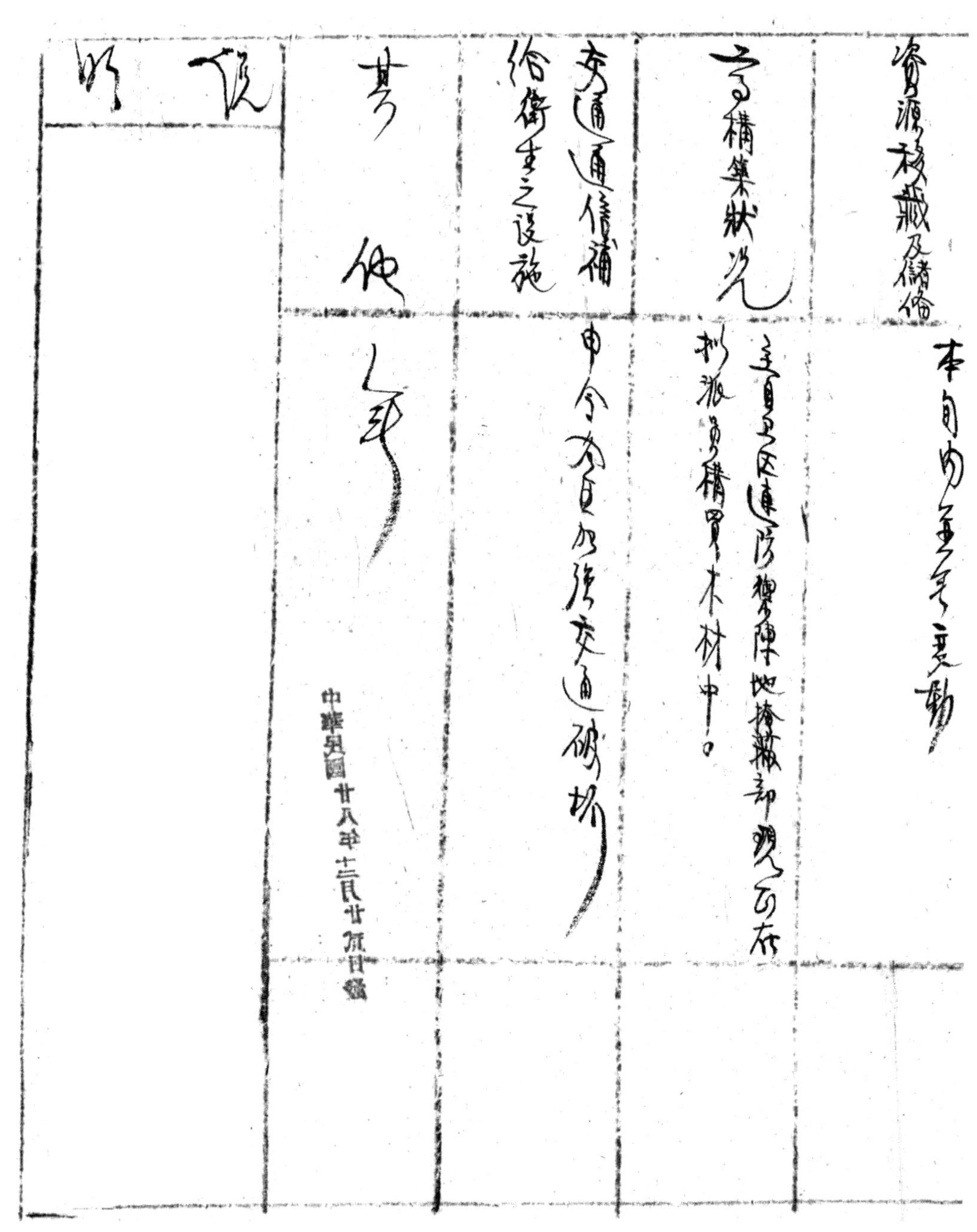

资源移藏及储备	工事构筑状况	交通通信补给卫生之设施	其他	说明
本旬内无甚变动	查自卫区连防御阵地掩蔽部现正在拆派员购买木材中。	由今年[illegible]加强交通破坏	无	

中华民国廿八年十二月廿[illegible]日发

福鼎县二十八年十二月上旬游击自卫区树立进度旬报表

(1939年12月12日)b面　G133-003-0086

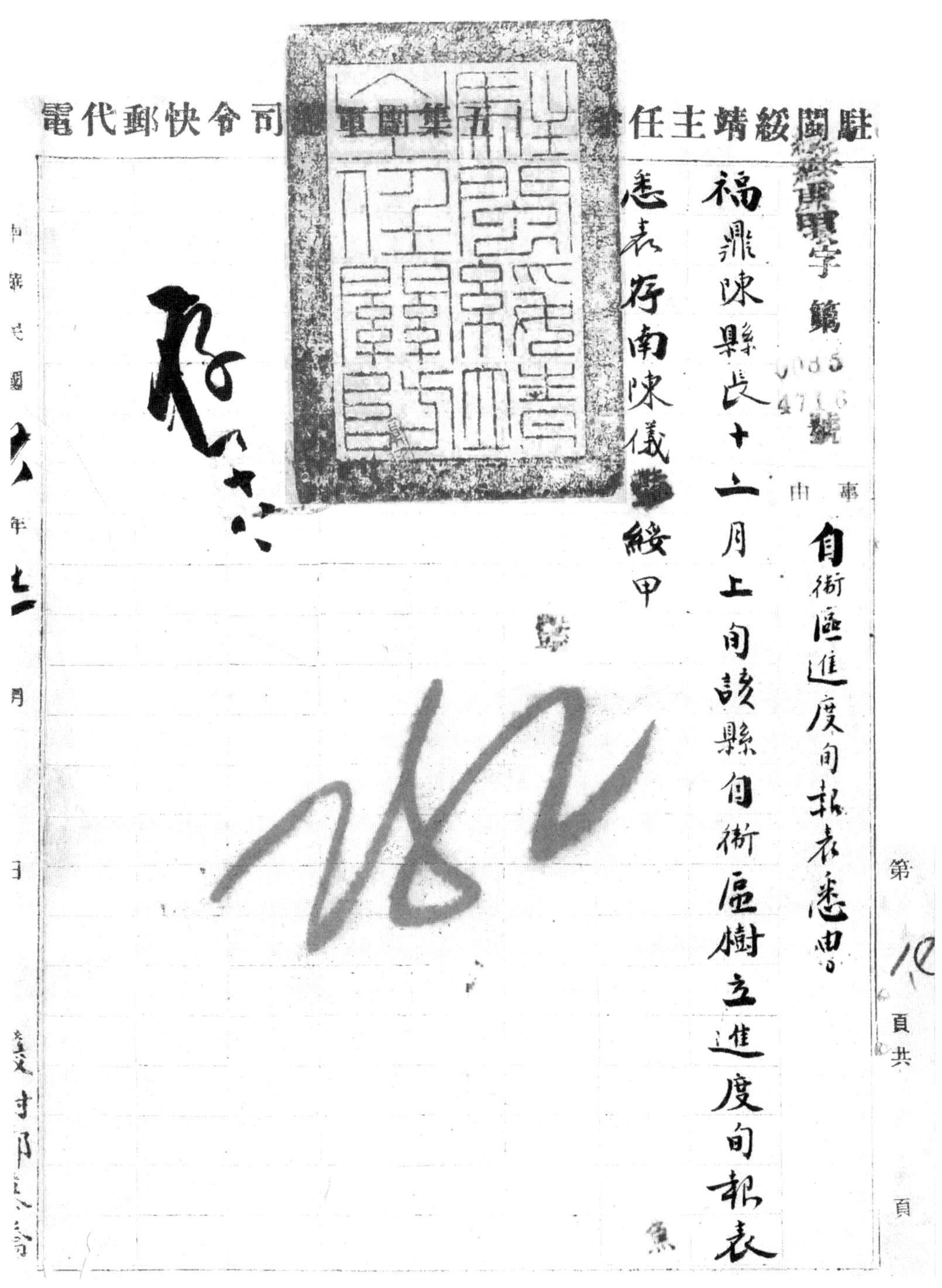

駐閩綏靖主任公署兼第二十五集團軍總司令部快郵代電

福鼎陳縣長十二月上旬該縣自衛區樹立進度旬報表悉表存南陳儀綏甲

事由：自衛區進度旬報表悉由

駐闽绥靖主任公署兼第二十五集团军总司令部关于十二月上旬福鼎县自卫区树立进度旬报表收悉的快邮代电(1939 年 12 月 29 日)　G133-003-0086

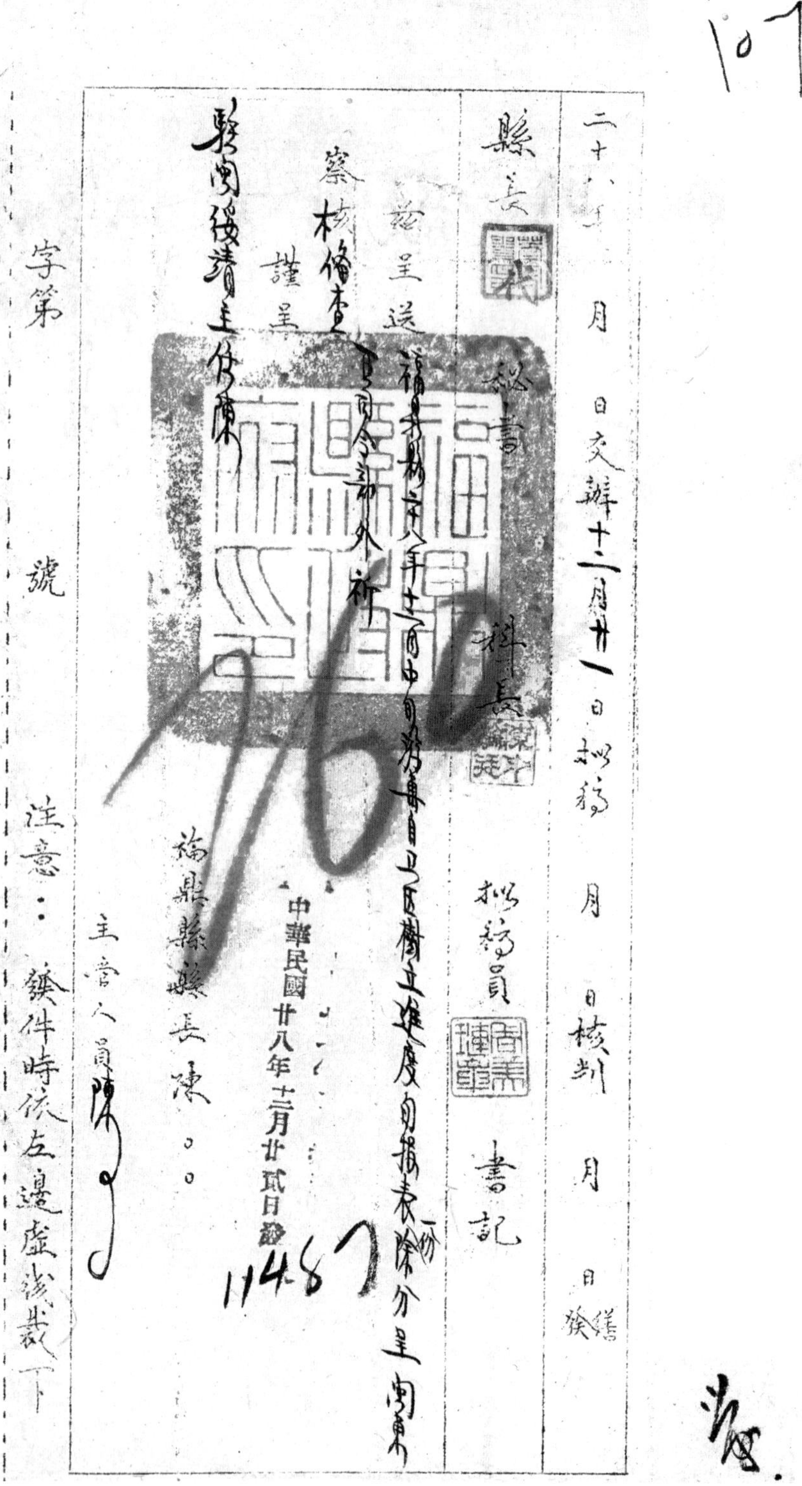

二十八年 月 日交辦 十二月廿一日擬稿 月 日核判 月 日繕發

縣長 秘書 科長 擬稿員 書記

茲呈送福鼎縣廿八年十二月中旬游擊自衛區樹立進度旬報表一份，除分呈閩東……司令部外，祈

察核備查。

謹呈

駐閩綏靖主任陳

福鼎縣縣長陳○○

中華民國廿八年十二月廿貳日發

主管人員陳

字第 號

注意：發件時依左邊虛線裁下

福鼎县政府关于呈送福鼎县二十八年十二月中旬游击自卫区树立进度旬报表给驻闽绥靖主任公署的呈文(附表)(1939 年 12 月 22 日) G133-003-0086

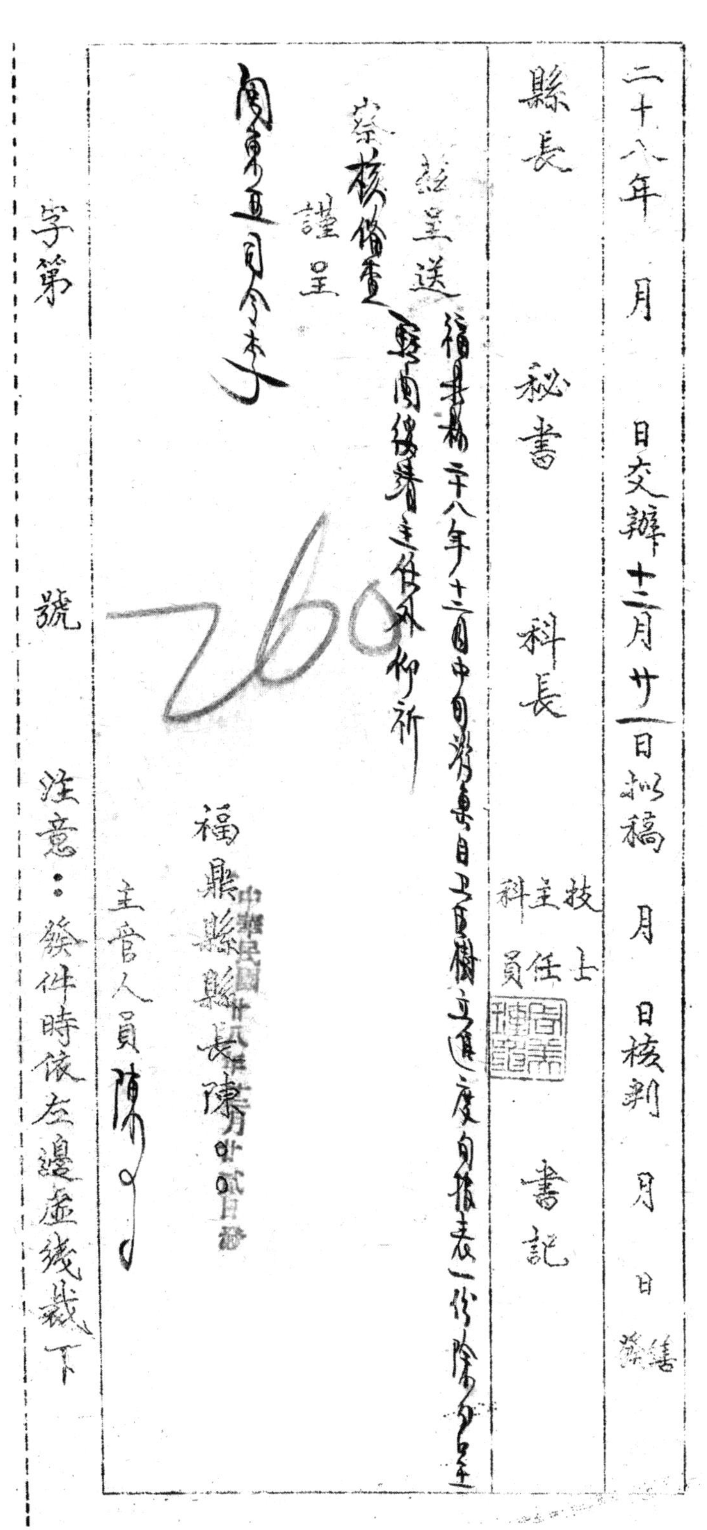

二十八年 月 日交辦 十二月廿一日擬稿 月 日核判 月 日繕

縣長　秘書　科長　技士　主任　科員　書記

茲呈送福鼎縣二十八年十二月中旬游擊自衛區樹立進度旬報表一份，除分呈

察核備查　暨閩保安署主任林仰祈

謹呈

閩東區司令李

福鼎縣縣長陳

主管人員 陳

中華民國廿八年十二月廿二日發

字第　　號

注意：發件時依左邊虛線截下

福鼎县政府关于呈送福鼎县二十八年十二月中旬游击自卫区树立进度旬报表给闽东区司令部的呈文(附表)(1939 年 12 月 22 日)　G133-003-0086

福鼎縣二十八年十二月中旬游擊自衛區樹立進度旬報表 十二月廿一日填報

項目	辦理情形	備攷
部隊編訓及演習	本縣常備中隊奉令撤改保安第二中隊，過去訓練計劃重新改訂，自本月下旬起以保安第一中隊悉數分防區鎮，負各防治安之責，保安第二中隊除臨時派遣城廂勤務外，均按照本府訂發之學術科預定進度實施表之規定實施訓練之。	
特種組訓及設施	第一區壯丁自立模範分隊業于本旬派員點驗完竣，成績尚佳，第三區現尚在點驗中。	
民衆組訓及疏散	城廂自動疏散民衆近旬來亦因時局稍定，已形停止狀態。	
	二十八年度積穀現正在辦理中	

福鼎县二十八年十二月中旬游击自卫区树立进度旬报表

(1939年12月21日)a面 G133-003-0086

資源移藏及儲備	工事構築狀況	交通通信補給衛生之設施	其他	附記
	西阳第三自卫区连防御阵地构筑掩蔽部材料已于本月十六日饬本科委员林星延前往购买现尚未回。	无	无	

福鼎县二十八年十二月中旬游击自卫区树立进度旬报表

(1939年12月21日)b面　G133-003-0086

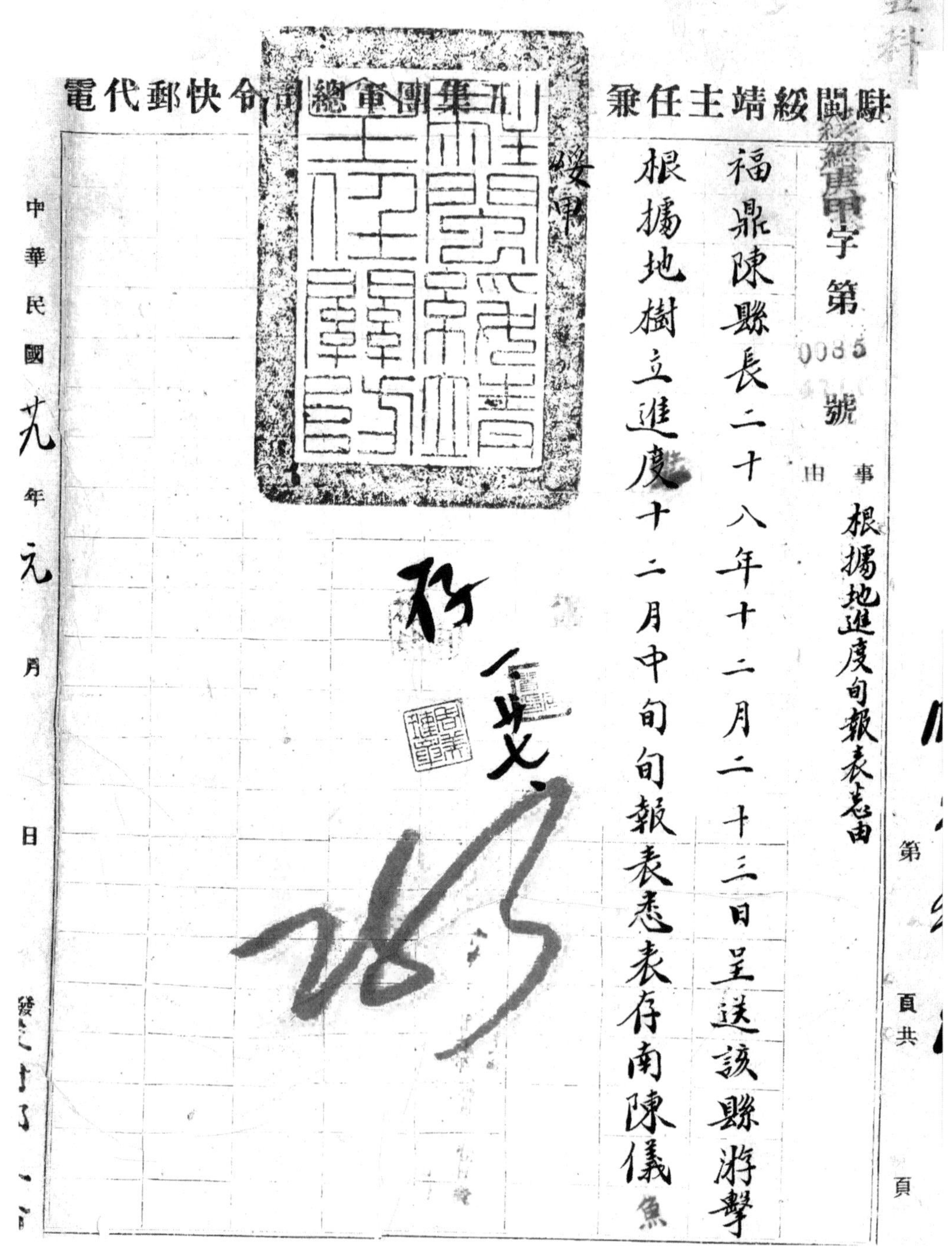
駐閩綏靖主任兼第二十五集團軍總司令部快郵代電

綏總甲字第0085號

事由：根據地進度旬報表悉由

福鼎陳縣長二十八年十二月二十三日呈送該縣游擊根據地樹立進度十二月中旬旬報表悉。表存。南陳儀魚

中華民國廿九年元月　日

驻闽绥靖主任公署兼第二十五集团军总司令部关于十二月中旬该县游击根据地树立进度旬报表收悉的快邮代电(1940年1月6日)　G133-003-0086

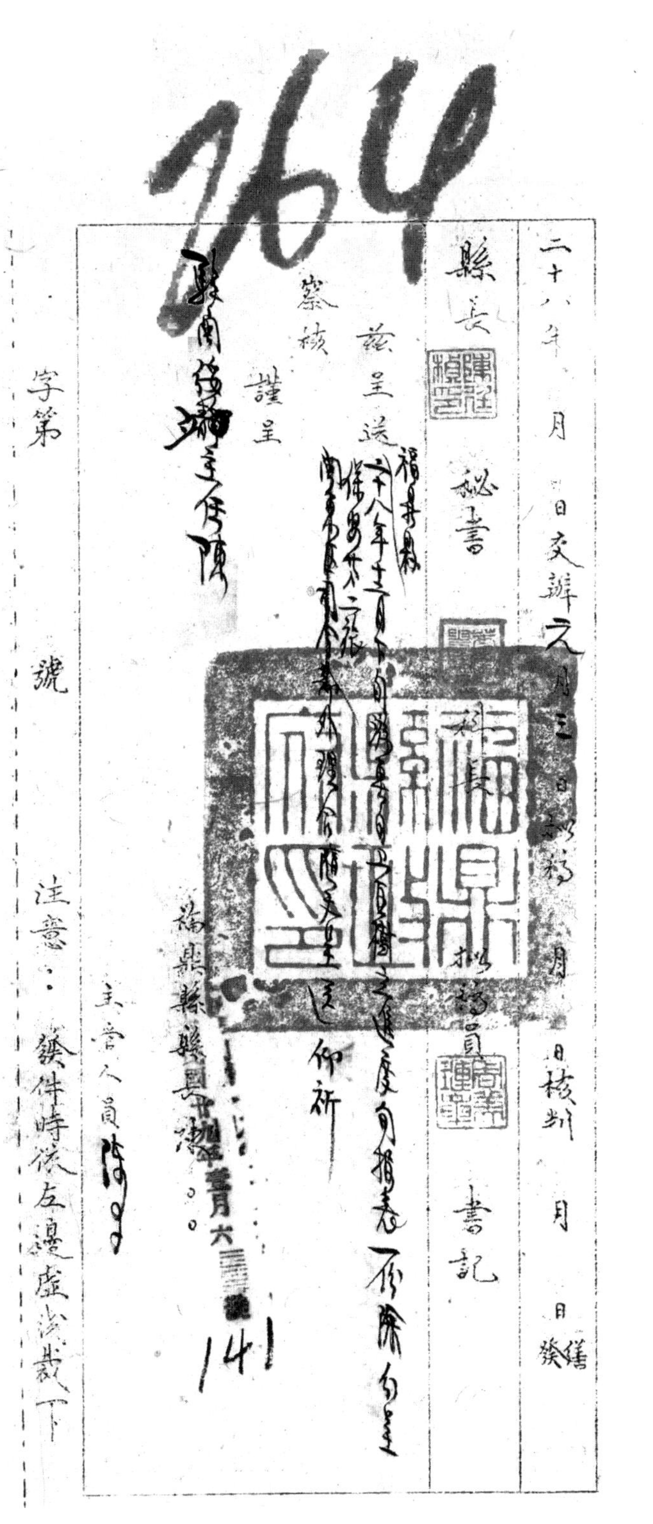

福鼎县政府关于呈送二十八年十二月下旬福鼎县游击自卫区树立进度旬报表给驻闽绥靖主任公署的呈文(附表)(1940 年 1 月 6 日)　G133-003-0086

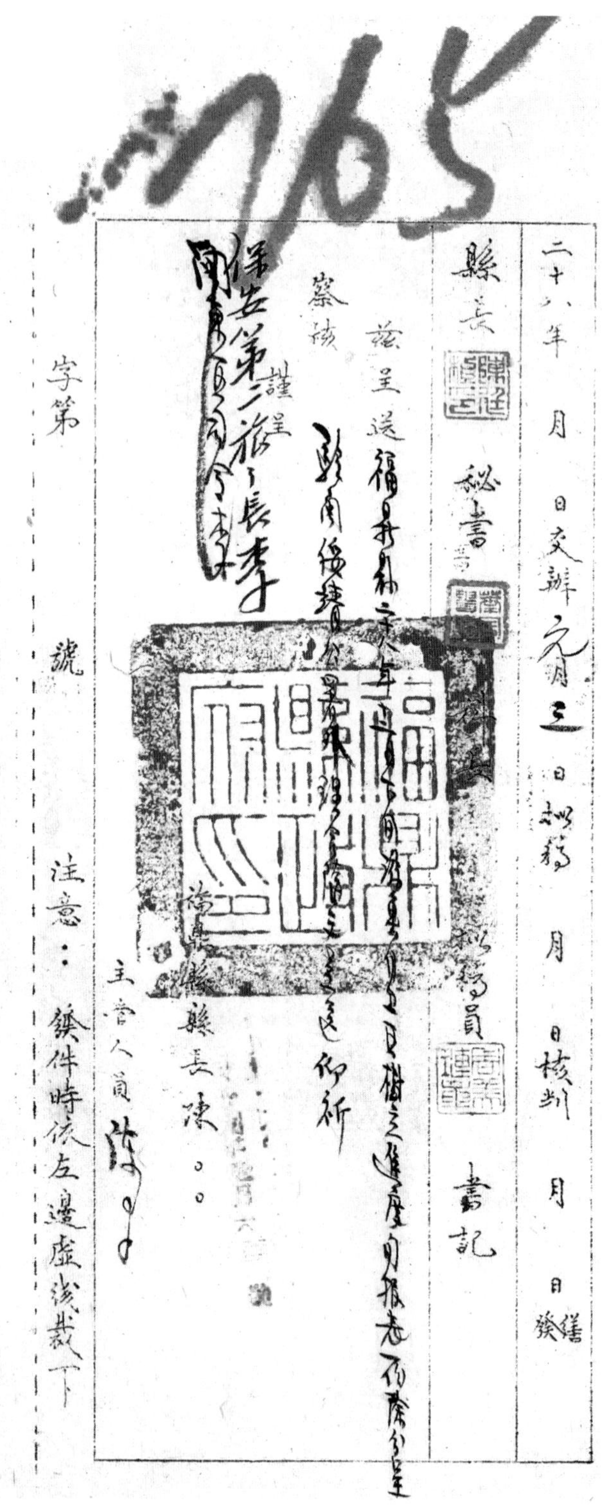

福鼎县政府关于呈送二十八年十二月下旬福鼎县游击自卫区树立进度旬报表给保安第二旅的呈文(附表)(1940年1月6日) G133-003-0086

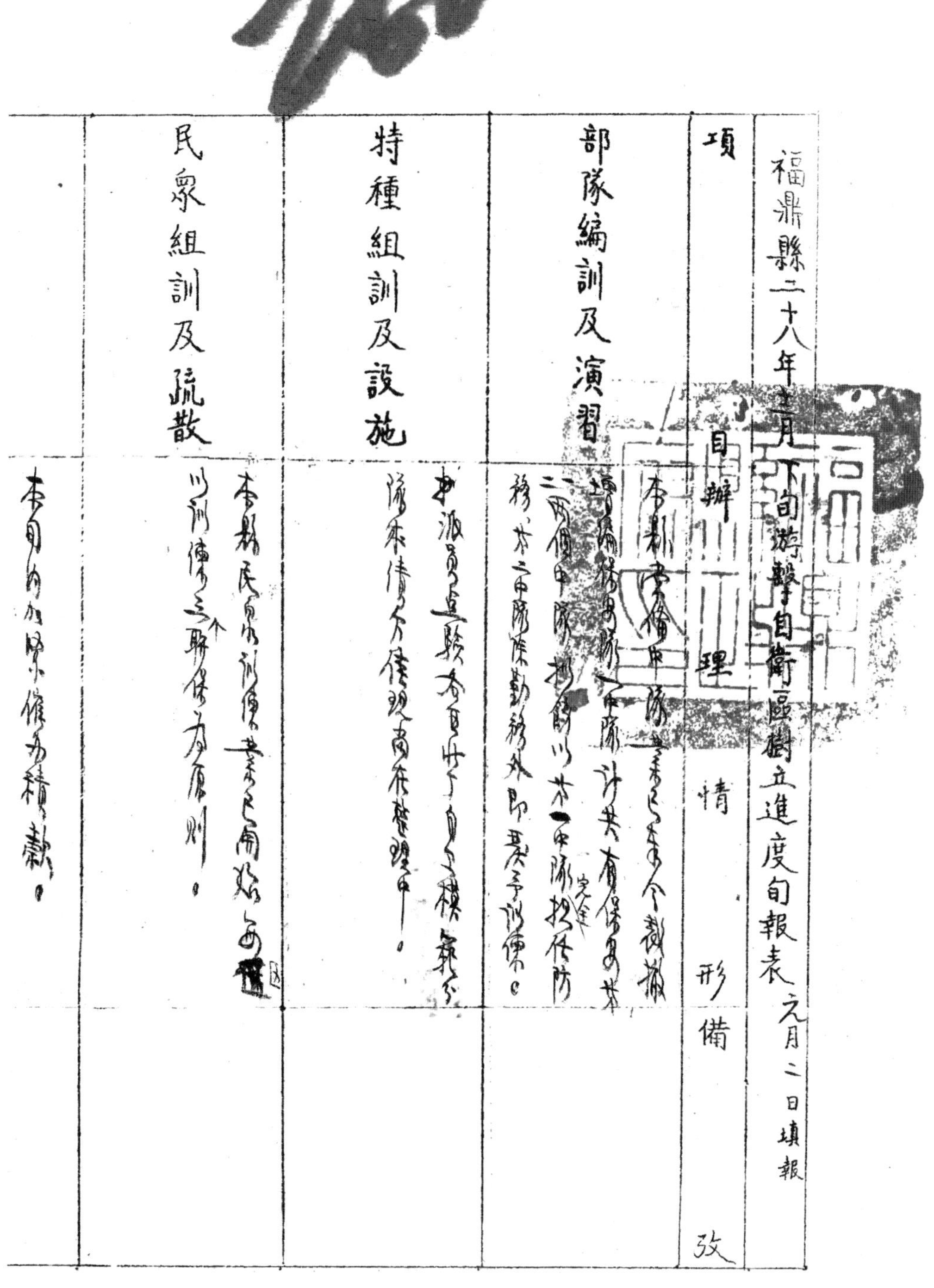

福鼎縣二十八年十二月下旬游擊自衛區樹立進度旬報表　元月二日填報

項目	辦理情形	備攷
部隊編訓及演習	本縣常備中隊業已奉令裁撤，增編保安第一中隊，計共有保安第一第二兩個中隊，擔任防務。第一中隊完全擔任防務，第二中隊除勤務外即異予訓練。	
特種組訓及設施	由派員直駛各區辦理各種組織，分隊來僱人使現尚在整理中。	
民衆組訓及疏散	本縣民衆組訓係業已開始辦理，以訓練三個聯保為原則。	
	本旬內加緊催辦積穀。	

福鼎县二十八年十二月下旬游击自卫区树立进度旬报表

(1940 年 1 月 2 日)a 面　G133-003-0086

附記	其他	交通通信補給衛生之設施	工事構築狀況	資源移藏及儲備
		本縣自衛區成立未久[illegible]宜（旁注：[illegible]）有[illegible]人員有限制　暫時不能設施	因經費無着尚在籌劃中	

中華民國廿九年壹月拾四日

福鼎县二十八年十二月下旬游击自卫区树立进度旬报表

(1940年1月2日)b面　G133-003-0086

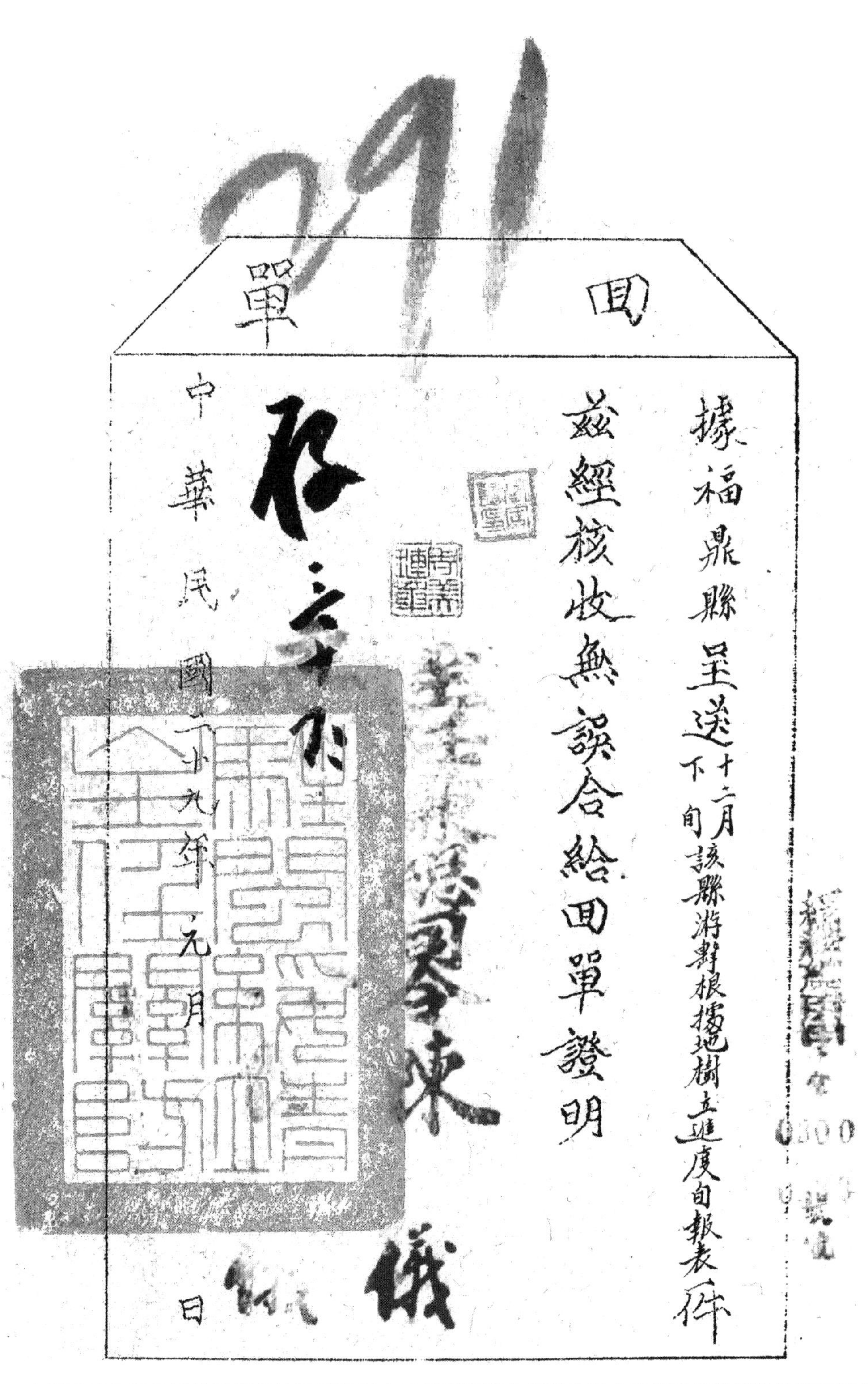

回單

據福鼎縣呈送十二月下旬該縣游擊根據地樹立進度旬報表一件

茲經核收無誤合給回單證明

中華民國二十九年元月　日

驻闽绥靖主任公署关于福鼎县呈送该县十二月下旬游击根据地树立进度表核收无误的证明回单

（1940 年 1 月） G133-003-0087

呈

為呈送十二月份三旬游擊自衛區樹立進度表請 察備由

茲呈送十二月份三旬游擊隊自衛區樹立進度表三份請

察核備查謹呈

縣長陳

計呈送十二月份游擊自衛區旬報表三份

福鼎縣社訓總隊兼總隊長陳廷楨

副總隊長何俊森

中華民國廿九年一月拾四日

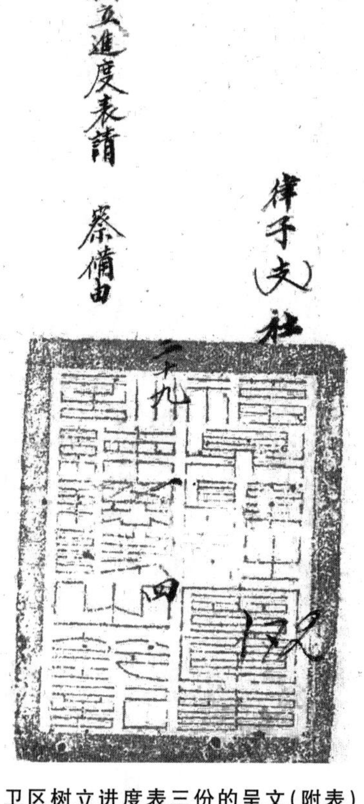

福鼎县社训总队关于呈送十二月份三旬游击自卫区树立进度表三份的呈文(附表)

(1940年1月14日) G133-003-0086

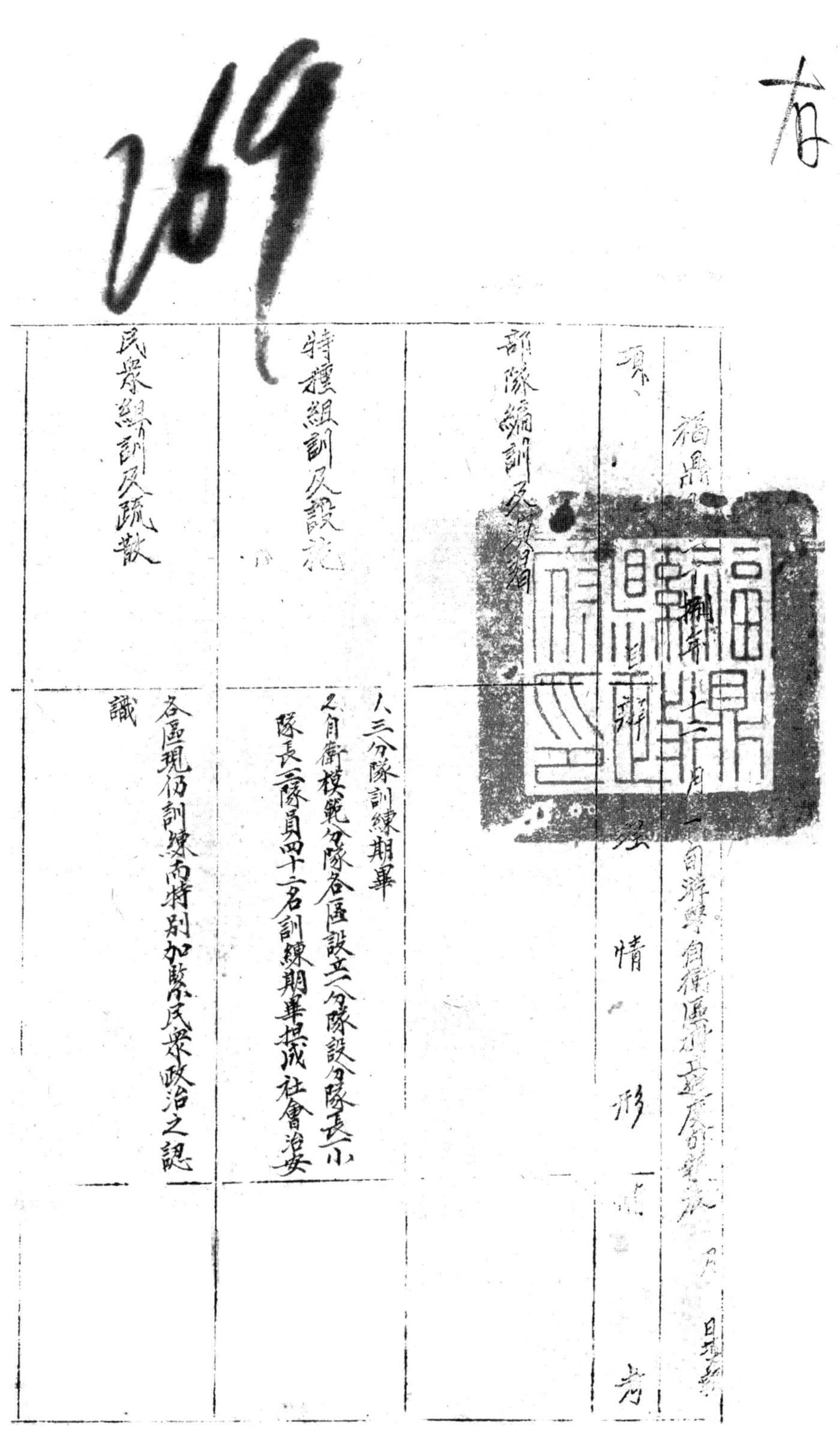

福鼎县二十八年十二月一旬游击自卫区树立进度旬报表

(1940年1月)a面　G133-003-0086

福鼎县二十八年十二月一旬游击自卫区树立进度旬报表

(1940年1月)b面 G133-003-0086

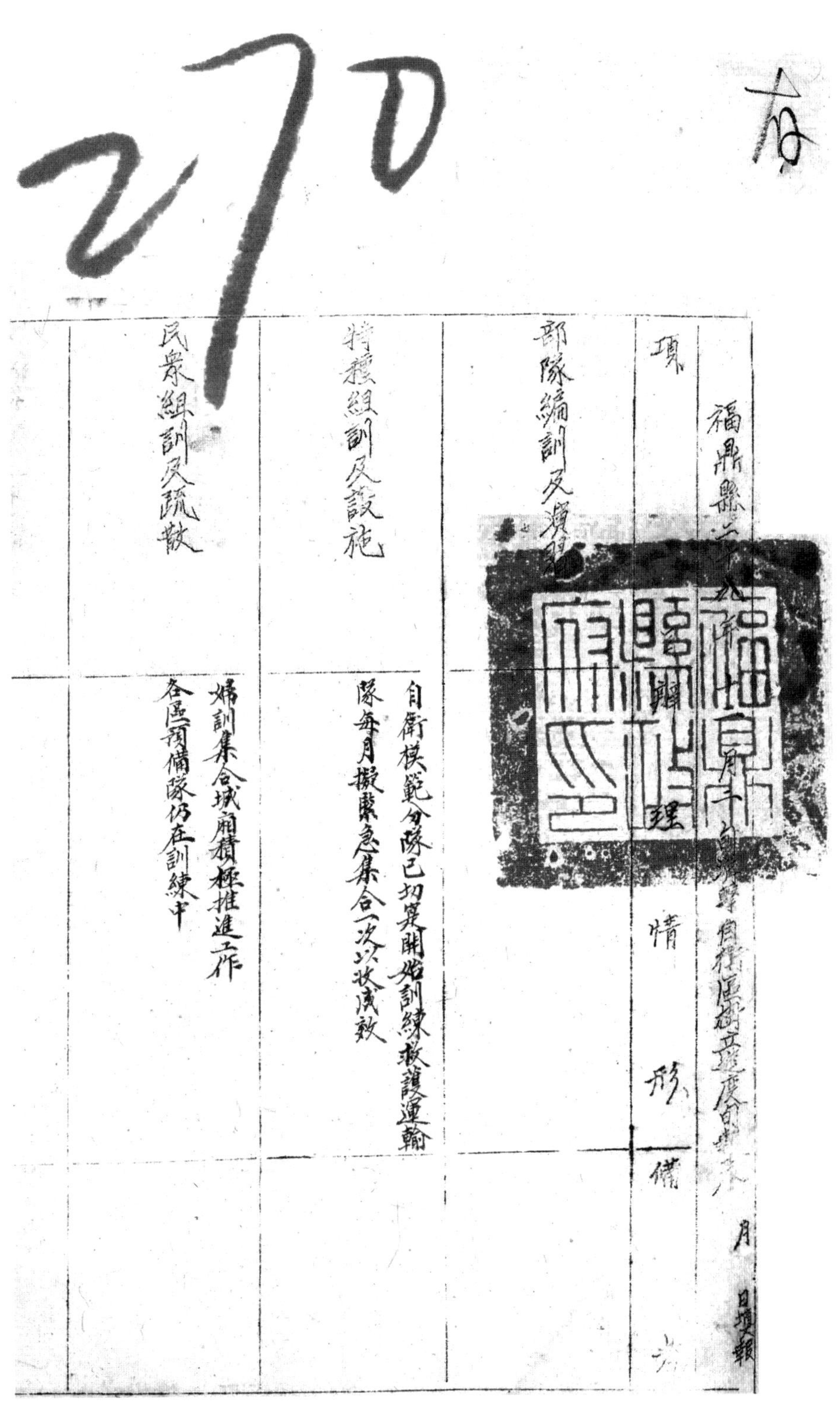
福鼎县二十八年十二月二旬游击自卫区树立进度旬报表

项	情形	备考
部队编训及演习	自卫模范分队已切实开始训练敌护运输队每月拨紧急集合一次以收成效	
特种组训及设施		
民众组训及疏散	妇训集合城厢积极推进工作 各区预备队仍在训练中	

福鼎县二十八年十二月二旬游击自卫区树立进度旬报表
(1940 年 1 月)a 面　G133-003-0086

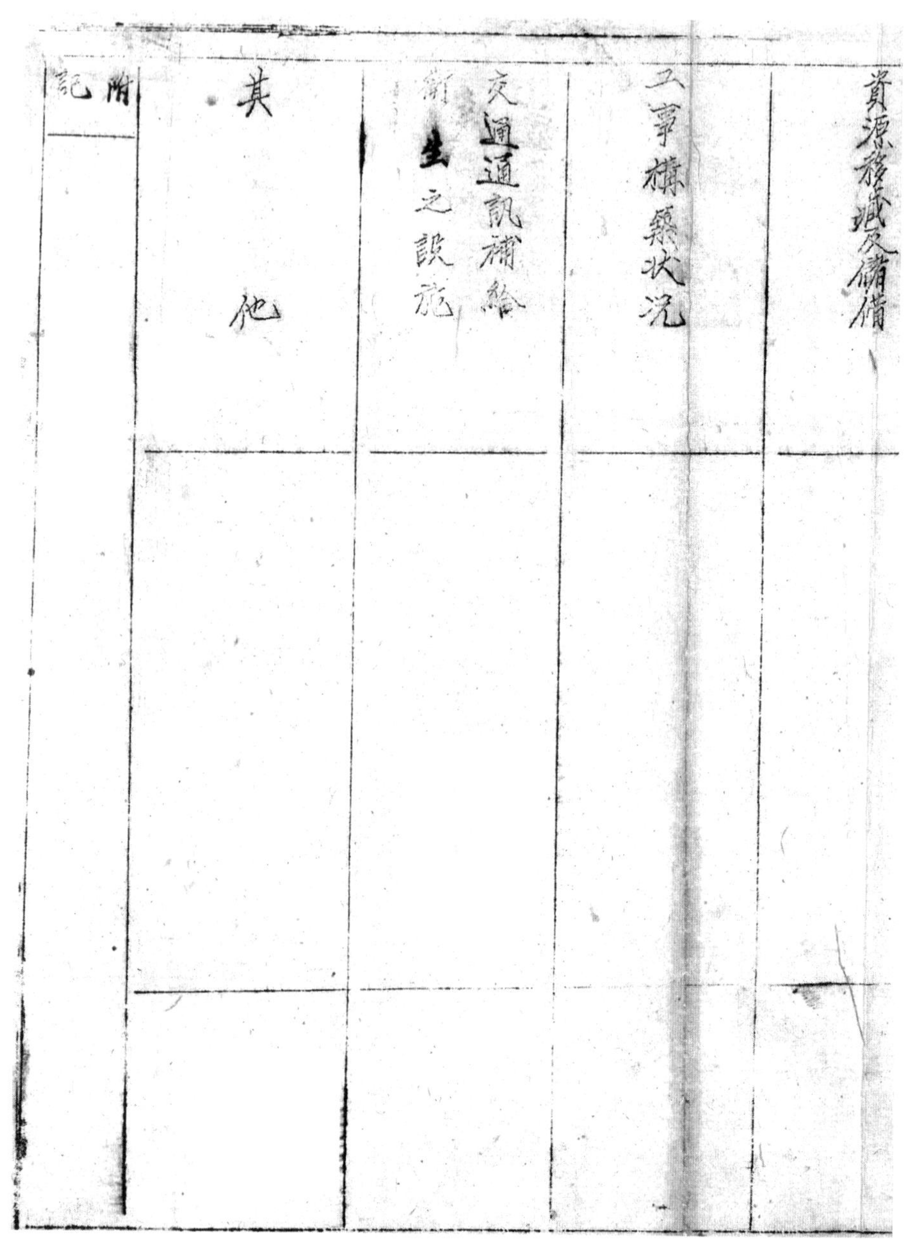

資源移藏及儲備

工事構築狀況

交通通訊補給衛生之設施

其他

附記

福鼎县二十八年十二月二旬游击自卫区树立进度旬报表

(1940年1月)b面 G133-003-0086

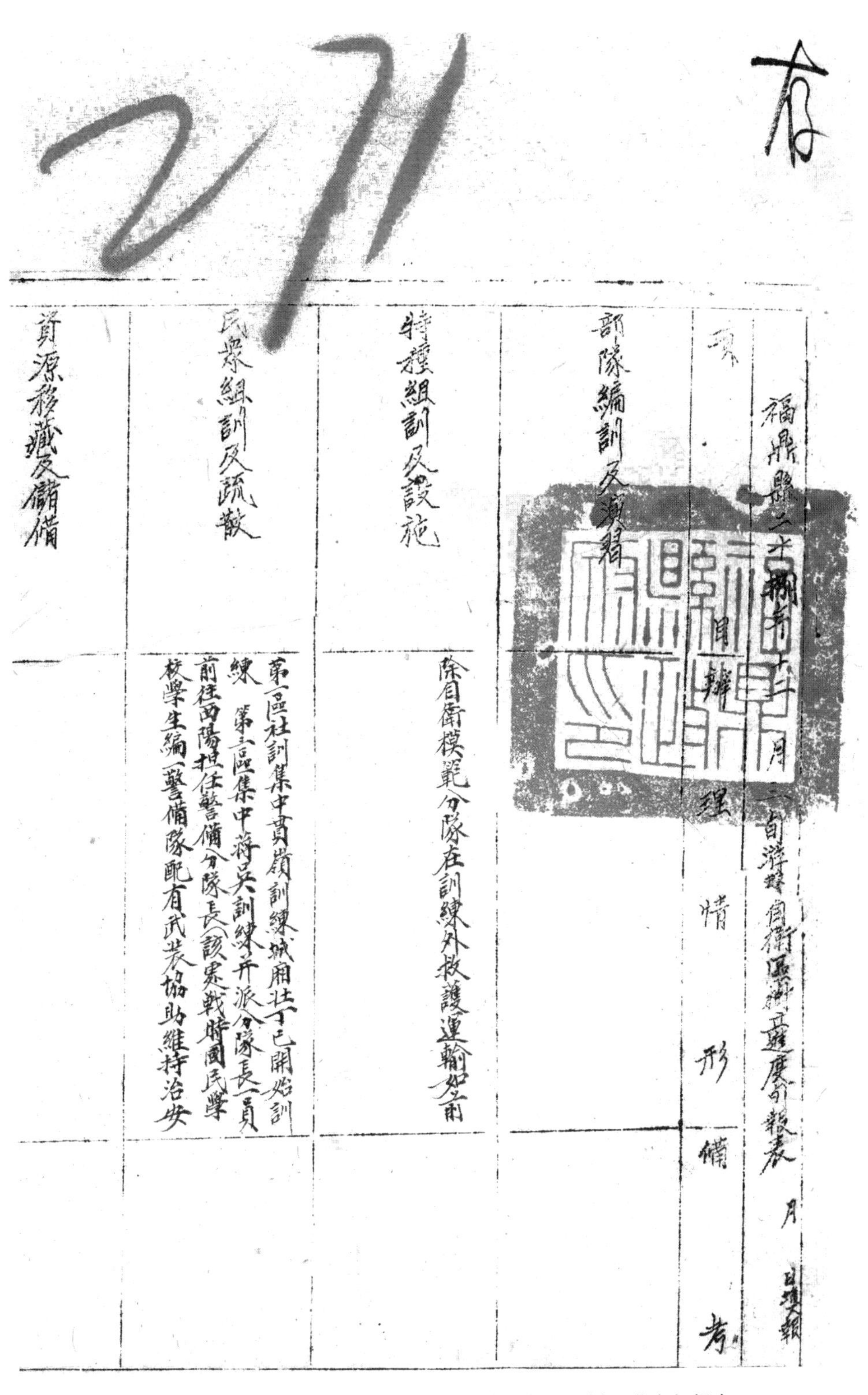

福鼎县二十八年十二月三旬游击自卫区树立进度旬报表
(1940年1月)a面　G133-003-0086

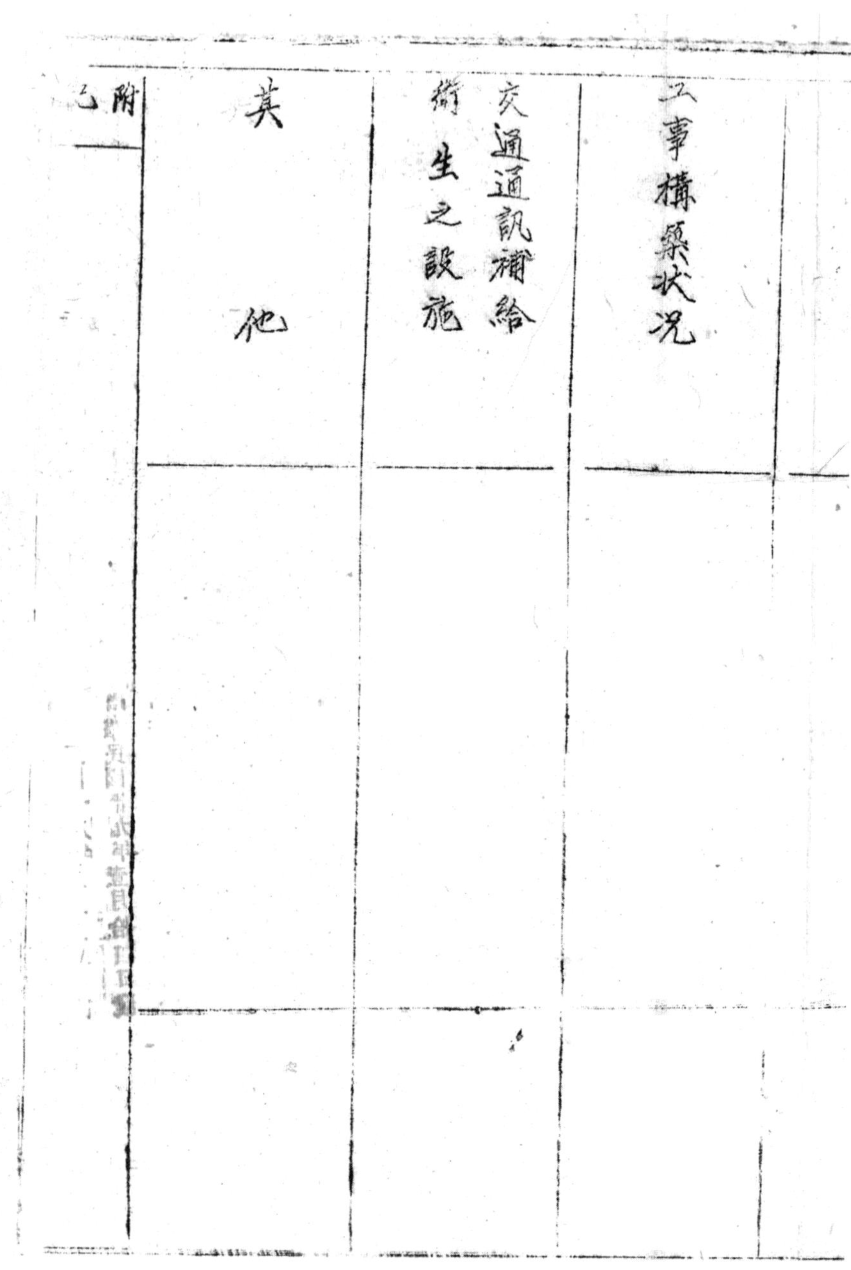

附	其他	交通通讯补给 卫生之设施	工事构筑状况

福鼎县二十八年十二月三旬游击自卫区树立进度旬报表
(1940年1月)b面 G133-003-0086

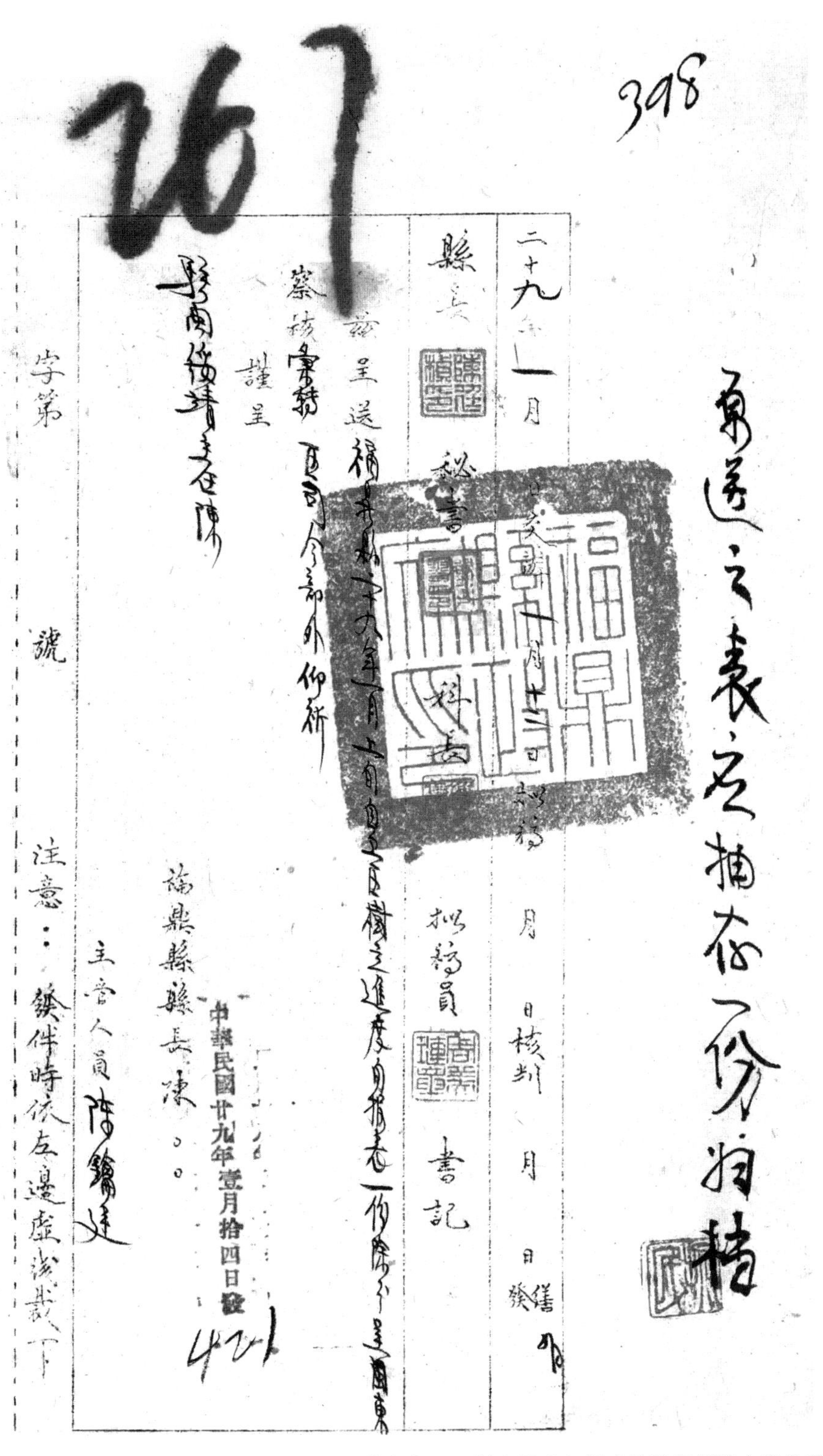

二十九年一月　日　　　縣長　　秘書　　科長　　擬稿員　　書記

核判　月　日　　繕　　發

呈送福鼎縣二十九年一月上旬自衛區樹立之進度旬報表一份……

謹呈
駐閩綏靖主任陳

福鼎縣縣長陳○○

主管人員

中華民國廿九年壹月拾四日發

字第　　號

注意：發件時依左邊虛線裁下

福鼎县政府关于呈送福鼎县二十九年一月上旬游击自卫区树立进度旬报表给驻闽绥靖主任公署的呈文(附表)(1940 年 1 月 14 日)　G133-003-0086

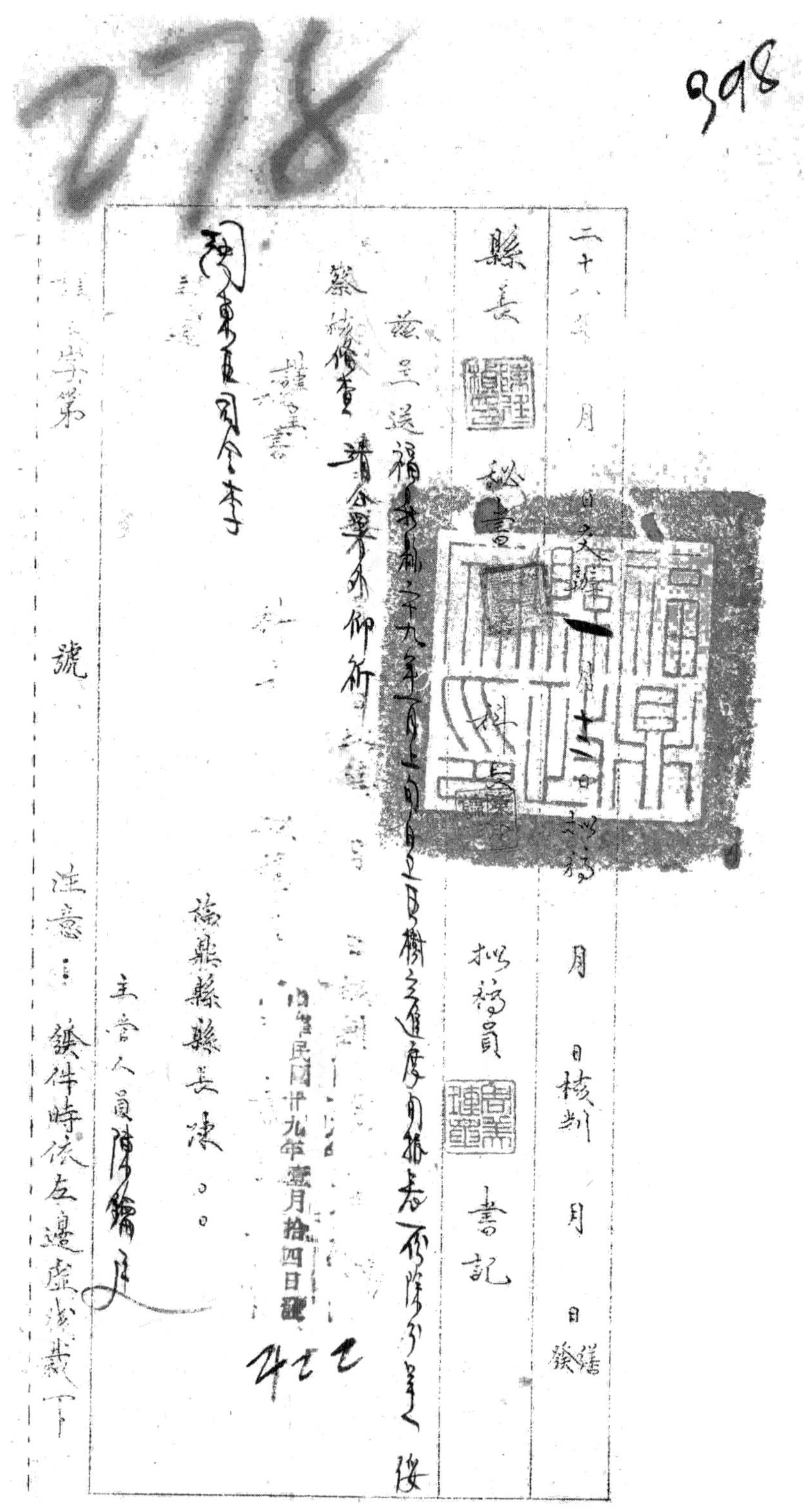

二十九年　月　日文　字第　號　月十三日擬稿　月　日核判　月　日發繕

縣長　秘書　科長　擬稿員　書記

謹呈送福鼎縣二十九年一月上旬自衛區樹立進度旬報表一份，除分呈外，仰祈

鑒核備查。

謹呈

閩東區司令李

福鼎縣縣長　陳○○

主管人員　陳錦□

中華民國廿九年壹月拾四日發

注意：鈔件時依左邊虛線裁下

福鼎县政府关于呈送福鼎县二十九年一月上旬游击自卫区树立进度旬报表给闽东区司令部的呈文(附表)(1940 年 1 月 14 日)　G133-003-0086

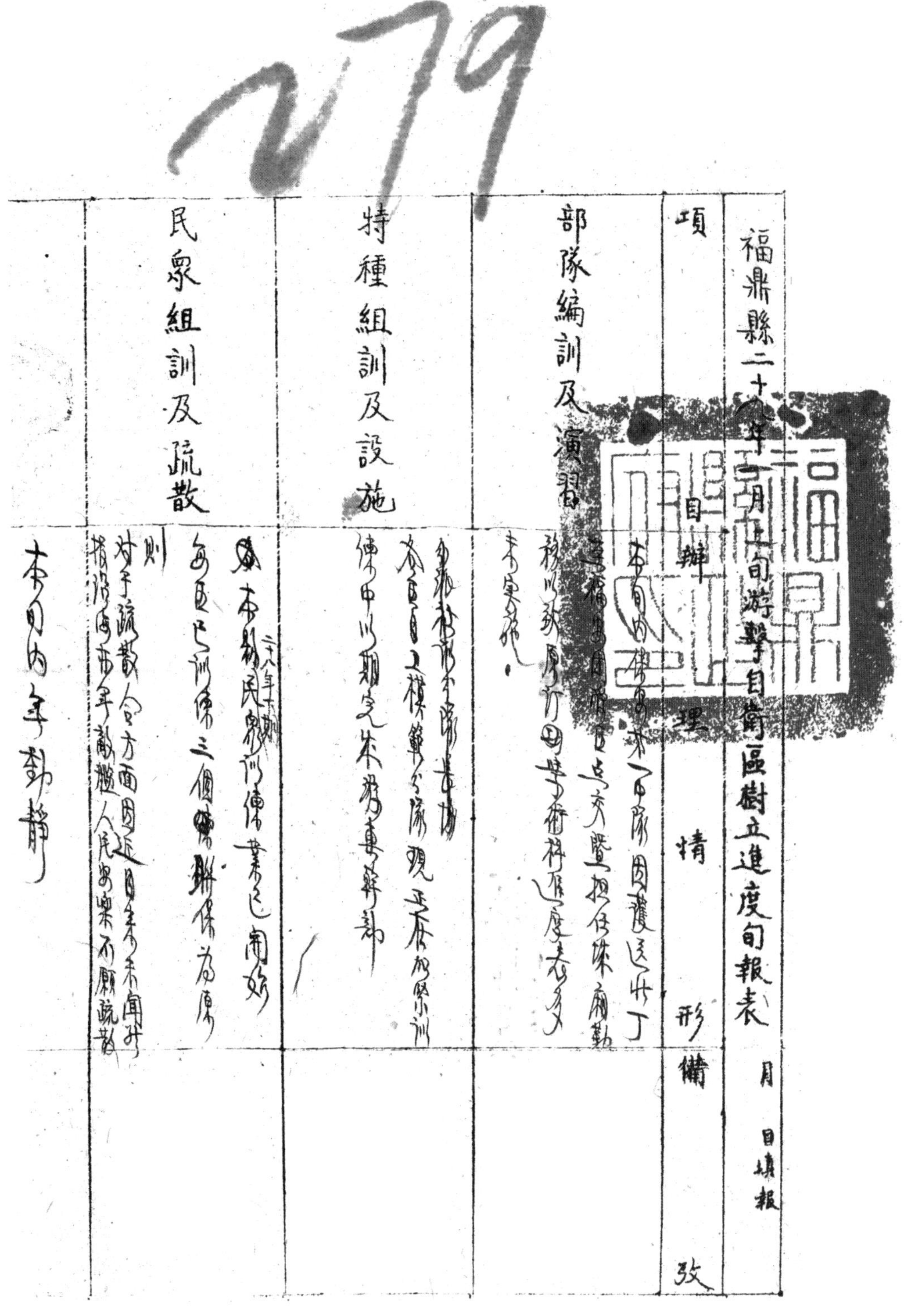
279

福鼎縣二十九年一月上旬游擊自衛區樹立進度旬報表

月　日填報

項目	辦理情形	備攷
部隊編訓及演習	本旬內本縣各中隊因護送壯丁赴福安自衛區點交暨擔任保甲勤務以致原訂四學術科進度未克未實施。	本旬內無動靜
特種組訓及設施	本縣特務大隊業已協助各區自衛模範分隊現正在加緊訓練中以期完成任務集中整訓	
民衆組訓及疏散	本縣民衆訓練業已開始（二十八年十一月）每區已訓練三個聯保為原則 對于疏散令方面因近日來未聞外指說本年敵機人民安樂不願疏散	

福鼎县二十九年一月上旬游击自卫区树立进度旬报表

(1940年1月)a面　G133-003-0086

縣甲部

資源移藏及儲備	工事構築狀況	交通通信補給衛生之設施	其他	附記
	自卫区工事因经费问题尚在筹划中，桥梁及各乡村镇、露天防空壕已由各村庄挖打，办法饬区[illegible]遵办中	无	无	

福鼎县二十九年一月上旬游击自卫区树立进度旬报表

(1940年1月)b面 G133-003-0086

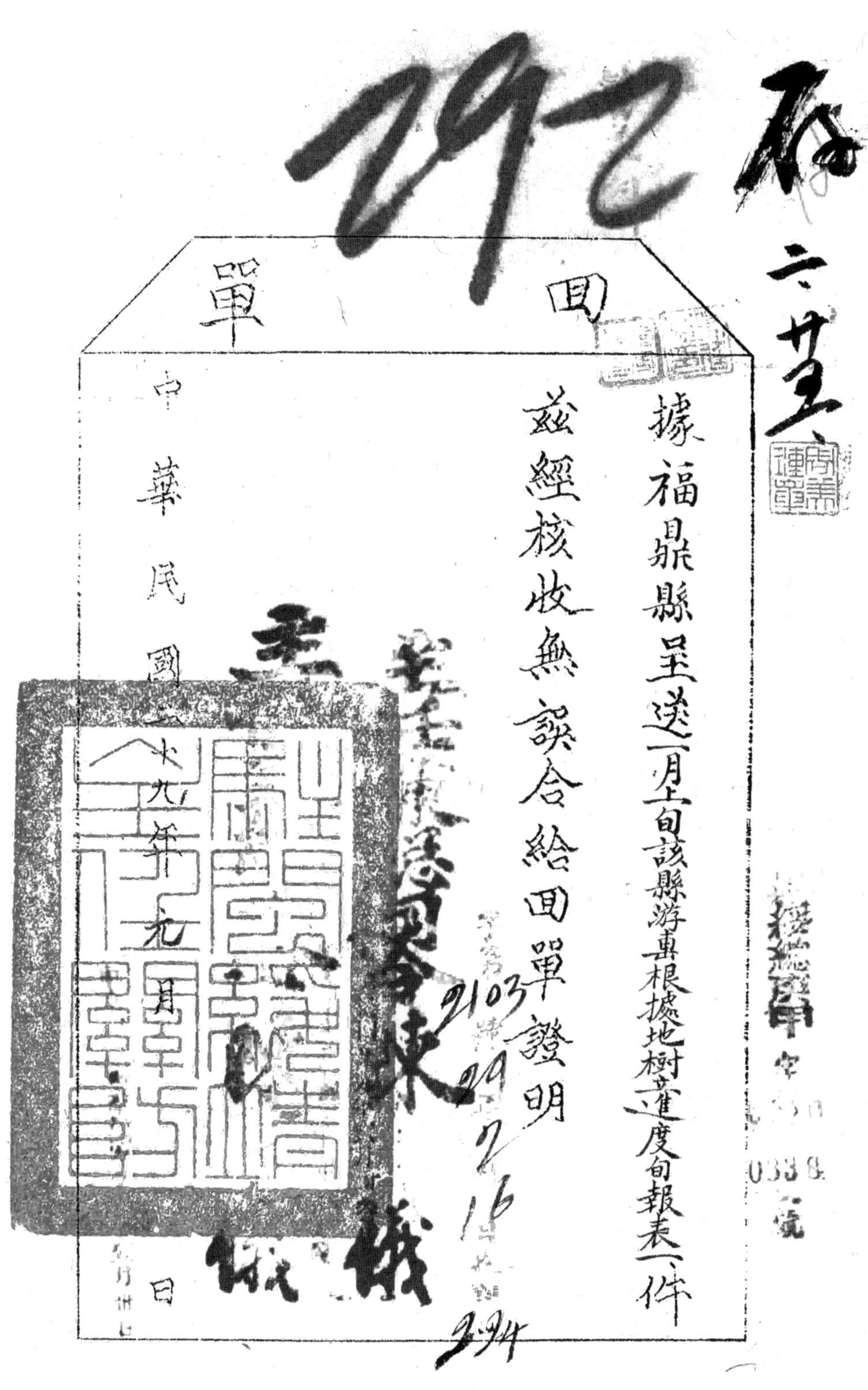
回单

據福鼎縣呈送一月上旬該縣游擊根據地樹立進度旬報表一件

茲經核收無誤合給回單證明

中華民國二十九年元月　日

驻闽绥靖主任公署关于福鼎县呈送该县一月上旬游击根据地树立进度表核收无误的证明回单

（1940 年 1 月 30 日） G133-003-0087

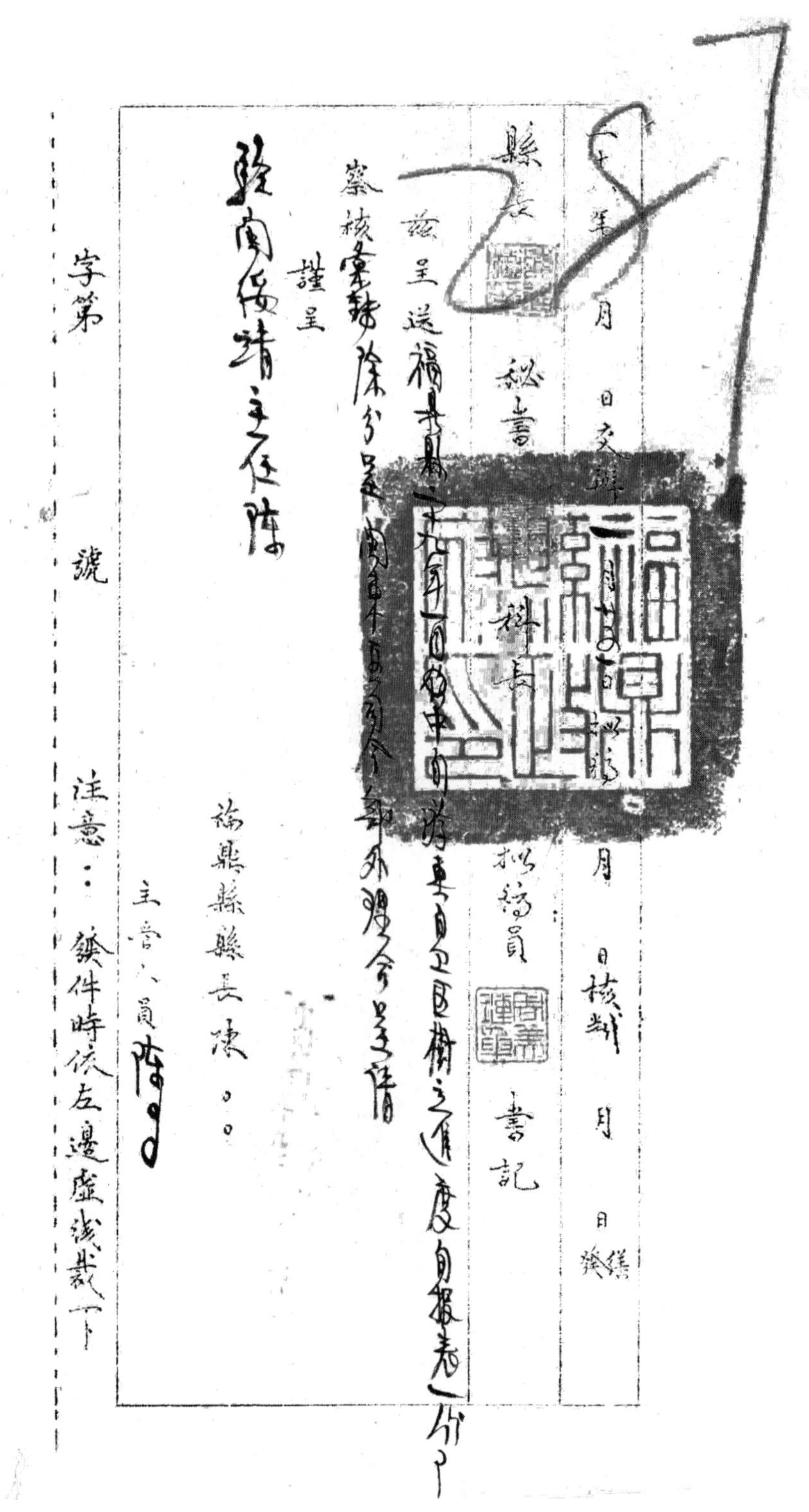

二十九年 月 日交辦 一月廿五日擬稿 月 日核判 月 日發繕

縣長 秘書 科長 擬稿員 書記

為呈送福鼎縣二十九年一月份中旬游擊自衛區樹立進度旬報表一份

察核案錄除分呈閩省十區專署外理合呈請

察核

謹呈

駐閩綏靖主任陳

福鼎縣縣長陳○○

主管人員陳

字第 號

注意：發件時依左邊虛綫裁下

福鼎县政府关于呈送福鼎县二十九年一月中旬游击自卫区树立进度旬报表给驻闽绥靖主任公署的呈文（附表）（1940年1月27日） G133-003-0086

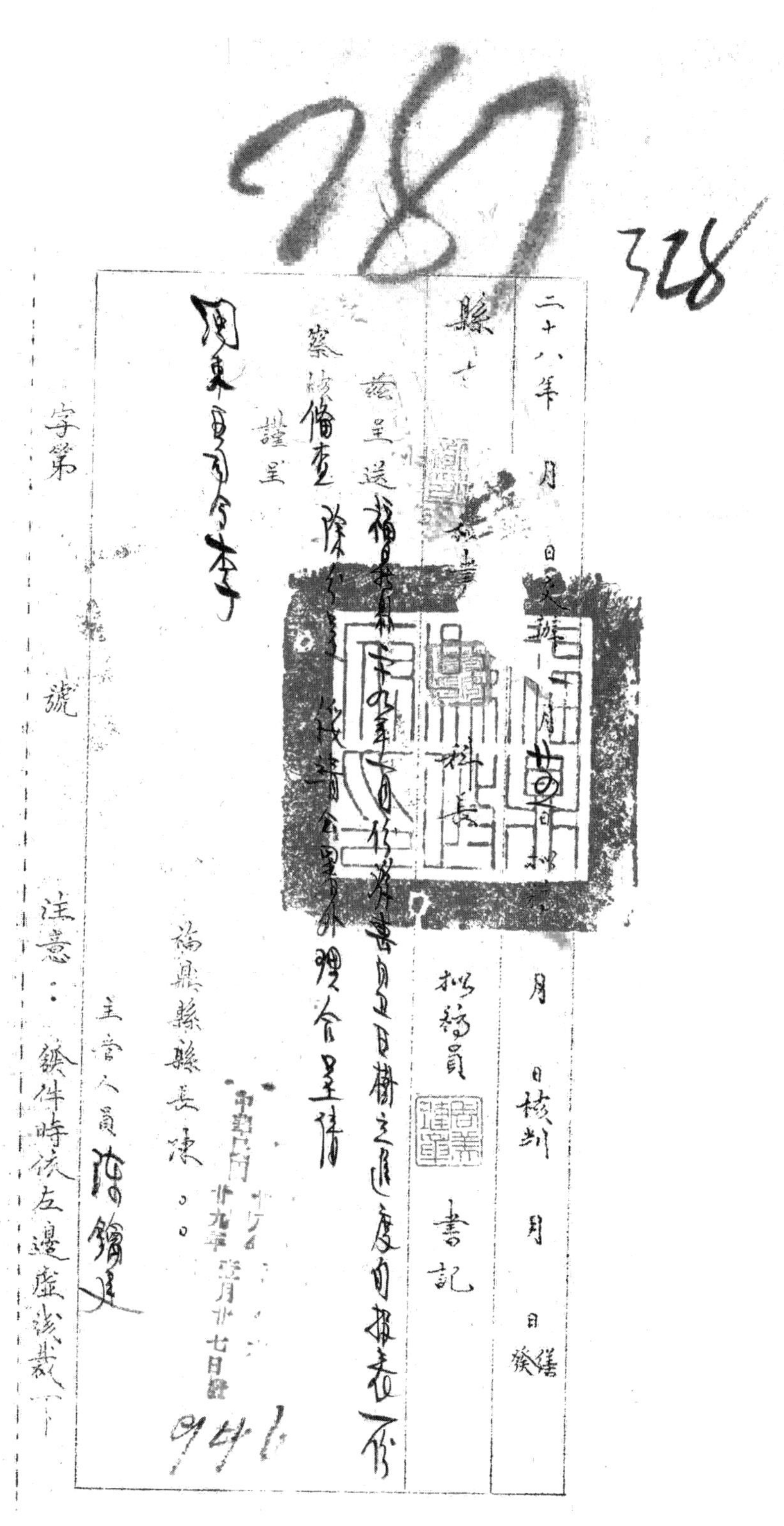

二十八年 月 日文辦 十一月廿日 擬稿 月 日 核判 月 日 繕發

縣長 科長 擬稿員 書記

茲呈送福鼎縣二十九年一月中旬游擊自衛區樹立進度旬報表一份

簽核備查 除分呈……外 理合呈請

謹呈

閩東區司令李

福鼎縣縣長陳○○

主管人員 陳……

中華民國廿九年一月廿七日發

字第 號

注意：發件時依左邊虛綫裁下

福鼎县政府关于呈送福鼎县二十九年一月中旬游击自卫区树立进度旬报表给闽东区司令部的呈文(附表)(1940 年 1 月 27 日) G133-003-0086

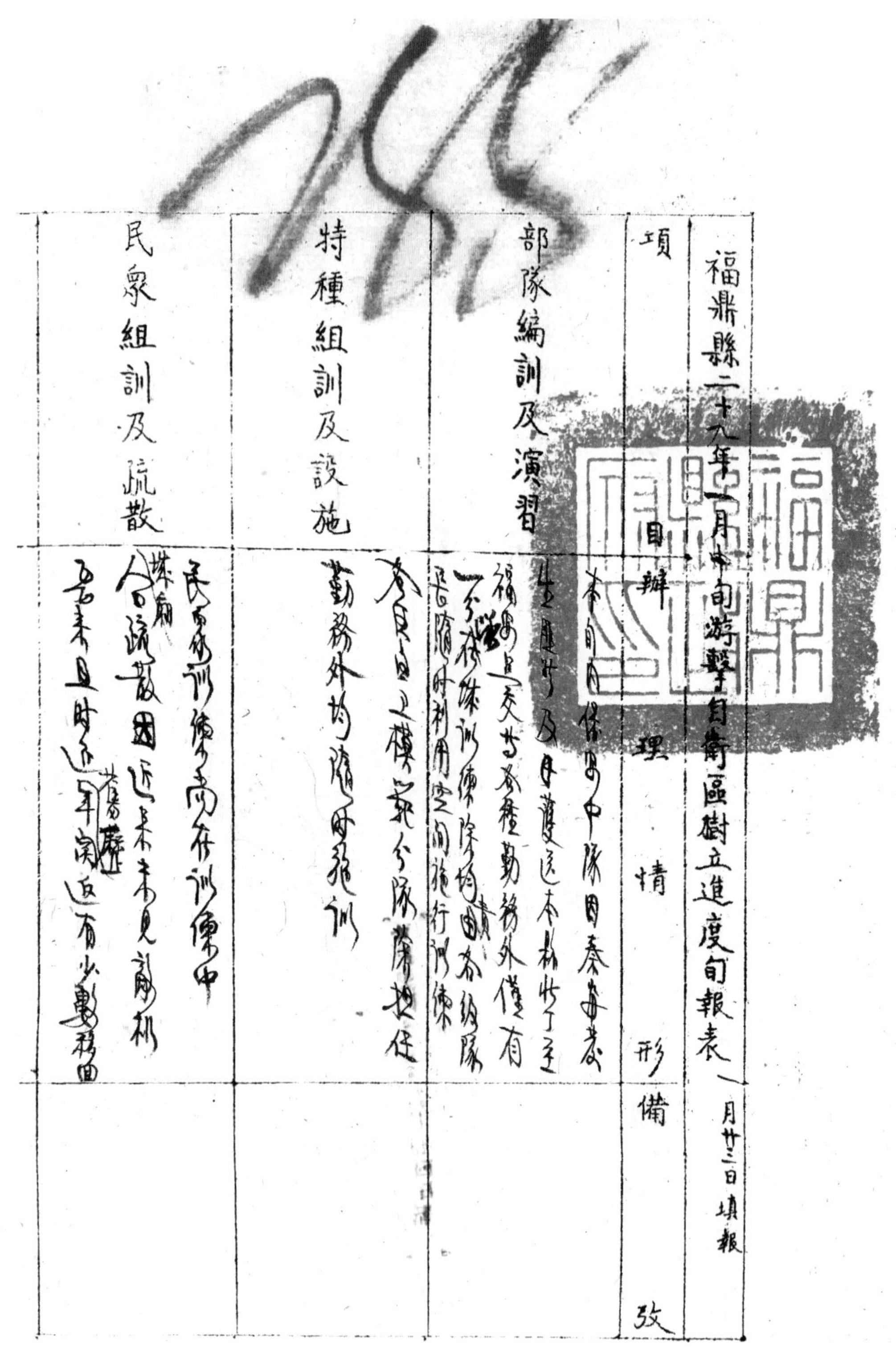

福鼎縣二十九年一月中旬游擊自衛區樹立進度旬報表 一月廿三日填報

項目	辦理情形	備攷
部隊編訓及演習	本旬因保安中隊因秦安發生匪警及[illegible]護送本縣壯丁至福安县交[illegible]各種勤務外，僅有一分隊除訓練隊均由各級隊長隨時利用空閒施行訓練	
特種組訓及設施	各[illegible]自衛模範分隊擔任勤務外均隨時施訓	
民衆組訓及疏散	民衆訓練尚在訓練中，至疏散因近來未見敵機[illegible]，且時值近年関，近有少數移回	

福鼎县二十九年一月中旬游击自卫区树立进度旬报表

(1940年1月23日)a面 G133-003-0087

資源移藏及儲備	本旬内照常無可
工事構築狀況	各鄉鎮、露天防空壕現成者有損壞現在正抓修中 在催令建構築中 沙埕、南鎮、海尾、小篔、等處國 防作戰工事經本府派員視察
交通通信補給衛生之設施	無
其他	
附記	

福鼎县二十九年一月中旬游击自卫区树立进度旬报表

(1940年1月23日)b面　G133-003-0087

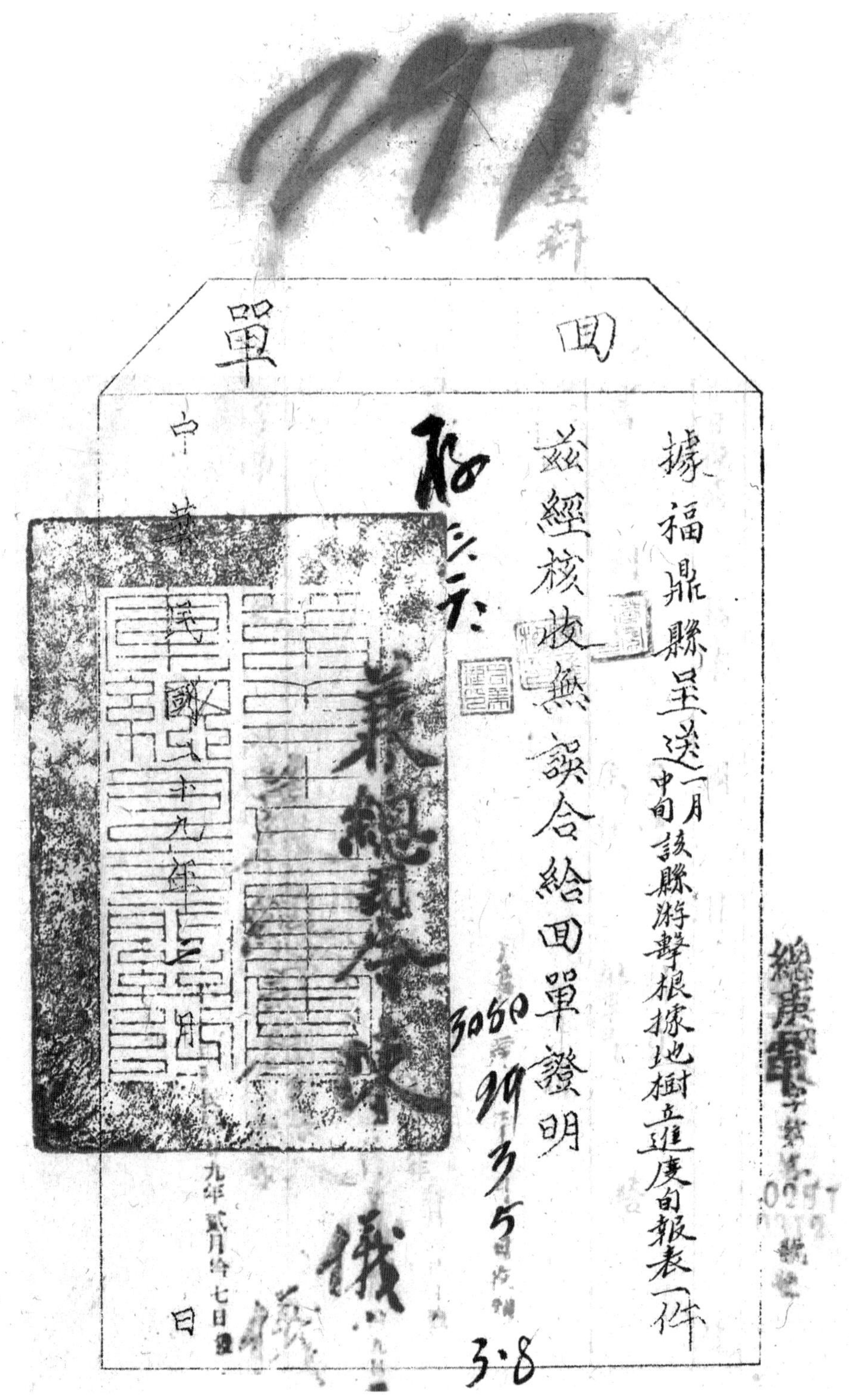

回單

據福鼎縣呈送一月中旬該縣游擊根據地樹立進度旬報表一件

茲經核收無誤合給回單證明

兼總司令陳儀

中華民國二十九年貳月十七日

第二十五集团军总司令部关于福鼎县呈送该县一月中旬游击根据地树立进度表核收无误的证明回单(1940年2月17日) G133-003-0087

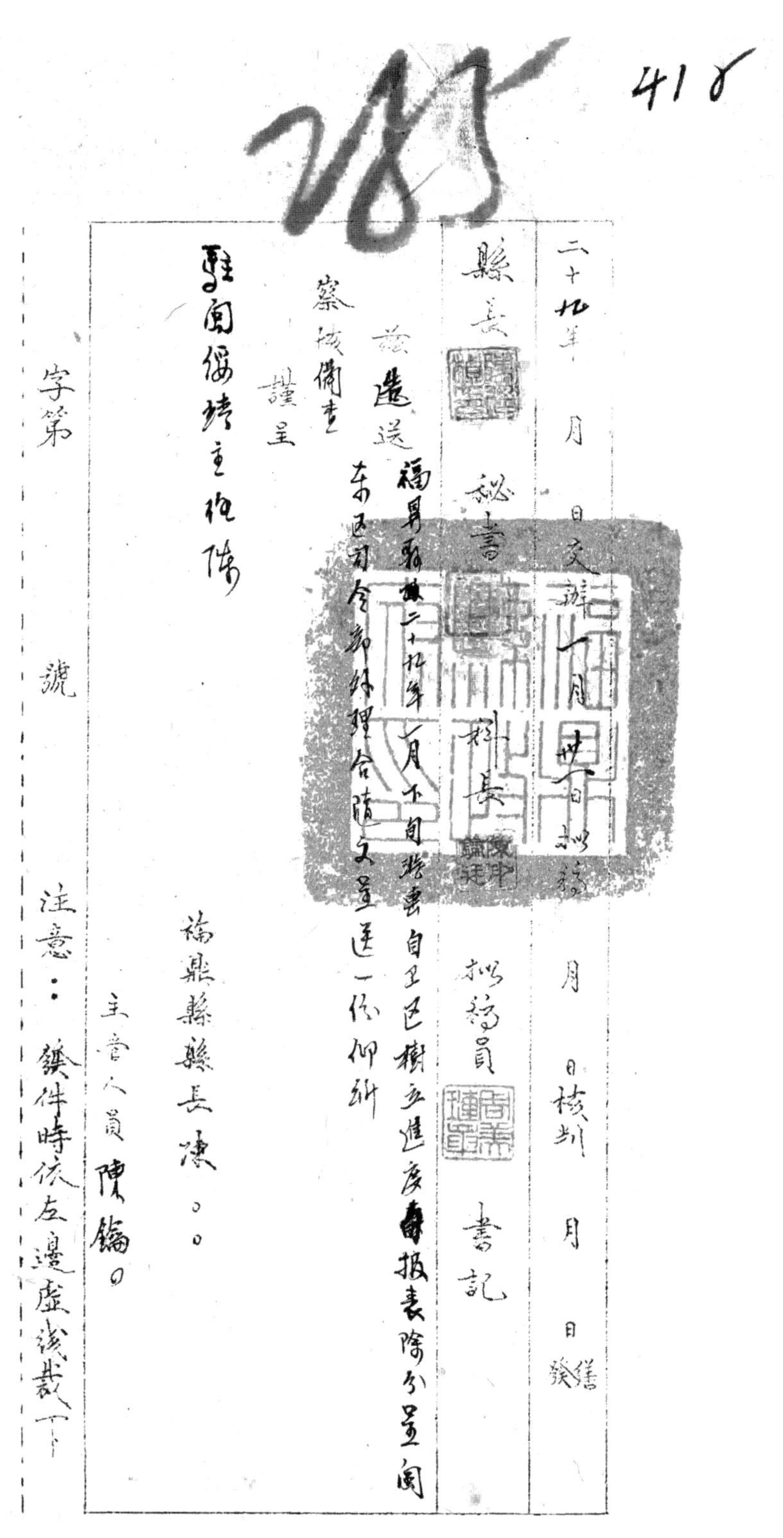

福鼎县政府关于呈送福鼎县二十九年一月下旬游击自卫区树立进度旬报表给驻闽绥靖主任公署的呈文(附表)(1940 年 2 月 1 日)　G133-003-0086

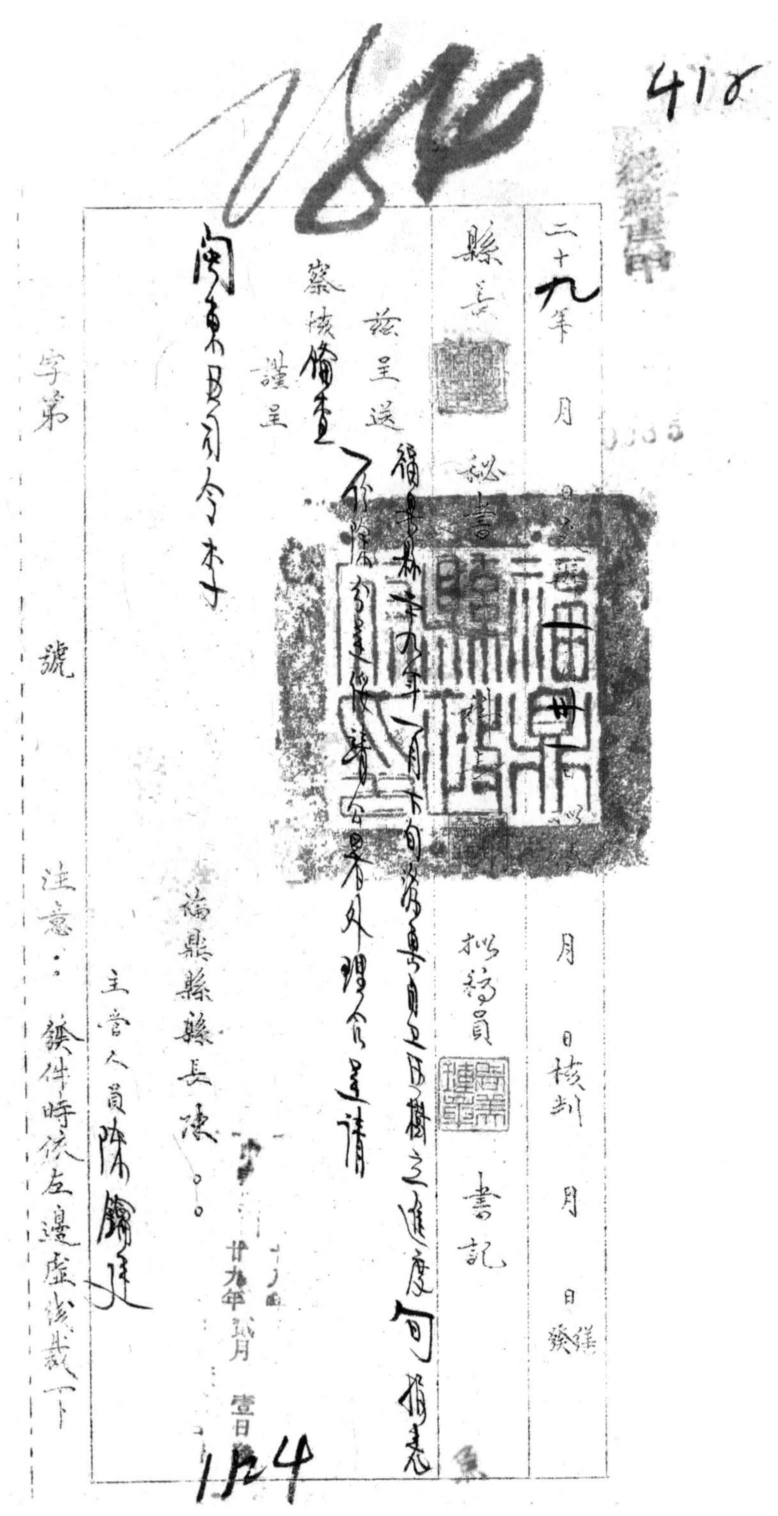
二十九年 月 日擬 月 日核判 月 日發繕

縣長 秘書 擬稿員 書記

謹呈送福鼎縣二十九年一月下旬游擊自衛區樹立之進度旬報表 除分呈外理合呈請

察核備查

謹呈

閩東區司令李

福鼎縣縣長陳

主管人員陳

廿九年貳月壹日

字第 號

注意：發件時依左邊虛線裁下

福鼎县政府关于呈送福鼎县二十九年一月下旬游击自卫区树立进度旬报表给闽东区司令部的呈文(附表)(1940 年 2 月 1 日) G133-003-0086

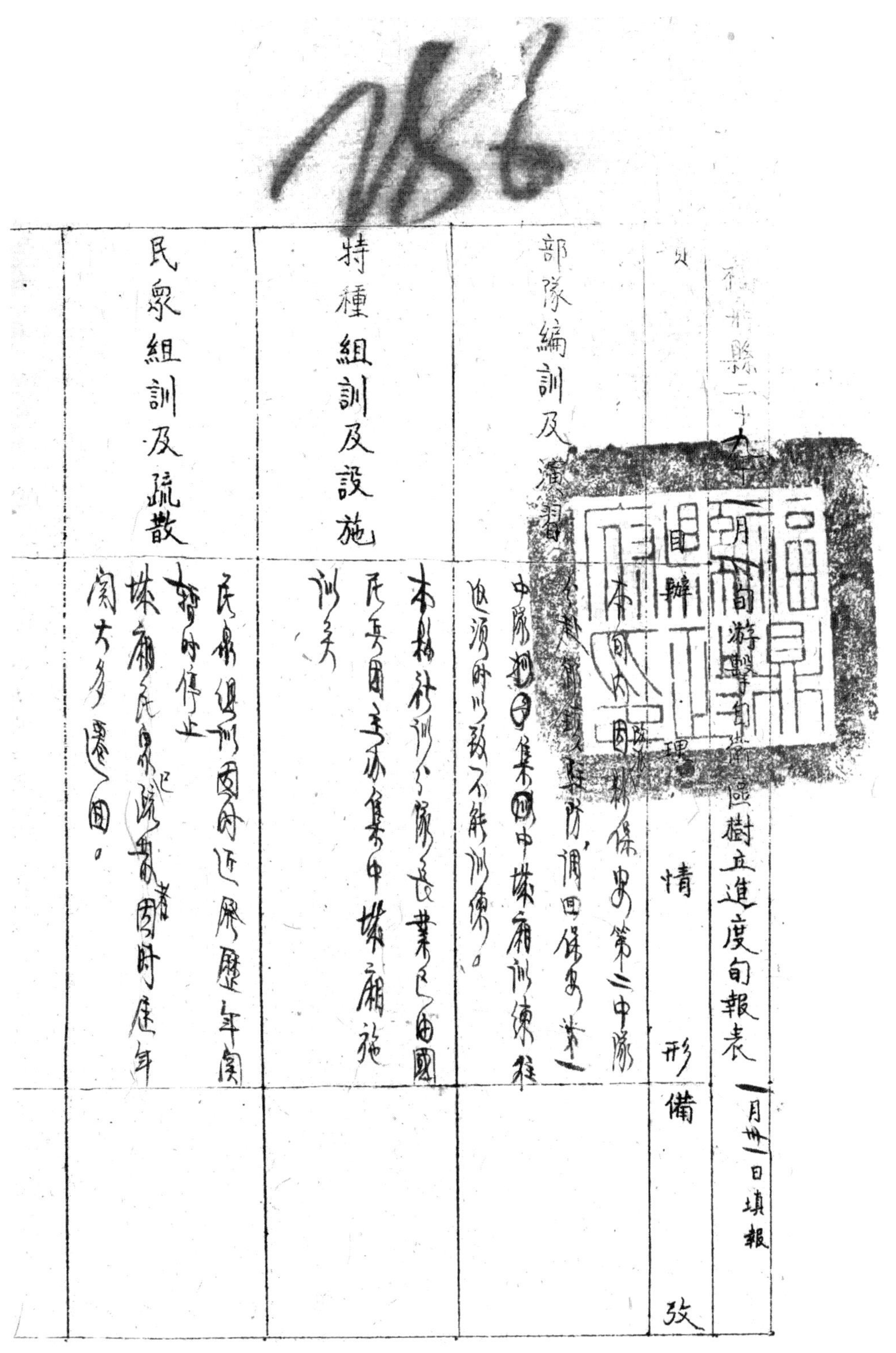

福鼎縣二十九年一月下旬游擊自衛區樹立進度旬報表　一月卅一日填報

項目	辦理情形	備考
部隊編訓及演習	本旬內因本縣保安第二中隊已赴部隊駐防，調回保安第一中隊担因集訓中，城廂訓練程延須時，以致不能訓練。	
特種組訓及設施	本縣特訓分隊長業已由國民兵團予以集中城廂施訓矣。	
民衆組訓及疏散	民衆組訓因時近舊歷年關，暫時停止。城廂民衆疏散者已因時逢年關大多遷回。	

福鼎县二十九年一月下旬游击自卫区树立进度旬报表

(1940 年 1 月 31 日)a 面　G133-003-0086

資源移藏及儲備	工事構築狀況	交通通信補給衛生之設施	其他	附記
無	各鄉鎮露天防空壕因年關未即征工困難兼尚未挑辦中	無	無	

福鼎县二十九年一月下旬游击自卫区树立进度旬报表

(1940 年 1 月 31 日)b 面　G133-003-0086

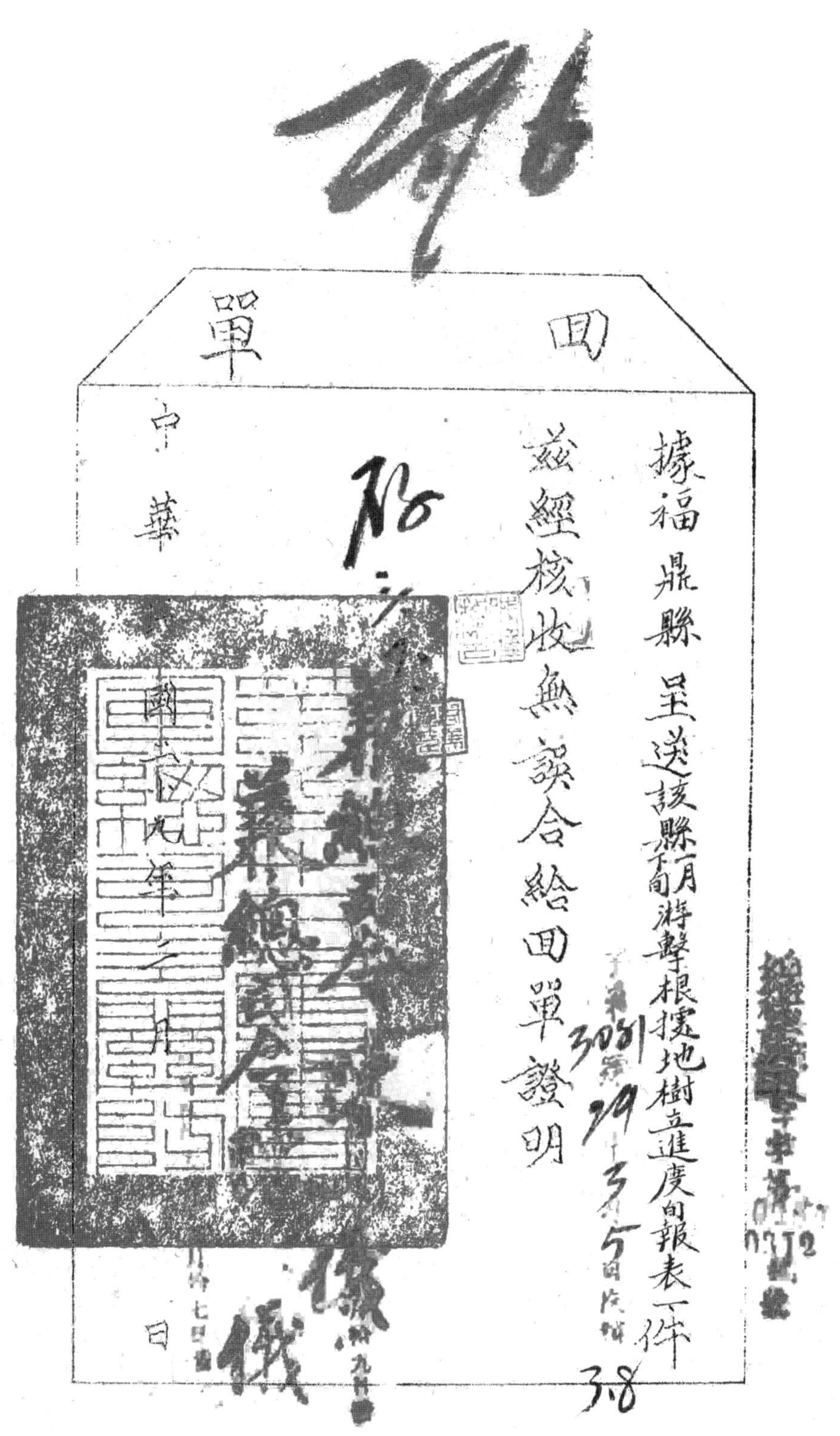

回单

據福鼎縣呈送該縣一月下旬游擊根據地樹立進度旬報表一件

茲經核收無誤合給回單證明

中華民國廿九年二月 日

第二十五集团军总司令部关于福鼎县呈送该县一月下旬游击根据地树立进度表核收无误的证明回单(1940 年 2 月 17 日)　G133-003-0087

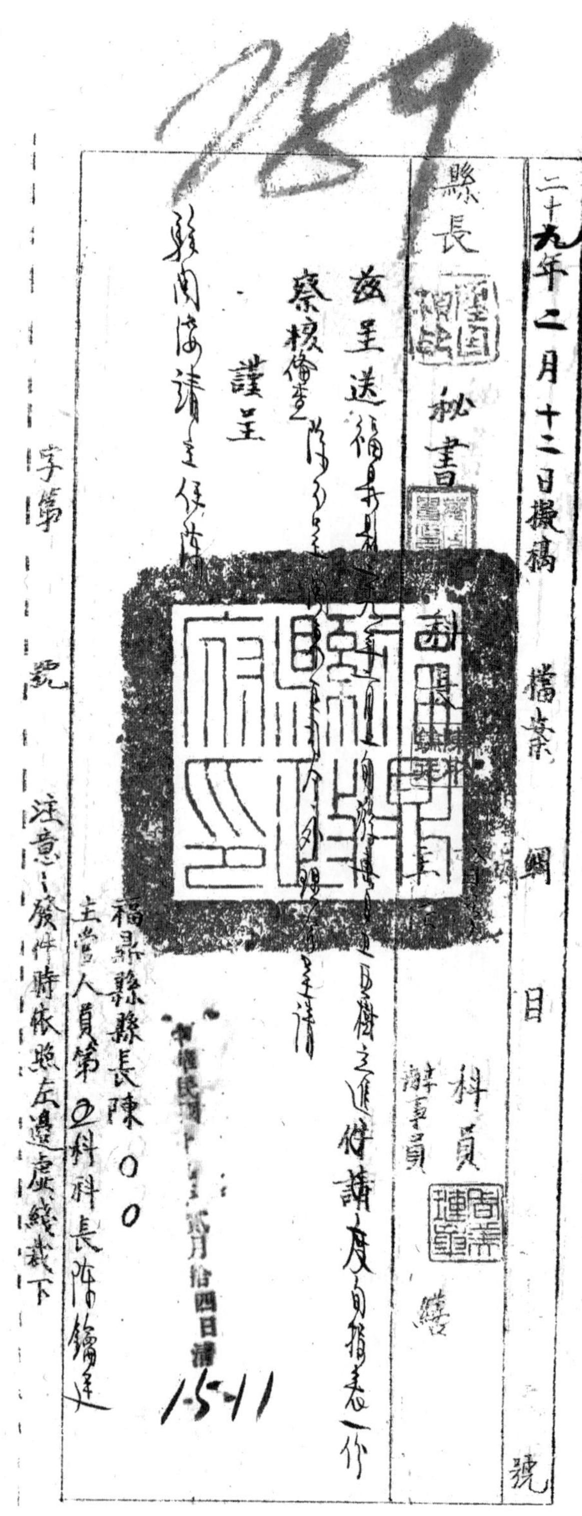
二十九年二月十二日擬稿 檔案 綱 目 號

縣長 秘書 科員 辦事員 繕

茲呈送福鼎縣二十九年二月上旬游擊自衛區樹立進度旬報表一份 請

察核備查

謹呈

駐閩綏靖主任

福鼎縣縣長陳〇〇

主管人員第五科科長陳鏞建

中華民國二十九年貳月拾四日

1511

字第 號

注意：發件時依照左邊虛線裁下

福鼎县政府关于呈送福鼎县二十九年二月上旬游击自卫区树立进度旬报表给驻闽绥靖主任公署的呈文(附表)(1940年2月14日) G133-003-0087

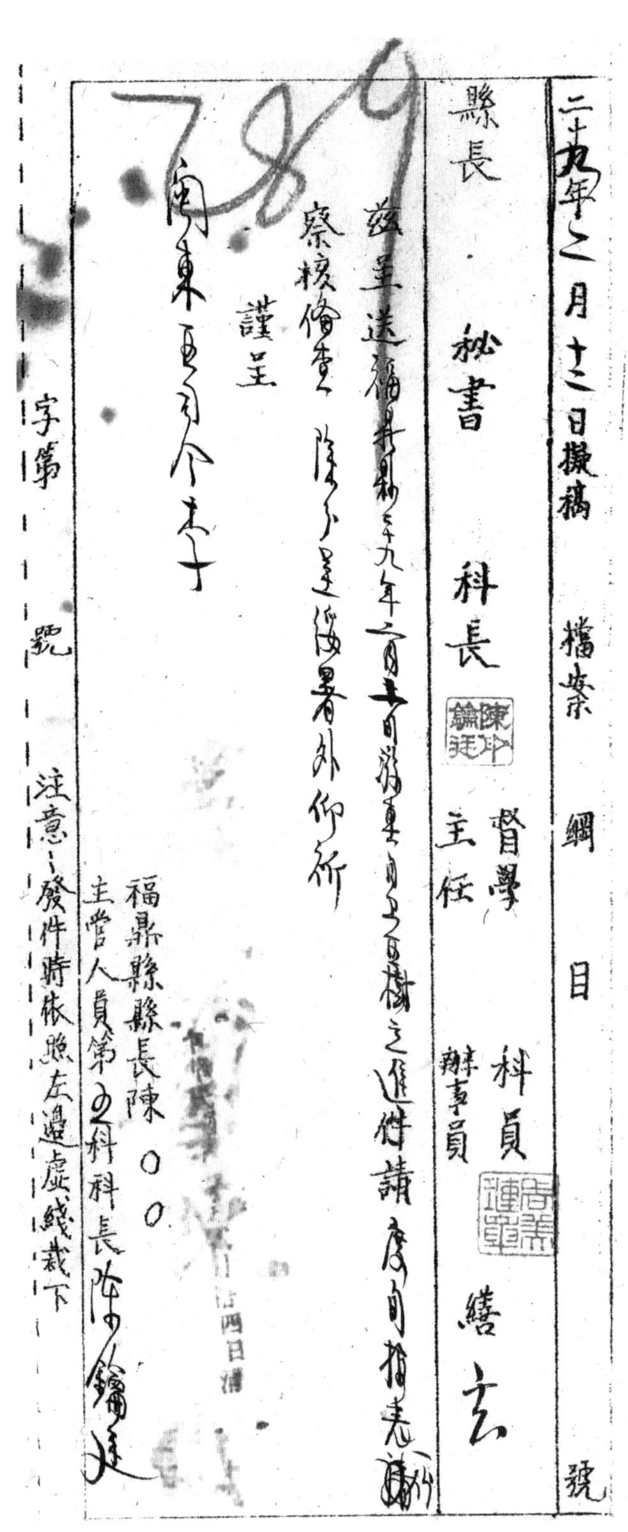
二十九年二月十三日擬稿　檔案　綱　目　號

縣長　秘書　科長　主任　督學　科員　辦事員　繕

茲呈送福鼎縣二十九年二月上旬游擊自衛區樹立進度旬報表請

察核備查　除分呈專署外　仰祈

謹呈

閩東區司令部

福鼎縣縣長陳○○

主管人員第二科科長陳鑰廷

字第　號

注意：發件時依照左邊虛線裁下

福鼎县政府关于呈送福鼎县二十九年二月上旬游击自卫区树立进度旬报表给闽东区司令部的呈文(附表)(1940年2月14日)　G133-003-0087

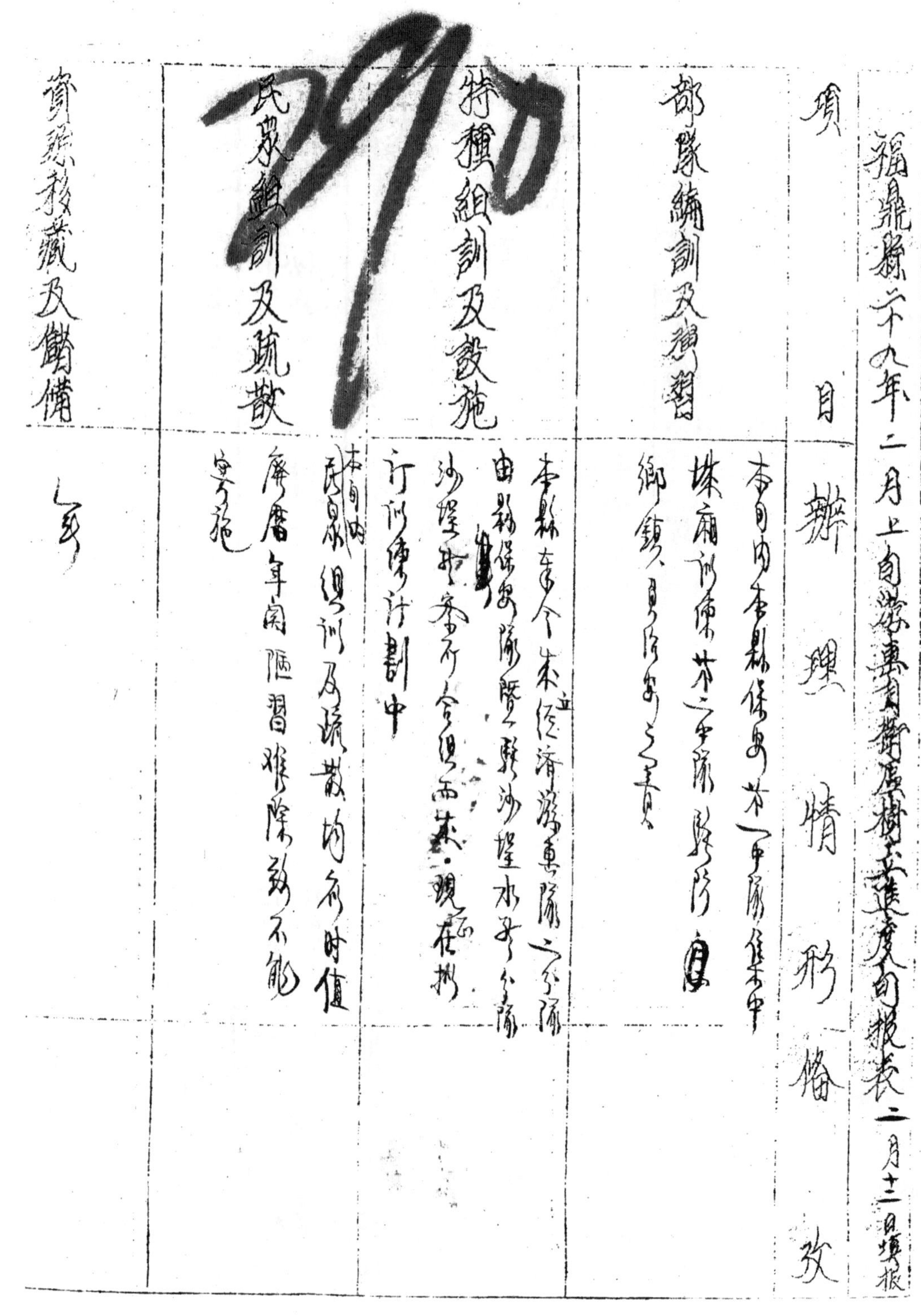

福鼎县二十九年二月上旬游击自卫区树立进度旬报表 二月十二日填报

项目	办理情形	备考
部队编训及演习	本旬内本县保安第一中队集中珠庙训练，第二中队驻防白琳乡镇，负防守之责	
特种组训及设施	本县尚未设立经济游击队之分队，由县保安队暨县沙埕水警分队、沙埕救护分队组合而来，现在拟订训练计划中	
民众组训及疏散	本旬内民众组训及疏散均以时值废历年关，陋习难除，致不能实施	
资源毁藏及储备	无	

福鼎县二十九年二月上旬游击自卫区树立进度旬报表

(1940年2月12日)a面　G133-003-0087

工事構築狀況	交通通信補給	衛生及設施	其他	附記
扎[illegible]、各項作戰[illegible] 原工事因日久損壞者現正在修築中	無		無	

福鼎县二十九年二月上旬游击自卫区树立进度旬报表

(1940年2月12日)b面 G133-003-0087

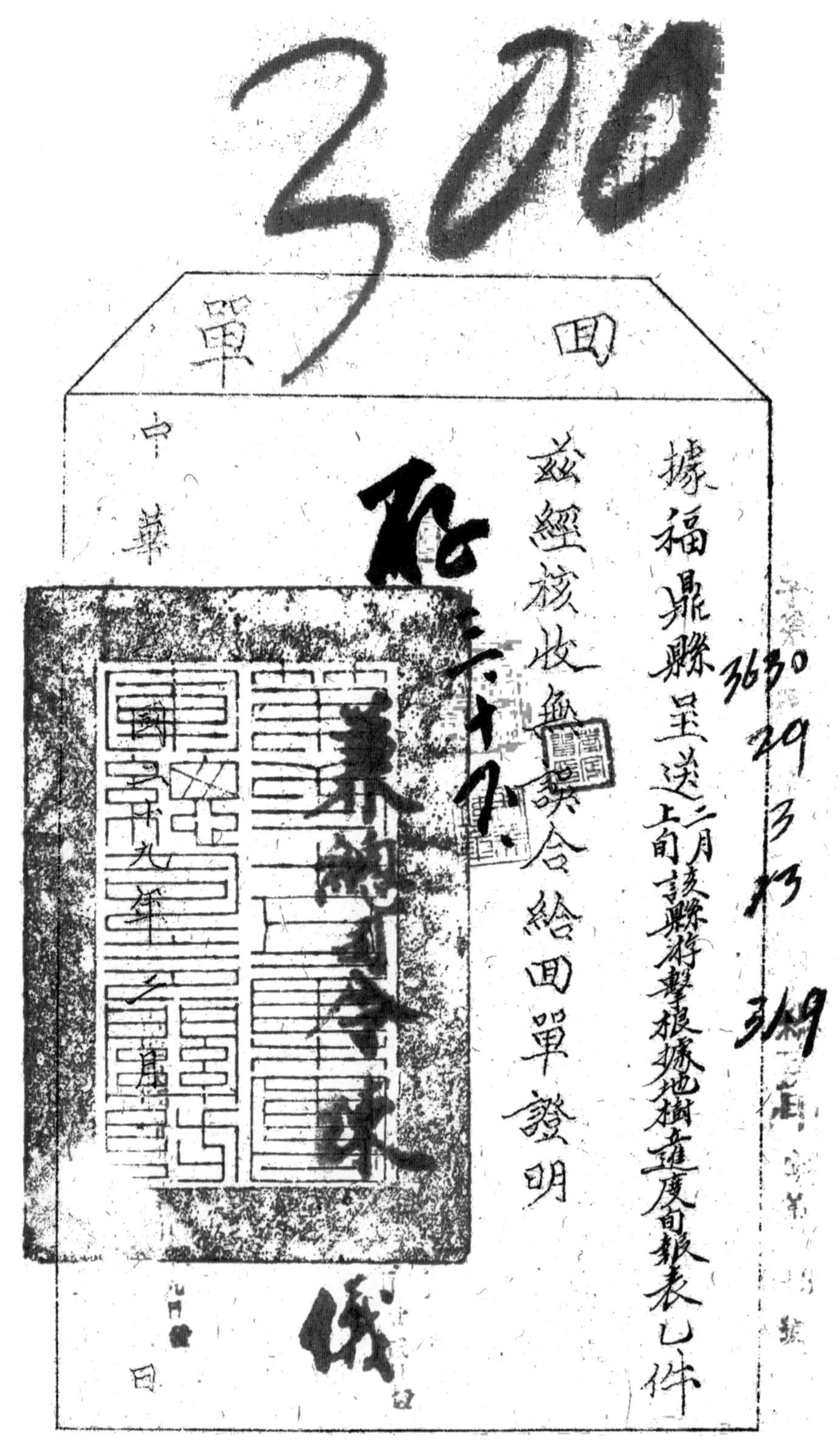

回單

據福鼎縣呈送二月上旬該縣游擊根據地樹立進度旬報表乙件

茲經核收無誤合給回單證明

集團軍總司令部

中華民國二十九年二月 日

第二十五集团军总司令部关于福鼎县呈送该县二月上旬游击根据地树立进度表核收无误的证明回单(1940 年 2 月 29 日)　G133-003-0087

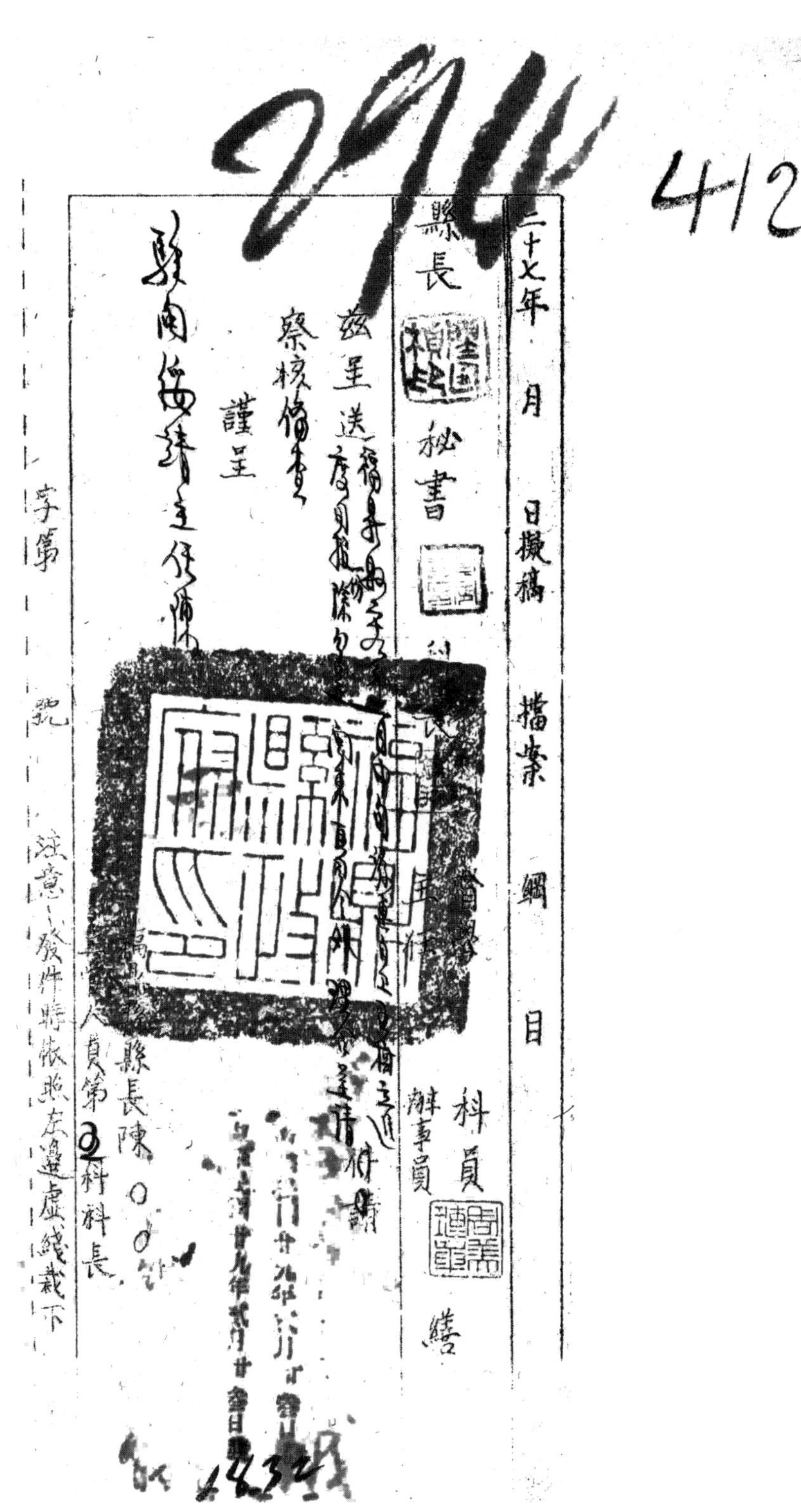

福鼎县政府关于呈送福鼎县二十九年二月中旬游击自卫区树立进度旬报表给驻闽绥靖主任公署的呈文(附表)(1940年2月23日)　G133-003-0087

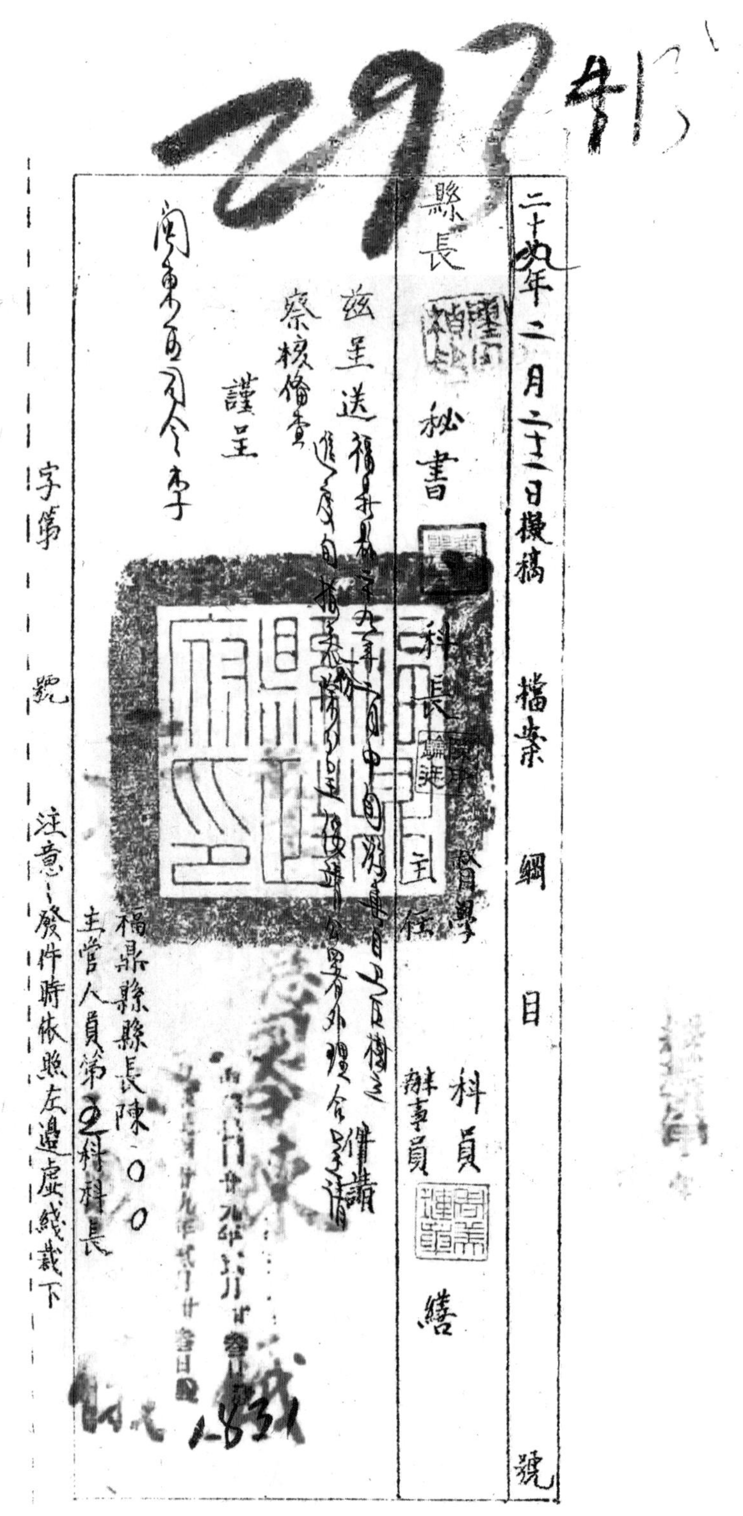

二十九年二月二十三日擬稿　檔案綱目　號

縣長　秘書　科長　主任　科員　辦事員　繕

茲呈送福鼎縣二十九年二月中旬游擊自衛區樹立進度旬報表一份，理合備文呈請

察核備查

謹呈

閩東區司令李

福鼎縣縣長陳〇〇

主管人員第三科科長

字第　號

注意：發件時依照左邊虛線裁下

福鼎县政府关于呈送福鼎县二十九年二月中旬游击自卫区树立进度旬报表给闽东区司令部的呈文(附表)(1940年2月23日)　G133-003-0087

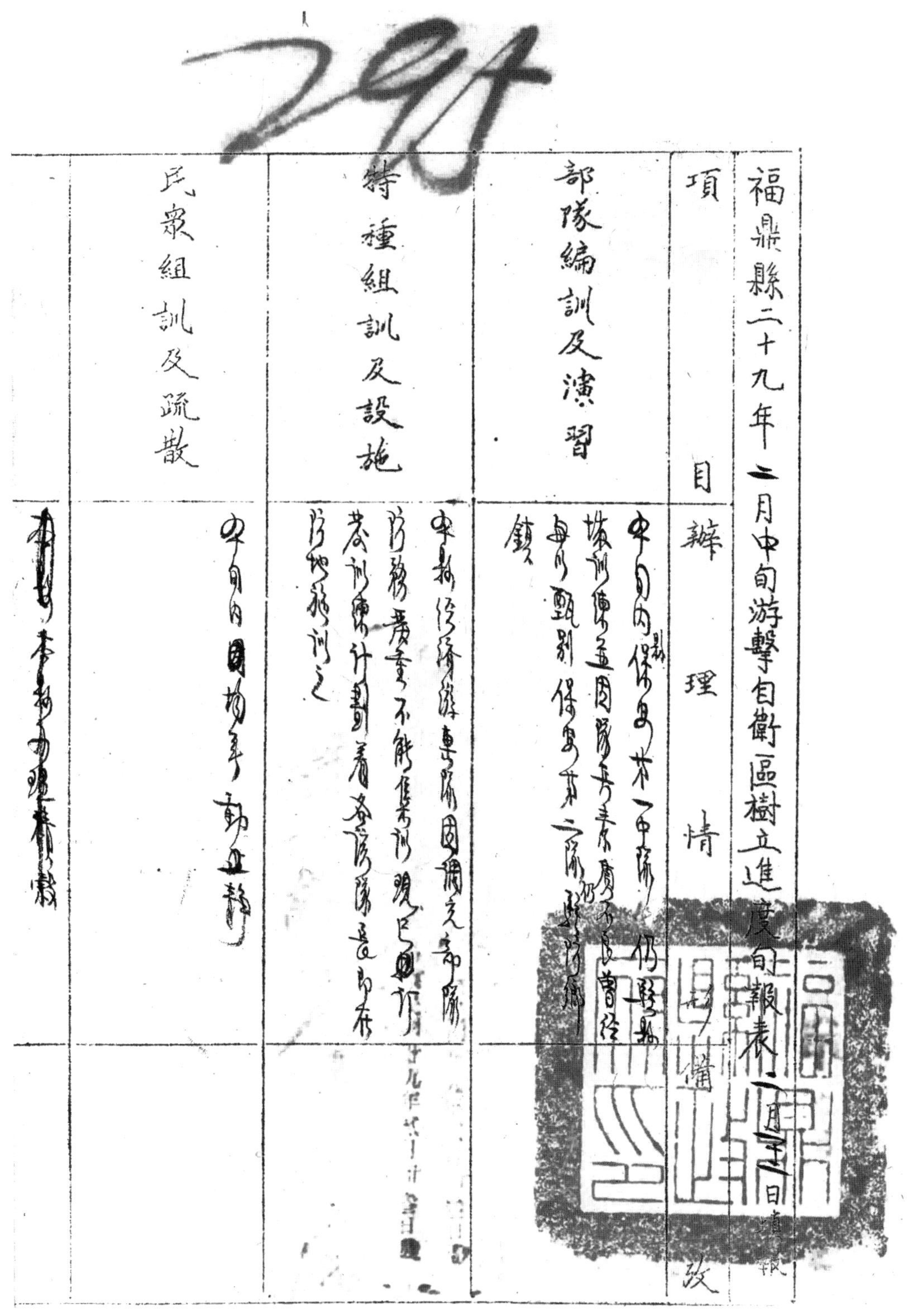

福鼎县二十九年二月中旬游击自卫区树立进度旬报表

(1940年2月22日)a面　G133-003-0087

資源移藏及儲備	無
工事構築狀況	沙埕南鎮防禦堡城工事已飭由各該管鄉鎮長派工修理矣 沙埕玉塘、獎珠、澳腰珠等處古堡業已于今勤飭各該管鄉鎮長限本月廿日開之
交通通信補給衛生之設施	卑縣糧秣儲備傷兵之各種藥品由[illegible]負責派員前往催運之藥品[illegible]領矣
其他	無
附記	

福鼎县二十九年二月中旬游击自卫区树立进度旬报表

(1940 年 2 月 22 日)b 面 G133-003-0087

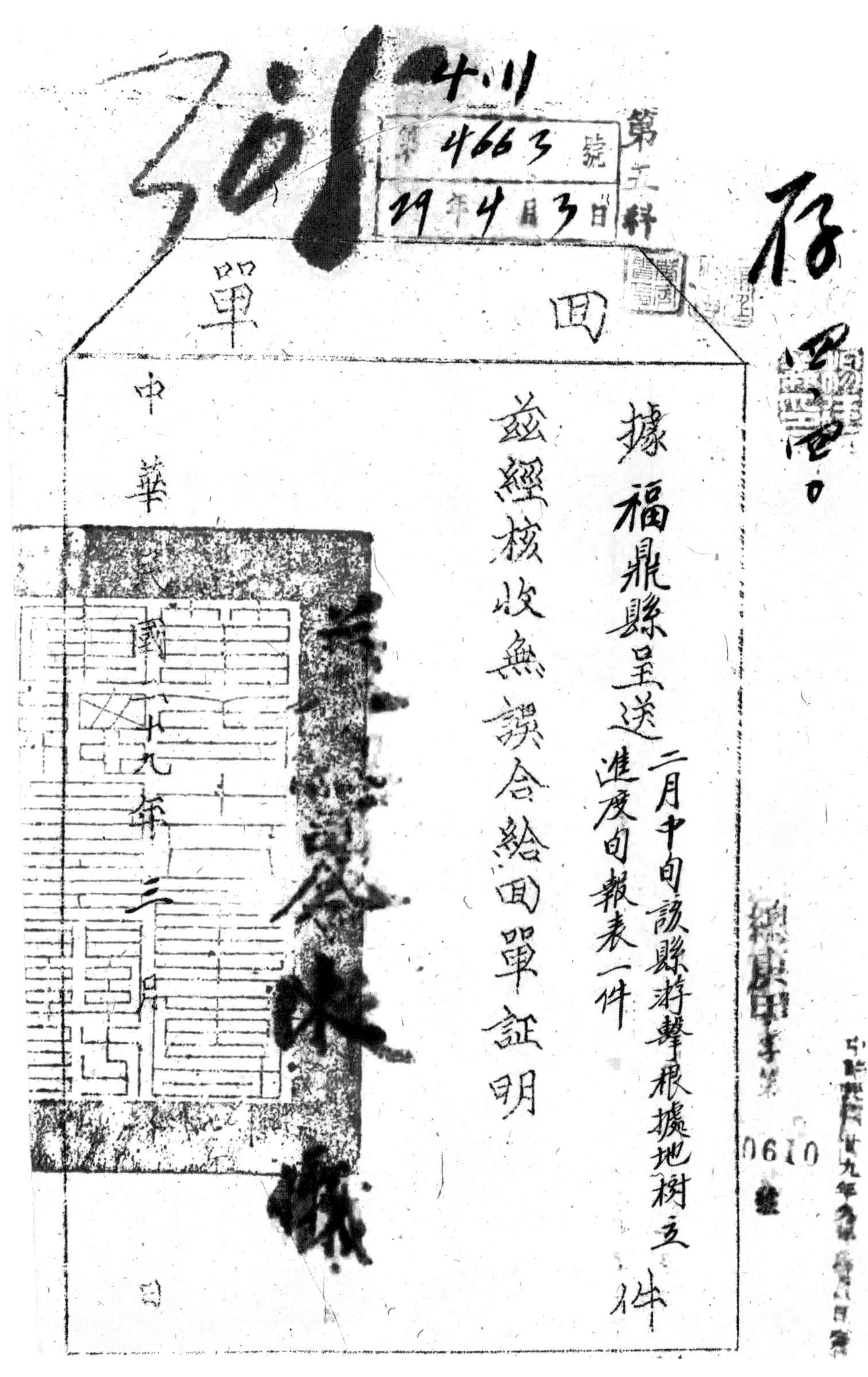

回單

據福鼎縣呈送二月中旬該縣游擊根據地樹立進度旬報表一件

茲經核收無誤合給回單證明

中華民國二十九年三月　日

第4663號
29年4月3日

第二十五集团军总司令部关于福鼎县呈送该县二月中旬游击根据地树立进度表核收无误的证明回单(1940 年 3 月)　G133-003-0087

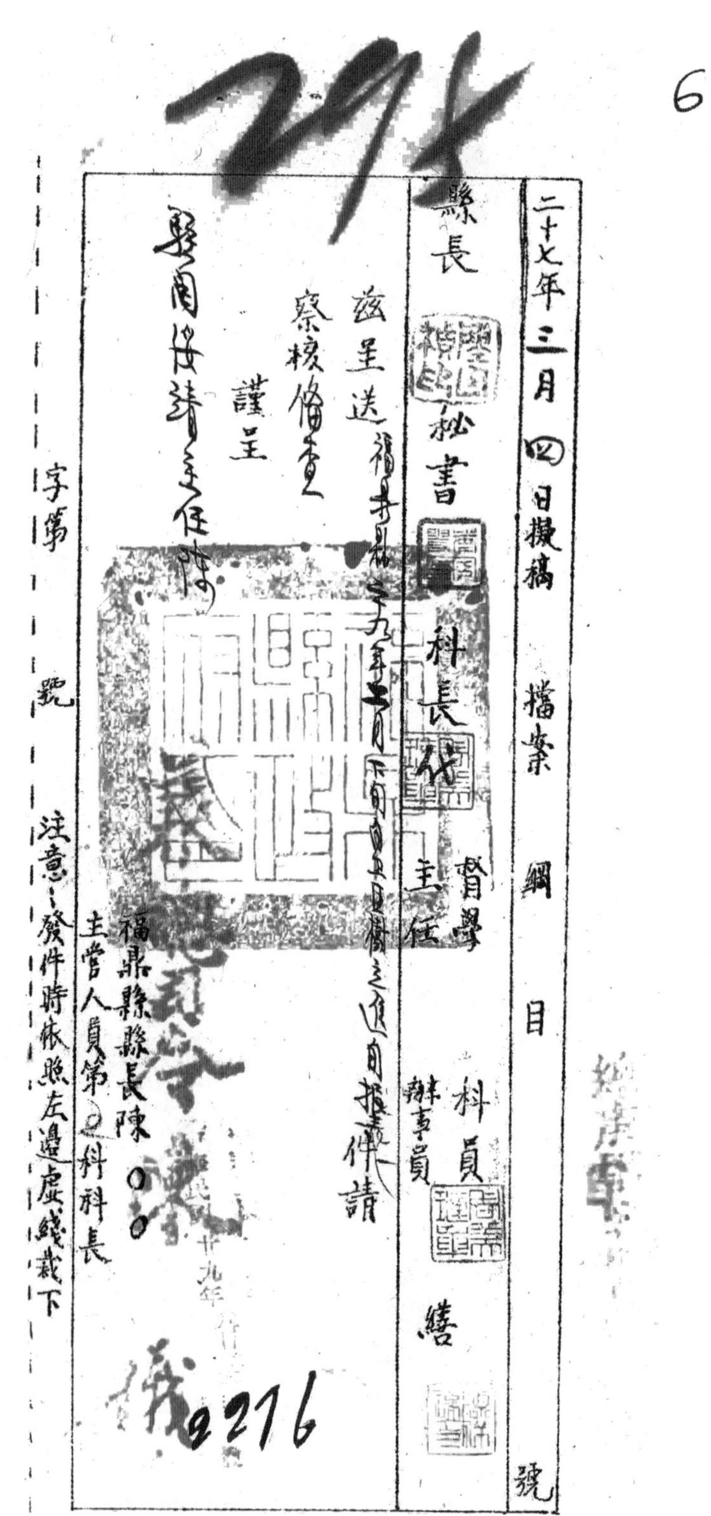
二十九年三月四日擬稿 檔案綱目 號

縣長 秘書 科長代 主任 督學 科員 辦事員 繕

茲呈送福鼎縣二十九年二月下旬自衛游擊區樹立進度旬報表一件請

察核備查

謹呈

駐閩綏靖主任陳

福鼎縣縣長陳○○

主管人員第二科科長

字第 號

注意：發件時依照左邊虛線裁下

福鼎县政府关于呈送福鼎县二十九年二月下旬游击自卫区树立进度旬报表给驻闽绥靖主任公署的呈文(附表)(1940年3月6日) G133-003-0087

299

福鼎縣二十九年二月下旬游擊自衛區樹立進度旬報表　　月　　日填報

項目	辦理情形	備考
部隊編訓及演習	中劃保安第二中隊老弱隊兵上自旬間已予淘汰名四徵補四名尚未補足本隊各兵文圖各區巡查哨及壯丁自卫模範分隊之教操均分派各區担任防務第二中隊仍防白琳古岙	
特種組訓及設施	遵奉特種組訓	
民衆組訓及疏散	民衆訓練尚本計劃實施中	

福鼎县二十九年二月下旬游击自卫区树立进度旬报表

(1940年2月)a面　G133-003-0087

資源移藏及儲備	工事構築狀況	交通通信補給衛生之設施	其他	附記
無	城廂露天防空壕已平奉令辛八日開之	無	無	

福鼎县二十九年二月下旬游击自卫区树立进度旬报表

(1940年2月)b面　G133-003-0087

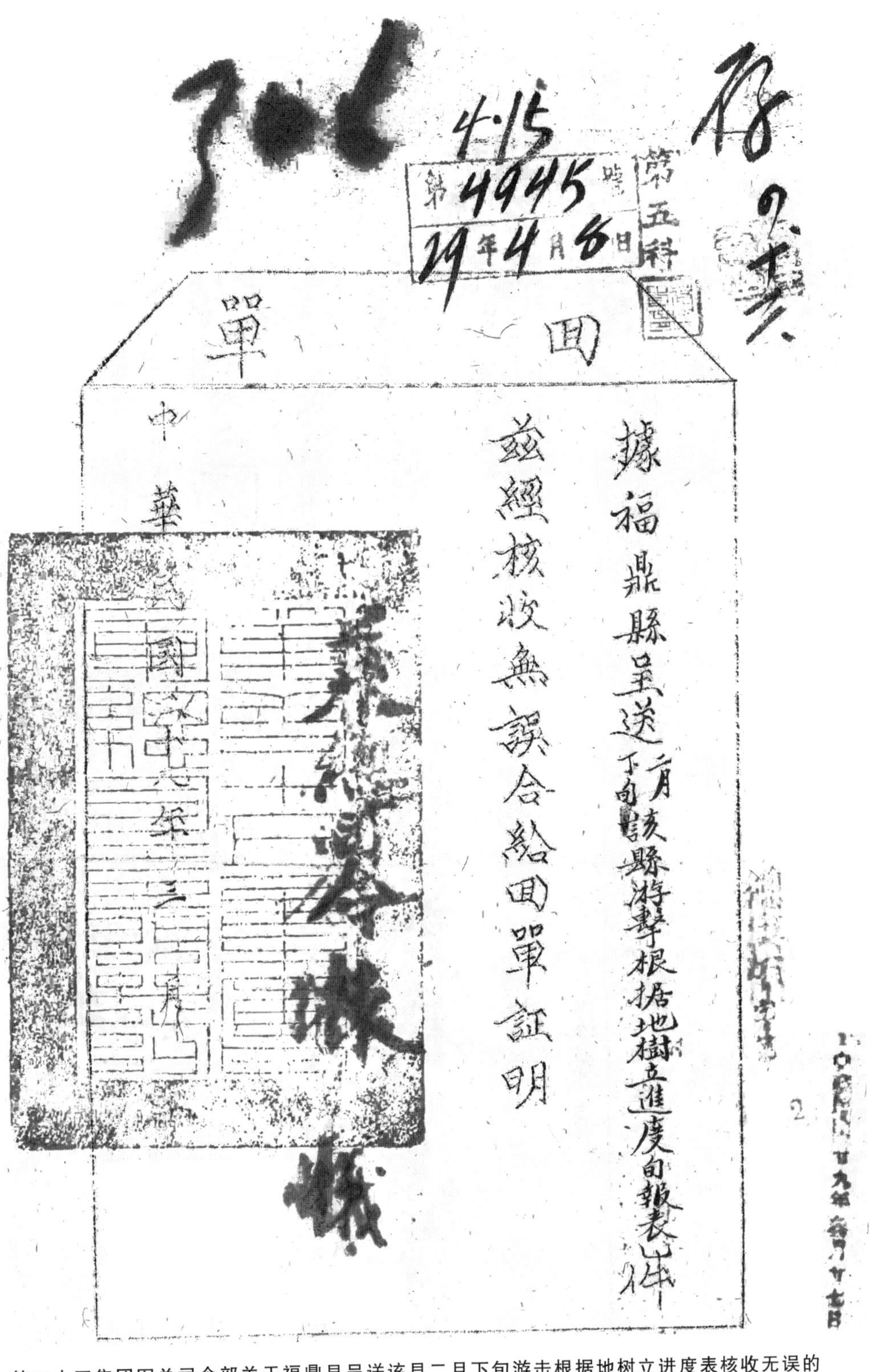

回單

據福鼎縣呈送二月下旬該縣游擊根據地樹立進度旬報表一件

茲經核收無誤合給回單證明

中華民國廿九年三月　日

第二十五集团军总司令部关于福鼎县呈送该县二月下旬游击根据地树立进度表核收无误的证明回单(1940年3月27日)　G133-003-0088

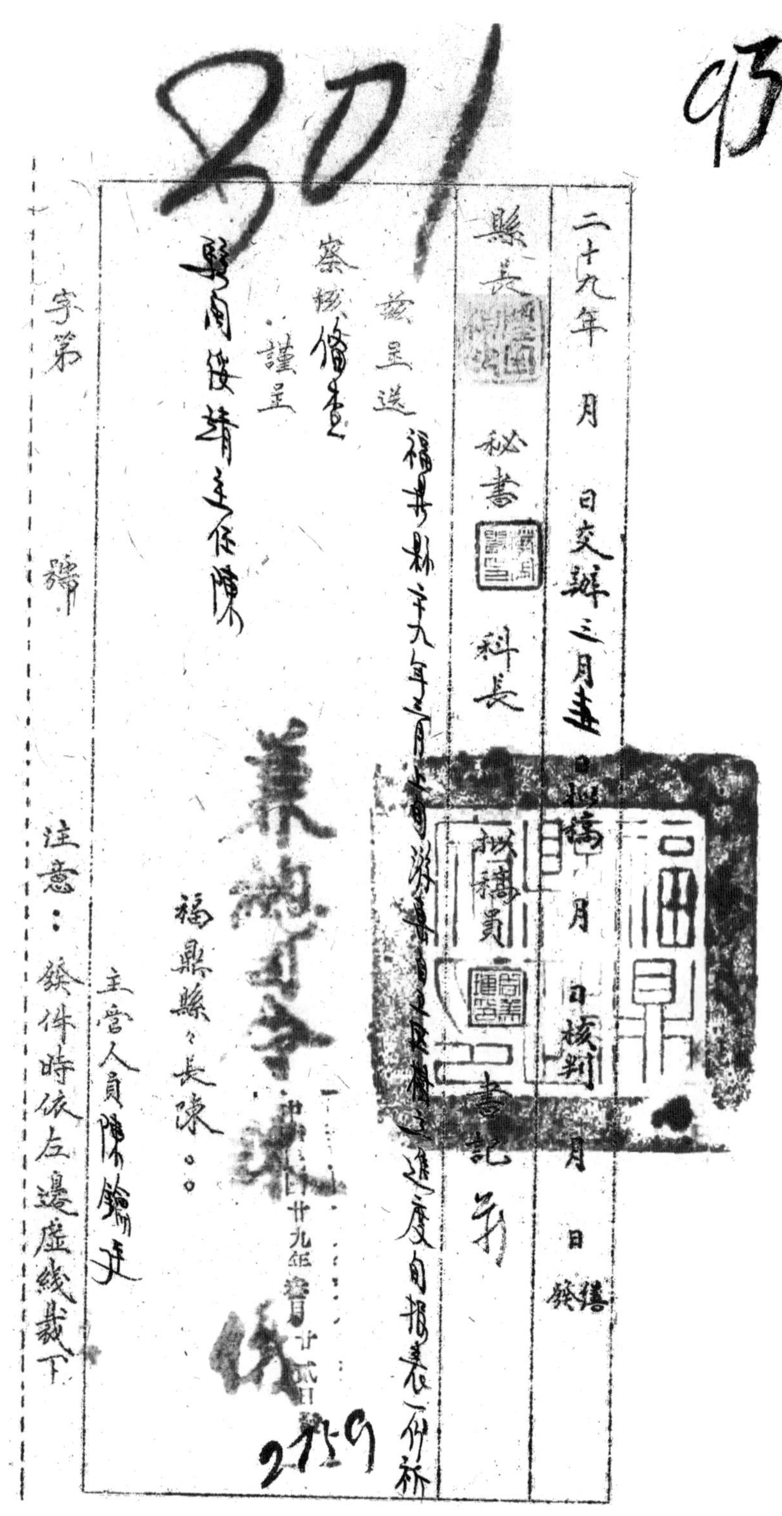

福鼎县政府关于呈送福鼎县二十九年三月上旬游击自卫区树立进度旬报表给驻闽绥靖主任公署的呈文(附表)(1940 年 3 月 22 日)　G133-003-0087

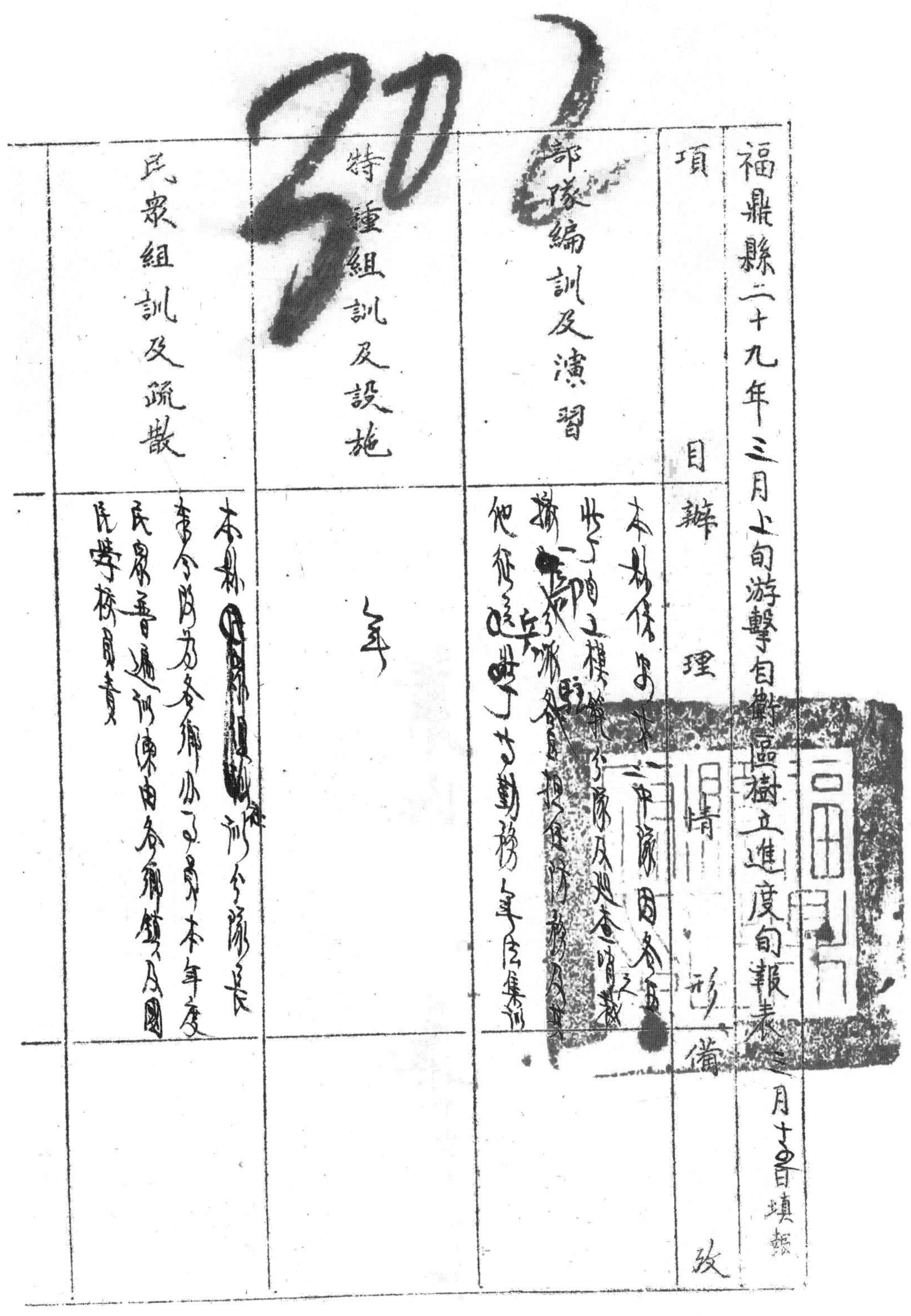

福鼎縣二十九年三月上旬游擊自衛區樹立進度旬報表　三月十五日填報

項目	辦理情形	備考
部隊編訓及演習	本縣保安大隊三中隊因各區之壯丁自衛模範分隊及巡查哨義勇[illegible]擔任防務，其他徒手之壯丁[illegible]勤務等[illegible]	
特種組訓及設施	無	
民衆組訓及疏散	本縣[illegible]分隊長事務由各鄉鎮[illegible]本年度民衆普遍訓練由各鄉鎮及國民學校負責	

福鼎县二十九年三月上旬游击自卫区树立进度旬报表

(1940 年 3 月 15 日)a 面　G133-003-0087

資源移藏及儲備	工事構築狀況	交通通信補給衛生之設施	其他	附記
無	本縣城廂露天防空之壕已于上月二十八日開始構築本旬連日天雨不能開工 各鄉鎮古城業已令飭開工拆除亦因天雨稍受阻碍 現正在[illegible]中續拆中	無	無	

福鼎县二十九年三月上旬游击自卫区树立进度旬报表

(1940 年 3 月 15 日)b 面　G133-003-0087

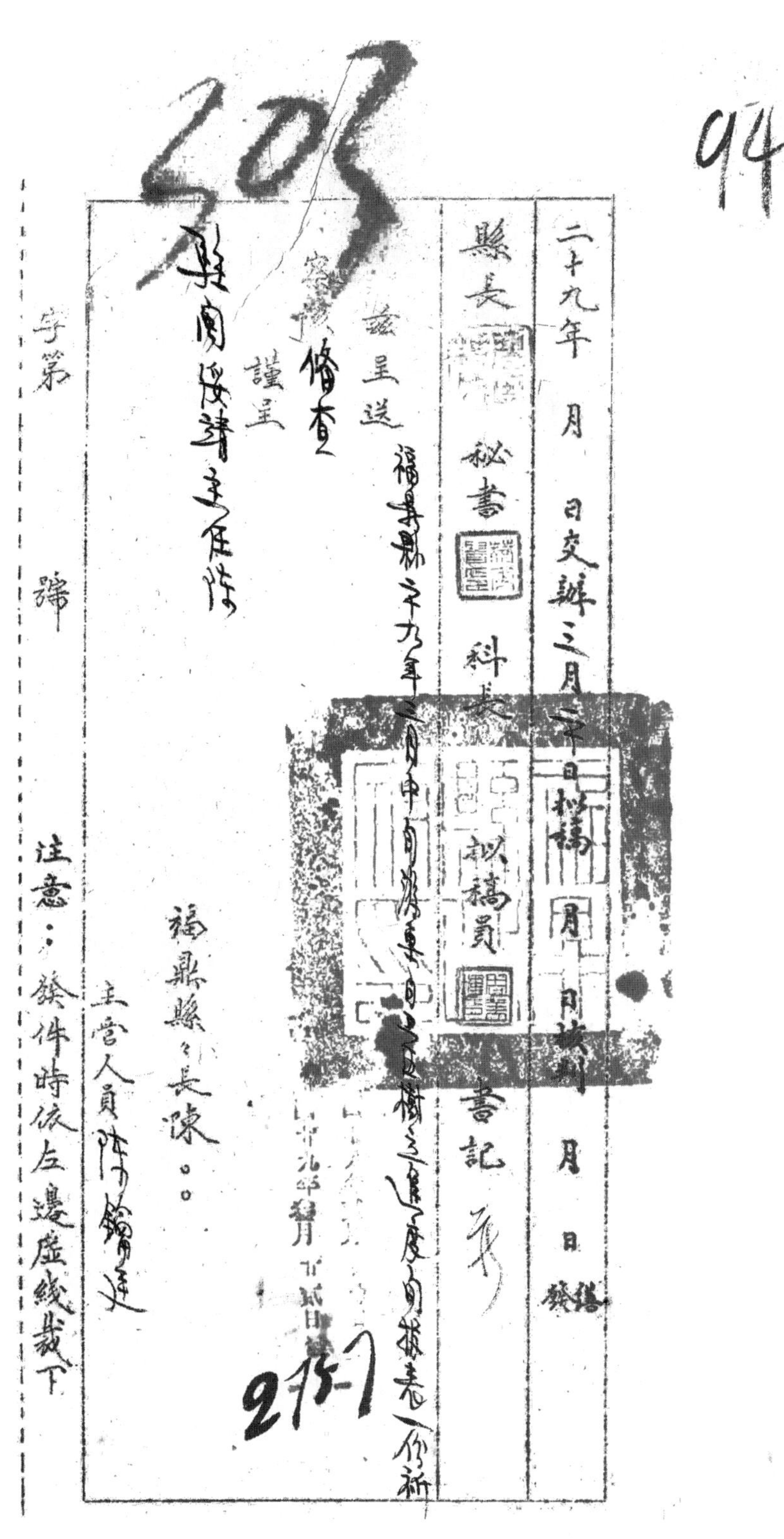
二十九年　月　日交辦　三月二十日擬稿　月　日核判　月　日發繕

縣長　秘書　科長　擬稿員　書記

福鼎縣二十九年三月中旬游擊自衛區樹立進度旬報表一份祈

鑒核

謹呈

駐閩綏靖主任陳

福鼎縣縣長陳○○

主管人員陳鏞

字第　號

注意：發件時依左邊虛線裁下

福鼎县政府关于呈送福鼎县二十九年三月中旬游击自卫区树立进度旬报表给驻闽绥靖主任公署的呈文(附表)(1940年3月22日)　G133-003-0087

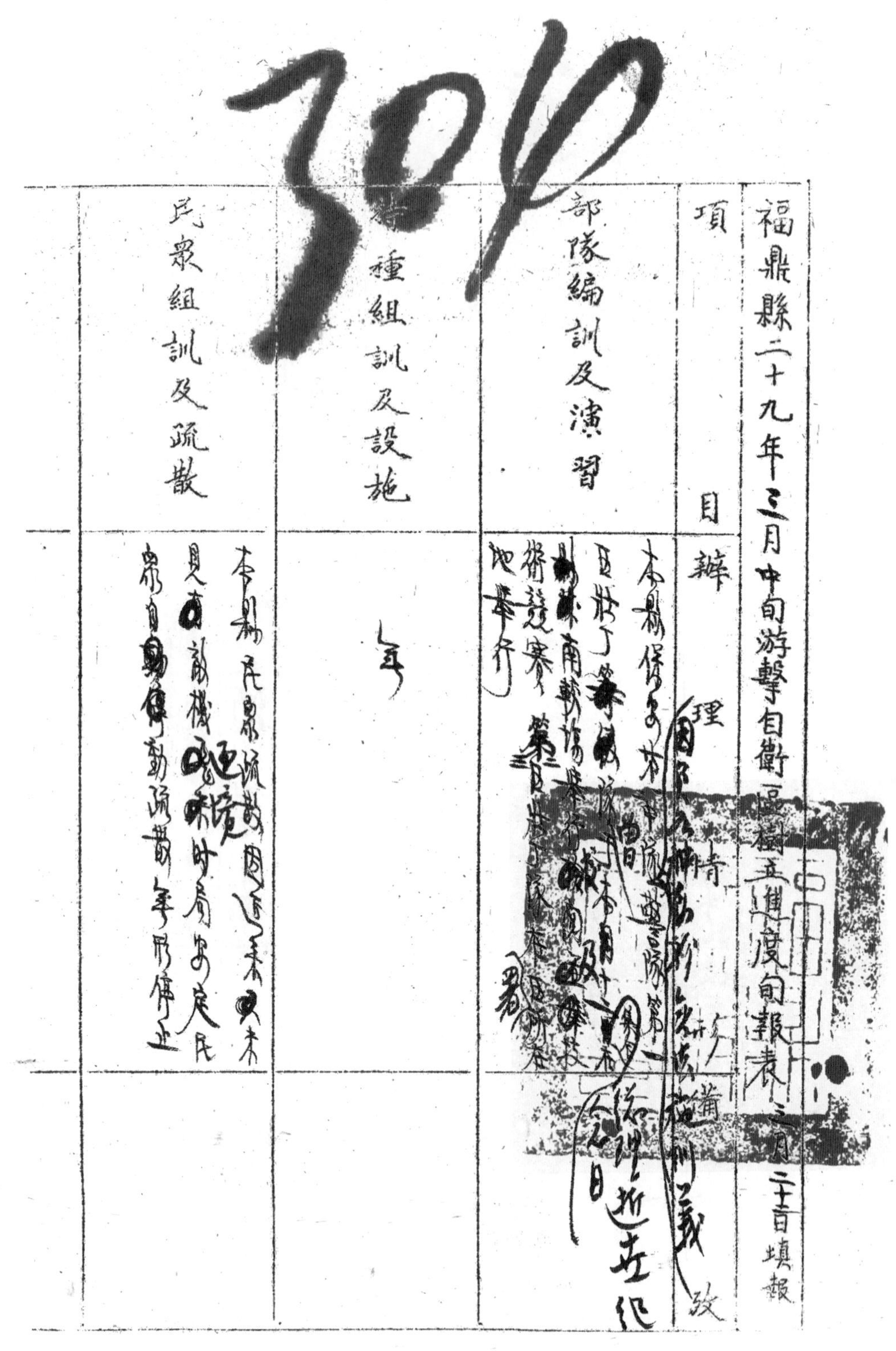

福鼎縣二十九年三月中旬游擊自衛區樹立進度旬報表 三月二十二日填報

項目	辦理情形	備致
部隊編訓及演習	本縣保安第[illegible]中隊[illegible]及壯丁[illegible]赴[illegible]南較場舉行[illegible]及[illegible]等[illegible]第三區壯丁隊[illegible]衛競賽[illegible]地舉行	[illegible]
特種組訓及設施	無	
民眾組訓及疏散	本縣民眾疏散因近來未見有敵機[illegible]境時局安定民眾自動[illegible]動疏散等形停止	

福鼎县二十九年三月中旬游击自卫区树立进度旬报表

(1940 年 3 月 22 日)a 面　G133-003-0087

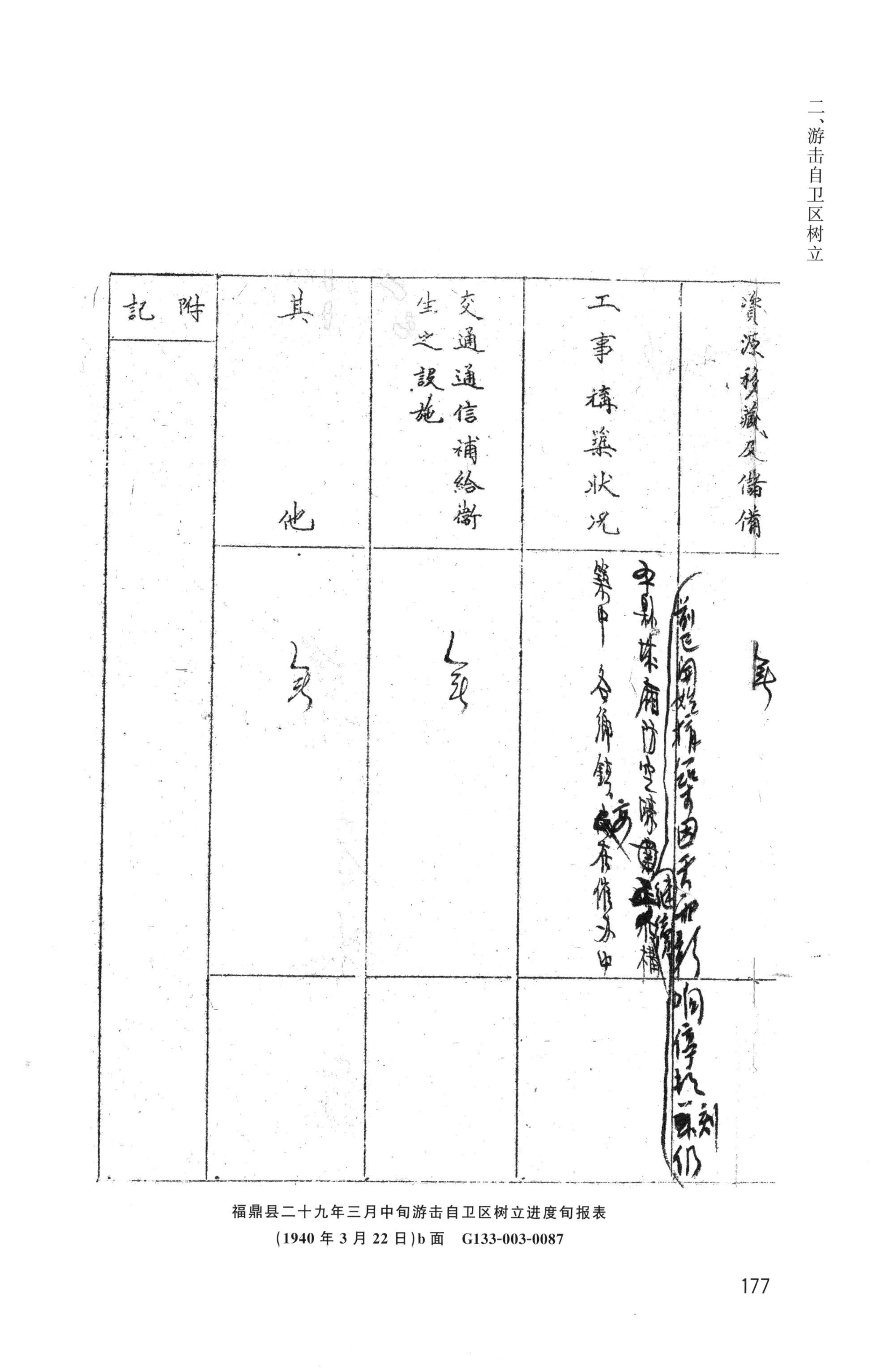

資源移藏及備備	工事構築狀況	交通通信補給衛生之設施	其他	附記
無	本縣城東廟防空[illegible]業[illegible]構 [illegible]築中 各鄉鎮[illegible]亦在[illegible]办中	無	無	

福鼎县二十九年三月中旬游击自卫区树立进度旬报表

(1940年3月22日)b面　G133-003-0087

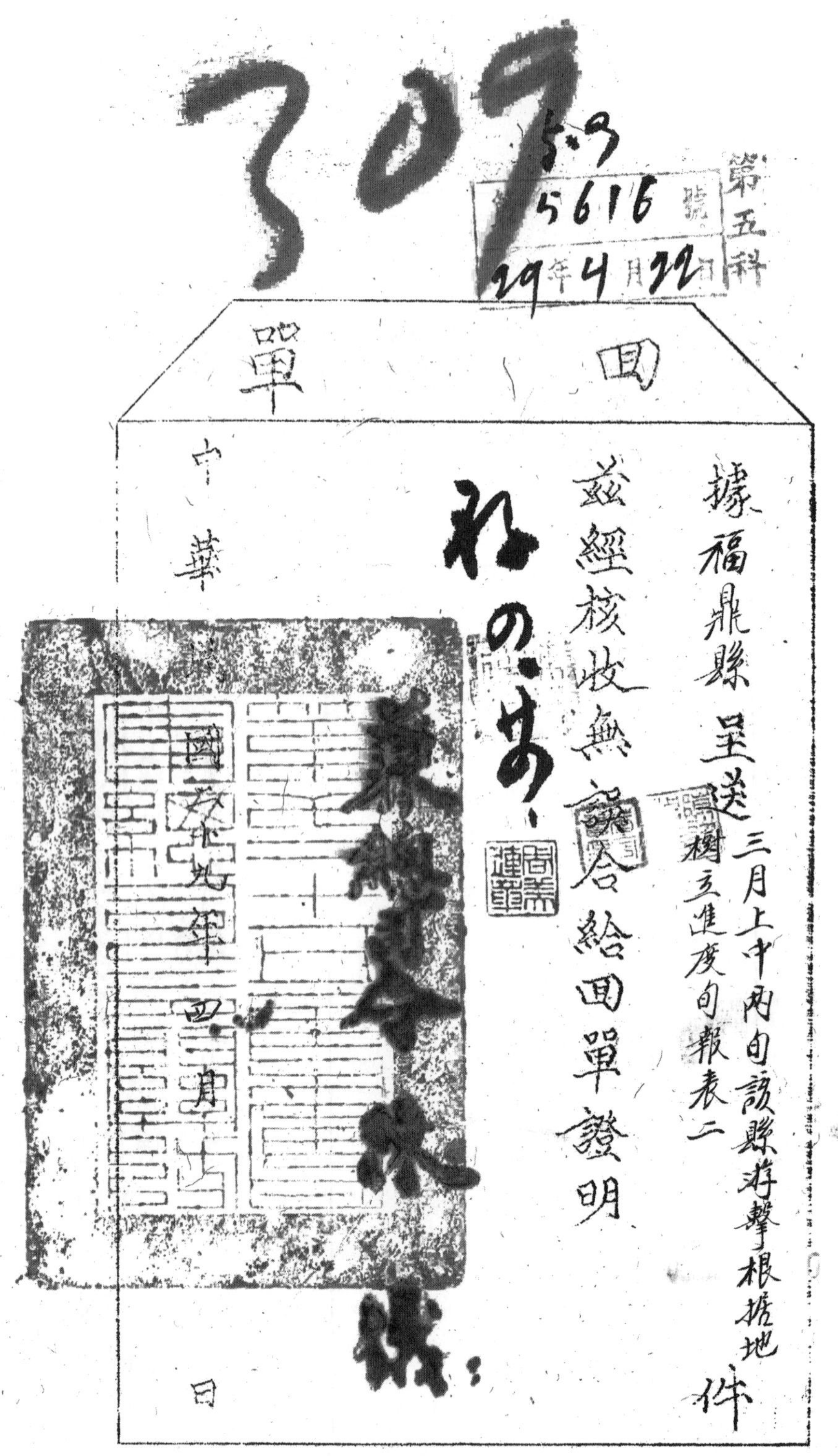

回單

據福鼎縣呈送三月上中兩旬該縣游擊根據地樹立進度旬報表二件

茲經核收無誤合給回單證明

中華民國廿九年四月七日

第二十五集团军总司令部关于福鼎县呈送该县三月上、中旬游击根据地树立进度表核收无误的证明回单(1940 年 4 月 7 日)　G133-003-0088

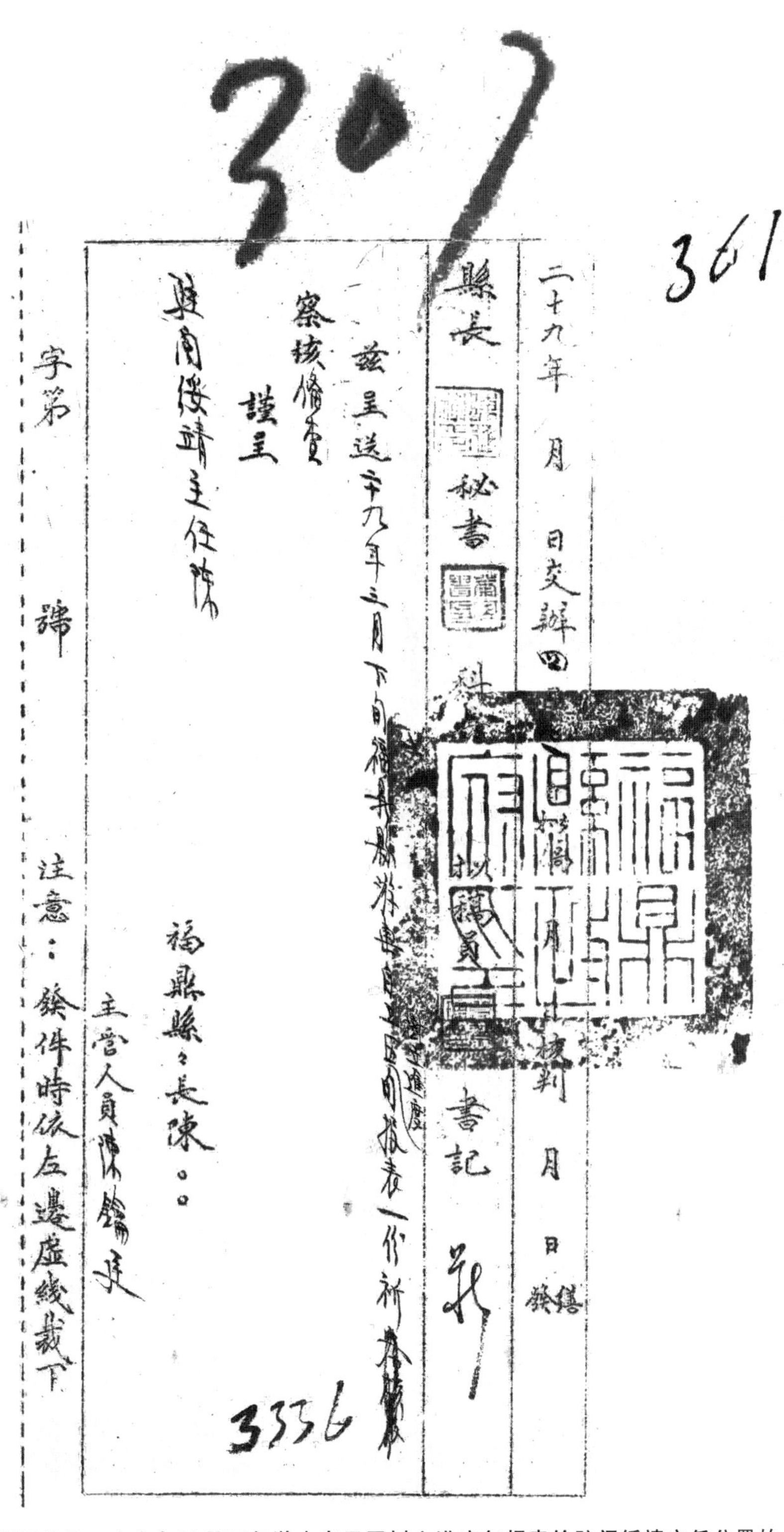

福鼎县政府关于呈送福鼎县二十九年三月下旬游击自卫区树立进度旬报表给驻闽绥靖主任公署的呈文(附表)(1940年4月8日)　G133-003-0087

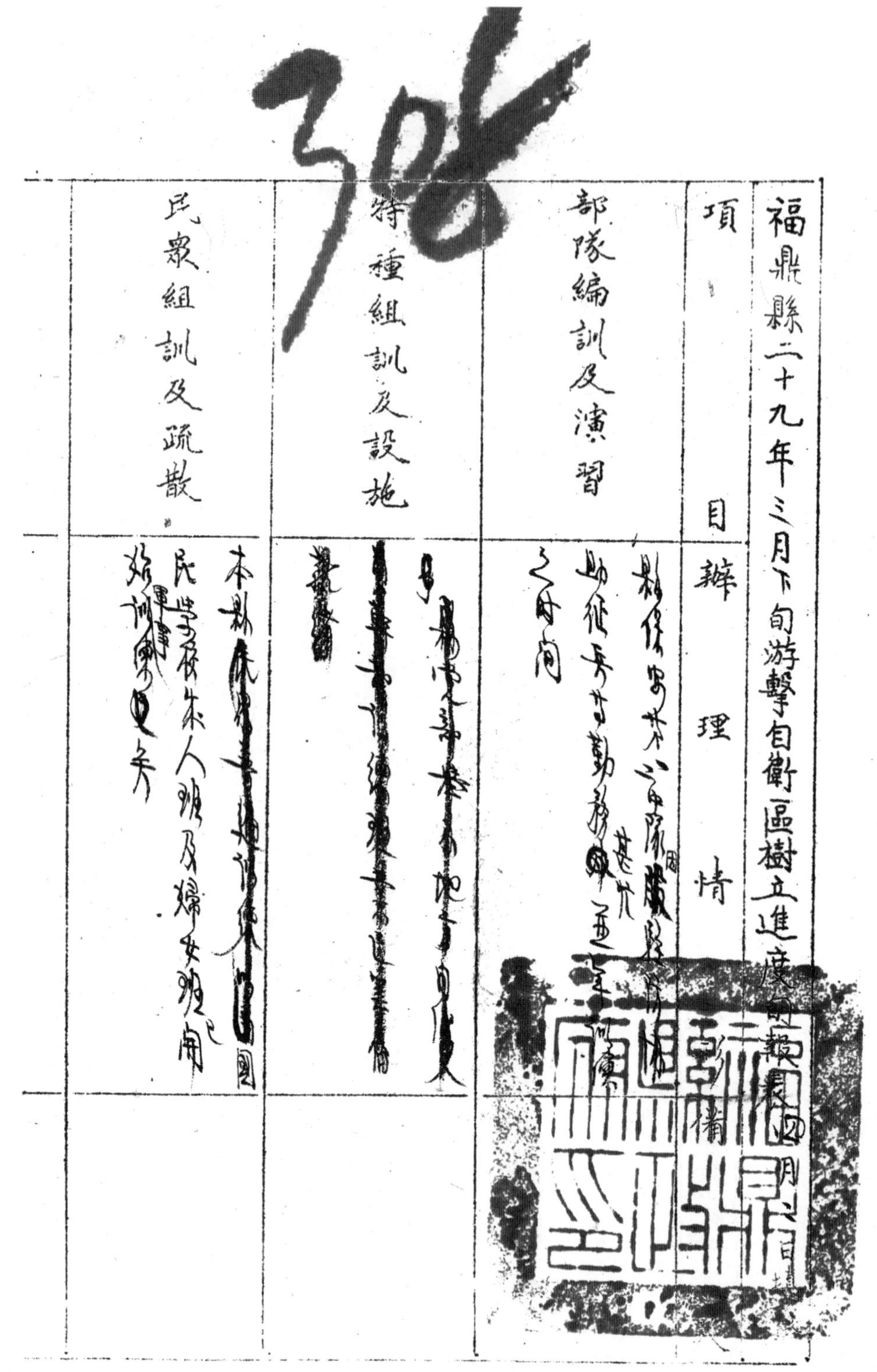

福鼎縣二十九年三月下旬游擊自衛區樹立進度旬報表

項目	辦理情形
部隊編訓及演習	[illegible]
特種組訓及設施	[illegible]
民衆組訓及疏散	[illegible]

福鼎县二十九年三月下旬游击自卫区树立进度旬报表

(1940 年 4 月 2 日)a 面　G133-003-0087

資源移藏及儲備	工事構築狀況	交通通信補給衛生之設施	其他	附記
無	防空壕之構築古墻之拆除 現在籌辦中	無	無	

福鼎县二十九年三月下旬游击自卫区树立进度旬报表

(1940年4月2日)b面　G133-003-0087

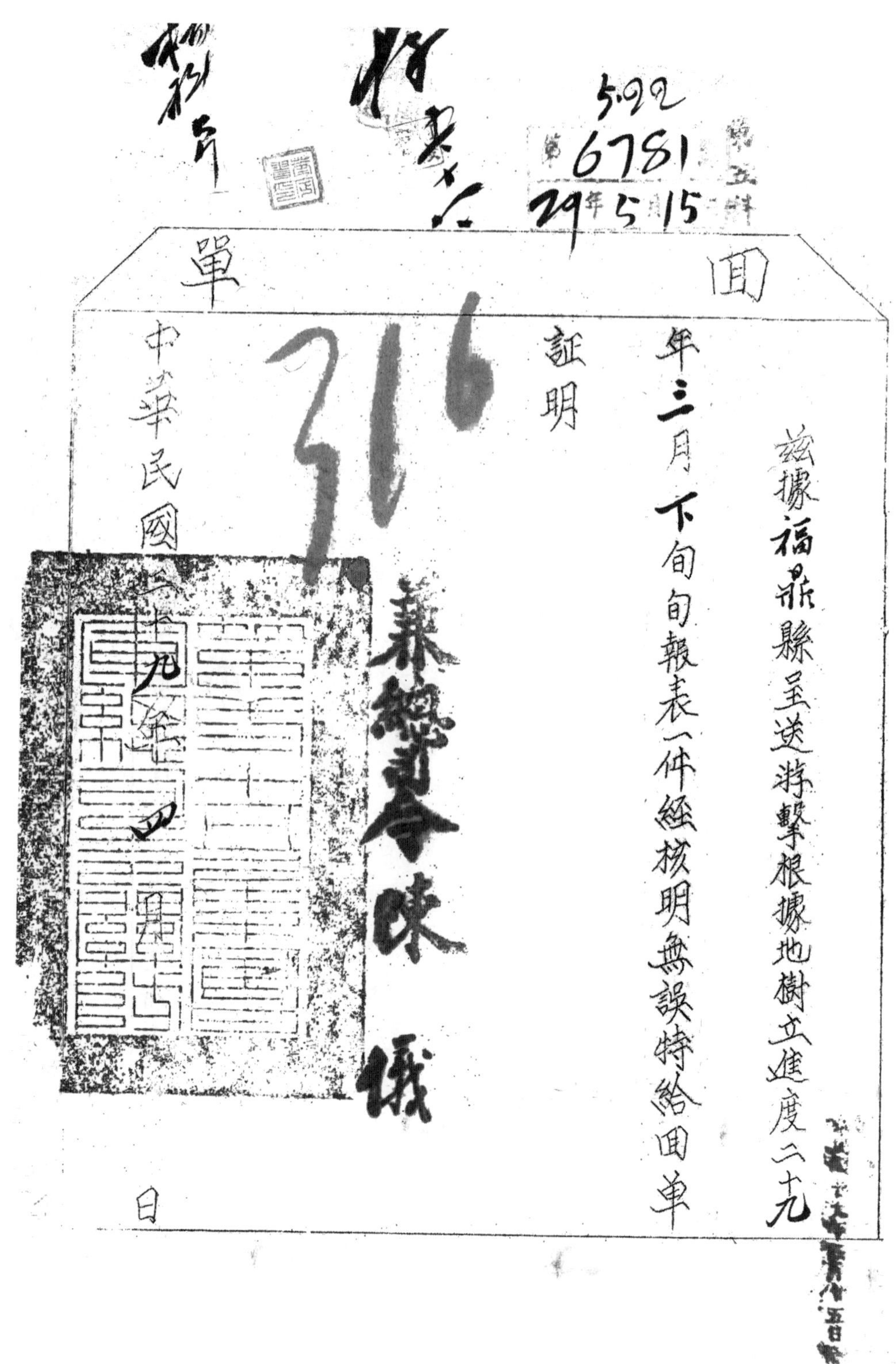

回單

兹據福鼎縣呈送游擊根據地樹立進度二十九年三月下旬旬報表一件經核明無誤特給回单

證明

兼總司令 陳儀

中華民國二十九年四月廿五日

第二十五集团军总司令部关于福鼎县呈送该县三月下旬游击根据地树立进度旬报表核收无误的证明回单(1940 年 4 月 25 日)　G133-003-0088

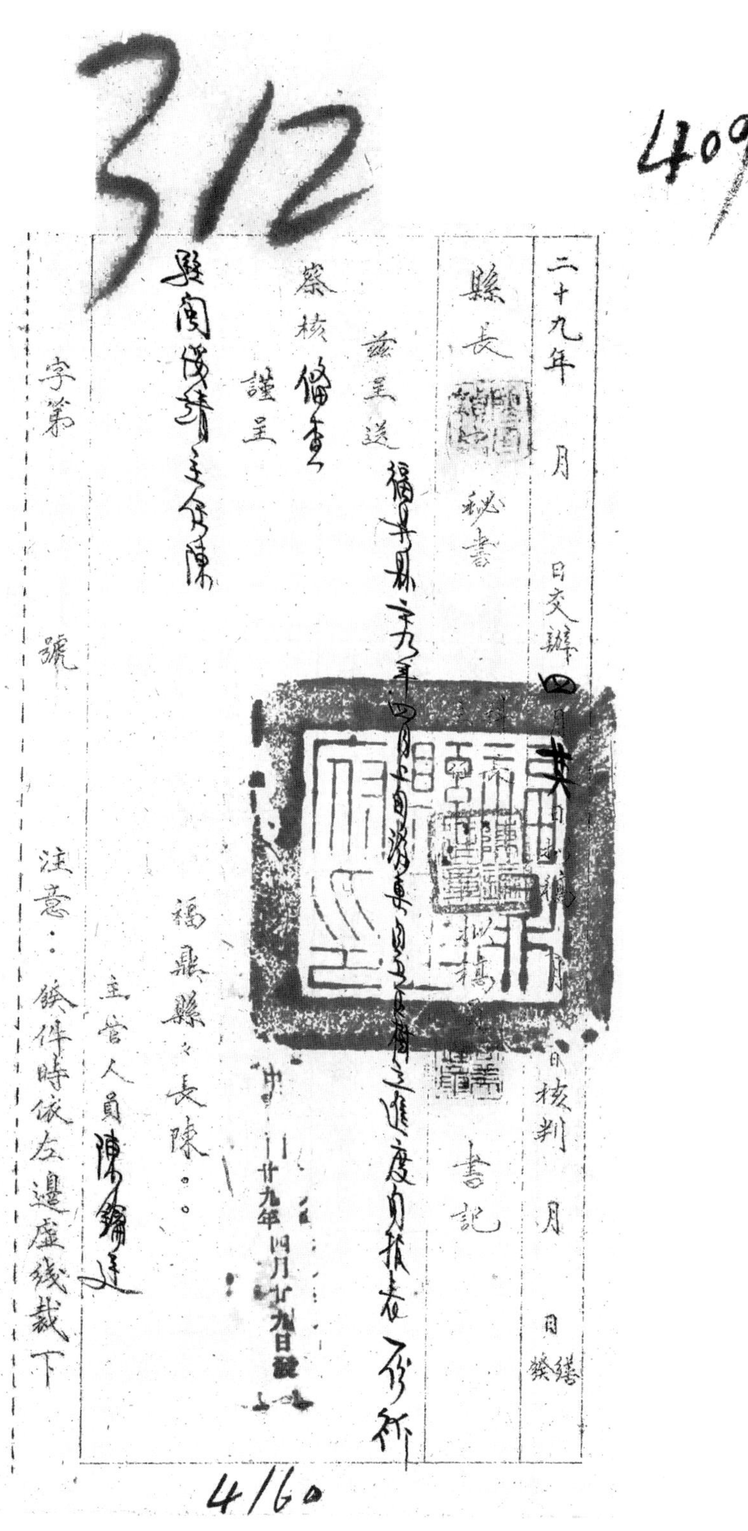

福鼎县政府关于呈送福鼎县二十九年四月上旬游击自卫区树立进度旬报表给驻闽绥靖主任公署的呈文(附表)(1940 年 4 月 29 日) G133-003-0087

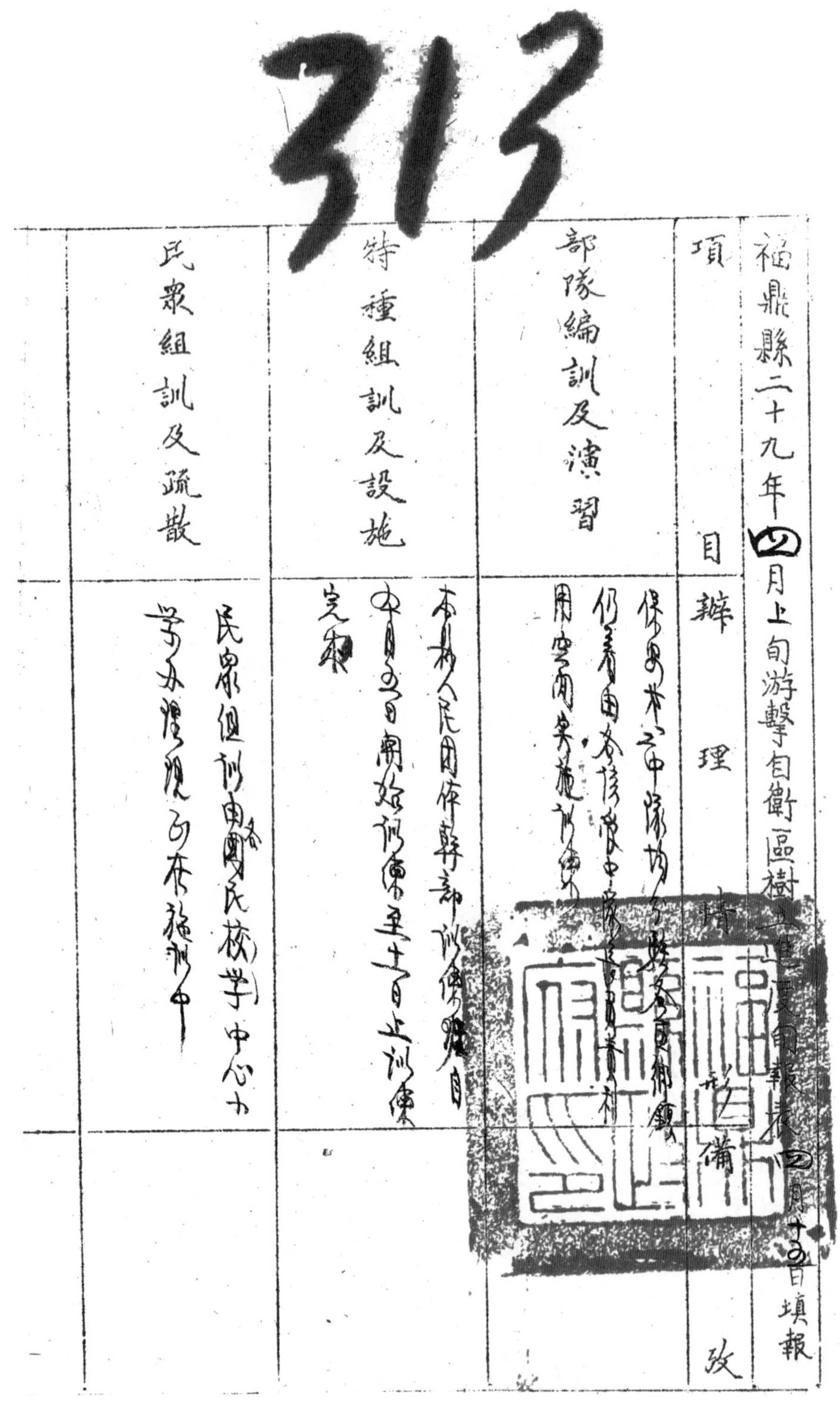

313

福鼎縣二十九年四月上旬游擊自衛區樹立進度旬報表 四月十五日填報

項目	辦理情形	備考
部隊編訓及演習	保安第六中隊均分駐各要[illegible]防衛[illegible]鎮，仍着由各該中隊長負責利用空閒實施訓練	
特種組訓及設施	本縣人民團体幹部訓練班自本月五日開始訓練至十五日止訓練完畢	
民衆組訓及疏散	民衆組訓由各國民校学中心小学办理現正在施訓中	

福鼎县二十九年四月上旬游击自卫区树立进度旬报表

(1940年4月15日)a面　G133-003-0087

資源移藏及儲備	工事構築狀況	交通通信補給衛生之設施	其他	附記
無	本府前以察因限于地形停止構築西陽至自卫区防禦工事已予視察修理業四月十日派建設科科長前往西陽吳洋山預備築東部區構築防禦工事現正在開築中	無	無	

福鼎县二十九年四月上旬游击自卫区树立进度旬报表

(1940 年 4 月 15 日)b 面　G133-003-0087

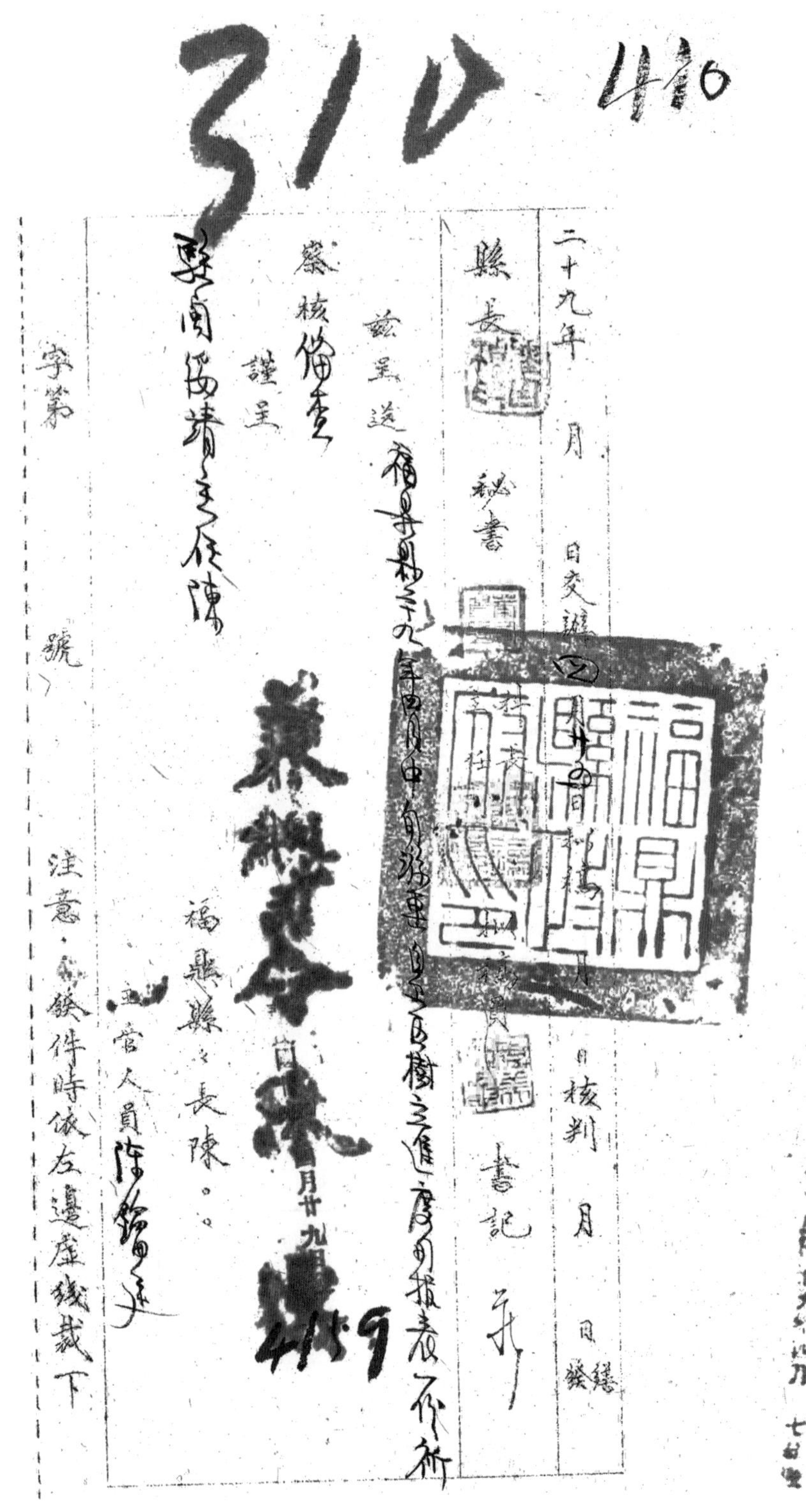

福鼎县政府关于呈送福鼎县二十九年四月中旬游击自卫区树立进度旬报表给驻闽绥靖主任公署的呈文(附表)(1940年4月29日) G133-003-0087

311

福鼎縣二十九年四月中旬游擊自衛區樹立進度旬報表　四月廿五日填報

項目	辦理情形	備攷
部隊編訓及演習	保安第二兩中隊均分駐各區鄉鎮，仍着由各該中隊長負責利用空閒實施訓練	
特種組訓及設施	無	
民衆組訓及疏散	民衆組訓劃歸各國民學校中心小学办理，现正奉施训中	

福鼎县二十九年四月中旬游击自卫区树立进度旬报表

(1940年4月25日)a面　G133-003-0087

資源移藏及儲備	工事構築狀況	交通通信補給衛生之設施	其他	附記
無	吳羊山預備隊集地自防禦陣地業已于本月十四日完成土之作業計征用民之四百餘工。	無	無	

福鼎县二十九年四月中旬游击自卫区树立进度旬报表

(1940年4月25日)b面 G133-003-0087

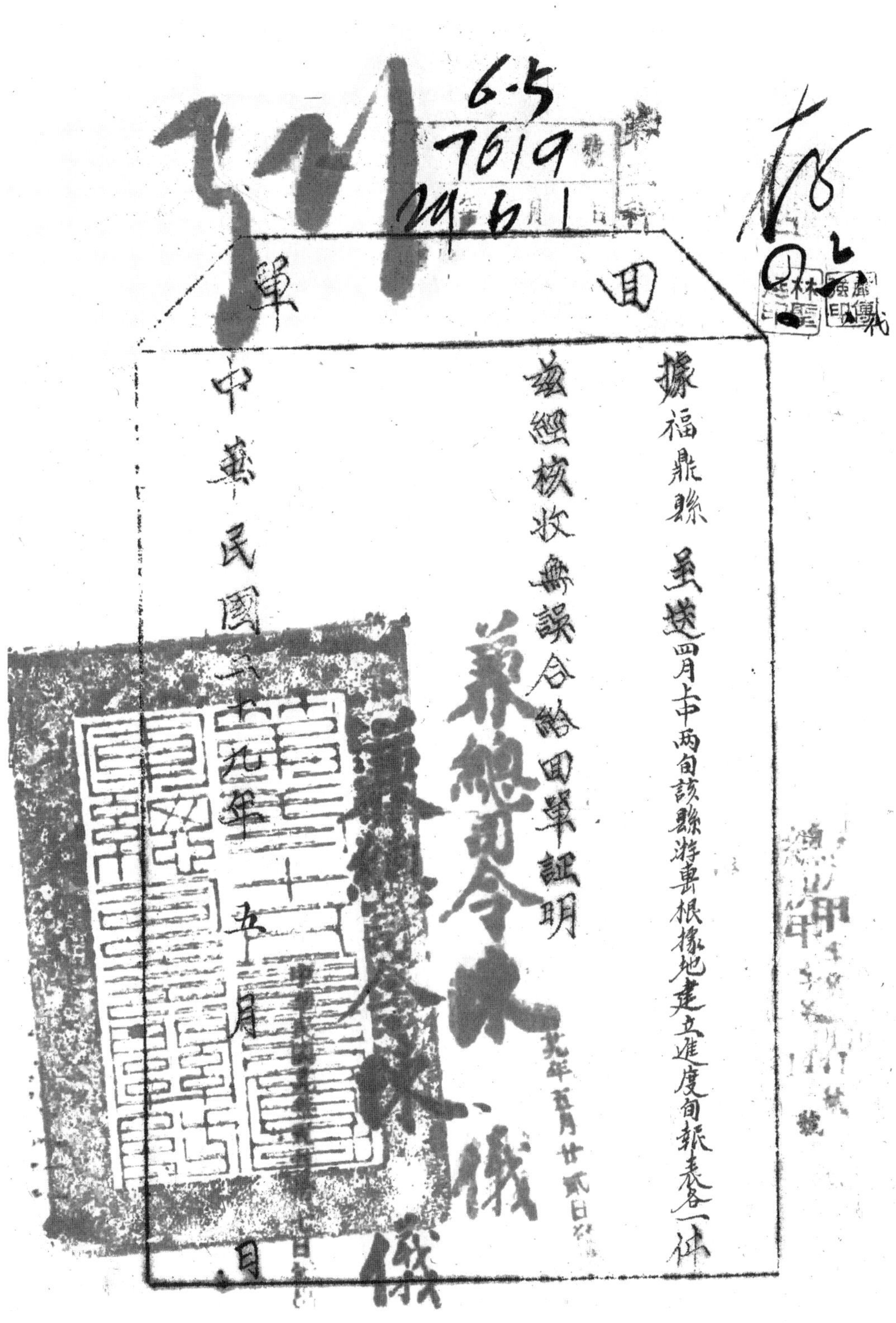

回单

据福鼎县呈送四月上中两旬该县游击根据地建立进度旬报表各一件

兹经核收无误合给回单证明

兼总司令 陈仪

中华民国二十九年五月　日

第二十五集团军总司令部关于福鼎县呈送该县四月上、中两旬游击根据地树立进度旬报表核收无误的证明回单（1940 年 5 月 27 日）　G133-003-0088

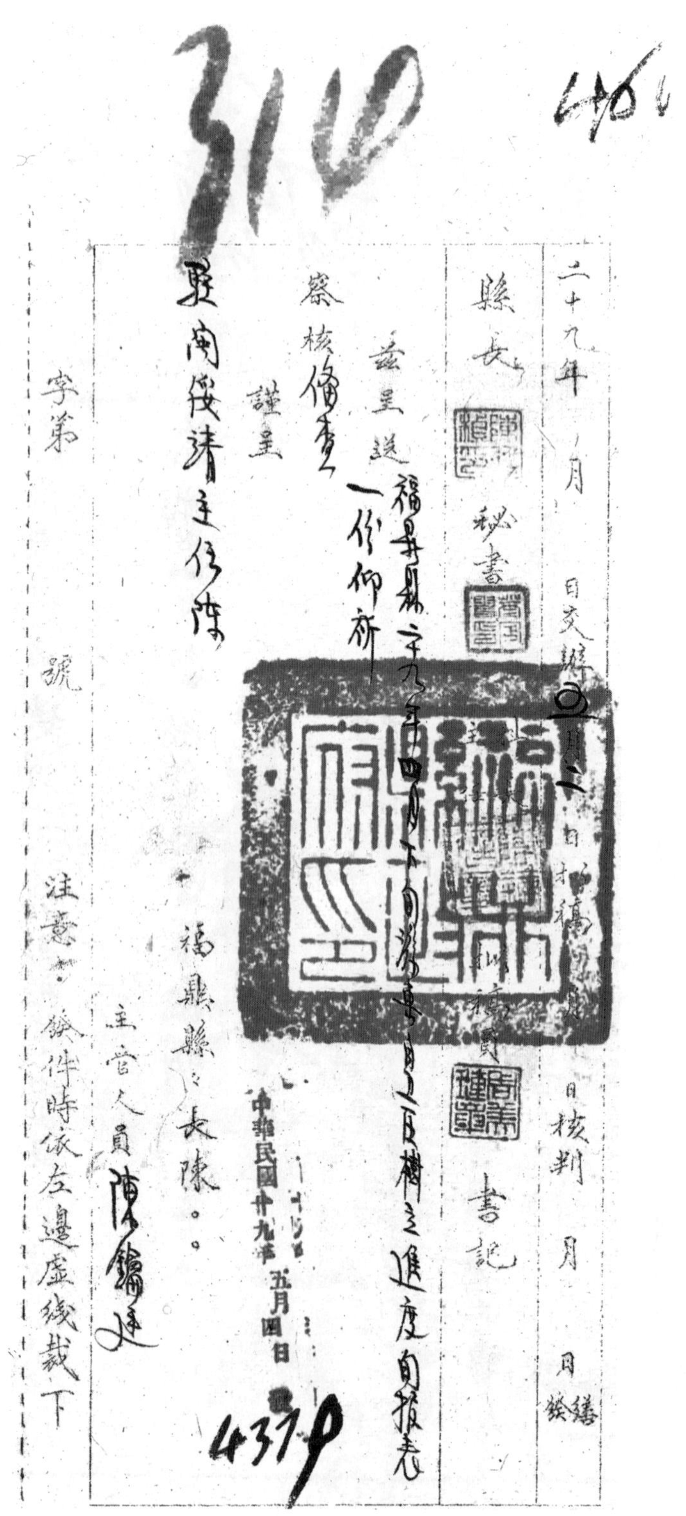

二十九年 月 日交辦 五月二日擬稿 月 日核判 月 日繕發

縣長 秘書 書記

茲呈送

福鼎縣二十九年四月下旬游擊自衛區樹立進度旬報表一份，仰祈

察核備查。謹呈

駐閩綏靖主任陳

福鼎縣縣長陳○○

主管人員 陳鏞達

中華民國廿九年五月四日

注意：發件時依左邊虛線裁下

字第 號

福鼎县政府关于呈送福鼎县二十九年四月下旬游击自卫区树立进度旬报表给驻闽绥靖主任公署的呈文(附表)(1940 年 5 月 4 日) G133-003-0087

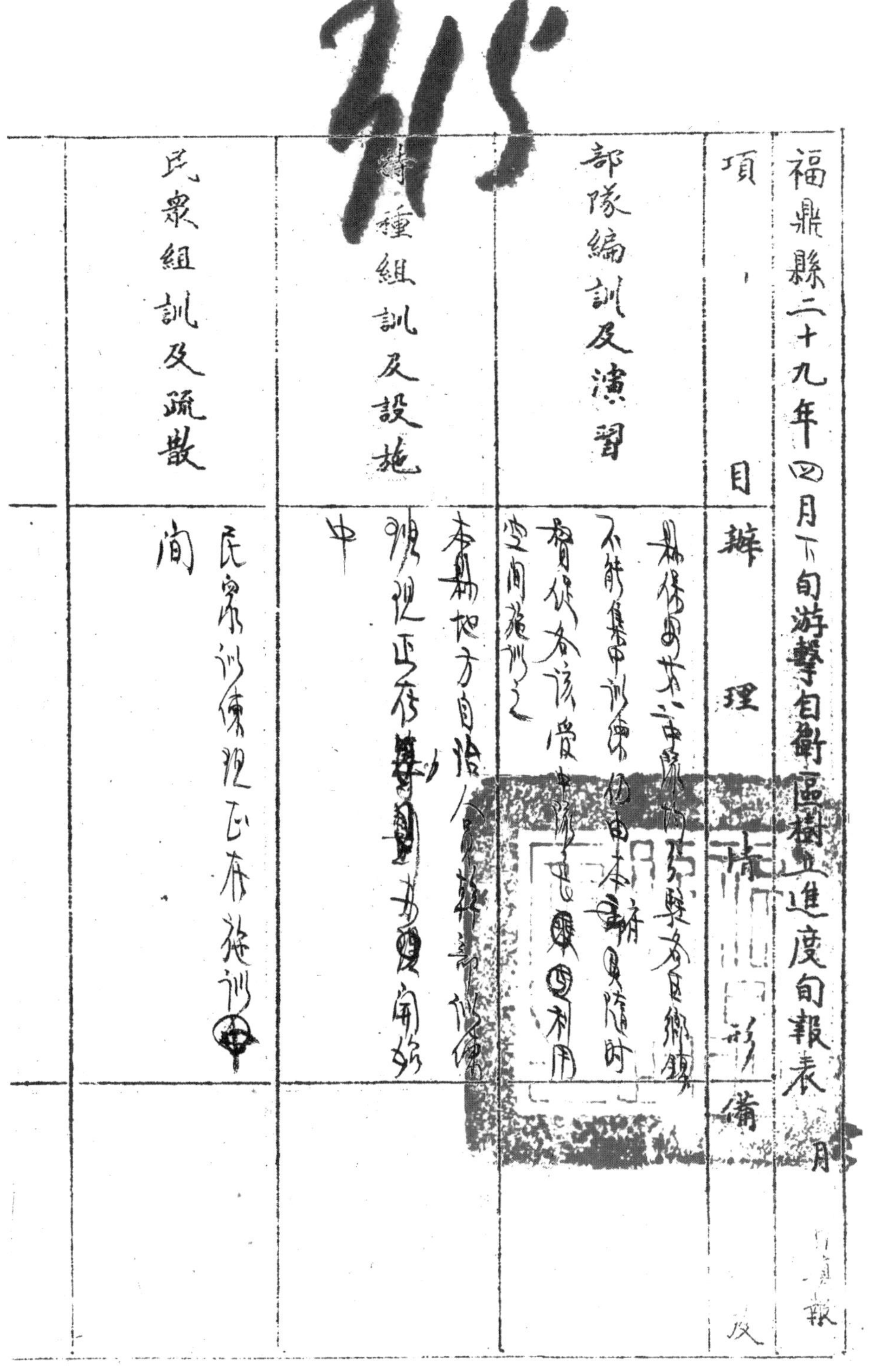
福鼎縣二十九年四月下旬游擊自衛區樹立進度旬報表

項目	辦理情形	備考
部隊編訓及演習	新保安第六中隊仍分駐各區鄉鎮，不能集中訓練，仍由本縣督促各該隊中隊長隨時利用空閒施訓之	
特種組訓及設施	本縣地方自治人員訓練班現正在籌辦中	
民眾組訓及疏散	民眾訓練現正在施訓間	

福鼎县二十九年四月下旬游击自卫区树立进度旬报表

(1940 年 5 月)a 面　G133-003-0087

資源移藏及儲備	工事構築狀況	交通通信補給衛生之設施	其他	附記
無	西陽區游擊自衛區構築掩體部各種材料現正在購辦中	無		

福鼎县二十九年四月下旬游击自卫区树立进度旬报表
(1940 年 5 月)b 面　G133-003-0087

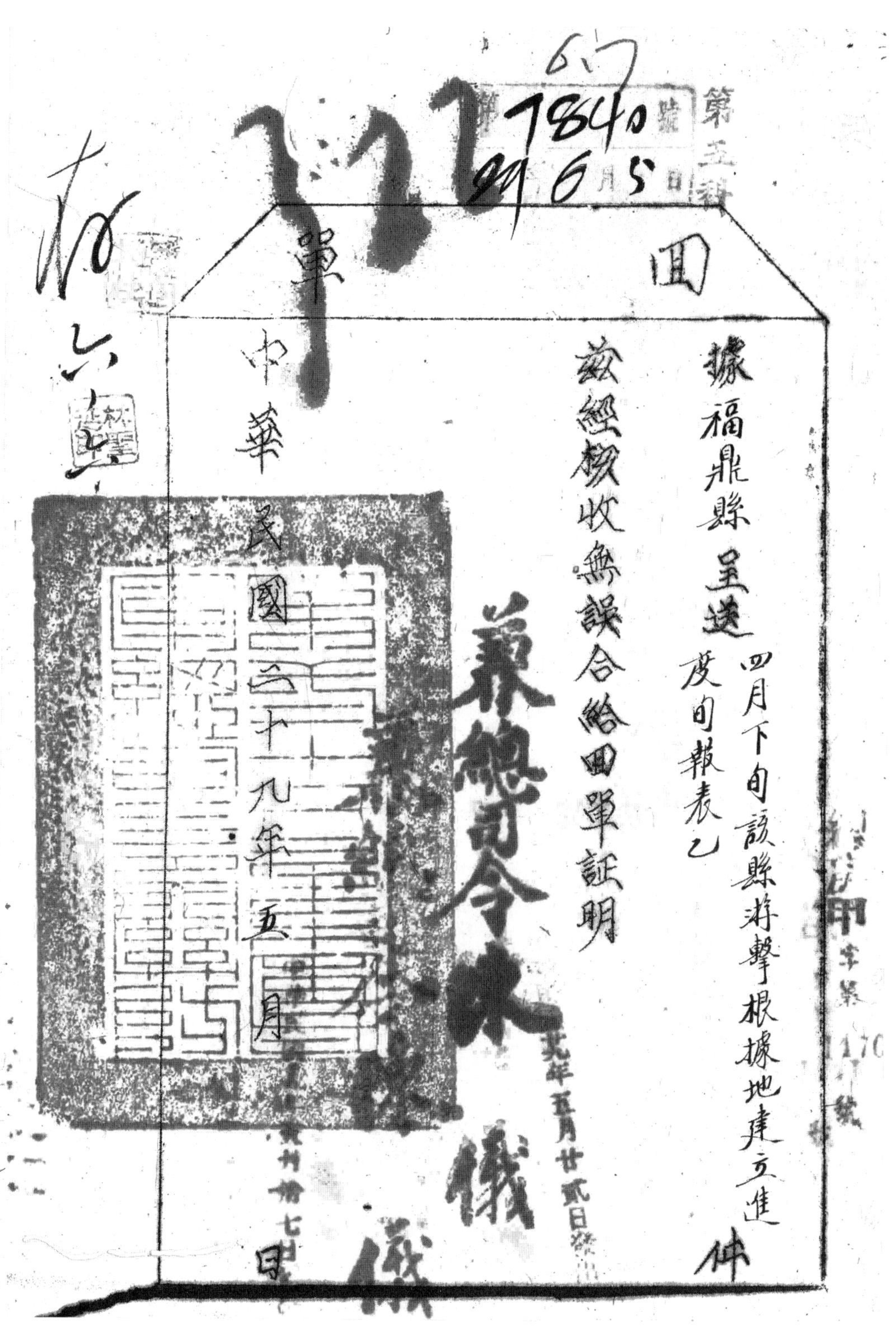

回

據福鼎縣呈送四月下旬該縣游擊根據地建立進度表乙件

茲經核收無誤合給回單證明

第二十五集團軍總司令 陳儀

中華民國二十九年五月

第二十五集团军总司令部关于福鼎县呈送该县四月下旬游击根据地建立进度表核收无误的证明回单(1940 年 5 月 22 日)　G133-003-0088

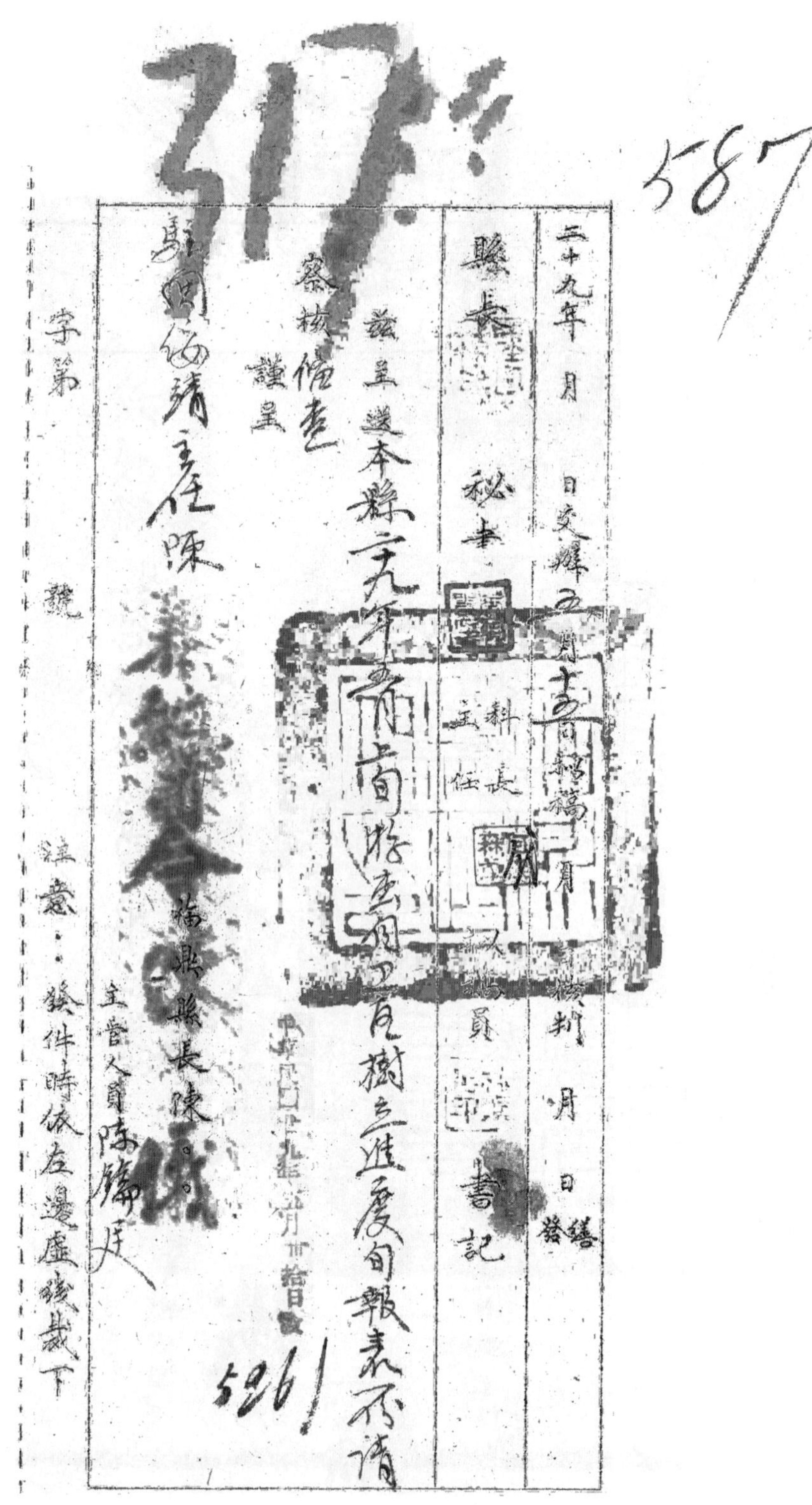
二十九年　月　日交辦　五月十三日擬稿　月　日核判　月　日繕發

縣長　秘書　科長　主任　科員　書記

謹呈送本縣二十九年五月上旬游擊自衛區樹立進度旬報表祈請

察核備查　謹呈

駐閩綏靖主任陳

福鼎縣長陳

主管人員陳錦庭

字第　號

注意：發件時依左邊虛綫裁下

福鼎县政府关于呈送福鼎县二十九年五月上旬游击自卫区树立进度旬报表给驻闽绥靖主任公署的呈文(附表)(1940 年 5 月 30 日)　G133-003-0087

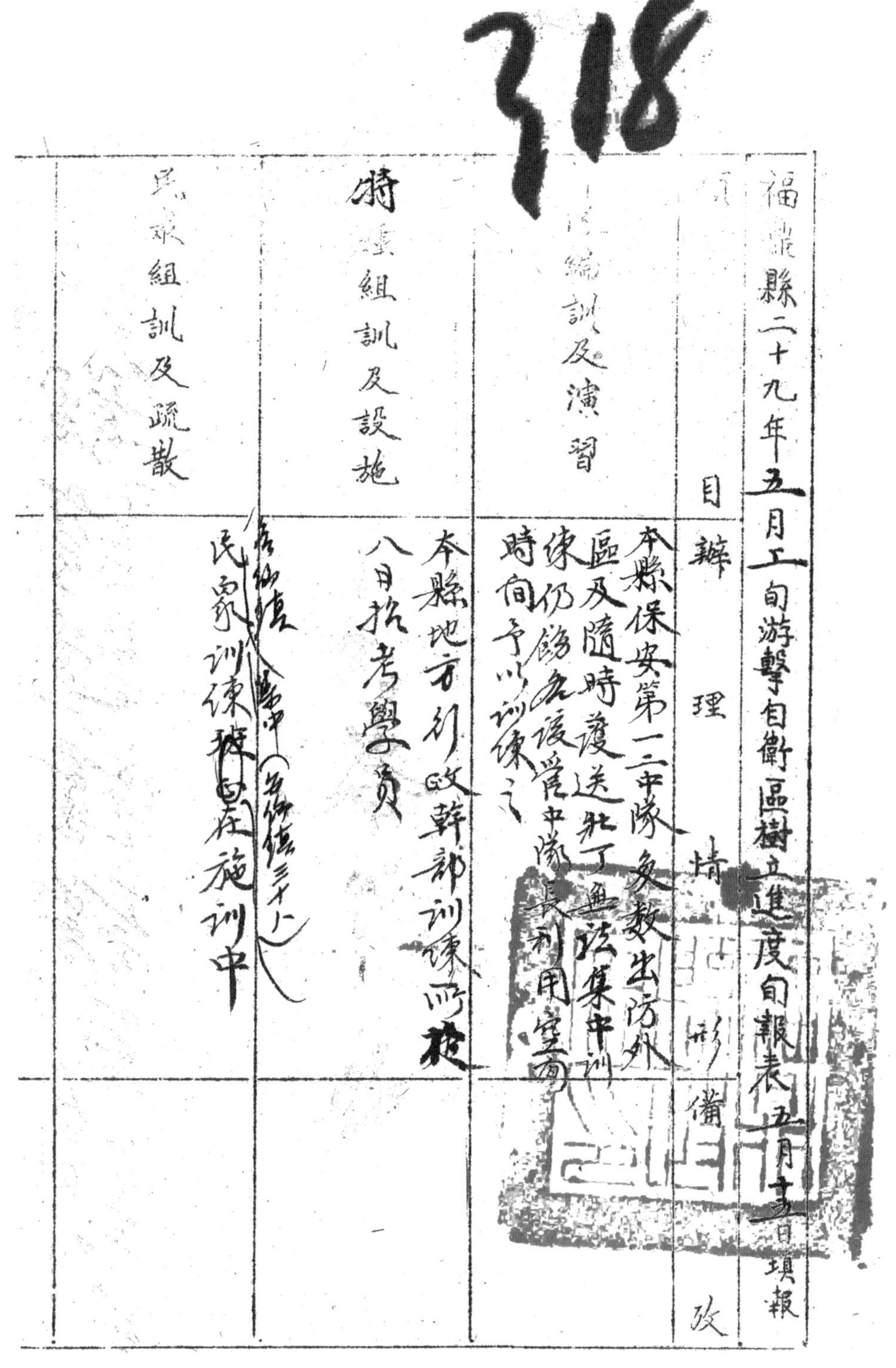

318

福鼎縣二十九年五月上旬游擊自衛區樹立進度旬報表 五月十五日填報

項目	辦理情形	備攷
[illegible]編訓及演習	本縣保安第一二中隊多數出防外區及隨時護送壯丁通訊集中訓練仍飭各該區中隊長利用空閒時間予以訓練之	
特種組訓及設施	本縣地方行政幹部訓練所於八月招考學員	
民眾組訓及疏散	各鄉鎮[illegible]中（各鄉鎮三十八）民眾訓練班正在施訓中	

福鼎县二十九年五月上旬游击自卫区树立进度旬报表

(1940 年 5 月 15 日)a 面　G133-003-0087

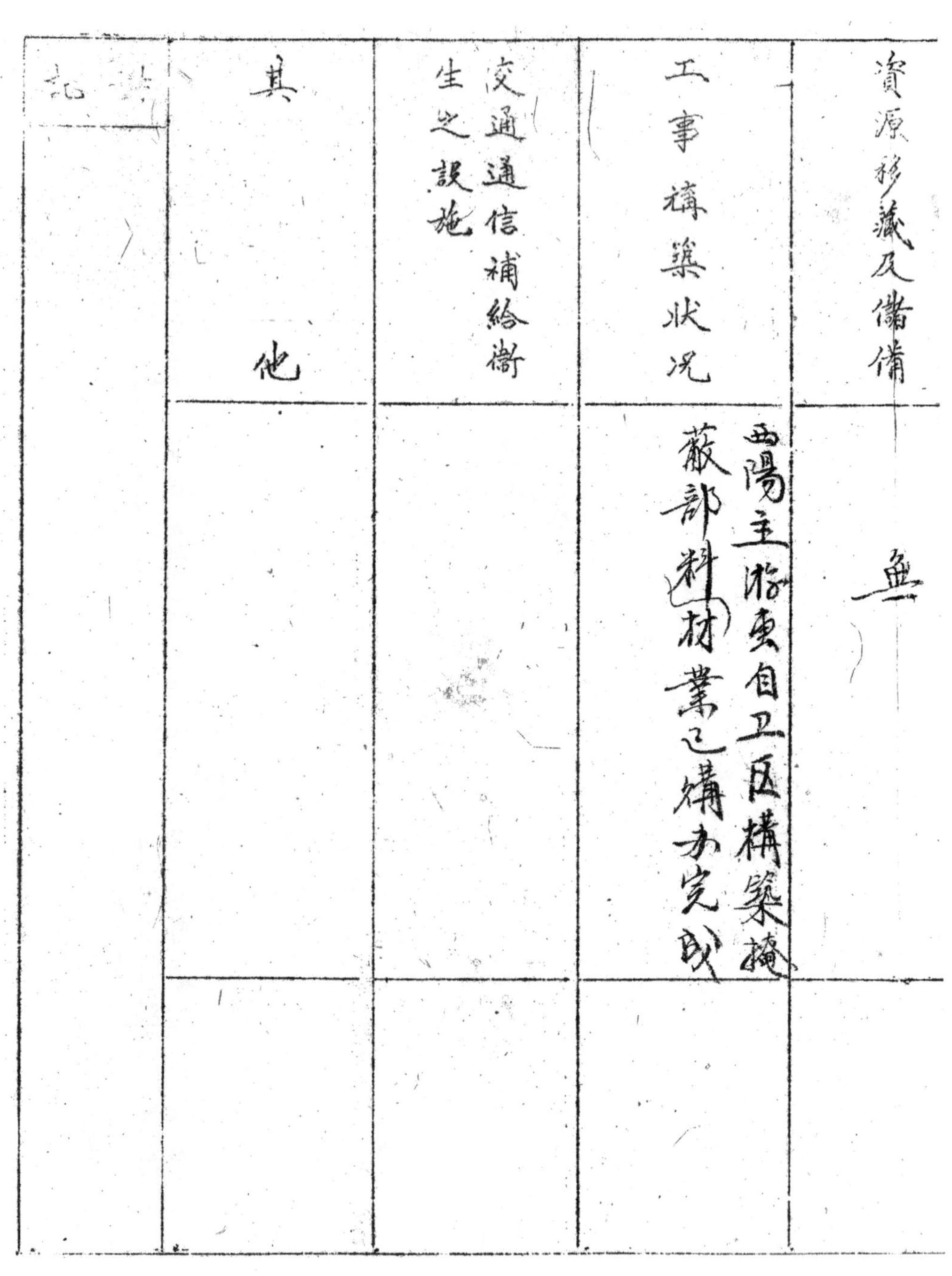

資源移藏及儲備	工事構築狀况	交通通信補給衛生之設施	其他	記載
無	西陽主游吏自卫區構築掩蔽部料材業已備办完成			

福鼎县二十九年五月上旬游击自卫区树立进度旬报表

(1940年5月15日)b面 G133-003-0087

來報紙
RECEIVING

交通部電報局
TELEGRAPH OFFICE
MINISTRY OF COMMUNICATIONS

由 From		流水號數 Running No.		報類 Class		發報局名 Office From		來報號數 Telegram No.
時刻 Time		原來數號 Original No.	4965	字數 Words		日期 Date	時刻 Time	派送員 By
值機員 By		備註 Service Instructions:						

注意：如有查詢事項請帶此紙
Note: Any enquiru respecting this telegram, please produce this form

福鼎县政府译驻闽绥靖主任公署关于克日补造游击根据地树立进度旬报表和游击队各种月报统计表送部勿延的电文(1940 年 5 月 22 日)　G133-003-0087

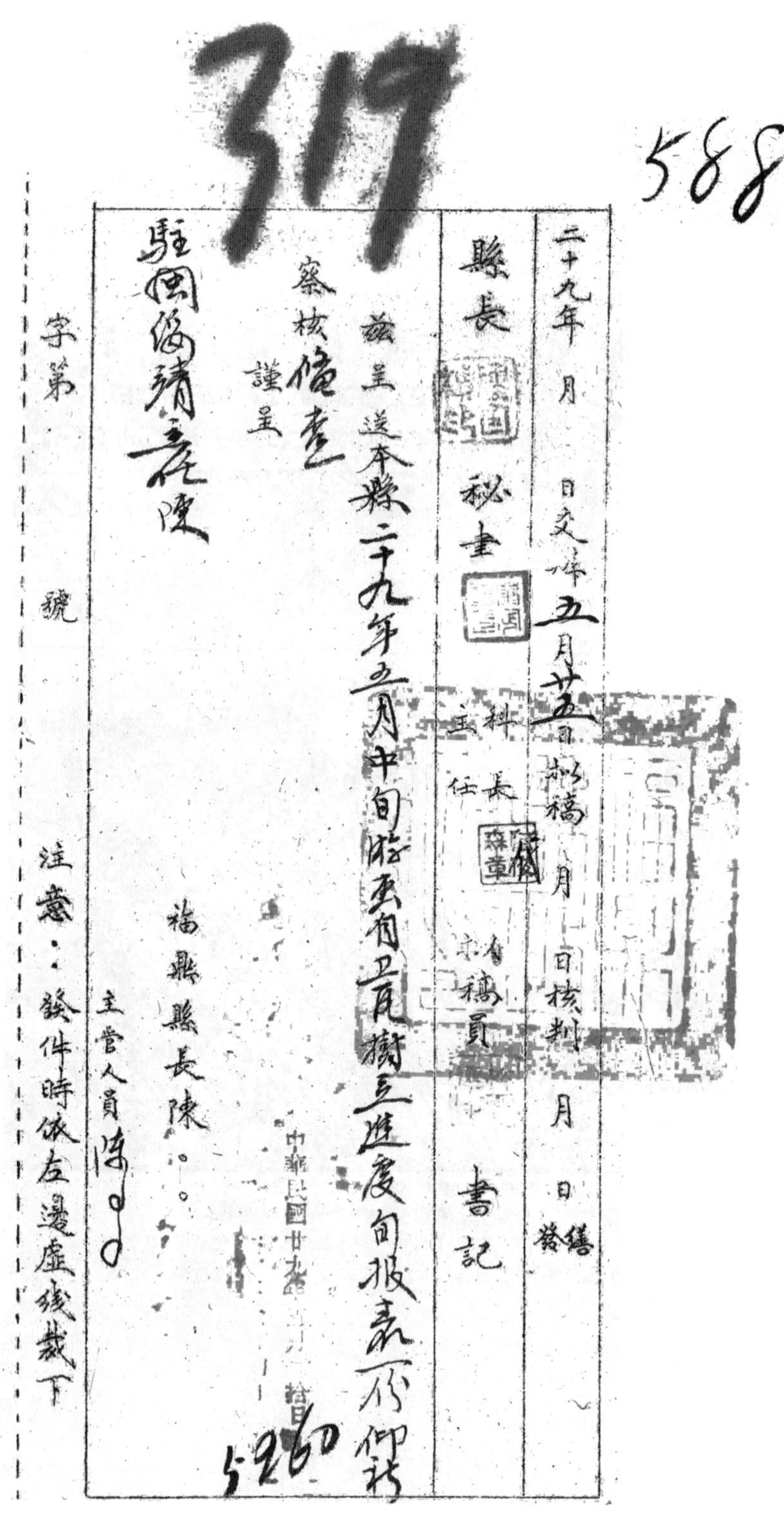

二十九年 月 日文件五月廿五日擬稿 月 日核判 月 日發繕

縣長 秘書 科長 主任 書記 擬稿員

茲呈送本縣二十九年五月中旬游擊自衛區樹立進度旬報表一份仰祈

察核備查

謹呈

駐閩綏靖主任陳

福鼎縣長陳○○

主管人員 陳

字第 號

注意：發件時依左邊虛線裁下

福鼎县政府关于呈送福鼎县二十九年五月中旬游击自卫区树立进度旬报表给驻闽绥靖主任公署的呈文(附表)(1940年5月30日) G133-003-0087

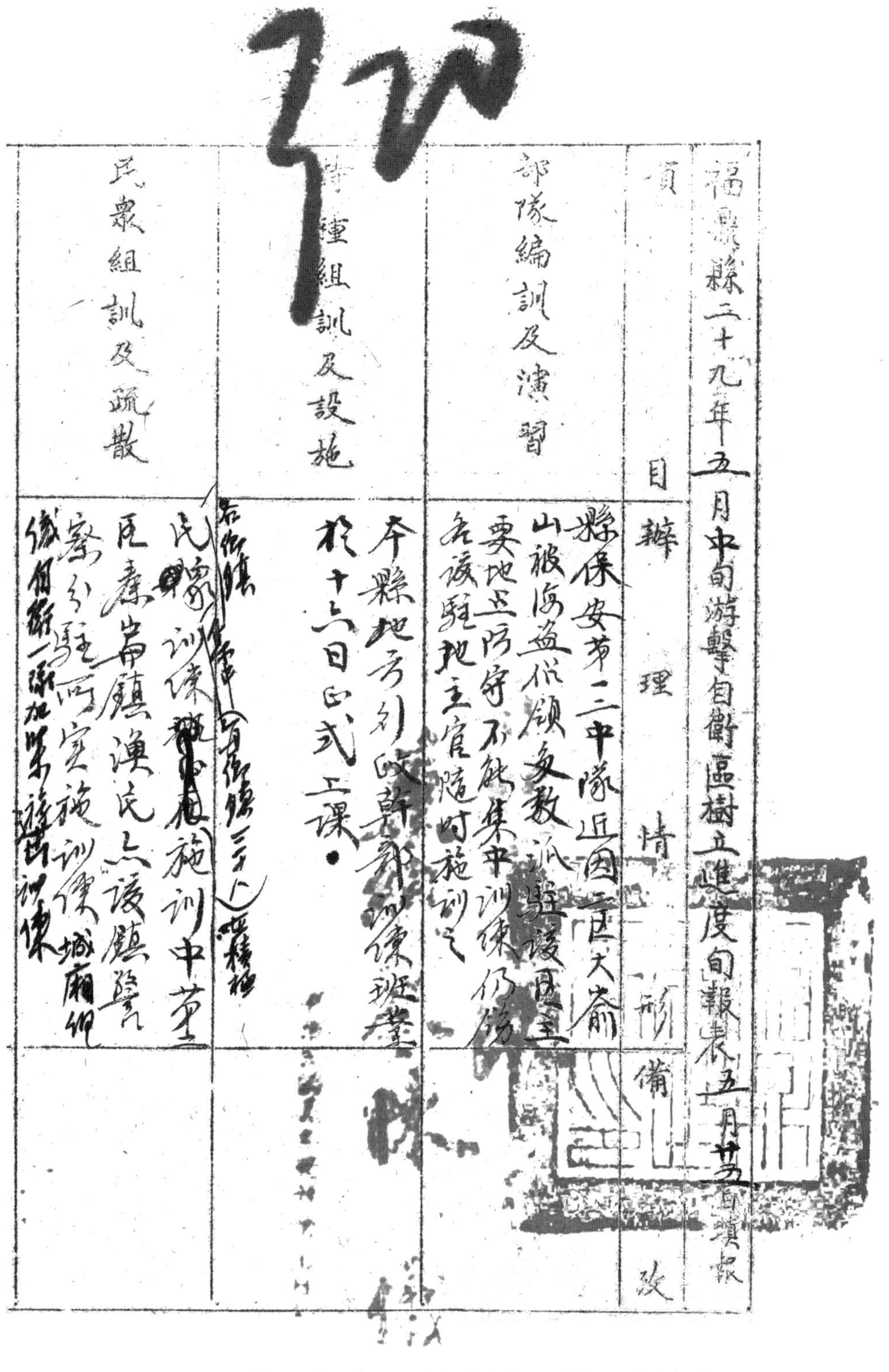

福鼎县二十九年五月中旬游击自卫区树立进度旬报表五月廿五日填报

项目	办理情形	备考
部队编训及演习	县保安第二中队近因二区大嵛山被海盗伙劫，多数派驻该区重要地点防守，不能集中训练，仍饬各该驻地主官随时施训之	
特种组训及设施	本县地方行政干部训练班业于十六日正式上课。	
民众组训及疏散	民众训练班（各区镇（已组织二十八个））正积极施训中，第一区秦屿镇渔民亦已该镇警察分驻所实施训练，城厢仍（？）饬各镇……训练	

福鼎县二十九年五月中旬游击自卫区树立进度旬报表

(1940年5月25日)a面　G133-003-0087

資源移藏及儲備	工事構築狀況	交通通信補給衛生之設施	其他	附記
無	西陽主昭東自卫區構築掩蔽部材料備办完妥業已開始構築			

福鼎县二十九年五月中旬游击自卫区树立进度旬报表
(1940 年 5 月 25 日)b 面　G133-003-0087

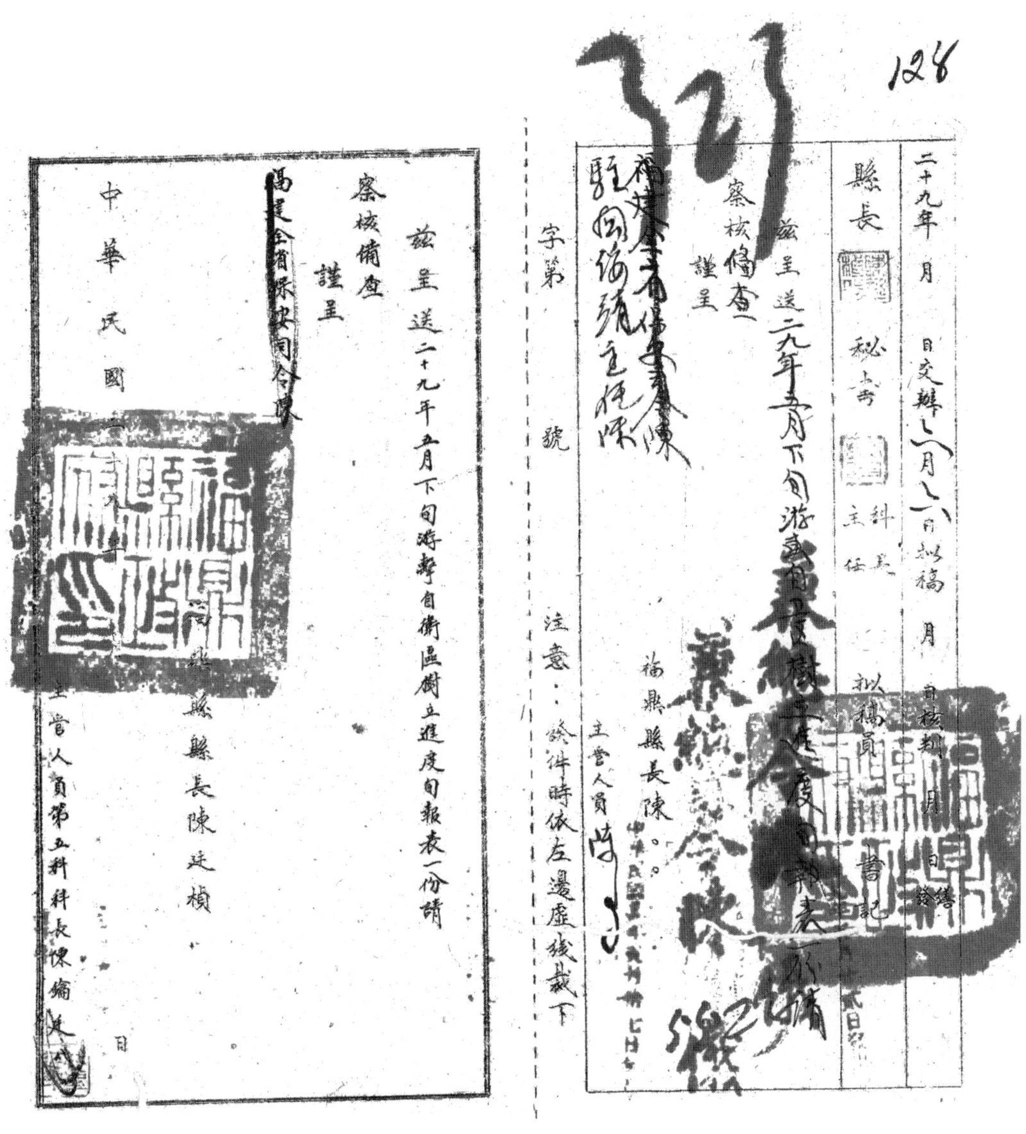

福鼎县政府关于呈送福鼎县二十九年五月下旬游击自卫区树立进度旬报表给驻闽绥靖主任公署的呈文(附表)(1940 年 6 月 11 日)　G133-003-0087

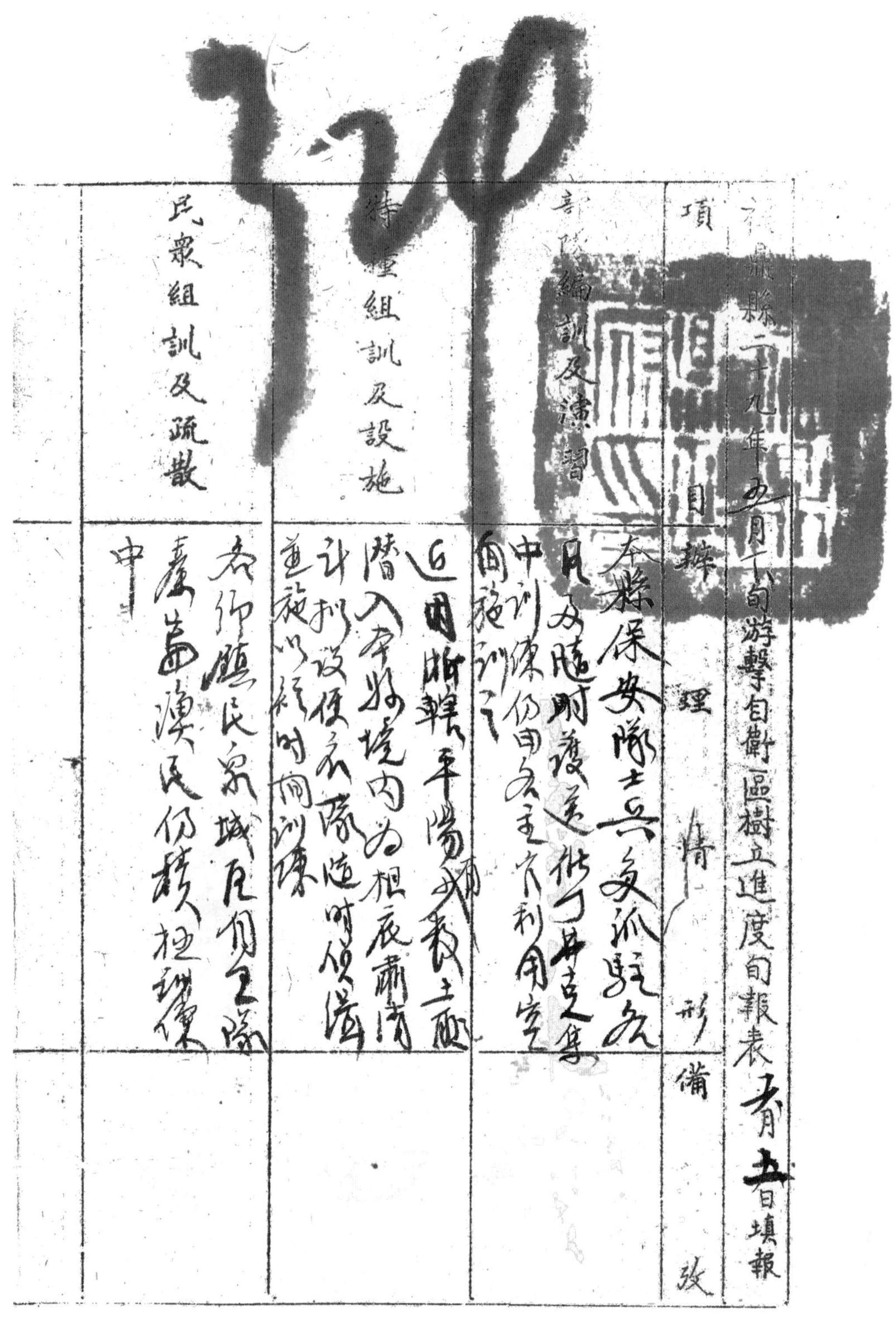

福鼎縣二十九年五月下旬游擊自衛區樹立進度旬報表 六月五日填報

項目	辦理情形	備攷
部隊編訓及演習	本縣保安隊士兵分派駐各區分隨時接送保丁並支集中訓練仍由各主官利用空閒施訓之	
特種組訓及設施	近因時局[illegible]我土匪潛入本縣境內為相應肅清計擬設便衣隊隨時偵緝並施以經常訓練	
民衆組訓及疏散	各鄉鎮民衆城區仍由[illegible]隊[illegible]漁民仍積極訓練中	

福鼎县二十九年五月下旬游击自卫区树立进度旬报表

(1940年6月5日)a面 G133-003-0087

資源移藏及儲備	工事構築狀況	交通通信補給衛生之設施	其他	附記
無	西陽之[illegible]自衛團民[illegible] 前部已[illegible]加緊構築中			

福鼎县二十九年五月下旬游击自卫区树立进度旬报表

(1940 年 6 月 5 日)b 面　G133-003-0087

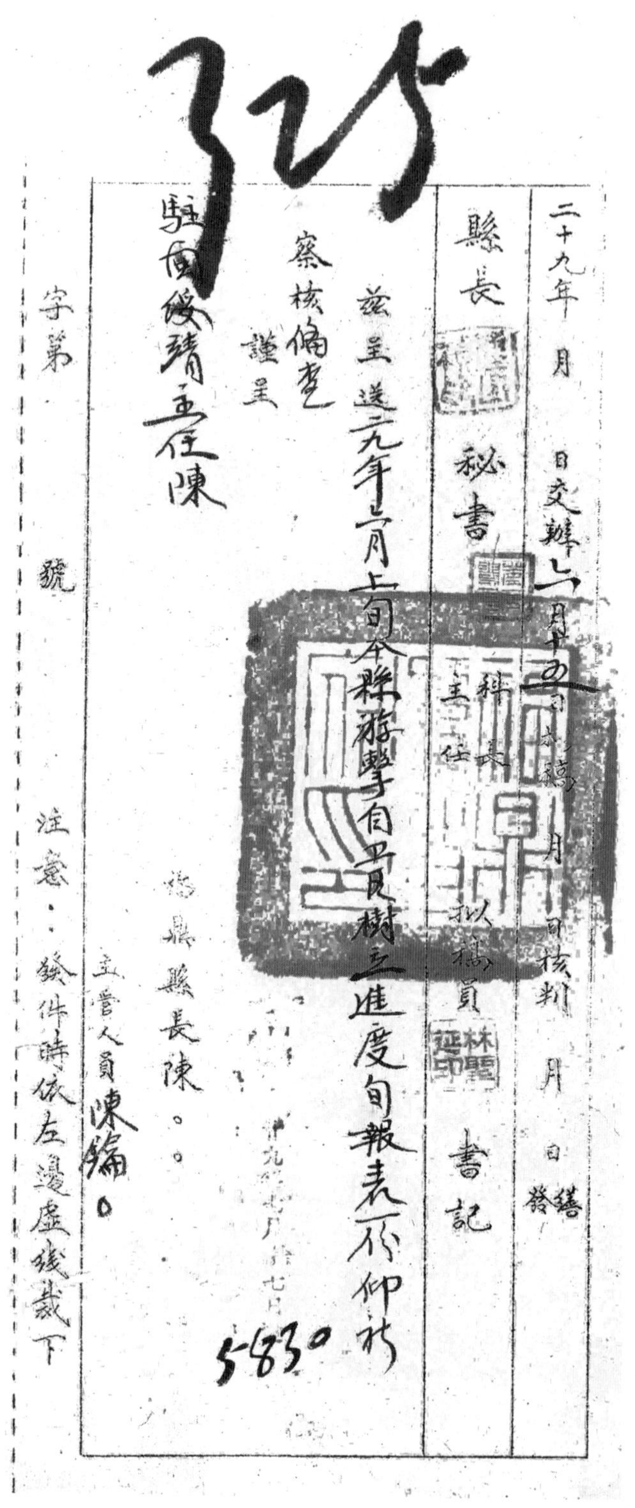
二十九年 月 日交辦六月十五日 月 日核判 月 日繕 發
縣長 秘書 科長 主任 擬稿員 書記
茲呈送二九年六月上旬本縣游擊自衛區樹立進度旬報表祈仰祈
察核備查
謹呈
駐閩綏靖主任陳
福鼎縣長陳○○
主管人員陳綸
字第 號
注意：發件時依左邊虛綫裁下
5830

福鼎县政府关于呈送福鼎县二十九年六月上旬游击自卫区树立进度旬报表给驻闽绥靖主任公署的呈文(附表)(1940年7月17日) G133-003-0087

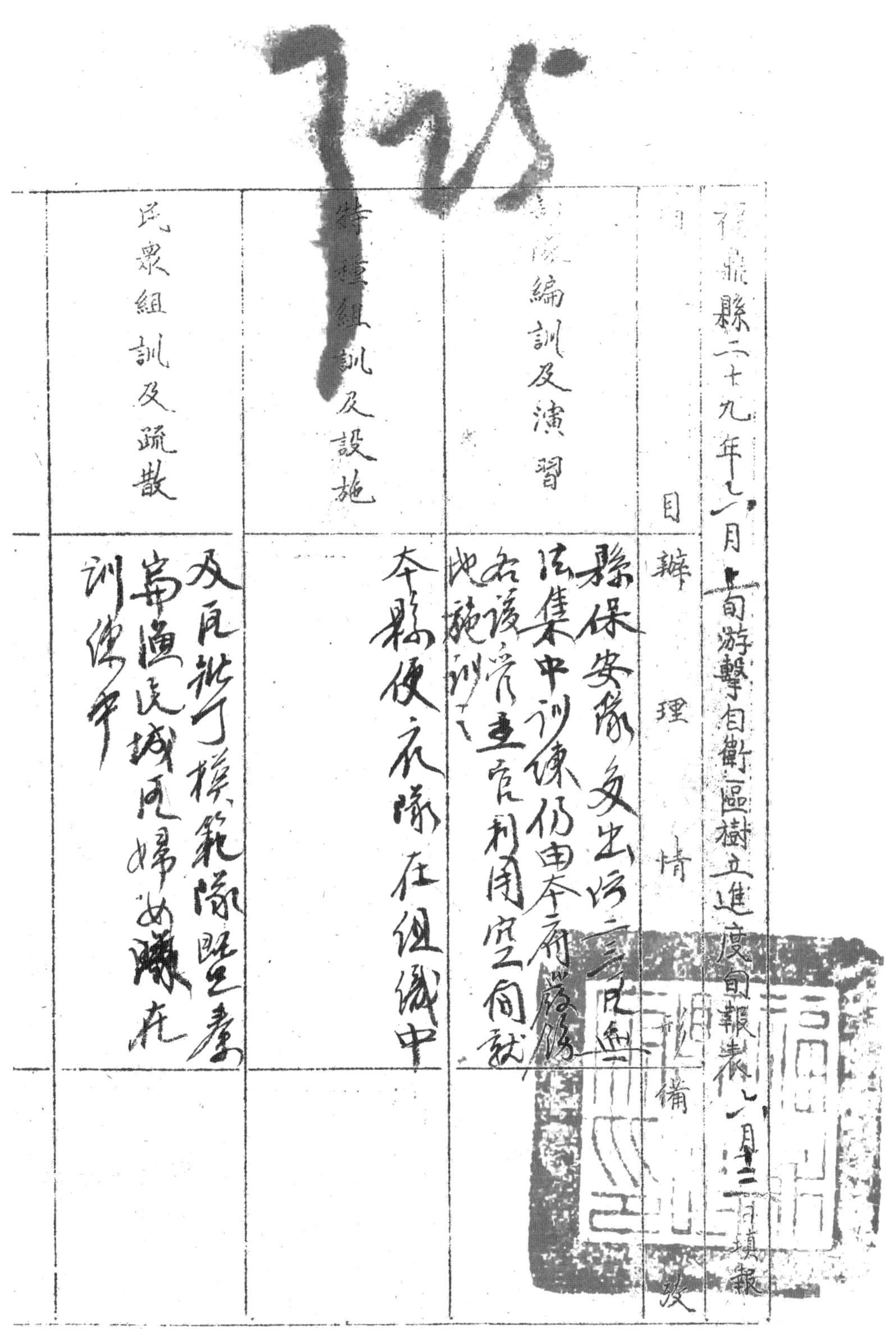
福鼎縣二十九年六月上旬游擊自衛區樹立進度旬報表 六月十三日填報

項目	辦理情形	備考
部隊編訓及演習	縣保安隊及出[illegible]三民無法集中訓練仍由本府[illegible]名譲官長利用空閒就地施訓	
特種組訓及設施	本縣便衣隊在組織中	
民衆組訓及疏散	及民壯丁模範隊暨[illegible]富漁民城民婦女隊在訓練中	

福鼎县二十九年六月上旬游击自卫区树立进度旬报表

(1940 年 6 月 13 日)a 面　G133-003-0087

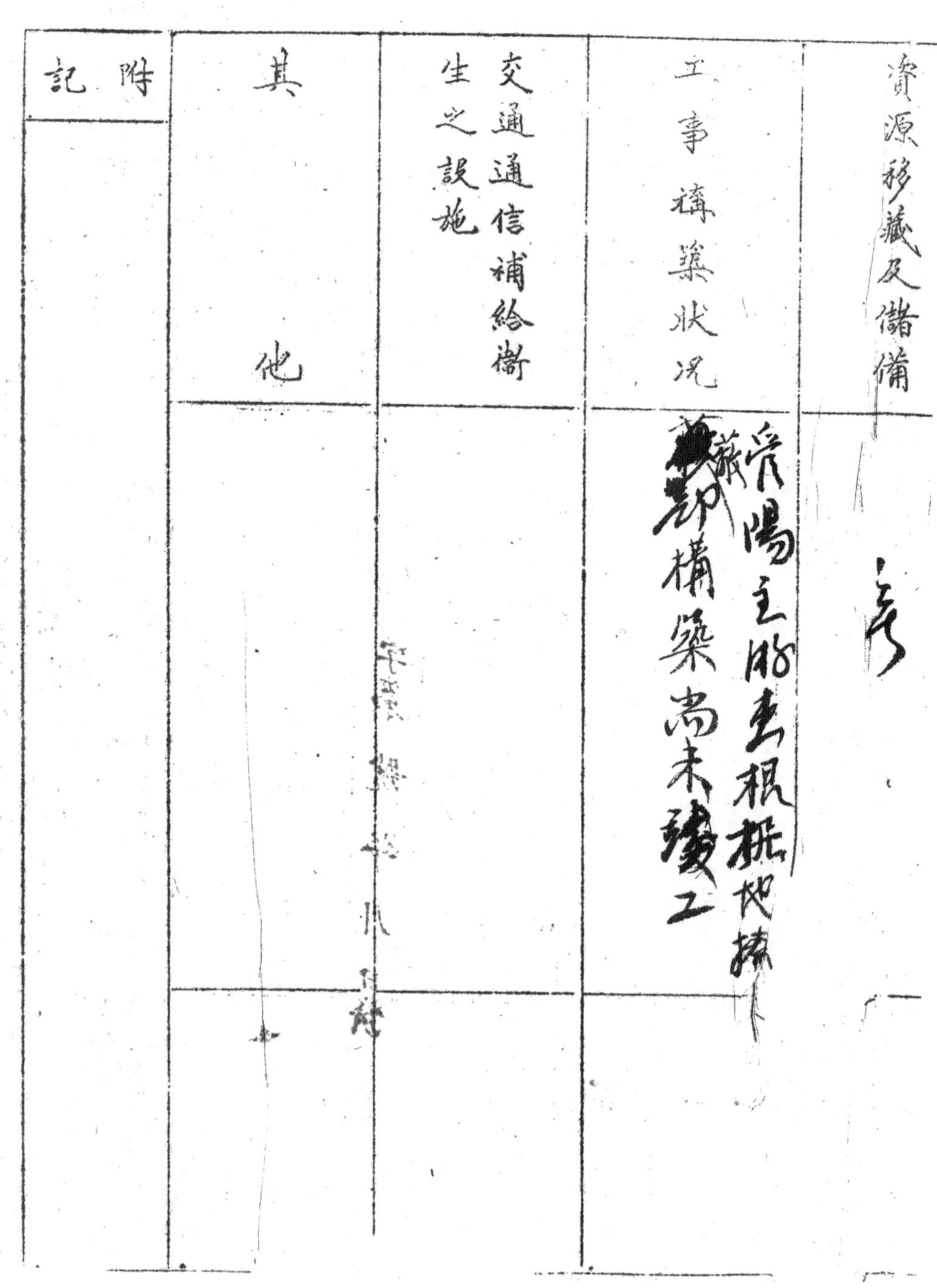

資源移藏及儲備	工事構築狀況	交通通信補給衛生之設施	其他	附記
無	貴陽主將來根據地據 [illegible]部構築尚未竣工			

福鼎县二十九年六月上旬游击自卫区树立进度旬报表

(1940年6月13日)b面 G133-003-0087

福鼎縣二十九年六月中旬游擊自衛區樹立進度旬報表　　月　日填報

項目	辦理情形	備考
部隊編訓及演習	縣保安隊除防守外尚不時派出游擊不能集中訓練常備各区利用空閒就地實施訓練	
特種組訓及設施	擬特務隊定下旬成立	
民衆組訓及疏散	各区自衛隊正團民自動成立各區婦女隊城区婦女隊在訓練中	
資源移藏及儲備	無	

福鼎县二十九年六月中旬游击自卫区树立进度旬报表

(1940年6月)a面　G133-003-0087

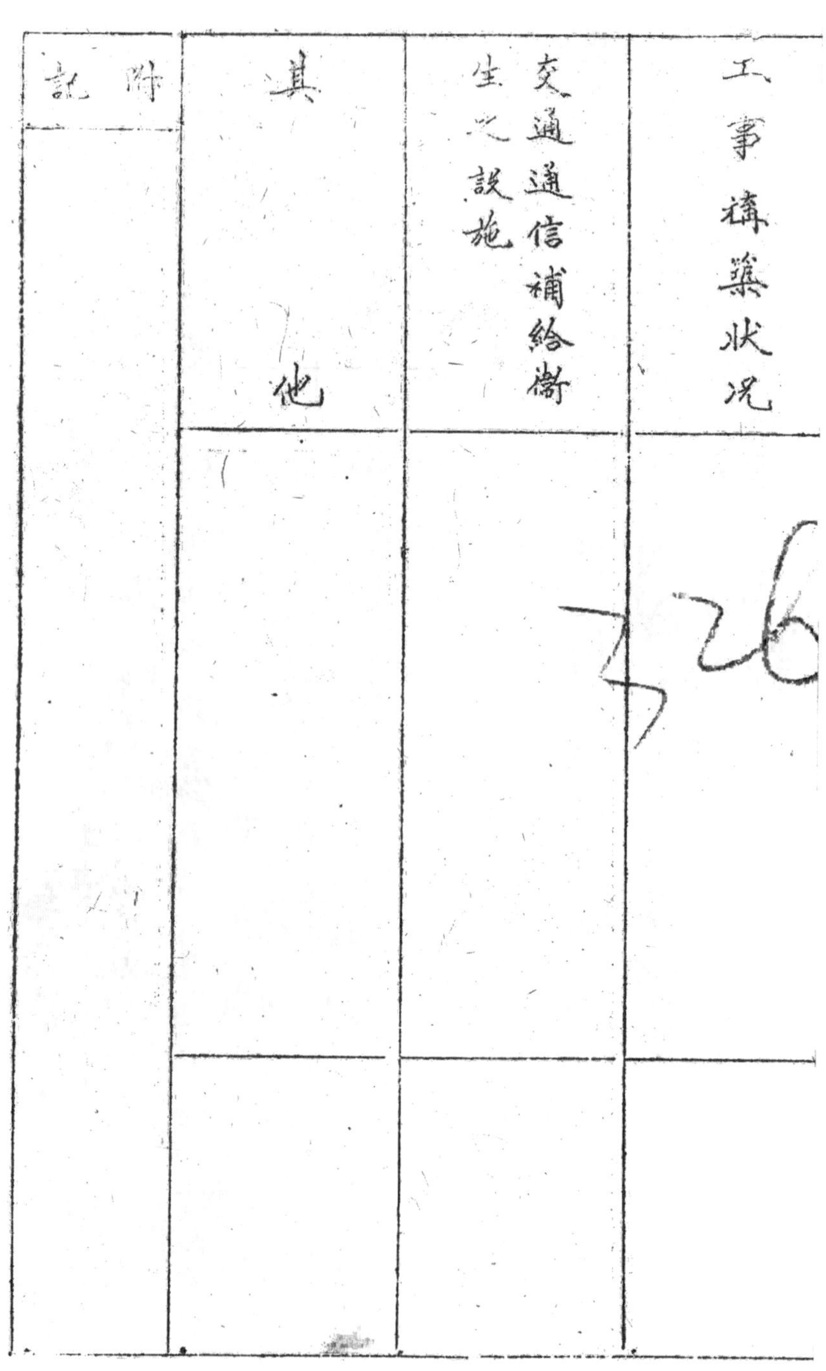
附記
其他
交通通信補給衛生之設施
工事構築狀況

福鼎县二十九年六月中旬游击自卫区树立进度旬报表

(1940年6月)b面 G133-003-0087

福鼎縣二十九年六月下旬游擊自衛區樹立進度旬報表　　月　　日填報

項目	辦理情形	備攷
部隊編訓及演習	縣保安隊士兵担任勤務甚多無法集訓，由各區自行利用空閒故地施訓	
特種組訓及設施	本縣情報隊於本月廿七日成立出動服務	
民衆組訓及疏散	青年漁民及城廂婦女隊由東組織中 壯丁正在	

福鼎县二十九年六月下旬游击自卫区树立进度旬报表

（1940 年 6 月）　G133-003-0087

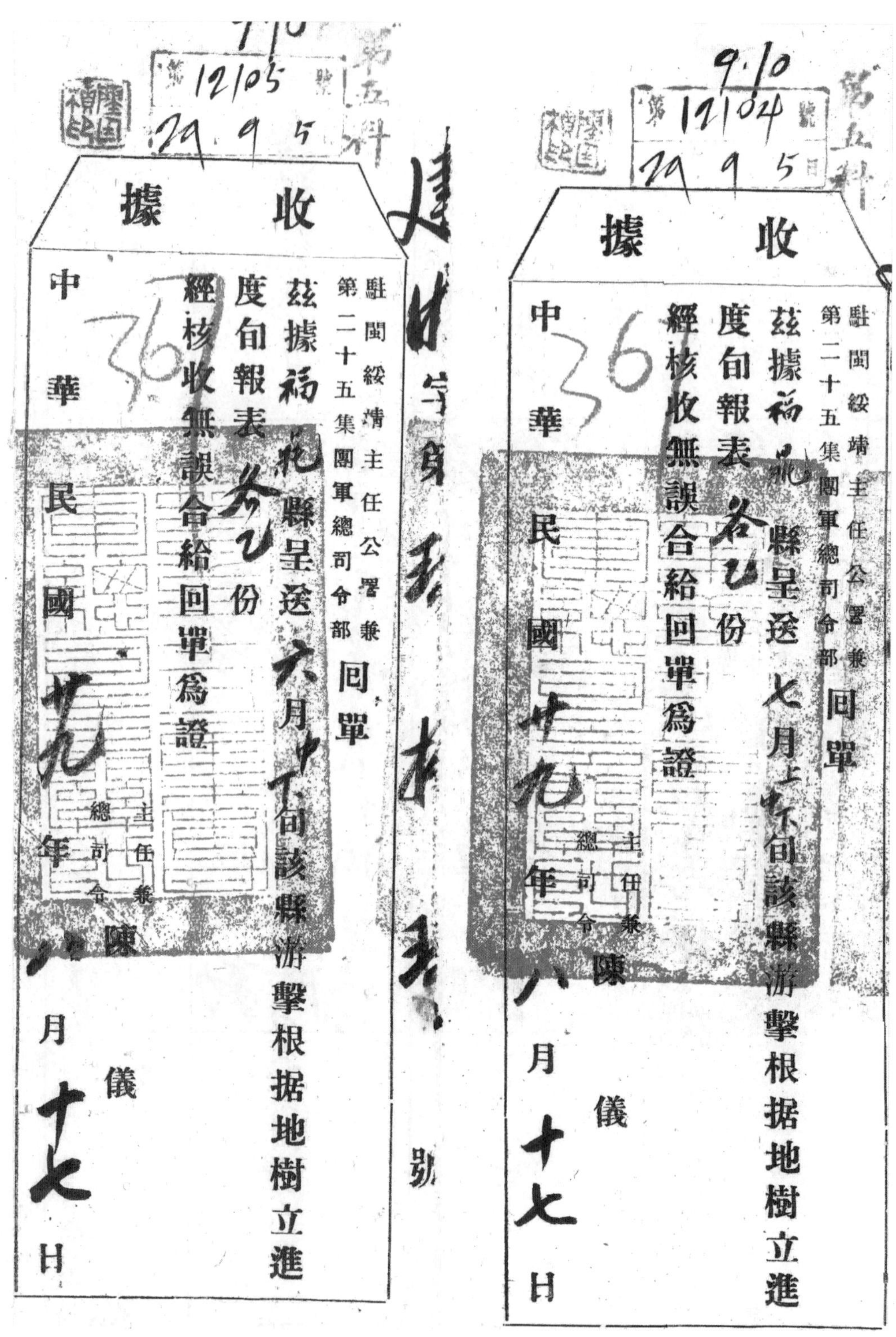

收據

駐閩綏靖主任公署兼第二十五集團軍總司令部回單

茲據福鼎縣呈送六月中下旬該縣游擊根据地樹立進度旬報表各乙份經核收無誤合給回單爲證

主任兼總司令 陳儀

中華民國廿九年八月十七日

收據

駐閩綏靖主任公署兼第二十五集團軍總司令部回單

茲據福鼎縣呈送七月上中下旬該縣游擊根据地樹立進度旬報表各乙份經核收無誤合給回單爲證

主任兼總司令 陳儀

中華民國廿九年八月十七日

驻闽绥靖主任公署兼第二十五集团军总司令部关于福鼎县呈送该县六月中、下旬，七月上、中、下旬游击根据地树立进度旬报表核收无误的证明回单(1940 年 8 月 17 日) G133-003-0088

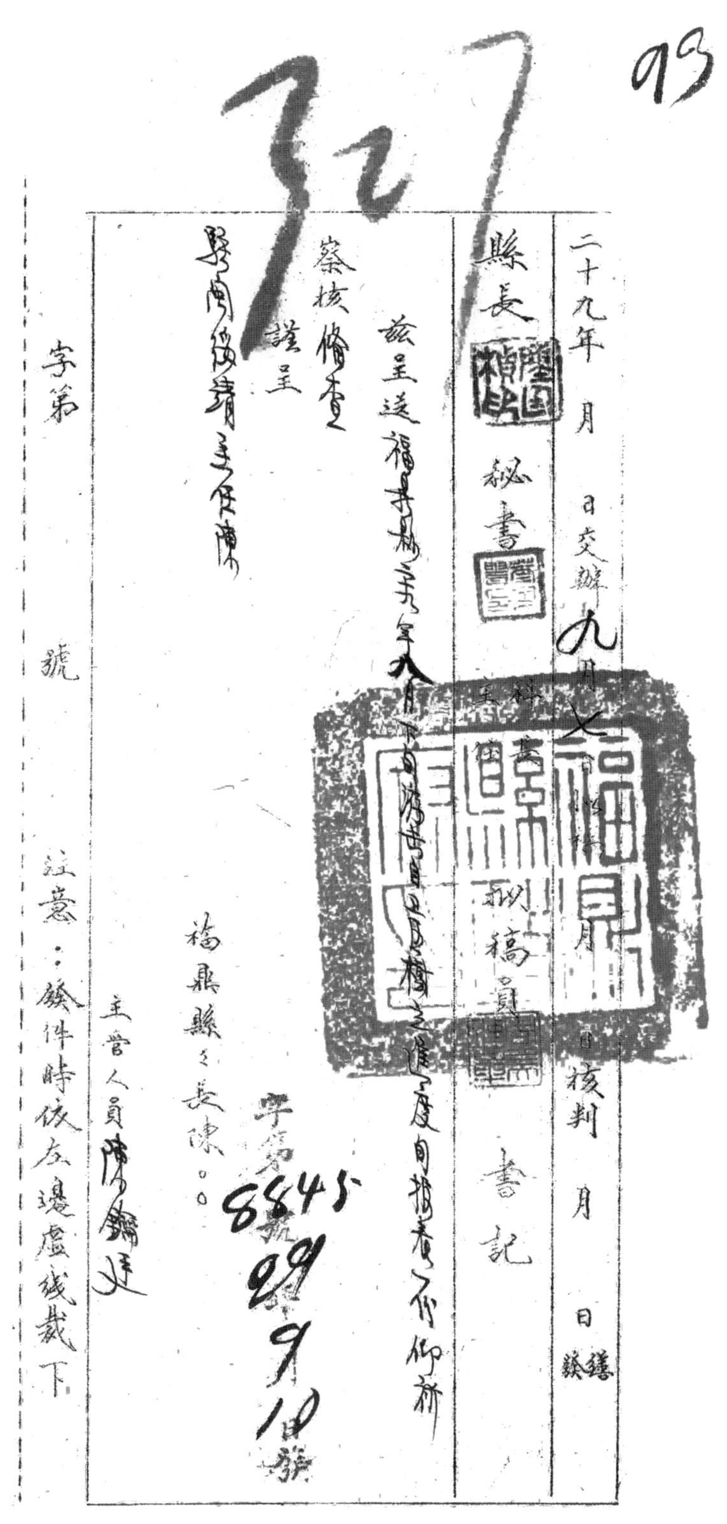
二十九年 月 日交辦 九月七日 核判 月 日 繕
縣長
秘書
書記
謹呈
綏靖主任陳
福鼎縣縣長陳○○
主管人員陳錦廷
注意：發件時依左邊虛綫裁下
字第 號

福鼎县政府关于呈送福鼎县二十九年八月下旬游击自卫区树立进度旬报表给驻闽绥靖主任公署的呈文(附表)(1940年9月10日) G133-003-0087

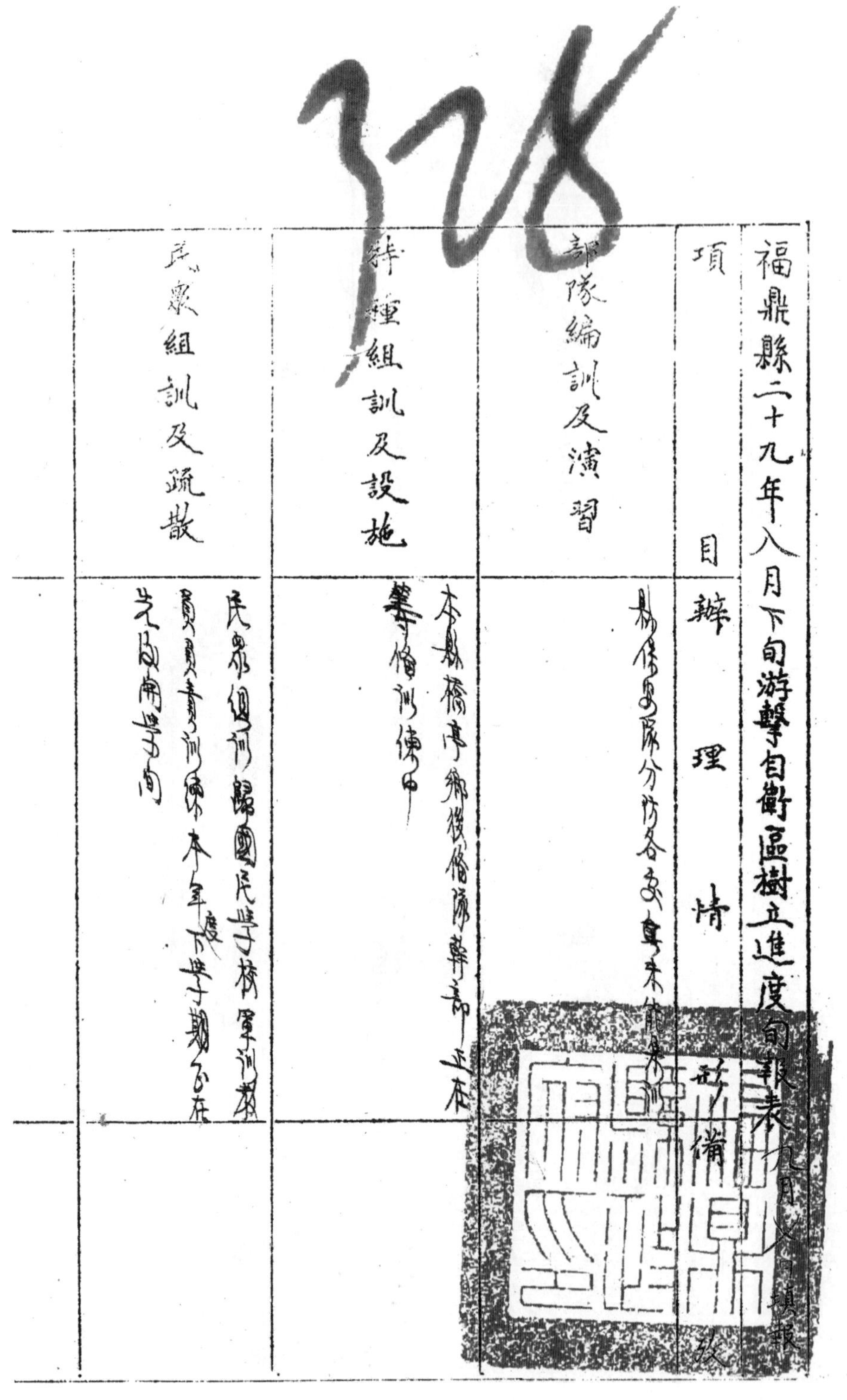

福鼎縣二十九年八月下旬游擊自衛區樹立進度旬報表 九月七日填報

項目	辦理情形	備考
部隊編訓及演習	縣保安隊分防各處未能集訓	
特種組訓及設施	本縣橋亭鄉後備隊幹部正在籌備訓練中	
民衆組訓及疏散	民衆組訓歸國民學校軍訓教員負責訓練本年度下學期不在先後開學間	

福鼎县二十九年八月下旬游击自卫区树立进度旬报表

(1940年9月7日)a面　G133-003-0087

資源移藏及儲備	工事構築狀況	交通通信補給衛生之設施	其他	附記
無	無	無		

福鼎县二十九年八月下旬游击自卫区树立进度旬报表

(1940年9月7日)b面　G133-003-0087

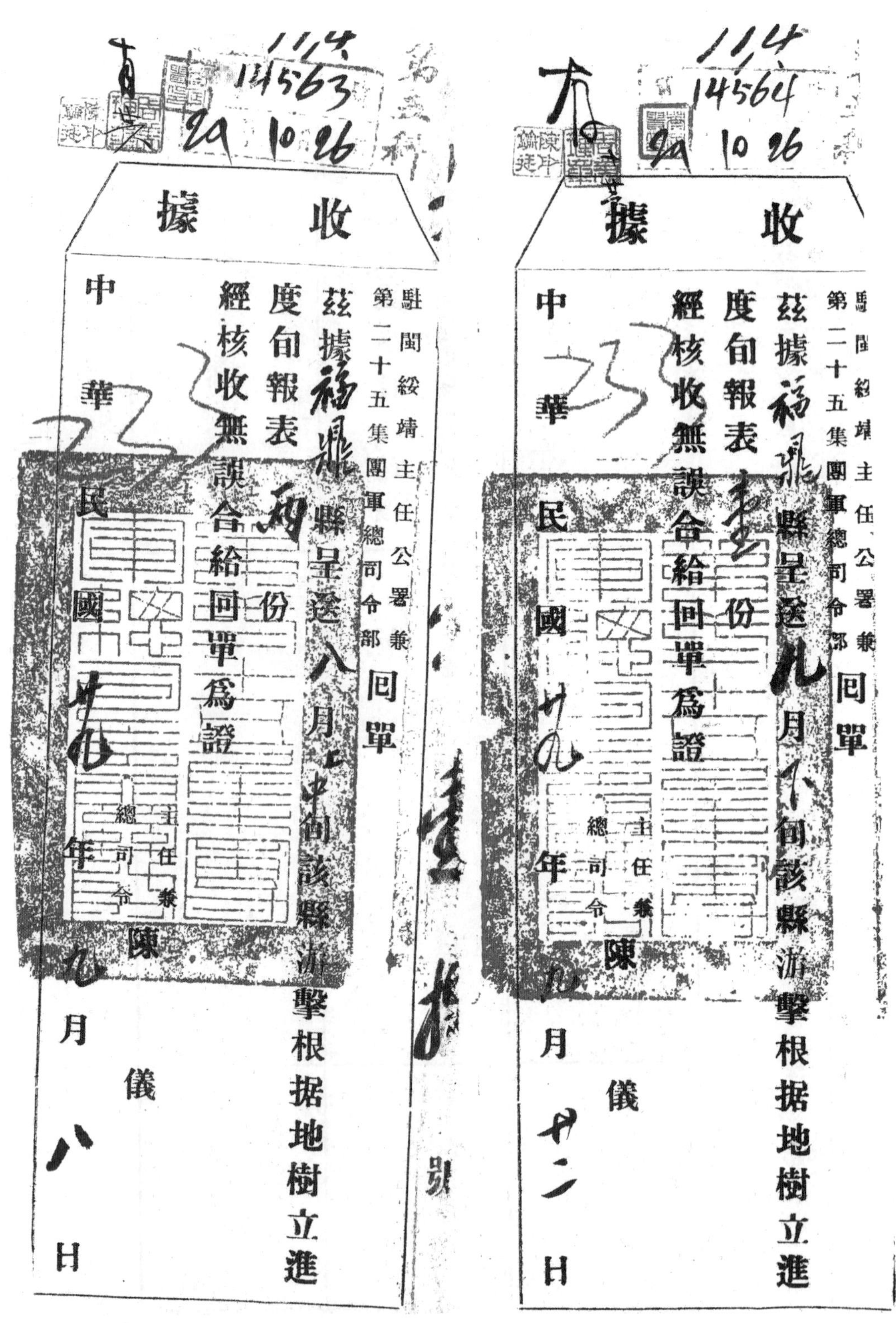
收據
駐閩綏靖主任公署兼第二十五集團軍總司令部　回單
茲據福鼎縣呈送八月上中旬該縣游擊根据地樹立進度旬報表兩份經核收無誤合給回單為證
主任兼總司令　陳儀
中華民國廿九年九月八日

收據
駐閩綏靖主任公署兼第二十五集團軍總司令部　回單
茲據福鼎縣呈送九月下旬該縣游擊根据地樹立進度旬報表壹份經核收無誤合給回單為證
主任兼總司令　陳儀
中華民國廿九年九月廿二日

驻闽绥靖主任公署兼第二十五集团军总司令部关于福鼎县呈送该县九月上、中旬，下旬游击根据地树立进度旬报表核收无误的证明回单(1940年9月8日、9月22日)　G133-003-0086

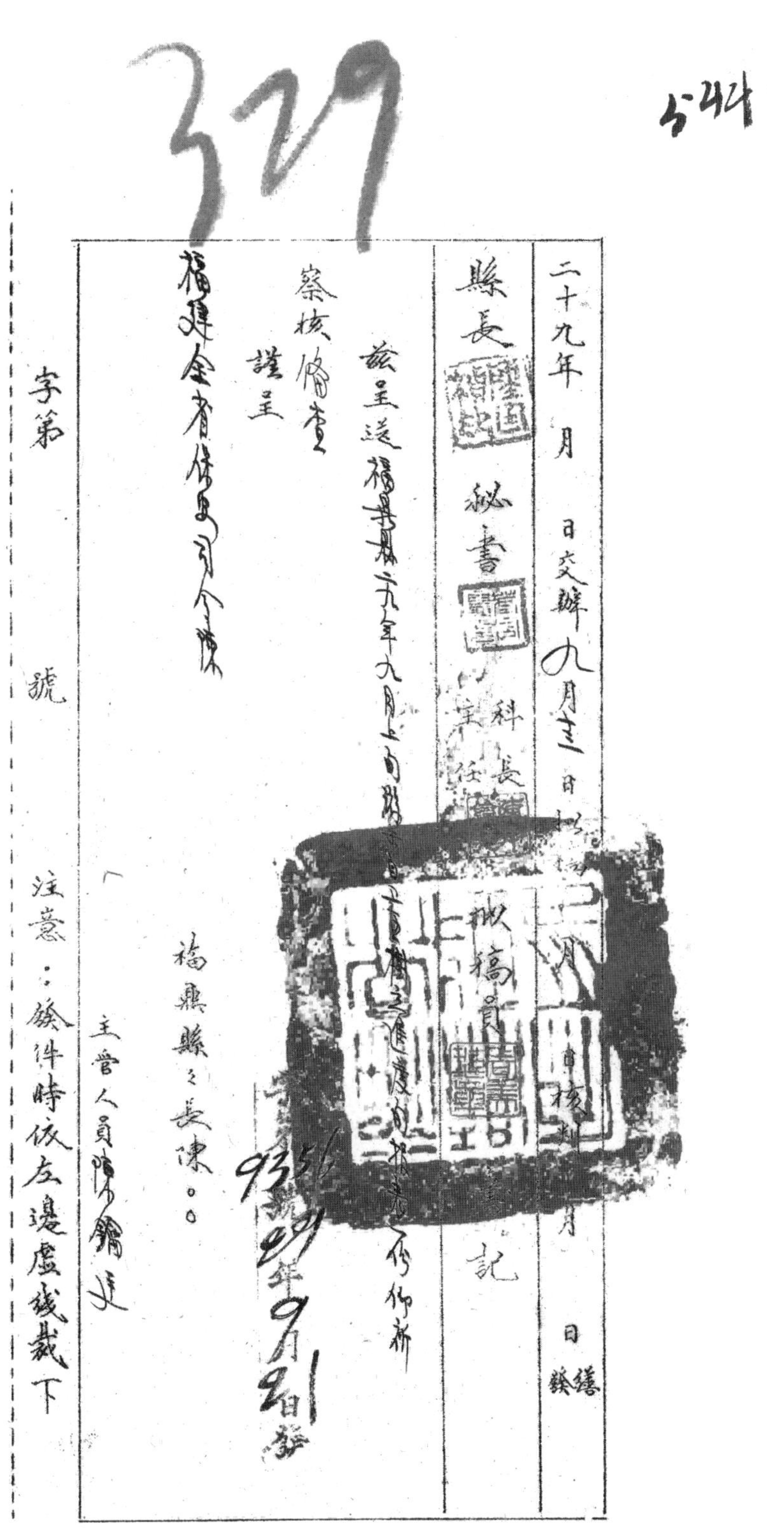

二十九年　月　日交辦九月廿一日擬稿　月　日核判　月　日繕

縣長　秘書　科長　主任　擬稿員

謹呈送福鼎縣二十九年九月上旬游擊自衛區樹立進度旬報表一份仰祈
察核備查
謹呈
福建全省保安司令部陳
福鼎縣縣長陳〇〇
主管人員陳錦文

字第　號

注意：發件時依左邊虛線裁下

福鼎县政府关于呈送福鼎县二十九年九月上旬游击自卫区树立进度旬报表给福建全省保安司令部的呈文(附表)(1940 年 9 月 21 日)　G133-003-0087

310

福鼎县二十九年九月上旬游击自卫区树立进度旬报表 九月十三日填报

项目	办理情形	备攷
部队编训及演习	本县林共匪扰案未了县保安中队暨保安团队分防各乡镇除令饬所属随时利用空闲施训外并未集中演习	
特种组训及设施	无	
民众组训及疏散	无	

福鼎县二十九年九月上旬游击自卫区树立进度旬报表

(1940年9月13日)a面　G133-003-0087

資源移藏及儲備	工事構築狀況	交通通信補給衛生之設施	其他	附記
無	無	無		

福鼎县二十九年九月上旬游击自卫区树立进度旬报表

(1940年9月13日)b面　G133-003-0087

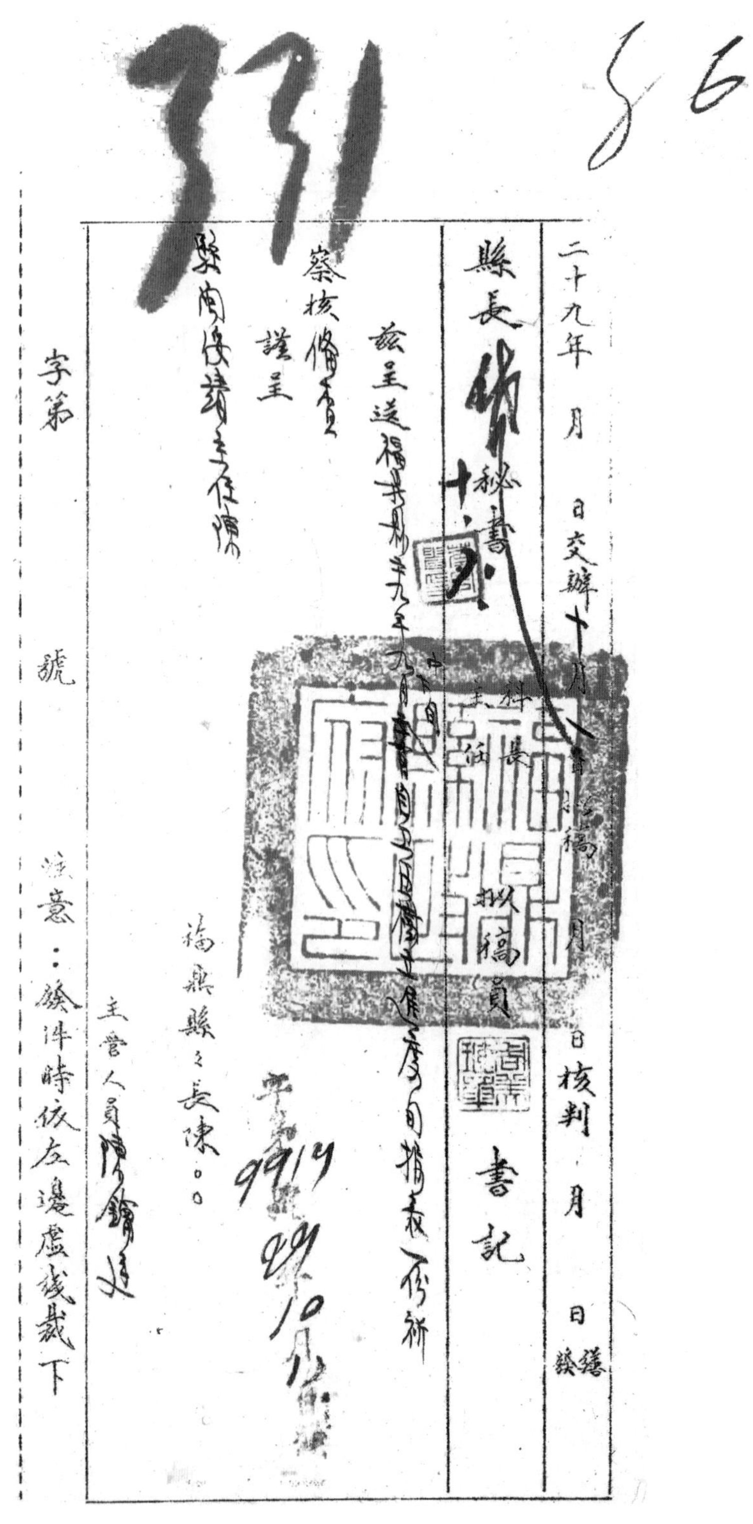
二十九年　月　日交辦　十月八日
縣長
秘書
主任　科長　擬稿員
月　日核判　月　日發繕
書記
謹呈送福鼎縣二十九年九月中下旬游擊自衛區樹立進度旬報表　仰祈
察核備查
謹呈
駐閩綏靖主任陳
福鼎縣縣長陳○○
主管人員
字第　號
注意：發件時依左邊虛綫裁下

福鼎县政府关于呈送福鼎县二十九年九月中下旬游击自卫区树立进度旬报表给驻闽绥靖主任公署的呈文(附表)(1940年10月10日)　G133-003-0087

福鼎縣二十九年九月中旬游擊自衛區樹立進度旬報表 九月廿五日填報

項目	辦理情形	備攷
部隊編訓及演習	因本縣本月上旬吳[illegible]股匪竄擾，所有部隊警協分防各鄉鎮，不能集訓	
特務組訓及設施	無	
民衆組訓及疏散	無	

福鼎县二十九年九月中旬游击自卫区树立进度旬报表

(1940年9月25日)a面　G133-003-0087

資源移藏及儲備	工事構築狀況	交通通信補給衛生之設施	其他	附記
無	無	無		

福鼎县二十九年九月中旬游击自卫区树立进度旬报表

（1940 年 9 月 25 日）b 面 G133-003-0087

福鼎縣二十九年九月下旬游擊自衛區樹立進度旬報表　十月五日填報

項目	辦理情形	備攷
部隊編訓及演習	無	
特種組訓及設施	無	
民衆組訓及疏散	無	

福鼎县二十九年九月下旬游击自卫区树立进度旬报表

(1940年10月5日)a面　G133-003-0087

資源移藏及儲備	工事構築狀況	交通通信補給衛生之設施	其他	附記
無	無	無		

福鼎县二十九年九月下旬游击自卫区树立进度旬报表
(1940 年 10 月 5 日)b 面　G133-003-0087

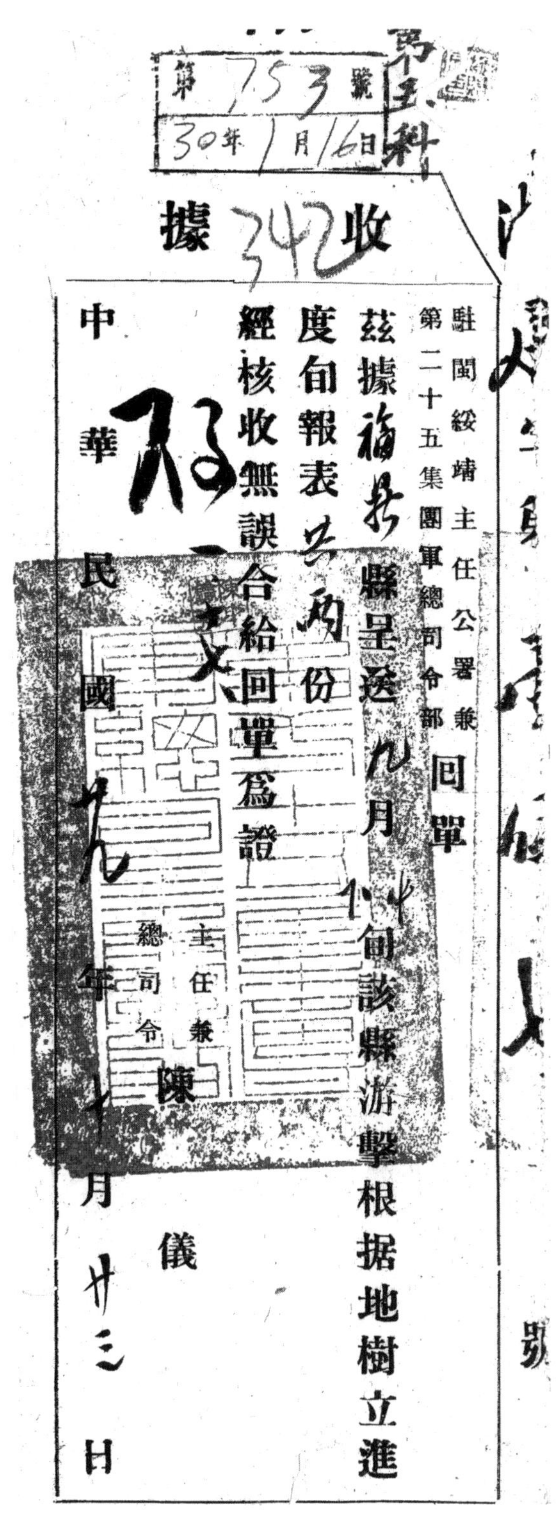
第753號
30年1月16日
收據342
駐閩綏靖主任公署兼
第二十五集團軍總司令部回單
茲據福鼎縣呈送九月中下旬該縣游擊根据地樹立進度旬報表共兩份
經核收無誤合給回單爲證
主任兼
總司令陳儀
中華民國廿九年十月廿三日

驻闽绥靖主任公署兼第二十五集团军总司令部关于福鼎县呈送该县九月中、下旬游击根据地树立进度旬报表核收无误的证明回单(1940 年 10 月 23 日)　G133-003-0088

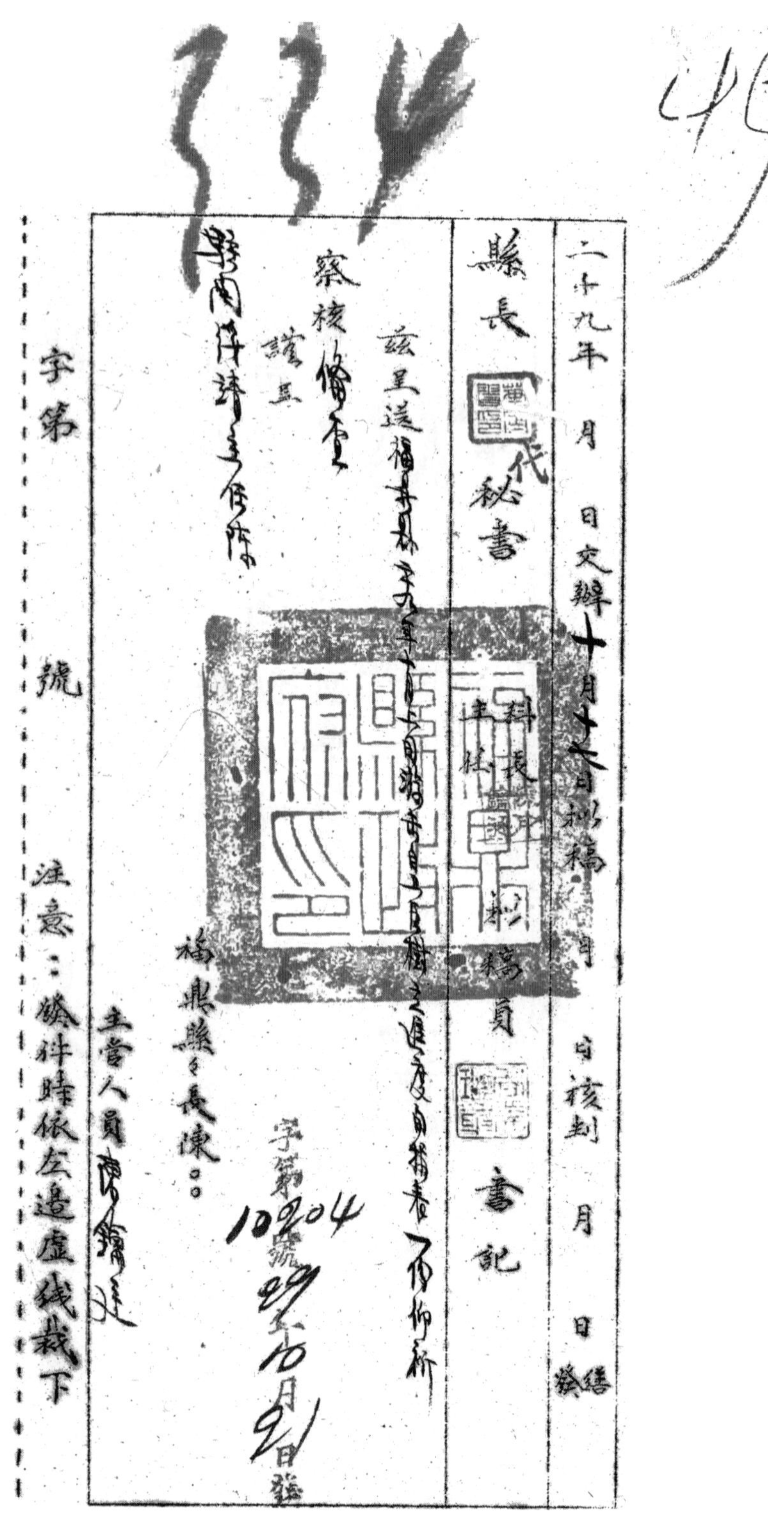

二十九年 月 日文辦 十月十七日擬稿 月 日核判 月 日繕發

縣長 代秘書

科長 主任 擬稿員 書記

玆呈送福鼎縣二十九年十月上旬游擊自衛區樹立進度旬報表一份，仰祈

察核備查。

謹呈

駐閩綏靖主任陳

福鼎縣縣長陳○○

主管人員

字第10204號 29年10月21日發

字第 號

注意：發件時依左邊虛綫裁下

福鼎县政府关于呈送福鼎县二十九年十月上旬游击自卫区树立进度旬报表给驻闽绥靖主任公署的呈文(附表)(1940年10月21日) G133-003-0087

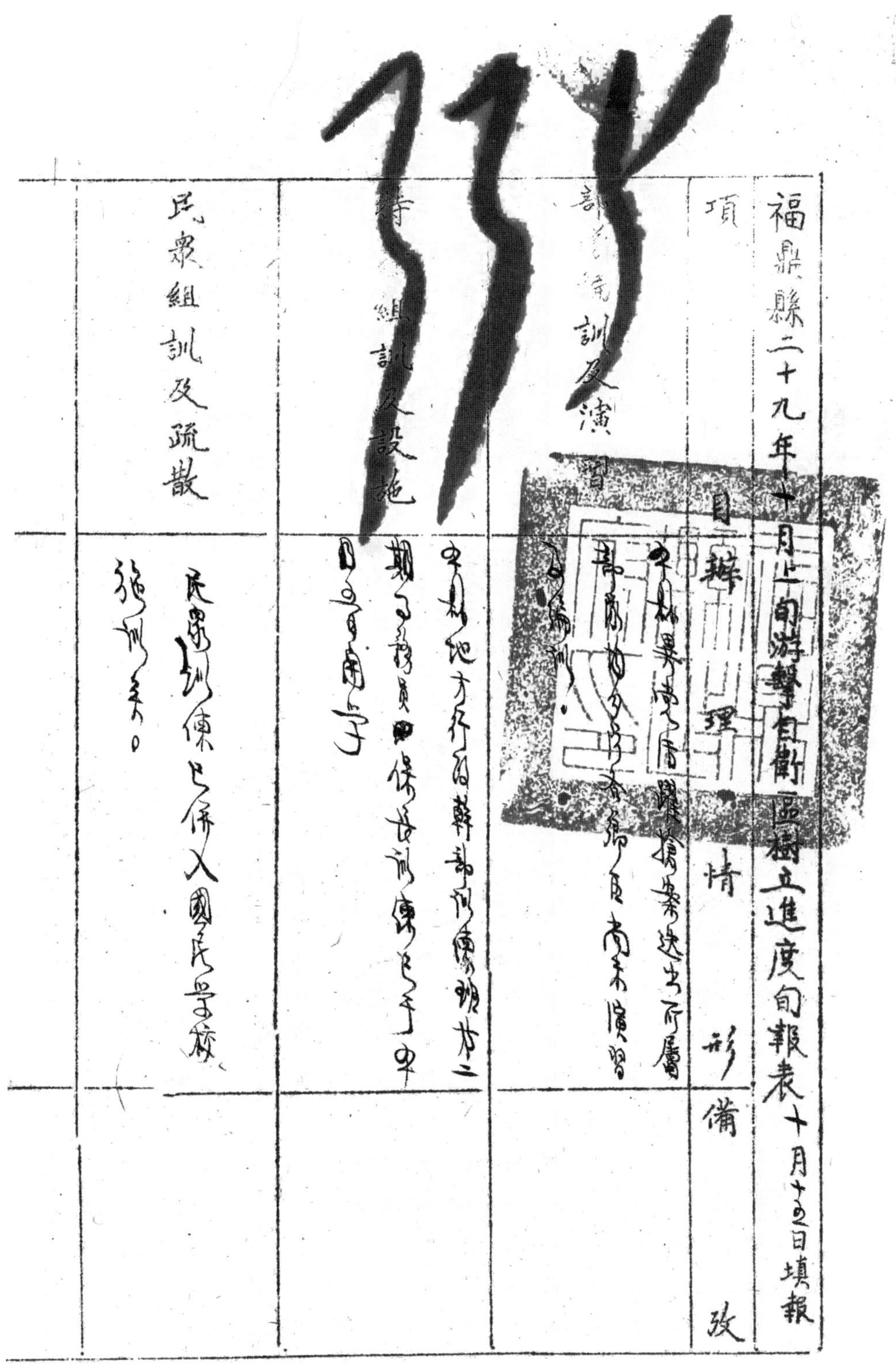

福鼎县二十九年十月上旬游击自卫区树立进度旬报表

(1940 年 10 月 15 日)a 面　G133-003-0087

資源移藏及儲備	工事構築狀況	交通通信補給衛生之設施	其他	附記
無	無	無		

福鼎县二十九年十月上旬游击自卫区树立进度旬报表

（1940年10月15日）b面　G133-003-0087

第754號
30年11月16日

收據 342

駐閩綏靖主任公署兼第二十五集團軍總司令部 回單

茲據福鼎縣呈送十月上旬該縣游擊根据地樹立進度旬報表壹份經核收無誤合給回單爲證

主任兼總司令 陳儀

中華民國廿九年十一月四日

駐闽绥靖主任公署兼第二十五集团军总司令部关于福鼎县呈送该县十月上旬游击根据地树立进度旬报表核收无误的证明回单(1940年11月4日) G133-003-0088

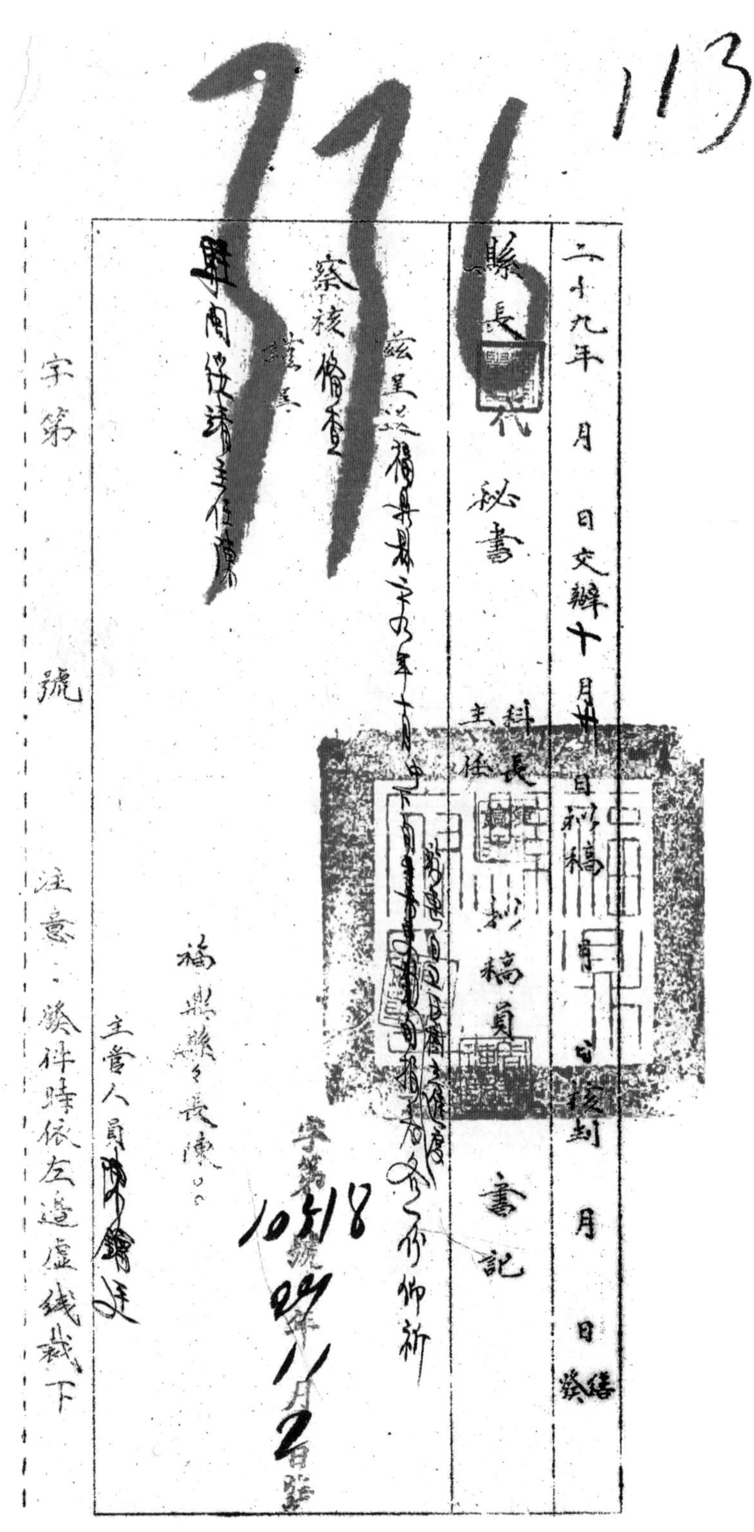

福鼎县政府关于呈送福鼎县二十九年十月中、下旬游击自卫区树立进度旬报表给驻闽绥靖主任公署的呈文(附表)(1940 年 11 月 2 日) G133-003-0087

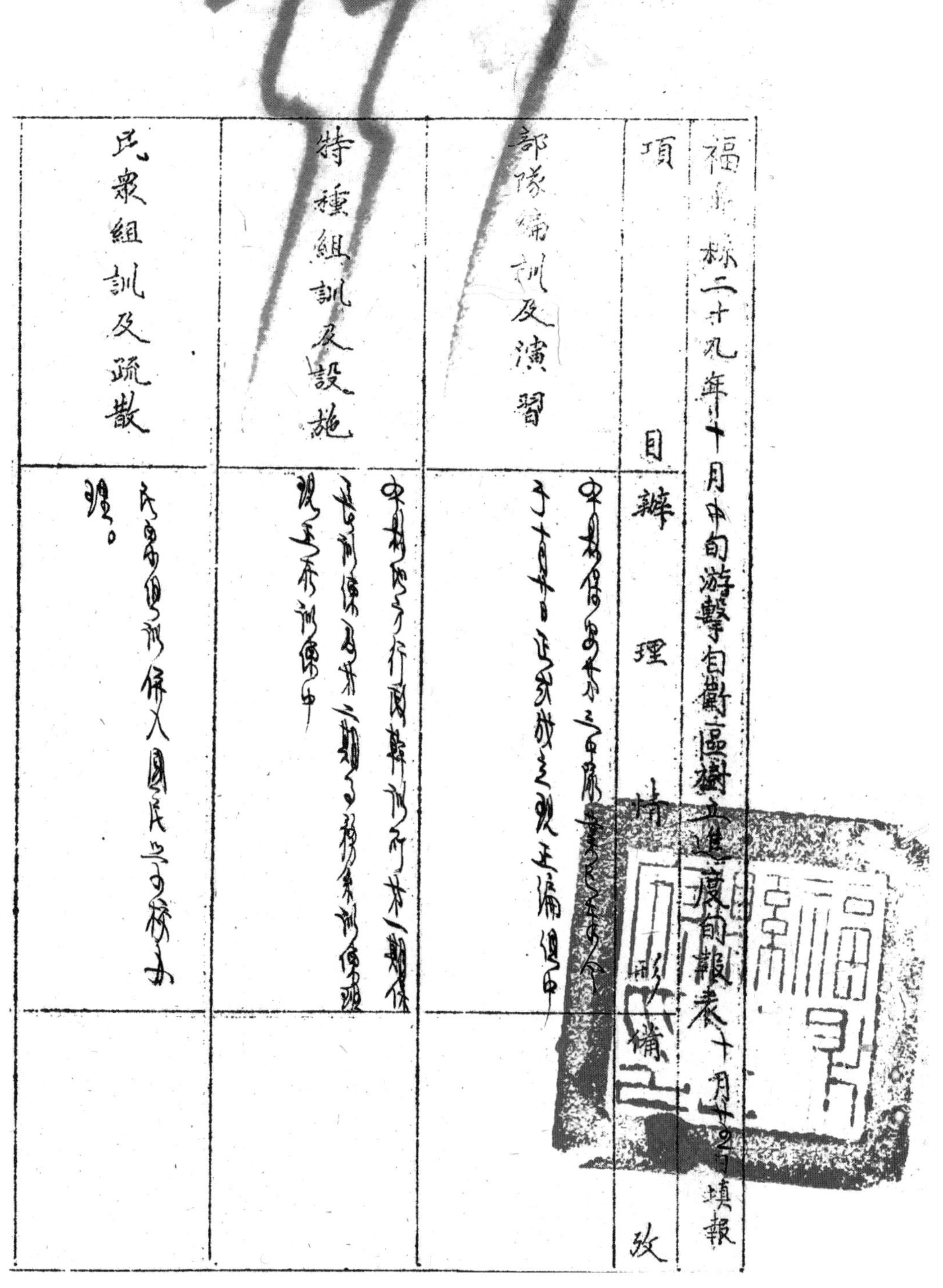

福鼎縣二十九年十月中旬游擊自衛區樹立進度旬報表　十月廿五日填報

項目	辦理情形	備攷
部隊編訓及演習	本縣保安第二中隊業已奉令于十月廿日正式成立，現正編組中。	
特種組訓及設施	本縣幹部訓練所第一期保長訓練已於二十日結束，第二期保甲長訓練班現正訓練中。	
民衆組訓及疏散	民衆組訓係入國民兵業務辦理。	

福鼎县二十九年十月中旬游击自卫区树立进度旬报表

(1940 年 10 月 25 日)a 面　G133-003-0087

資源移藏及儲備	工事構築狀況	交通通信補給衛生之設施	其他	附記
無	無	無		

福鼎县二十九年十月中旬游击自卫区树立进度旬报表

(1940年10月25日)b面 G133-003-0087

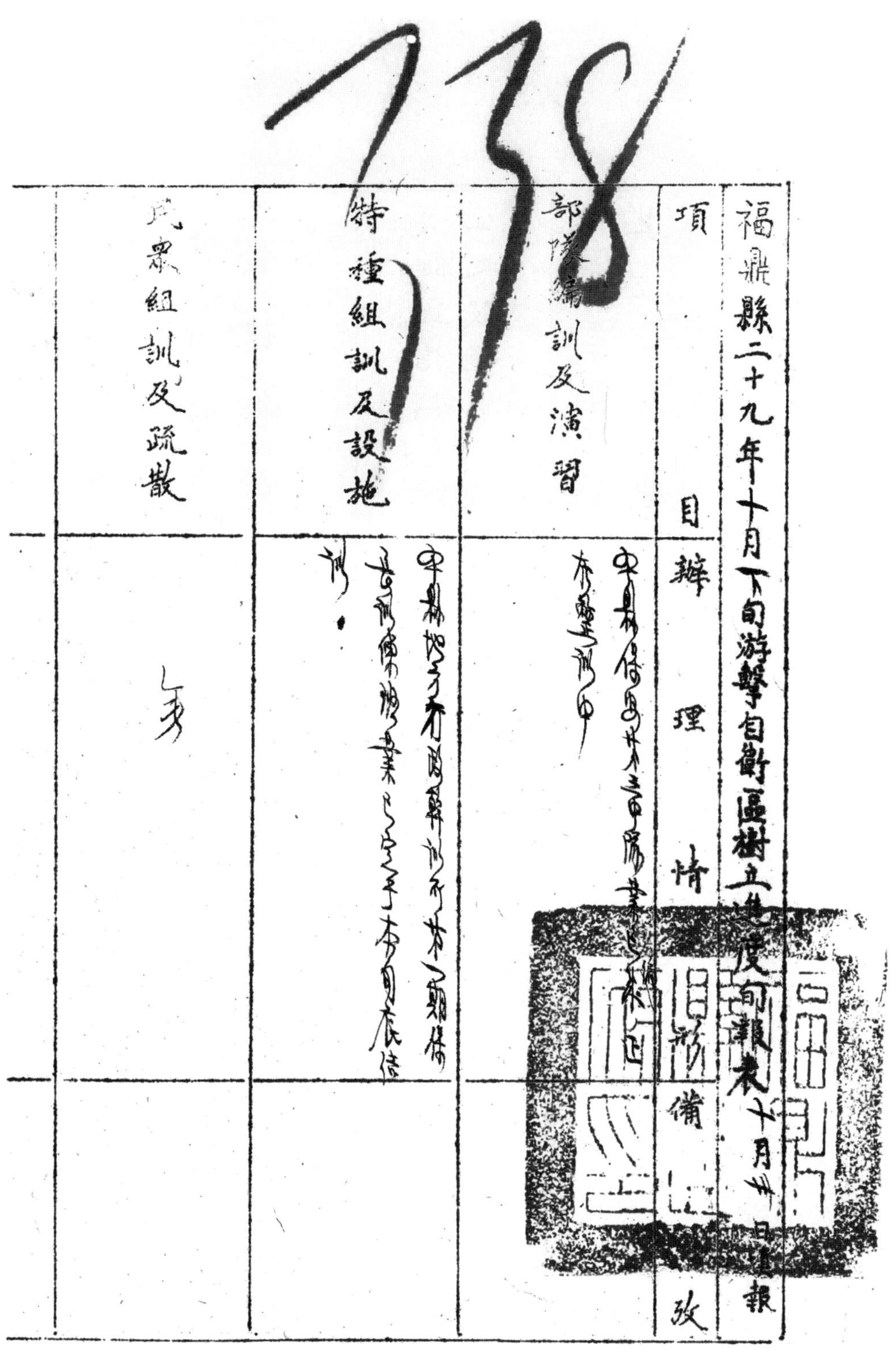

福鼎縣二十九年十月下旬游擊自衛區樹立進度旬報表　十月卅日呈報

項目	辦理情形	備攷
部隊編訓及演習	[illegible]	
特種組訓及設施	[illegible]	
民眾組訓及疏散	無	

福鼎县二十九年十月下旬游击自卫区树立进度旬报表

(1940 年 10 月 30 日)a 面　G133-003-0087

資源移藏及儲備	工事構築狀況	交通通信補給衛生之設施	其他	附記
無	無	無		

福鼎县二十九年十月下旬游击自卫区树立进度旬报表

(1940 年 10 月 30 日)b 面　G133-003-0087

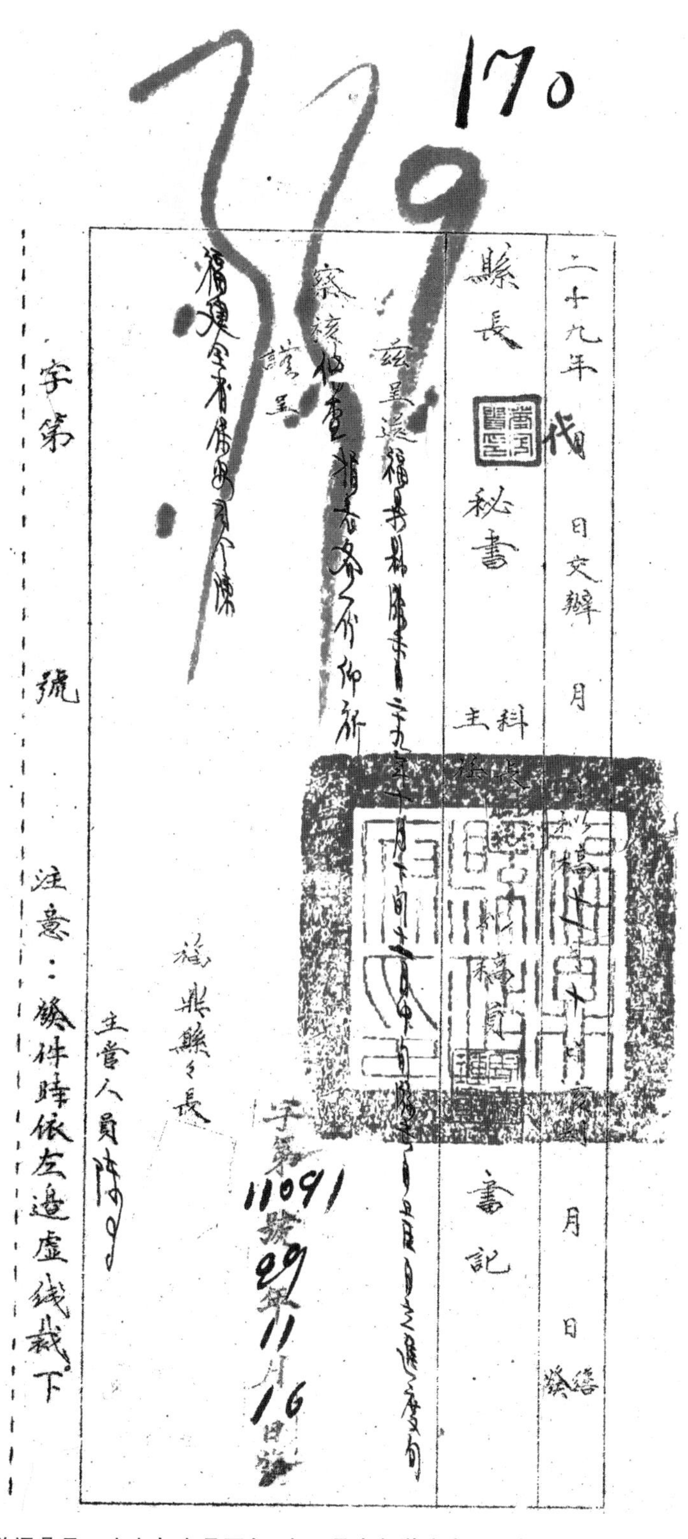

福鼎县政府关于呈送福鼎县二十九年十月下旬、十一月中旬游击自卫区树立进度旬报表给福建全省保安司令部的呈文(附表)(1940 年 11 月 16 日)　G133-003-0087

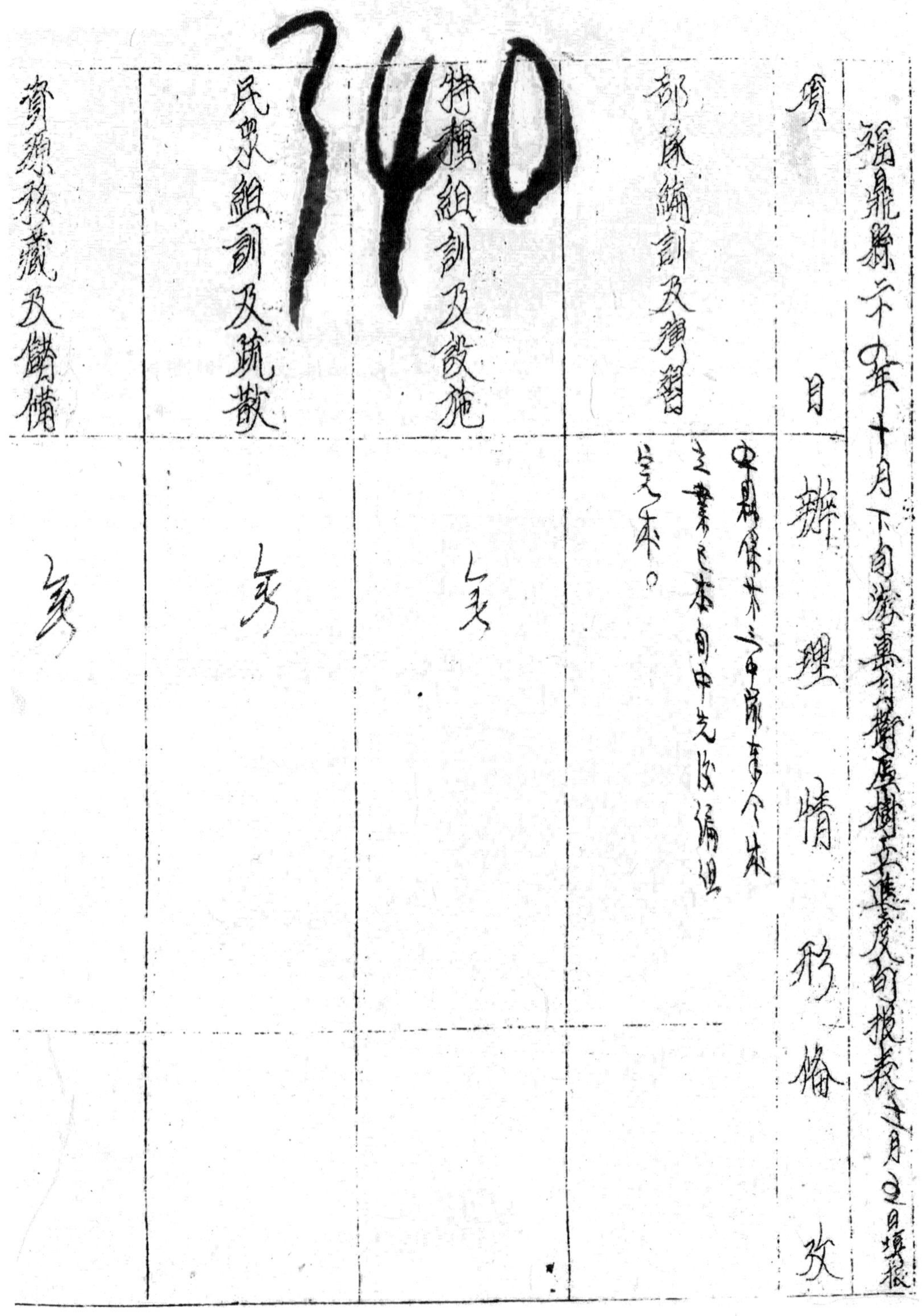

福鼎縣廿九年十月下旬游擊自衛區樹立進度旬報表 十一月五日填報

項目	辦理情形	備考
部隊編訓及操習	由縣保安第三中隊專人來之業已本旬中先後編組完成。	
特種組訓及設施	無	
民眾組訓及疏散	無	
資源移藏及儲備	無	

福鼎县二十九年十月下旬游击自卫区树立进度旬报表

(1940年11月5日)a面　G133-003-0087

工事構築狀况	交通通信補給衛生之設施	其他	附記
無	無		

福鼎县二十九年十月下旬游击自卫区树立进度旬报表

(1940年11月5日)b面　G133-003-0087

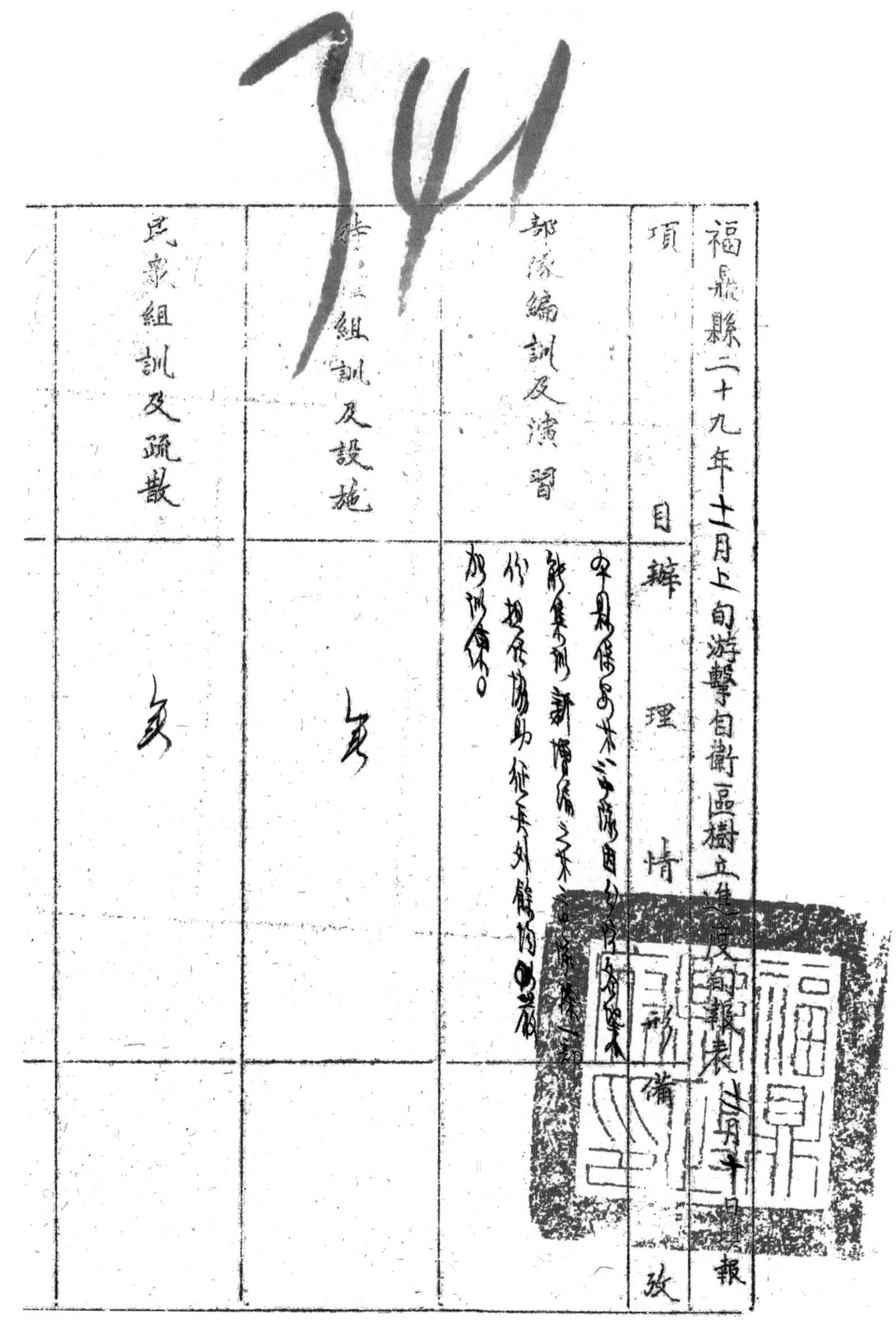

福鼎县二十九年十一月上旬游击自卫区树立进度旬报表

(1940年11月10日)a面　G133-003-0087

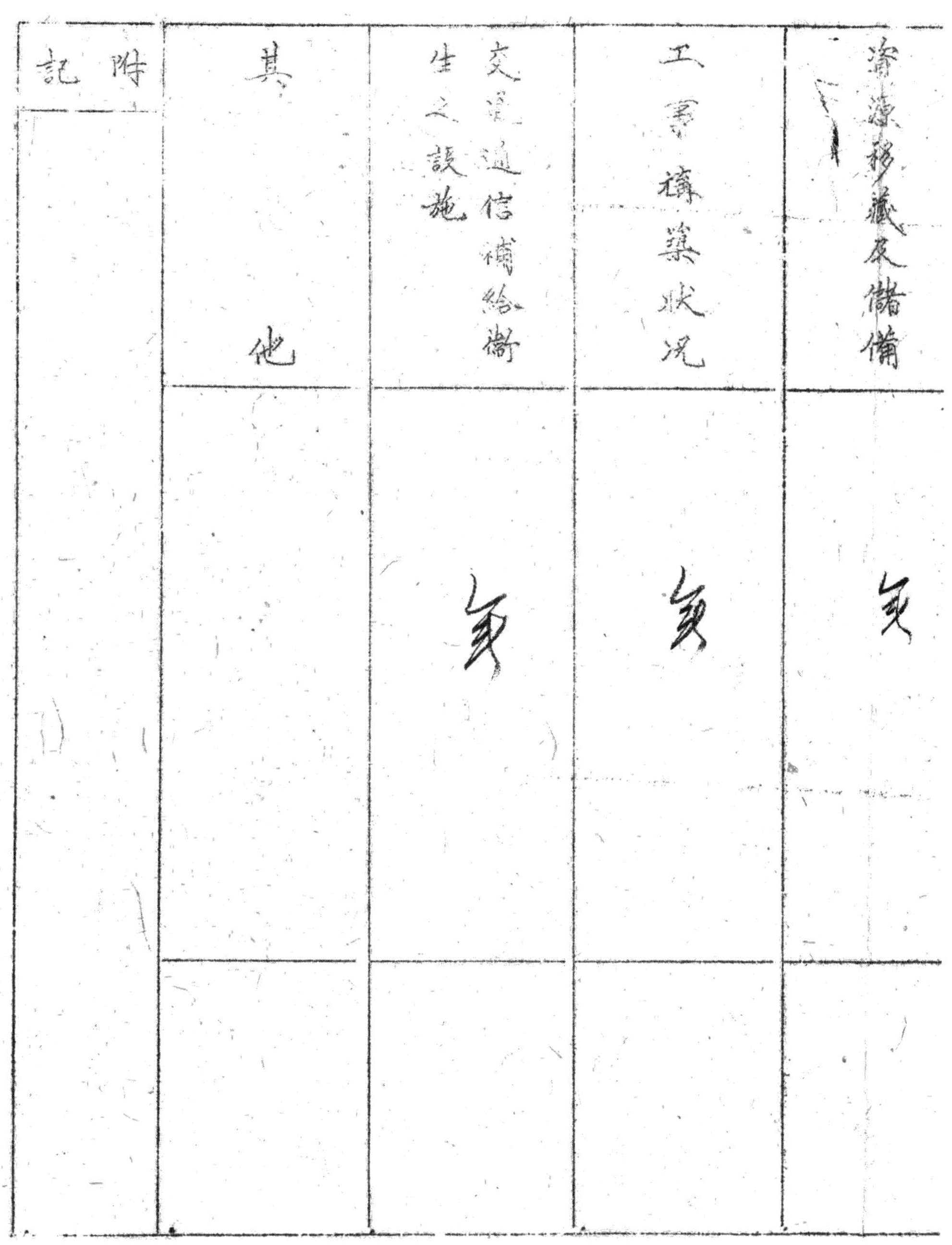

資源移藏及储備	工事構築狀況	交通通信補給衛生之設施	其他	附記
無	無	無		

福鼎县二十九年十一月上旬游击自卫区树立进度旬报表

(1940年11月10日)b面　G133-003-0087

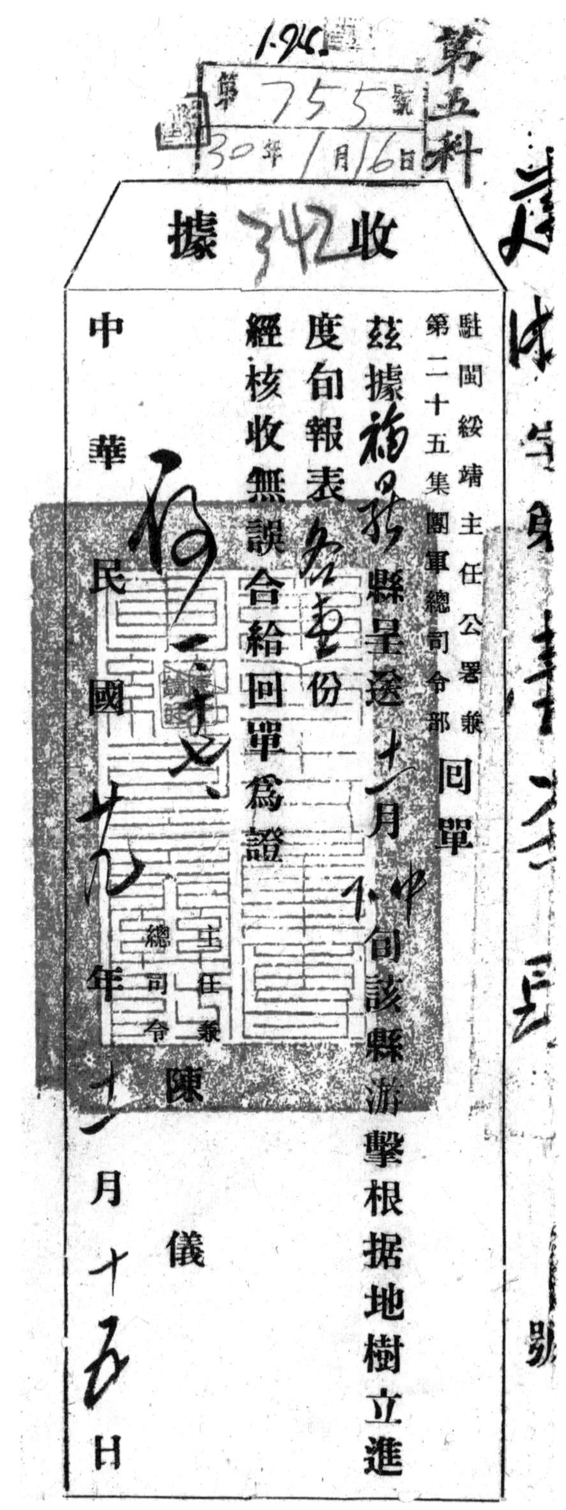

收據

駐閩綏靖主任公署兼第二十五集團軍總司令部回單

茲據福鼎縣呈送十一月中下旬該縣游擊根据地樹立進度旬報表叁份經核收無誤合給回單為證

主任兼總司令 陳儀

中華民國廿九年十一月十五日

驻闽绥靖主任公署兼第二十五集团军总司令部关于福鼎县呈送该县十一月中、下旬游击根据地树立进度旬报表核收无误的证明回单(1940年11月15日) G133-003-0087

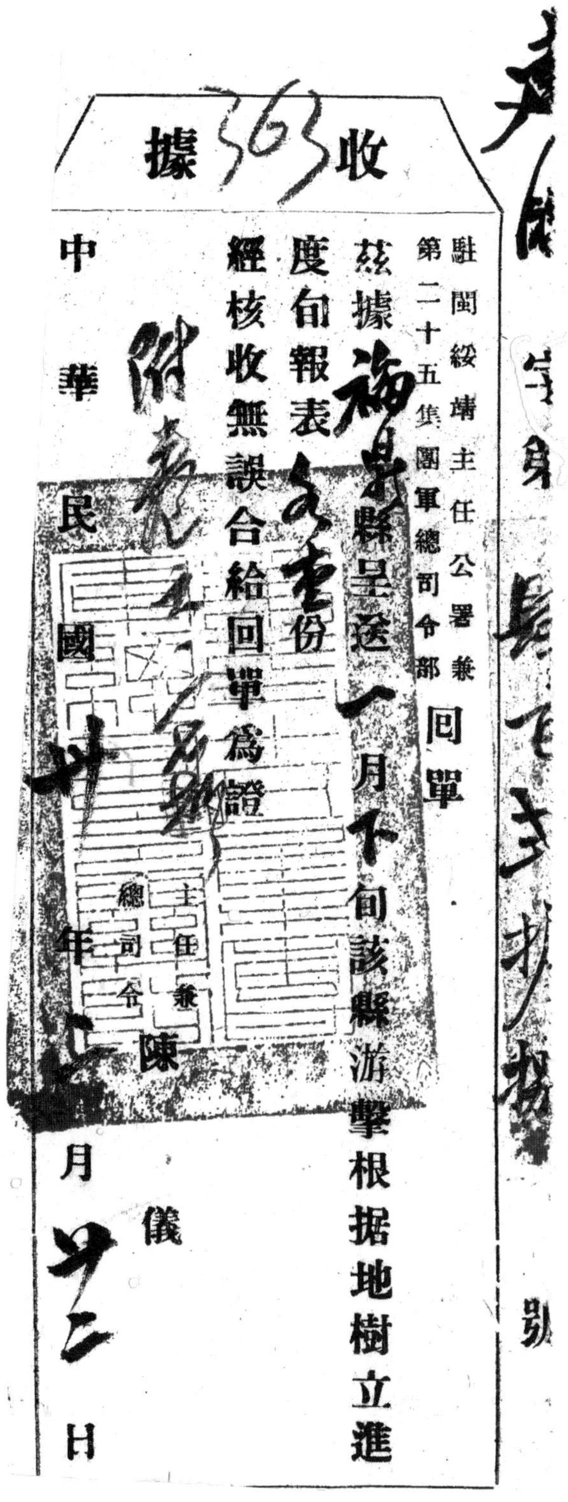
收據 363

駐閩綏靖主任公署兼第二十五集團軍總司令部回單

茲據福鼎縣呈送一月下旬該縣游擊根据地樹立進度旬報表一份經核收無誤合給回單為證

附表五份

主任兼總司令陳儀

中華民國卅年二月廿二日

駐闽绥靖主任公署兼第二十五集团军总司令部关于福鼎县呈送该县一月下旬游击根据地树立进度旬报表核收无误的证明回单(1941年2月22日) G133-003-0088

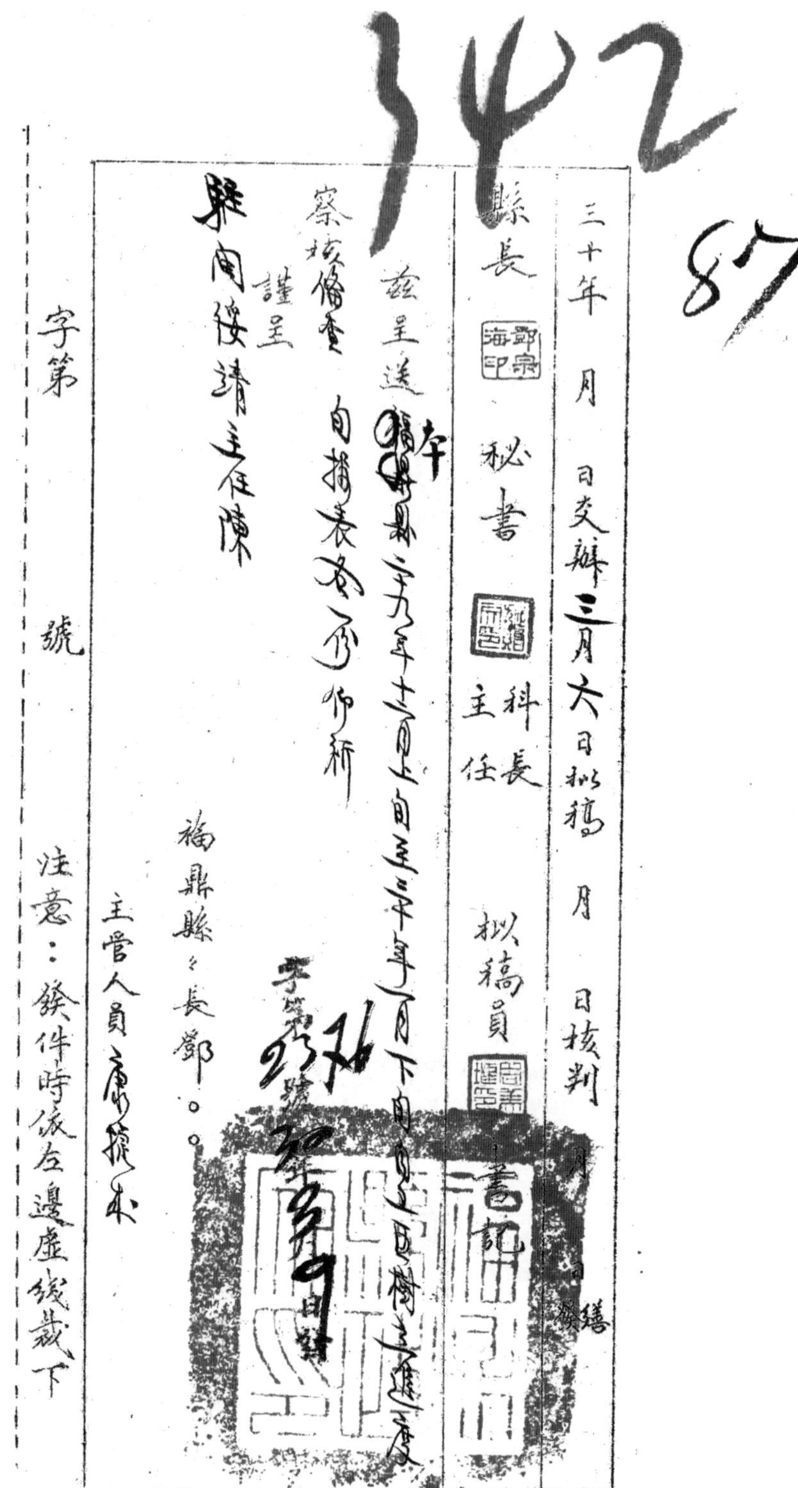

三十年　月　日交辦　三月六日擬稿　月　日核判　月　日繕

縣長　秘書　科長　主任　擬稿員　書記

茲呈送福鼎縣二十九年十二月上旬至三十年一月下旬自衛區樹立進度旬報表各乙份仰祈

察核備查

謹呈

駐閩綏靖主任陳

福鼎縣縣長鄧〇〇

主管人員

字第　號

注意：發件時依左邊虛線裁下

福鼎县政府关于呈送福鼎县二十九年十二月上旬至三十年一月下旬游击自卫区树立进度旬报表给驻闽绥靖主任公署的呈文(附表)(1941年3月9日)　G133-003-0087

福鼎縣二十九年十二月上旬游擊自衛區樹立進度旬報表　月　日填報

項目	辦理情形	備考
部隊編訓及演習	本縣自衛第三中隊現正在集訓大隊續訓中，其一、二兩中隊擔任防務，暫難集訓。	
特種組訓及設施	第一後備隊第一期國民兵訓練自十一月一日開始，現正在訓練中；第二後備隊第一期國民兵訓練于本日開始。	
民衆組訓及疏散	本縣民衆組訓併入國民學校辦理	

福鼎县二十九年十二月上旬游击自卫区树立进度旬报表
(1940年12月)a面　G133-003-0087

資源移藏及儲備	工事構築狀況	交通通信補給衛生之設施	其他	附記
無	無	購買電話線修築至[illegible]鄉村電話。		

福鼎县二十九年十二月上旬游击自卫区树立进度旬报表

(1940年12月)b面　G133-003-0087

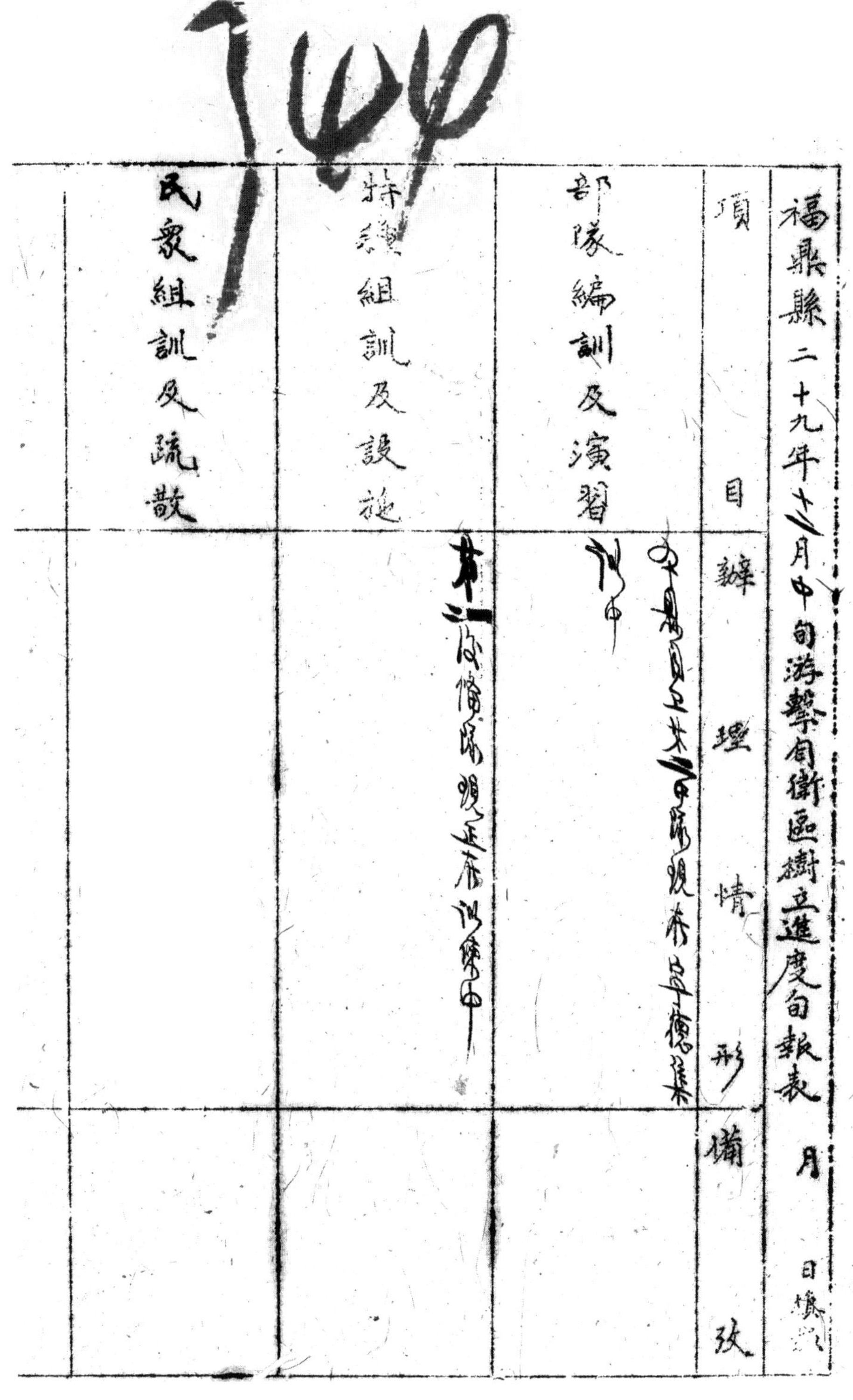

福鼎縣二十九年十二月中旬游擊自衛區樹立進度旬報表　月　日填報

項目	辦理情形	備考
部隊編訓及演習	本縣自衛大隊第二中隊現奉[illegible]集；訓練中	
特種組訓及設施	第二常備隊現正在訓練中	
民衆組訓及疏散		

福鼎县二十九年十二月中旬游击自卫区树立进度旬报表

(1940 年 12 月)a 面　G133-003-0087

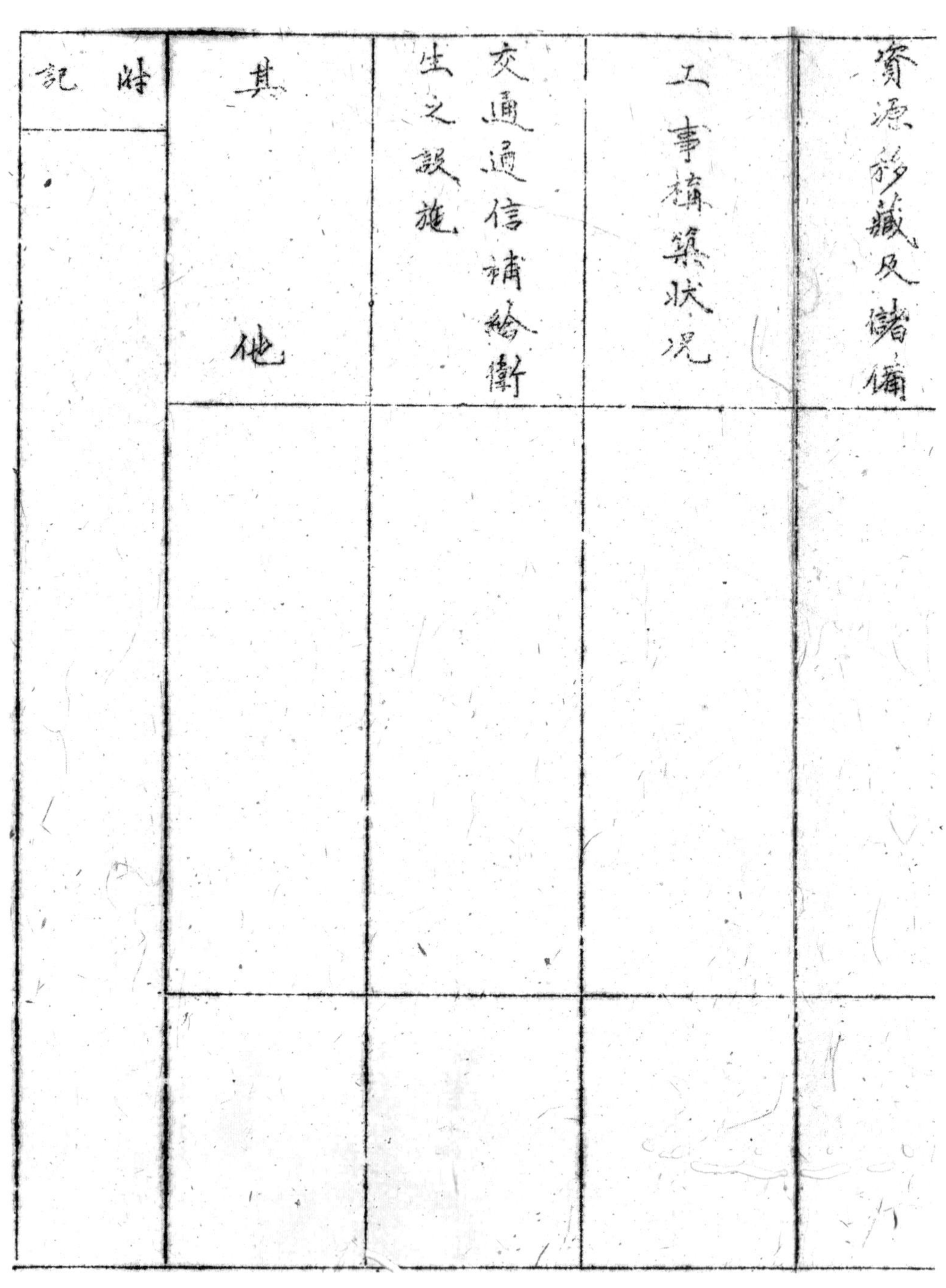

資源移藏及儲備	工事構築狀況	交通通信補給衛生之設施	其他	附記

福鼎县二十九年十二月中旬游击自卫区树立进度旬报表

(1940 年 12 月)b 面 G133-003-0087

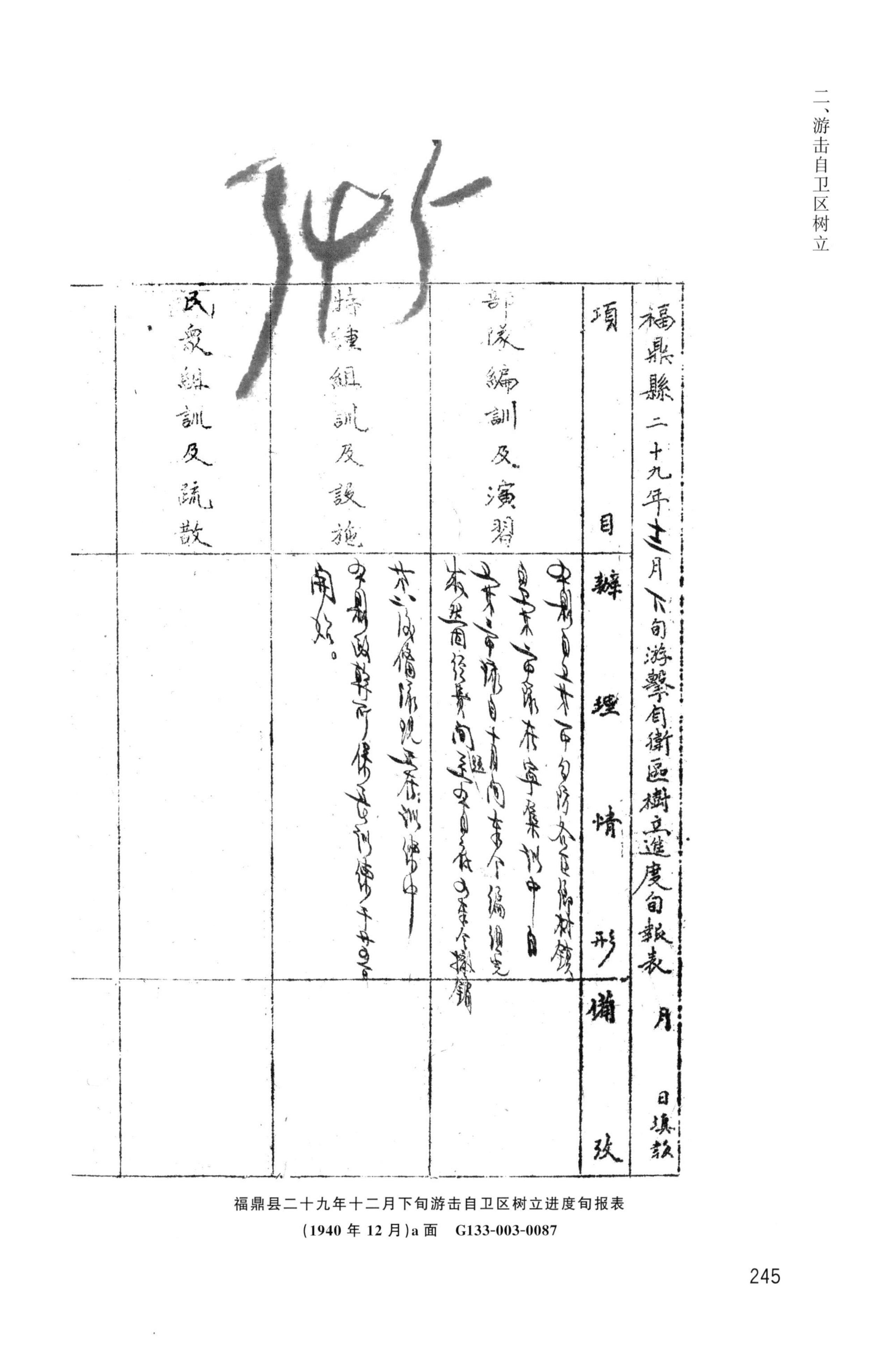

福鼎縣二十九年十二月下旬游擊自衛區樹立進度旬報表　月　日填報

項目	辦理情形	備攷
部隊編訓及演習	[illegible]	
特種組訓及設施	[illegible]	
民衆組訓及疏散		

福鼎县二十九年十二月下旬游击自卫区树立进度旬报表

(1940 年 12 月)a 面　G133-003-0087

資源移藏及儲備	工事構築狀况	交通通信補給衛生之設施	其他	附記

福鼎县二十九年十二月下旬游击自卫区树立进度旬报表
(1940年12月)b面 G133-003-0087

福鼎縣三十年一月上旬游擊自衛區樹立進度旬報表

月　日填報

項目	辦理情形	備考
部隊編訓及演習	因正值冬防防務繁忙，意[illegible]未自內停止整訓。	
特種組訓及設施	第三區增編[illegible]現正在組織中 政務所保甲組織尚在[illegible]訓中 本[illegible]于前此[illegible]亭保隊[illegible]設義計	一分隊現正在編組中
民眾組訓及疏散		

福鼎县三十年一月上旬游击自卫区树立进度旬报表

(1941 年 1 月)a 面　G133-003-0087

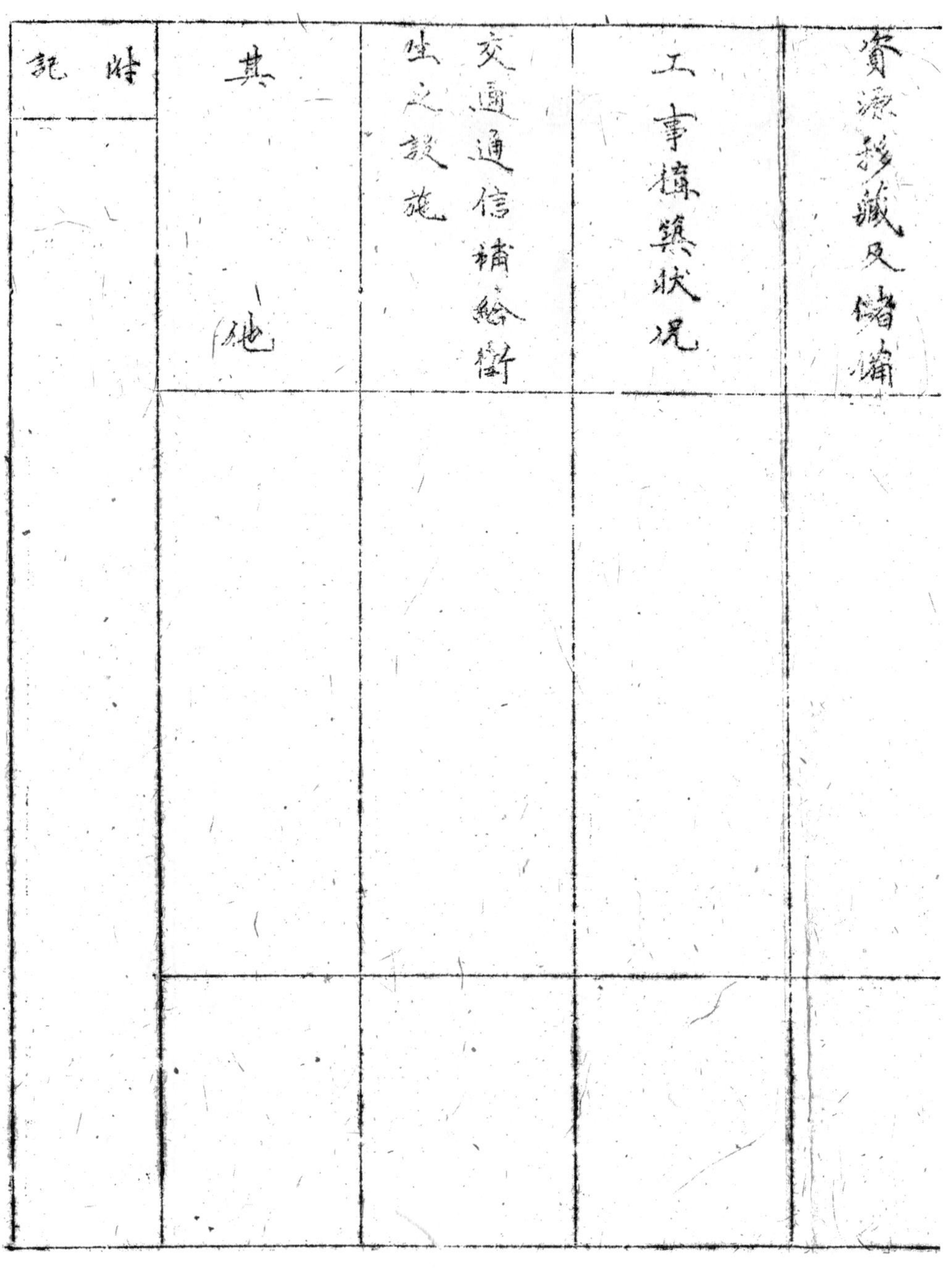

資源移藏及儲備	工事構築狀況	交通通信補給斷坐之設施	其他	附記

福鼎县三十年一月上旬游击自卫区树立进度旬报表
(1941 年 1 月)b 面 G133-003-0087

御

福鼎縣三十年一月中旬游擊自衛區樹立進度旬報表　月　日填

項目	辦理情形	備考
部隊編訓及演習	因防務繁重，自衛隊分防各鄉區，除各隊利用時間分別施訓外，不便集訓。	
特種組訓及設施	第二次常備隊第一期國民兵訓練尚在施訓中。義勇壯丁常備隊正在復訓中。縣幹部保甲長訓練班尚在施訓中。	
民衆組訓及疏散		

福鼎县三十年一月中旬游击自卫区树立进度旬报表

(1941年1月)a面　G133-003-0087

資源移藏及儲備	工事構築狀況	交通通信補給衛生之設施	其他	附記

福鼎县三十年一月中旬游击自卫区树立进度旬报表

（1941 年 1 月）b 面　G133-003-0087

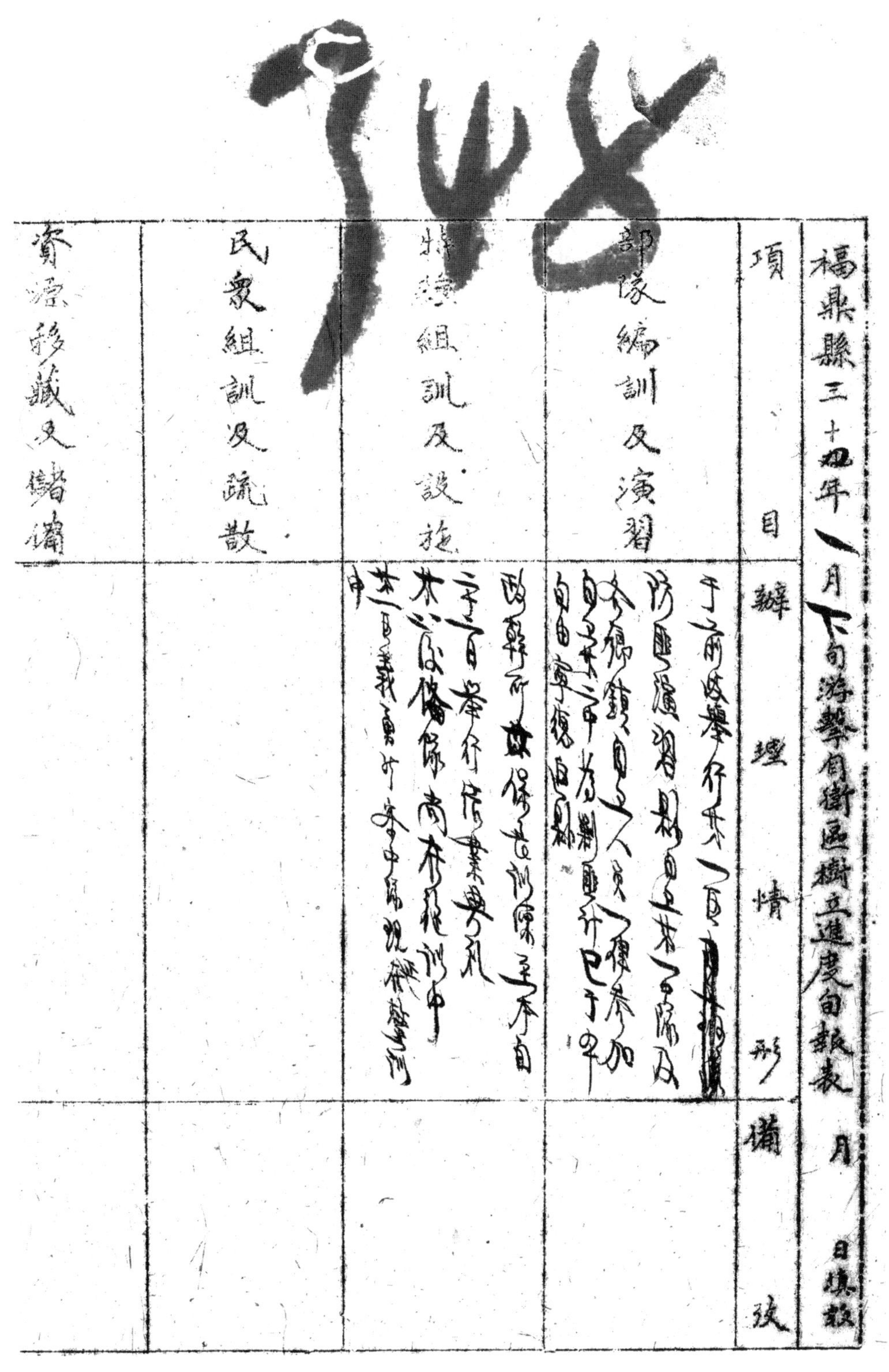

福鼎縣三十年一月下旬游擊自衛區樹立進度旬報表　月　日填報

項目	辦理情形	備考
部隊編訓及演習	[illegible]	
特務組訓及設施	[illegible]	
民衆組訓及疏散		
資源移藏及儲備		

福鼎县三十年一月下旬游击自卫区树立进度旬报表

(1941 年 1 月)a 面　G133-003-0087

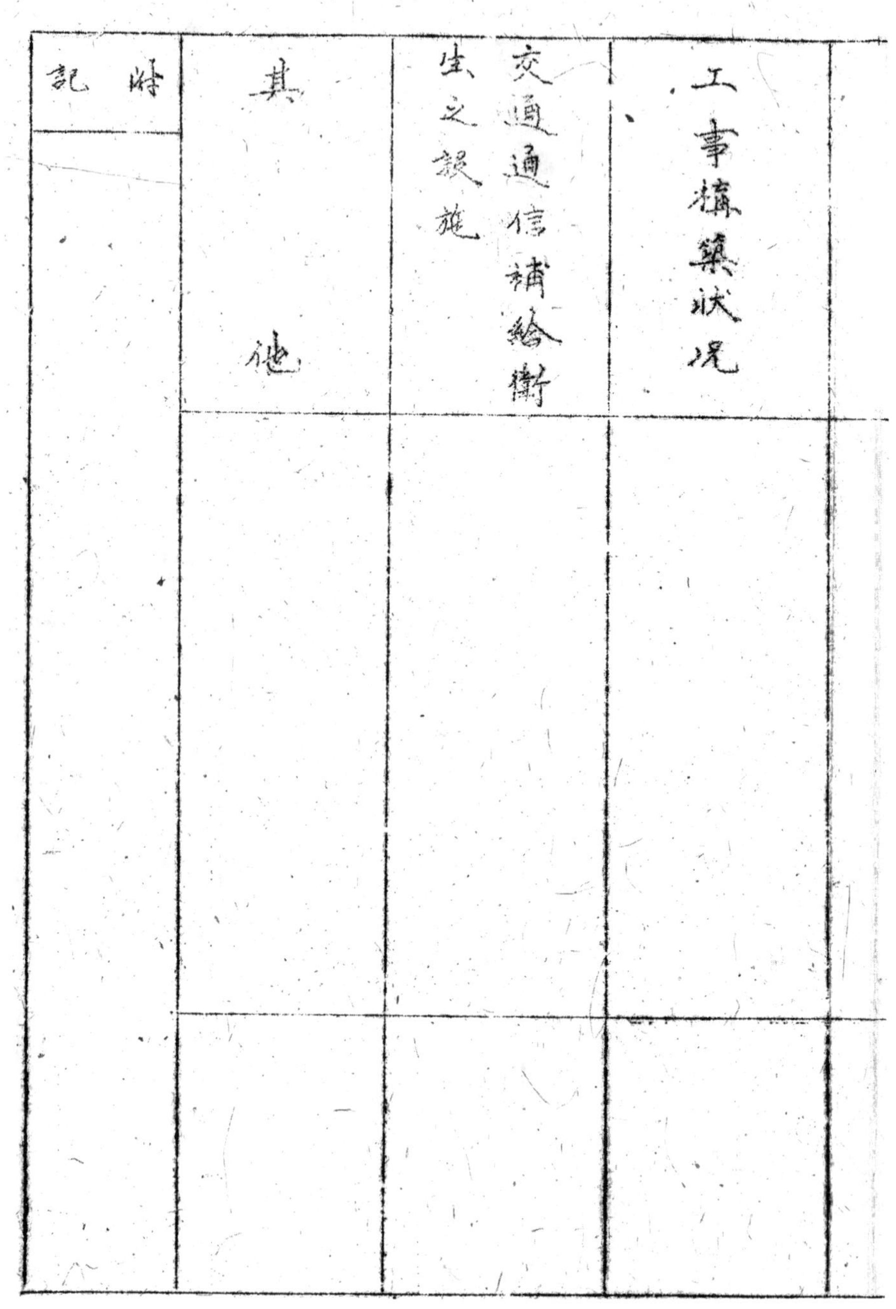

工事構築狀況	交通通信補給衛生之設施	其他	附記

福鼎县三十年一月下旬游击自卫区树立进度旬报表

(1941年1月)b面　G133-003-0087

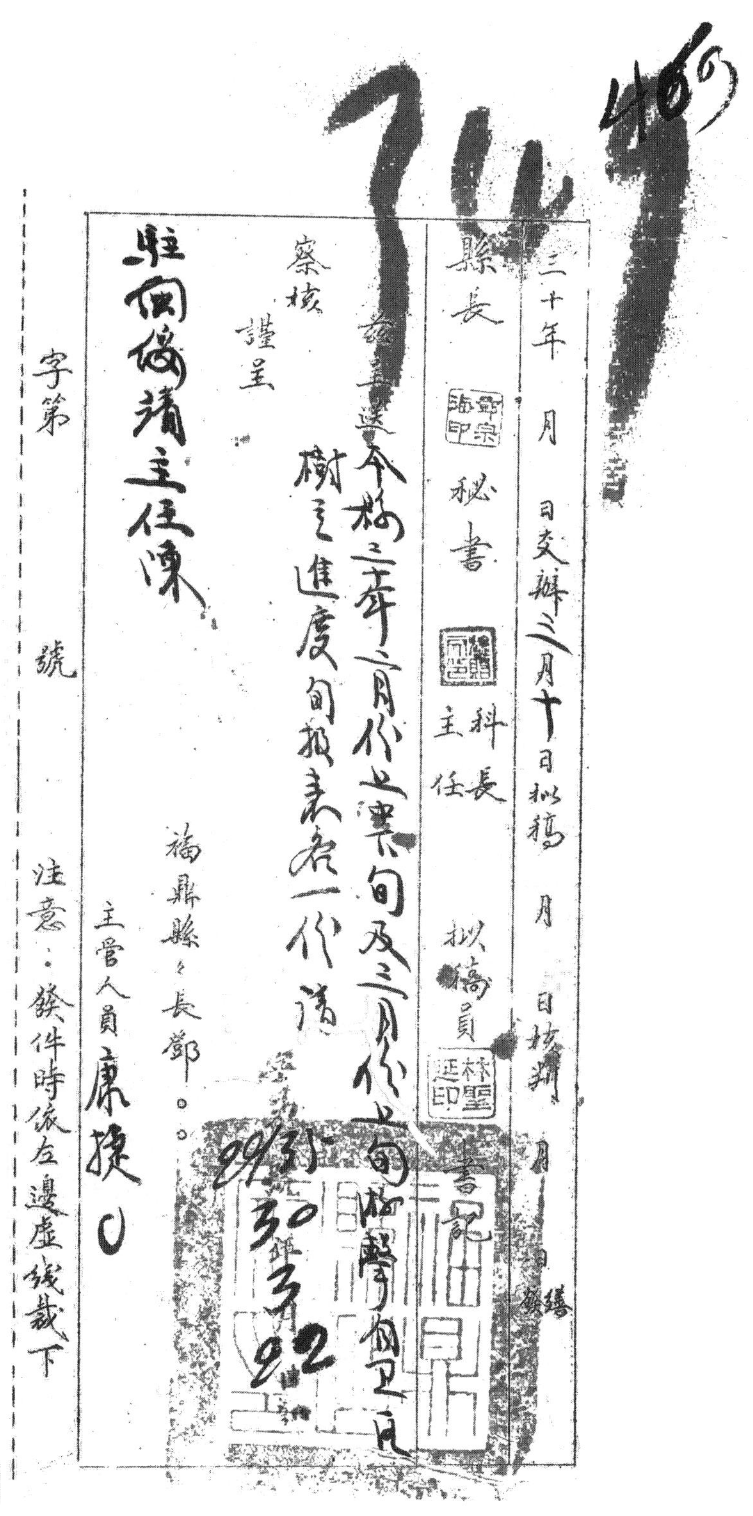

福鼎县政府关于呈送福鼎县三十年二月上、中、下旬及三月上旬游击自卫区树立进度旬报表给驻闽绥靖主任公署的呈文(附表)(1941 年 3 月 22 日) G133-003-0088

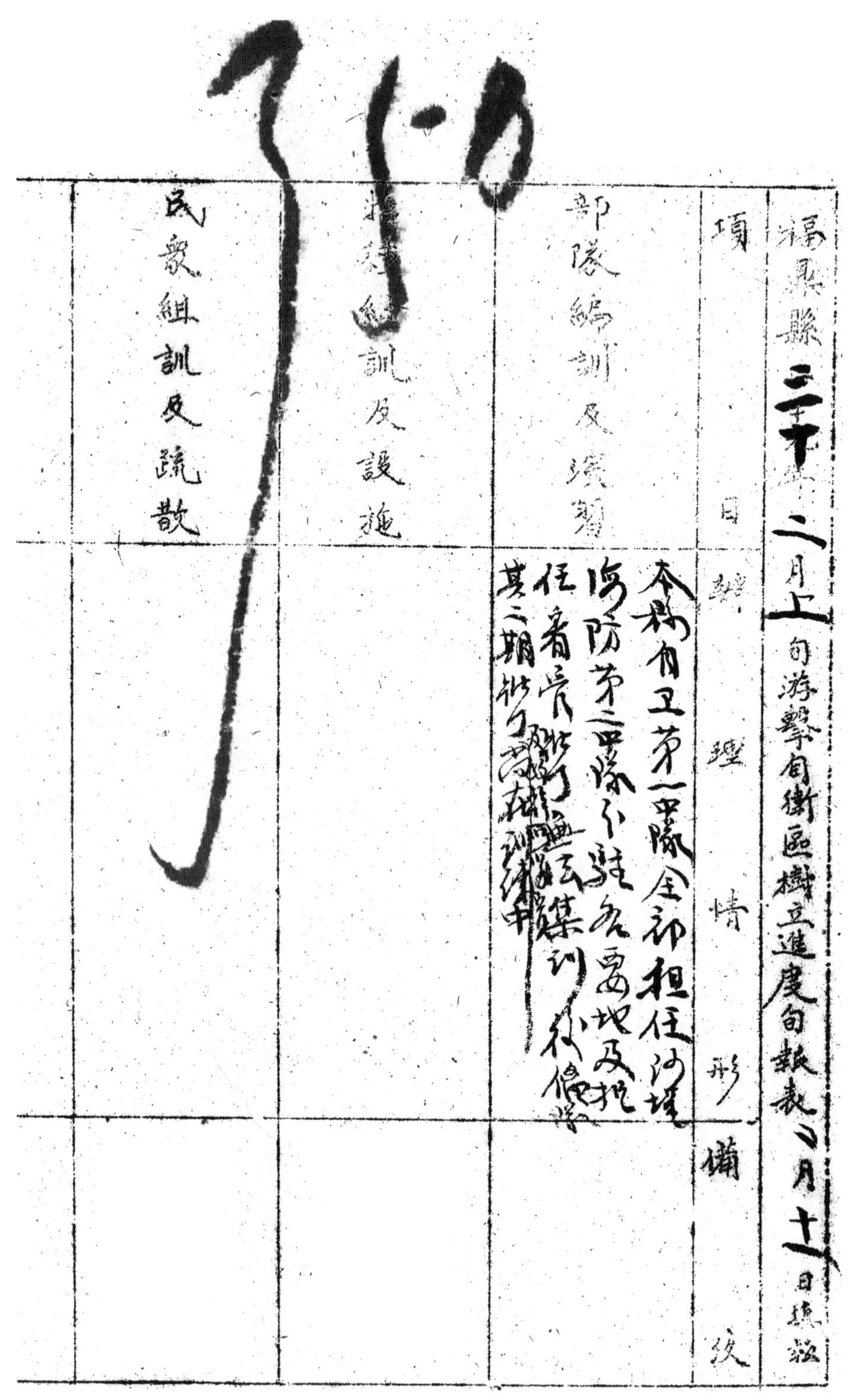

福鼎縣三十年二月上旬游擊自衛區樹立進度旬報表 二月十一日填報

項目	辦理情形	備攷
部隊編訓及演習	本縣自卫第一中隊全部担任沙埕海防第二中隊分駐各要地及担任看管[illegible]集训[illegible]	
據點編訓及設施		
民衆組訓及疏散		

福鼎县三十年二月上旬游击自卫区树立进度旬报表

(1941年2月11日)a面　G133-003-0088

附記	其他	交通通信補給衛生之設施	工事構築狀况	資源移藏及儲積

福鼎县三十年二月上旬游击自卫区树立进度旬报表

(1941年2月11日)b面　G133-003-0088

351

福鼎縣三十年二月中旬游擊自衛區樹立進度旬報表　二月廿一日填報

項目	辦理情形	備攷
部隊編訓及演習	自卫第一中隊於十七日調駐前岐剿匪第二中隊往省農排了均無法訓練二期後備隊鄭子暨附[illegible]兩分隊仍在訓練中	
特務組訓及設施		
民衆組訓及疏散		
資源移藏及儲備		

福鼎县三十年二月中旬游击自卫区树立进度旬报表

（1941年2月21日）a面　G133-003-0088

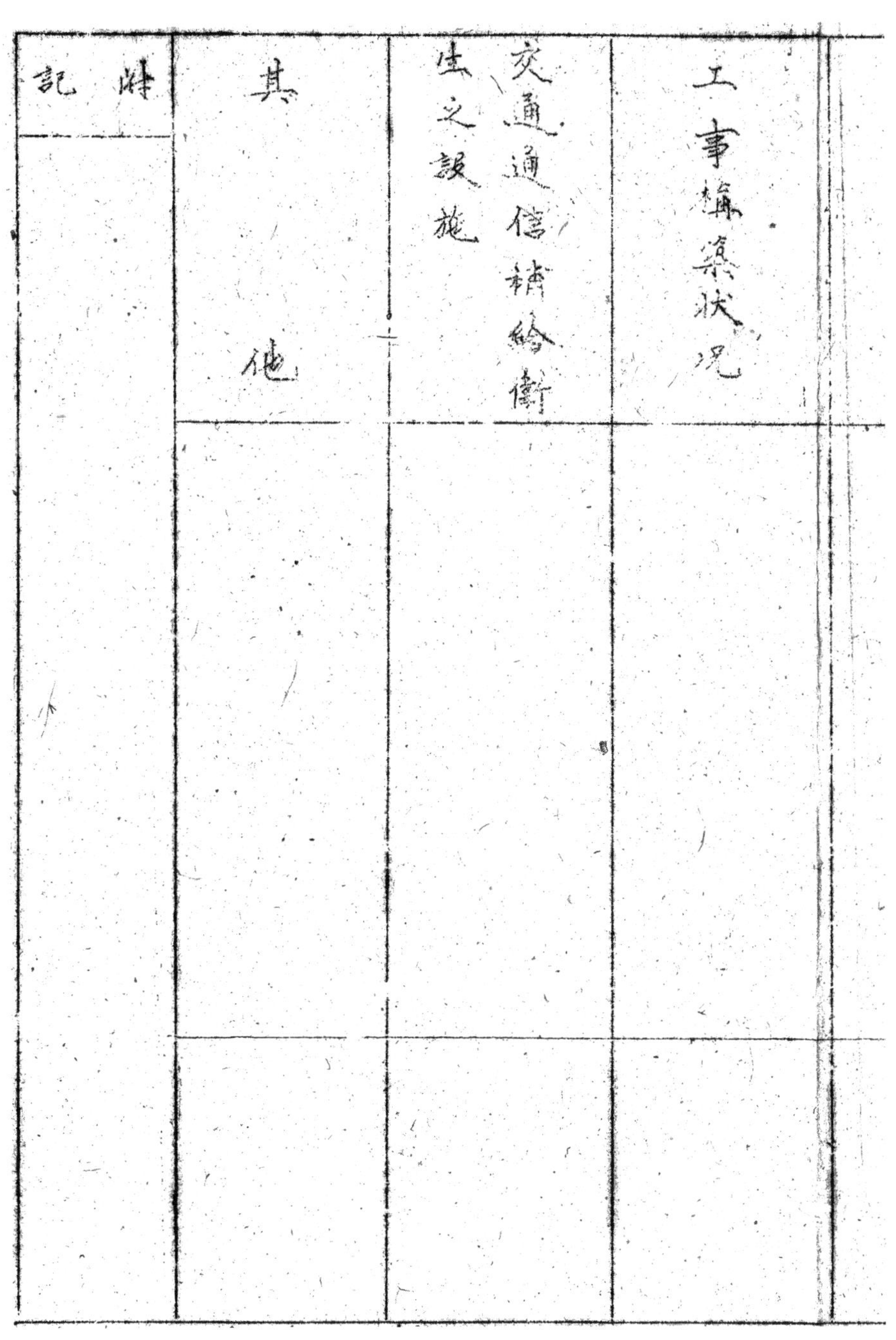

工事構築狀況

交通通信补給衛生之設施

其他

附記

福鼎县三十年二月中旬游击自卫区树立进度旬报表

(1941年2月21日)b面 G133-003-0088

福鼎縣三十年二月下旬游擊自衛區樹立進度旬報表　三月二日填報

項目	辦理情形	備攷
部隊編訓及演習	自卫第一二中队在郊任清剿工作及发现不法之徒即予剿缉備隊收穫所仍在積極剿缉	
特種組訓及設施		
民衆組訓及疏散		
資源移藏及儲備		

福鼎县三十年二月下旬游击自卫区树立进度旬报表

(1941年3月2日)a面　G133-003-0088

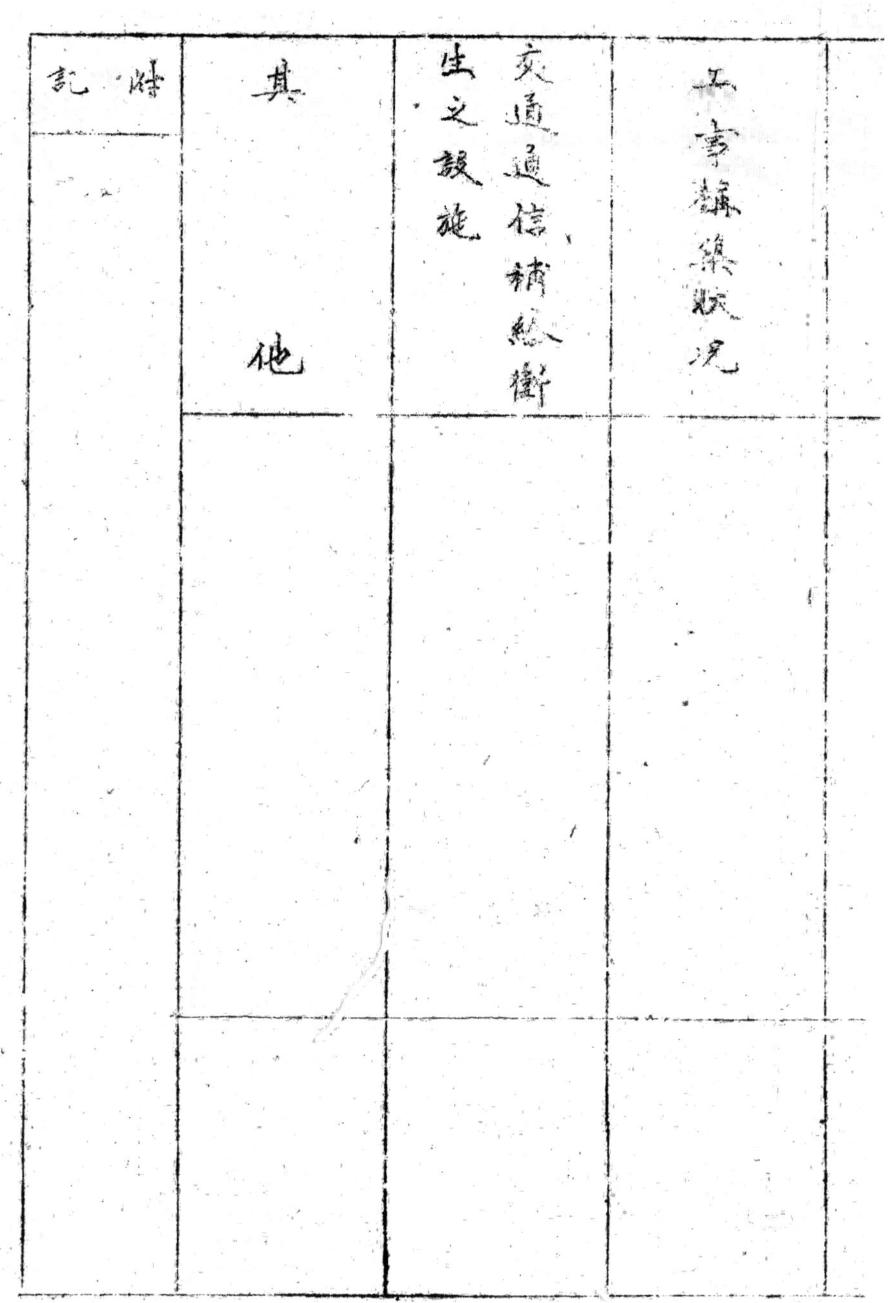

工事構築狀況	交通通信、補給衛生之設施	其他	附記

福鼎县三十年二月下旬游击自卫区树立进度旬报表

(1941年3月2日)b面　G133-003-0088

福鼎縣二十九年三月上旬游擊自衛區樹立進度旬報表 三月十一日填報

項目	辦理情形	備攷
部隊編訓及演習	自卫第一二中隊仍任剿匪工作未实施訓練二期和偏僻游擊及的群所以尚在訓練中	
特務組訓及設施		
民衆組訓及疏散		

福鼎县三十年三月上旬游击自卫区树立进度旬报表

(1941 年 3 月 11 日)a 面　G133-003-0088

資源移藏及儲備	工事構築狀況	交通通信補給衛生之設施	其他	附記

福鼎县三十年三月上旬游击自卫区树立进度旬报表

(1941年3月11日)b面　G133-003-0088

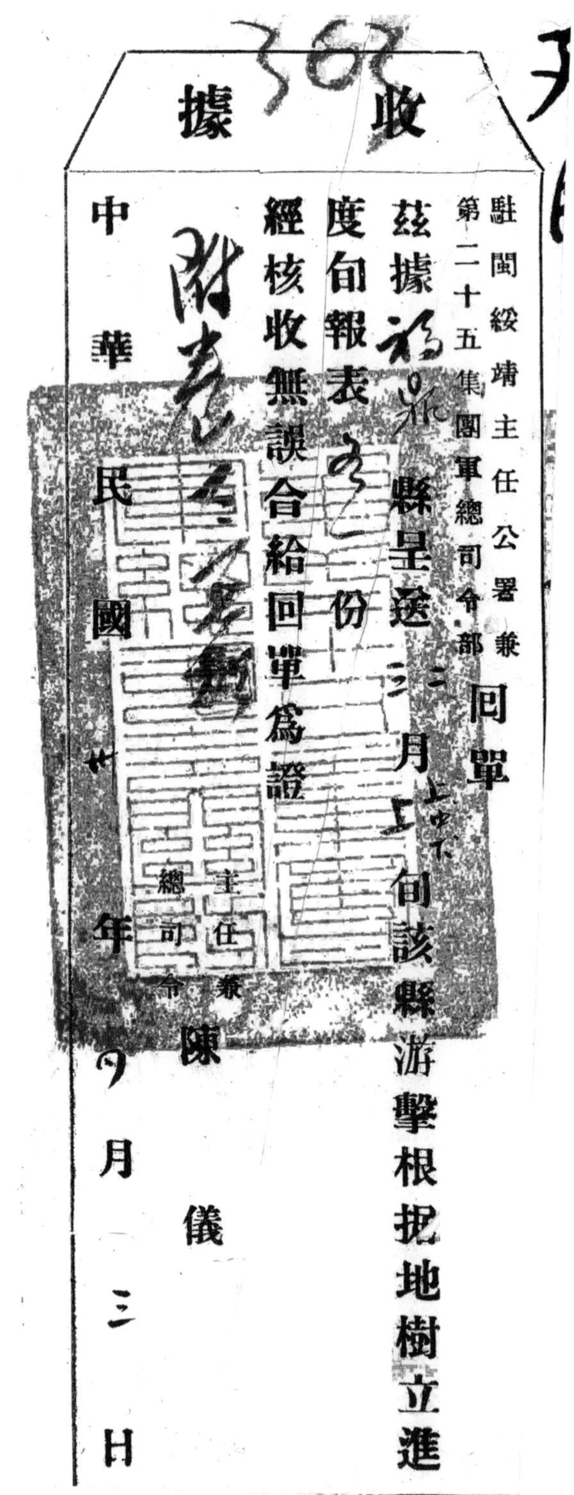

收據

駐閩綏靖主任公署兼第二十五集團軍總司令部回單

茲據福鼎縣呈送二月上中下、三月上旬該縣游擊根据地樹立進度旬報表各一份

經核收無誤合給回單為證

主任兼總司令 陳儀

中華民國卅年四月三日

驻闽绥靖主任公署兼第二十五集团军总司令部关于福鼎县呈送该县二月上、中、下旬，三月上旬游击根据地树立进度旬报表核收无误的证明回单（1941 年 4 月 3 日） G133-003-0088

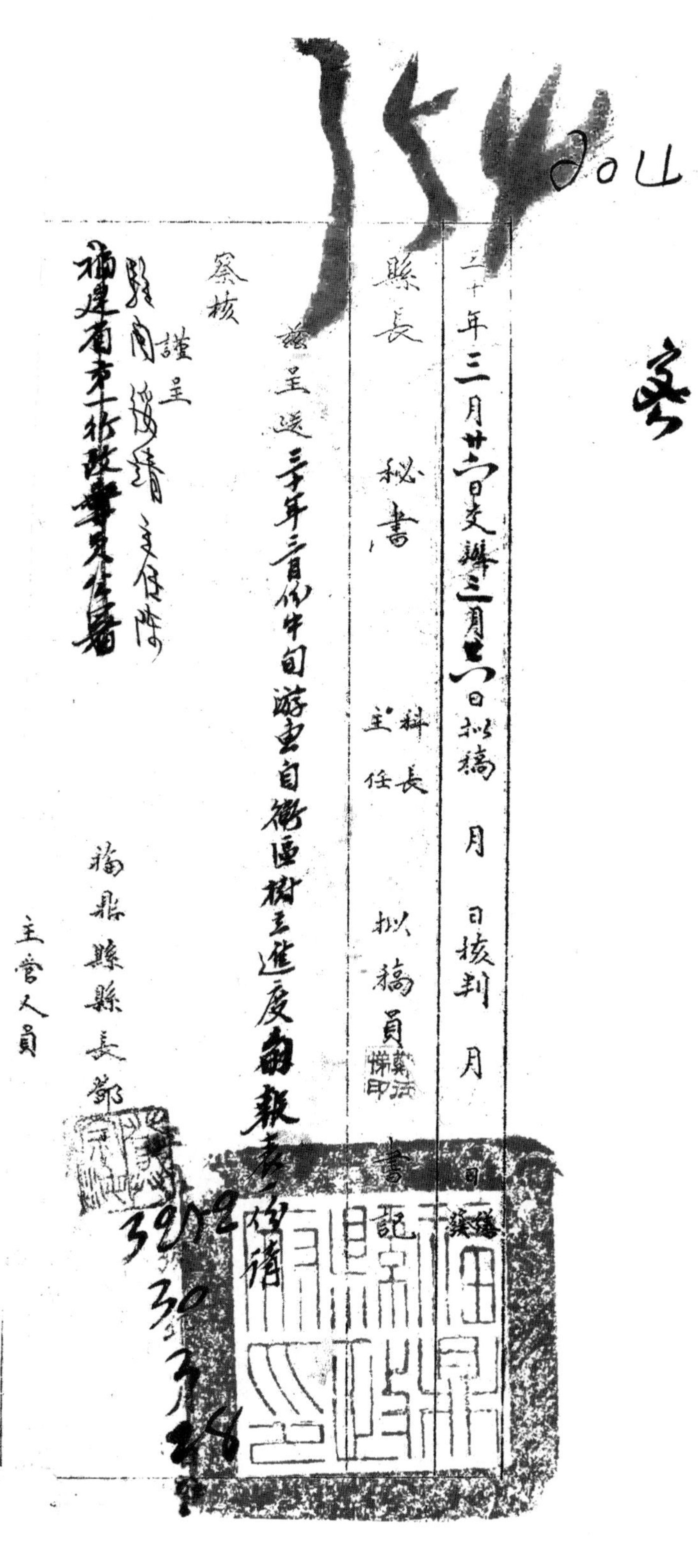

福鼎县政府关于呈送福鼎县三十年三月中旬游击自卫区树立进度旬报表给驻闽绥靖主任公署的呈文(附表)(1941 年 3 月 28 日)　G133-003-0088

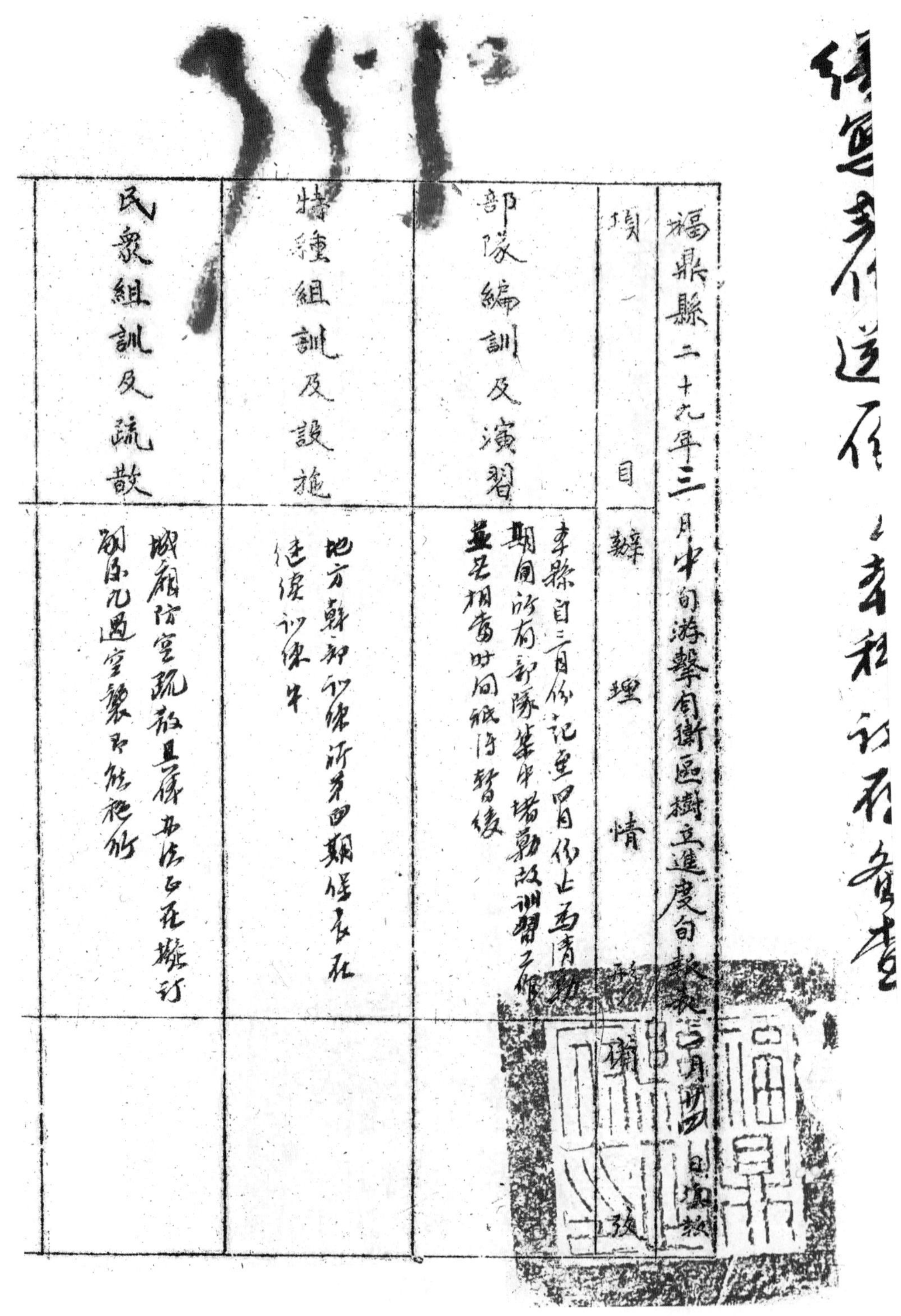

福鼎縣二十九年三月中旬游擊自衛區樹立進度旬報表　三月廿四日[illegible]

項目	辦理情形
部隊編訓及演習	本縣自三月份起至四月份止爲清勦期間所有部隊集中堵勦故訓習不能並因相當時間祇得暫緩
特種組訓及設施	地方幹部訓練所分四期保長在徒步訓練中
民衆組訓及疏散	城廂防空疏散[illegible]办法正在擬訂關係[illegible]遇空襲即能施行

福鼎县三十年三月中旬游击自卫区树立进度旬报表

(1941 年 3 月 24 日)a 面　G133-003-0088

資源移藏及儲備	工事構築狀況	交通通信補給衛生之設施	其他	附記
	派員隨时调查計劃修理	縣城至沙埕架設軍用電話		

福鼎县三十年三月中旬游击自卫区树立进度旬报表

(1941 年 3 月 24 日)h 面　G133-003-0088

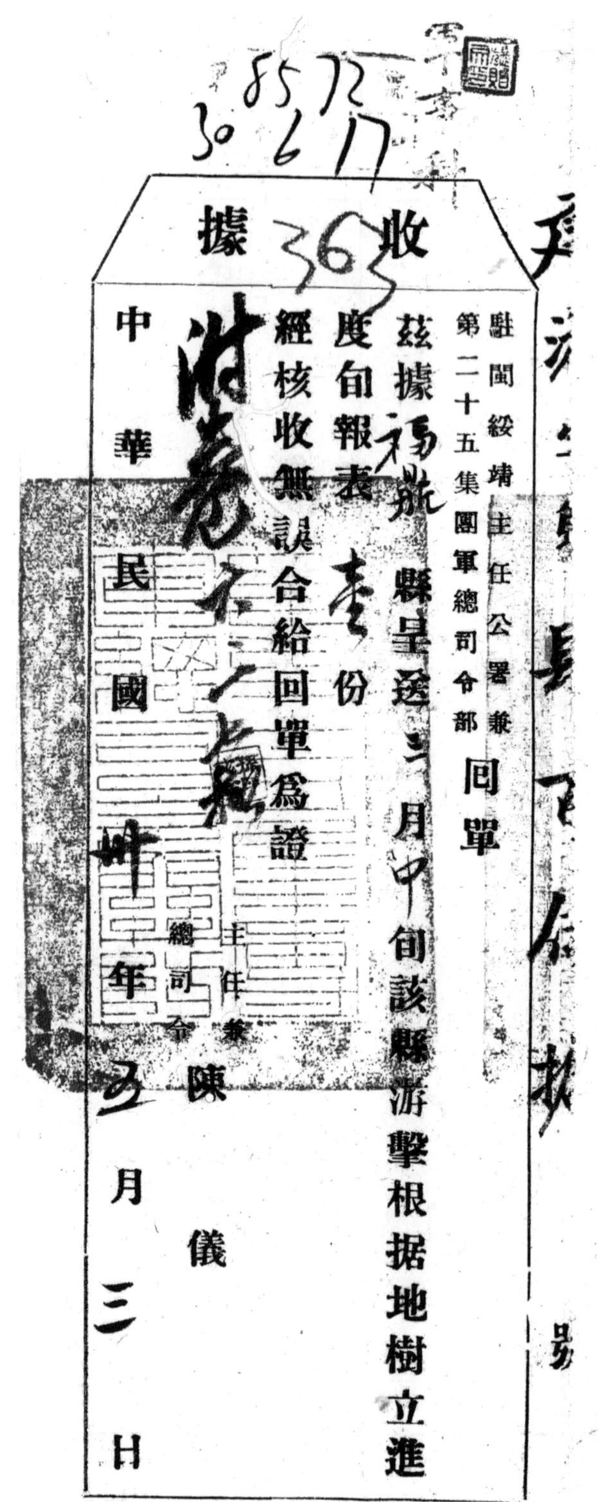
收據

駐閩綏靖主任公署兼第二十五集團軍總司令部回單

茲據福鼎縣呈送三月中旬該縣游擊根据地樹立進度旬報表壹份

經核收無誤合給回單爲證

主任兼總司令 陳儀

中華民國卅年五月三日

駐闽绥靖主任公署兼第二十五集团军总司令部关于福鼎县呈送该县三月中旬游击根据地树立进度旬报表核收无误的证明回单(1941年5月3日) G133-003-0088

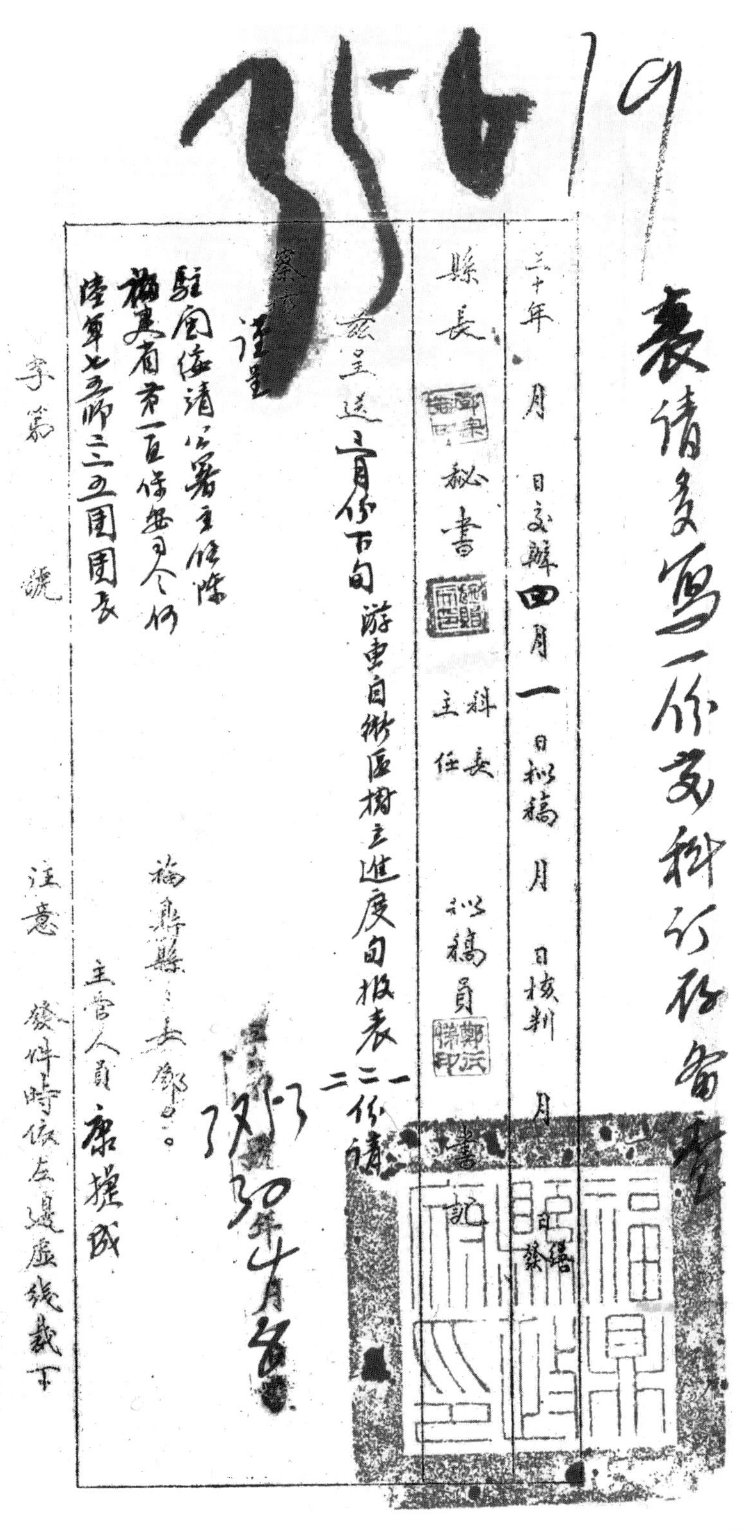

表請登寫一份並科行存留

三十年　月　日交辦　四月一日擬稿　月　日核判　月　日繕發

縣長　秘書　科長　主任　擬稿員　書記

茲呈送三月份下旬游擊自衛區樹立進度旬報表二份　請

察核　注呈

駐閩綏靖公署主任陳

福建省第一區保安司令部

陸軍七五師二二五團團長

福鼎縣縣長鄭○○

主管人員　唐提成

字第　號

注意　發件時依左邊虛線裁下

福鼎县政府关于呈送福鼎县三十年三月下旬游击自卫区树立进度旬报表给驻闽绥靖主任公署、福建省第一区保安司令部、陆军七五师二二五团的呈文(附表)(1941 年 4 月 8 日)　G133-003-0088

福鼎縣二十九年三月下旬游擊自衛區樹立進度旬報表 三月廿 日填報

項目	辦理情形	備考
部隊編訓及演習	清剿工作尚未結束所有部隊集中進備各項技術演習仍照舉行	
特種組訓及設施	（見上旬）	
民衆組訓及疏散	本旬此間並無敵機過境	
資源移藏及儲備		

福鼎县三十年三月下旬游击自卫区树立进度旬报表

（1941 年 3 月 31 日）a 面　G133-003-0088

工事構築狀況	交通通信補給衛生之設施	其他	附記
(見上旬)	(見上旬)		

福鼎县三十年三月下旬游击自卫区树立进度旬报表

(1941年3月31日)b面　G133-003-0088

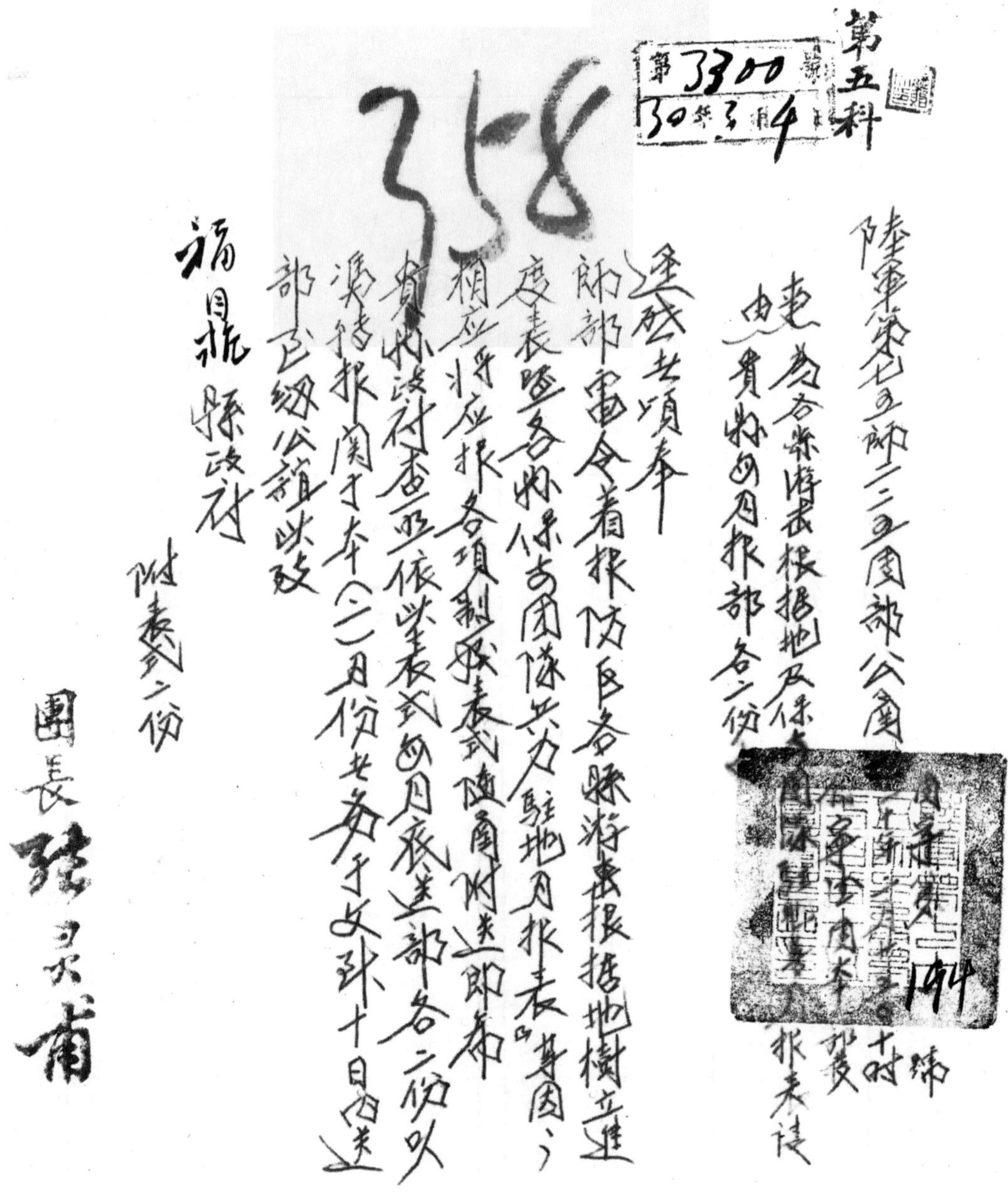

第五科

第3300号 30年3月4日

358

陆军第七五师二二五团部公函

事由：为各县游击根据地及保安团队驻地月报表请贵县按月报部各二份

迳启者：顷奉

师部电令着报防区各县游击根据地树立适度表暨各县保安团队兵力驻地月报表，等因，相应将应报各项制成表式随函附送，即希

贵县政府查照，并依照表式每月底送部各二份，以凭转报，关于本（二）月份者务于文到十日内送部，以维公谊为[illegible]。

此致

福鼎县政府

附表式二份

团长 张[illegible]甫

陆军第七五师二二五团关于各县游击根据地及保安团队驻地月报表每月报部各二份给福鼎县政府的公函（附表式）（1941 年 2 月 25 日） G133-003-0088

360

福建省○○县游击根据地树立进度月报表 卅年○月份

一、军队编训及演习
二、特种组训及设施
三、民众组训及设施
四、资源移殖及储存
五、工事构筑状况
六、卫生之设施

福建省××县游击根据地树立进度月报表(卅年×月份)(表式) G133-003-0088

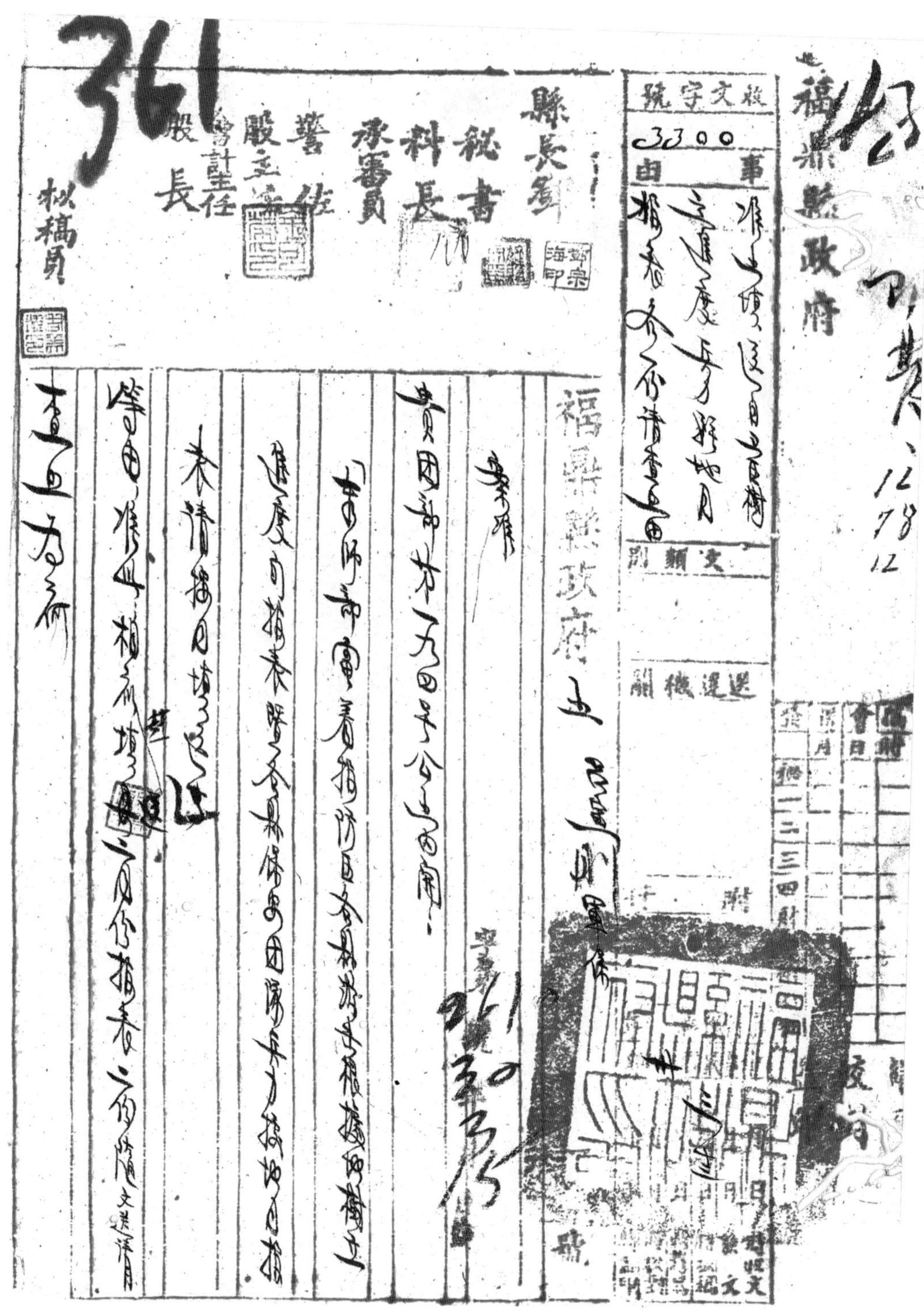

福鼎县政府关于填送自卫区树立进度、兵力驻地月报表各一份请查备给陆军第七五师二二五团的公函(附表)(1941 年 3 月 15 日)a 面 G133-003-0088

福鼎县政府关于填送自卫区树立进度、兵力驻地月报表各一份请查备给陆军第七五师二二五团的公函(附表)(1941年3月15日)b面　G133-003-0088

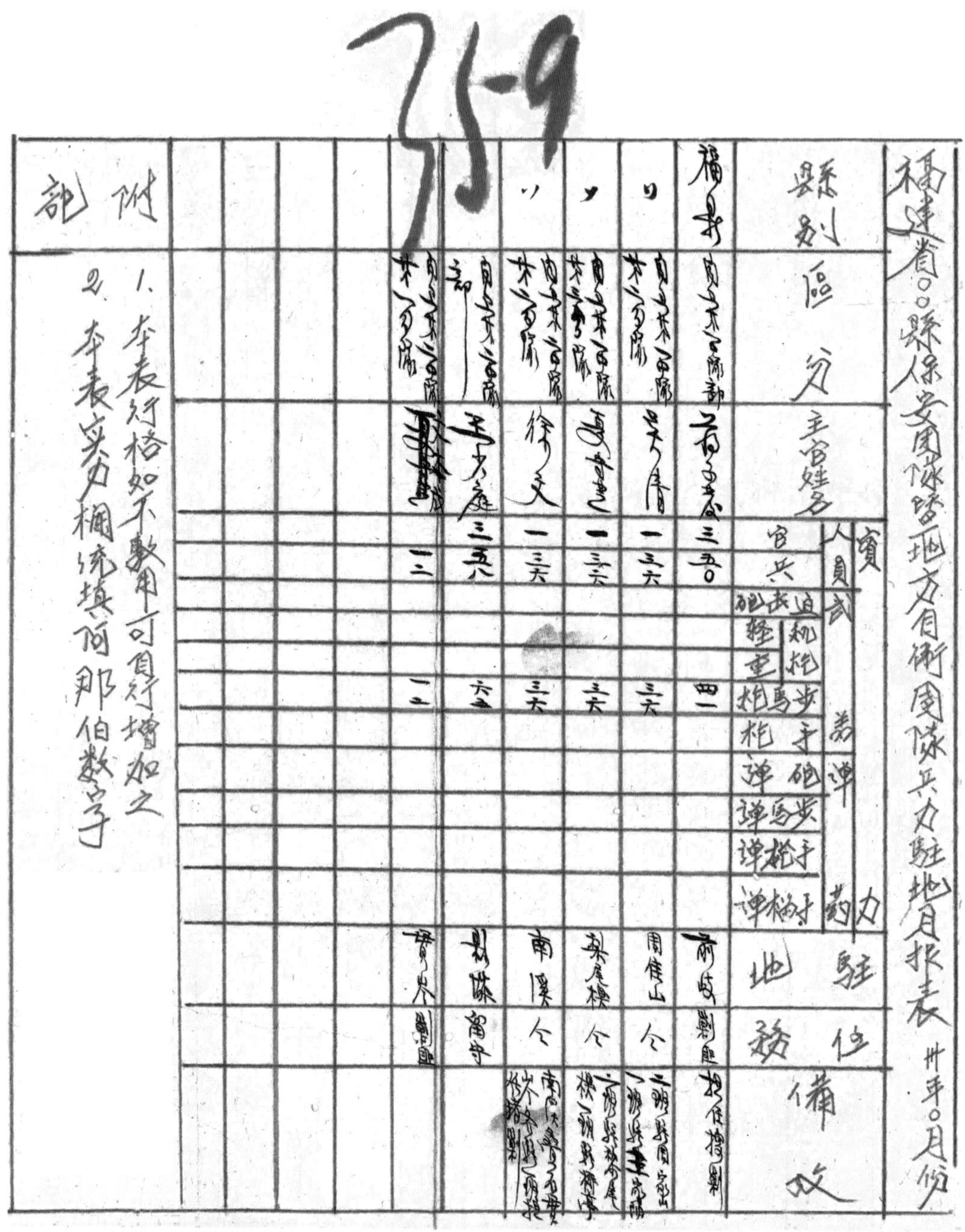

福建省○○县保安团队暨地方自卫团队兵力驻地月报表

卅年○月份

县别	区分	主官姓名	人员 官	人员 兵	驻地	任务	备考
福鼎县	自卫大队部	[illegible]	三	五	[illegible]	担任清剿	
〃	自卫第一中队	吴[illegible]	一	三六	周[illegible]山	〃	
〃	自卫第二中队	[illegible]	一	三六	[illegible]	〃	
〃	自卫第三中队	徐[illegible]文	一	三六	南溪	〃	
	自卫第一常备中队部	王[illegible]庭	三	五八	[illegible]	留守	
	自卫第二常备中队	[illegible]	一	二	[illegible]	剿匪	

附记：
1. 本表行格如不敷用可自行增加之
2. 本表实力栏统填阿拉伯数字

福建省福鼎县保安团队暨地方自卫团队兵力驻地月报表

（1941年2月） G133-003-0088

362

福鼎縣二十九年二月份自衛區樹立進度月報表 三月十日填報

項目	辦理情形	備考
部隊編訓及演習	本月份境內異党匪共為患，全力舉行清剿，對訓練演習一項尚未實施。（旁注：為撲滅）	
特種組訓及設施	特種組訓本區所辦之第一期國民兵訓練本月底結訓，第二期國民兵訓練尚在訓練中。又辦理保甲長訓練本月中旬開始。	
民衆組訓及疏散	對於民衆組訓尚屬基礎時期，對民衆疏散一項，早經令飭各鄉鎮宣諭，並因生活問題之故，成效甚微。	
	本月份無重要動態	

福鼎县三十年二月游击自卫区树立进度月报表

(1941 年 3 月 10 日)a 面　G133-003-0088

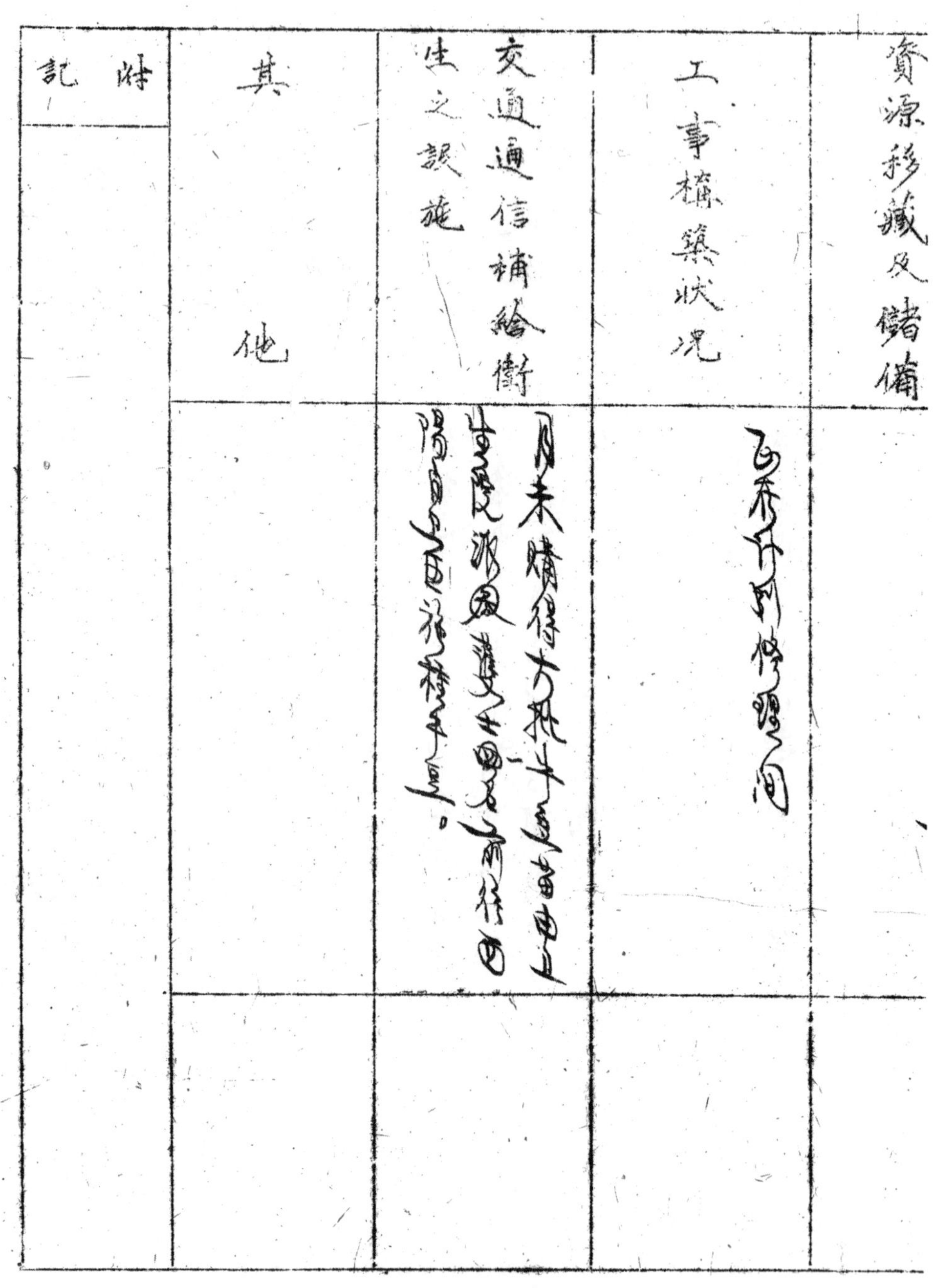

資源移藏及儲備	工事構築狀況	交通通信補給衛生之設施	其他	附記
	正飭[illegible]修理之間	月來購得大批[illegible]由[illegible] [illegible] [illegible]。		

福鼎县三十年二月游击自卫区树立进度月报表

(1941 年 3 月 10 日)b 面　G133-003-0088

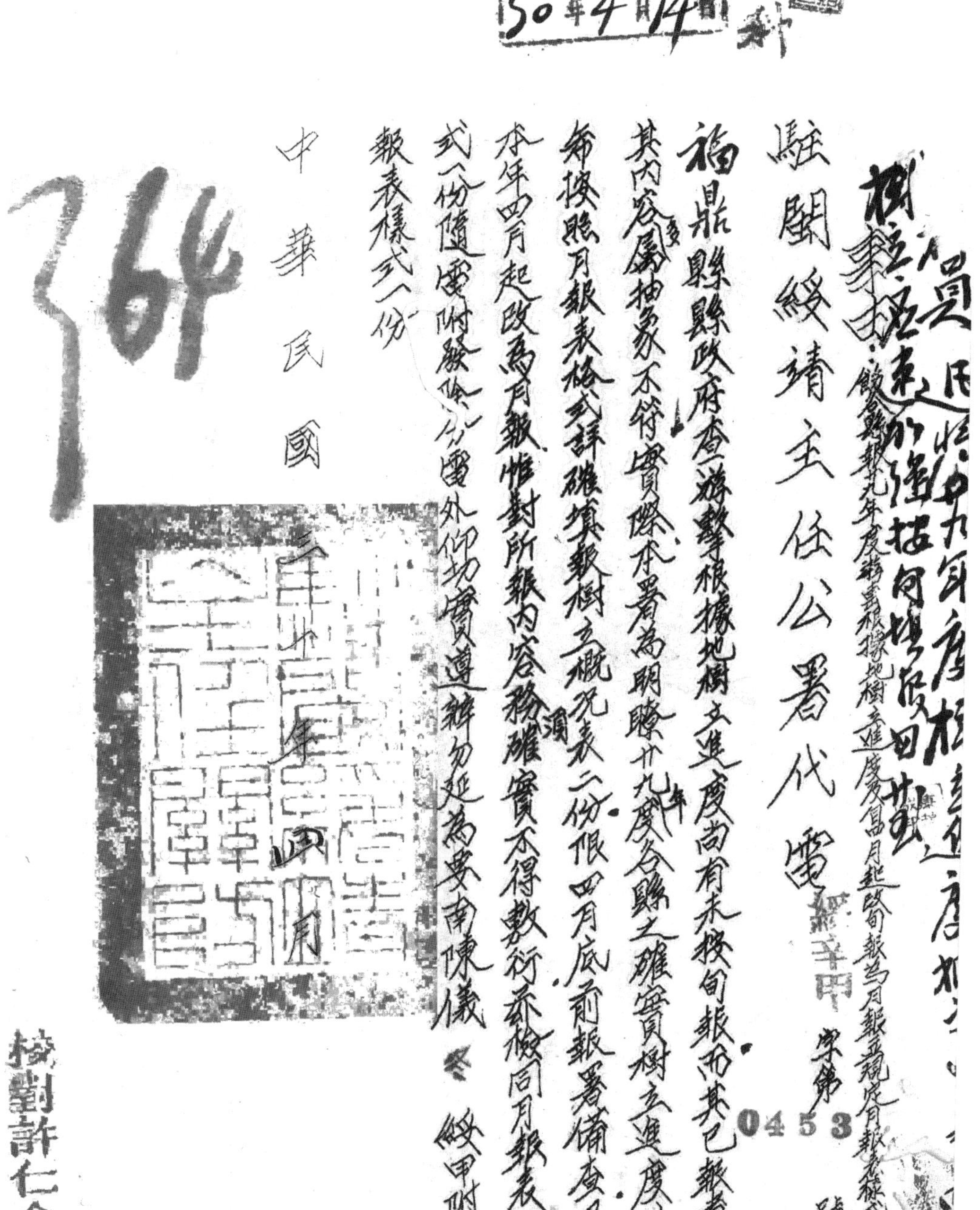

第5782號
30年4月14日

事由：飭各縣報廿九年度游擊根據地樹立進度及自四月起改旬報為月報並規定月報表樣式由

駐閩綏靖主任公署代電 綏甲 字第 0453 號

福鼎縣縣政府：查游擊根據地樹立進度，尚有未按旬報，而其已報者核其內容，多屬抽象，不符實際。本署為明瞭廿九年度各縣之確實樹立進度計，希按照月報表格式詳確填報樹立概況表二份，限四月底前報署備查。又自本年四月起改為月報，惟對所報內容務確實，不得敷衍。茲檢同月報表樣式一份，隨電附發，除分電外，仰切實遵辦，勿延為要。南 陳儀 綏甲附 月

報表樣式一份

中華民國三十年四月 日

核劃許仁全

驻闽绥靖主任公署关于各县报二十九年度游击根据地树立进度及自四月起改旬报为月报并规定月报表样式的代电(1941 年 4 月 2 日)　G133-003-0088

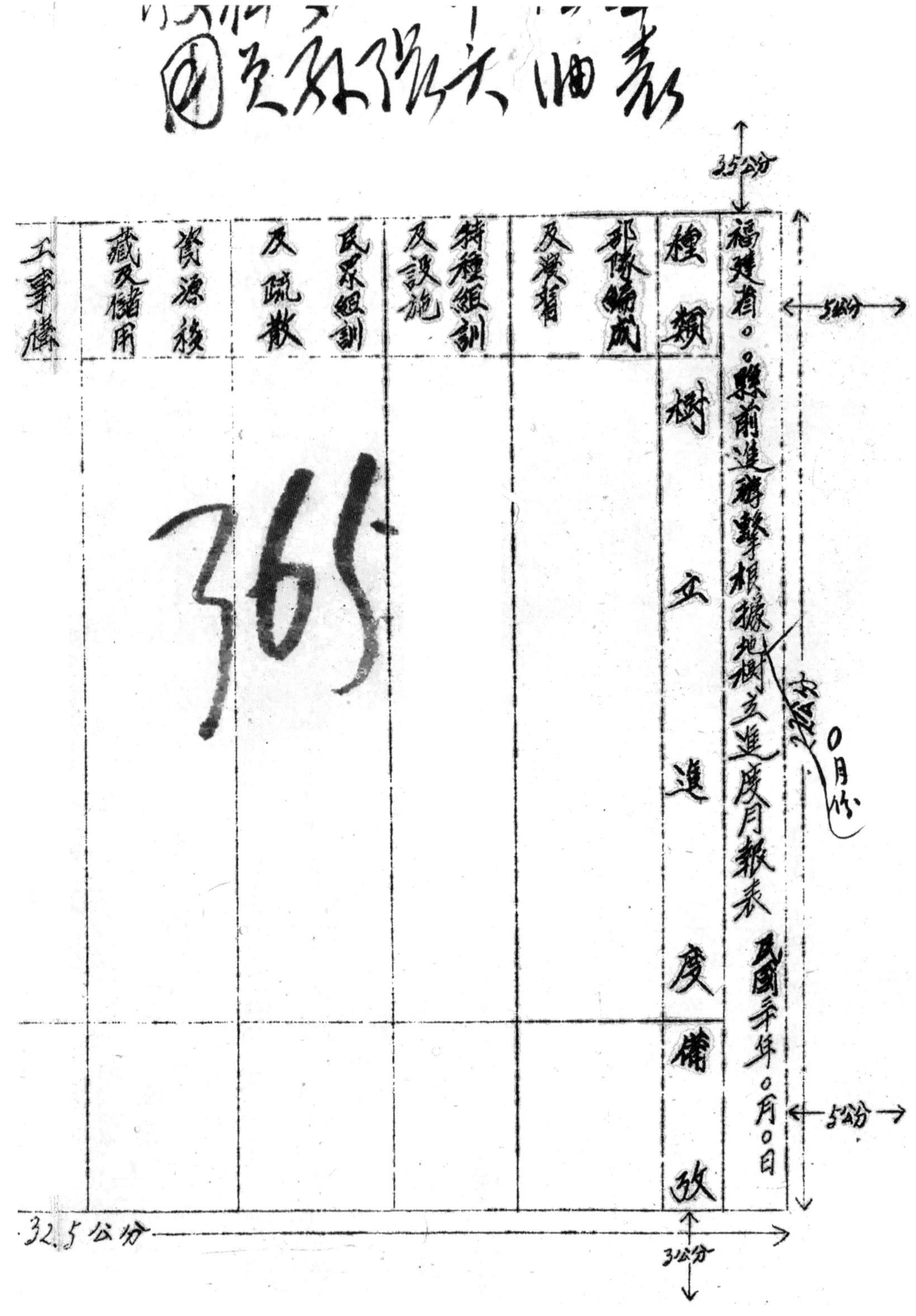

福建省××县前进游击根据地×月份树立进度月报表

(民国三十年×月×日)(表式)a 面 G133-003-0088

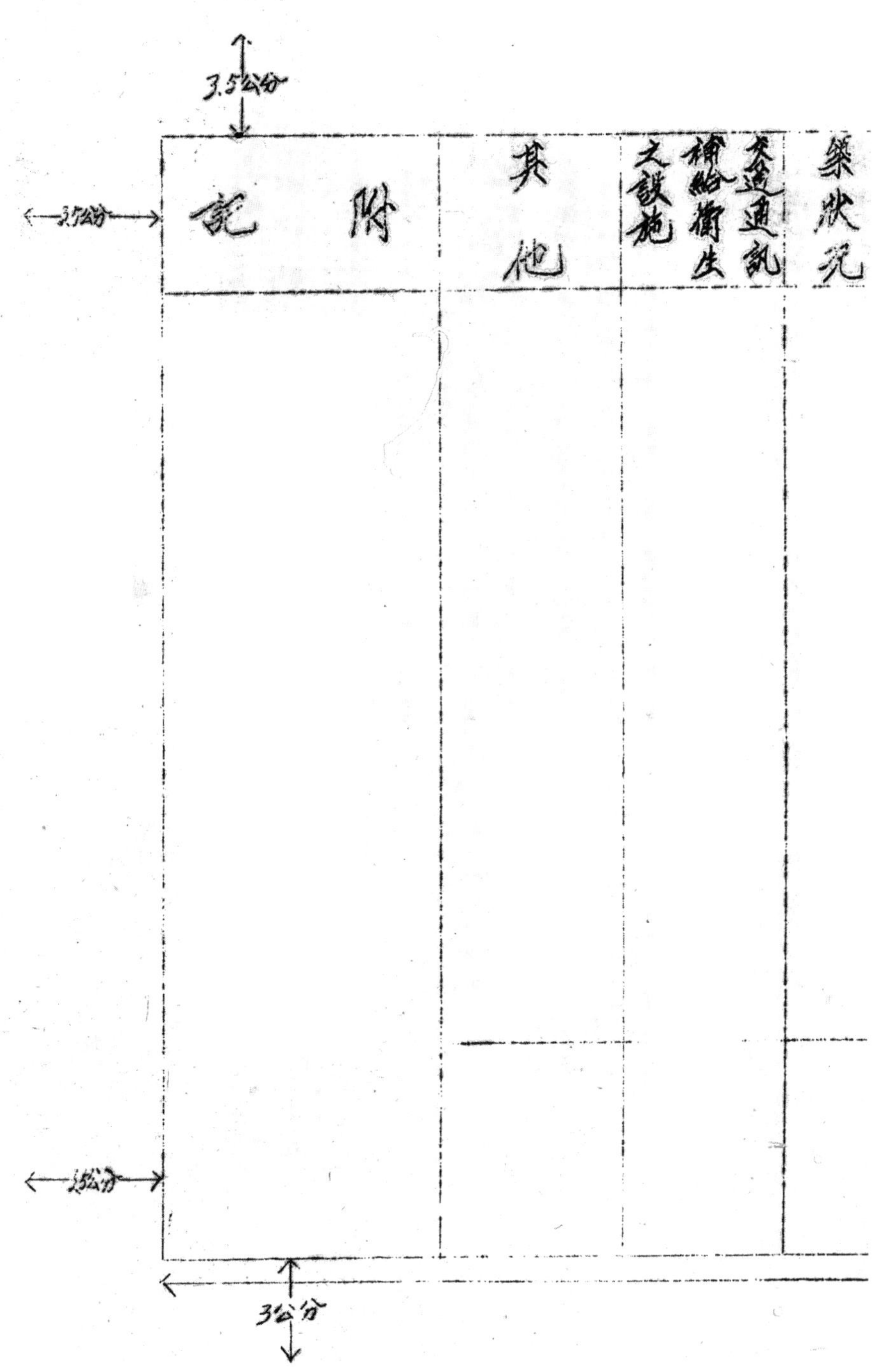

福建省××县前进游击根据地×月份树立进度月报表

(民国三十年×月×日)(表式)b面　G133-003-0088

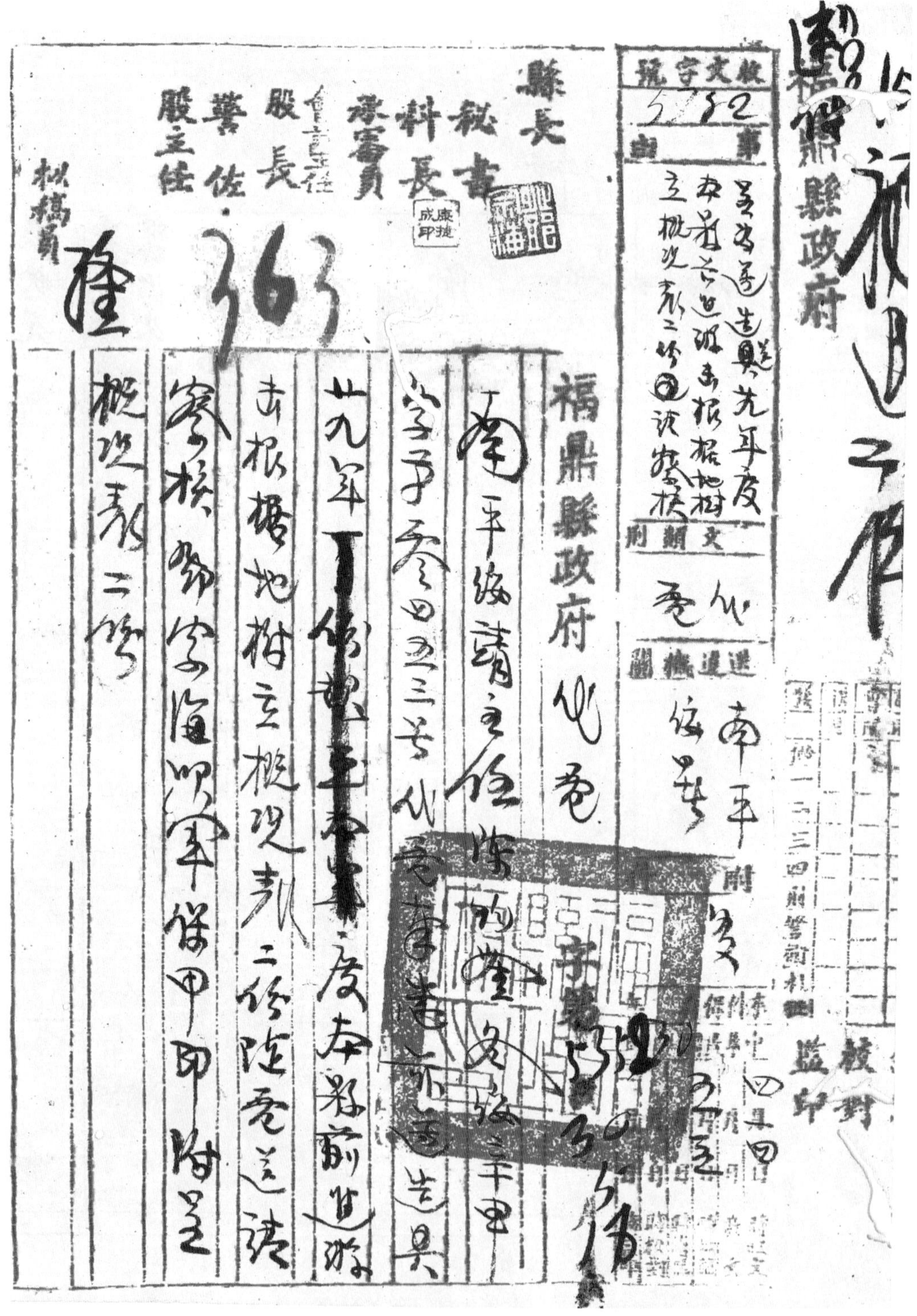

福鼎县政府关于造送廿九年度本县前进游击根据地树立概况表二份给南平绥靖主任公署的代电(附表)

(1941 年 5 月 18 日) G133-003-0088

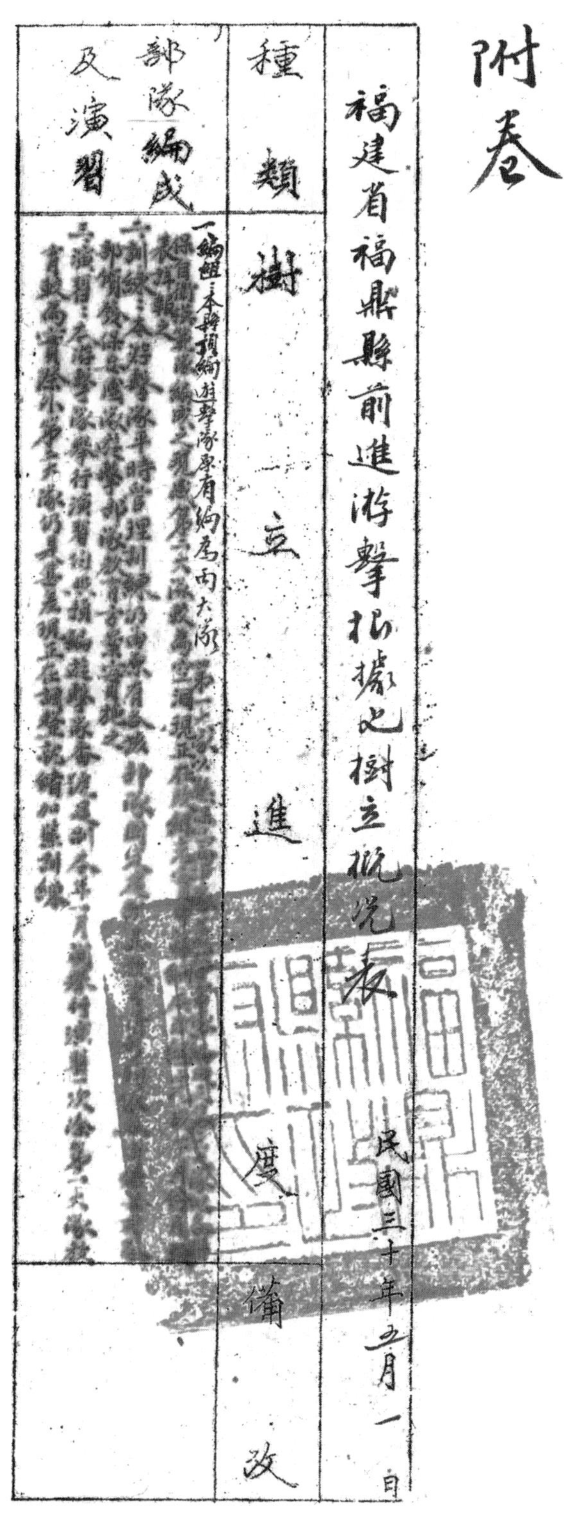

附卷

福建省福鼎縣前進游擊根據之樹立概況表

種類	部隊編成及演習
樹立進度	一、編組：本縣現編游擊隊原有編為兩大隊，第一大隊[illegible]現為第二大隊[illegible]空額，現正在[illegible]表詳報之。 二、訓練：本游擊隊平時管理訓練仍由[illegible]部隊[illegible] 三、演習：本游擊隊舉行演習[illegible]第二大隊[illegible]現正在調整[illegible]加緊訓練
備攷	

民國三十年五月一日

福建省福鼎县前进游击根据地树立概况表

(1941年5月1日)a面　G133-003-0088

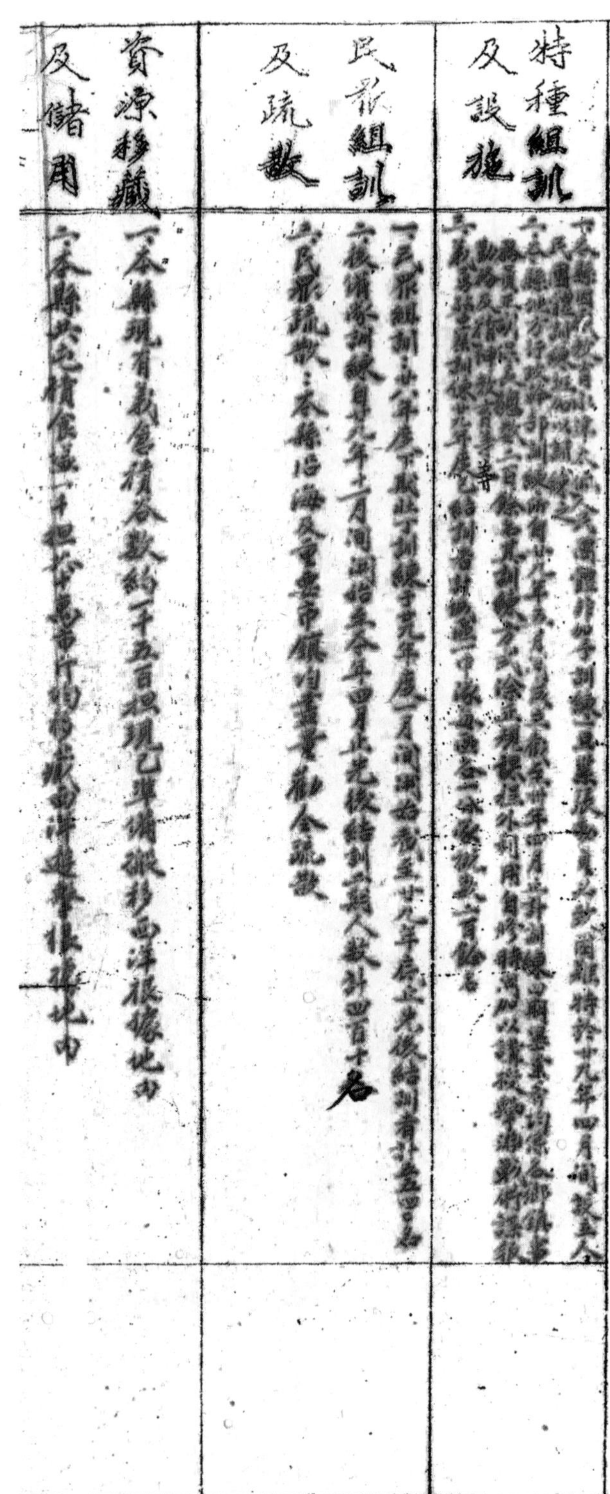

特種組訓及設施	一、本縣[illegible]，[illegible]如等訓練一旦[illegible]，特於廿九年四月間設立人民團體[illegible]訓練之。 二、本縣地方行政幹部訓練所自廿八年五月成立，截至卅年四月共計訓練[illegible]，[illegible]員及[illegible]計二百餘名，其訓練方式除正規課程外，利用自修[illegible]加以講授[illegible]勤務及補習教育等。 三、本縣[illegible]訓練廿九年度已結訓者[illegible]中隊共[illegible]六百餘名
民眾組訓及疏散	一、民眾組訓：廿八年度下期壯丁訓練于廿九年度一月間開始，截至廿九年底止，先後結訓者計五四〇〇名 二、後備隊訓練自廿九年十一月間開始，至本年四月止，先後結訓之人數計四百十名 三、民眾疏散：本縣沿海及重要市鎮均[illegible]勸令疏散
資源移藏及儲用	一、本縣現有義倉積谷數約一千五百担，現已準備儲移西洋根據地內 二、本縣共已積食糧一千担，[illegible]西洋游擊根據地內

福建省福鼎县前进游击根据地树立概况表

(1941年5月1日)b面　G133-003-0088

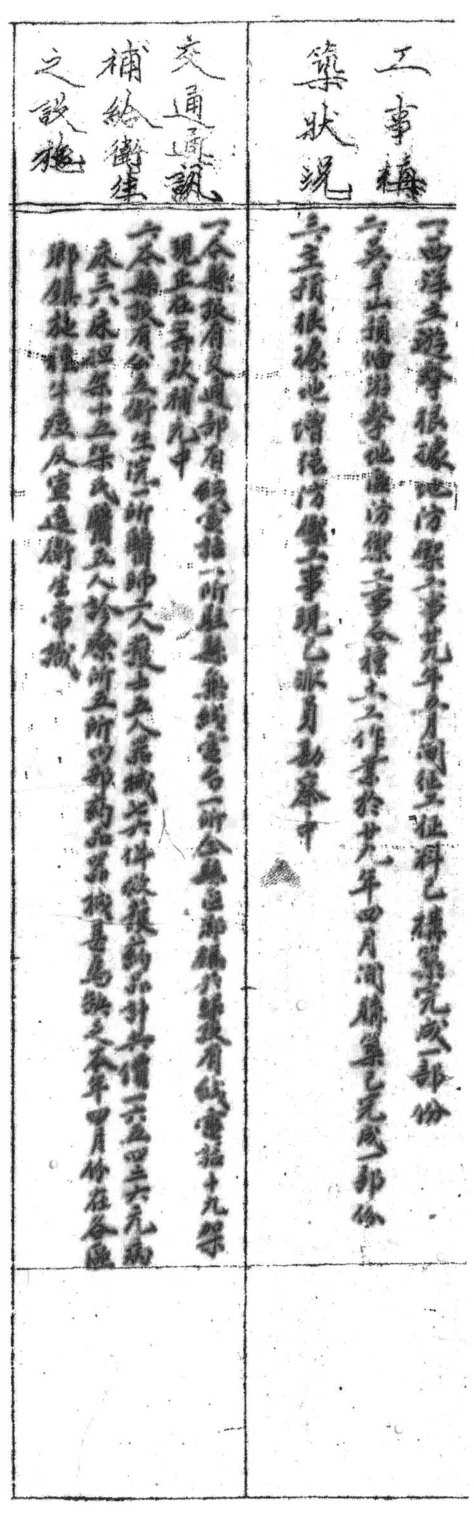

工事構築狀況	一、西洋之游擊根據地防禦工事廿九年六月間征工征料已構築完成一部份 二、吳[illegible]山頂游擊地區防禦工事各種工作業於廿八年四月間構築已完成一部份 三、王頂根據地增設防禦工事現已派員勘察中
交通通訊補給衛生之設施	一、全縣設有交通部有線電話一所縣與縣無線電台一所全縣區鄉鎮共架設有線電話十九架現正在籌設補充中 二、全縣設有公立衛生院一所醫師六人護士五人器械四十六件經常藥品計共價一六五四三六元病床六床但架十五架另有五人診療所五所四鄉藥品器械甚為缺乏本年四月份在各區鄉鎮設衛生座及宣造衛生常識

福建省福鼎县前进游击根据地树立概况表

(1941年5月1日)c面　G133-003-0088

福建省福鼎县前进游击根据地树立概况表

(1941年5月1日)d面　G133-003-0088

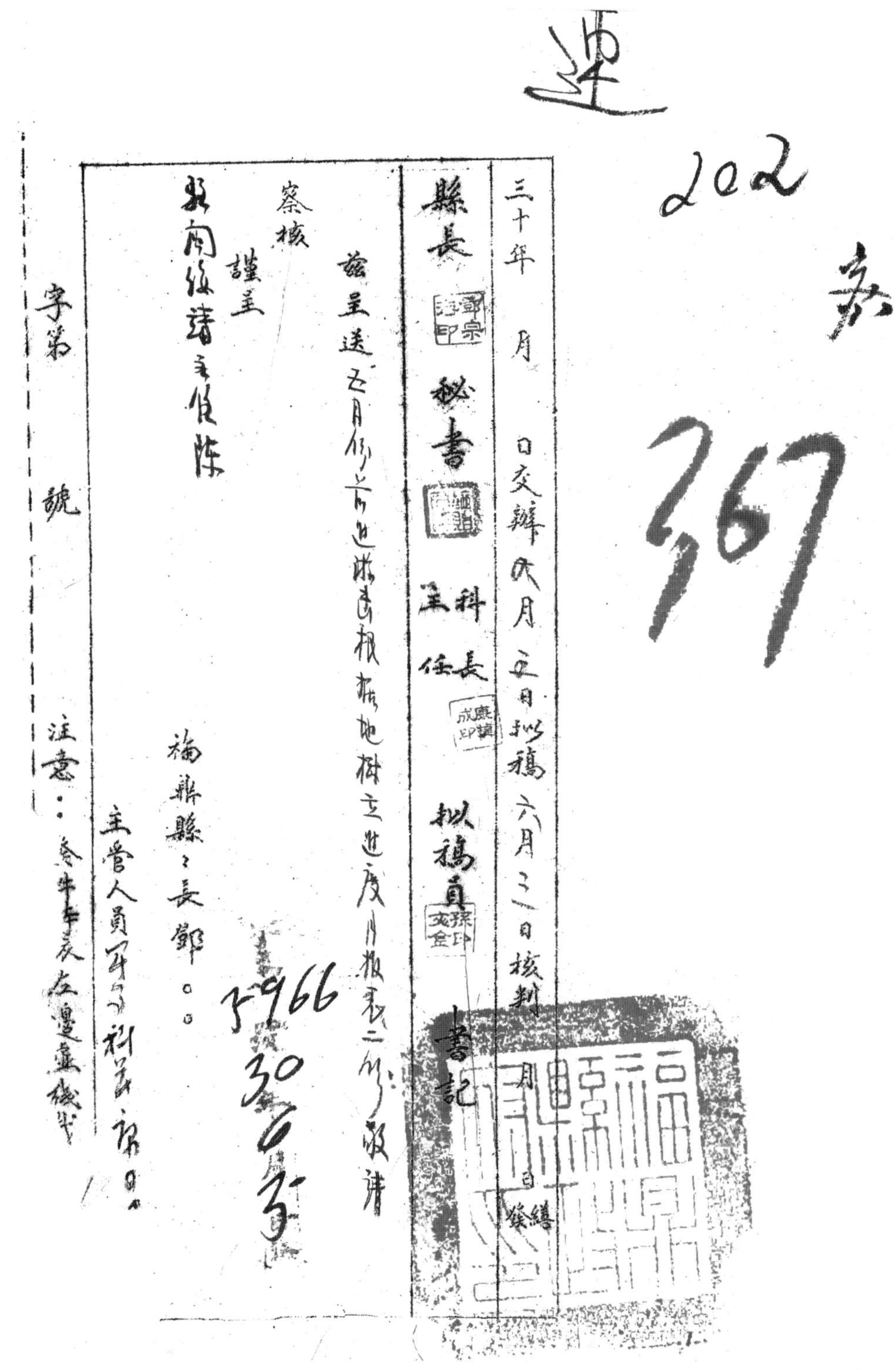

福鼎县政府关于呈送五月份前进游击根据地树立进度月报表给驻闽绥靖主任公署的呈文(附表)

(1941年6月5日)　G133-003-0088

福建省福鼎縣前進游擊根據地五月份樹立進度月報表　民國三十年五月卅一日

種類	樹立進度	備考
部隊編成及演習	一、本月份預備遊击隊重新編整按照本縣現有實力及地方民众武力編為兩大隊三個直屬區隊第一大隊以縣自衛三中隊編成第二大隊以警察局及規警察及義勇隊編成三個直屬區隊以區署及各鄉鎮自衛武力編成業經縣府制定編組办法編制表系統表通令所屬切實遵照編组具報 二、訓練（詳情與前期同） 三、演習	
特種組訓及設施	本月份警察局派鄉警推行隊在西陽根據地組訓義警一獨立分隊	
民眾組訓及疏散	一、本縣各區後备隊現值農忙期間暫時放假俟農事稍暇再集中訓練 二、奉省府奇午建一電飭疏散城鎮業經按照前定堅壁清野實施方案嚴令城鎮人民儘量疏散	
資源移藏及儲用	奉綏靖公署江灰電飭徹底办理資源內遷即召開党政聯席緊急会議關於公私粮食遷移根據地內儲藏金屬廢銅爛鐵埋藏燃料油類工業原料明礬分別移藏至安全區業經嚴飭各區署各鄉鎮暨有關机關切實遵办并派員分赴各區監督办理如期完竣	

福建省福鼎县前进游击根据地五月份树立进度月报表

（1941年5月31日）a面　G133-003-0088

工事构筑状况	交通通讯补给卫生之设施	其他	附记
一、西阳主游击根据地防御工事经派军事科主管人员前往视察指导协同修理完竣 二、奉并沿海（磁门等处）防御工事本月份已征集民工正在加紧构筑中	一、县城经贯阳至西阳根据地自备区电话线业已于本月底开始架设 二、县卫生院拟运大批药品存储西阳根据地供给该普通旅疟牛痘患者治疗	奉三专区绥靖指挥部令饬组织清乡工作队该队于本月份在游击根据地内办理清乡工作并慰问征人家属等事项	

福建省福鼎县前进游击根据地五月份树立进度月报表

(1941年5月31日)b面　G133-003-0088

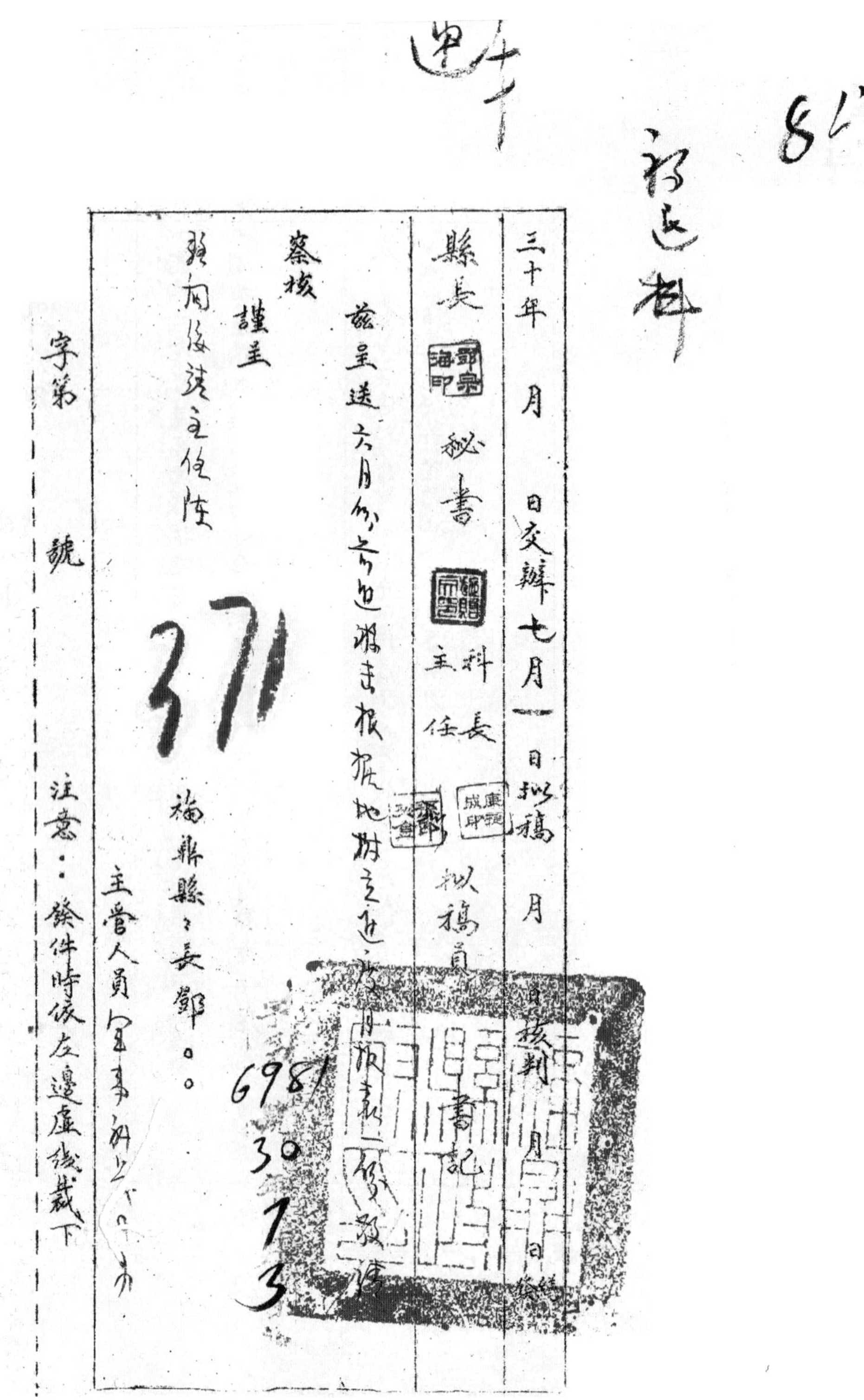

三十年　月　日交辦　七月一日擬稿　月　日核判　月　日繕

縣長　秘書　科長　主任　擬稿員　書記

茲呈送六月份前進游擊根據地樹立進度月報表　敬請

察核

謹呈

駐閩綏靖主任陳

福鼎縣縣長鄭○○

主管人員　軍事科

字第　號

注意：繕件時依左邊虛綫裁下

福鼎县政府关于呈送六月份前进游击根据地树立进度月报表给驻闽绥靖主任公署的呈文(附表)

(1941 年 7 月 3 日)　G133-003-0088

福建省福鼎縣前進游擊根據地六月份樹立進度月報表

民國三十年六月卅日

種類	樹立進度備考
部隊編成及演習	[illegible]
特種組訓及設施	[illegible]
民衆組訓及疏散	[illegible]
資原移藏及儲用	[illegible]
工事構築	[illegible]

福建省福鼎县前进游击根据地六月份树立进度月报表

(1941 年 6 月 30 日)a 面　G133-003-0088

附記	其他	交通通訊補給衛生之設施	築狀況
		一、本縣[illegible]設[illegible]因時[illegible]久，電機材料[illegible]極感缺乏，現正在籌款[illegible]溫州採購補給中。 二、時屆夏令，百疫易生，[illegible]衛生院[illegible]防疫[illegible]本月份在各市鎮[illegible]根據地內作擴大宣傳[illegible]民衆[illegible]	由本地駐軍[illegible]構築，並限期完成，[illegible]通訊設施

福建省福鼎县前进游击根据地六月份树立进度月报表

（1941 年 6 月 30 日）b 面　G133-003-0088

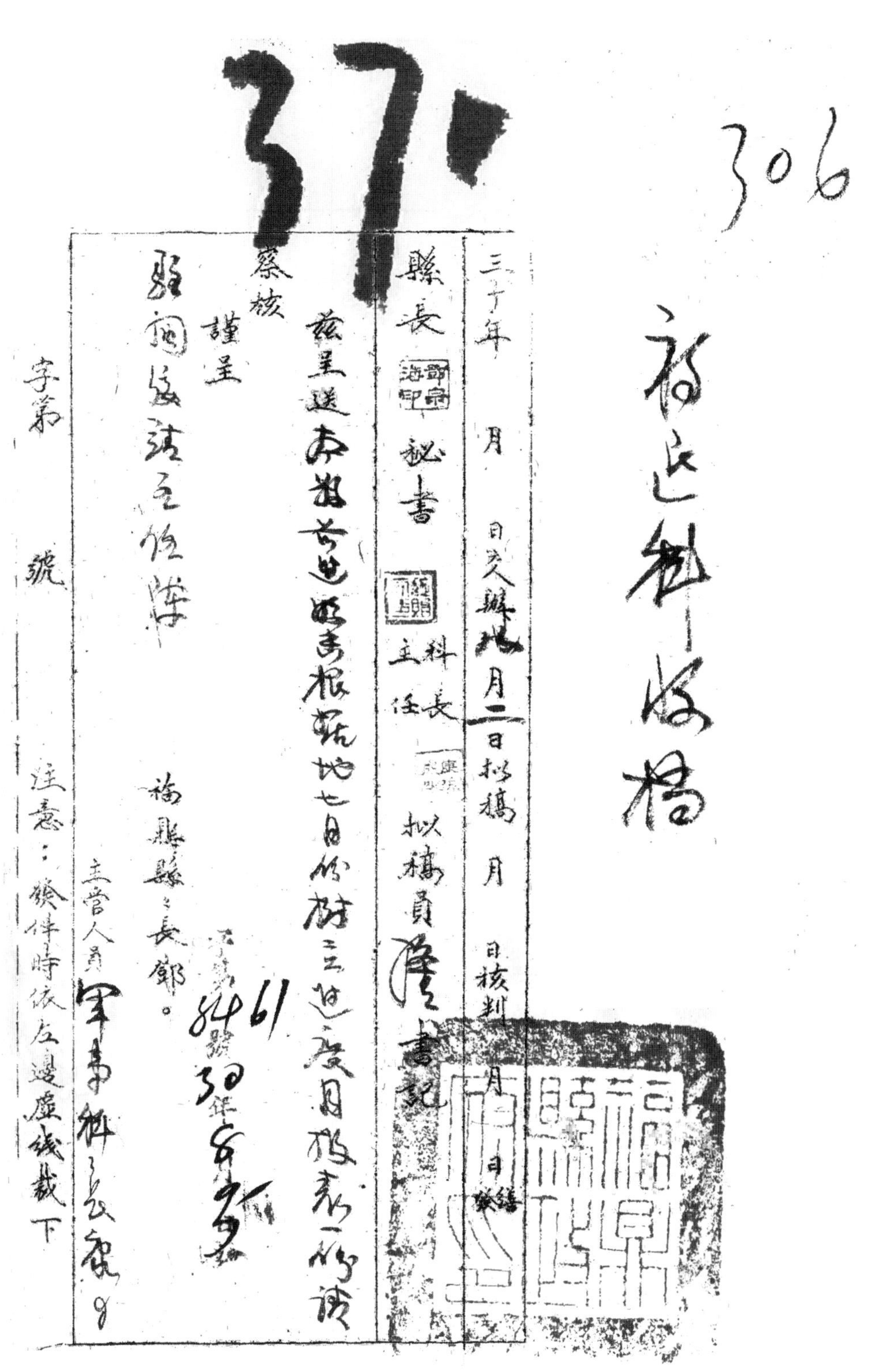

福鼎县政府关于呈送七月份前进游击根据地树立进度月报表给驻闽绥靖主任公署的呈文(附表)

(1941年8月5日)　G133-003-0088

福建省福鼎縣前進游擊根據地七月份樹立進度月報表

民國三十年七月卅一日

種類	樹立進度	備考
部隊編成及演習	詳情與前月份同	
特種組訓及設施	奉當局硖門店下等鄉鎮分組組織義勇警察一分隊奉令派[illegible]向姚白長分組組織訓練現已在加緊訓練中	
民衆組訓及疏散	詳情與前月同	
資源移藏及儲用	詳情與前月同	

福建省福鼎县前进游击根据地七月份树立进度月报表

(1941年7月31日)a面 G133-003-0088

工事構築狀況	交通通訊補給衛生之設施	其他	附記
一、秦嶼、棲門、黃岐等地沿海防禦工事，經督飭自衛團加緊構築。二、本月份派軍事科課員前往吳羊山根據地視察防禦工事，因夏季多雨，間係有數十處崩壞，業督飭自衛團修築完竣	本月份之各項設施，詳情與六月份同	本月份本縣根據地區附近，因受鄰封潘招洋土匪猖獗，企圖竄犯本縣三百（即根據地附近），為防範根據地區之安全計，特派軍事科課員等前往佈防，警戒並加強組織民眾自衛以維治安	

福建省福鼎县前进游击根据地七月份树立进度月报表

(1941年7月31日)b面　G133-003-0088

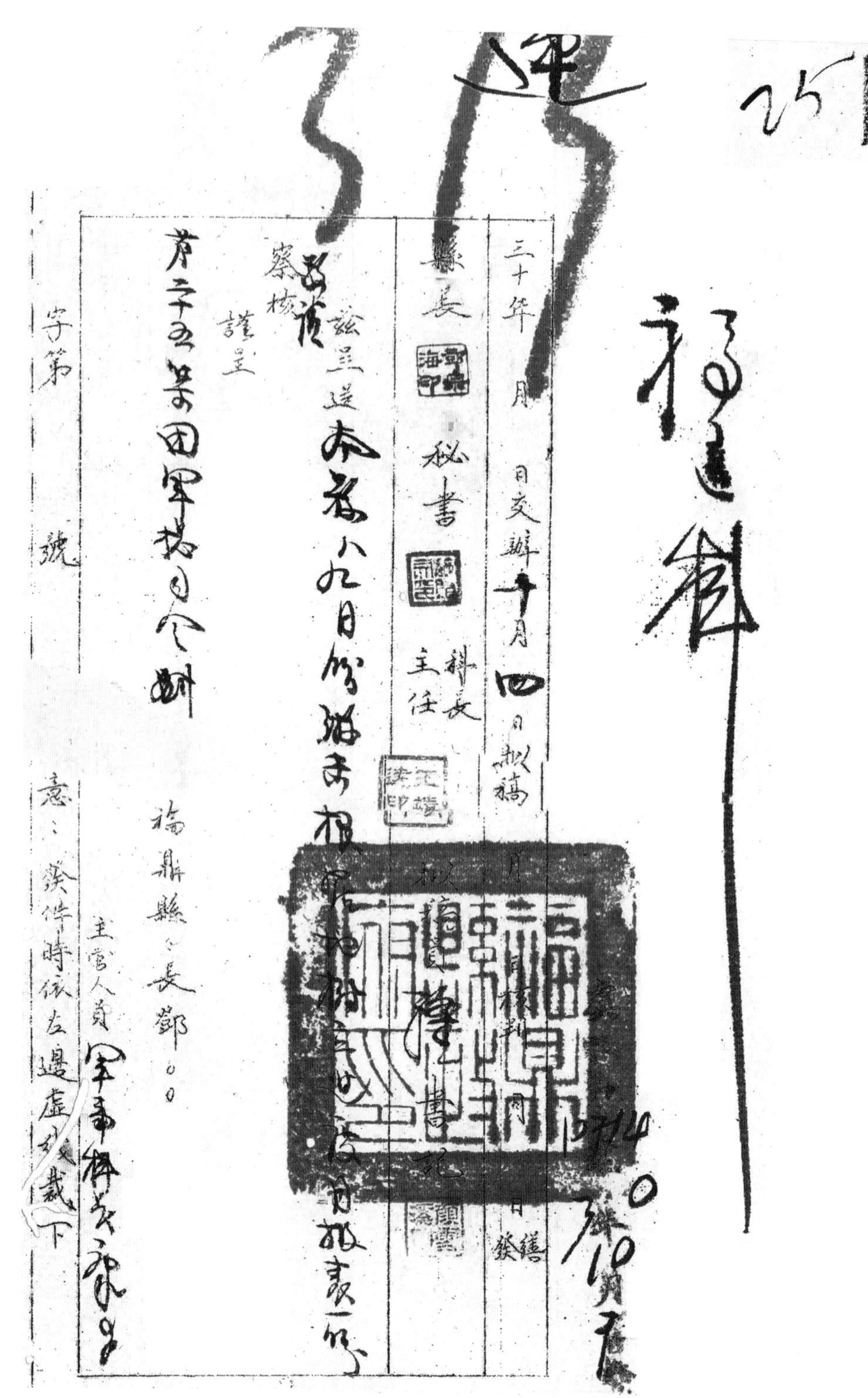

福建 25

三十年 月 日交辦 十月四日擬稿 月 日核判 月 日繕發

縣長 鄧鼎海印 秘書 科長 主任 書記

茲呈送本縣八九月份游擊根據地樹立進度月報表一份 敬請

察核

謹呈

第二十五集團軍總司令陳

福鼎縣縣長鄧○○

主管人員 軍事科長張○○

字第 號

注意：發件時依左邊虛線裁下

福鼎县政府关于呈送八、九月份前进游击根据地树立进度月报表给第二十五集团军司令部的呈文(附表)(1941年10月7日) G133-003-0088

福建省福鼎县前进游击根据地八九月份树立进度月报表 民国三十年十月四日

種類	樹立進度	備攷
部隊編成及演習	游击第二大队现编独立[illegible]经[illegible]分[illegible]共[illegible]时[illegible]分实地出击期使士兵明了游击常识[illegible]	
特種組訓及設施		
民衆組訓及疏散	一、本县各区沿海各乡已确定于秋收后继续集中训练 二、本县各乡镇于秋收后以广泛宣传动员各地区分别组织[illegible]疏散[illegible]本县各乡镇[illegible]积极办理	
資源移藏及儲用	一、本县沿海渔盐并收其他物资清册(三一草原料)已移藏[illegible]家山[illegible] 二、秋收后即令经[illegible]令责成沿海各乡镇保甲长负责切实劝导民众将粮食内运及随时密藏以防敌伪抢夺	

3710

福建省福鼎县前进游击根据地八、九月份树立进度月报表

(1941 年 10 月 4 日)a 面 G133-003-0088

三、工事構築狀況	交通通訊補給衛生之設施	其他	附記
[illegible]沿邊境匪偽[illegible]隊常來騷擾[illegible]防未[illegible]計 擇定沿邊境各鄉鎮沿路與各該地附近建立堡壘構築 [illegible]通境敵兵據以防禦匪常被攻擊者各條件根據地區 及沿海須有防禦工事[illegible]定計劃除農事稍暇即派員[illegible]	[illegible]民之構築架設之 一、[illegible]城[illegible]陽電話[illegible]陽[illegible]林 二、本部組織[illegible]傷病醫兵[illegible]一所[illegible]員[illegible]十人 三、[illegible]陽[illegible]壘 組織救護隊一隊（十五人）其他藥品擔架病床等均由[illegible]	[illegible]	

福建省福鼎县前进游击根据地八、九月份树立进度月报表

(1941 年 10 月 4 日)b 面　G133-003-0088

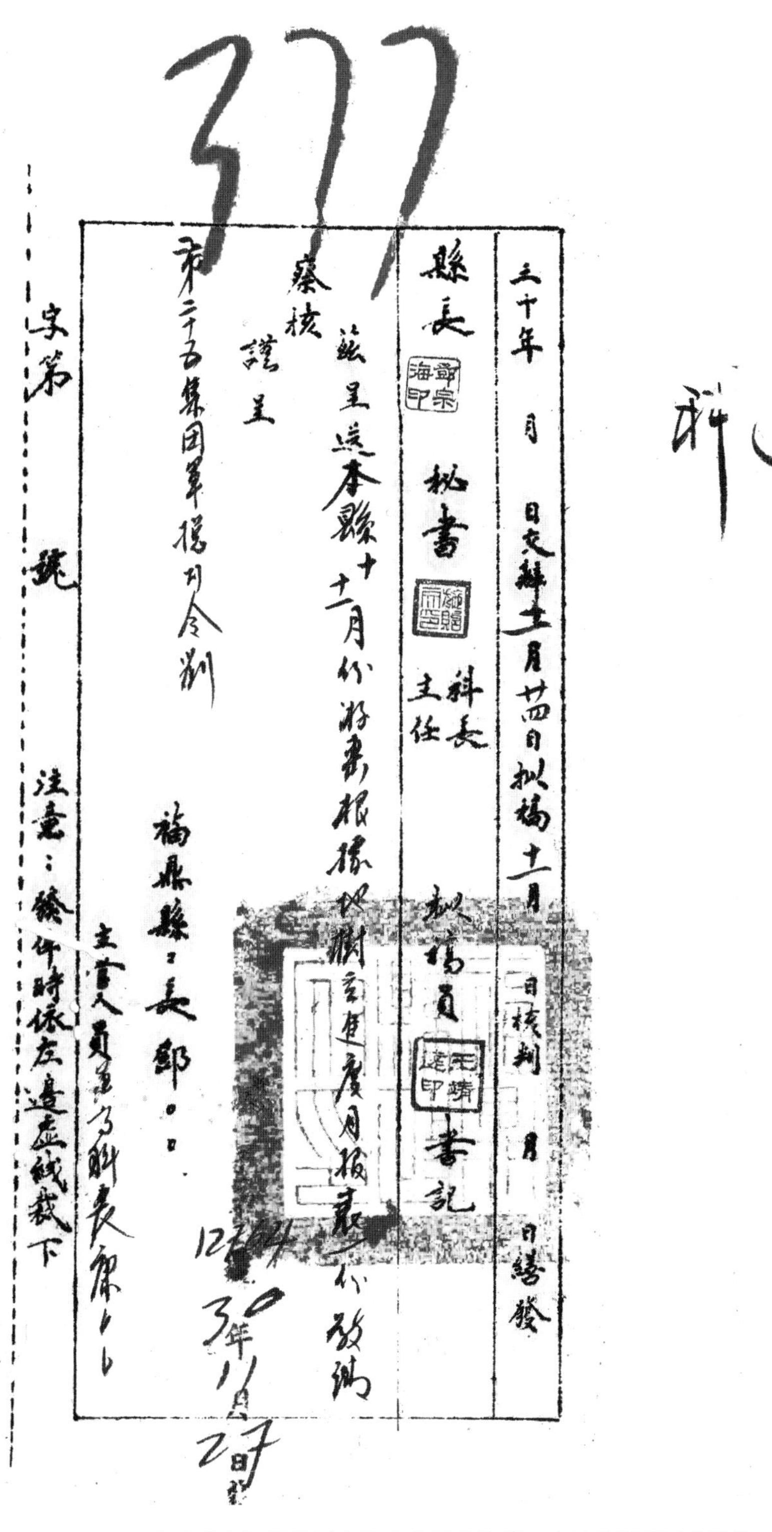

三十年　月　日文錄十一月廿四日擬稿十一月　日核判　月　日繕發

縣長（印）　秘書（印）　科長　主任　擬稿員（印）　書記

茲呈送本縣十、十一月份游击根据地樹立進度月報表一份，敬請

察核

謹呈

第二十五集團軍總司令劉

福鼎縣縣長鄒〇〇

主管人員

注意：發件時依左邊虛線裁下

字第　號

福鼎县政府关于呈送十、十一月份前进游击根据地树立进度月报表给第二十五集团军司令部的呈文(附表)(1941 年 11 月 27 日)　G133-003-0088

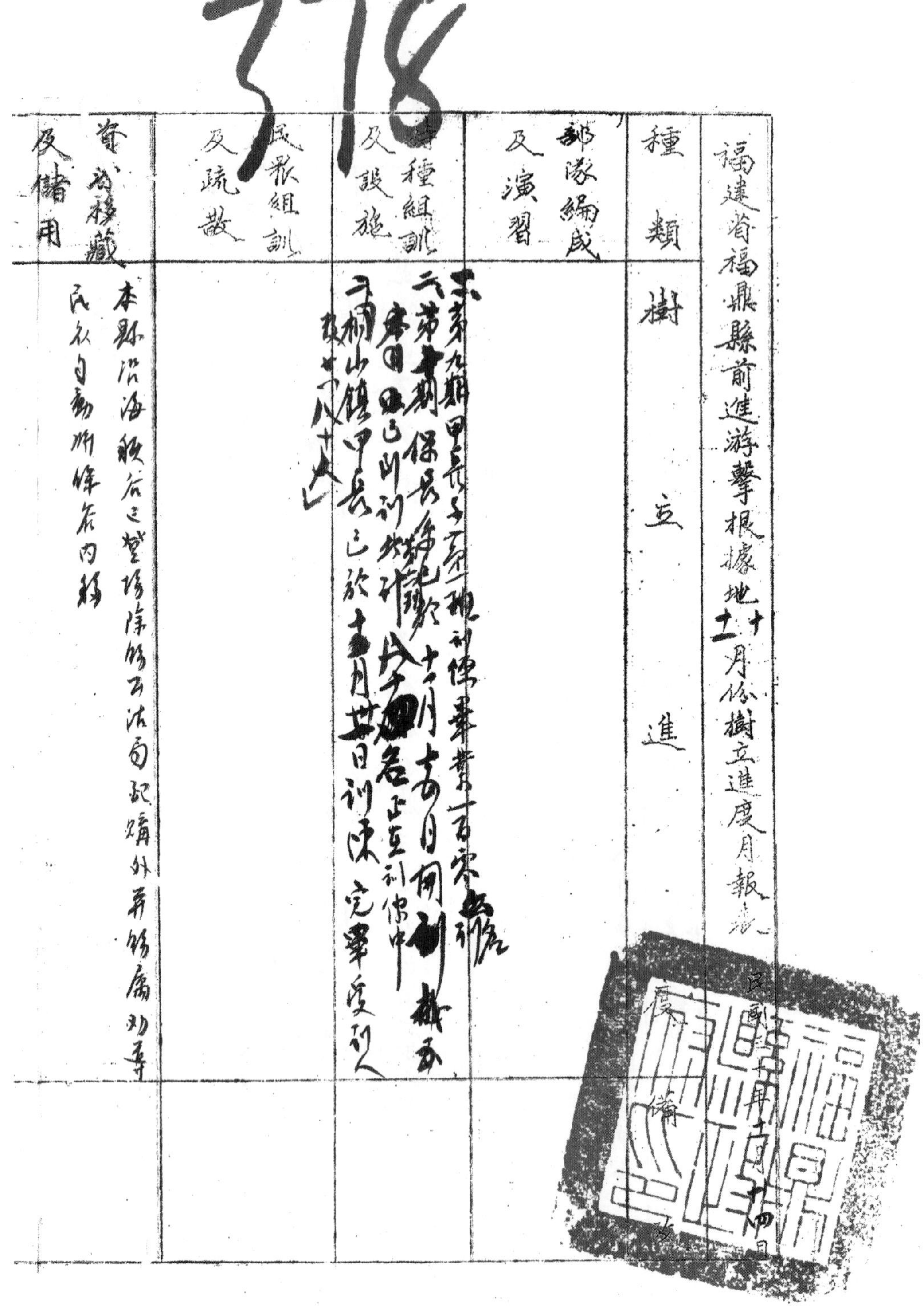

378

福建省福鼎縣前進游擊根據地十十一月份樹立進度月報表

種類	樹立進度
部隊編成及演習	
特種組訓及設施	一、第九期甲長[illegible]訓練畢業一百零五名 二、第十一期保長[illegible]於十一月十五日開訓 [illegible]訓計六十四名正在訓練中 三、桐山鎮甲長已於十一月廿日訓練完畢受訓人 數共八十八人
民衆組訓及疏散	
資材移藏及儲用	本縣沿海穀倉已[illegible]除由法團[illegible]外并[illegible] 民衆自動將倉內移

民國[illegible]年十一月廿四日

福建省福鼎县前进游击根据地十、十一月份树立进度月报表

(1941 年 11 月 24 日)a 面　G133-003-0088

工事構築狀況	交通通訊補給衛生之設施	其他	附記
一、秦嶼大白露西地名墘建碉堡一所 二、沙埕南鎮一帶周圍工事間有一部之破壞,現正派民工趕修中 三、沙埕港內之流江西灣間准107師321團函擬在該地構築重一封鎖線之派員勘測覓該前函復調派員來縣指導設計矣	一、自縣城至沙埕之電話線之破壞現正飭屬趕修中		

福建省福鼎县前进游击根据地十、十一月份树立进度月报表

(1941年11月24日)b面　G133-003-0088

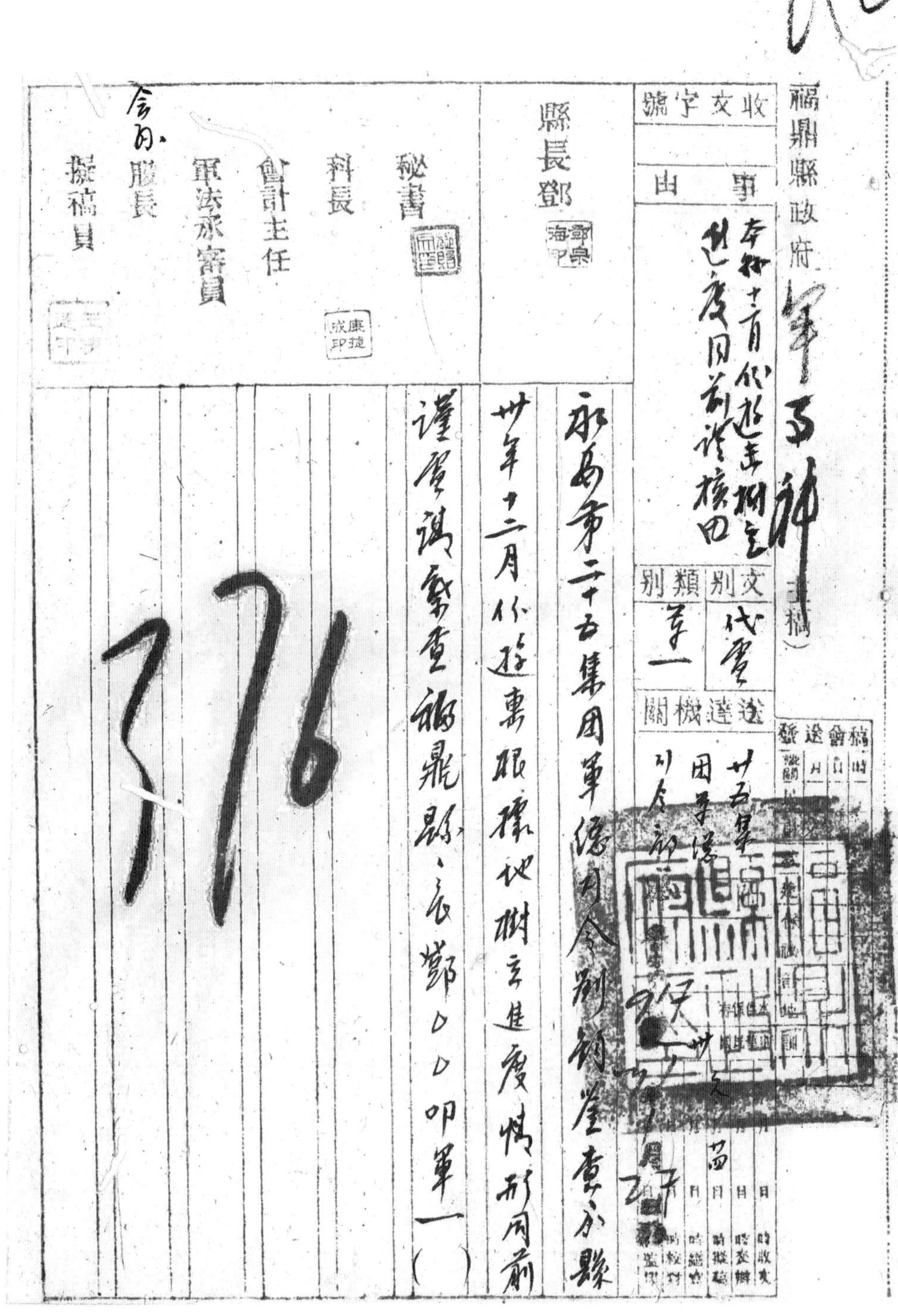

福鼎縣政府軍事代電（稿）

收文字號

事由：本县卅年十二月份游击根据地树立进度同前请核由

文別：代電　類別：篆一

送達機關：廿五集团军总司令部

縣長鄧　秘書　科長　會計主任　軍法承審員　股長　擬稿員

永安第二十五集团军总司令刘钧鉴：查本县卅年十二月份游击根据地树立进度情形同前，谨电请察查。福鼎县县长邓○○叩。篆一（　）

福鼎县政府关于本县三十年十二月份游击根据地树立进度情形同前请察查的代电

（1942 年 1 月 27 日）　G133-003-0088

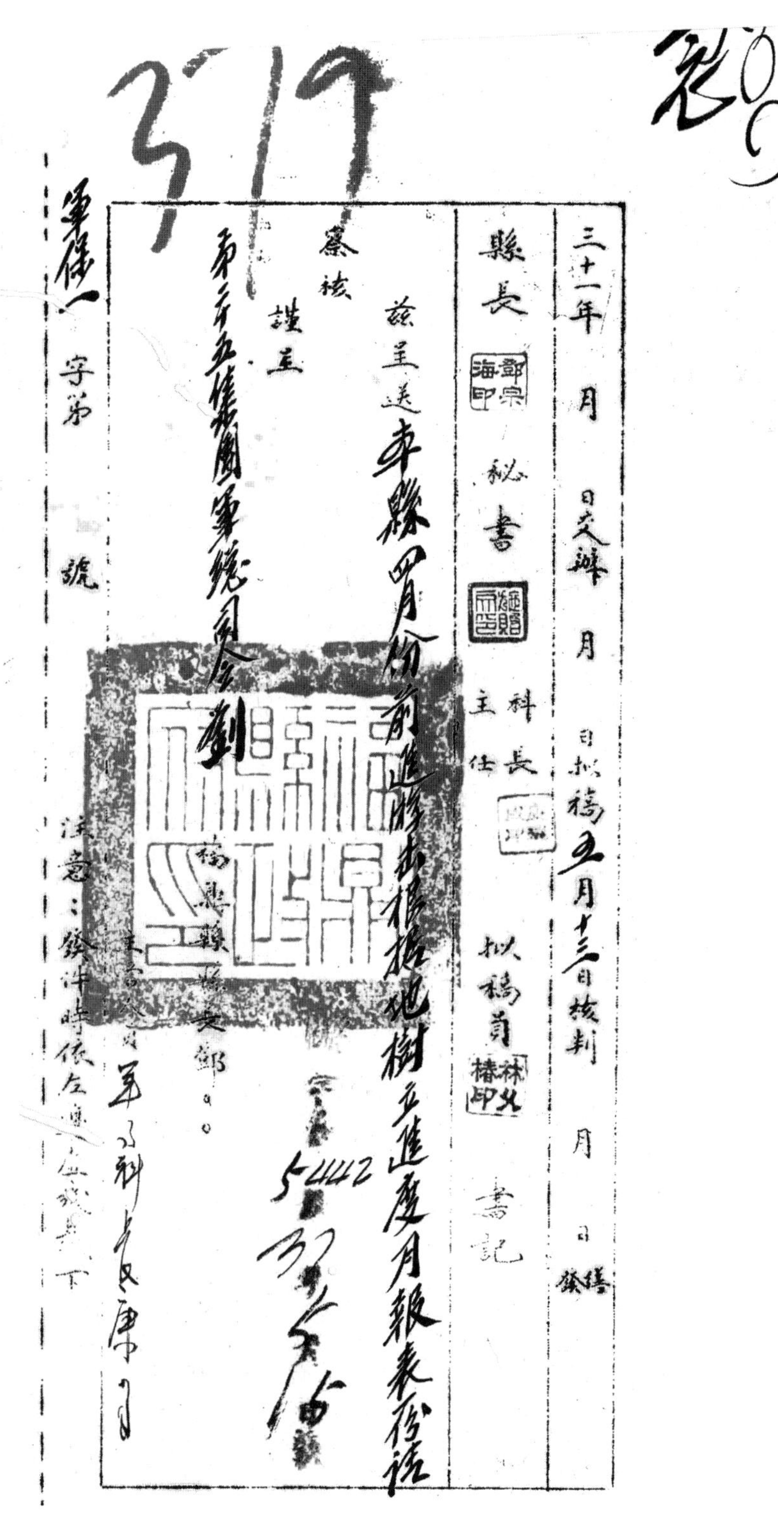

福鼎县政府关于呈送四月份前进游击根据地树立进度月报表给第二十五集团军司令部的呈文

（1942 年 5 月 15 日） G133-003-0088

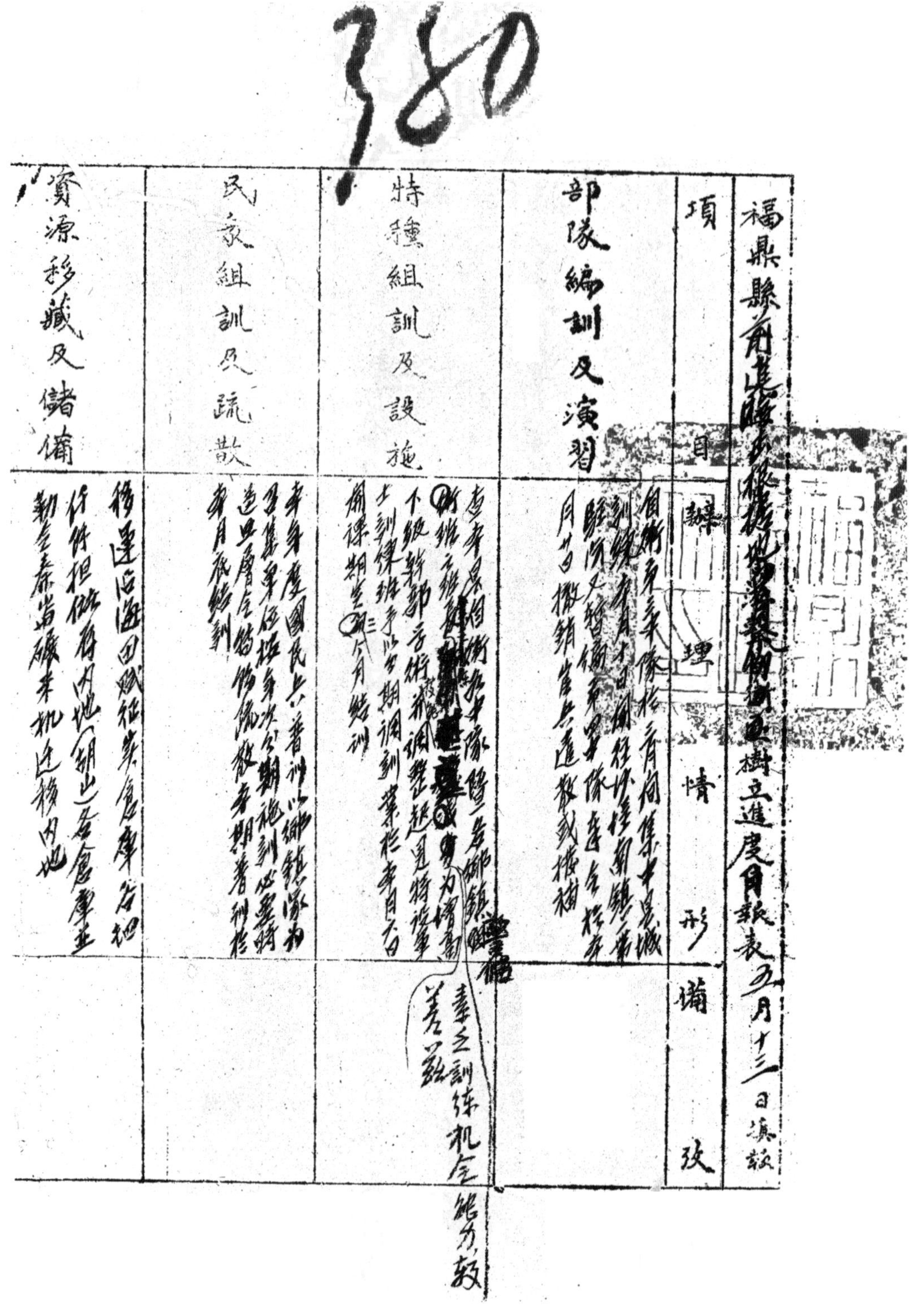

380

福鼎縣前進游擊根據地四月份樹立進度月報表　五月十三日填報

項目	辦理情形	備考
部隊編訓及演習	[illegible]	
特種組訓及設施	[illegible]	[illegible]
民衆組訓及疏散	[illegible]	
資源移藏及儲備	[illegible]	

福鼎县前进游击根据地四月份树立进度月报表

(1942 年 5 月 13 日)a 面　G133-003-0088

工事構築狀況	本县警戒阵地[illegible]经迭遭[illegible]打[illegible]尚[illegible]改南镇沙埕之线多经筑有防御工事然因年久多属崩坏为增强防御力量计特于本月派员分别前往督饬[illegible]工修理现已修筑完竣
交通通信補給衛生之設施	查本县交通线除与邻县之交通路外[illegible]道[illegible]旦属[illegible]规定沿海要县交通地点加以破坏以阻敌骑计并于沙埕店下秦屿[illegible]阳[illegible]附近道路要点分别择要破坏刻已派员实地勘察现在择地修补中。本月修理沙埕至县城之电话
其他	
附記	

福鼎县前进游击根据地四月份树立进度月报表

(1942年5月13日)b面　G133-003-0088

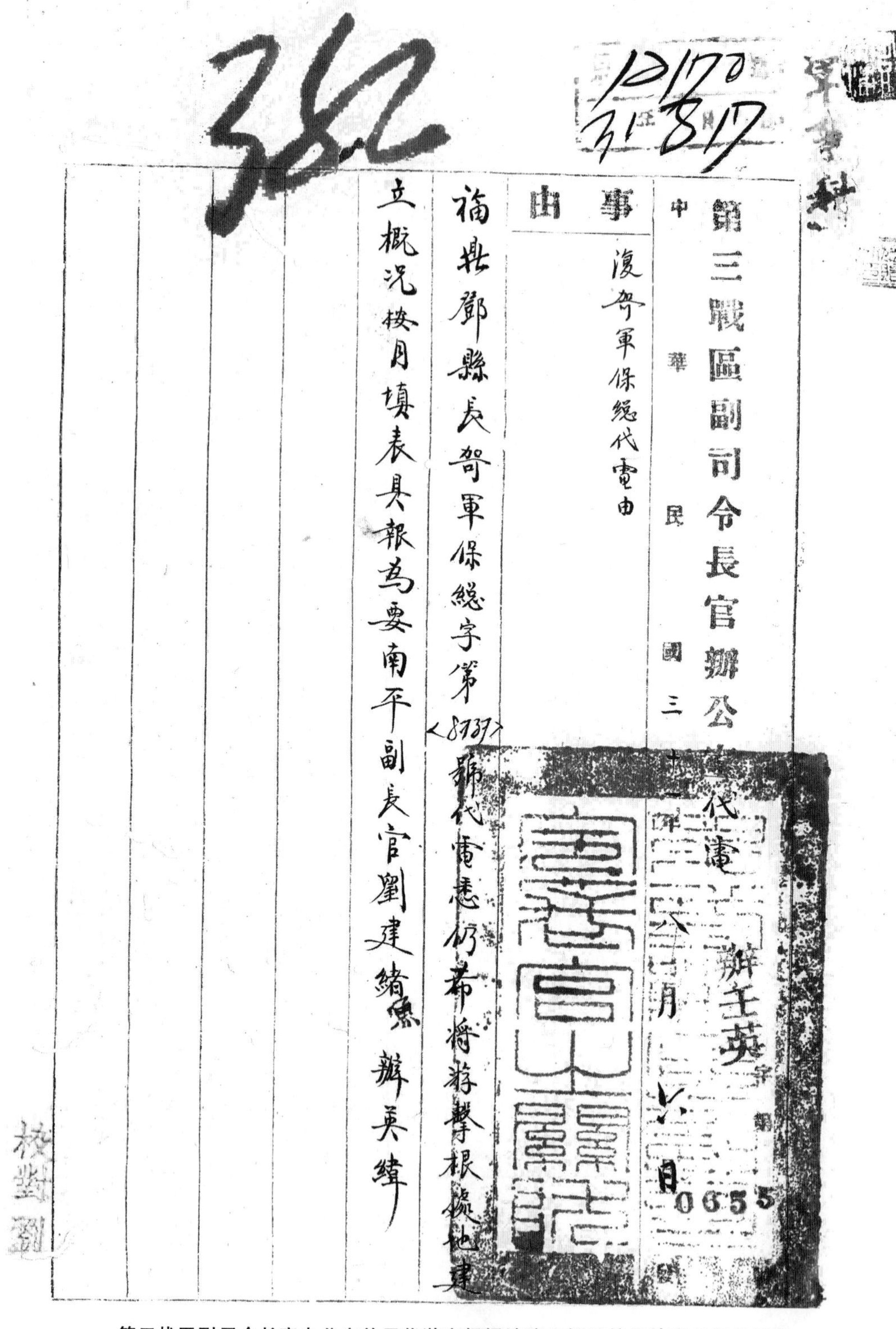

第三戰區副司令長官辦公室代電 辦壬英字第 0655 號

中華民國三十一年八月六日

事由：復咨軍保總代電由

福安鄧縣長咨軍保總字第〈8737〉號代電悉仍希將游擊根據地建立概況按月填表具報為要 南平副長官劉建緒 辦英緯

第三战区副司令长官办公室关于将游击根据地建立概况按月填表具报的代电

（1942 年 8 月 6 日） G133-003-0088

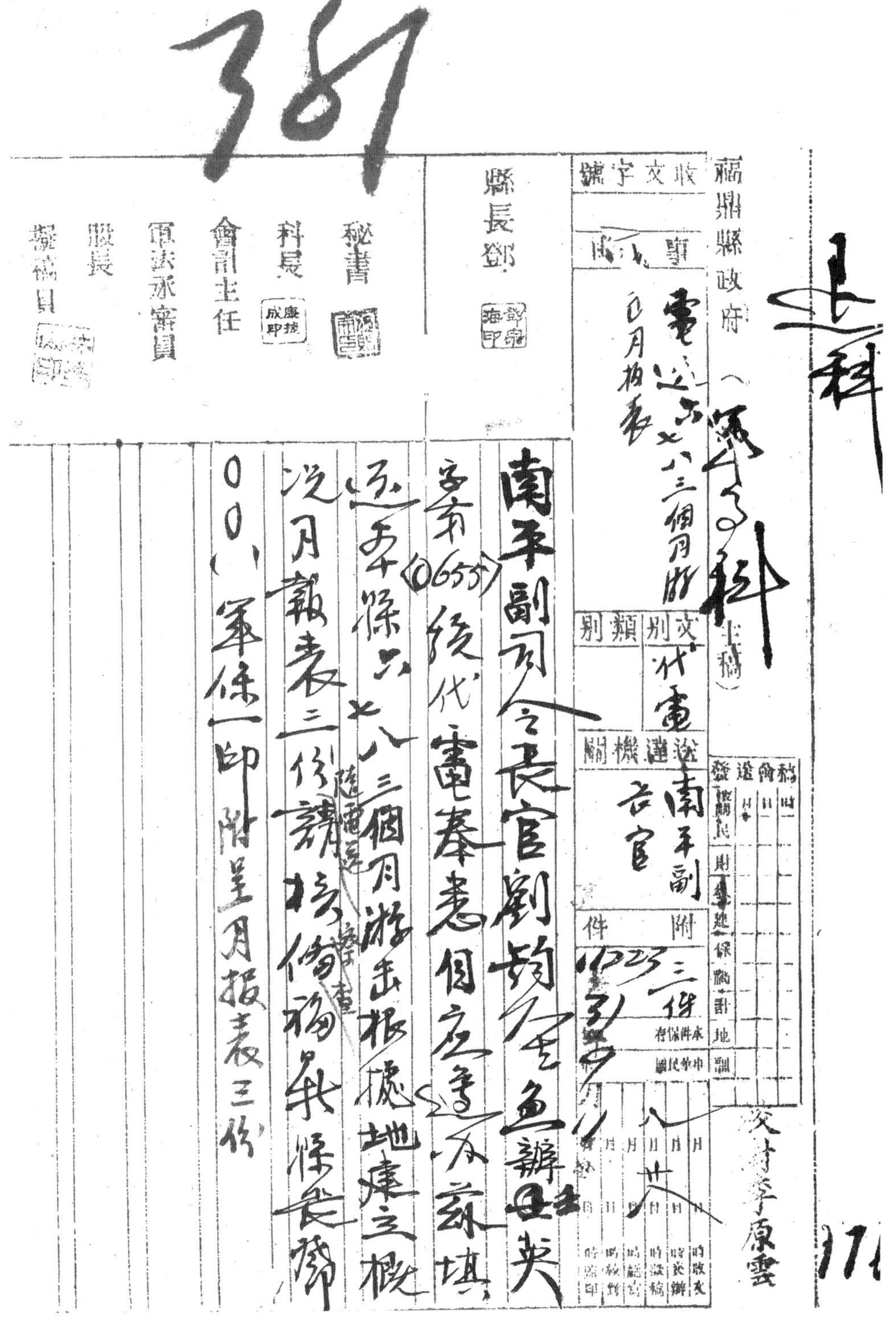

福鼎县政府关于呈送六、七、八三个月游击根据地建立概况月报表的代电(附表)

(1942 年 9 月 11 日)　G133-003-0088

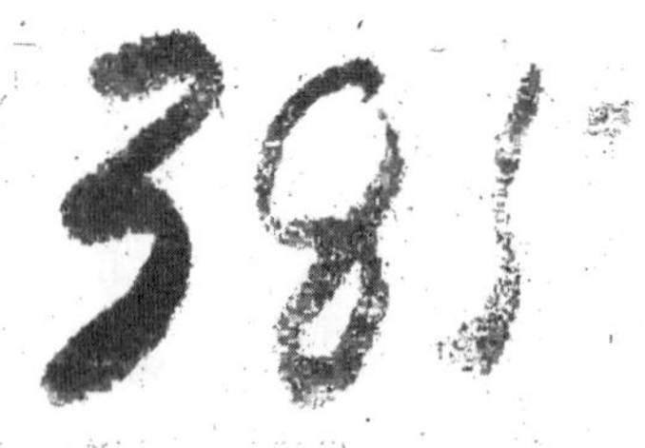

福鼎縣三十一年六月份游擊自衛區樹立進度月報表　月　日填報

項目	辦理情形	備考
部隊編訓及演習	同前	
特種組訓及設施	本縣地方行政幹部訓練所調訓挺身隊[illegible]役合計兩班，挺身隊訓練中，仍在加緊	
民衆組訓及疏散	同前	

本月份游擊自衛區協助田賦征實糧[illegible]計一千担[illegible]

福鼎县三十一年六月份游击自卫区树立进度月报表
(1942 年 6 月)a 面　G133-003-0088

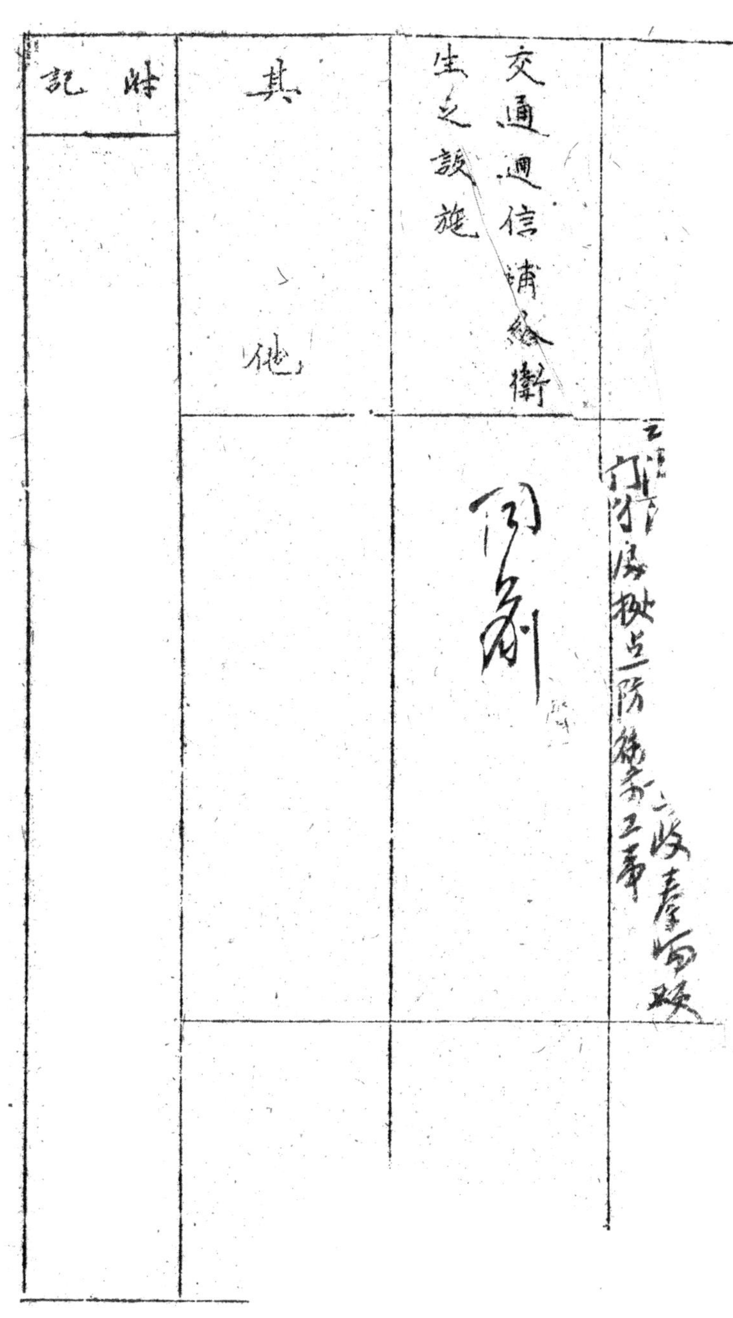

福鼎县三十一年六月份游击自卫区树立进度月报表

(1942年6月)b面　G133-003-0088

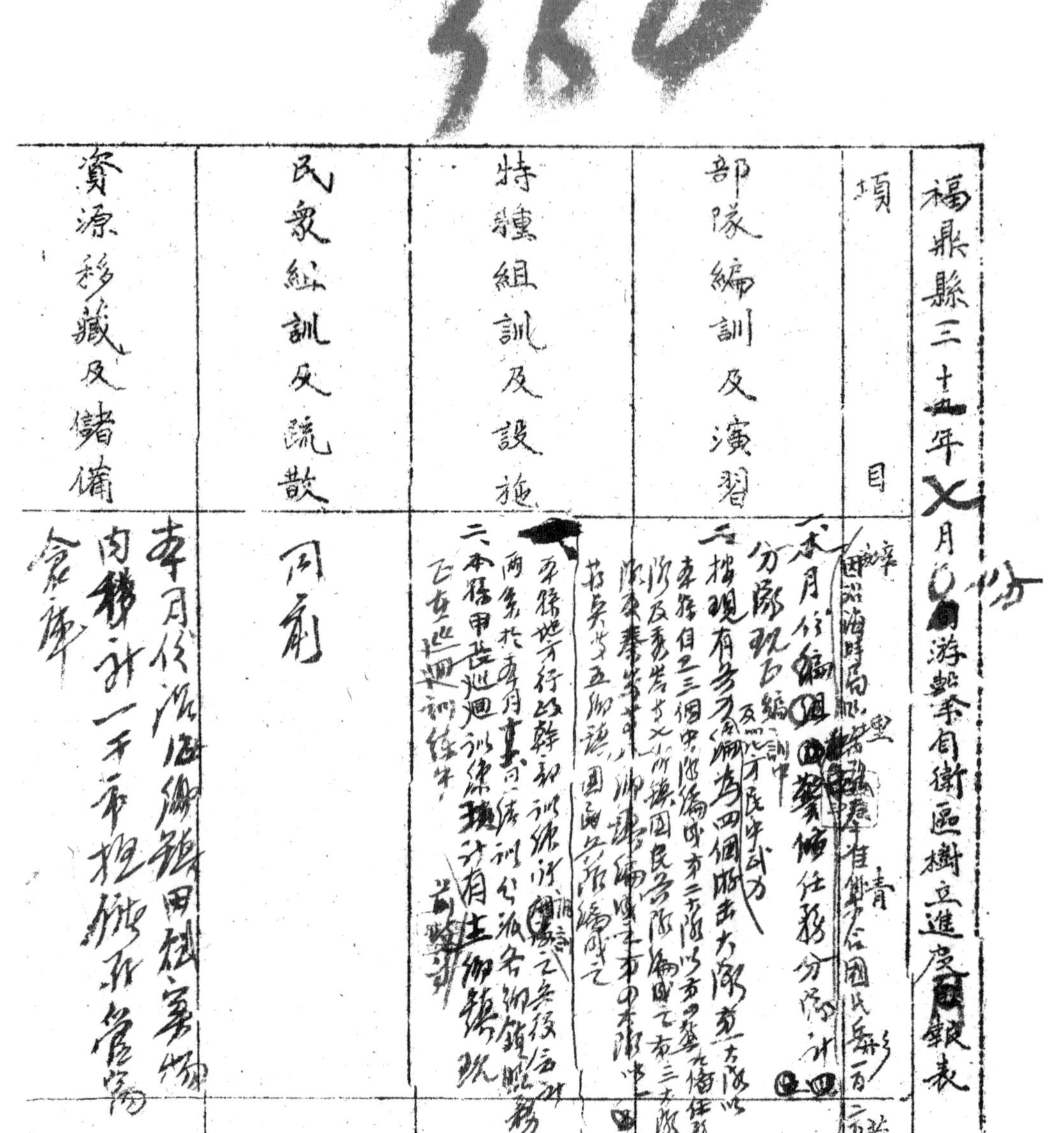

福鼎縣三十一年七月份游擊自衛區樹立進度月報表

摘目	部隊編訓及演習	特種組訓及設施	民衆組訓及疏散	資源移藏及儲備
摘要	[illegible]	[illegible]	同前	本月份沿海鄉鎮田粮實物內移計一千市担[illegible]

月 日填報

福鼎县三十一年七月份游击自卫区树立进度月报表

(1942 年 7 月)a 面 G133-003-0088

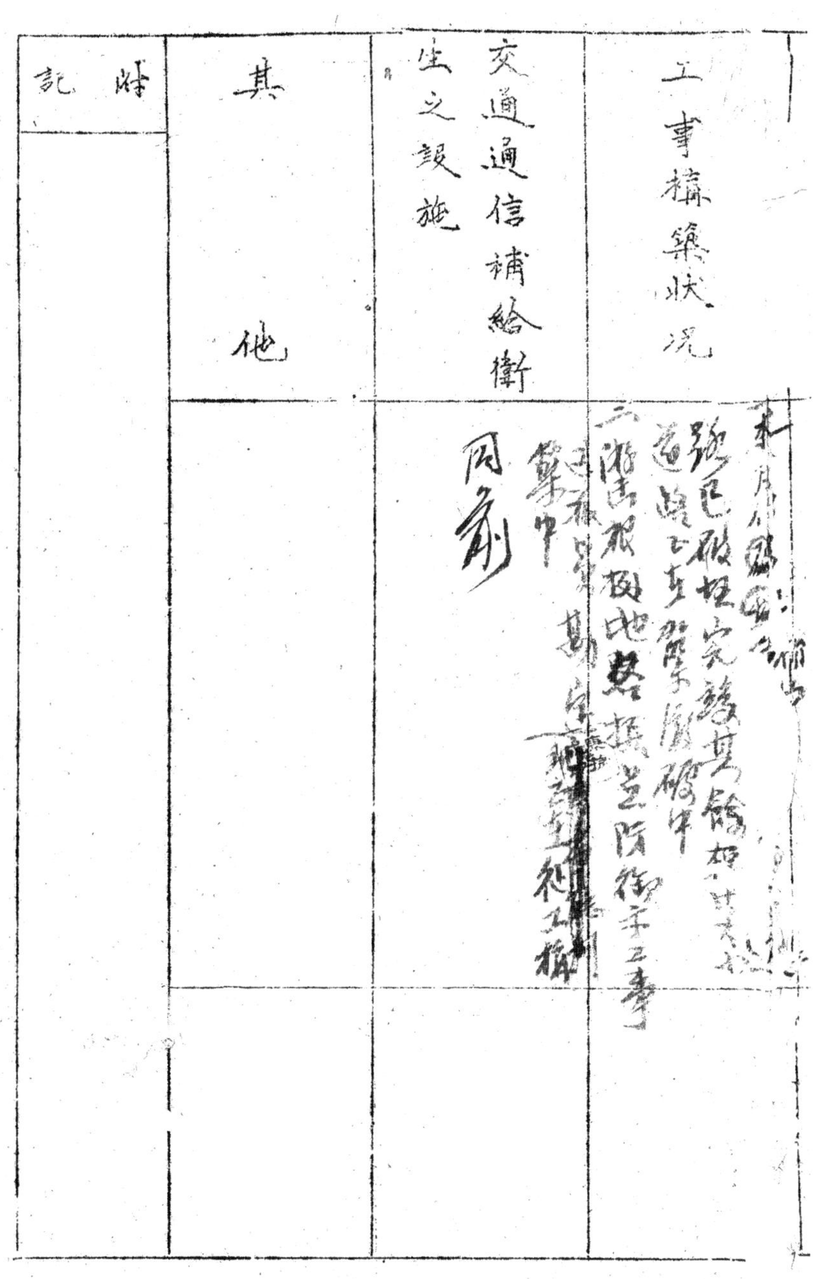

工事構築狀況	交通通信補給衛生之設施	其他	附記
[illegible]	同前		

福鼎县三十一年七月份游击自卫区树立进度月报表

(1942 年 7 月)b 面 G133-003-0088

385

福鼎縣三十一年八月份游擊自衛區樹立進度月報表　月　日填報

項目	辦理情形	備攷
部隊編訓及演習	同前	
特種組訓及設施	同前 本縣各鄉鎮[illegible]附設幹部兵役訓練已四年業[illegible]	
民衆組訓及疏散	本月份[illegible]係派[illegible] 各鄉鎮[illegible]組織民众實施訓練中	
資源移藏及儲備	本月各鄉鎮田賦徵[illegible] 計一千市担儲藏於[illegible]倉庫	

福鼎县三十一年八月份游击自卫区树立进度月报表

(1942 年 8 月)a 面　G133-003-0088

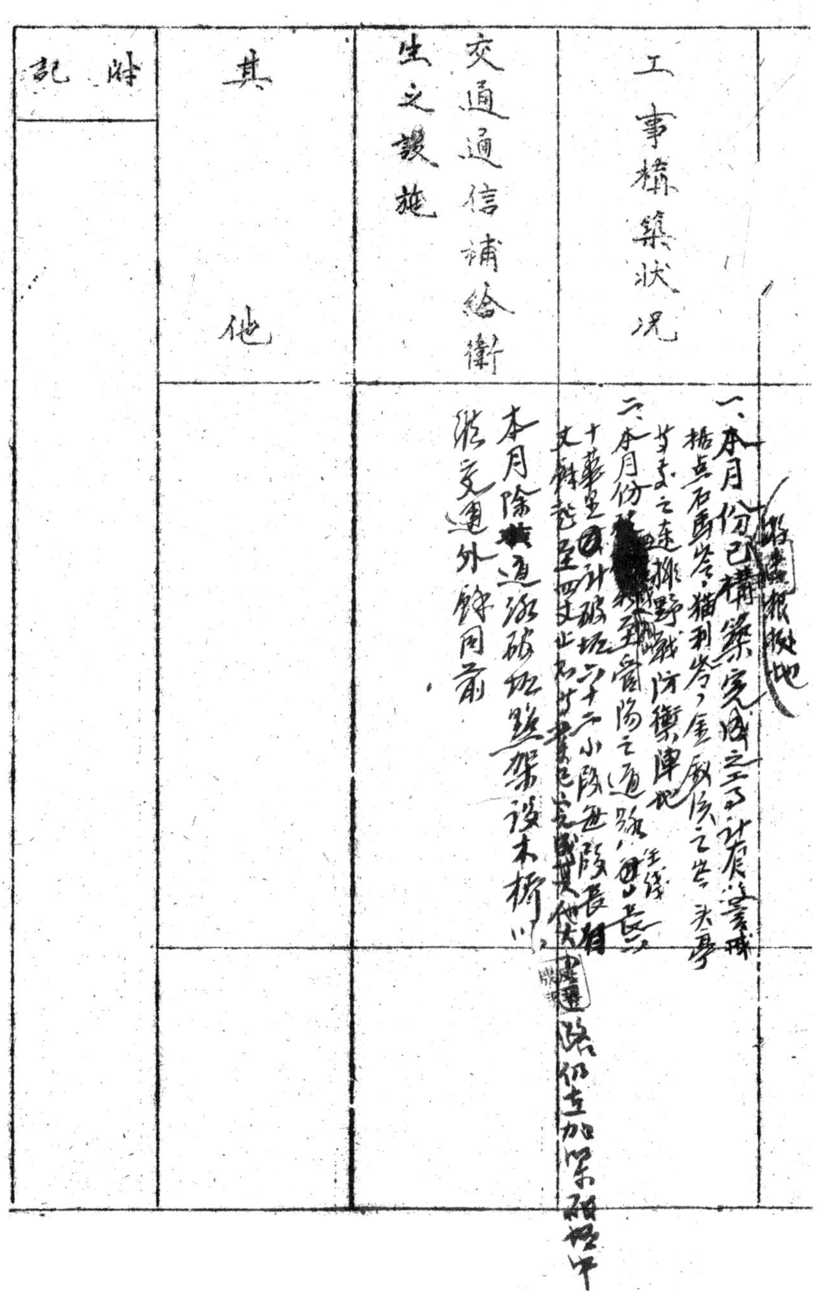

工事構築狀況	交通通信補給衛生之設施	其他	附記
一、本月份已構築完成之工事計有[illegible]據點石馬岑、猫利岑、金釵[illegible]之岑、[illegible]亭[illegible]等之連排野戰防禦陣地 二、本月份[illegible]至當陽之道路，全線長[illegible]十華里，計破壞二十二小段，每段長約丈餘至四丈止，[illegible]已完成，其他道路仍在加緊破壞中	本月除[illegible]道路破壞並架設木橋以[illegible]交通外，餘同前		

福鼎县三十一年八月份游击自卫区树立进度月报表

(1942年8月)b面　G133-003-0088

国防工事

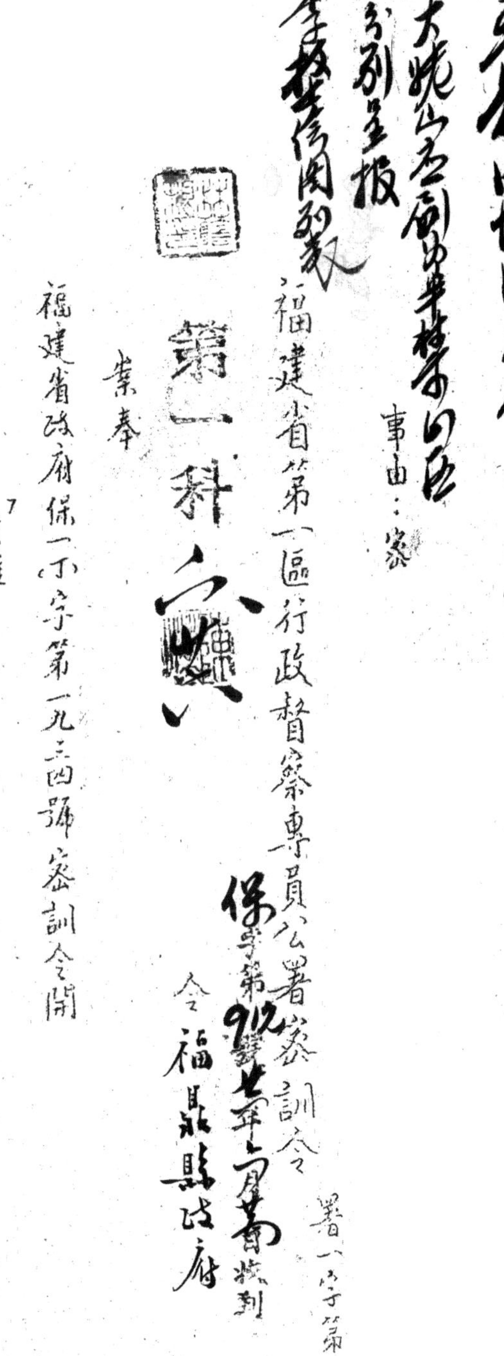

福建省政府第一区行政督察专员公署关于严禁外国人在国防工事等地活动的密训令(1937 年 6 月 18 日)a 面　G133-003-0181

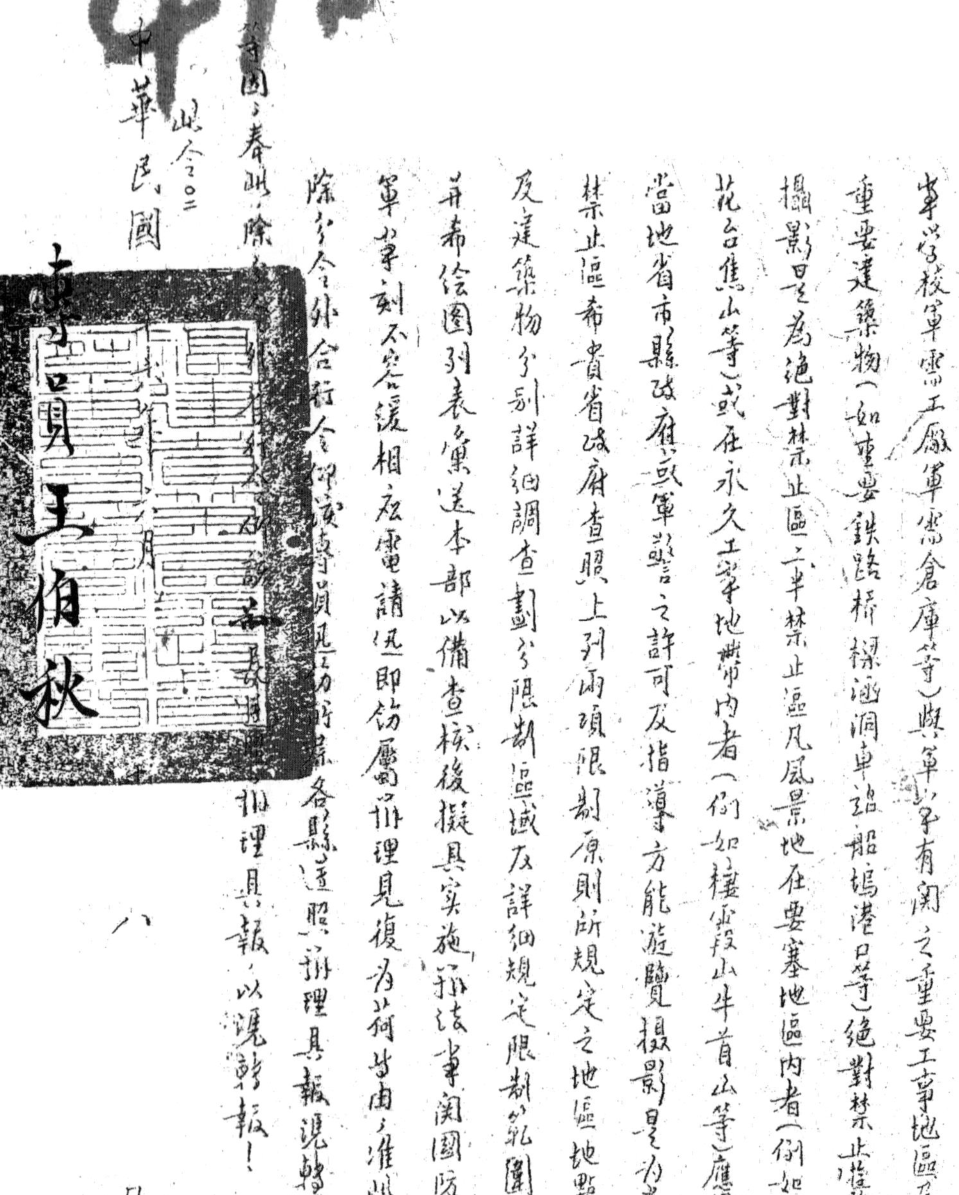

事學校軍需工廠軍需倉庫等)與軍事有關之重要工事地區及重要建築物(如重要鐵路橋樑涵洞車站船塢港口等)絕對禁止游覽攝影,是為絕對禁止區。二、半禁止區:凡風景地在要塞地區內者(例如雨花台、焦山等)或在永久工事地帶內者(例如棲霞山、牛首山等)應得當地省市縣政府與軍警之許可及指導方能游覽攝影,是為半禁止區。希貴省政府查照上列兩項限制原則所規定之地區地點及建築物,分別詳細調查,劃分限制區域,及詳細規定限制範圍,並希繪圖列表彙送本部,以備查核後擬具實施辦法。事關國防軍事,刻不容緩,相應電請迅即飭屬辦理見復為荷。等由;准此,除分令外,合行令仰該專員即便轉飭所屬各縣遵照辦理具報,以憑彙轉。等因;奉此,除分行外,合行令仰該縣長即便遵照辦理具報,以憑轉報!

此令。

中華民國　　八　日

專員王伯秋

410

福建省政府第一区行政督察专员公署关于严禁外国人在国防工事等地活动的密训令(1937年6月18日)b面　G133-003-0181

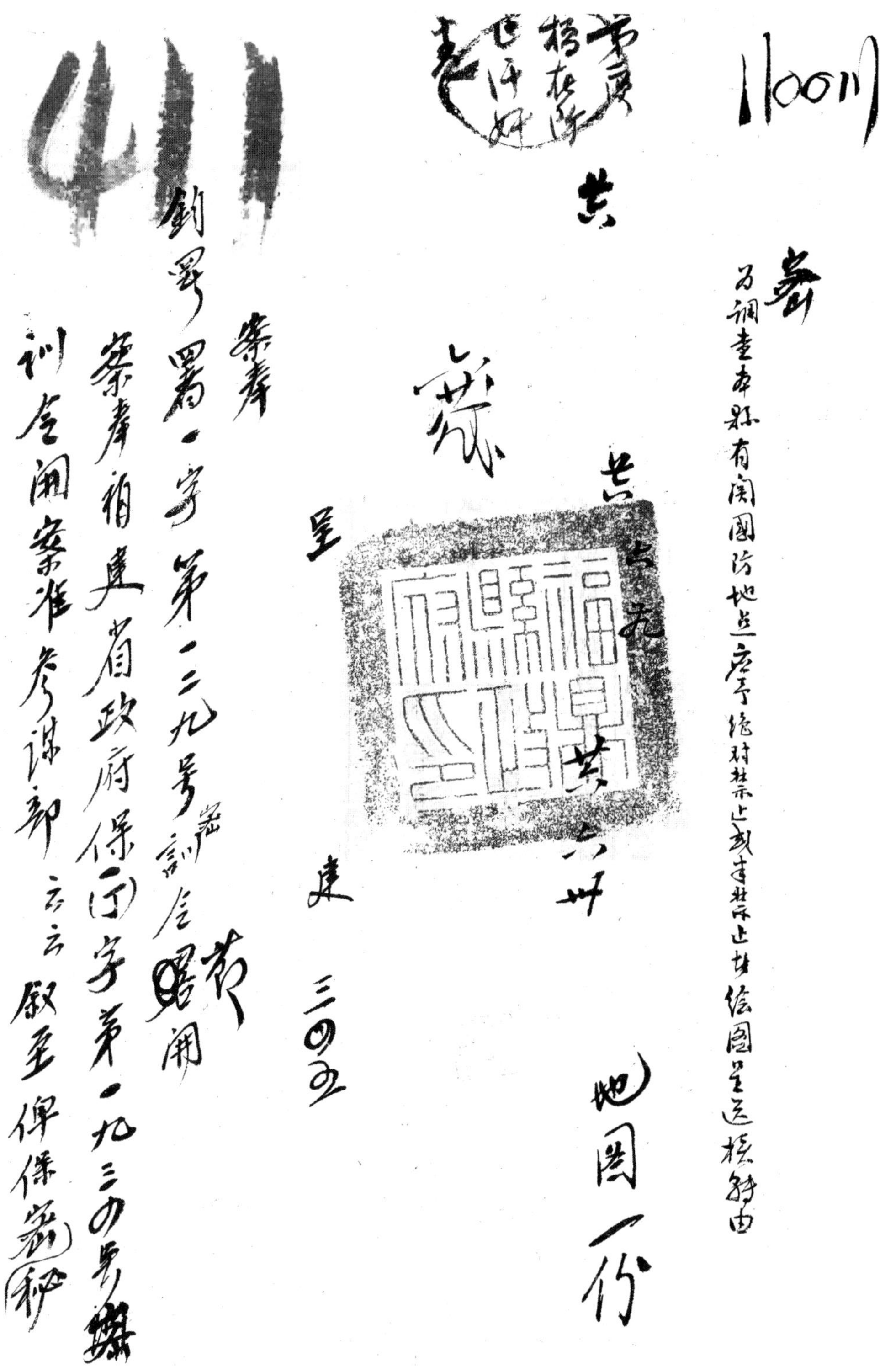

福鼎县政府关于为调查本县有关国防地点应予绝对禁止或半禁止者绘图呈送核转的呈文(1937年6月30日)a面　G133-003-0181

電飭鈞屬各縣遵照
仰該專員迅飭所屬各縣遵照辦理
具報等因，奉此，除分行外，合行令仰該縣
長遵照辦理具報，以憑核轉報此令
等因。奉此，遵查屬縣應劃為絕對禁止區者為
沙埕港，為半禁止區者有大姥山，奉令前因，理合
繪具地圖，隨文呈請
鈞座核轉。謹呈
福建省第一區行政督察專員王
計呈地圖一份
全銜 名

福鼎县政府关于为调查本县有关国防地点应予绝对禁止或半禁止者绘图呈送核转的呈文(1937年6月30日)b面　G133-003-0181

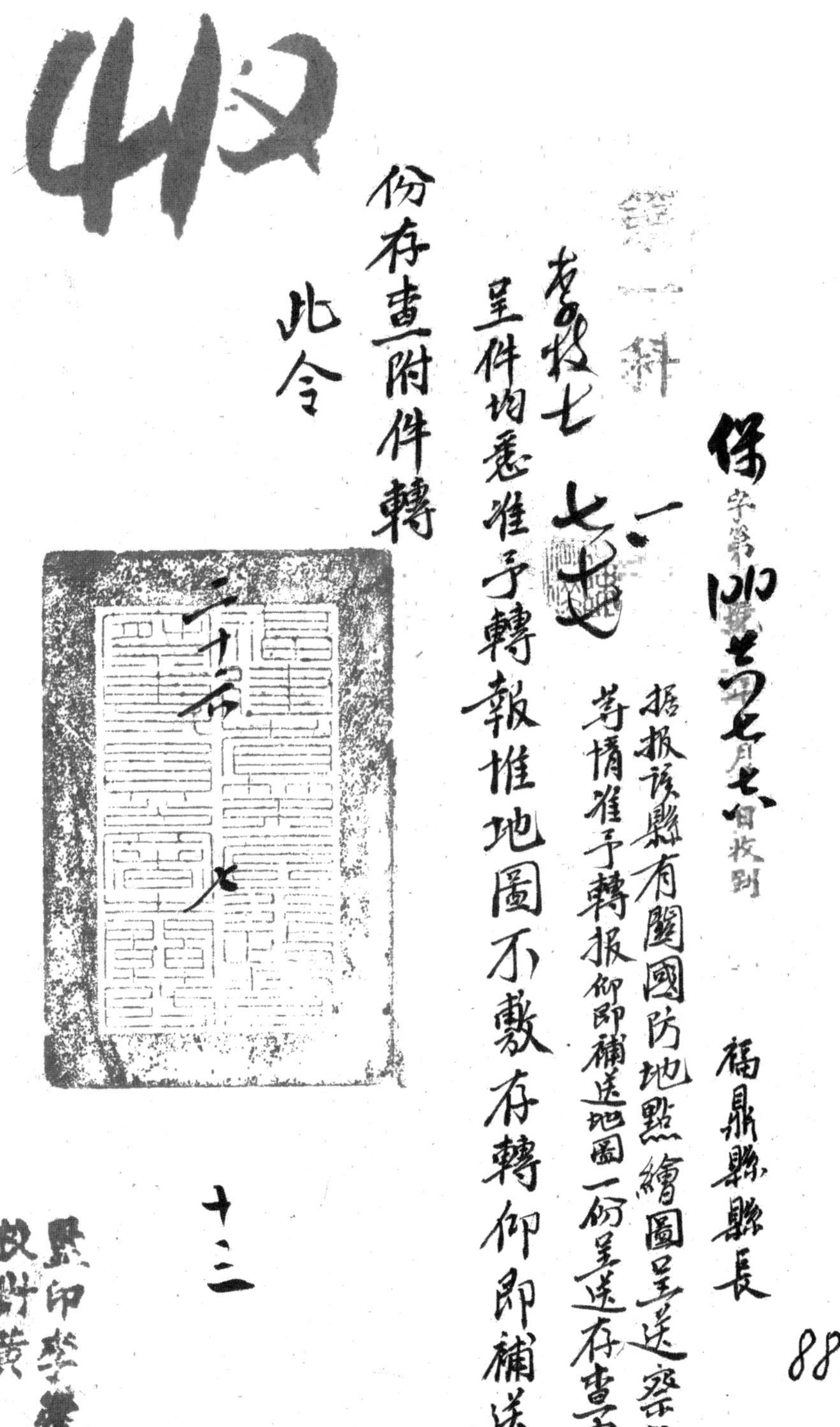

保字第四〇七七號　七月十六日收到

福鼎縣縣長

據報該縣有關國防地點繪圖呈送察核等情准予轉報仰即補送地圖一份呈送存查由

呈件均悉准予轉報惟地圖不敷存轉仰即補送一份存查附件轉

此令

福建省政府第一区行政督察专员公署关于福鼎县有关国防地点绘图准予转报仰即补送地图一份存查的令文(1937 年 7 月 13 日)　G133-003-0181

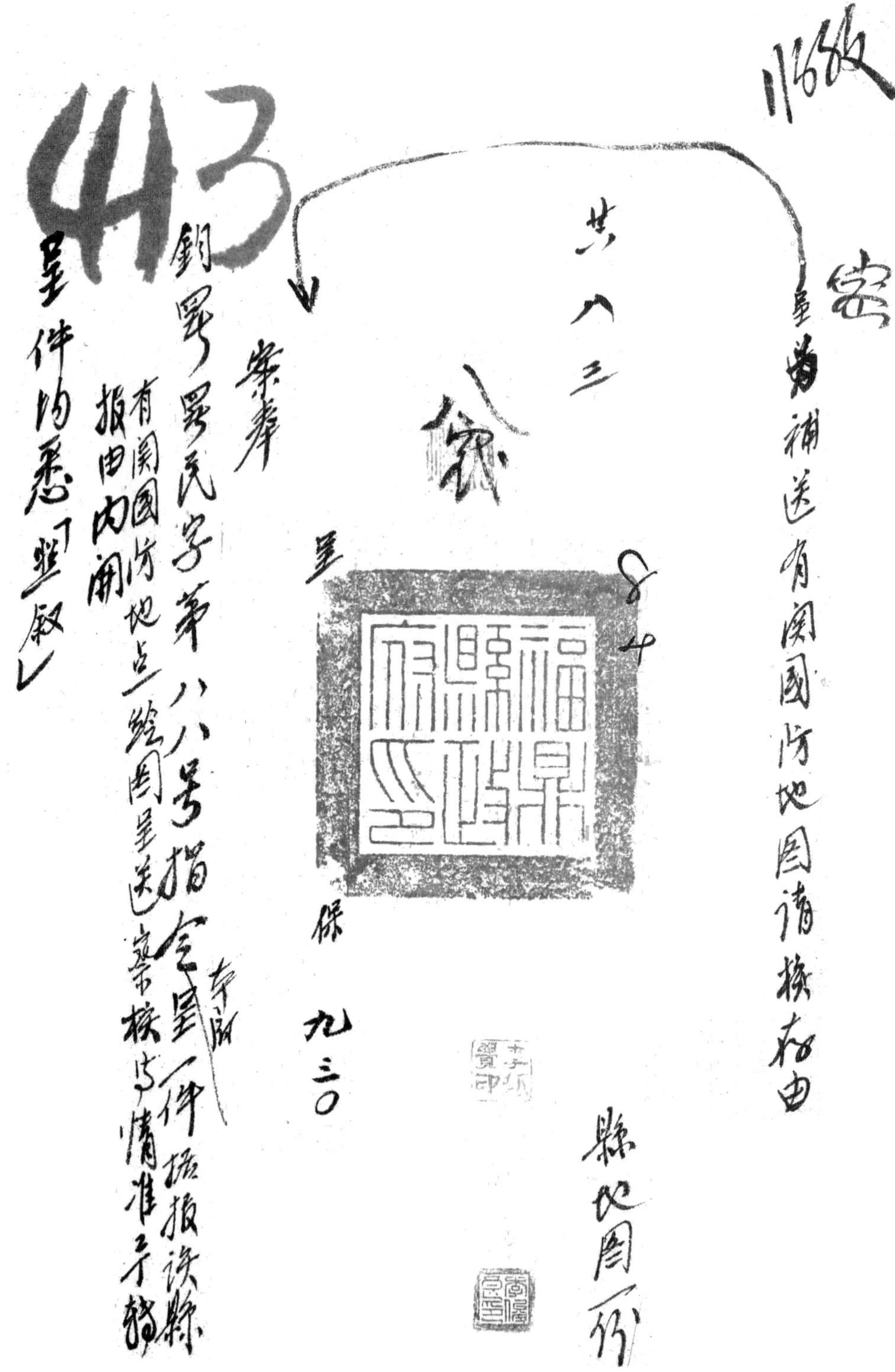

密
呈为补送有关国防地图请核存由
福鼎县政府印

福鼎县政府关于补送有关国防地图给福建省政府第一区行政督察专员公署的呈文(1937 年 8 月 4 日)a 面 G133-003-0181

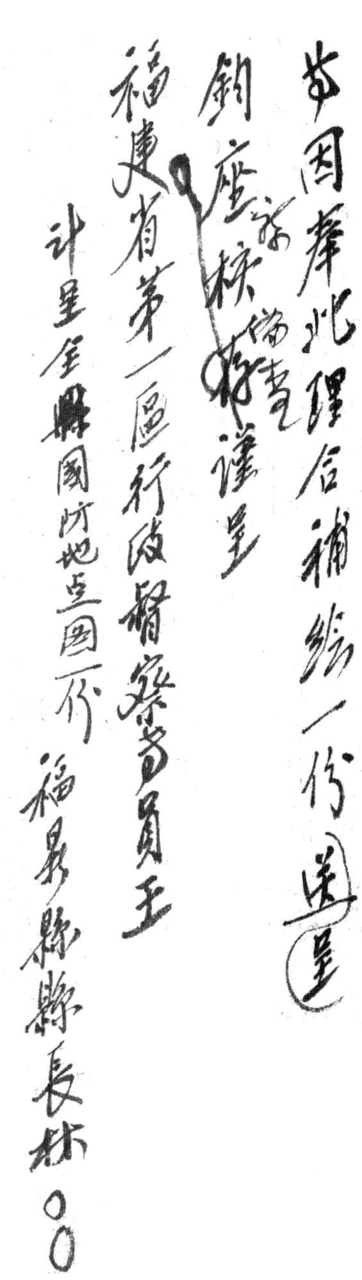

福鼎县政府关于补送有关国防地图给福建省政府第一区行政督察专员公署的呈文(1937 年 8 月 4 日)b 面　G133-003-0181

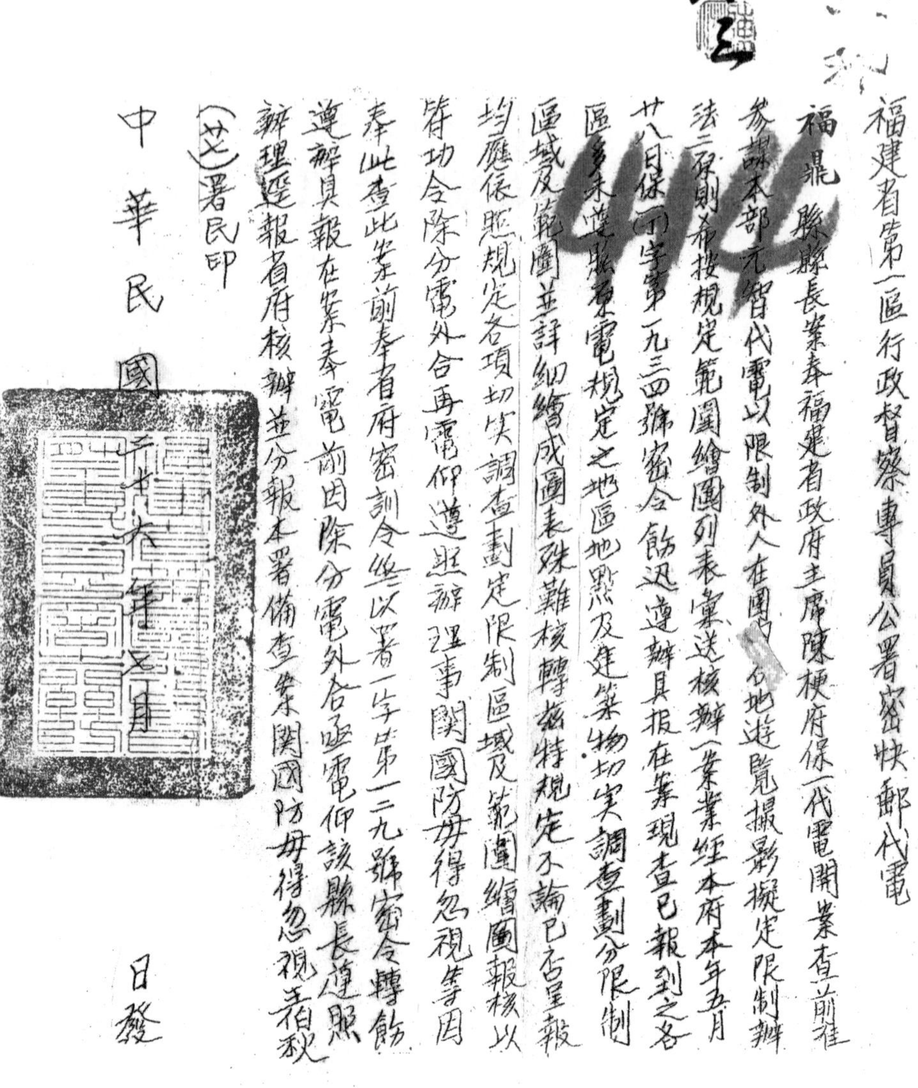

保 1289

福建省第一區行政督察專員公署密快郵代電

福鼎縣縣長案奉福建省政府主席陳梗府保一代電開案查前准參謀本部元智代電以限制外人在國內各地遊覽攝影擬定限制辦法二項明令按規定範圍繪圖列表彙送核辦(案業經本府本年五月廿八日保(丁)字第一九三四號密令飭迅遵辦具報在案現查已報到之各區多未遵照原電規定之地區地點及建築物切實調查劃分限制區域及範圍並詳細繪成圖表殊難核轉茲特規定不論已否呈報均應依照規定各項切實調查劃定限制區域及範圍繪圖報核以符功令除分電外合再電仰遵照辦理事關國防毋得忽視等因奉此查此案前奉省府密訓令以署一字第一二九號密令轉飭遵辦具報在案奉電前因除分電外合亟電仰該縣長遵照辦理逕報省府核辦並分報本署備查案關國防毋得忽視爲要

(芝)署民印

中華民國二十六年七月　日發

福建省政府第一区行政督察专员公署关于国防地点均应依照规定各项切实调查划定限制区域及范围绘图报核以符功令的密快邮代电(1937 年 7 月 27 日)　G133-003-0181

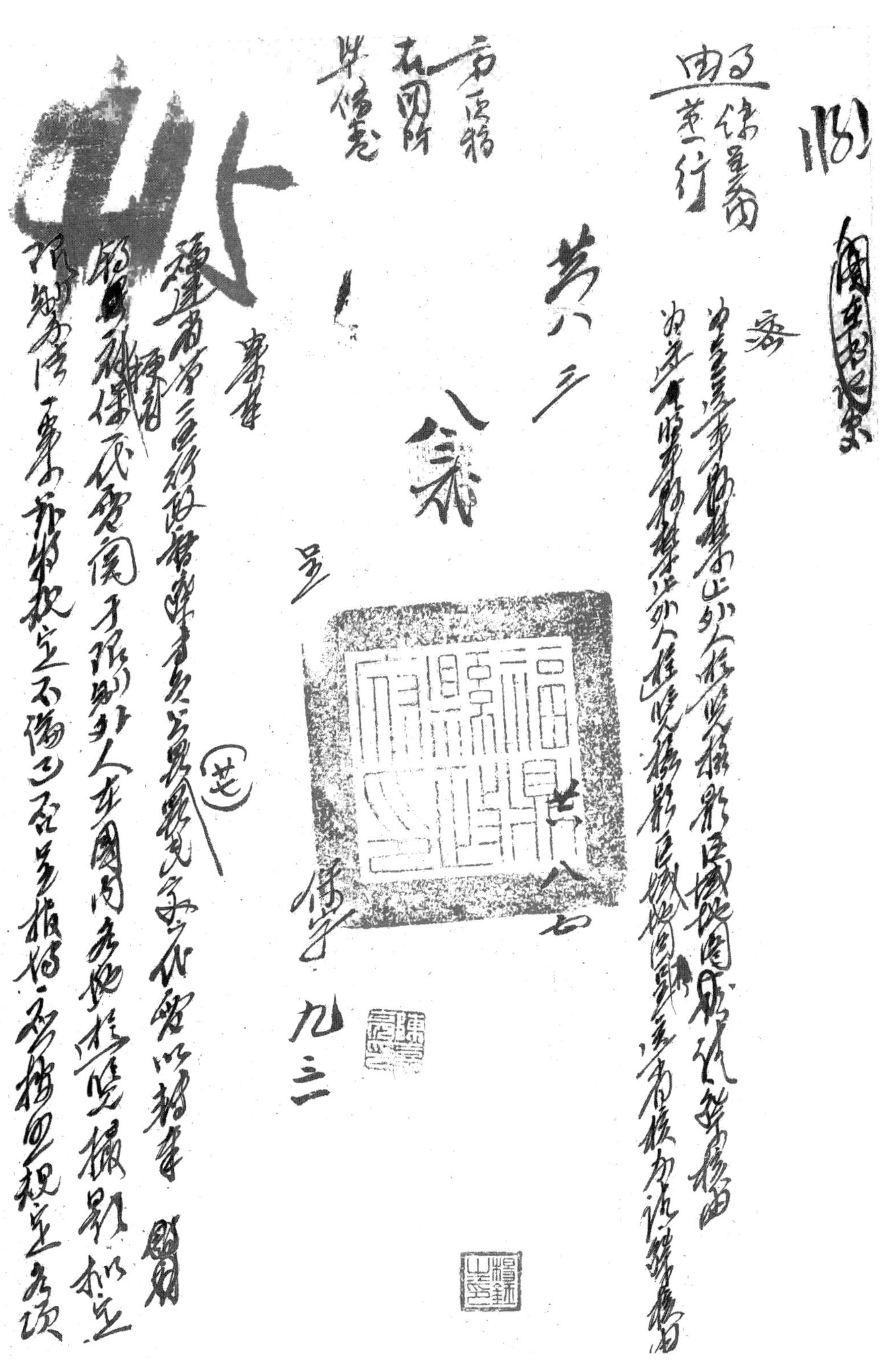

福鼎县政府关于将本县禁止外国人游览摄影区域地图呈送省政府察核的呈文
(1937年8月5日)a面　G133-003-0181

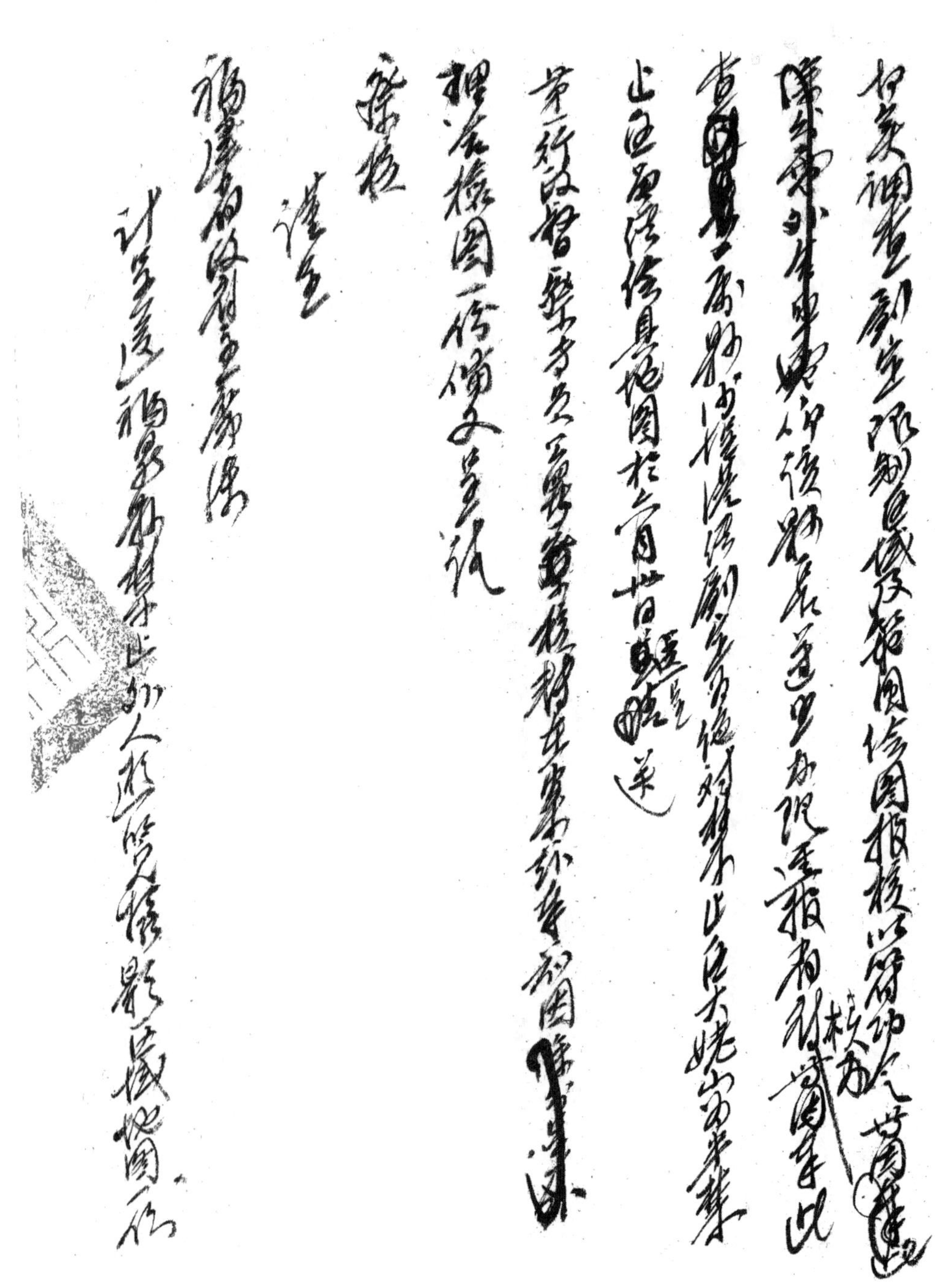

福鼎县政府关于将本县禁止外国人游览摄影区域地图呈送省政府察核的呈文
（1937年8月5日）b面　G133-003-0181

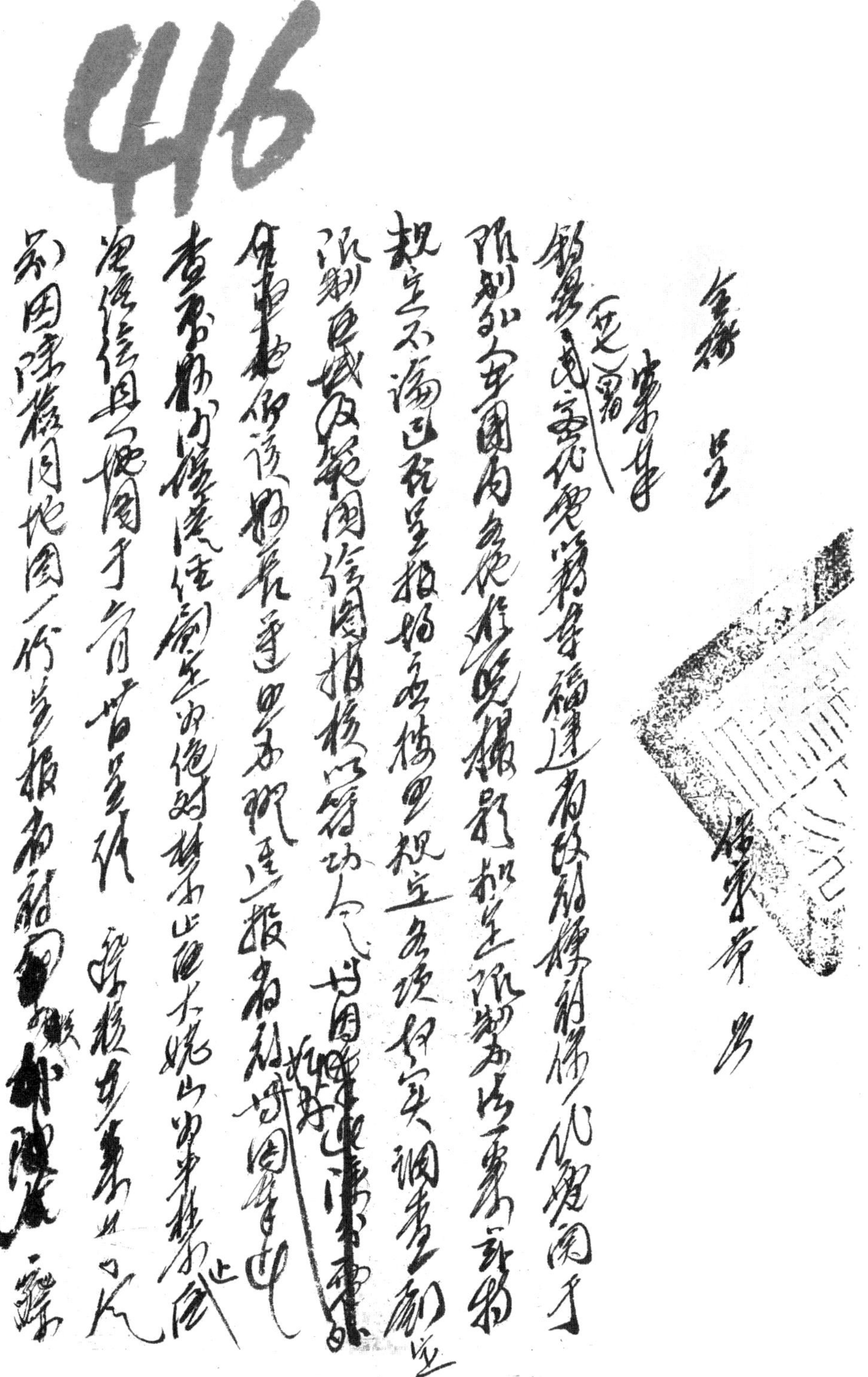

福鼎县政府关于将本县禁止外人游览摄影区域地图呈送省政府核办请第一区行政督察专员公署察核的呈文(1937年8月5日)a面　G133-003-0181

核外理合備文呈請

鑒核

謹呈

福建省第一區行政督察專員王

福鼎县政府关于将本县禁止外人游览摄影区域地图呈送省政府核办请第一区行政督察专员公署察核的呈文(1937 年 8 月 5 日)b 面　G133-003-0181

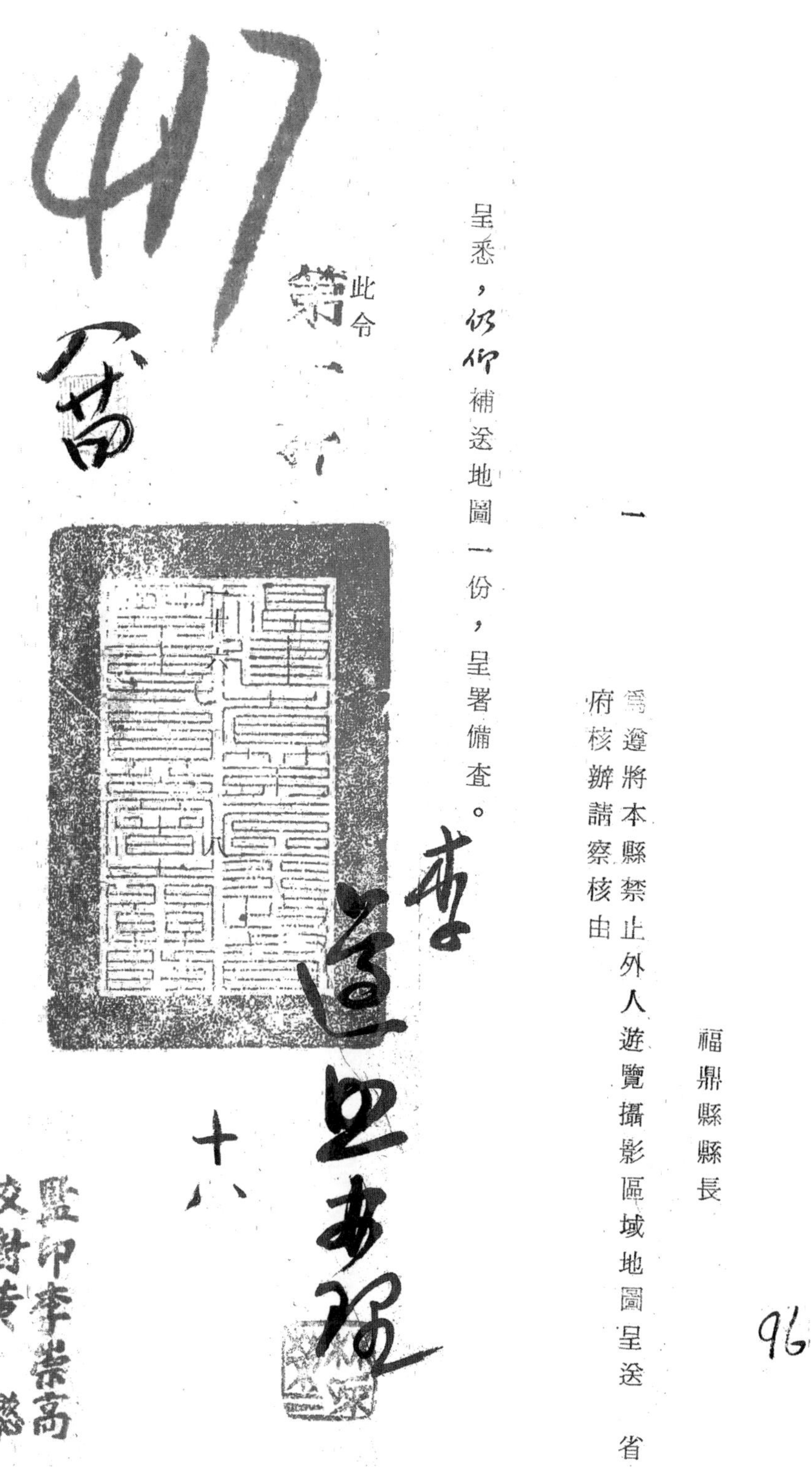
為遵將本縣禁止外人遊覽攝影區域地圖呈送省府核辦請察核由

福鼎縣縣長

呈悉，仍仰補送地圖一份，呈署備查。

此令

監印李崇高
校對黄懿

福建省政府第一区行政督察专员公署关于福鼎县政府将本县禁止外人游览摄影区域地图呈送省政府核办请察核呈悉，仍仰补送地图一份呈署备查的令文(1937 年 8 月 18 日)　G133-003-0181

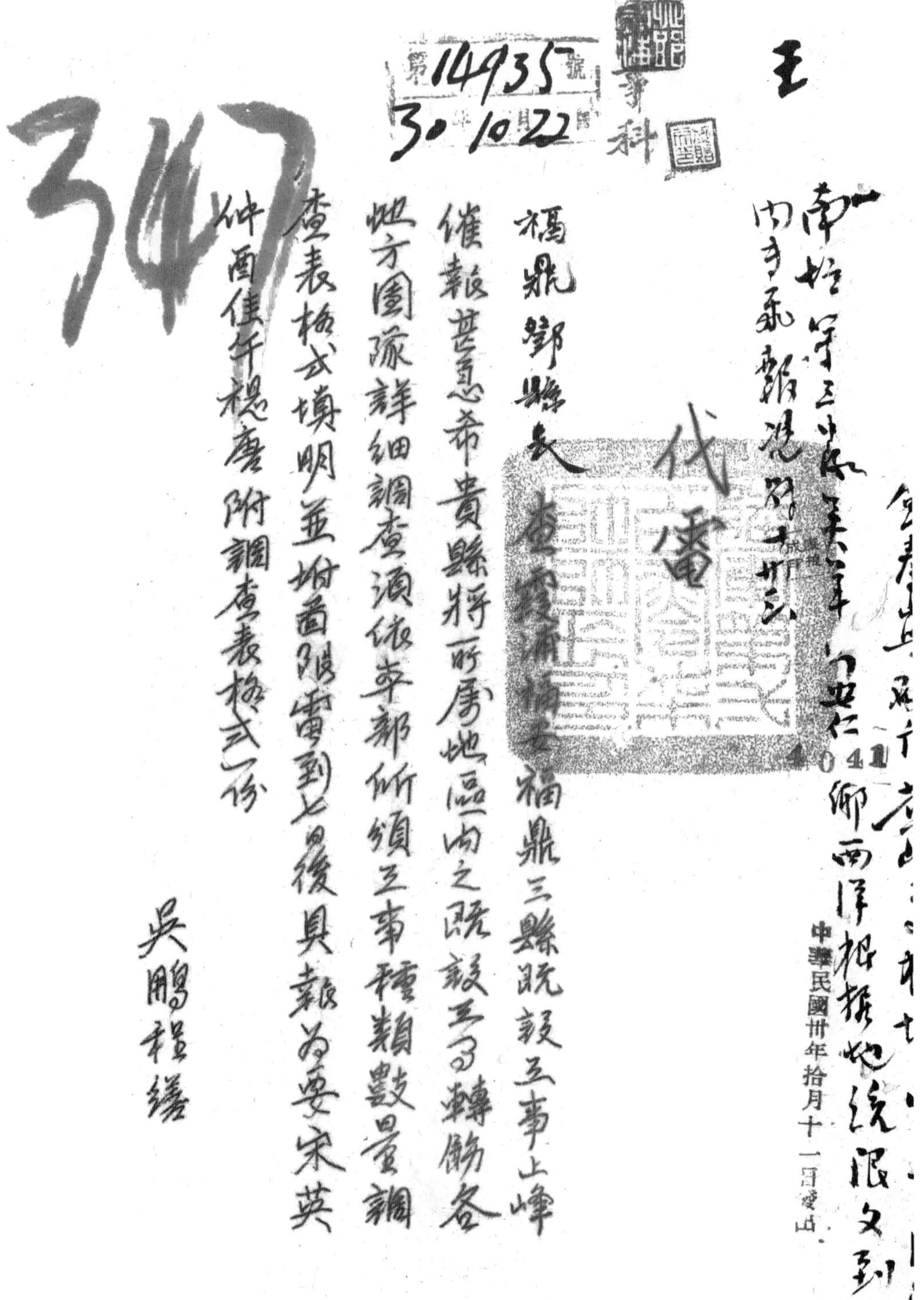
第14935號
30 10 22

代電

福鼎鄧縣長　查霞浦福鼎三縣既設工事上峰催報甚急希貴縣將所屬地區內之既設工事轉飭各地方團隊詳細調查須依本部所頒工事種類數量調查表格式填明並附圖限電到七日後具報為要宋英　仲酉佳午秘處附調查表格式一份

吳鵬程繕

中華民國卅年拾月十一日發出

陆军第一零七师关于详细调查福鼎县所属地区内既设工事，依本部所颁工事种类数量调查表格式填明并附图，限电到七日后具报为要的代电(1941年10月11日)　G133-003-0181

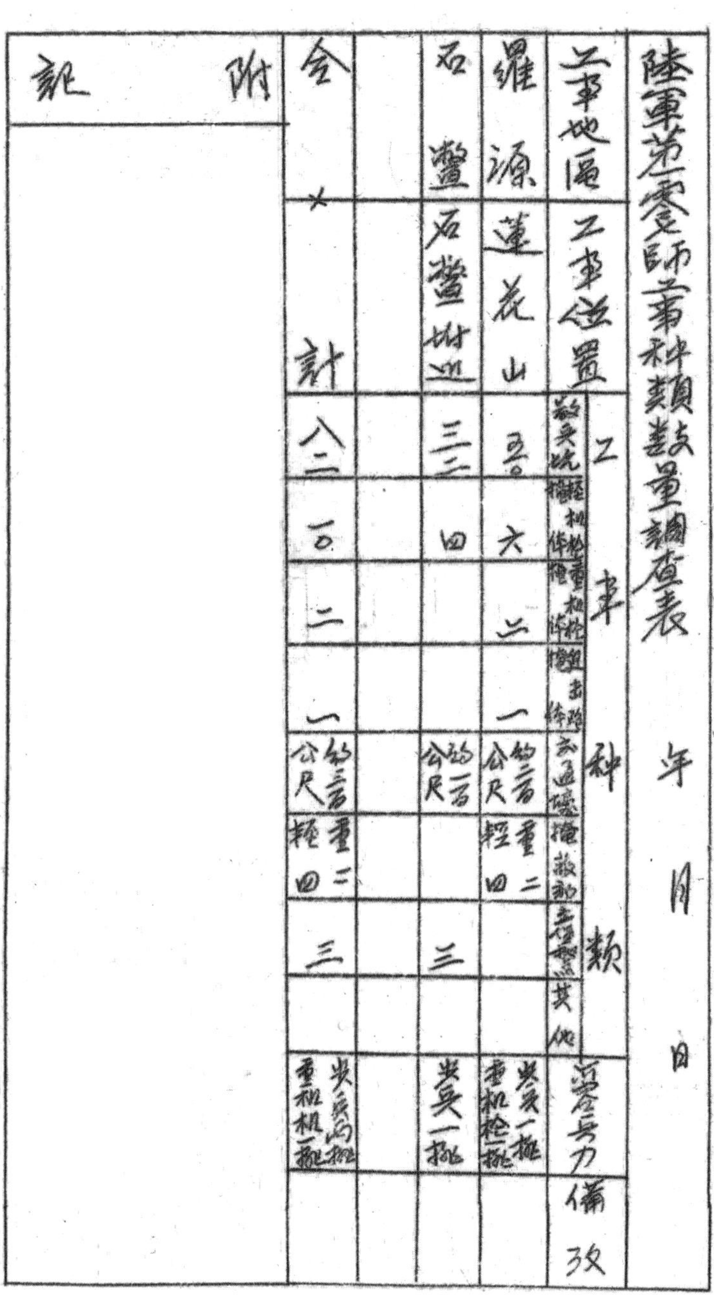

陸軍第一零七師工事種類數量調查表　　年　月　日

工事地區	工事位置	散兵坑	輕機槍掩体	重機槍掩体	迫击炮掩体	交通壕	掩蔽部	[illegible]	其他	守备兵力	備攷
羅源	蓮花山	五〇	六	二	一	約二百公尺	重二 輕四			步兵一排 重机槍一挺	
石盤	石盤街	三二	四			約一百公尺		三		步兵一排	
合計		八二	一〇	二	一	約三百公尺	重二 輕四	三		步兵兩排 重机机一挺	

陆军第一零七师颁工事种类数量调查表

（1941 年 10 月 11 日）　G133-003-0181

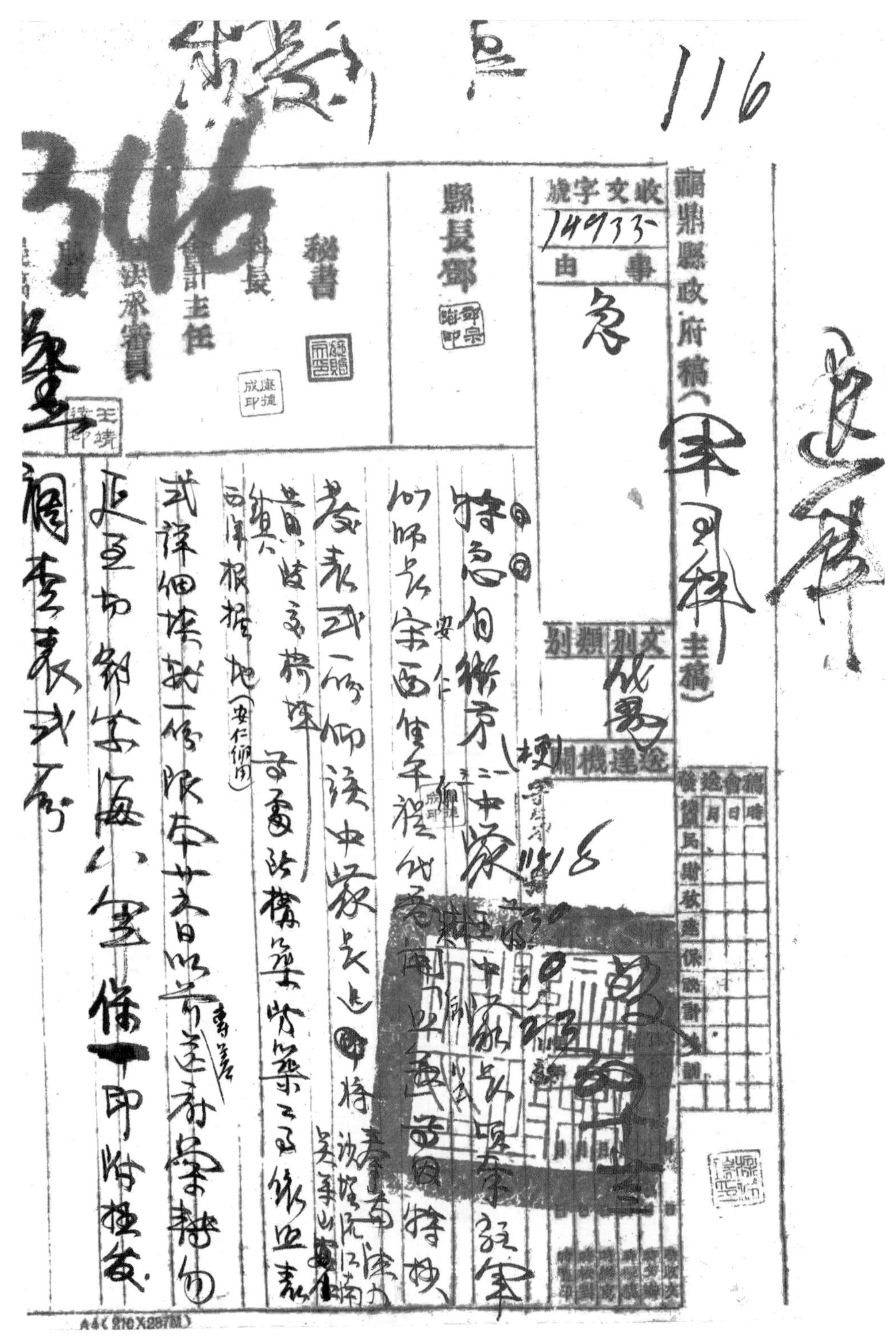

福鼎县政府关于抄发陆军第一零七师工事种类数量调查表式并限本月廿六日前依照表式详细填就专差送府汇转勿延的代电(1941 年 10 月 23 日)　G133-003-0181

第15442號
30年11月3日
軍事科

報告 卅年十月卅日 於秦嶼中隊部

案奉

鈞府正酉梗軍保一字第一一五一八號代電略開：

「頃奉（寒）師電頒發工事種類數量調查表格式仰該隊長迅將秦嶼硤門黃岐交椅坪等處所

構築工事依照表式詳填一份送府勿延」

等因附表式一份奉此自應遵辦理合填具工事種類數量調查表一份隨文呈請

察核

謹呈

縣長鄭

附呈 工事種類數量調查表一份

福鼎县国民兵团自卫第一中队关于填具工事种类数量调查表呈请察核的报告(附表)

(1941年10月30日)a面　G133-003-0181

福鼎县国民兵团自卫第一中队关于填具工事种类数量调查表呈请察核的报告(附表)
(1941年10月30日)b面　G133-003-0181

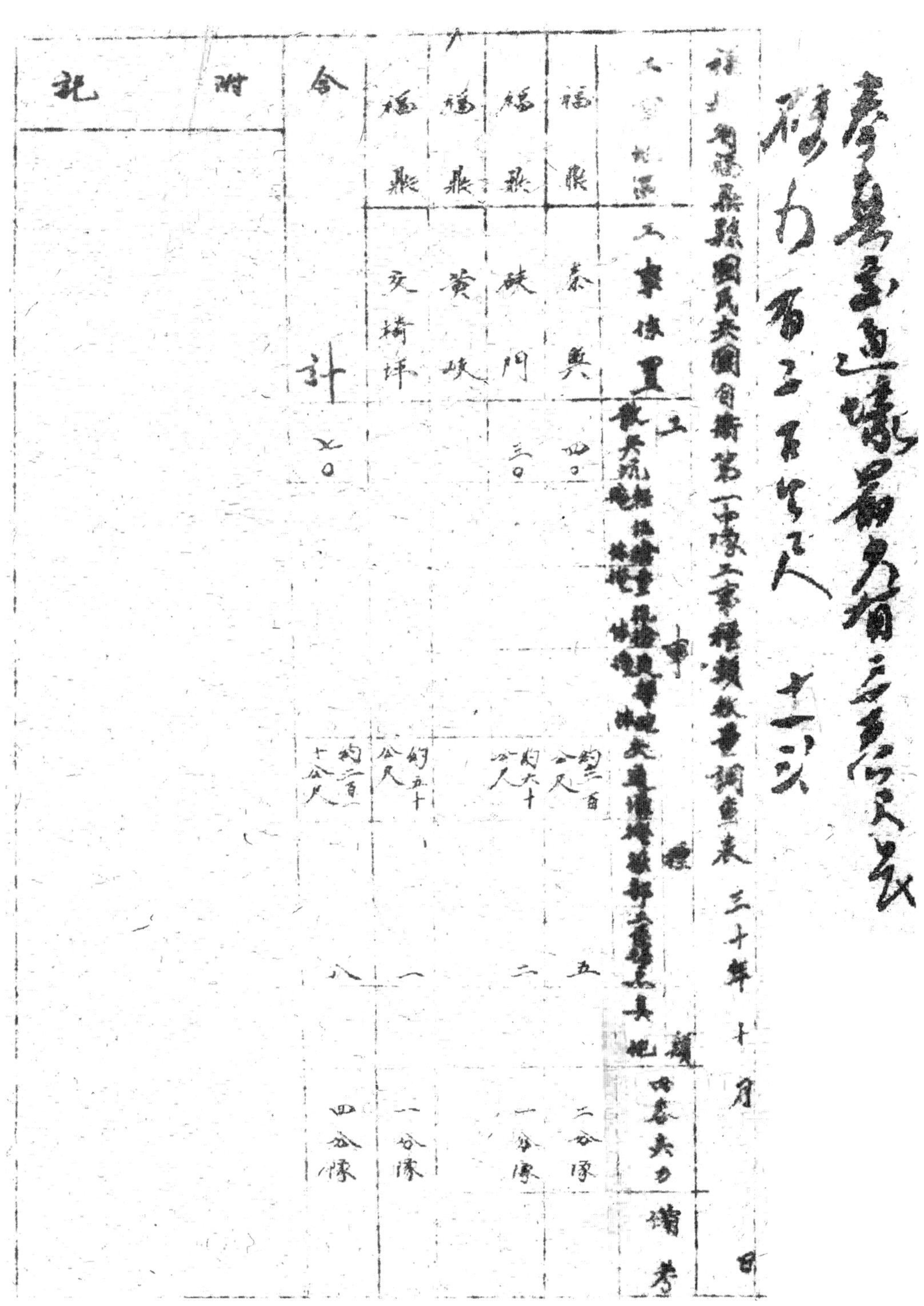

福建省福鼎县国民兵团自卫第一中队工事种类数量调查表　三十年十月　日

县别	工事位置	工事种类 [illegible]			可容兵力	备考
福鼎	秦屿	四〇	约三百公尺	五	二分队	
福鼎	硖门	三〇	约六十公尺	二	一分队	
福鼎	黄岐					
福鼎	交椅坪		约五十公尺	一	一分队	
合计		七〇	约二百十公尺	八	四分队	
附记						

福建省福鼎县国民兵团自卫第一中队工事种类数量调查表

（1941 年 10 月）　G133-003-0181

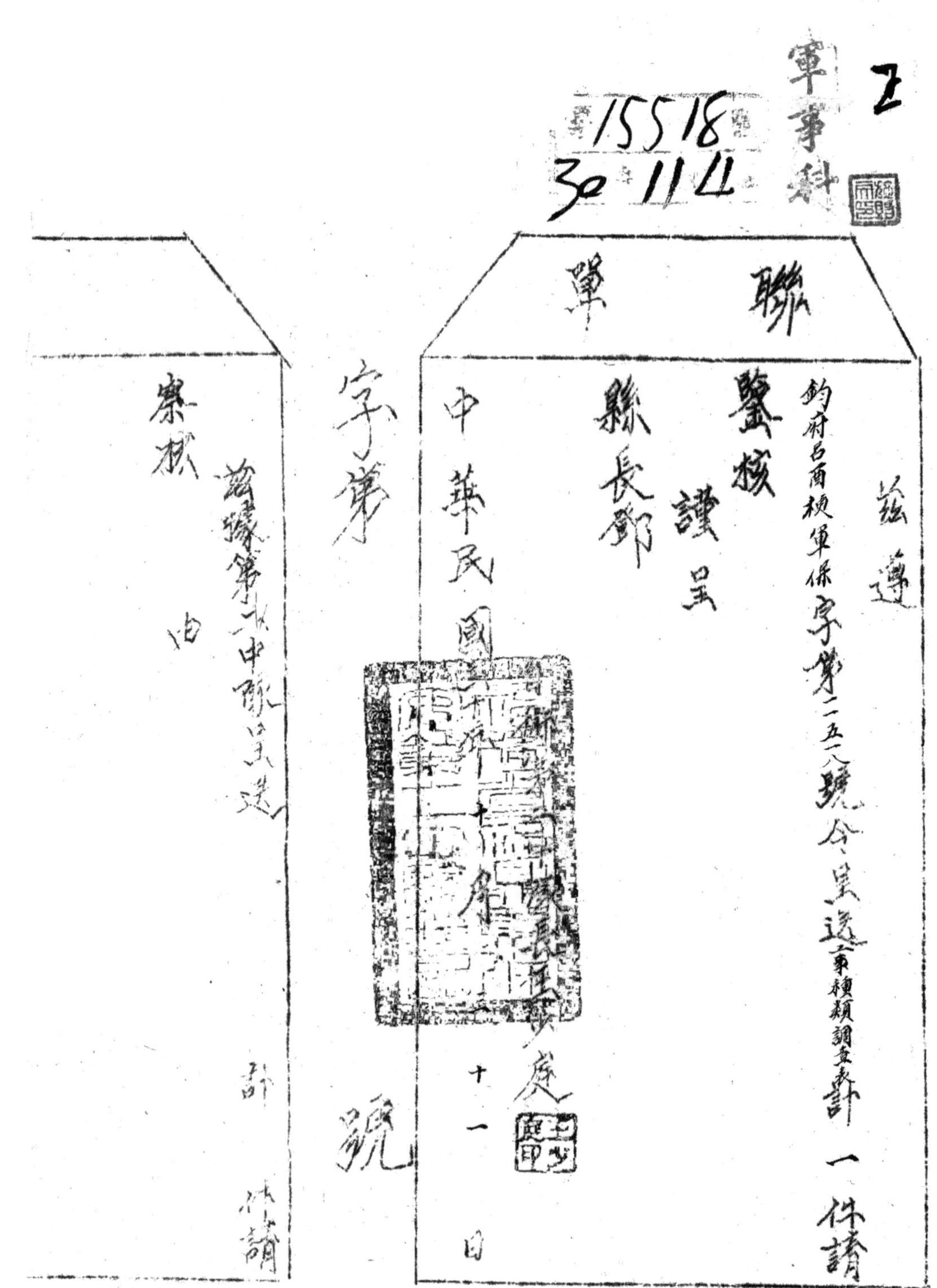

軍事科

聯單

兹遵
鈞府己酉梗單保字第一五一八號令呈送工事種類調查表計一件請
鑒核
謹呈
縣長鄭
中華民國三十年十一月　日

字第　號

案據
兹據第二中隊呈送
由
計　件請

福鼎县国民兵团自卫第二中队关于遵令呈送工事种类数量调查表的联单

（1941 年 10 月 31 日） G133-003-0181

陸軍第一〇七師工事種類數量調查表

年　月　日

人員·地區	工事位置	工事種類：散兵坑	輕機槍掩体	重機槍掩体	迫擊砲掩体	交通壕	掩蔽部	觀察點	其他	内容兵力	備考
福鼎	沙埕山	八〇	二八	三	一	約三百公尺	六			步兵二排 重機槍一架	
	南鎮山	一〇〇	六			約二百公尺	五	二		步兵一連	

附記

福鼎县国民兵团自卫第二中队沙埕山、南镇山工事种类数量调查表

（1941年10月31日）

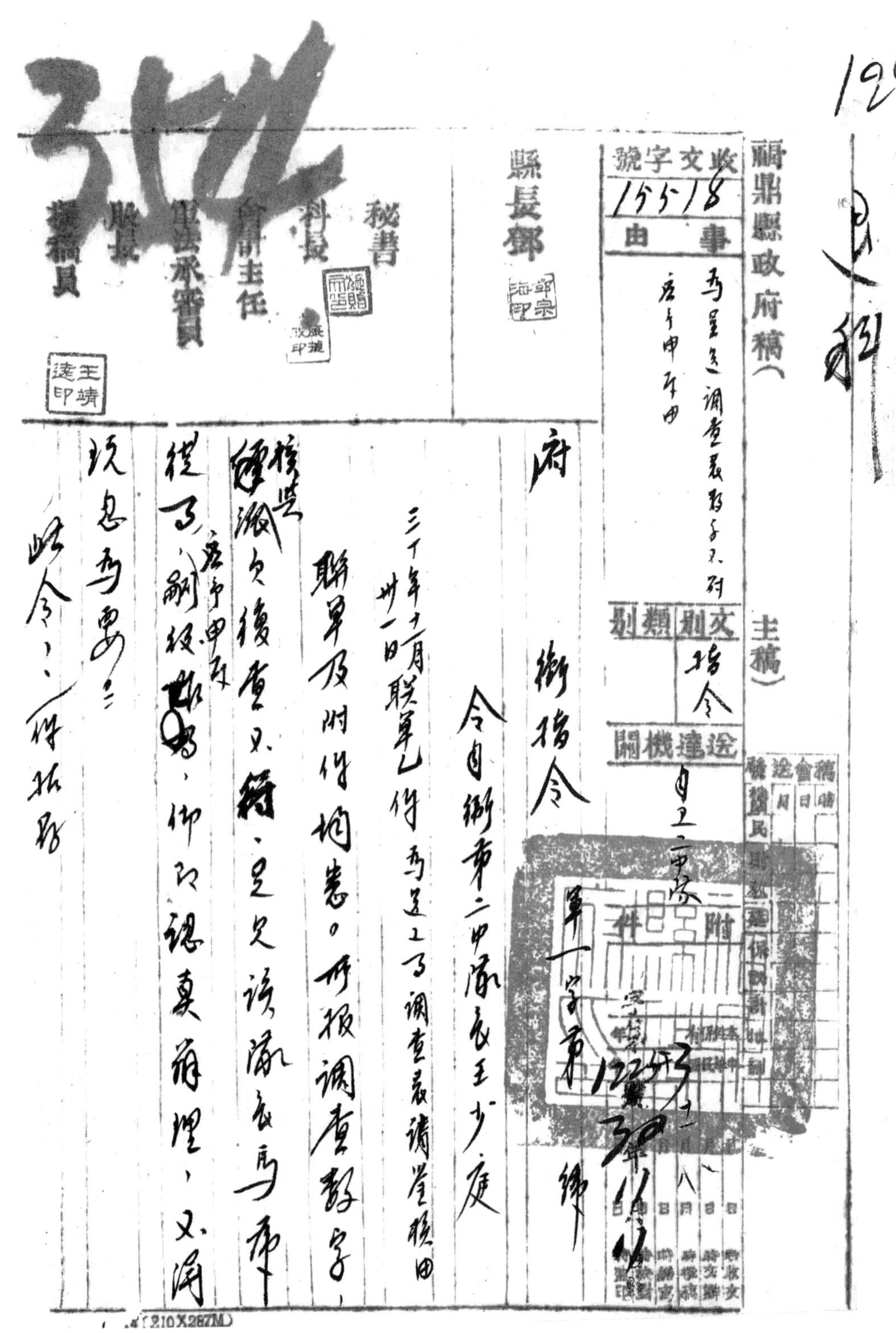

福鼎县政府关于国民兵团自卫第二中队呈送调查表数量不对应予申斥的指令

（1941年11月11日） G133-003-0181

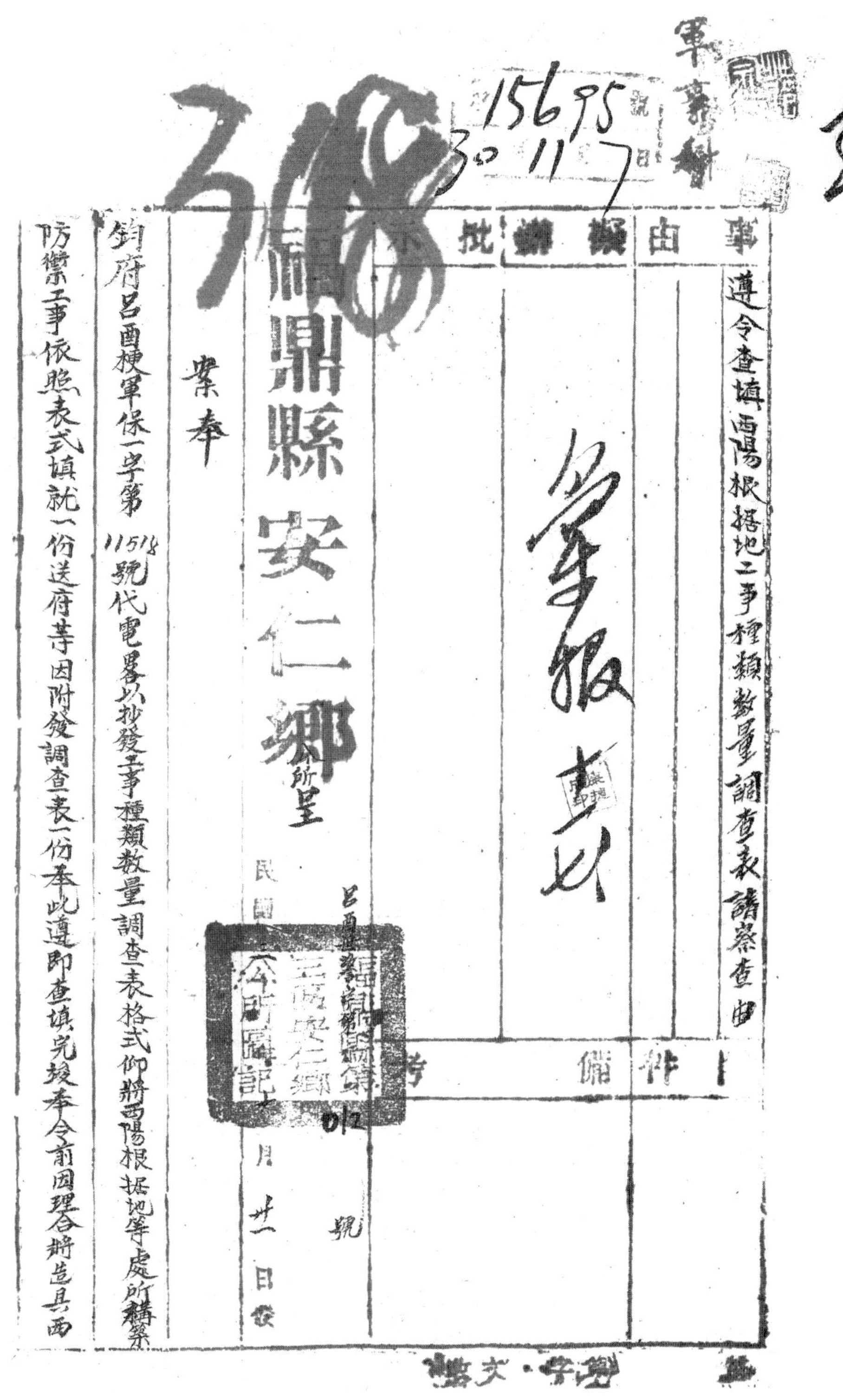
事由：遵令查填西陽根据地工事種類數量調查表請察查由

擬辦

批示

福鼎縣安仁鄉公所呈

案奉

鈞府呂酉梗軍保一字第11518號代電略以抄發工事種類數量調查表格式仰將西陽根据地等處所構築防禦工事依照表式填就一份送府等因附發調查表一份奉此遵即查填完竣奉令前因理合辦造具西

民國 年 月 廿一 日發

號

備考

福鼎县第三区安仁乡公所关于遵令查填西阳根据地工事种类数量调查表的呈文(附表)

(1941年10月31日)a面 G133-003-0181

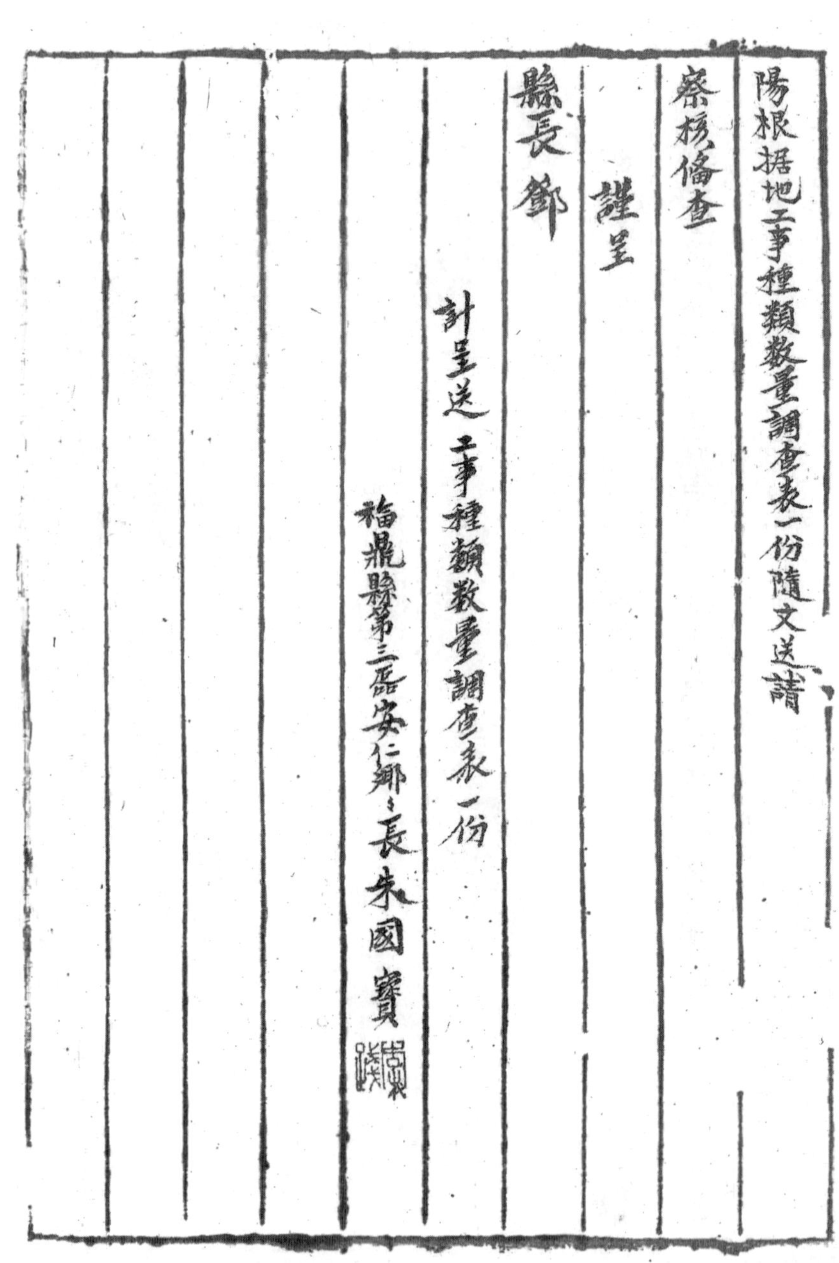
陽根据地工事種類数量調查表一份隨文送請
察核備查
謹呈
縣長鄭
計呈送工事種類数量調查表一份
福鼎縣第三區安仁鄉鄉長朱國寶

福鼎县第三区安仁乡公所关于遵令查填西阳根据地工事种类数量调查表的呈文(附表)
(1941 年 10 月 31 日)b 面 G133-003-0181

福鼎縣第三區安仁鄉西陽根據地工事種類數量調查表 三十年十一月二日

工事地區	工事位置	工事種類								守備兵力	備考
		散兵坑	輕機槍掩体	重機槍掩体	迫擊炮掩体	交通壕	掩蔽部	土碉據點	其他		
西陽根据地	蜈蚣山	二二	三二			約二百公尺		三		步兵一排	
合計		二二	三二			約二百公尺		三		步兵一排	

附記：該地根據地構係暫不轉報為例。

新加根據係[illegible]不[illegible]之[illegible] 十一、七

福鼎县第三区安仁乡西阳根据地工事种类数量调查表

（1941年11月2日） G133-003-0181

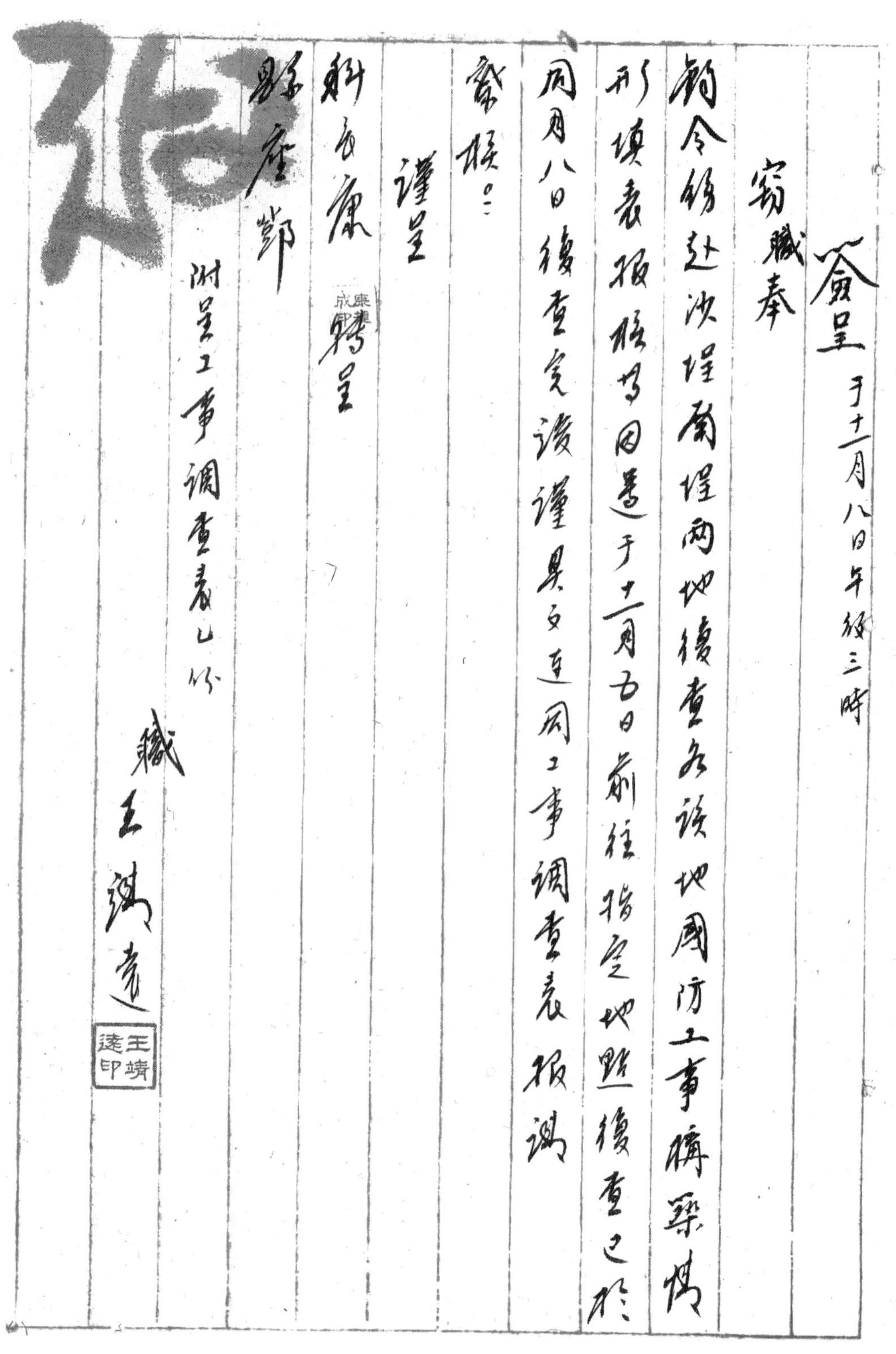

簽呈 十一月八日午後三時

竊職奉

鈞令赴沙埕南埕兩地復查各該地國防工事構築情形填表報核等因遵於十一月五日前往指定地點復查已於同月八日復查完竣謹具文連同工事調查表報請

察核

謹呈

科長康 轉呈

縣座鄭

附呈工事調查表乙份

職 王靖遠

福鼎县政府军事科王靖远关于沙埕、南埕两地工事种类数量已复查完竣谨具文连同工事调查表报请察核的签呈(1941 年 11 月 8 日) G133-003-0181

陸軍第八〇師工事種類數量調查表

三十年十一月八日

工事地區	工事位置	散兵坑	輕機槍掩体	重機槍掩体	迫擊炮掩体	交通壕	掩蔽部	土壘據點	其他	可容兵力	備考
福鼎	沙埕山	二百	六			約一千餘公尺	一二			約一連以上	
	南鎮山	四〇	四			約二百餘公尺	六		輕機槍掩体三	約二排以上	

王靖遠印

福鼎县沙埕山、南镇山工事种类数量调查表

(1941 年 11 月 8 日)a 面　G133-003-0181

附記									
一、沙埕山輕機槍掩體計六個，已完成三個，餘三個尚未加掩蓋。掩蔽部已完成者六個，餘六個未加掩蓋。散兵坑計廿四個，惟蜿蜒全山麓約千餘公尺之交通壕，均可利用射擊，可容兵力當在一連以上。 二、掩蔽部及掩體多已破壞，應請修葺。									

福鼎县沙埕山、南镇山工事种类数量调查表

(1941 年 11 月 8 日)b 面　G133-003-0181

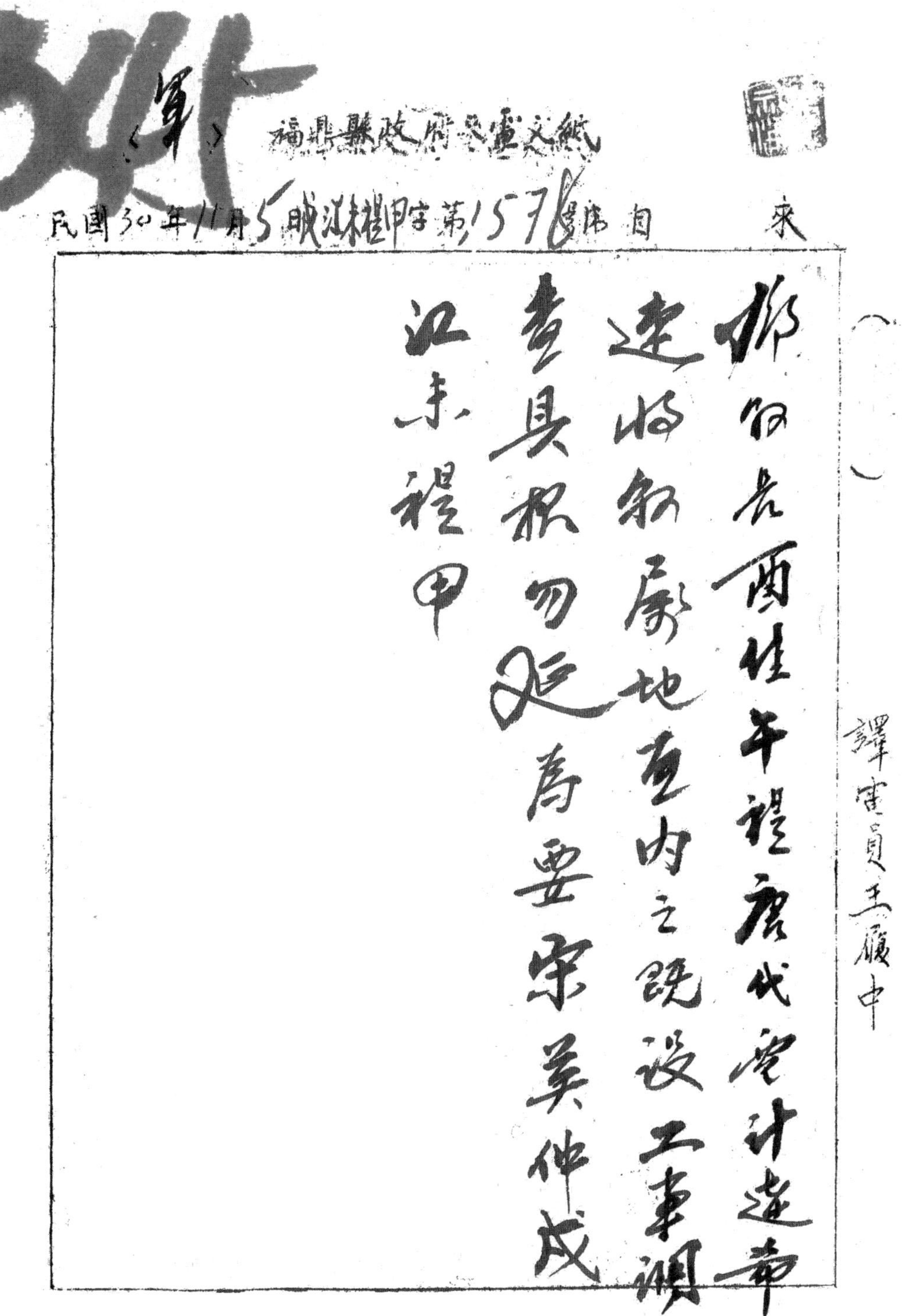

军 福鼎县政府公电文纸

民国30年11月5晚江楼甲字第1576号 自 来

福鼎县长酉佳午楼广代电计达希速将县属地区内之既设工事调查表具报勿延为要。宋英仲。戍江未楼甲。

译电员王履中

福鼎县政府译陆军第一零七师关于速将县属地区既设工事调查表具报勿延的电文

（1941年11月3日） G133-003-0181

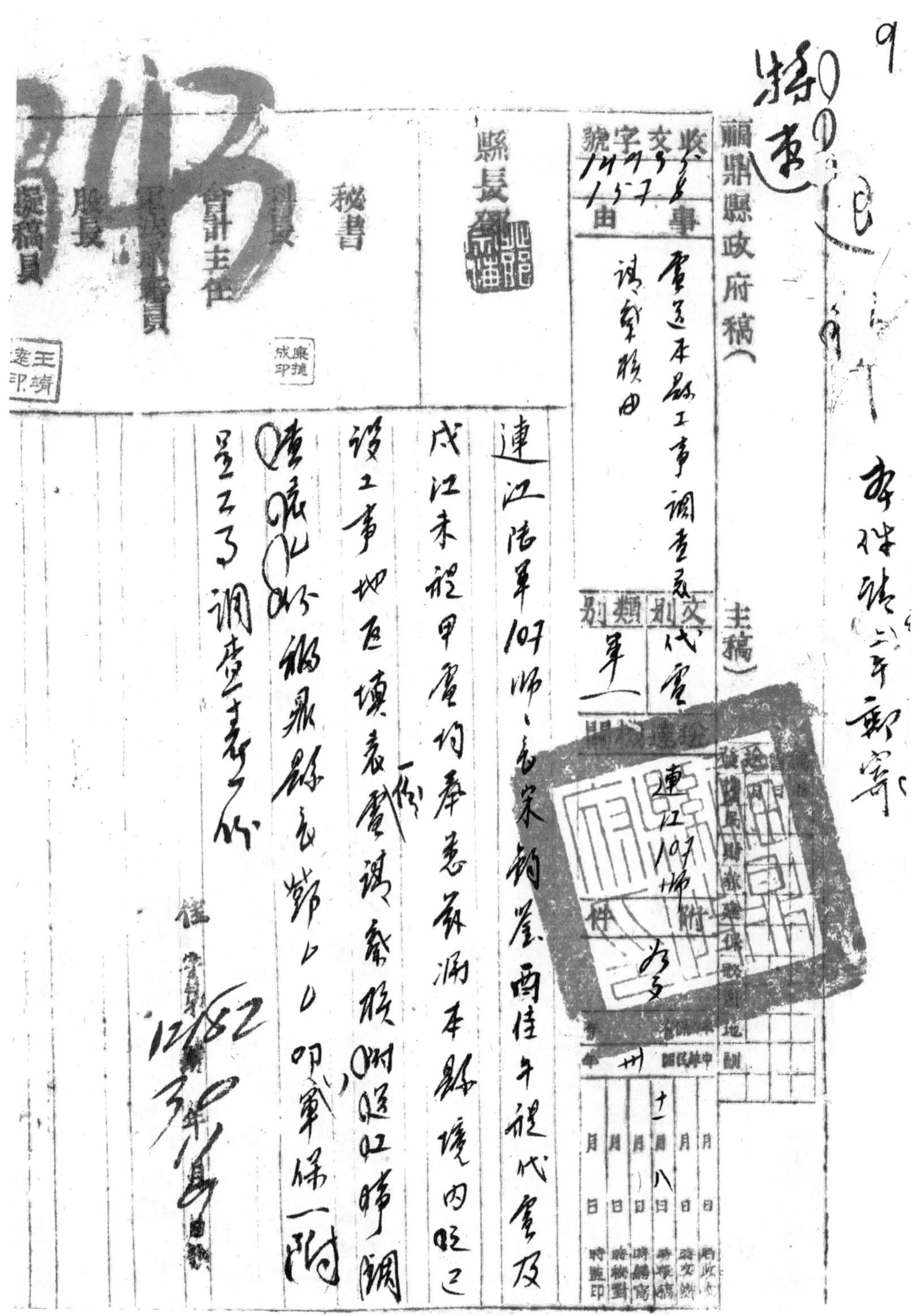

福鼎县政府关于电送本县工事调查表给陆军第一零七师的代电(附表)

(1941 年 11 月 9 日) G133-003-0181

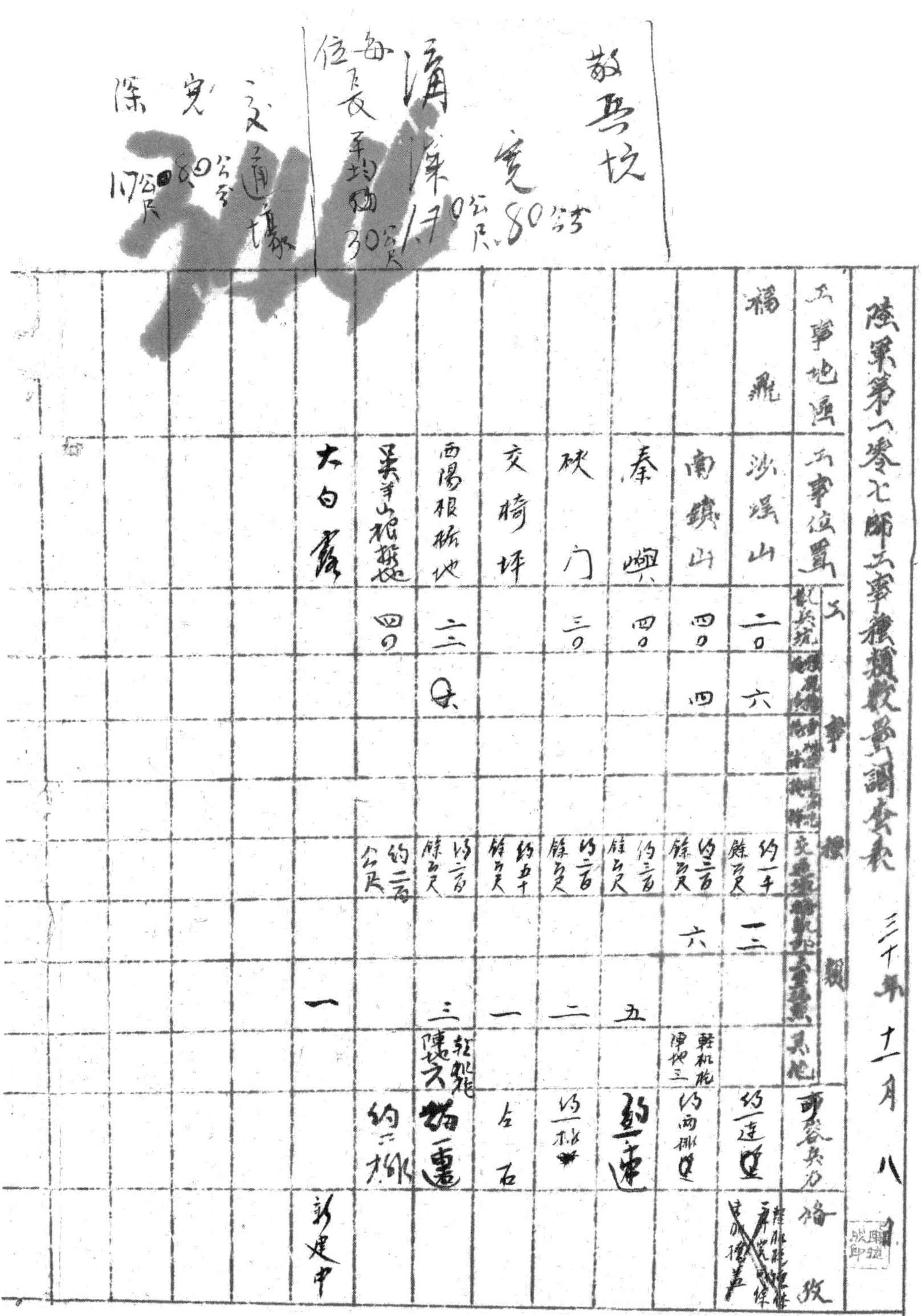

福鼎县工事种类数量调查表(1941 年 11 月 8 日)a 面　G133-003-0181

合计	X	一五二	一六		一九四	一八	一二	三	一排三连

附記

一、沙埕山麓机枪掩体计六個，已完成三個，餘三个尚未加掩盖；掩蔽部已完成者六个，餘六个未加掩盖；散兵坑计二十个，惟狭状，在山坡均十余公尺之交通壕均有利用射界。

二、南镇山之掩蔽部及掩体等多已破坏。

三、沙埕及南镇等地之工事均甚未完成及破坏，部队现正赶修筑。（[illegible]別完好）

福鼎县工事种类数量调查表(1941年11月8日)b面 G133-003-0181

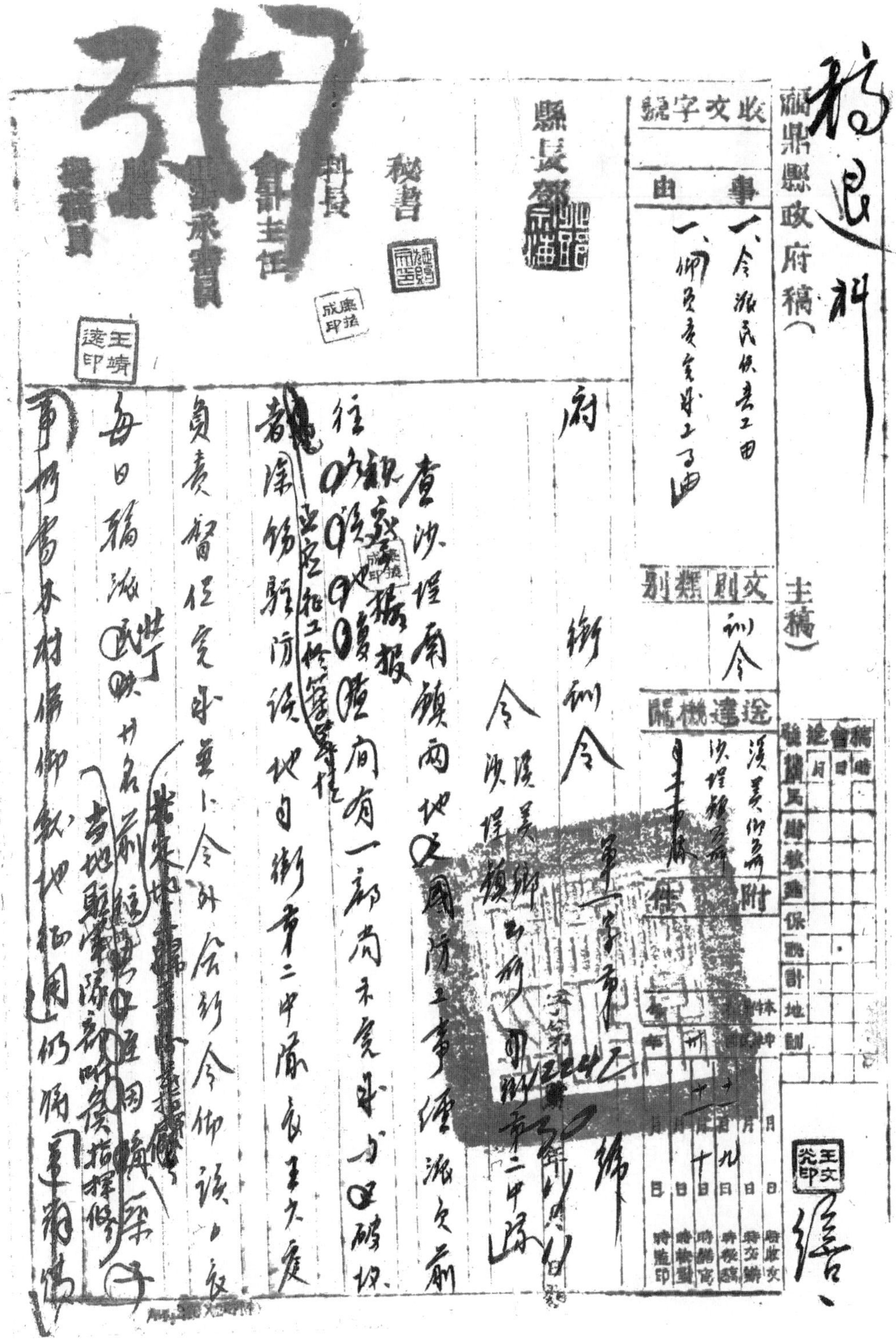

福鼎县政府关于令派民伕修筑工事并将具工日期及轮派壮丁名额造册报核勿延的训令

（1941 年 11 月 11 日） G133-003-0181

318

列报具工日期及轮派壮丁名额造册报核勿延为要。

此令。

县长郑△△

福鼎县政府关于令派民伕修筑工事并将具工日期及轮派壮丁名额造册报核勿延的训令

（1941年11月11日）　G133-003-0181

15397
30/10/31

今本部派王科员会同技士驰往河川测量河幅水深流速及河底地质增减之调查并封锁线所需材料设计详细概具计划呈核

陆军第一零七师第三二零团团部快邮代电 湘附字第0543号

福鼎县

奉师长宋须发师参谋长指示应行准备事项第二项河川港湾之封锁节开(一)、第三二零团协同罗源、宁德两县政府指挥该县工程人员与县工程队迅速完成下列各处封锁及阻塞工事(1)在边堡以东可门港内利用担屿岛加强构筑罗源湾封锁线(2)罗源城附近各河流应加筑水际阻塞工事(3)、除加强三都岛附近封锁线外并利用该岛东南之雕甬山尾姑屿各天然屏障构成福鼎洋封锁线以(4)宁德城附近各河流应特别加强水际阻塞、工事(二)、由第三二零团通请霞浦福鼎两县政府及指挥各该县地方团队分别完成下列事项(1)、霞浦附近各河流应构水际阻塞工事(2)、三沙以北裡山澳以西之河流应择要构筑水际阻塞

陆军第一零七师第三二零团关于应行准备事项并将拟办计划所需用各种材料及其意见限十月三十日前报部凭转的快邮代电(1941 年 10 月 24 日)a 面　G133-003-0181

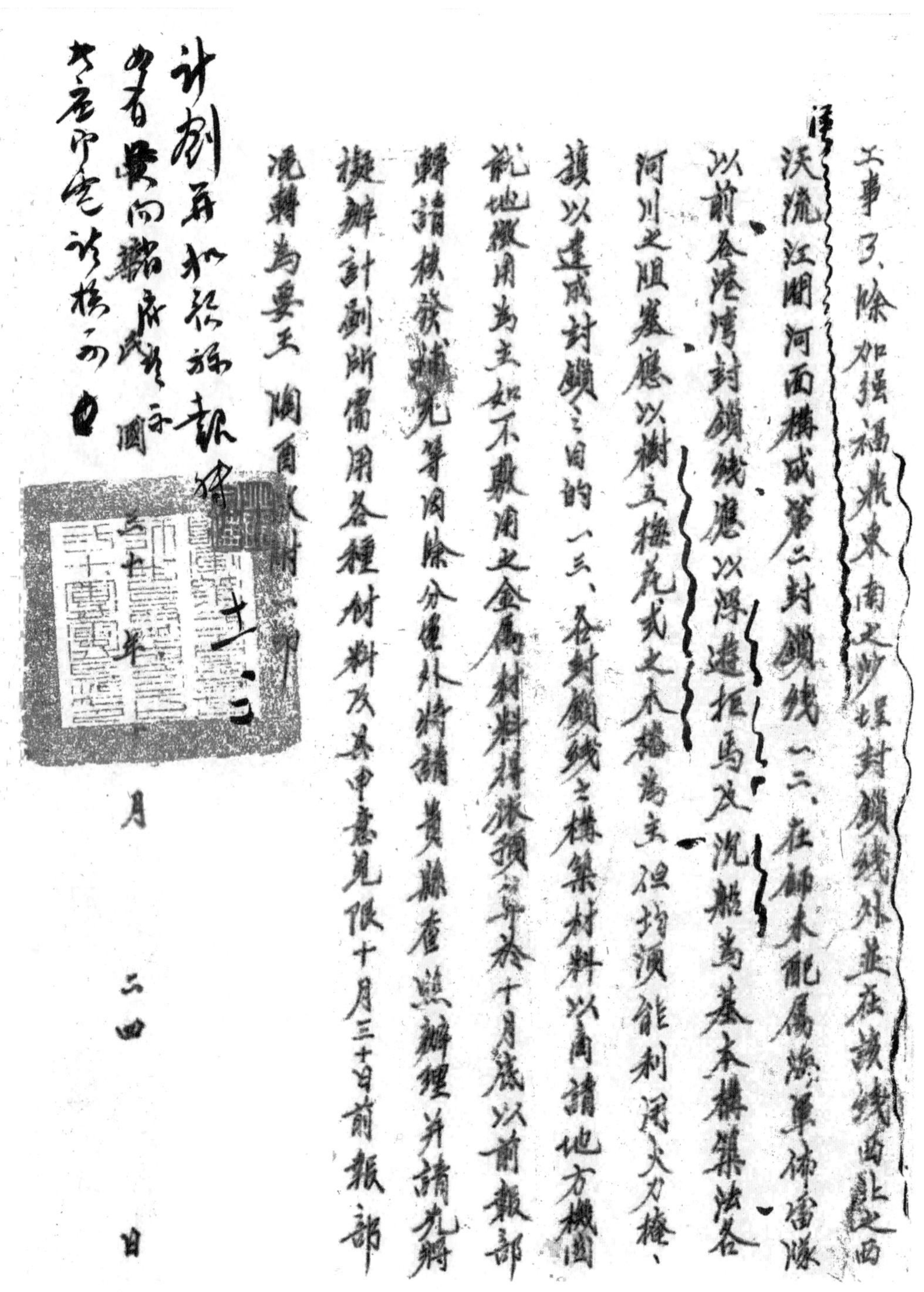

工事了、除加强福鼎東南之沙埕封鎖綫外並在該綫西北之西洋沃流江間河面構成第二封鎖綫 一二、在師未能屬派單位雷隊以前各港灣封鎖綫應以浮游拒馬及沉船為基本構築法各河川之阻塞應以樹立梅花式之木樁為主但均須能利用火力掩護以達成封鎖之目的 一三、各封鎖綫之構築材料以商請地方機關就地徵用為主如不敷用之金屬材料得詳列預算於十月底以前報部轉請核發補充等因除分電外特請貴縣查照辦理并請先將擬辦計劃所需用各種材料及其中意見限十月三十日前報部憑轉為要王陶酉附印

三十年十月二四日

陆军第一零七师第三二零团关于应行准备事项并将拟办计划所需用各种材料及其意见限十月三十日前报部凭转的快邮代电(1941 年 10 月 24 日)b 面　G133-003-0181

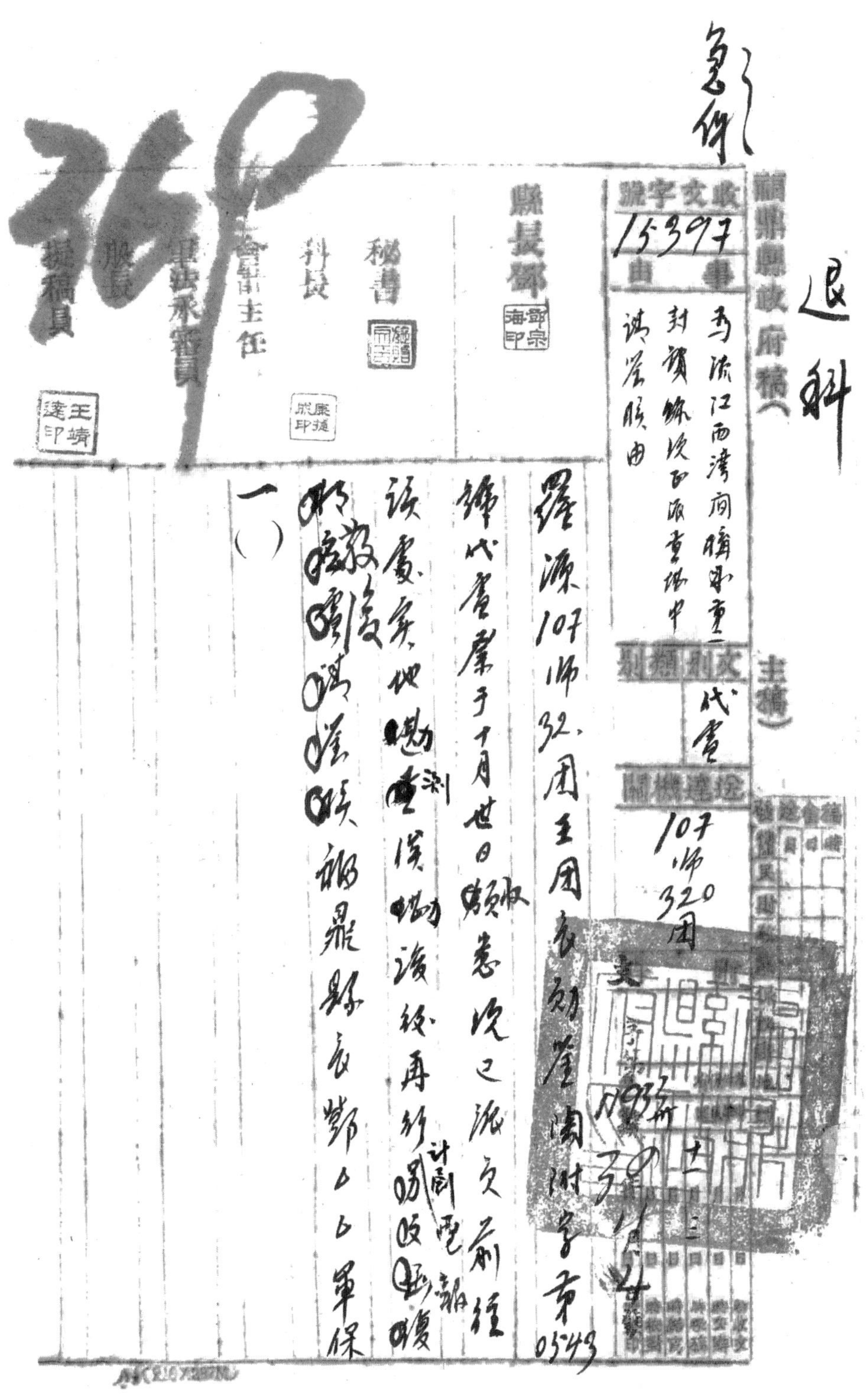

福鼎县政府关于流江西湾间构成第二封锁线现已派员查勘的代电

（1941 年 11 月 4 日） G133-003-0181

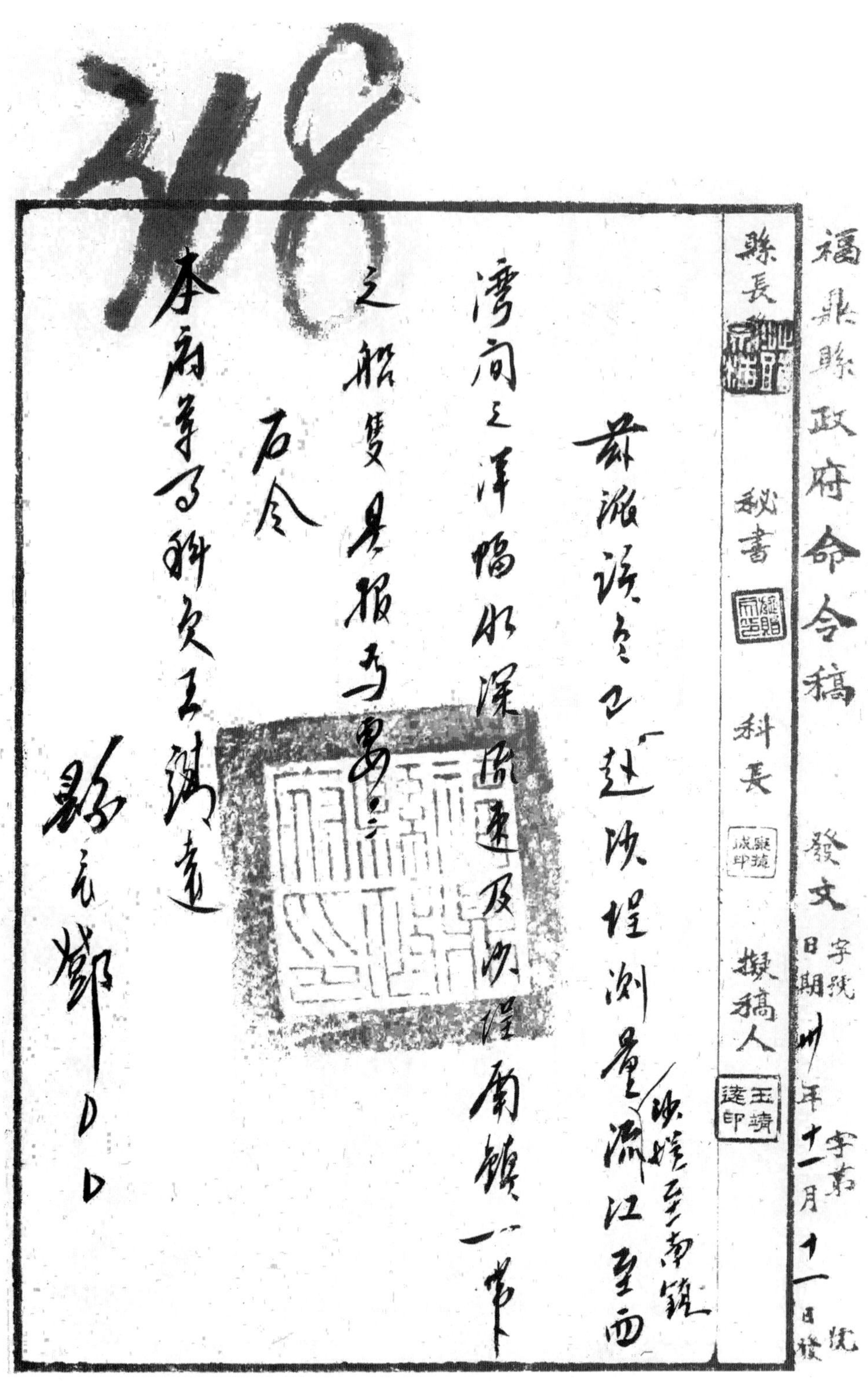

368

福鼎县政府命令稿

县长 秘书 科长 拟稿人 王靖远印

发文 字号

日期 卅年十一月十一日发 字第 号

兹派该员即赴沙埕测量流江至西湾间之洋幅水深流速及沙埕南镇一带之船只具报为要。

此令

本府军事科员王靖远

县长 郑

福鼎县政府关于派县政府军事科王靖远赴沙埕等地测量洋幅、水深、流速及调查船只的命令

（1941 年 11 月 11 日） G133-003-0181

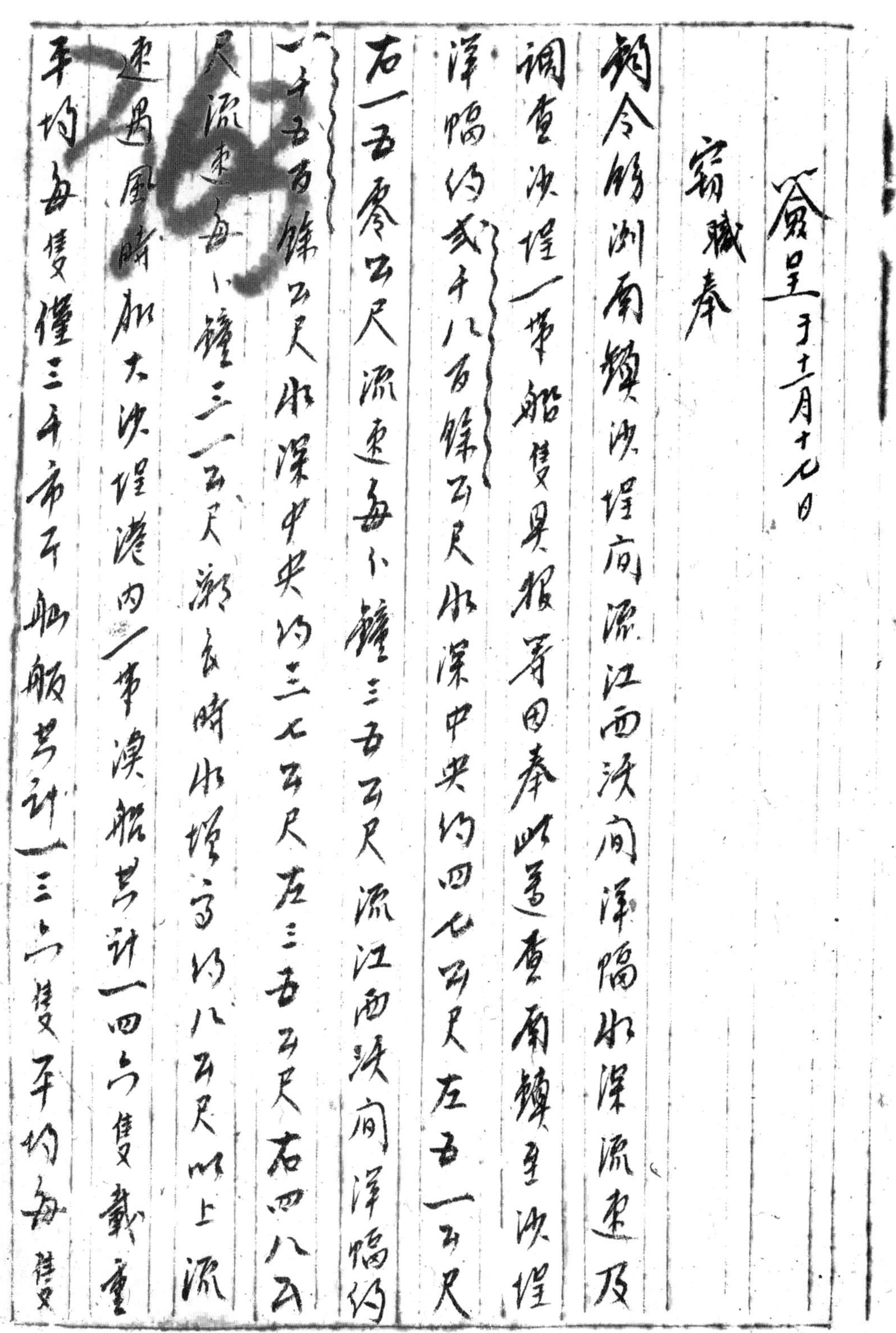

签呈 十一月十七日

窃职奉

钧令饬测南镇沙埕前源江西沃间洋幅水深流速及

调查沙埕一带船只具报等因奉此遵查南镇至沙埕

洋幅约贰千八百余公尺水深中央约四七公尺左五一公尺

右一五零公尺流速每小钟三五公尺流江西沃间洋幅约

一千五百余公尺水深中央约三七公尺左三五公尺右四八公

尺流速每小钟三一公尺潮长时水增高约八公尺以上流

速遇风时船大沙埕港内一带澳船共计一四六只载重

平均每只仅三千市斤船舶共计一三六只平均每只

福鼎县政府军事科王靖远关于遵令勘查洋幅、水深、流速及调查沙埕一带船只的签呈（附船只调查单七纸）（1941 年 11 月 17 日） G133-003-0181

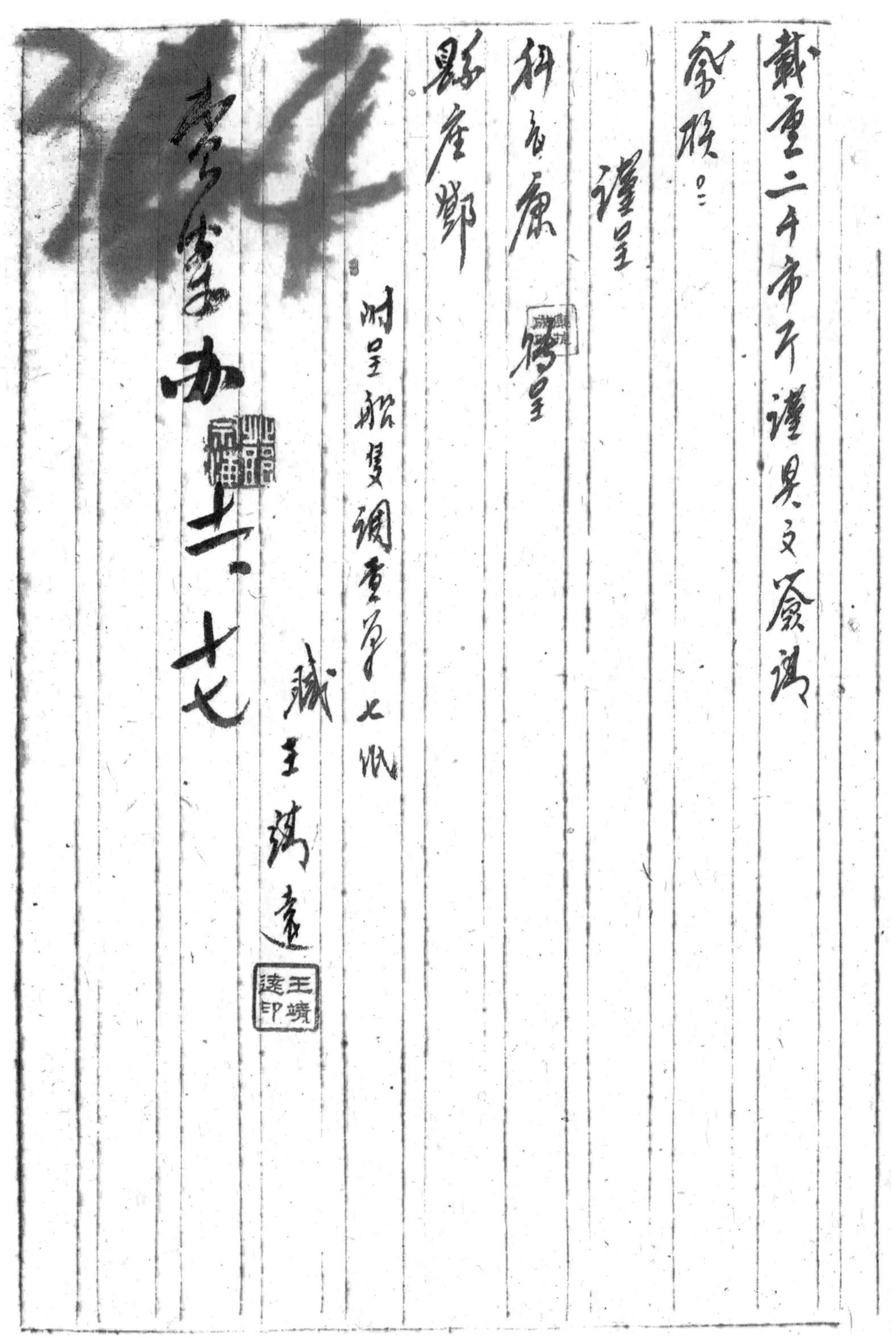
載運二千市斤謹具文簽請
鑒核!!
謹呈
科長康　轉呈
縣長鄭
附呈船隻調查單七紙
職王靖遠

福鼎县政府军事科王靖远关于遵令勘查洋幅、水深、流速及调查沙埕一带船只的签呈
（附船只调查单七纸）（1941年11月17日）　G133-003-0181

年　月　日　　國家至上

1、據報該兩綫河幅寬水深流速所需材料殊難設計

2、本縣木料鐵之類困難籌措

3、若以該處形勢判斷敵人如果侵犯非突破本綫由沿海別處均可登陸

4、茲將派員勘測情形列表附圖覆核如果必須封鎖請派員前來指導設計

福鼎县政府关于该第二封锁线工事构筑事宜与请派员前来指导设计的报告

（1941 年 11 月 17 日）　G133-003-0181

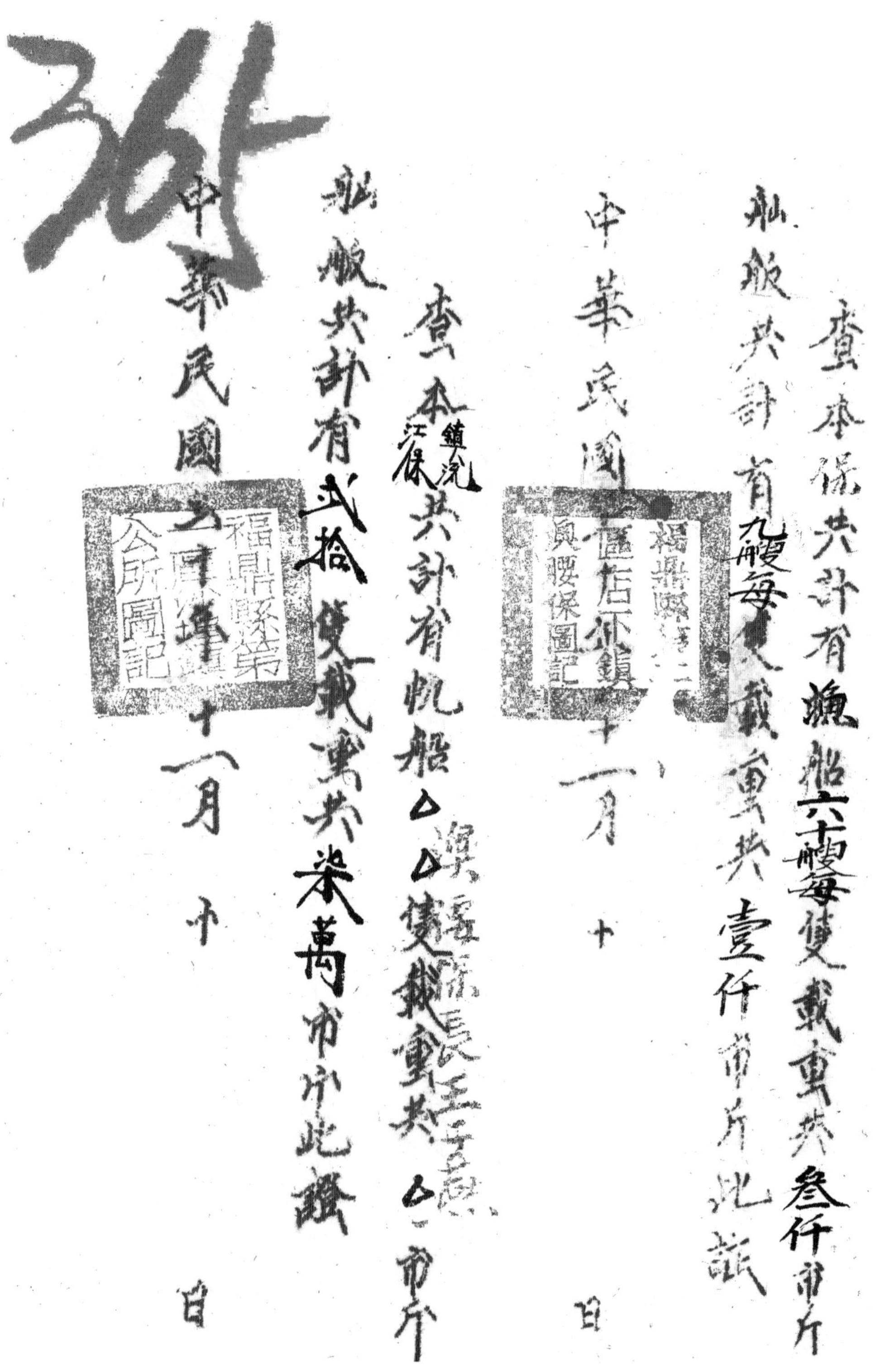

查本保共計有漁船六十艘每隻載重共叁仟市斤
船舶共計有九艘每隻載重共壹仟市斤此証
中華民國 十一月 十 日
福鼎縣第二區店下鎮澳腰保圖記

查本鎮沆江保共計有帆船△△隻載重共△△市斤
船舶共計有貳拾隻載重共柒萬市斤此證
中華民國 十一月 十 日
福鼎縣第一區沙埕鎮公所圖記

福鼎县第一区沙埕镇公所保船只调查单(左)、福鼎县第二区店下镇澳腰保船只调查单(右)

(1941 年 11 月 10 日) G133-003-0181

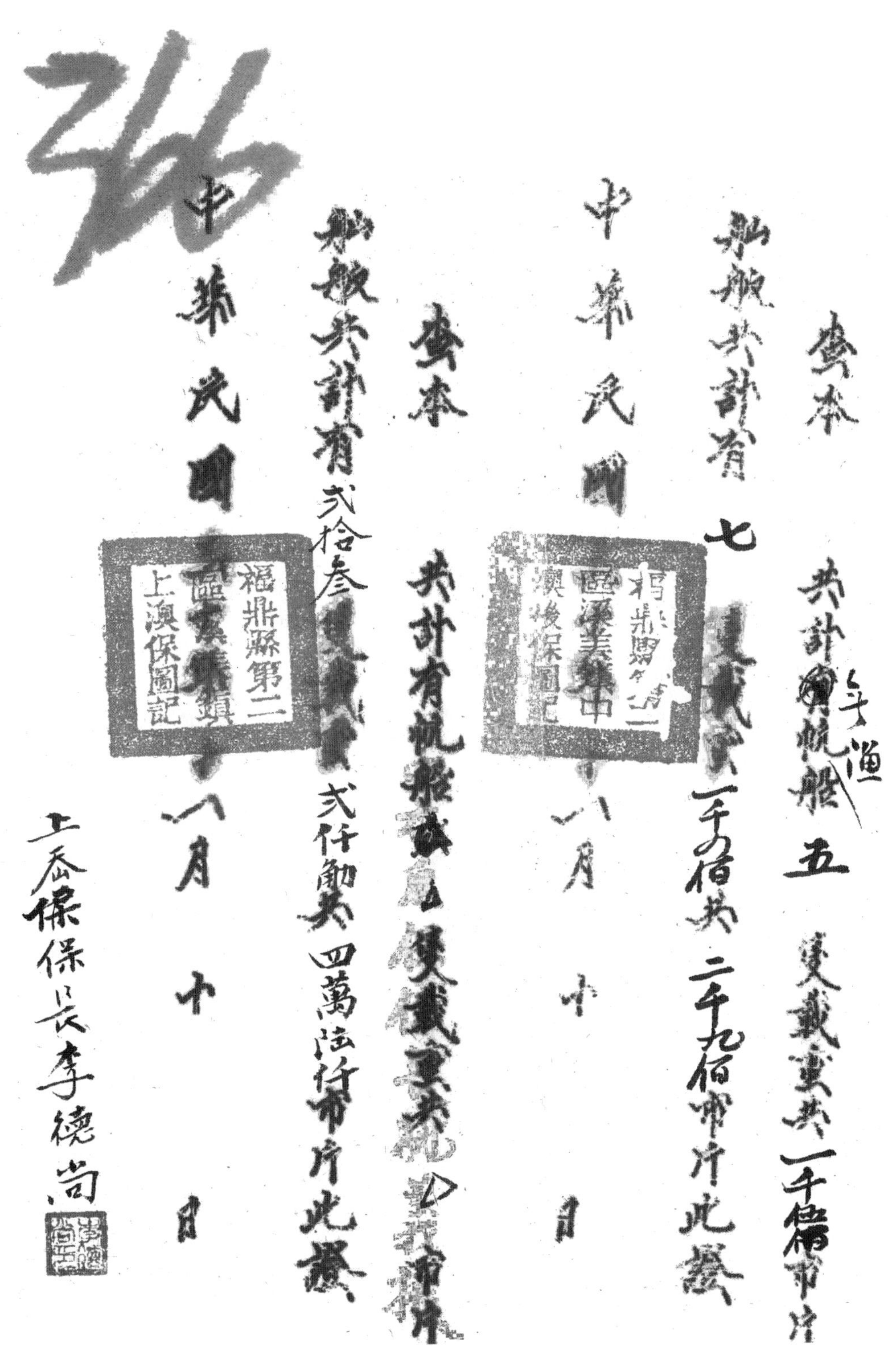

查本共計有漁帆船五隻，載重共一千[illegible]市斤
船隻共計有七隻，載重共一千[illegible]佰，共二千九佰市斤，此[illegible]
中華民國三十年十一月十日

福鼎縣第二區溪美鎮中澳後保圖記

查本共計有帆船[illegible]隻，載重共[illegible]市斤
船隻共計有貳拾叁隻，載重共貳仟[illegible]，四萬陸仟市斤，此[illegible]
中華民國三十年十一月十日

福鼎縣第二區溪美鎮上澳保圖記

上澳保保長李德尚

福鼎县第二区溪美镇上澳保船只调查单(左)、福鼎县第二区溪美镇中澳后保船只调查单(右)

(1941 年 11 月 10 日)　G133-003-0181

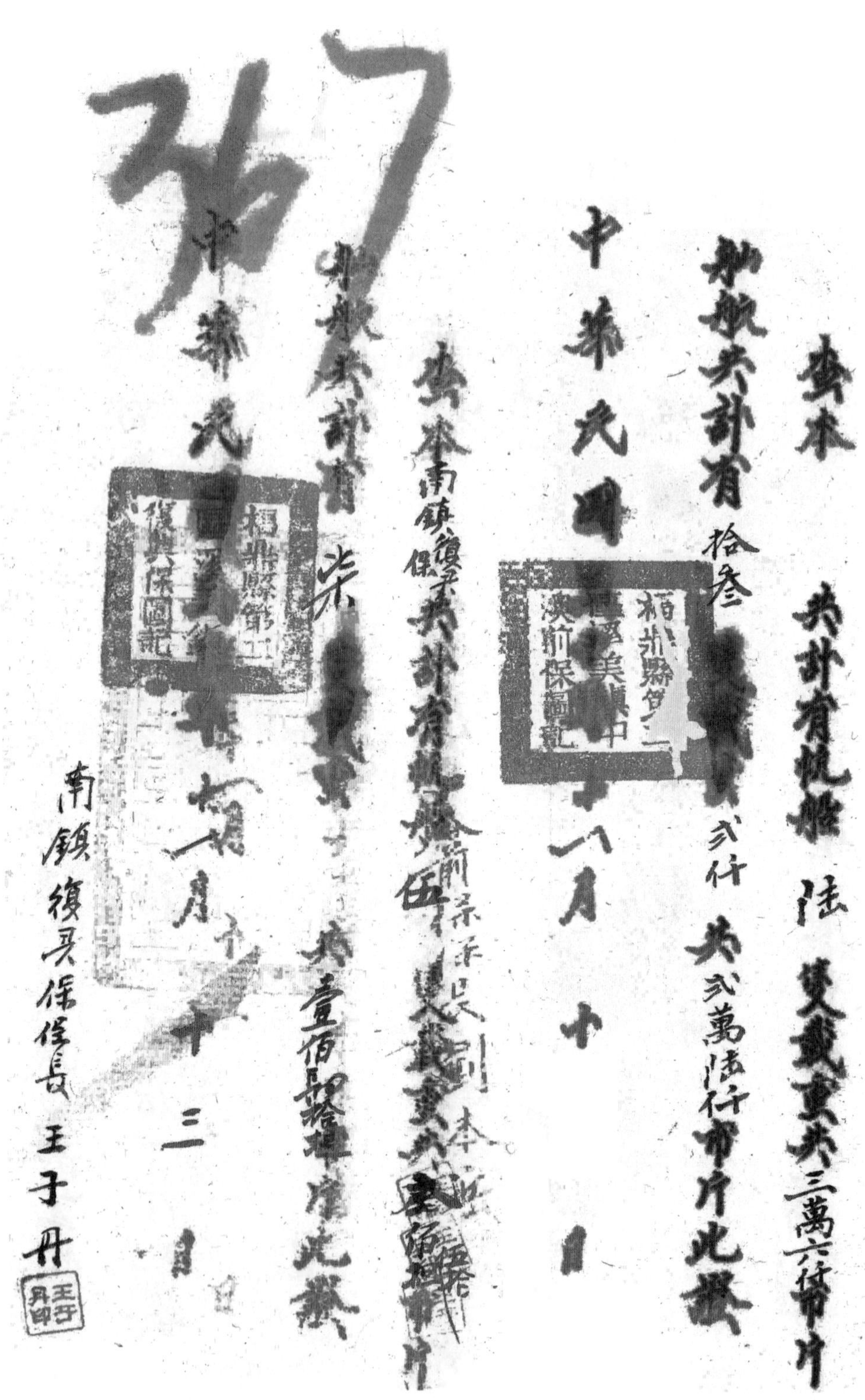
查本[illegible]共計有帆船陆隻載重共三萬六仟市斤

船舶共計有拾叁[illegible]貳仟　共貳萬陆仟市斤此致

中華民國[illegible]十一月十[illegible]日

查本南鎮復興保共計有帆船伍隻載重共[illegible]

船舶共計有柒[illegible]共壹佰捌拾[illegible]市斤此致

中華民國[illegible]十一月十三日

南鎮復興保保長　王子丹

福鼎县第二区溪美镇复兴保船只调查单（左）、福鼎县第二区溪美镇中澳前保船只调查单（右）

（1941 年 11 月 13 日）　G133-003-0181

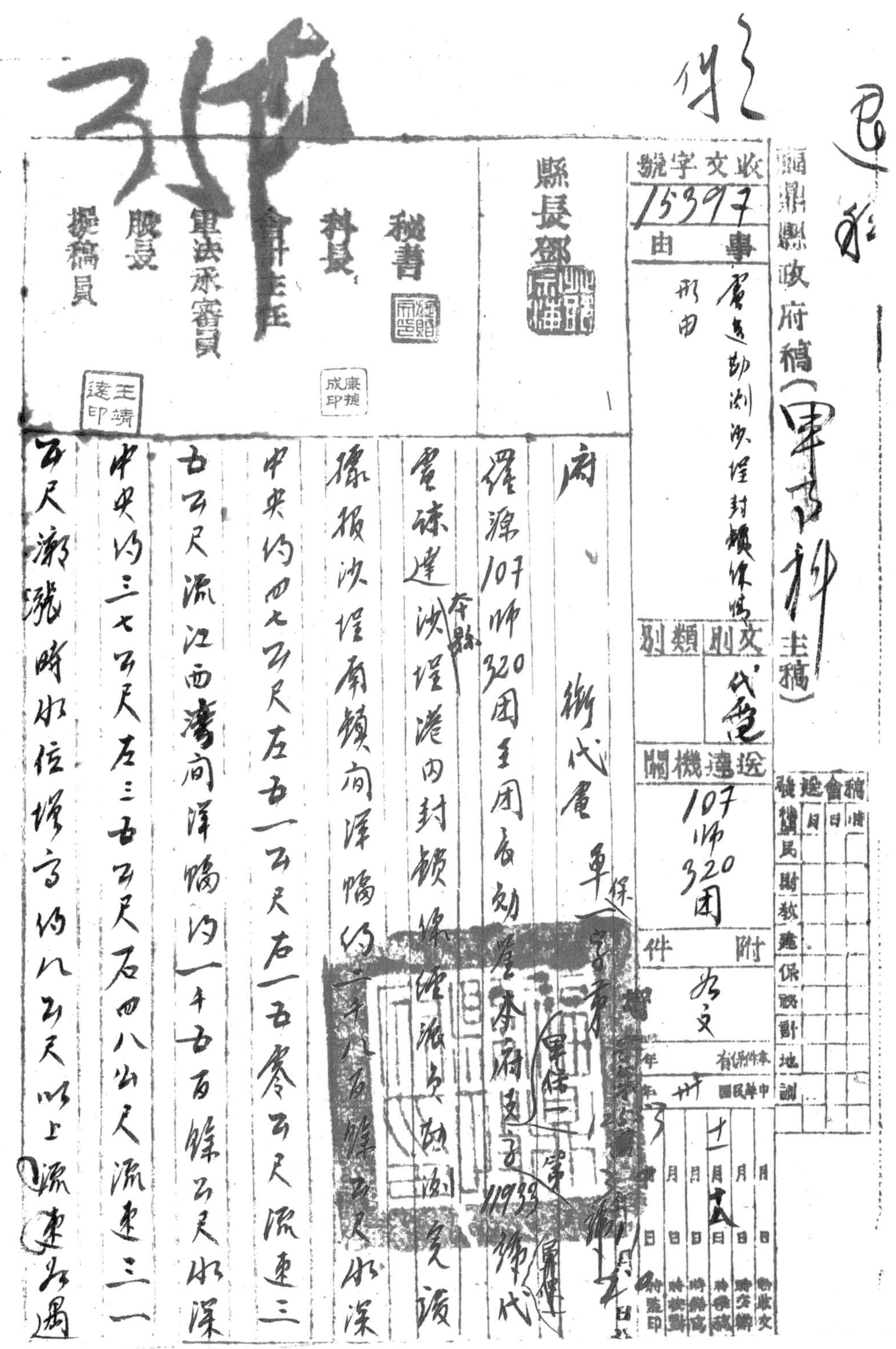

福鼎县政府关于电送勘测沙埕港内封锁线情形给陆军第一零七师三零二团的代电(附图)

(1941年11月20日)　G133-003-0181

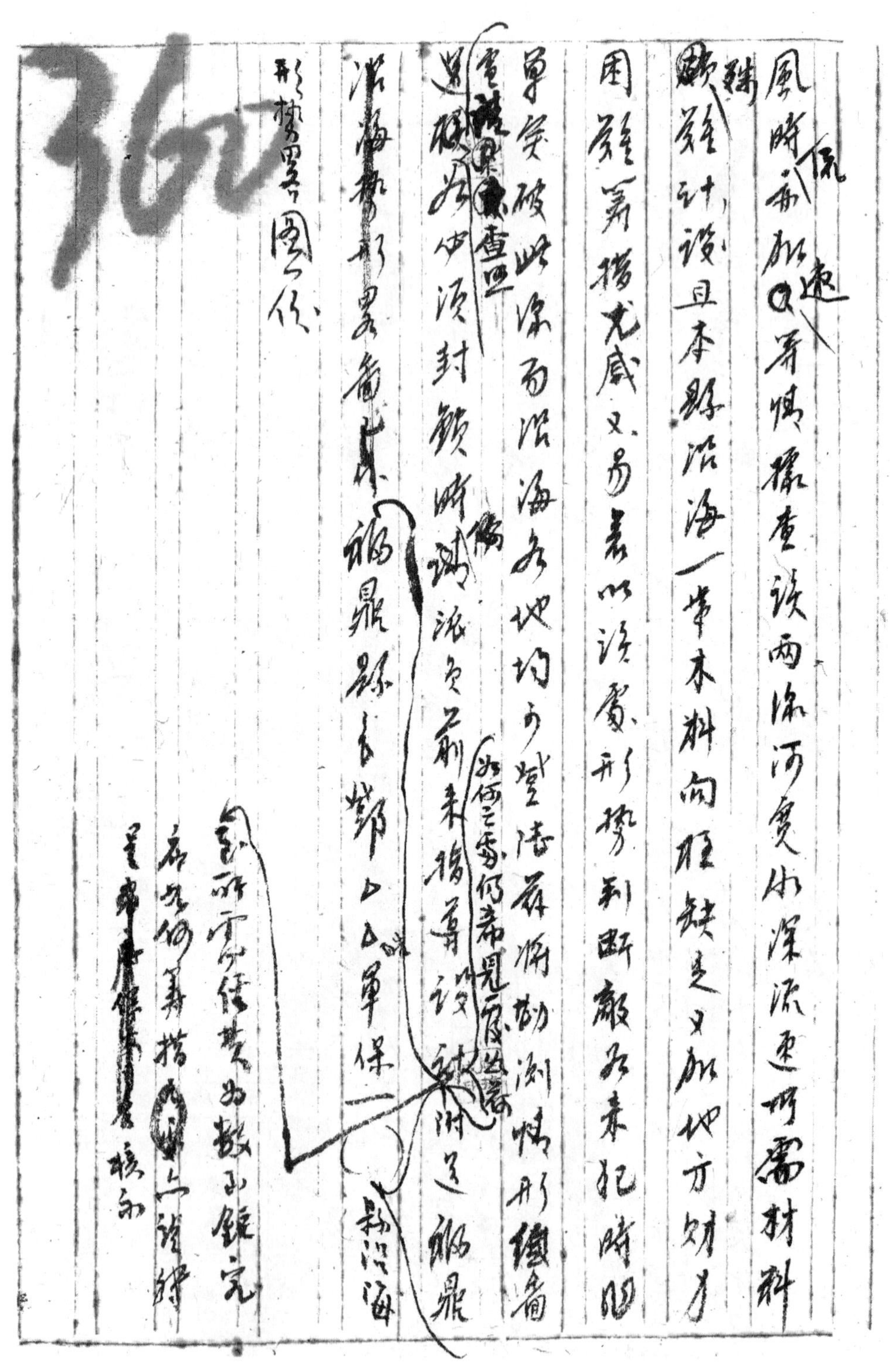

福鼎县政府关于电送勘测沙埕港内封锁线情形给陆军第一零七师三零二团的代电(附图)

(1941年11月20日)　G133-003-0181

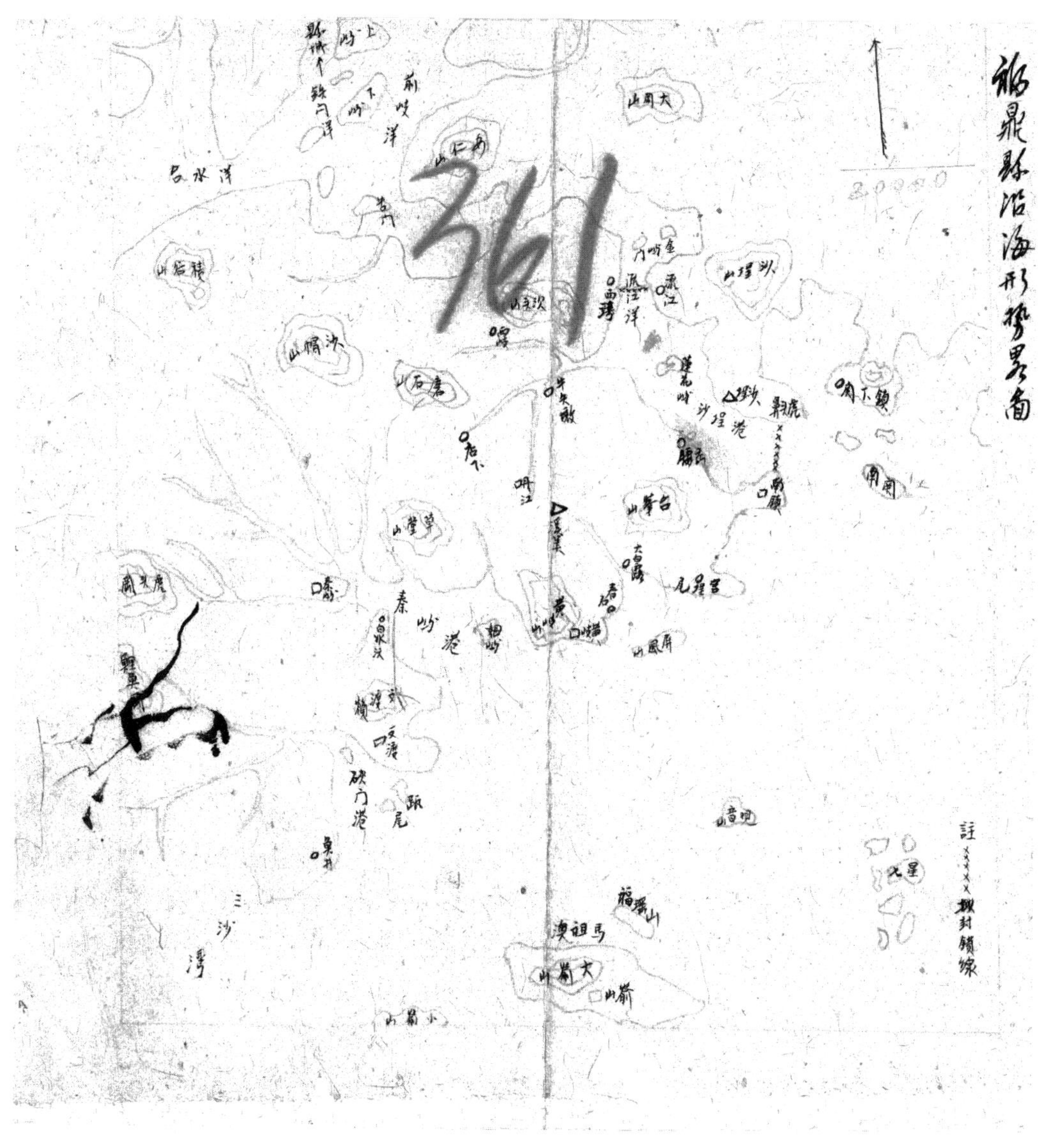

福鼎县沿海形势略图(1941 年 11 月)　G133-003-0181

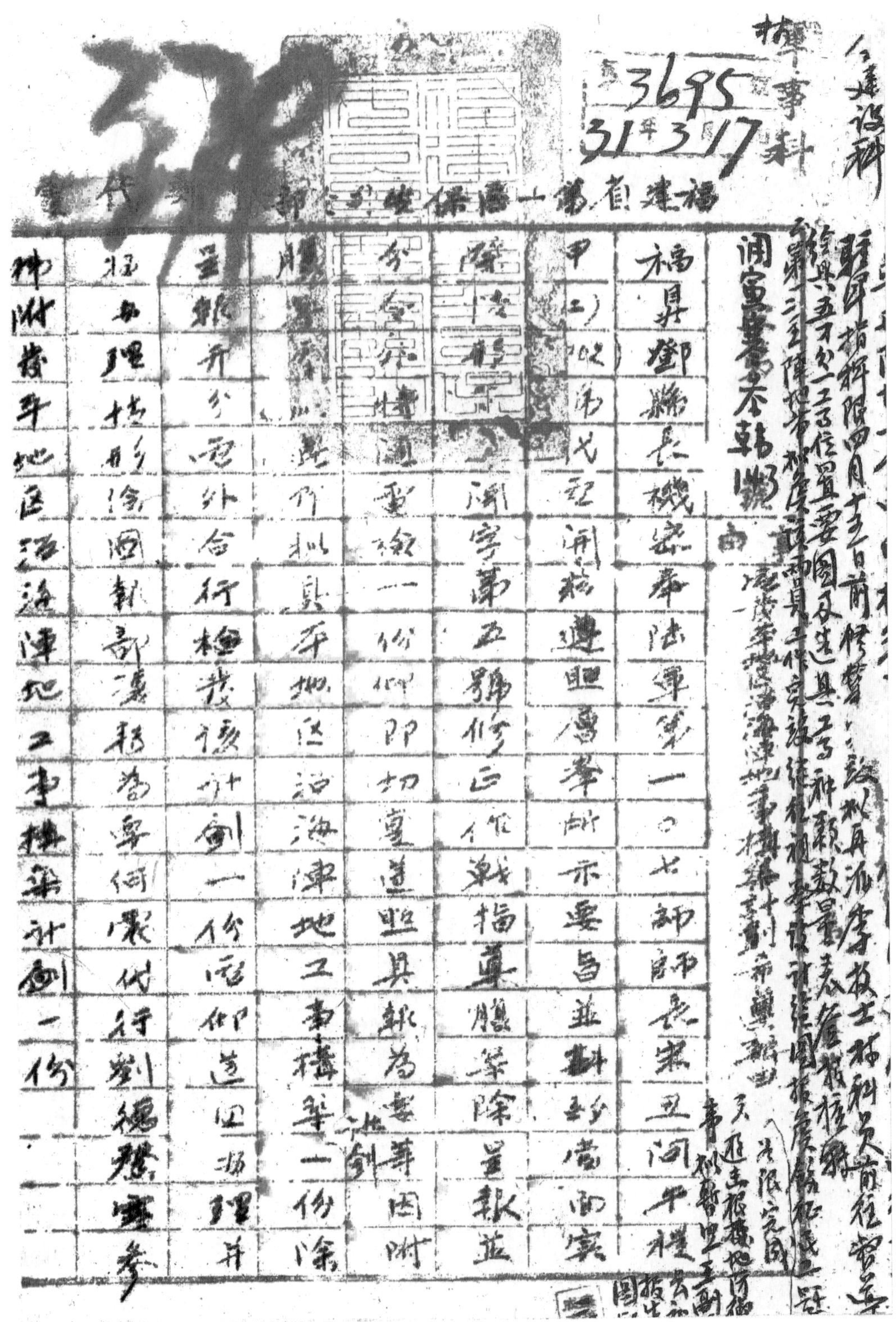

福建省第一区保安司令部关于电发本地区沿海阵地工事构筑计划的快邮代电

（1942 年 3 月 14 日） G133-003-0181

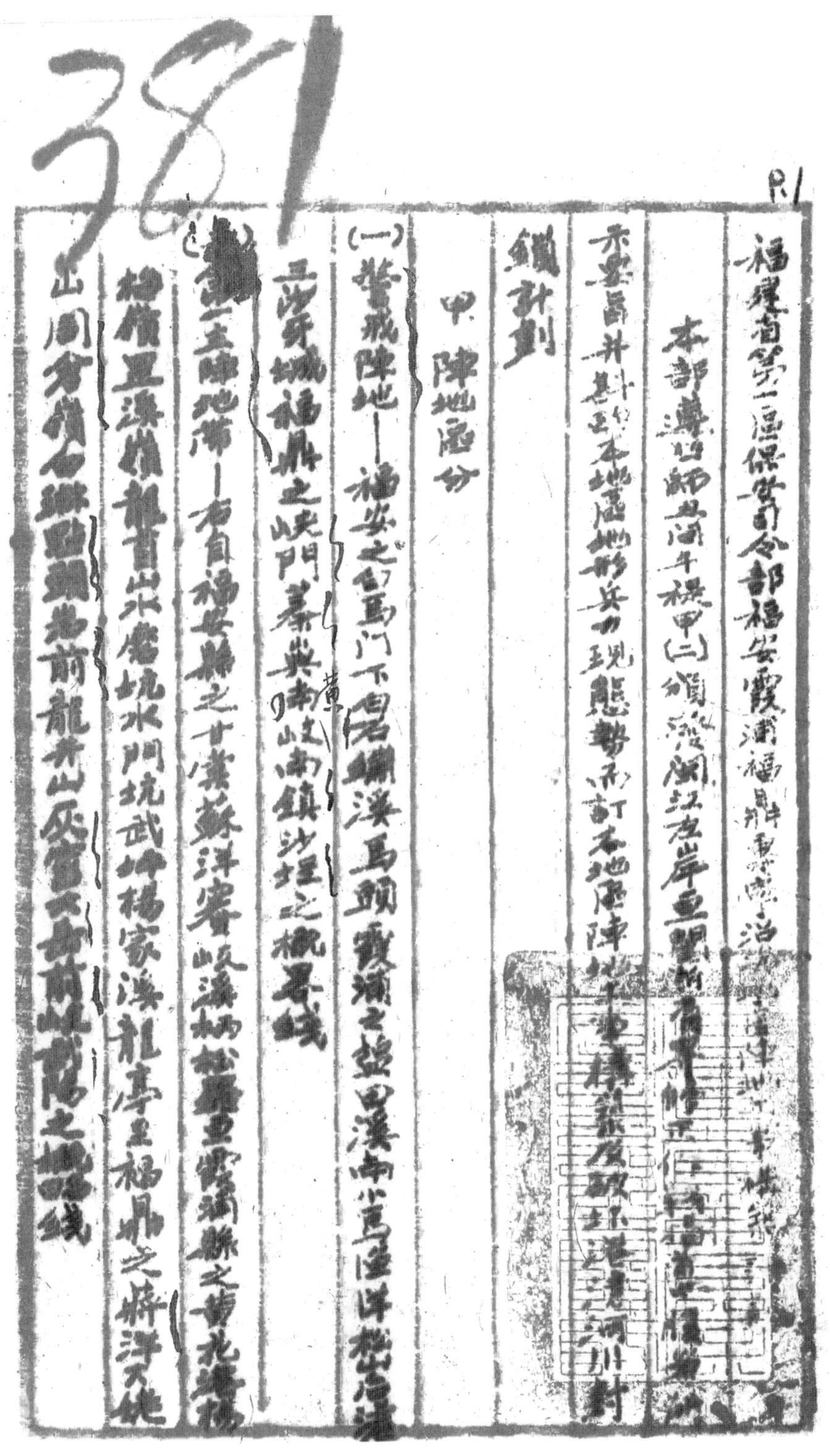

福建省第一区保安司令部福安、霞浦、福鼎、寿宁沿海地区阵地工事构筑计划

(1942年3月)a面　G133-003-0181

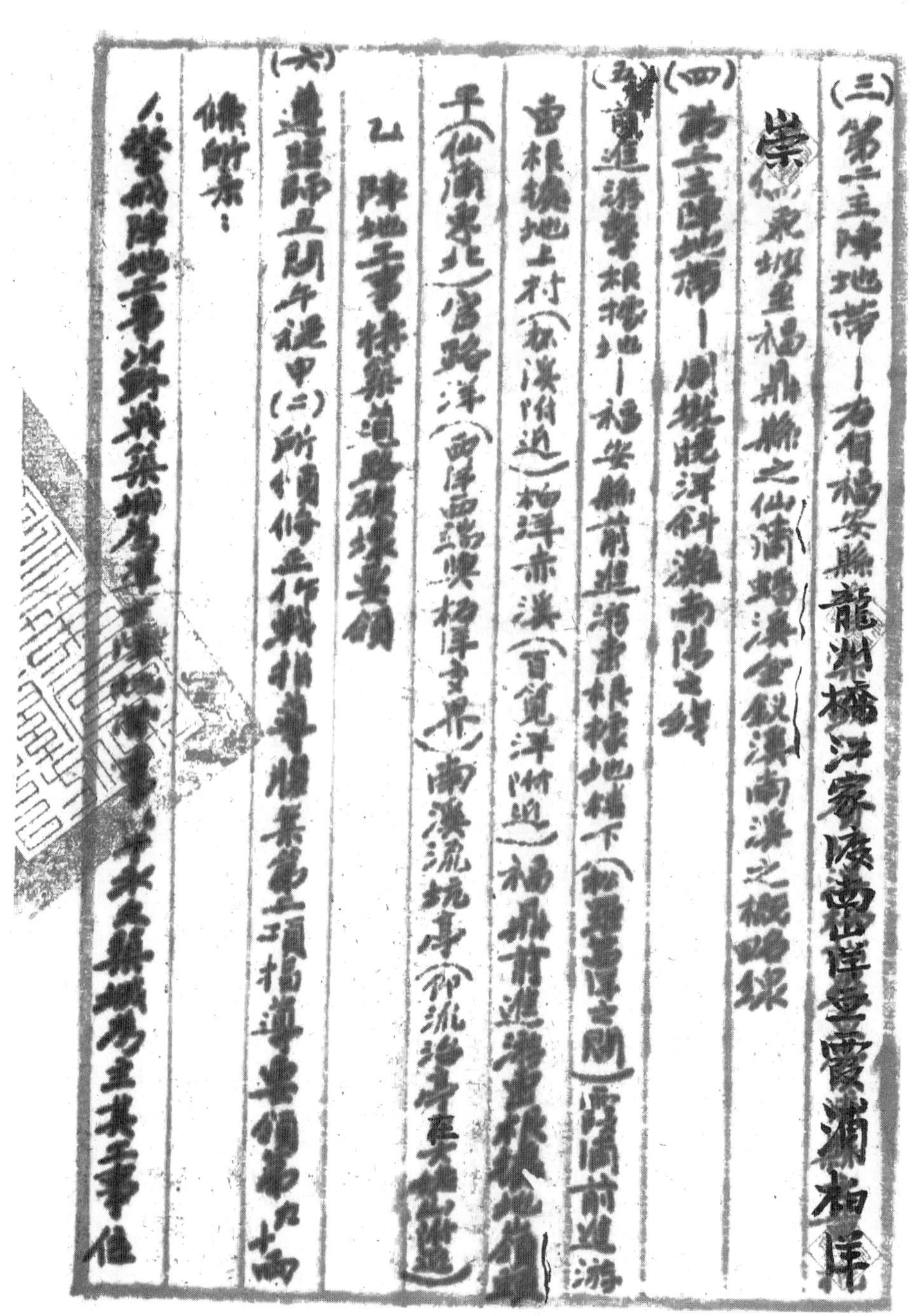
(三)第二主陣地帶—右自福安縣龍溪橋汗家渡南岱洋至霞浦縣柏洋崇儒經泉坳至福鼎縣之仙蒲嶺溪金釵溪南溪之概略線

(四)第三主陣地帶—由樂嶺洋斜灘南陽之線

(五)前進游擊根據地—福安縣前進游擊根據地擺下(松羅至洋中之間)霞浦前進游擊根據地上村(松溪附近)柏洋赤溪(百笕洋附近)福鼎前進游擊根據地[illegible]于(仙蒲東北)官路洋(西洋西路與柏洋交界)南溪流坑亭(即流池寺[illegible]附近)

乙　陣地工事構築道路破壞要領

(六)遵照師丑刪午社甲(二)所頒修正作戰指導計劃第三項指導要領第九十兩

條附表：

1.警戒陣地工事以野戰築城為主[illegible]工事以永久築城為主其工事位

福建省第一区保安司令部福安、霞浦、福鼎、寿宁沿海地区阵地工事构筑计划

(1942年3月)b面　G133-003-0181

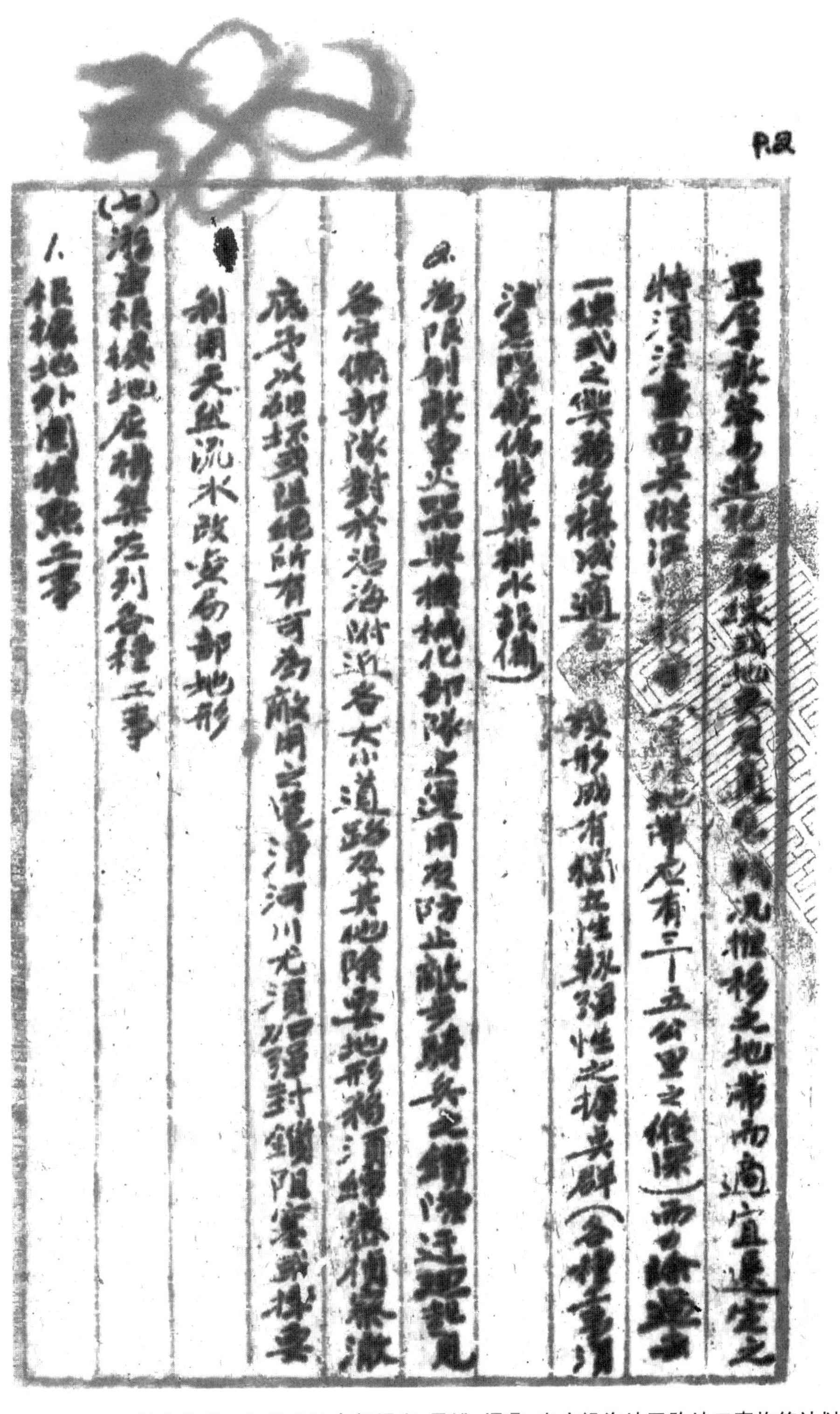

置在于敌寇易于登陆或地形[illegible]况推移之地带而适宜迟滞之
特须注意面其纵深[illegible]阵地有三一五公里之纵深)而以险要之
一线式之[illegible]为于构成适当[illegible]纵形成有独立性弹性之据点群(各据点须
建立防御工事与排水设备
8.为限制敌军火器与机械化部队之运用及防止敌步骑兵之错杂迂回起见
各守备部队对于沿海附近各大小道路及其他险要地形须构筑积极澈
底守以阻塞或阻绝所有可为敌用之道路河川尤须以强封锁阻塞構要
利用天然流水改造局部地形
(七)沿海据地应构筑左列各种工事
1.根据地外围据点工事

福建省第一区保安司令部福安、霞浦、福鼎、寿宁沿海地区阵地工事构筑计划

(1942年3月)a面　G133-003-0181

2. [illegible]工事

3. 對空防禦工事

4. 倉庫之建立

(八) 各縣對於沿海過去已構成之工事可為利用者應詳細檢查修理並加強構築之

(九) 沿海港灣河口可能為敵通航者應擇較狹窄地點加以封鎖或阻塞如[illegible]之[illegible]馬門福鼎之沙埕[illegible]意

(十) 沿海可通內地之大小道路應擇要破壞或阻絕以防敵步騎之[illegible]運尤其能通達主陣地及縱深根據地之道路均須徹底破壞（附表）

(附) 陣地構築及道路破壞之時間

(十一) 各負責保安[illegible]陣地及第一線陣地

福建省第一区保安司令部福安、霞浦、福鼎、寿宁沿海地区阵地工事构筑计划

（1942 年 3 月）b 面　G133-003-0181

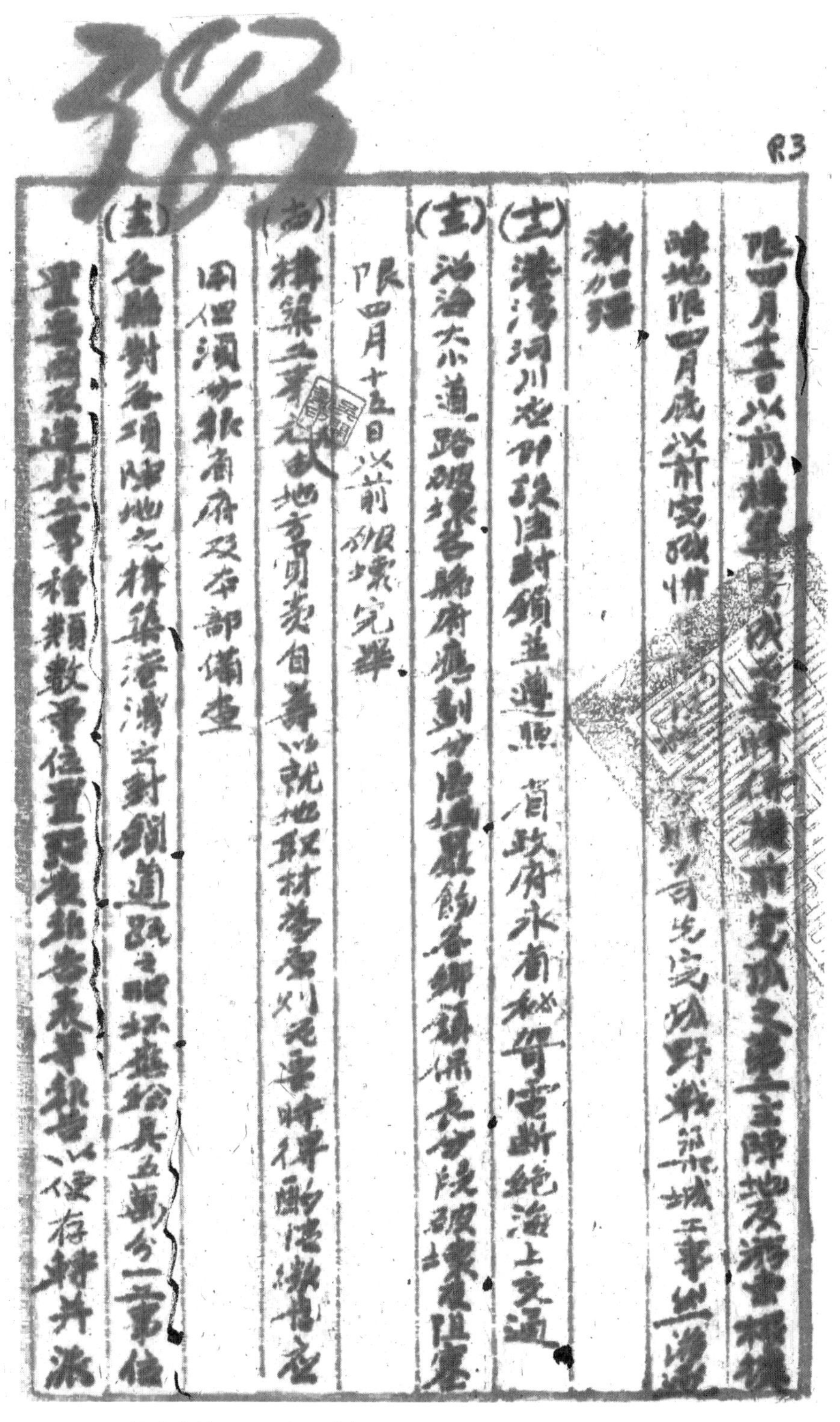

福建省第一区保安司令部福安、霞浦、福鼎、寿宁沿海地区阵地工事构筑计划

(1942 年 3 月)a 面　G133-003-0181

福建省第一区保安司令部福安、霞浦、福鼎、寿宁沿海地区阵地工事构筑计划

(1942年3月)b面 G133-003-0181

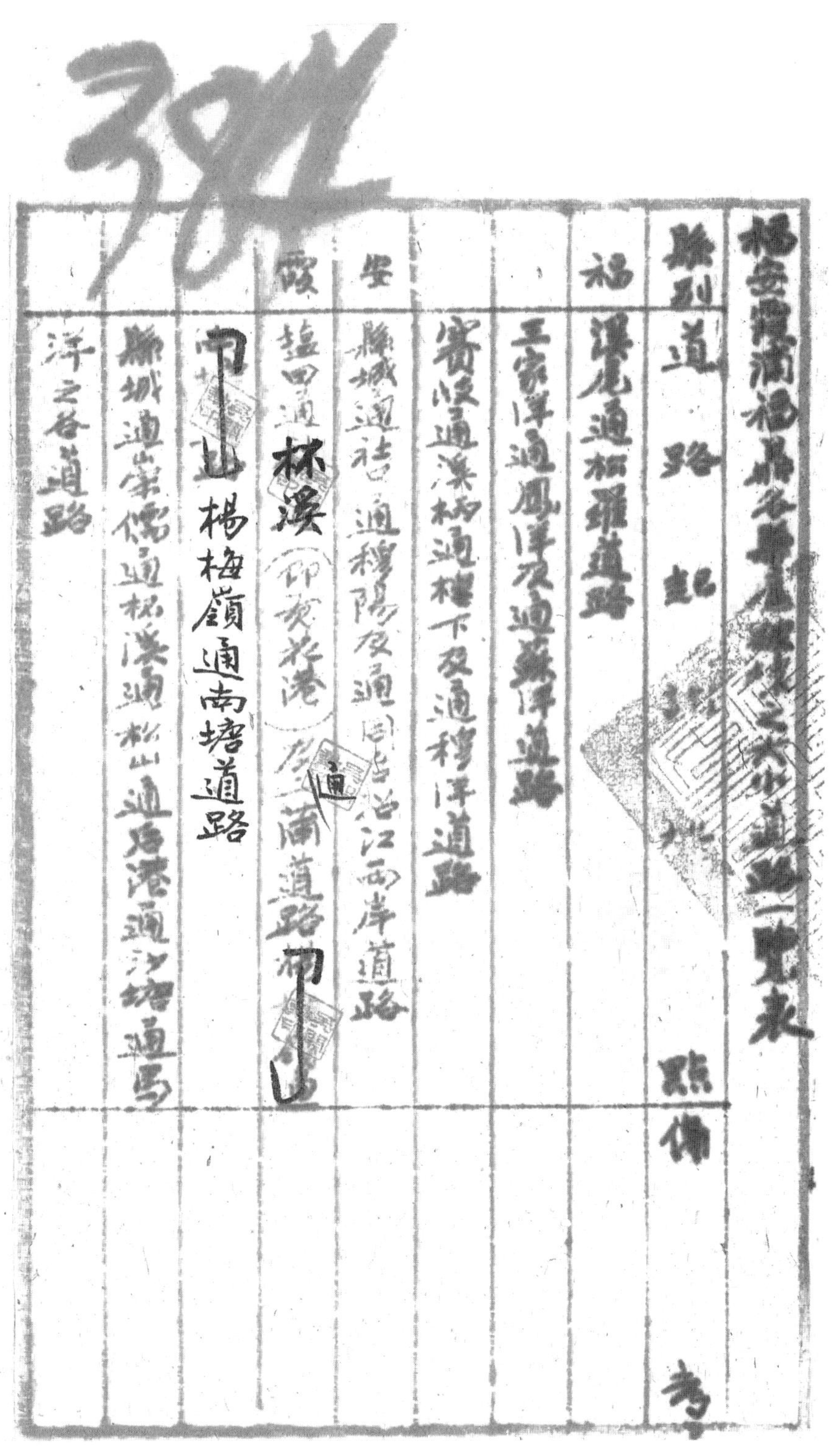

福安霞浦福鼎各縣應破壞之大小道路一覽表

縣別	道路起訖點	備考
福	溪尾通松羅道路	
	王家洋通鳳洋及通蘇洋道路	
	賽岐通溪柄通桂下及通穆洋道路	
安	縣城通社口通穆陽及通[illegible]沿江兩岸道路	
霞	鹽田通杯溪（茭杯港）至蒲道路	
	[illegible]山楊梅嶺通南塘道路	
	縣城通[illegible]儒通松溪通松山通后港通沙塘通[illegible]	
	洋之各道路	

福建省第一区保安司令部福安、霞浦、福鼎各县应破坏之大小道路一览表

（1942年3月）a面　G133-003-0181

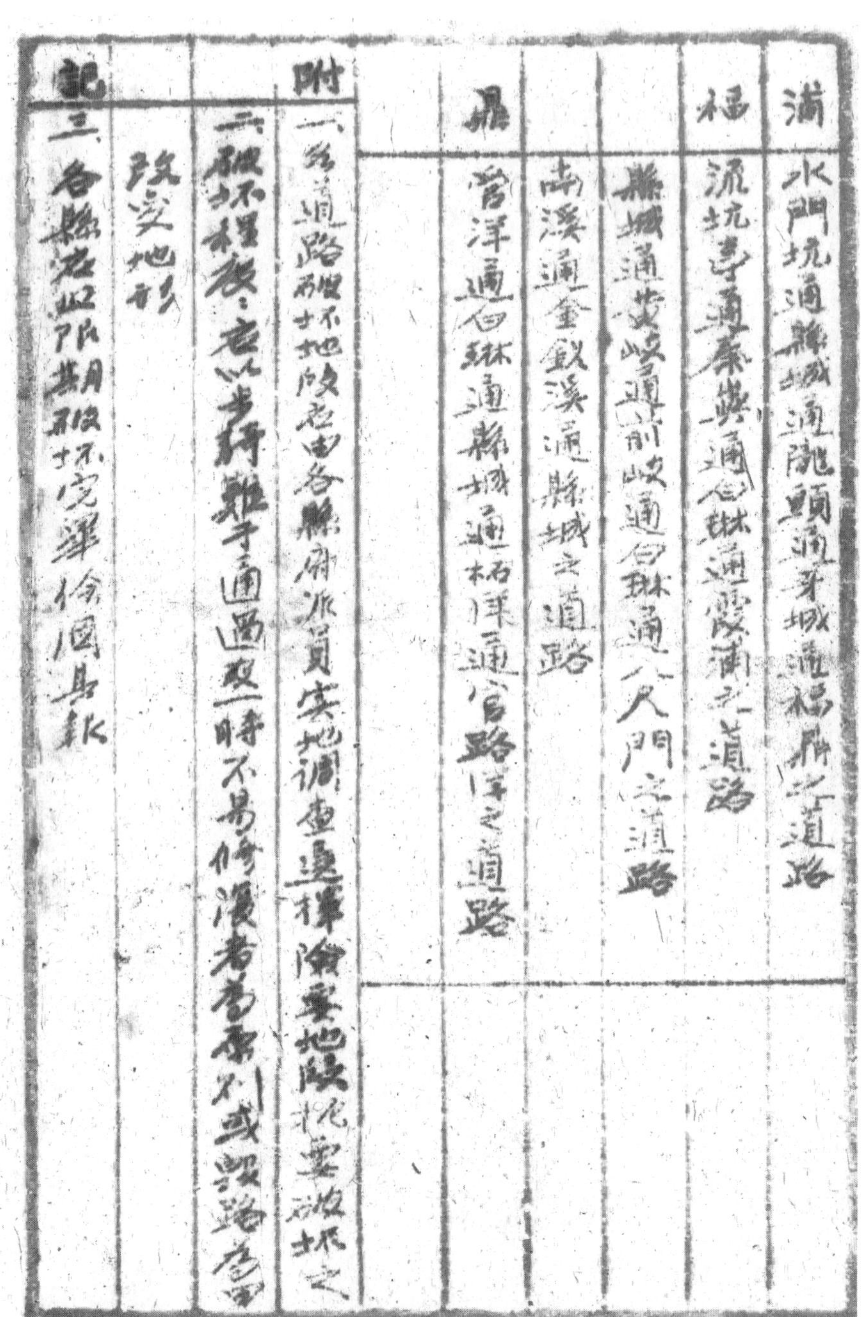

浦	福			鼎
水門坑通縣城通跳頭通牙城通福鼎之道路	流坑寺通秦嶼通白琳通霞浦之道路	縣城通黄岐通前岐通白琳通八尺門之道路	南溪通金釵溪通縣城之道路	管洋通白琳通縣城通柘洋通官路洋之道路

附記

一、各道路破坏地段应由各縣府派員実地調查選擇險要地段挖要破坏之

二、破坏程度：应以步行難于通過及一時不易修復者為原則或毀路面改变地形

三、各縣應以限期破坏完畢繪圖具報

福建省第一区保安司令部福安、霞浦、福鼎各县应破坏之大小道路一览表

(1942年3月)b面 G133-003-0181

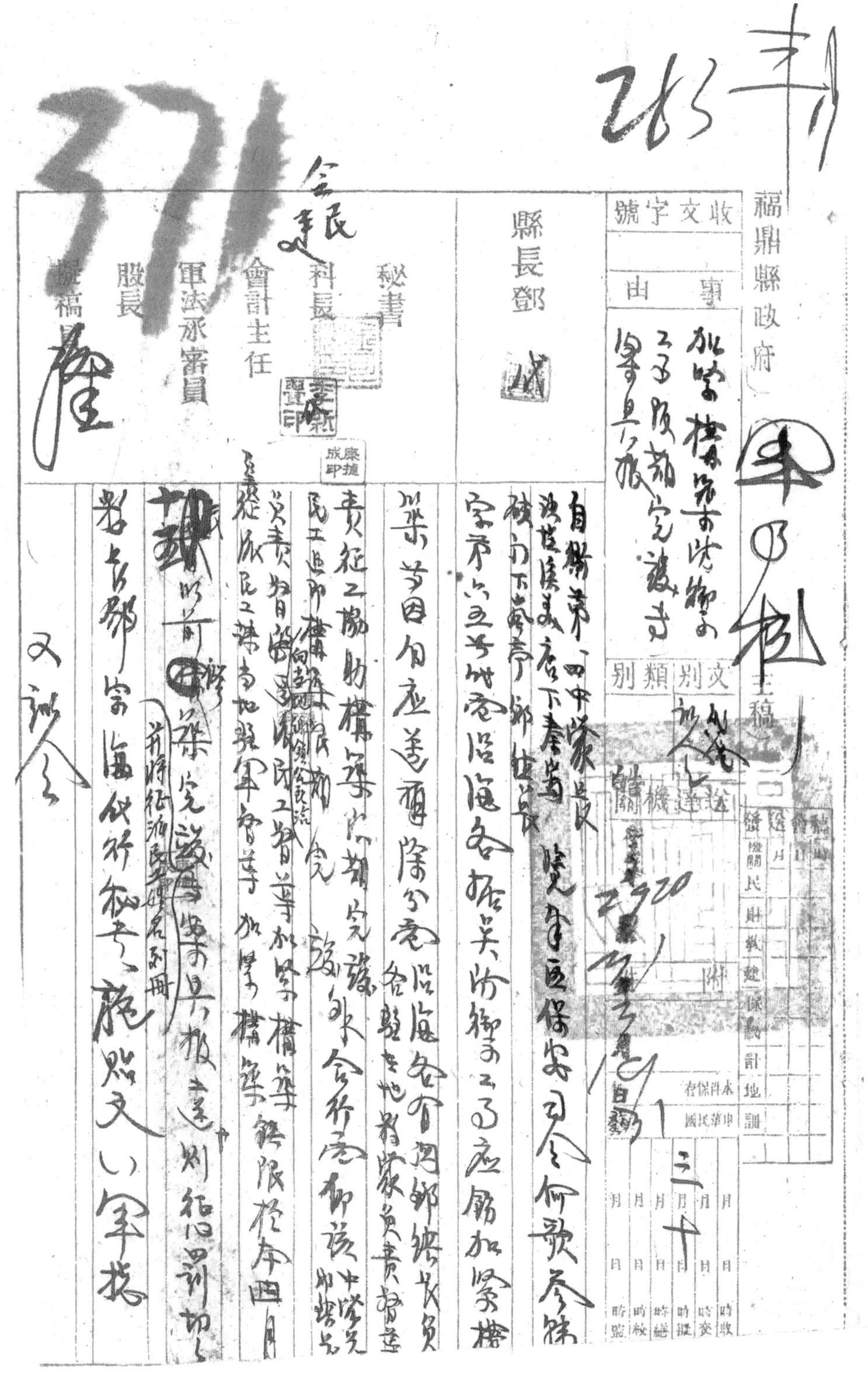

福鼎縣政府

收文字號

事由

加緊構築防御工事限期完竣專電具報

縣長鄧

秘書

科長

會計主任

軍法承審員

股長

擬稿

文別

類別

主稿

福鼎县政府关于加紧构筑防御工事限期完竣专电具报的代电

（1942 年 3 月 19 日） G133-003-0181

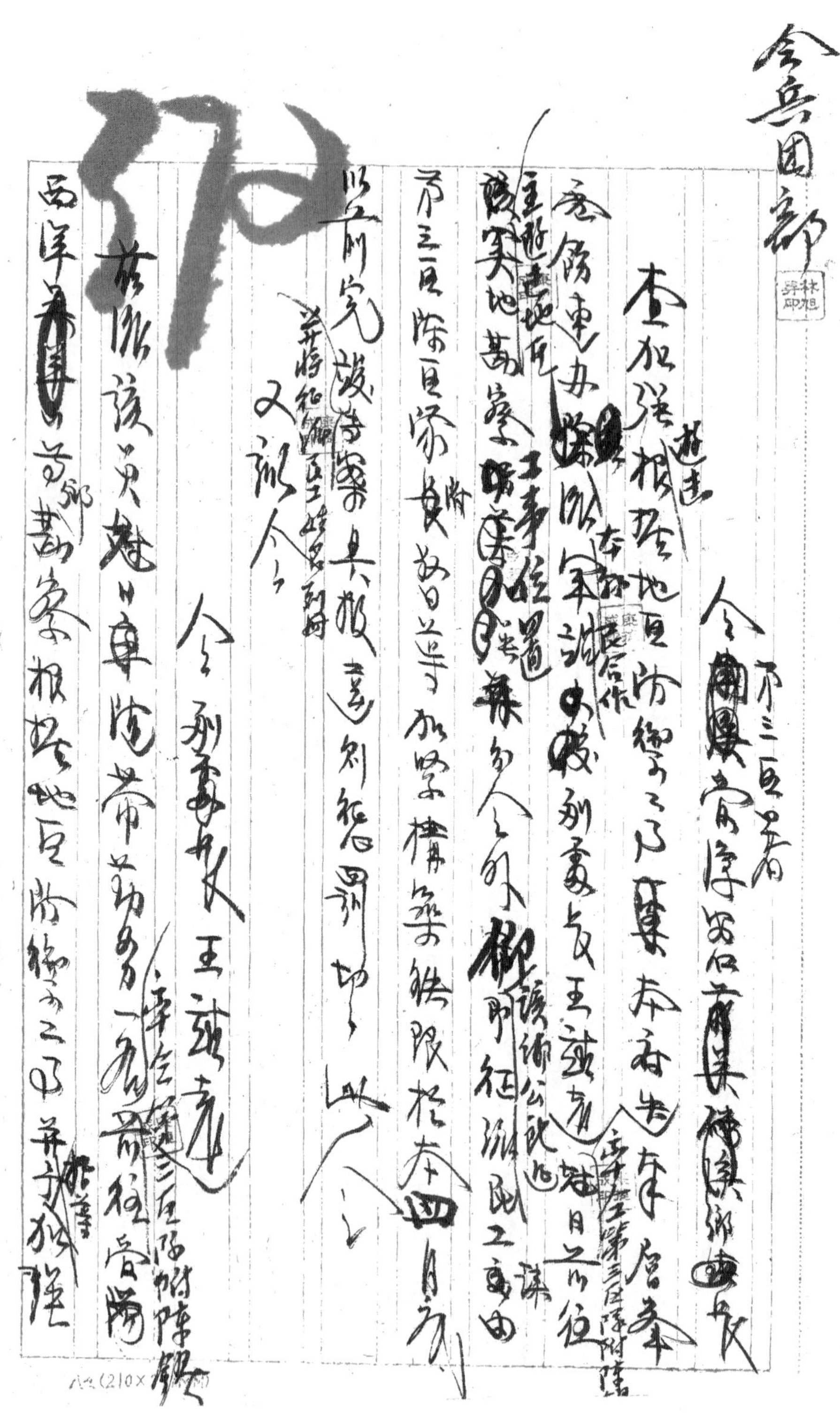

福鼎县政府关于加紧构筑防御工事限于本四月底前完竣并将勘查情形加具意见签报的训令

（1942 年 3 月 19 日） G133-003-0181

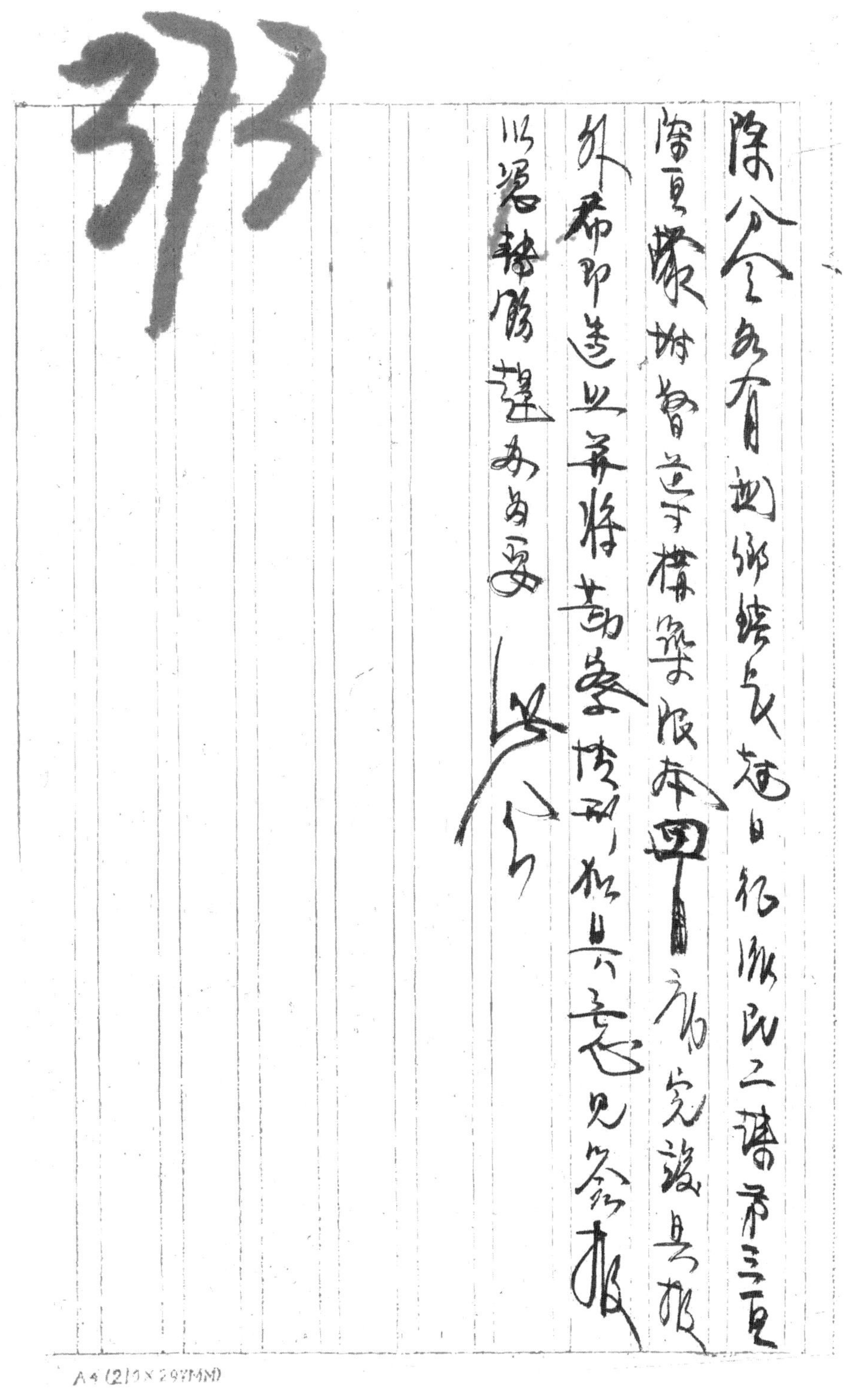

除分令各有關鄉鎮長克日征派民工構築第三區防禦工事並督導構築限本四月底前完竣具報外希即遵照並將勘查情形加具意見簽報以憑轉飭為要

此令

福鼎县政府关于加紧构筑防御工事限于本四月底前完竣并将勘查情形加具意见签报的训令

（1942年3月19日） G133-003-0181

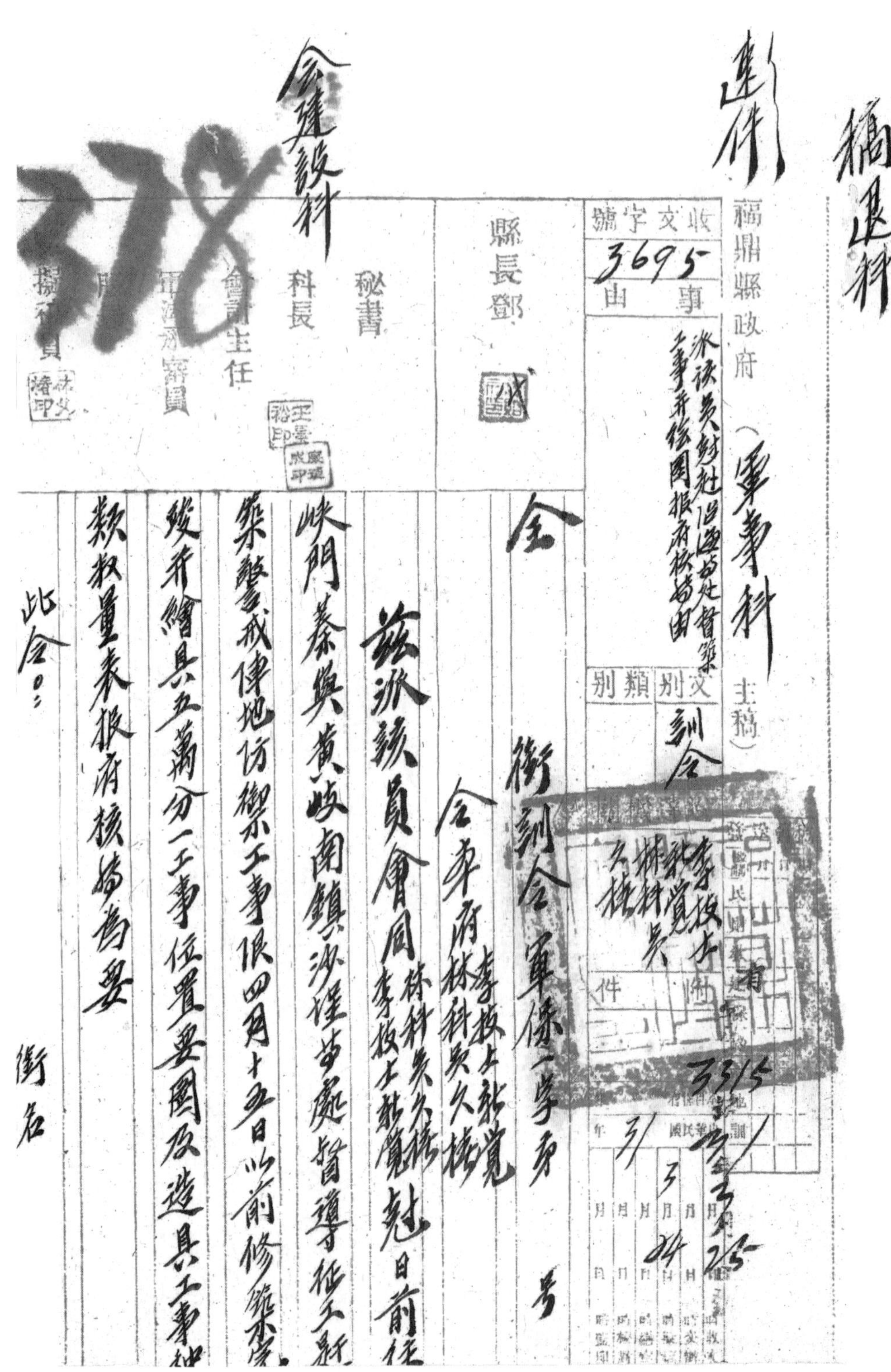

稿 退科

速件

福鼎县政府（军事科 主稿）

收文字号 3695

事由 派林员克赴沿海等处督筑工事并绘图报府核转由

文别 训令

县长 邓

秘书

科长

会计主任

军法承审员

拟稿员

会建设科

令

衔训令 军条一字第 号

令本府林科员久桂
李技士执觉

兹派该员会同李技士执觉克日前往峡门、秦屿、黄岐、南镇、沙埕等处督导征工赶筑警戒阵地防御工事，限四月十五日以前修筑完竣，并绘县五万分一工事位置要图及造具工事数目数量表报府核转为要。

此令。

衔名

福鼎县政府关于派员克赴沿海等处督筑工事并绘图报府核转的训令

（1942 年 3 月 25 日） G133-003-0181

補府

〈軍財〉福鼎縣政府來電紙

31年3月30日永財丙儉字第2602

縣政府查各地構築國防工事應需木材及兩欄釘應由所在地縣政府負責墊款就地代办該款可報請國防工程處彙轉核發仰遵办省政府永財丙儉

福鼎县政府译省政府关于构筑国防工事之垫款可报请国防工程处汇转核发的电文

（1942年3月28日） G133-003-0181

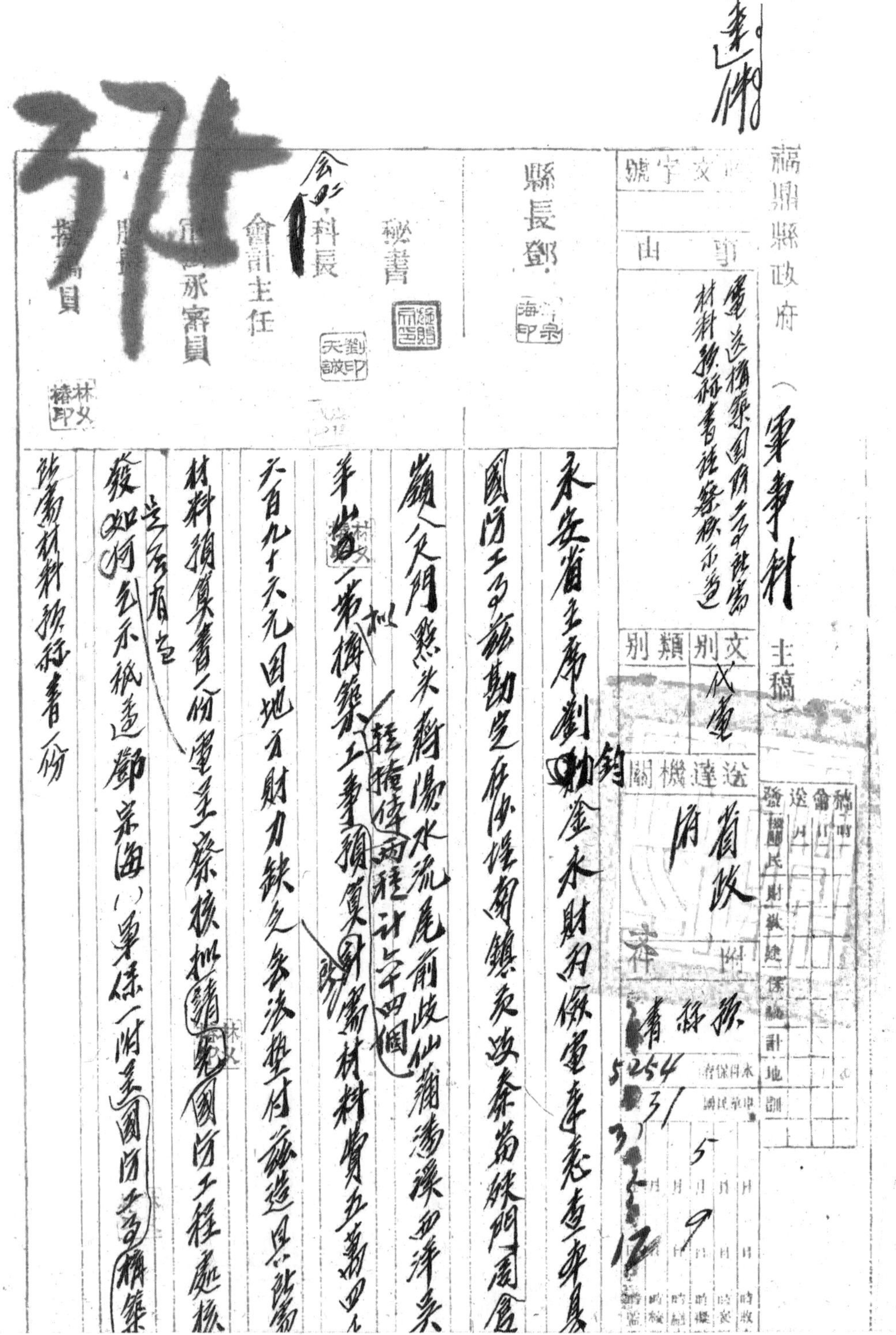
福鼎縣政府（軍事科 主稿）

文字號

事由：呈送構築國防工事所需材料預算書請察核示遵

文別：代電

送達機關：省政府

附件：預算

縣長鄧

秘書

科長

會計主任

征收審員

擬稿員

福鼎县政府关于报送构筑国防工事所需材料预算书的代电

（1942 年 5 月 12 日） G133-003-0181

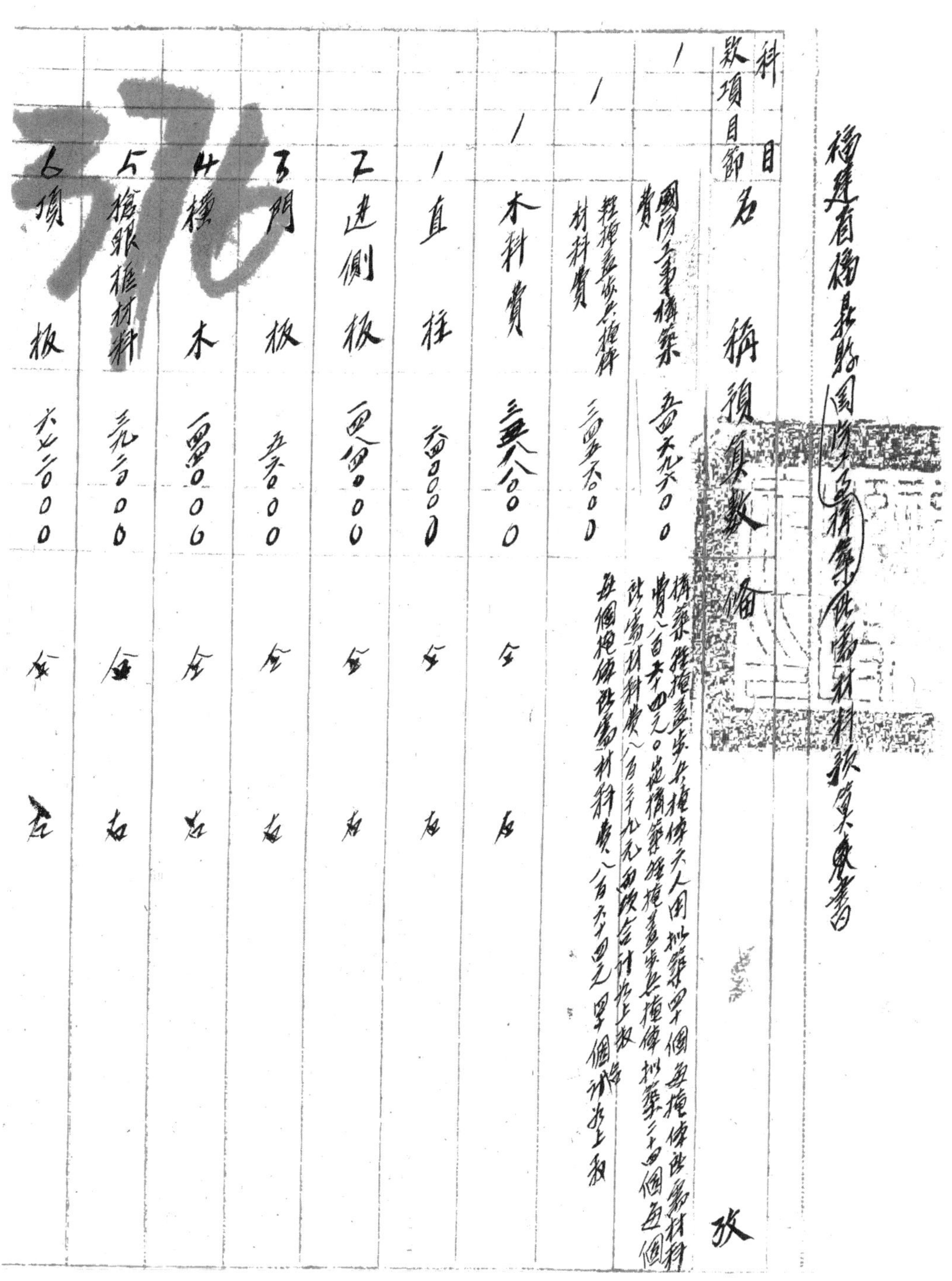

福建省福鼎縣政府國防工事構築所需材料預算書

款	項	目	節	名稱	預算數	備攷
1				國防工事構築費	五四六九六〇〇	構築輕掩蓋步兵掩体六人用拟築四十個每掩体所需材料費八百六十四元〇並構築輕掩蓋步兵掩体拟築二十四個每個所需材料費八百三十九元如數合計如上數
	1			輕掩蓋步兵掩体材料費	三四五六〇〇〇	每個掩体所需材料費八百六十四元四十個計如上數
		1		木料費	三五八八〇〇〇	仝右
			1	直柱	六四〇〇〇〇	仝右
			2	进側板	四八四〇〇〇	仝右
			3	門板	五六〇〇〇	仝右
			4	檁木	一四四〇〇〇	仝右
			5	檐眼框材料	三九六〇〇	仝右
			6	項板	六七二〇〇〇	仝右

福鼎县政府构筑国防工事所需材料预算书

（1942 年 5 月 9 日）　G133-003-0181

工、	鐵料費	六〇〇〇	仝右
1	十六号鐵線	二〇〇〇〇	仝右
工	洋釘	四八〇〇〇	仝右
工、	施構築輕掩蓋步兵掩體材料費	二〇一三六〇〇	每個掩體所需材料費八百三十九元二十四個合計如上數
1	木料費	二〇四〇〇〇〇	仝右
1	掩蓋料	七六〇〇〇	仝右
工	檐跟蓋料	一〇四〇〇〇	仝右
工	門板材料	一三三〇〇〇〇	仝右
工	鐵料費	九六〇〇	仝右
1	鐵釘	九六〇〇	仝右

福鼎县政府构筑国防工事所需材料预算书

（1942 年 5 月 9 日） G133-003-0181

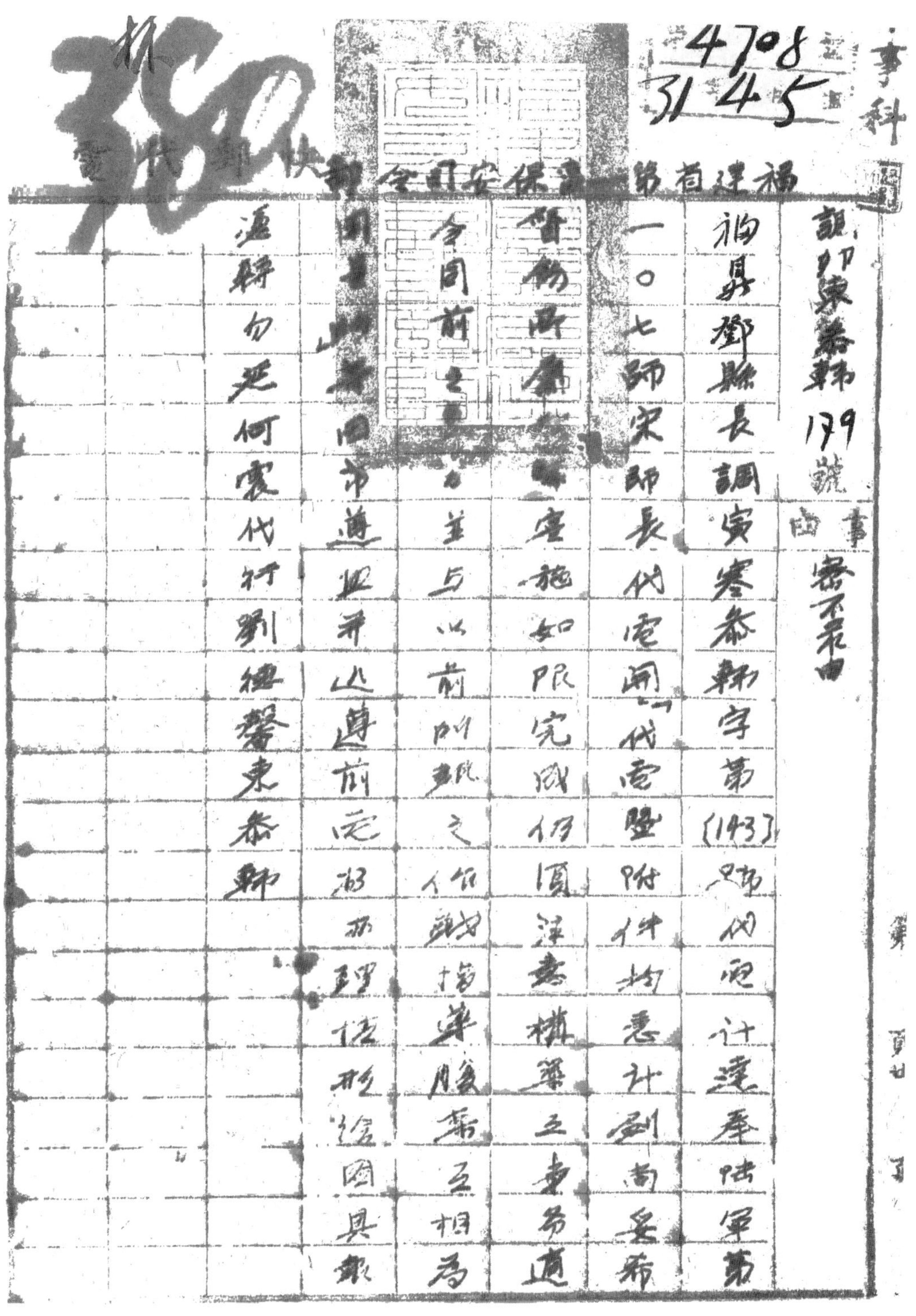

福建省第一區保安司令部快郵代電

福建省第一区保安司令部关于计划尚妥希遵前电将办理情形绘图具报汇转勿延的快邮代电

（1942 年 4 月 1 日） G133-003-0181

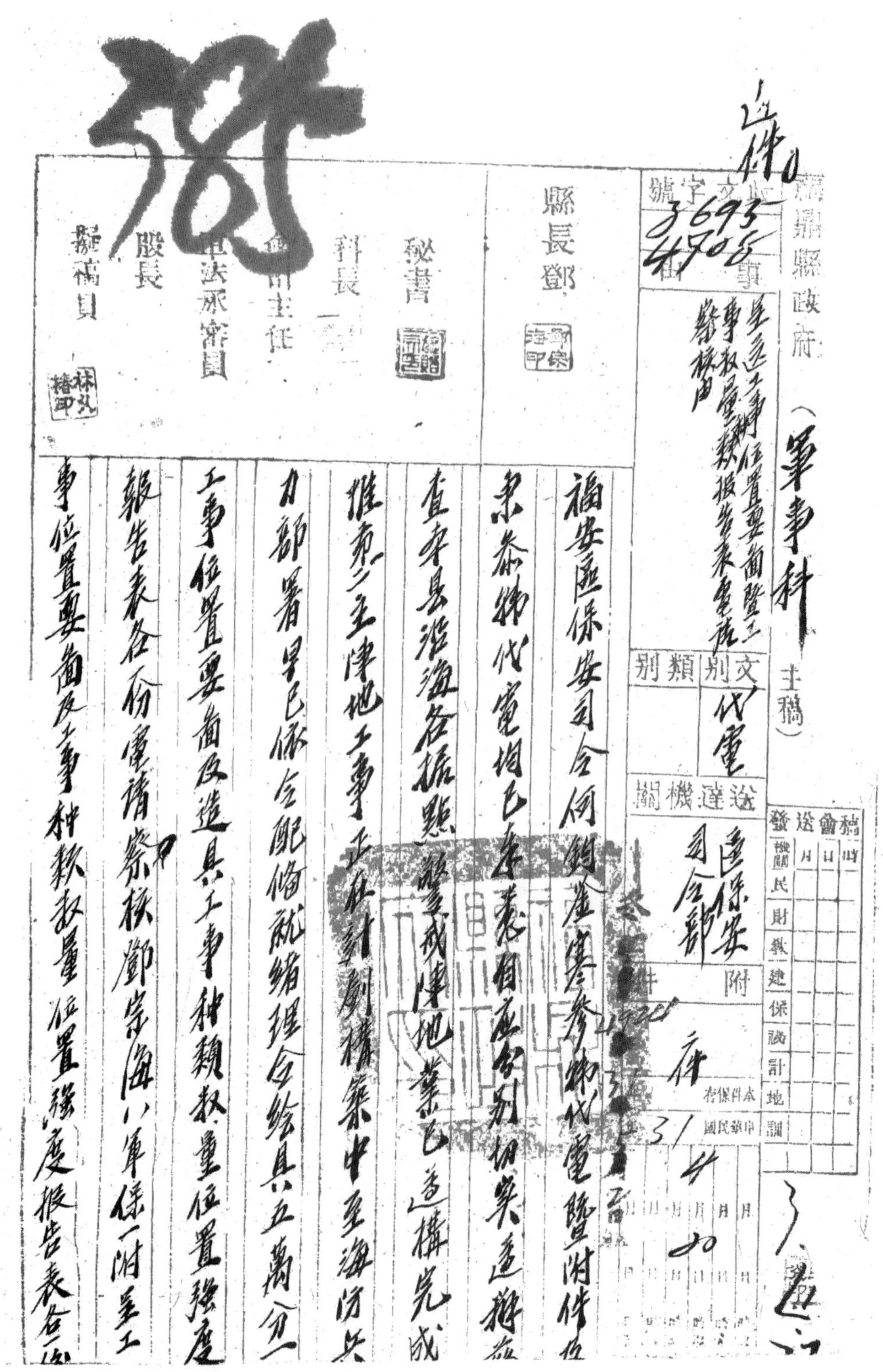

福鼎縣政府（軍事科 主稿）

文別：代電

送達機關：[illegible]區保安司令部

事由：呈送工事位置要圖暨工事數量種類報告表由

縣長鄧　秘書　科長　會計主任　軍法承審員　股長　擬稿員

福安區保安司令何鈞座[illegible]參[illegible]代電暨附件[illegible]
[illegible]奉[illegible]代電均已奉悉自應分別切實遵辦[illegible]
查本县沿海各据點[illegible]陣地業已遵構完成
惟[illegible]陣地工事正在計劃構築中至海防兵
力部署早已依令配備就緒理合繪具五萬分一
工事位置要圖及造具工事種類數量位置强度
報告表各[illegible]份[illegible]請察核鄧宗海[illegible]附呈工
事位置要圖及工事種類數量位置强度报告表各[illegible]

福鼎县政府军事科关于呈送工事位置要图暨工事数量种类报告表的代电

（1942 年 4 月 20 日）　G133-003-0181

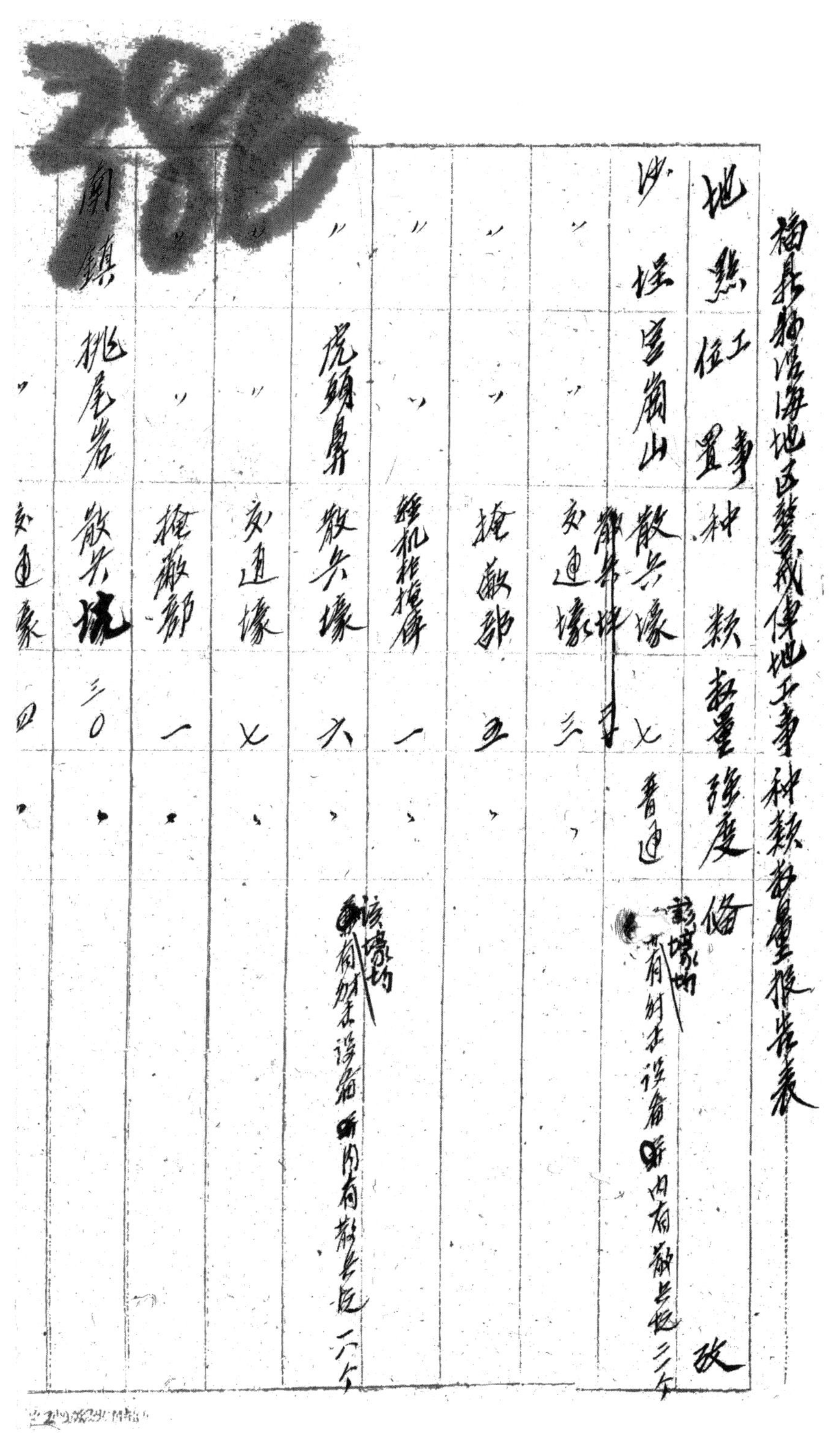

福鼎县沿海地区警戒阵地工事种类数量报告表

地点	工事位置	种类	数量	强度	备考
沙埕	宫角山	散兵壕	七	普通	该壕均有射击设备，壕内有散兵坑二十个
〃	〃	交通壕	三	〃	
〃	〃	掩蔽部	五	〃	
〃	〃	轻机枪掩体	一	〃	
〃	虎头鼻	散兵壕	六	〃	该壕均有射击设备，壕内有散兵坑一八个
〃	〃	交通壕	七	〃	
〃	〃	掩蔽部	一	〃	
南镇	桃尾岩	散兵坑	三〇	〃	
〃	〃	交通壕	四	〃	

福鼎县沿海地区警戒阵地工事数量种类报告表

（1942年5月） G133-003-0181

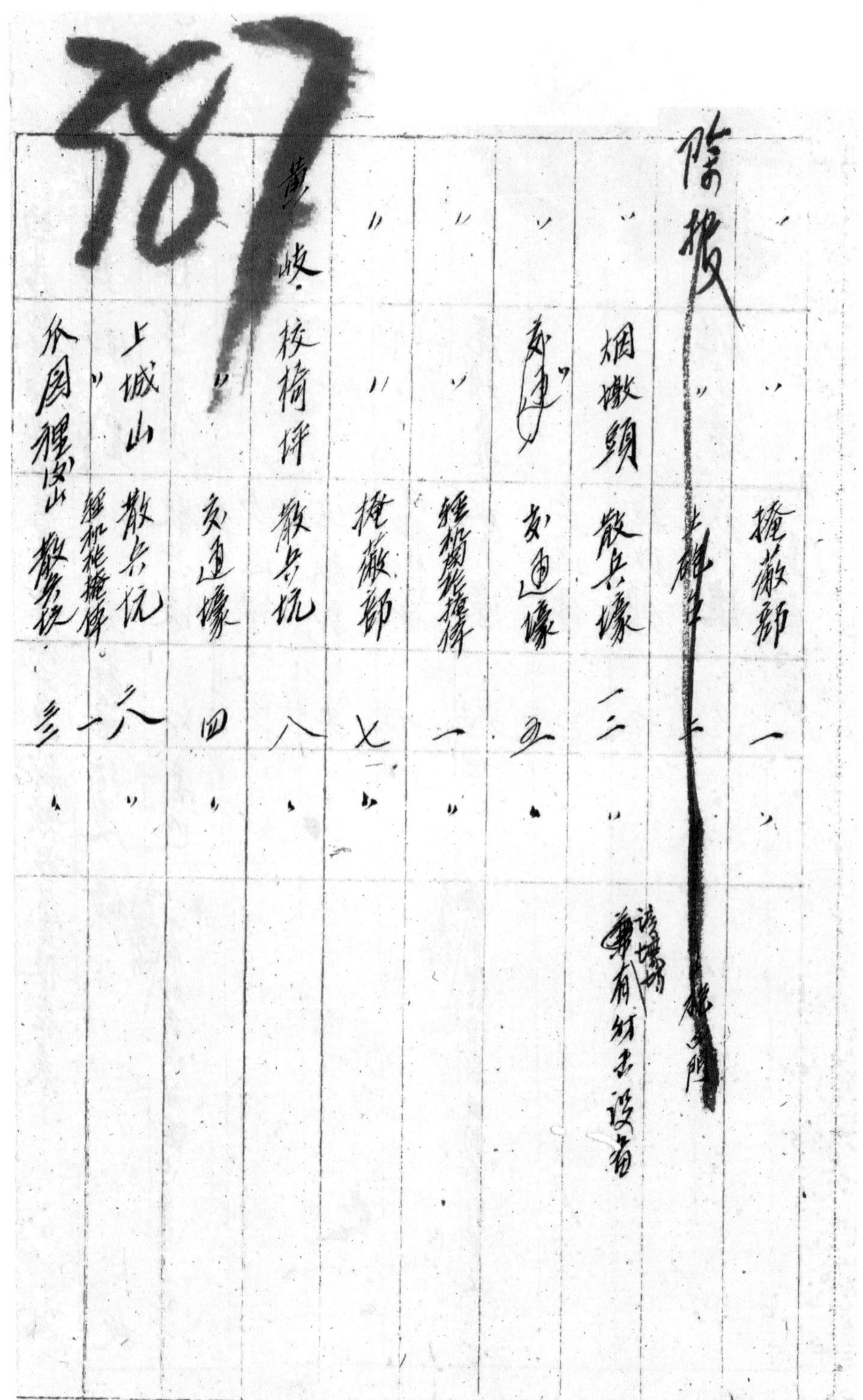

地名	工事种类	数量
〃	掩蔽部	一
陈按 〃 烟墩头	散兵壕	二
〃	交通壕	五
〃	轻机枪掩体	一
〃	掩蔽部	七
黄岐 校椅坪	散兵坑	八
〃	交通壕	四
上城山	散兵坑	八
〃	轻机枪掩体	一
仑园里山	散兵坑	三

福鼎县沿海地区警戒阵地工事数量种类报告表

（1942 年 5 月） G133-003-0181

秦第	〃	〃	〃	〃	〃	〃	〃	〃	〃	表月
汐歧山	〃	汐泽鼻	〃	[illegible]	当丰山	〃	八都街	〃	[illegible]	〃
散兵坑	交通壕	碉堡	散兵坑	交通壕	碉堡	散兵壕	碉堡	碉堡	围墙	[illegible]
五	二	一	九	二	一	[illegible]	一	一	一	[illegible]
〃	〃	〃	〃	〃	〃	〃	〃	〃	〃	〃

[illegible] 有无竹堡设备

福鼎县沿海地区警戒阵地工事数量种类报告表

（1942年5月） G133-003-0181

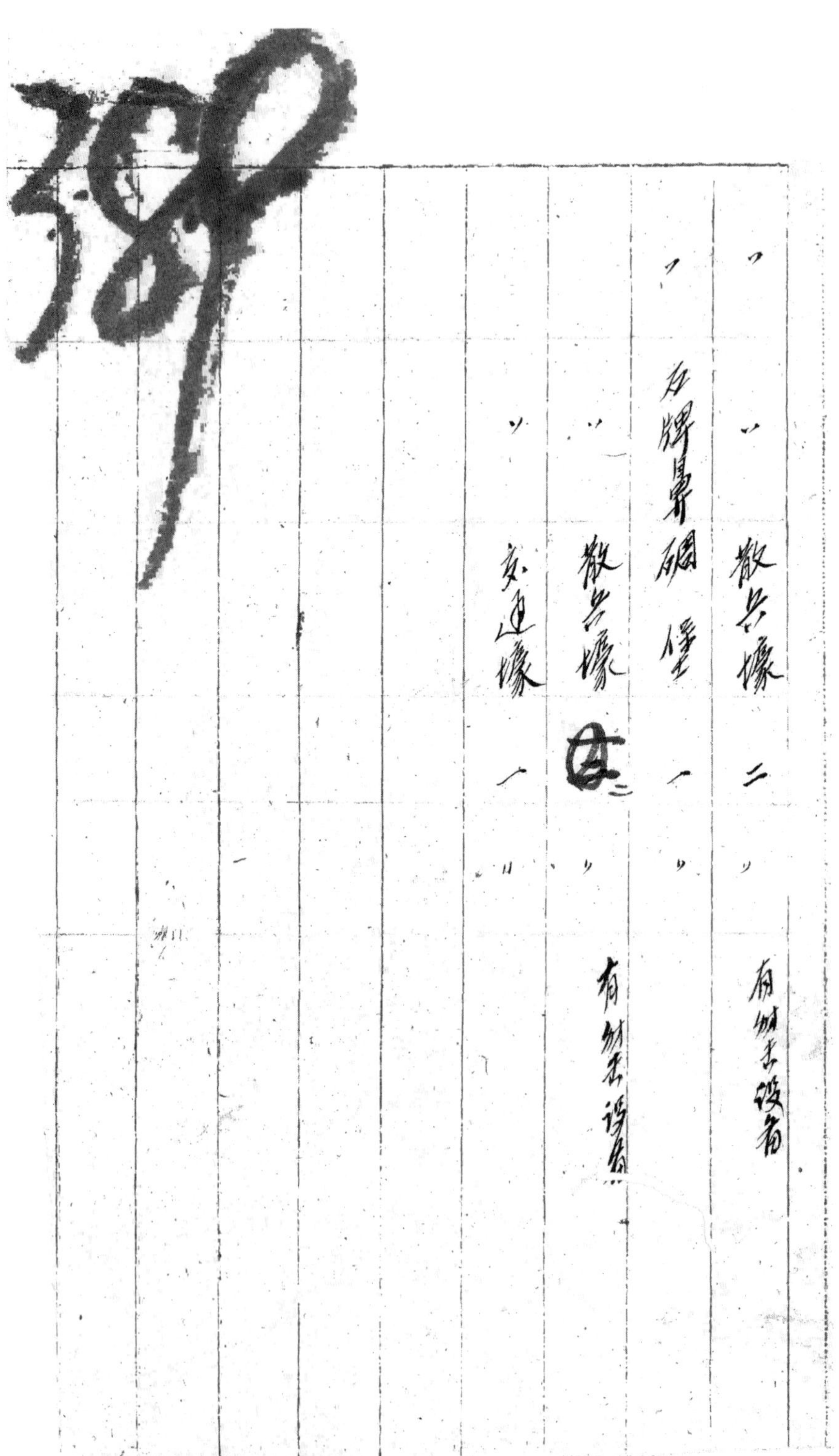

〃	散兵壕	二	〃	有射击设备
〃	石牌鼻碉堡	一	〃	
〃	散兵壕	五	〃	有射击设备
〃	交通壕	一	〃	

福鼎县沿海地区警戒阵地工事数量种类报告表

（1942年5月） G133-003-0181

南川麻口海陣地工事位置要圖

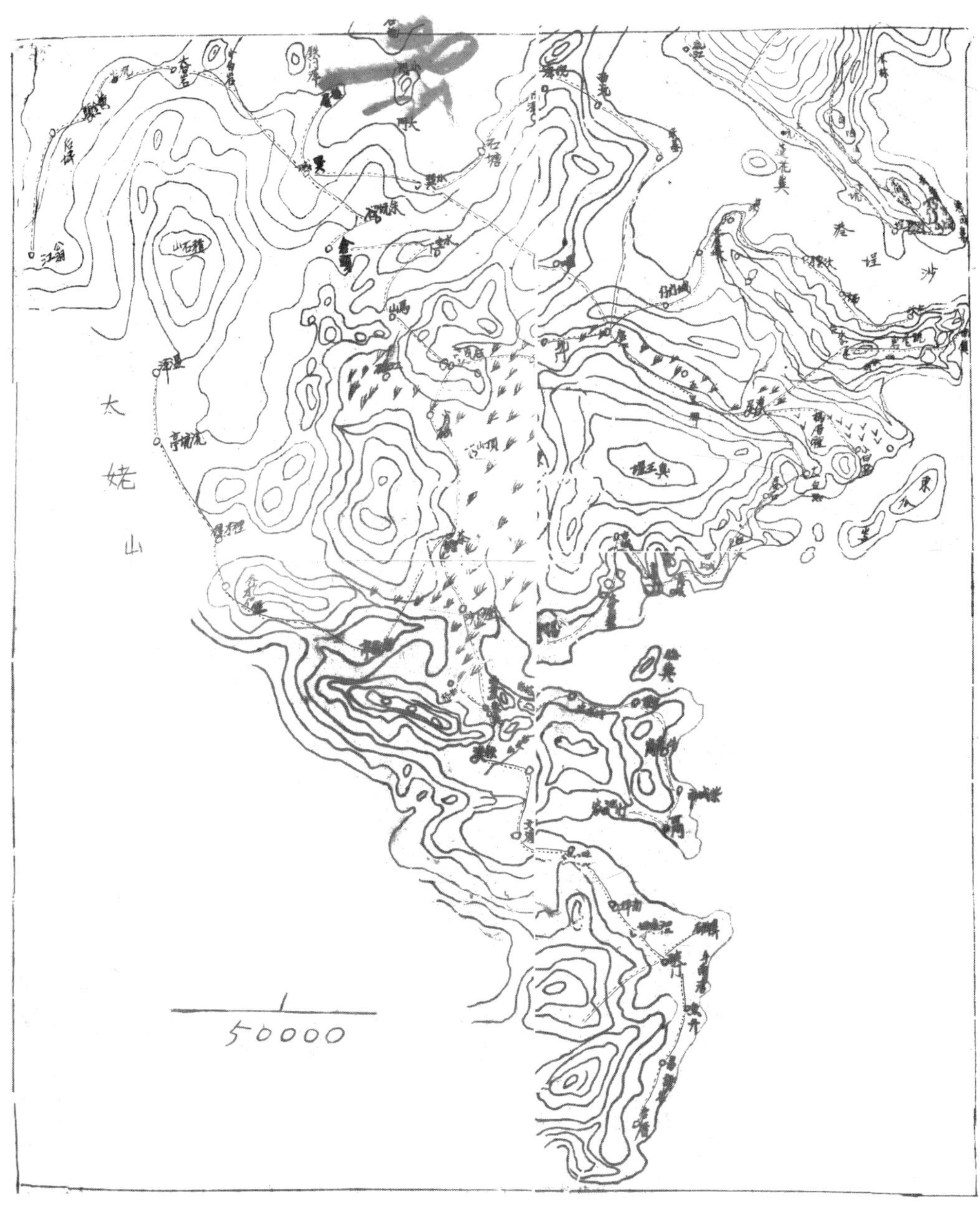

福鼎县沿海阵地工事位置要图(1942 年 5 月)　G133-003-0181

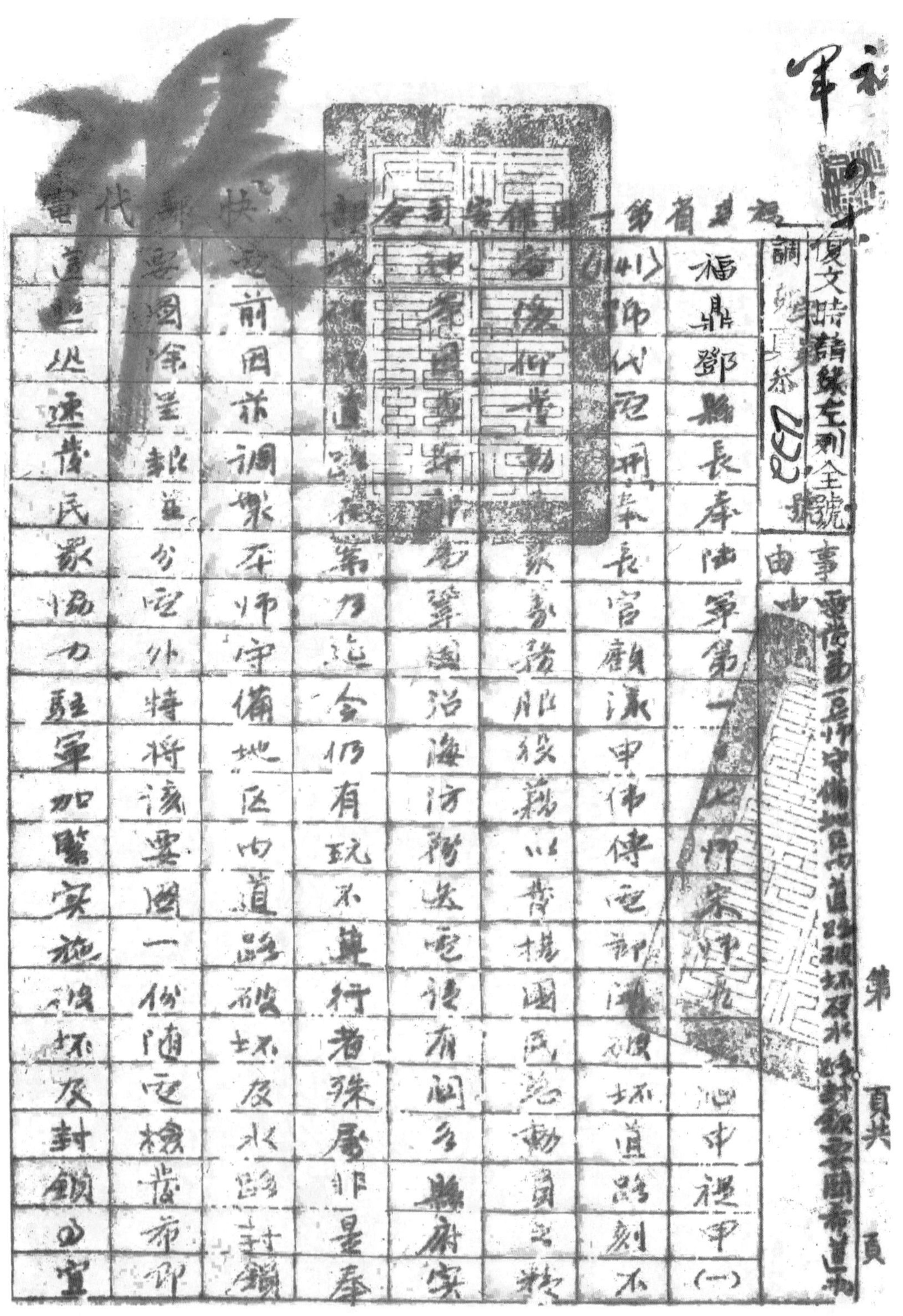

福建省第一区保安司令部关于电发第一零七师守备地区内道路破坏及水路封锁要图的快邮代电

（1942 年 4 月 11 日）　G133-003-0181

快郵代電

事由　　字第　　號

仍將辦理情形隨時具[illegible]一份奉此除
分電外合行抄發要圖[illegible]希遵照辦理並將辦理情形
隨時具報憑轉為要何震真奉附發第一〇七师守備地
區內道路破壞及水路封鎖要圖乙份

第　　頁共　　頁

福建省第一区保安司令部关于电发第一零七师守备地区内道路破坏及水路封锁要图的快邮代电

（1942 年 4 月 11 日）　G133-003-0181

福建省第一区保安司令部福霞鼎地区内道路破坏及水路封锁要图

（1942年4月13日） G133-003-0182

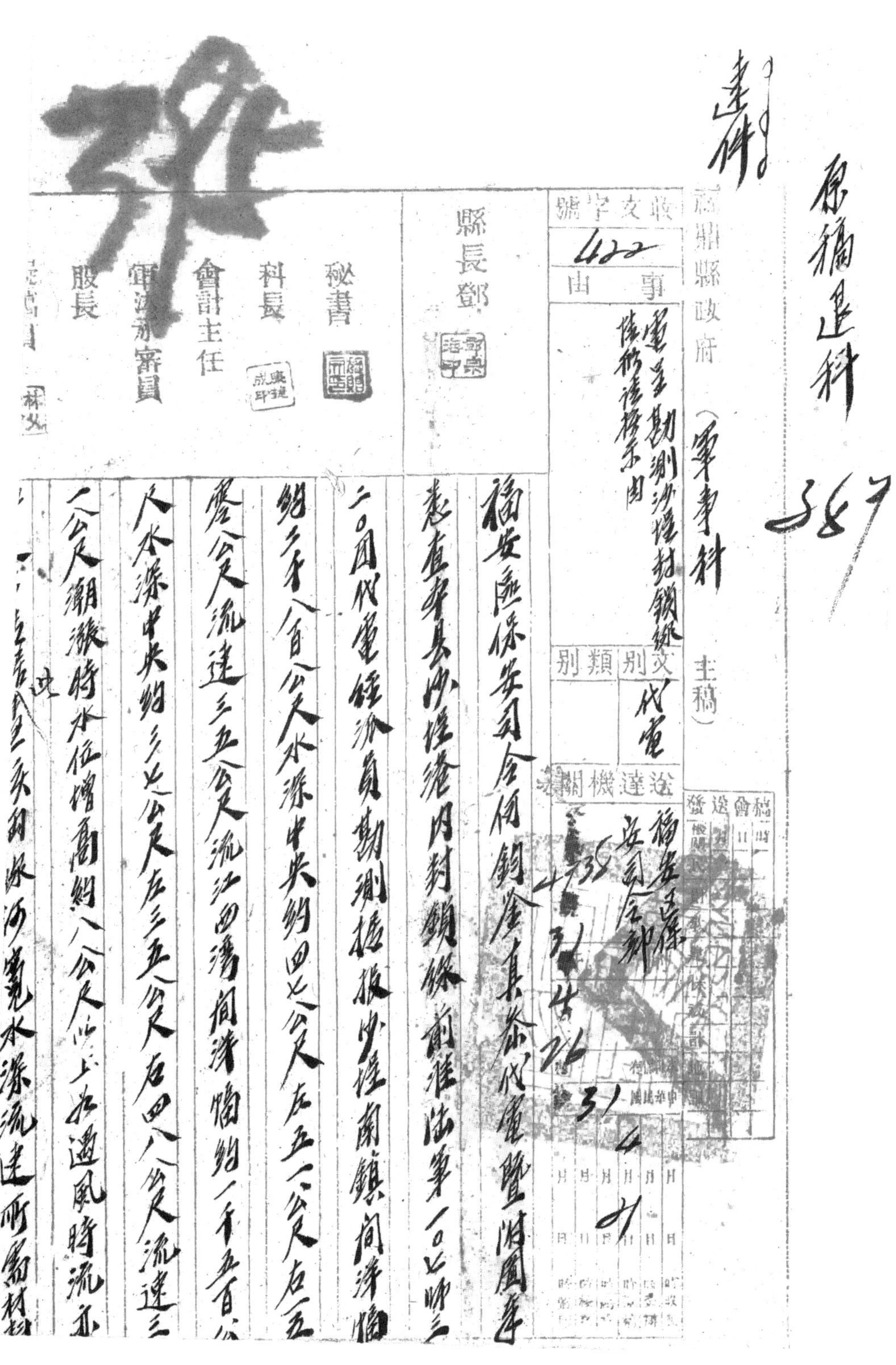
福鼎縣政府（軍事科 主稿）

收文字號：422

事由：電呈勘測沙埕封鎖線情形由

文別：代電

送達機關：福安區保安司令部

縣長鄧

秘書

科長

會計主任

軍法承審員

股長

福安區保安司令何鈞鑒：代電暨附圖奉

悉。查本县沙埕港内封鎖線前准海軍第一〇七師三

二〇團代電，經派員勘測，據報：沙埕南鎮間港幅

約二千八百公尺，水深中央約四七公尺，左五六公尺，右五

零公尺，流速三五公尺，流江西澳間港幅約一千五百公

尺，水深中央約六七公尺，左三五公尺，右四八公尺，流速三

八公尺，潮漲時水位增高約八公尺以上，如遇風時流亦

福鼎县政府关于报呈勘测沙埕封锁线情形的代电

（1942年4月26日） G133-003-0181

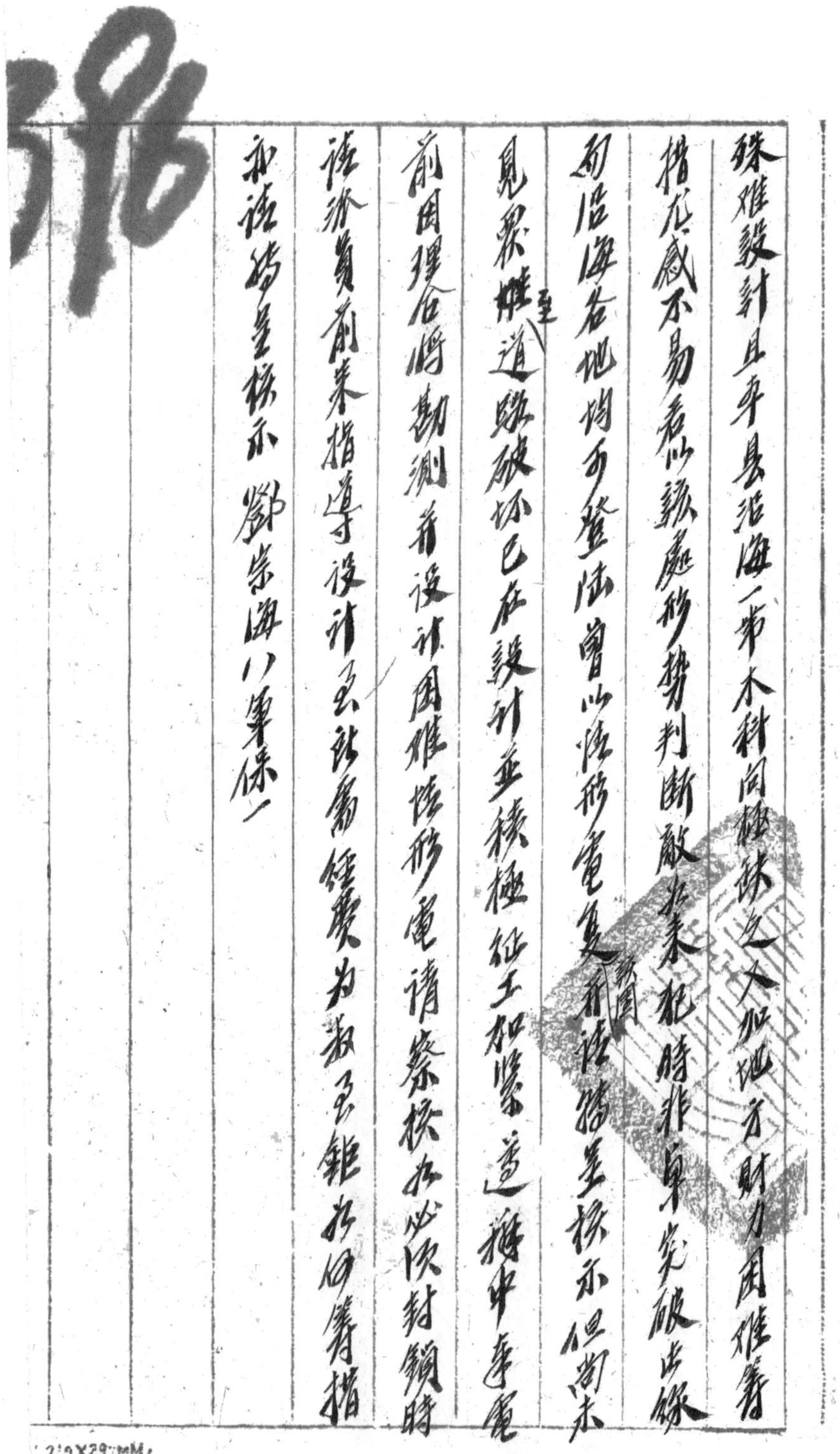

殊難設計且平县沿海一带木料尚極缺乏人力地方財力困難籌
措尤感不易看以種種形勢判斷敵如來犯時非卑突破此線
前沿海各地均可登陸曾以情形電复並請鑒呈核示但尚未
見覆擬至道路破壞已在設計並積極征工加緊遵辦中奉電
前因理合將勘測並設計困難情形電請察核如必須封鎖時
請派員前來指導設計並發給經費為數至鉅於何籌措
並請鑒呈核示 鄧宗海 八筆保一

福鼎县政府关于报呈勘测沙埕封锁线情形的代电
（1942 年 4 月 26 日） G133-003-0181

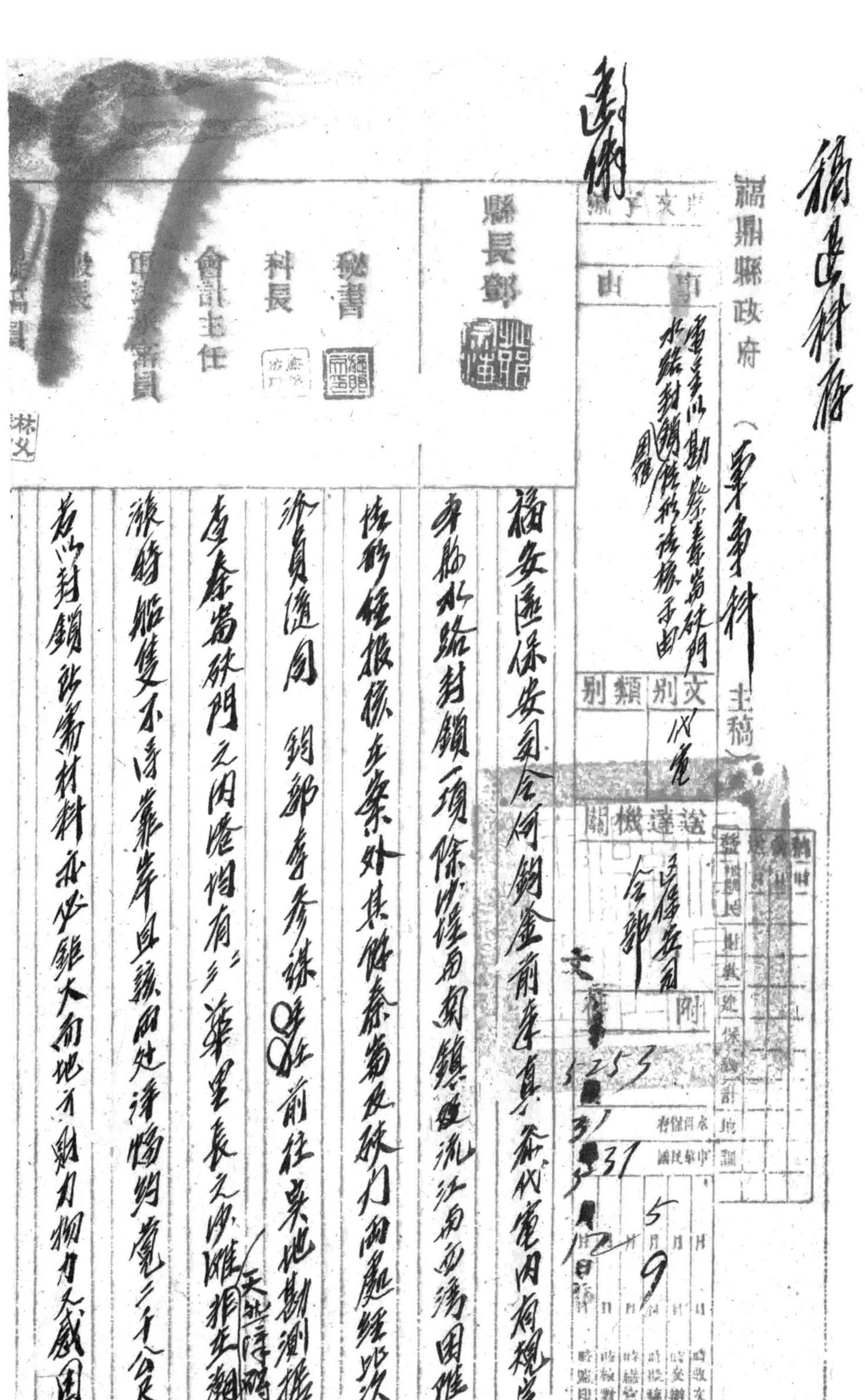

福鼎县政府关于报呈勘察秦屿硖门水路封锁困难情形的代电

(1942 年 5 月 12 日)　G133-003-0181

福建省第一區保安司令部代電

事由：電知派參謀李森武前往福鼎各縣視察防務佈置各情形由

福鼎鄧縣長：查該縣防務佈置情形、障地工事構築及道路破壞進度如何暨各縣（區）匪情與治安狀況，有查勘必要，茲派本部中校參謀李森武前往視察并督導辦理，除呈報並分令外，特電知照。何震寅參

中華民國三十一年 月 日

此虛線右邊應保持空白以便歸檔

A4(210x297MM)

福建省第一区保安司令部关于派参谋李森武前往福鼎各县视察防务布置各情形的代电

（1942 年 4 月 20 日） G133-003-0181

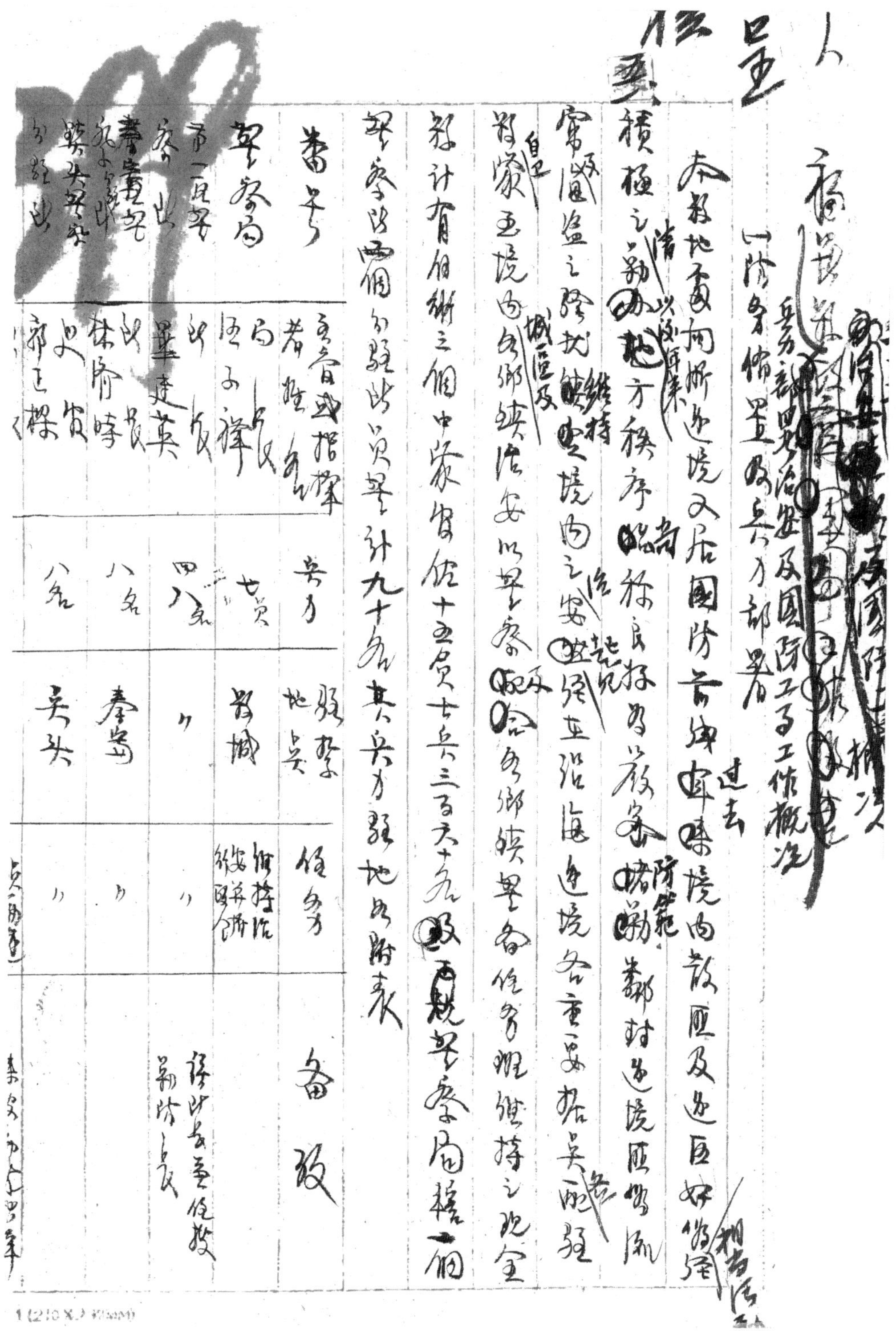

福鼎县兵力部署治安及国防工事工作概况

（1942 年 4 月） G133-003-0181

部队	主官	兵力	驻地	任务
自卫第一中队	中队长 蔡子藩	两班	县城	担任县府警卫及公差勤务
又第一分队	分队长 薛一声	一分队	南溪	[illegible]
又第二分队	分队长 赵克和	两班	吴洋山	[illegible]
又第二分队	班长 林启宣	六名	贯岭	[illegible]
又第三分队	班长 邱桂灼	一班	叠石	协助查缉私盐
又第三分队	班长 陈西炳	六名	点头	缉私兵
自卫第二中队	中队长 郑世华	两分队	秦屿	海防
又第三分队	分队长 倪华	一分队	硖门	〃
自卫第三中队	中队长 张宝轩	一分队	南镇	〃
又第三分队	分队长 徐刚	一分队	店下	〃
又第一分队	分队长 钟文	一分队	玄楼坪	〃

福鼎县兵力部署治安及国防工事工作概况

（1942年4月）　G133-003-0181

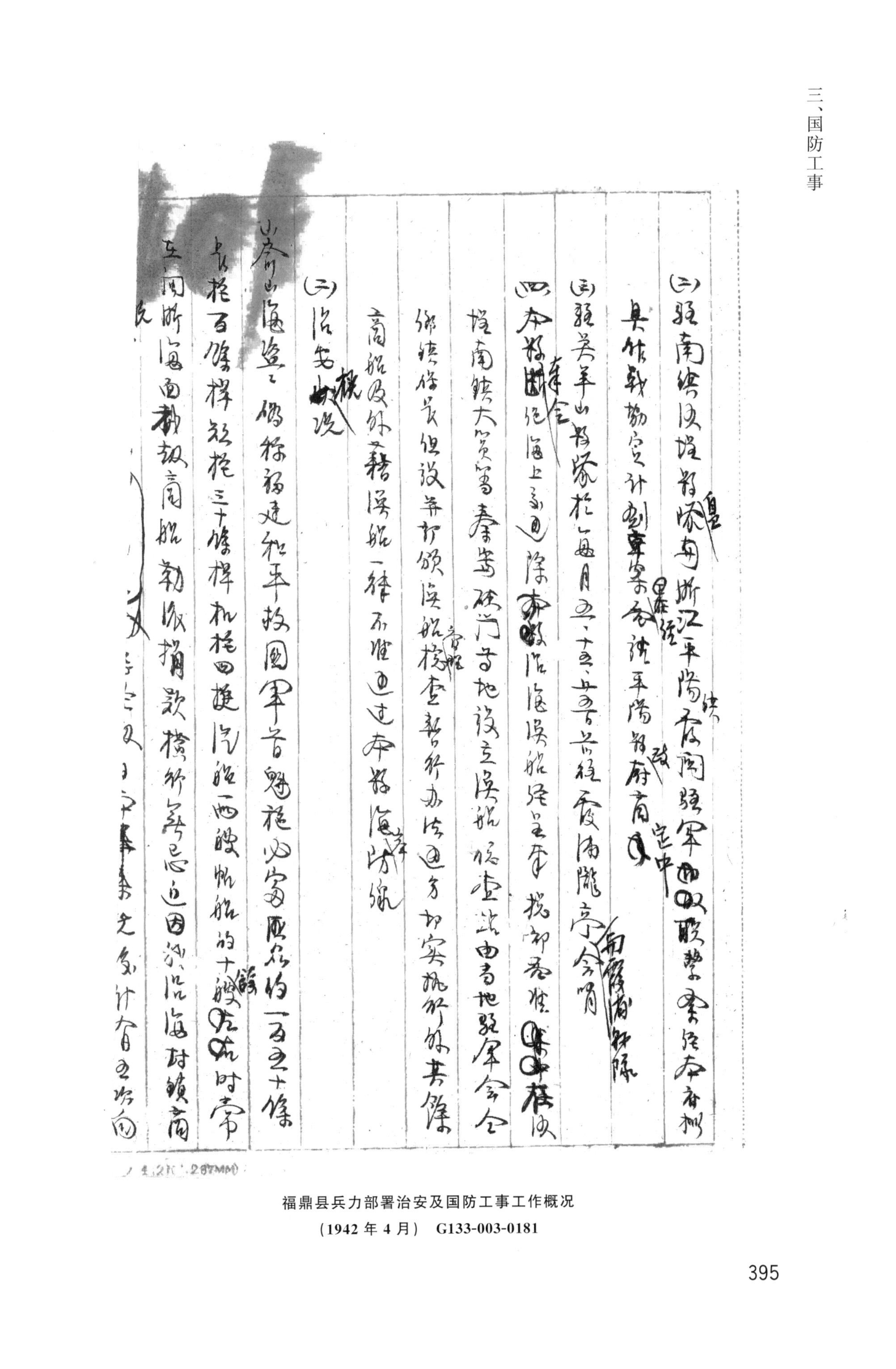

福鼎县兵力部署治安及国防工事工作概况

（1942年4月） G133-003-0181

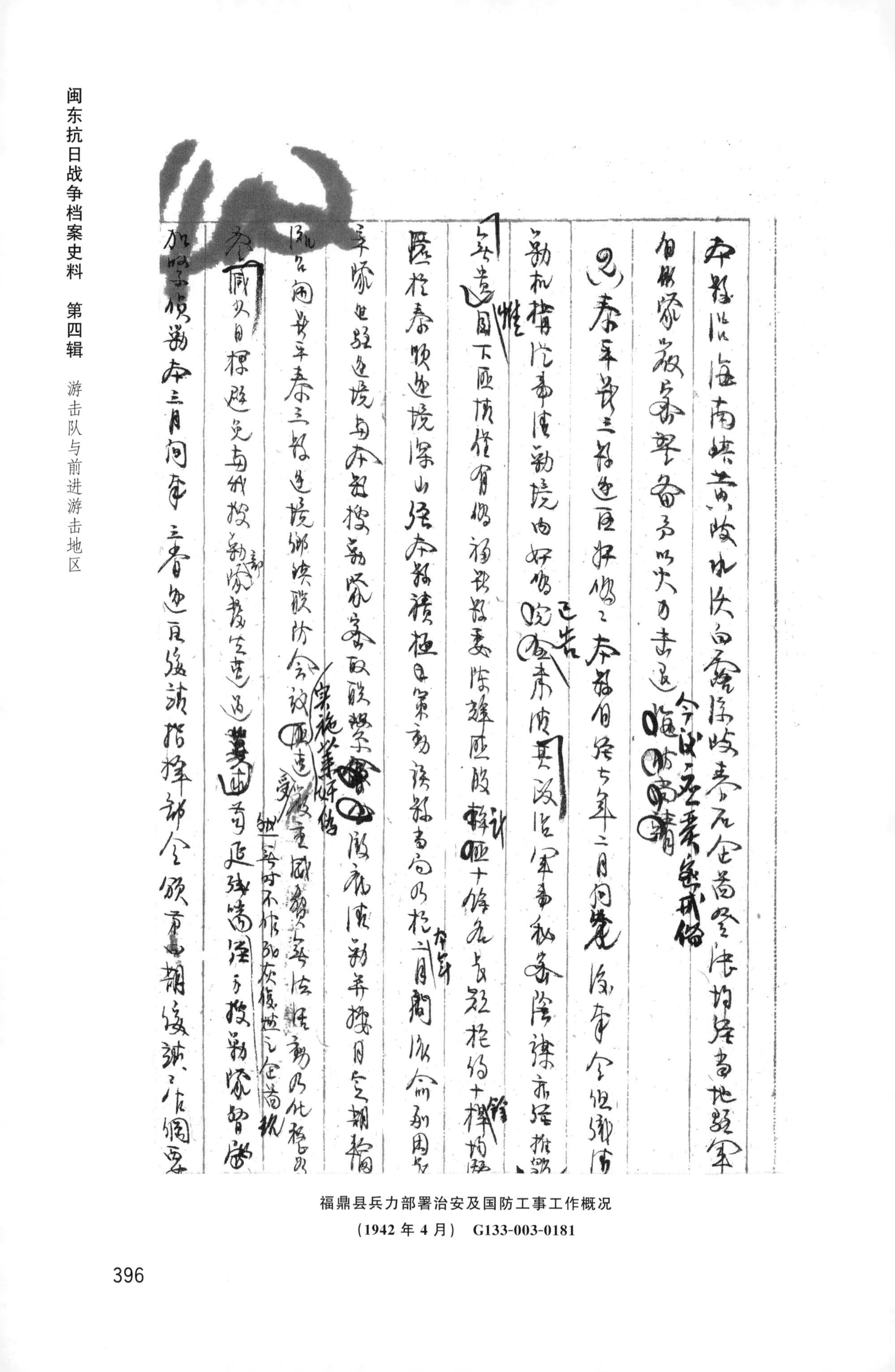

福鼎县兵力部署治安及国防工事工作概况

（1942 年 4 月）　G133-003-0181

福鼎县兵力部署治安及国防工事工作概况

（1942 年 4 月） G133-003-0181

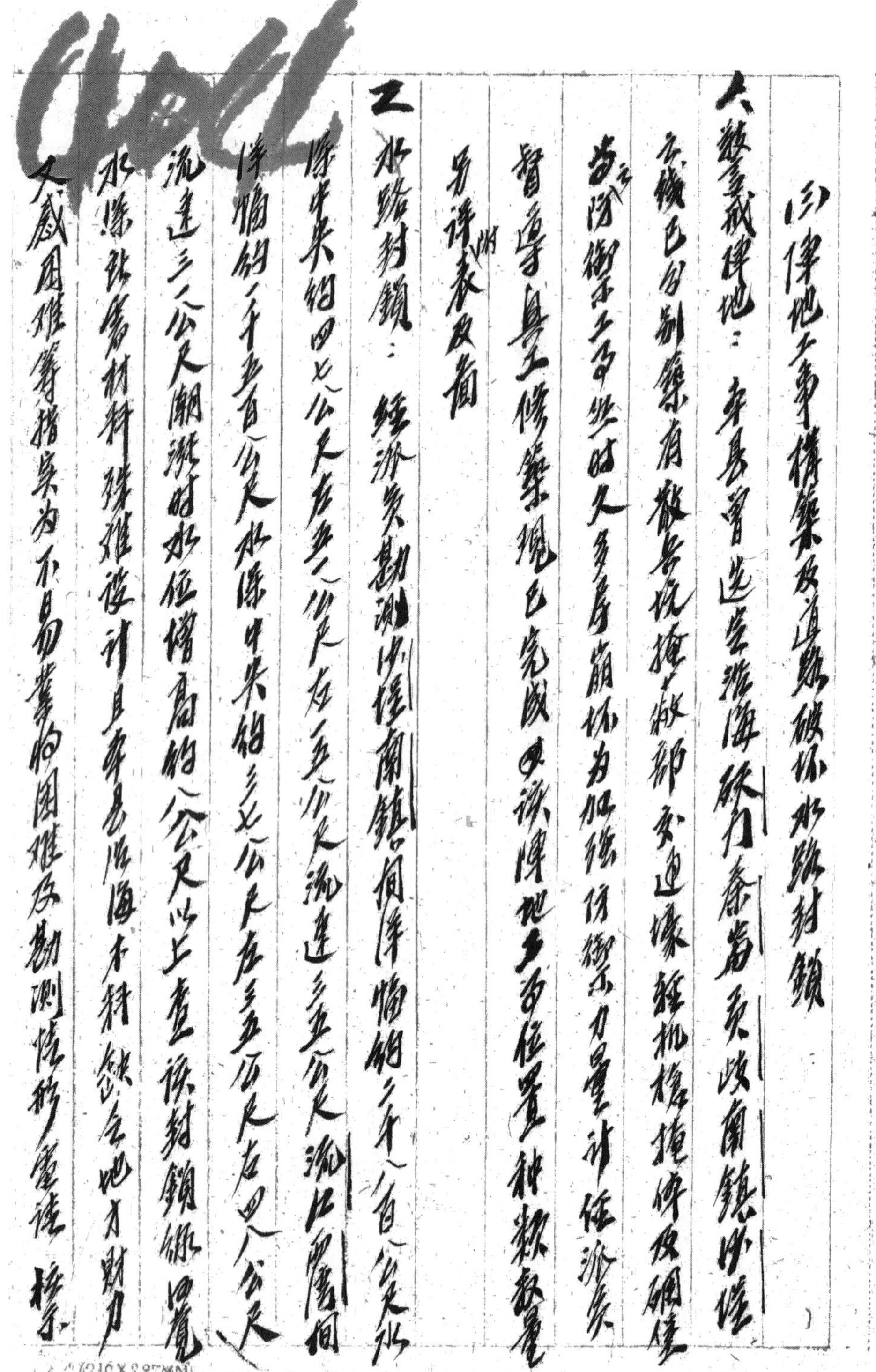

（三）阵地工事构筑及道路破坏水路封锁

甲、整理阵地：本县曾选定沿海秦屿、[illegible]、前岐、南镇、沙埕等线，已分别筑有散兵坑、掩蔽部、交通壕、轻机枪掩体及碉堡等之防御工事，然时久多已崩坏，为加强防御力量计，经派员督导县工修筑，现已完成，其该阵地之方位、位置、种类、数量另详附表及图。

乙、水路封锁：经派员勘测沙埕、南镇间洋幅约二千一百公尺，水深中央约四七公尺左右，五公尺左右，五公尺，流速三五公尺，流速[illegible]间洋幅约一千五百公尺，水深中央约三七公尺左右，三五公尺左右，四公尺，流速三公尺，潮涨时水位增高约八公尺以上，查该封锁线幅宽水深，所需材料殊难设计，且本县沿海木料缺乏，地方财力又感困难，筹措实为不易，关于封锁困难及勘测情形业经[illegible]检呈

福鼎县兵力部署治安及国防工事工作概况

（1942 年 4 月）　G133-003-0181

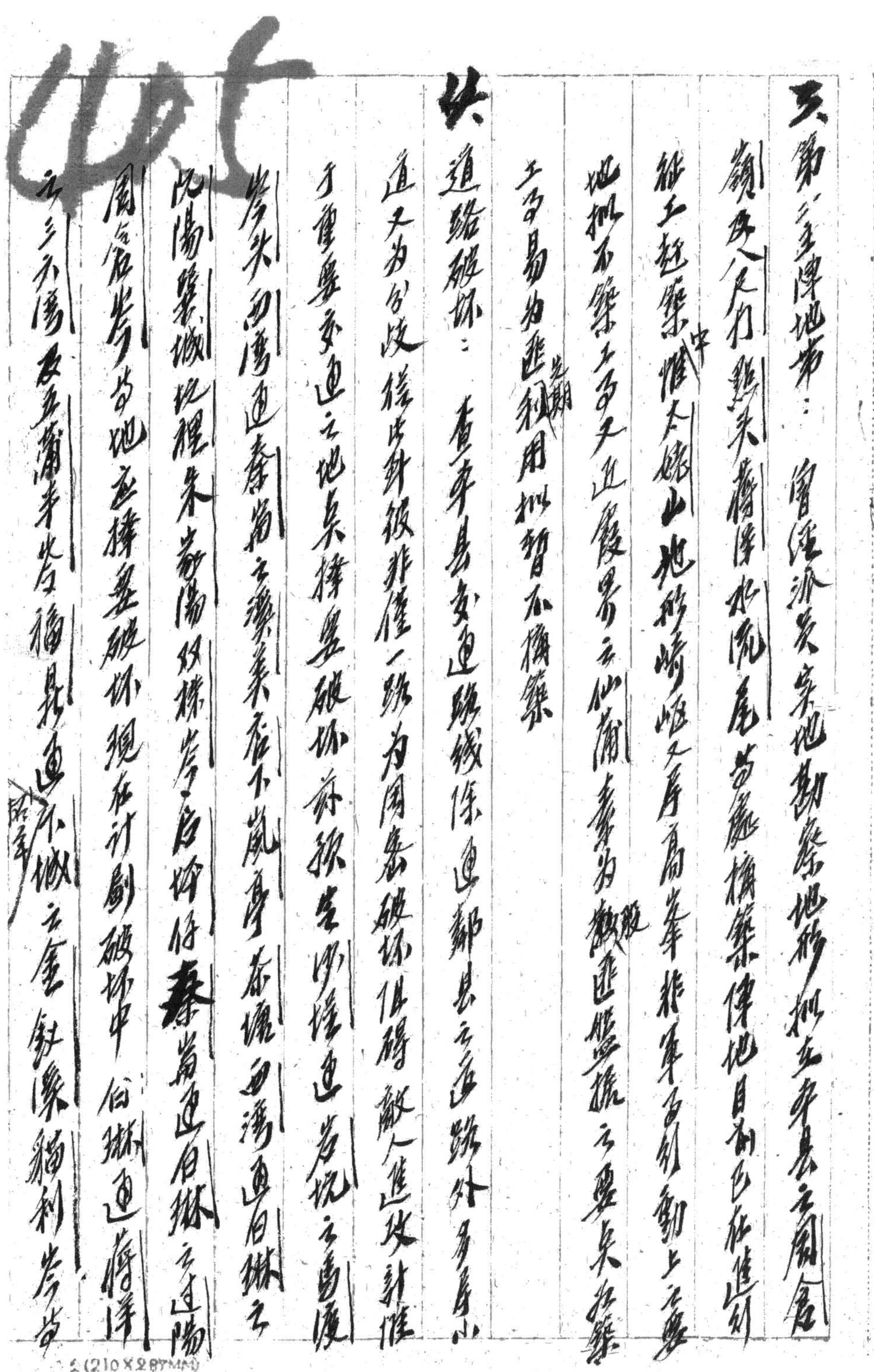

福鼎县兵力部署治安及国防工事工作概况

（1942年4月） G133-003-0181

福鼎县兵力部署治安及国防工事工作概况

（1942 年 4 月） G133-003-0181

此虚線右邊應保持空白以便歸檔

福建省第一區保安司令部密代電

事由：沙埕封鎖工程浩大已電宋師長轉請國防工程處協助由

福鼎鄭縣長調卯寢軍保一字第四七三八號代電悉沙埕港內封鎖工程浩大已電宋師長轉請國防工程處協助辦理外仍希將道路破壞情形具報爲要轉何震齊叅

件 附

中華民國三十一年五月 日

A4(210x297MM)

福建省第一区保安司令部关于沙埕封锁工程浩大已电宋师长转请国防工程处协助的密代电

(1942年5月8日) G133-003-0181

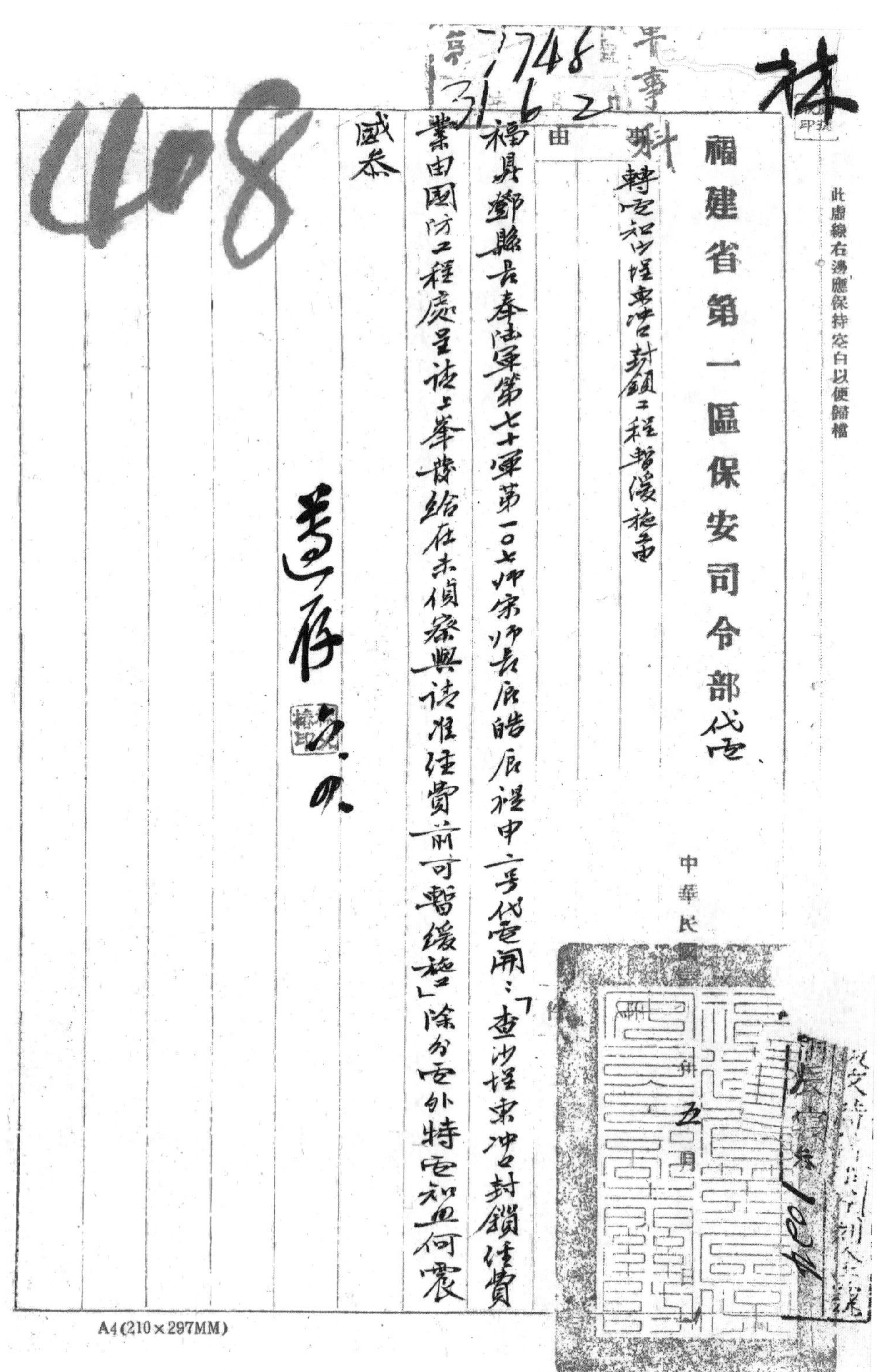

福建省第一區保安司令部代電

事由：轉電知沙埕東沖口封鎖工程暫緩施由

福鼎鄭縣長奉陸軍第七十軍第一〇七師宋師長辰皓辰程申二號代電開：「查沙埕東沖口封鎖經費業由國防工程處呈請上峯發給在未偵察與請准經費前可暫緩趕」除分電外特電知照何震

感恭

此處線右邊應保持空白以便歸檔

中華民國　年五月

A4(210×297MM)

福建省第一区保安司令部关于转知沙埕东冲口封锁工程暂缓施工的代电

（1942 年 5 月 27 日） G133-003-0181

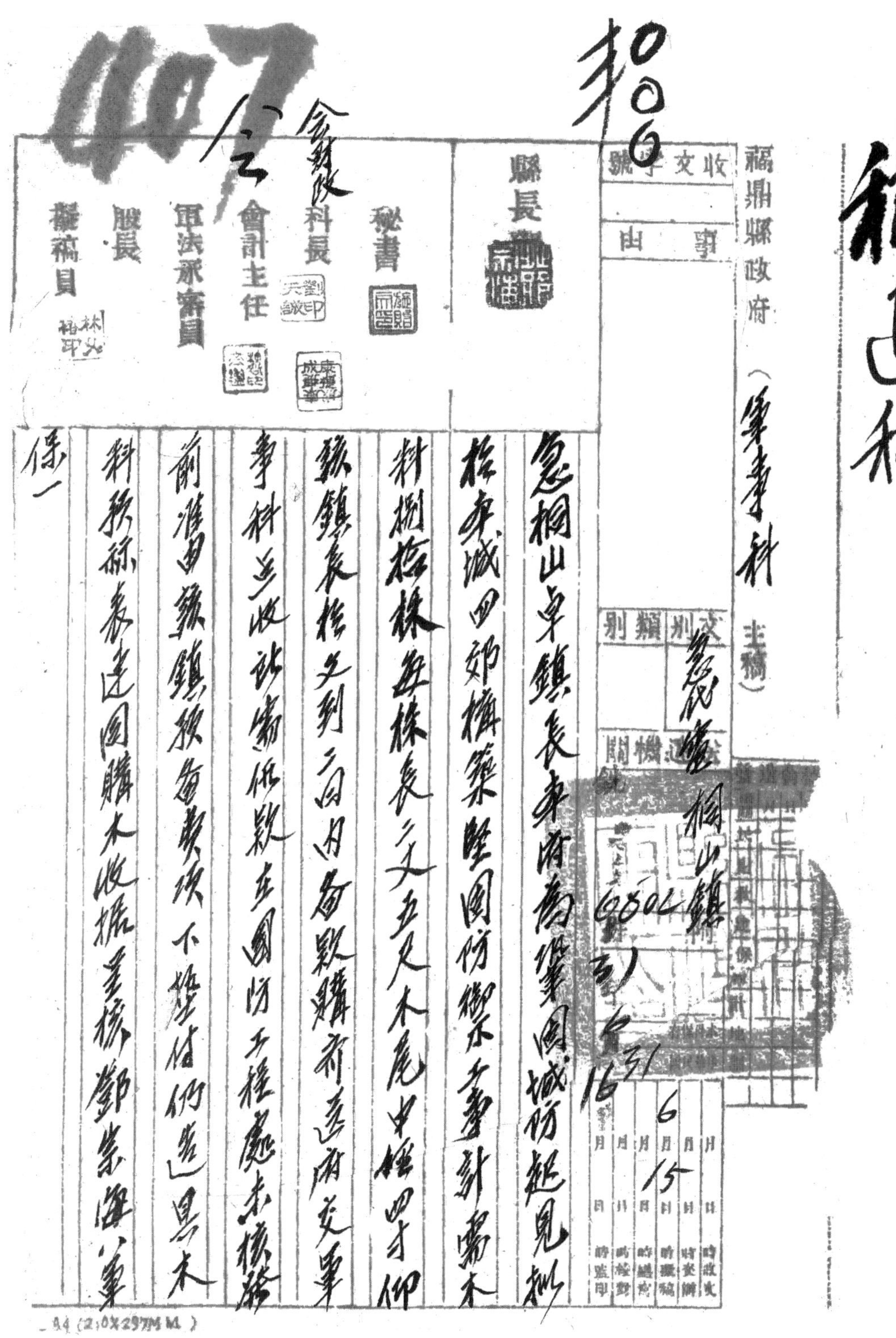

福鼎县政府关于县城四郊构筑防御工事需木料八十株限桐山镇文到二日内备款购齐送府点收的急代电(1942 年 6 月 16 日)　G133-003-0181

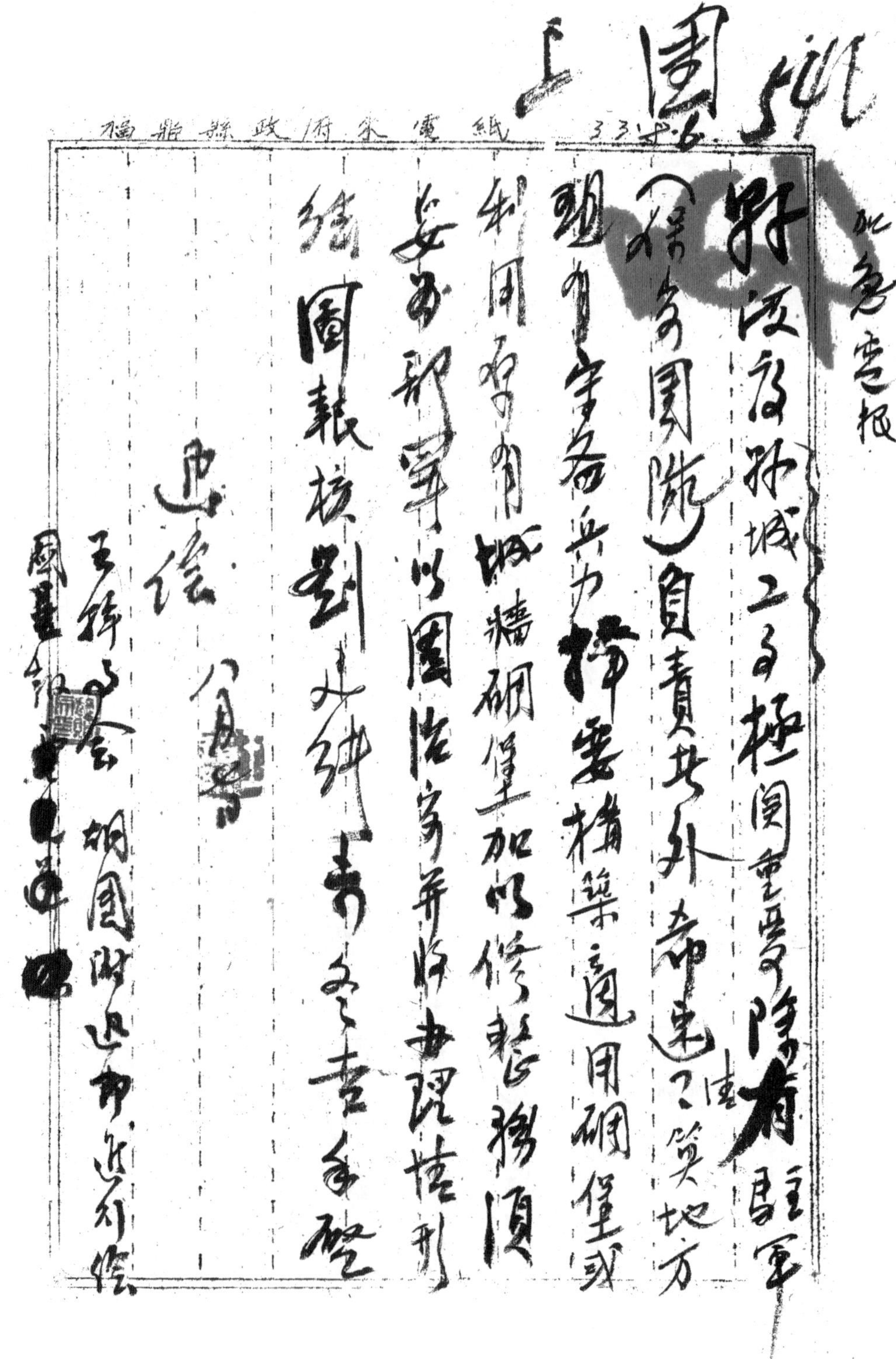

福鼎縣政府來電紙

加急電報

野[illegible]城工事極關重要除有駐軍（保安團隊）負責共外[illegible]築地方現有守備兵力擇要構築適用碉堡或利用原有城牆碉堡加以修整務須妥為部署以固治安并將辦理情形繪圖報核 [illegible]

[illegible] 八月[illegible]

福鼎县政府译福建省政府关于构筑城防工事并将部署情形绘图报核的电文

（1944 年 8 月 2 日） G133-003-0182

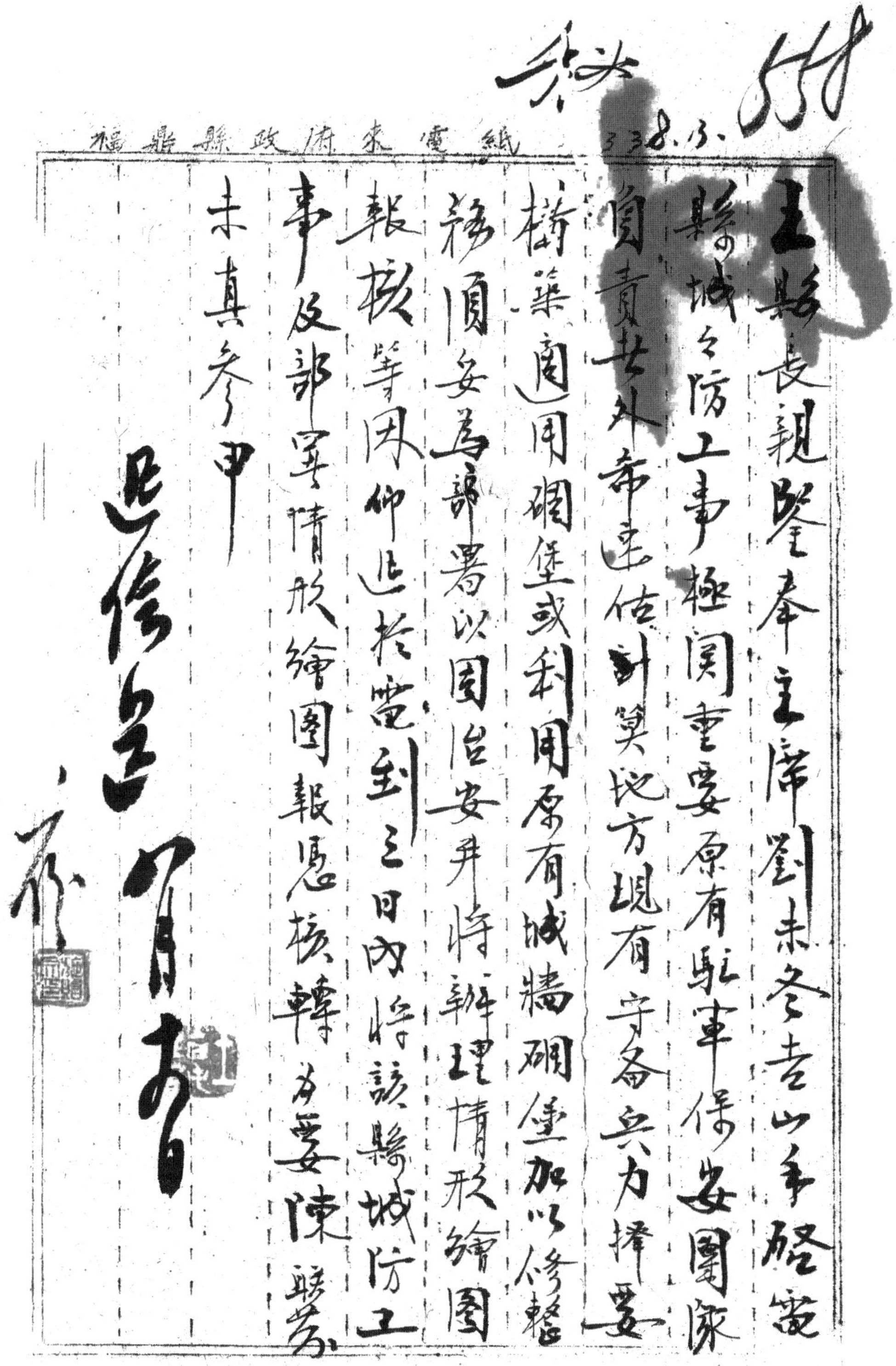

秘 558 8.13

福鼎縣政府來電紙

王縣長親鑒奉主席劉未冬吉山手啓篋縣城防工事極關重要原有駐軍保安團隊負責者外希速估計其地方現有守備兵力擇要構築周圍碉堡或利用原有城牆碉堡加以修整務須安為部署以固治安并將辦理情形繪圖報核等因仰迅於電到三日內將該縣城防工事及部署情形繪圖報憑核轉為要陳聯芬未真參甲

迅修呈覆

福鼎县政府译福建省第八区行政督察专员兼保安司令公署关于电到三日内将该县城防工事及部署情形绘图报凭核转的电文(1944 年 8 月 11 日)　G133-003-0182

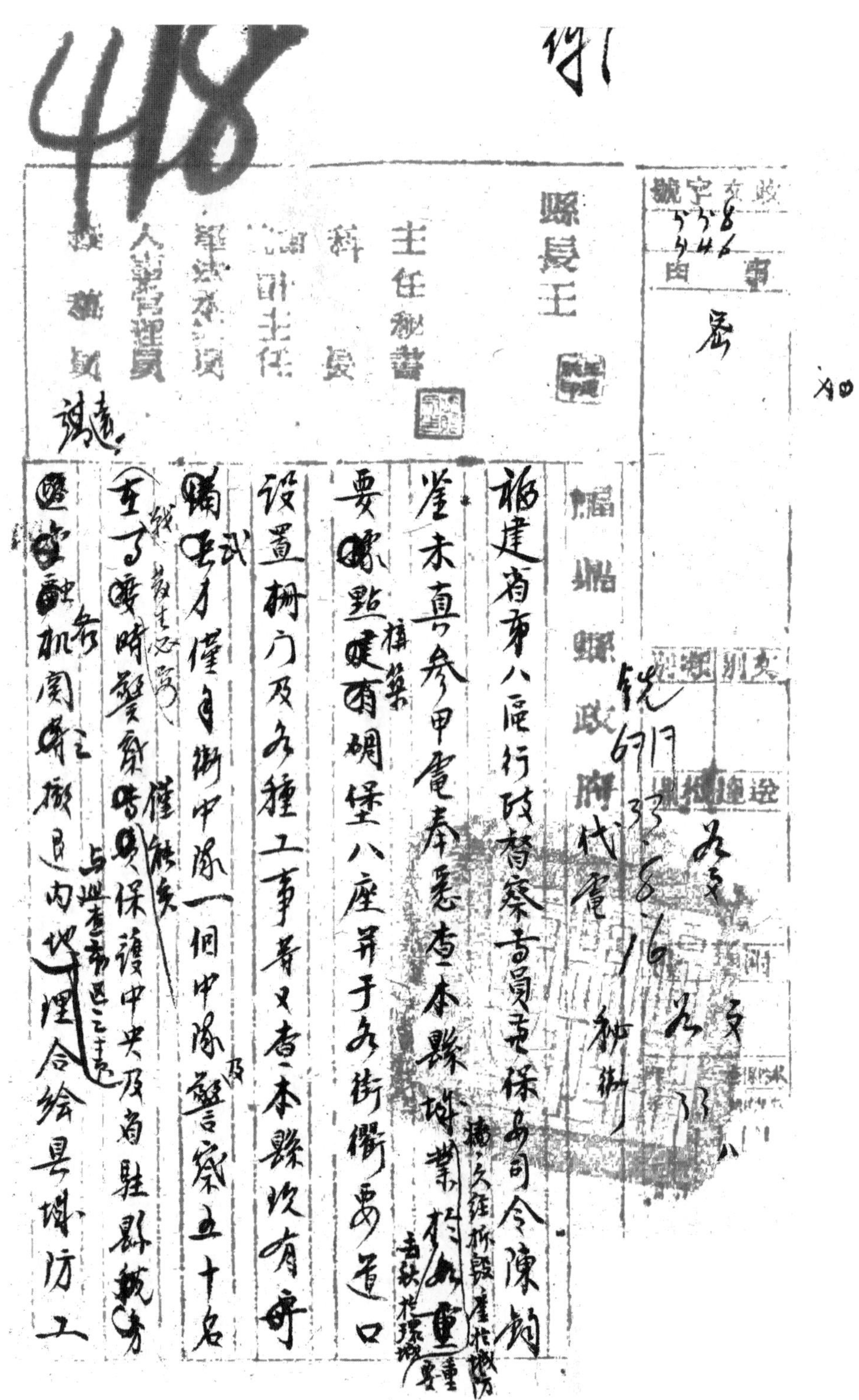

福鼎县政府关于呈送城防工事位置及兵力配备要图的代电

（1944年8月16日） G133-003-0182

事位置及兵力配備要圖二份隨電送請察核特呈
縣長王春台叩秘衛附呈福鼎縣城防工事位置及兵力配
備要圖兩份

福鼎县政府关于呈送城防工事位置及兵力配备要图的代电
（1944 年 8 月 16 日） G133-003-0182

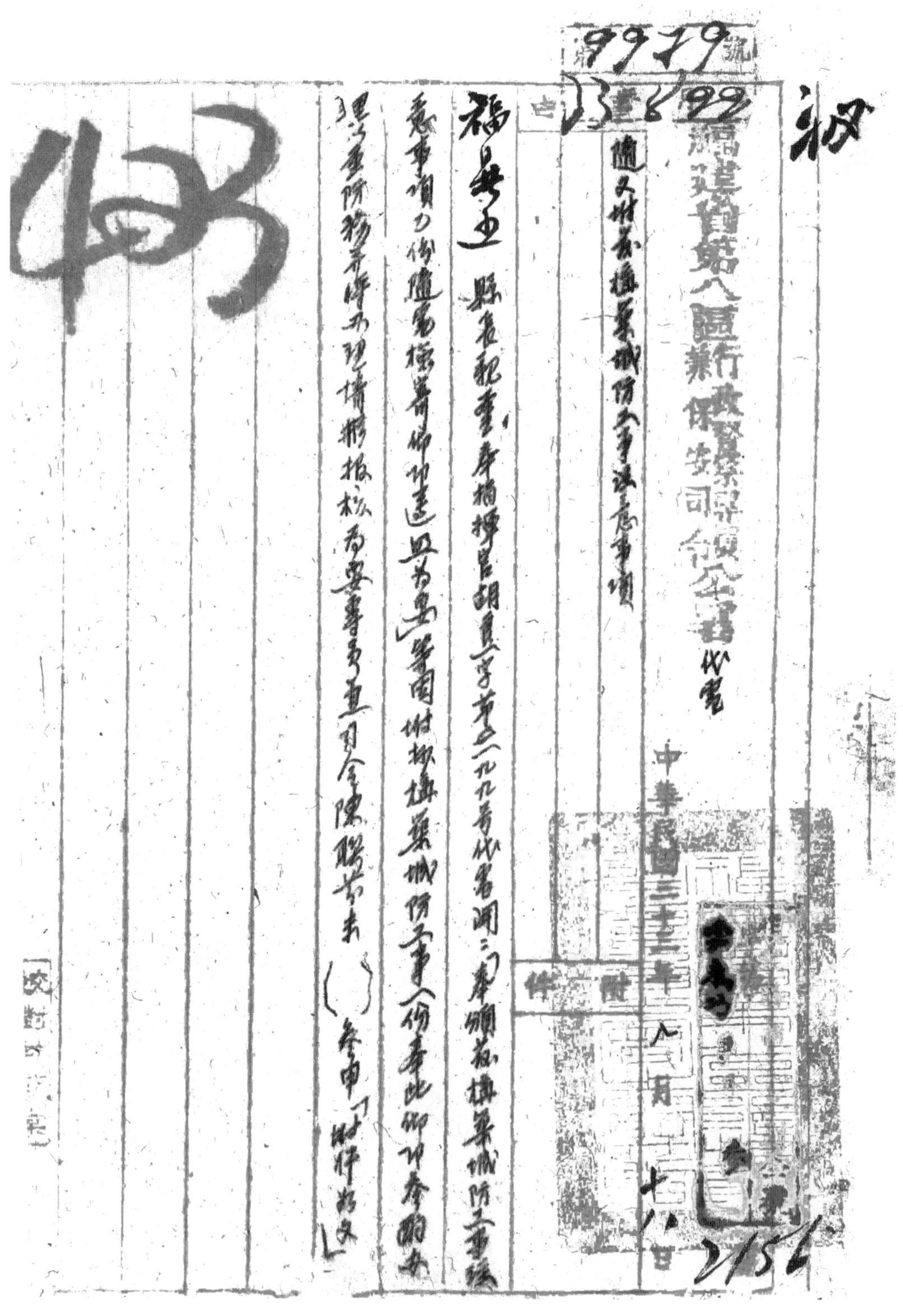

福建省第八区行政督察专员兼保安司令公署代电

随文附发构筑城防工事注意事项

福安县长视重：奉指挥官胡真字第一九九号代电开："奉颁构筑城防工事注意事项乙份，随电检发，仰即遵照为要"等因，附抄构筑城防工事注意事项一份。奉此，仰即参酌当地实际，妥为办理，并将办理情形报核为要。专员兼司令陈联芬未（　）参申丁附件如文

中华民国三十三年八月十八日

福建省第八区行政督察专员兼保安司令公署关于随文附发构筑城防工事注意事项并将办理情形报核的代电(1944 年 8 月 18 日)　G133-003-0182

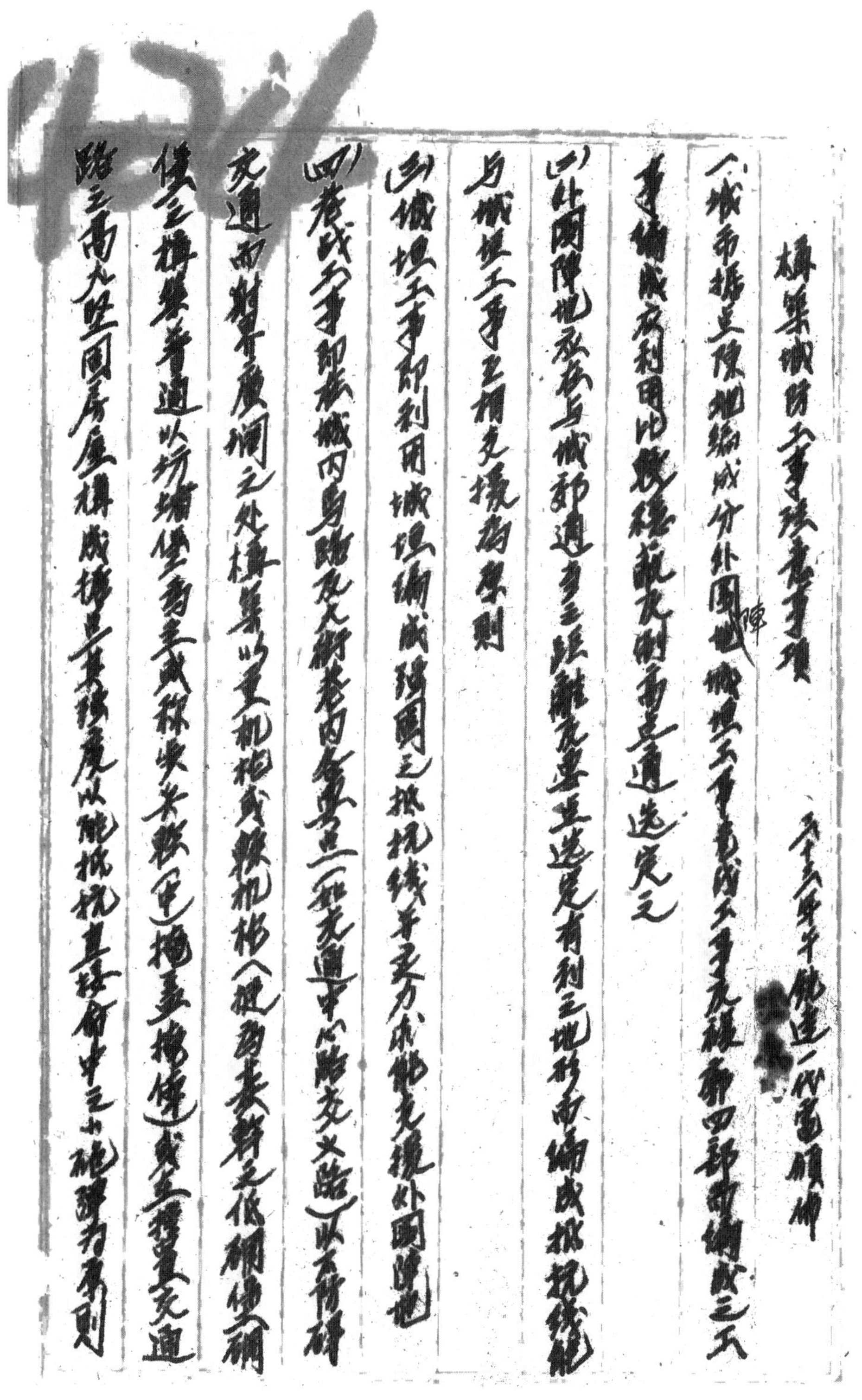

構築城防工事注意事項

三十三年午銑代電頒佈

（一）城市據點陣地編成分外圍陣地城垣工事巷戰工事及複廓四部而編成之其

其編成應利用比較穩扼及附近要道選定之

（二）外圍陣地應在與城郭適當之距離要點上選定有利之地形而編成抵抗線能

與城垣工事互相支援為原則

（三）城垣工事即利用城垣編成強固之抵抗線並要火力能支援外圍陣地

（四）巷戰工事即在城內各路及大街巷內要點上（如交通中心路交叉路）以木材砌

交通而對於廣闊之處構築以重機槍或輕機槍（狙為要）射角之依碉堡（碉

堡之構築普通以坊牆堡為基或稱某（甲）掩蔽掩體）或其種建交通

路之高大堅固房屋構成據點其據處以能抵抗其核心中之小砲彈為原則

构筑城防工事注意事项

(1944 年 7 月 16 日)a 面　G133-003-0182

五、複廓工事應擇於城內適當地點有堅固高大房屋而能互相支援者爲設周圍之堅固房屋所築之工事及射擊設備以為長久之抵抗

六、複廓以每步兵連設一個（能容一排）每步兵營一個（能容一連）每團一個（能容二連）者為原則則稱為連複廓營複廓團複廓存足彈藥糧食飲水及衛生材料以備用

七、外圍及城垣之工事應設必要障礙物並應將前地之道路徹底破壞使敵運動困難並適時埋設地雷

八、巷戰工事應適時多設置拒馬木柵及其他一切移動性障礙物以便臨時閉塞道路並選定要點埋設地雷聯絡特機爆炸以殺傷及阻止衝入我城市之敵人

构筑城防工事注意事项

（1944 年 7 月 16 日）b 面　G133-003-0182

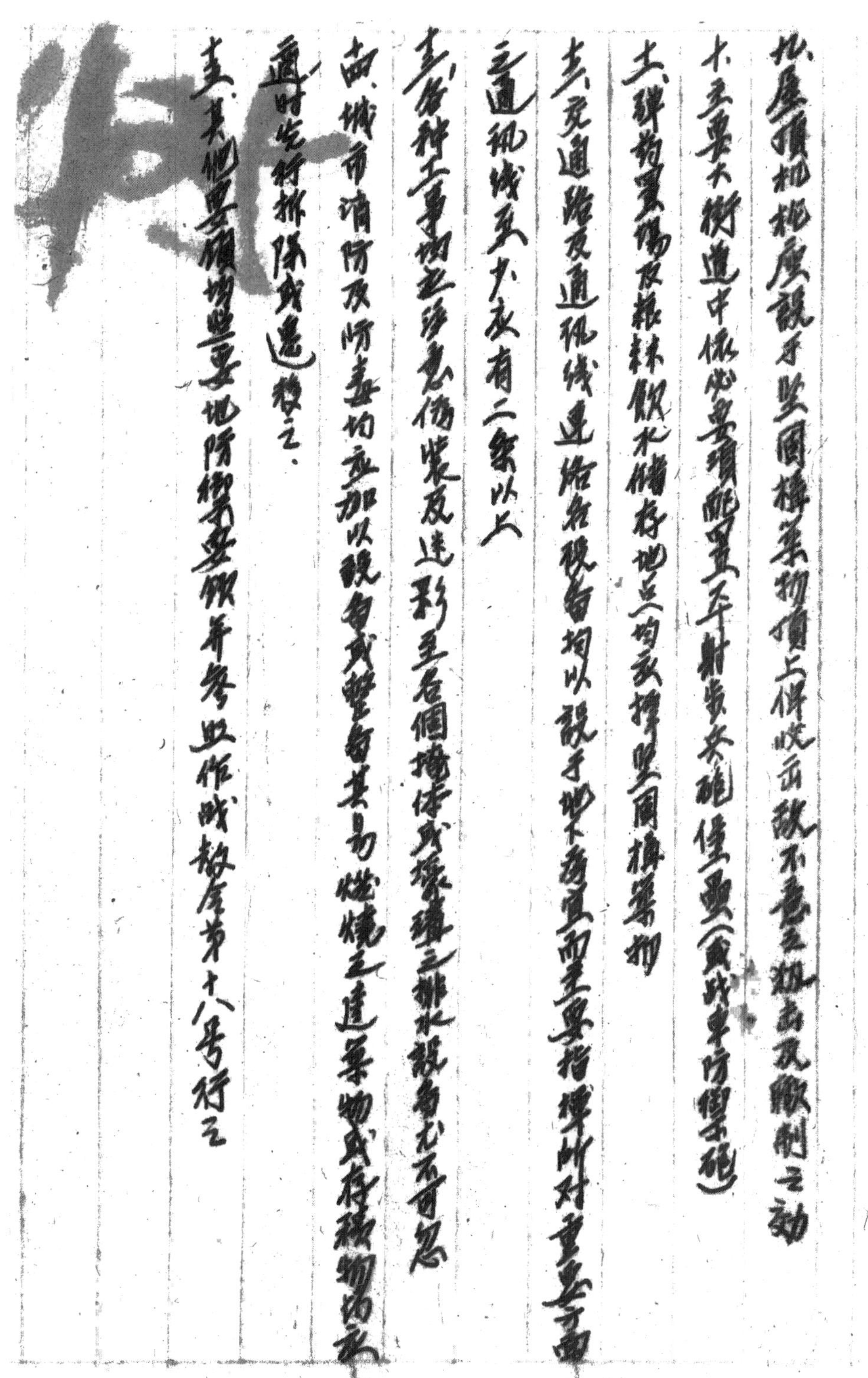

九、屋顶机枪应设于坚固构筑物顶上，俾收出敌不意之狙击及压制之效

十、主要大街道中依必要须配置平射炮兵碉堡垒（战车防御碉）

十一、弹药被服及粮秣饮水储存地点（均应择坚固构筑物

十二、交通路及通讯线连络各机关均以设于地下为宜，而主要指挥所对重要方面

十三、通讯线至少应有二条以上

十四、各种工事构筑务求伪装及迷彩，至各个掩体或壕壕之排水设备尤不可忽

十五、城市消防及防毒均应加以设备，或整备其易燃烧之建筑物，或其存积物均应适时先行拆除或迁移之。

十六、其他要领均照要地防御要领并参照作战教令第十八号行之

构筑城防工事注意事项

（1944 年 7 月 16 日） G133-003-0182

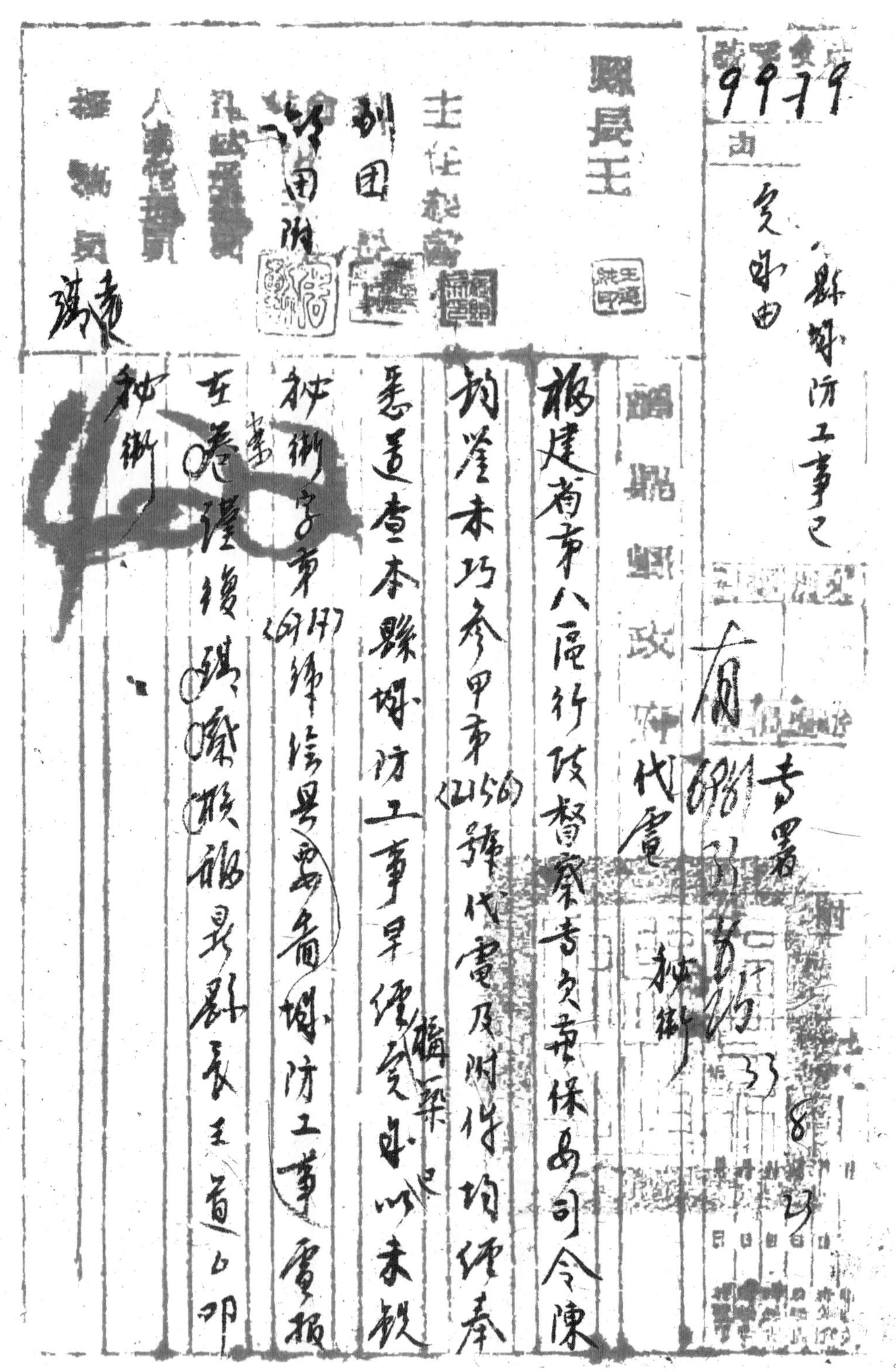
福鼎县政府代电

福建省第八区行政督察专员兼保安司令陈
钧鉴：未巧参甲第(2151)号代电及附件均经奉
悉。遵查本县城防工事早经完成，以未钦
秘衔字第(4177)号缮绘具要图城防工事贯报
在卷。谨复，请赐核。福鼎县县长王道

福鼎县政府关于本县城防工事已完成并绘具要图报呈的代电

（1944 年 8 月 25 日） G133-003-0182

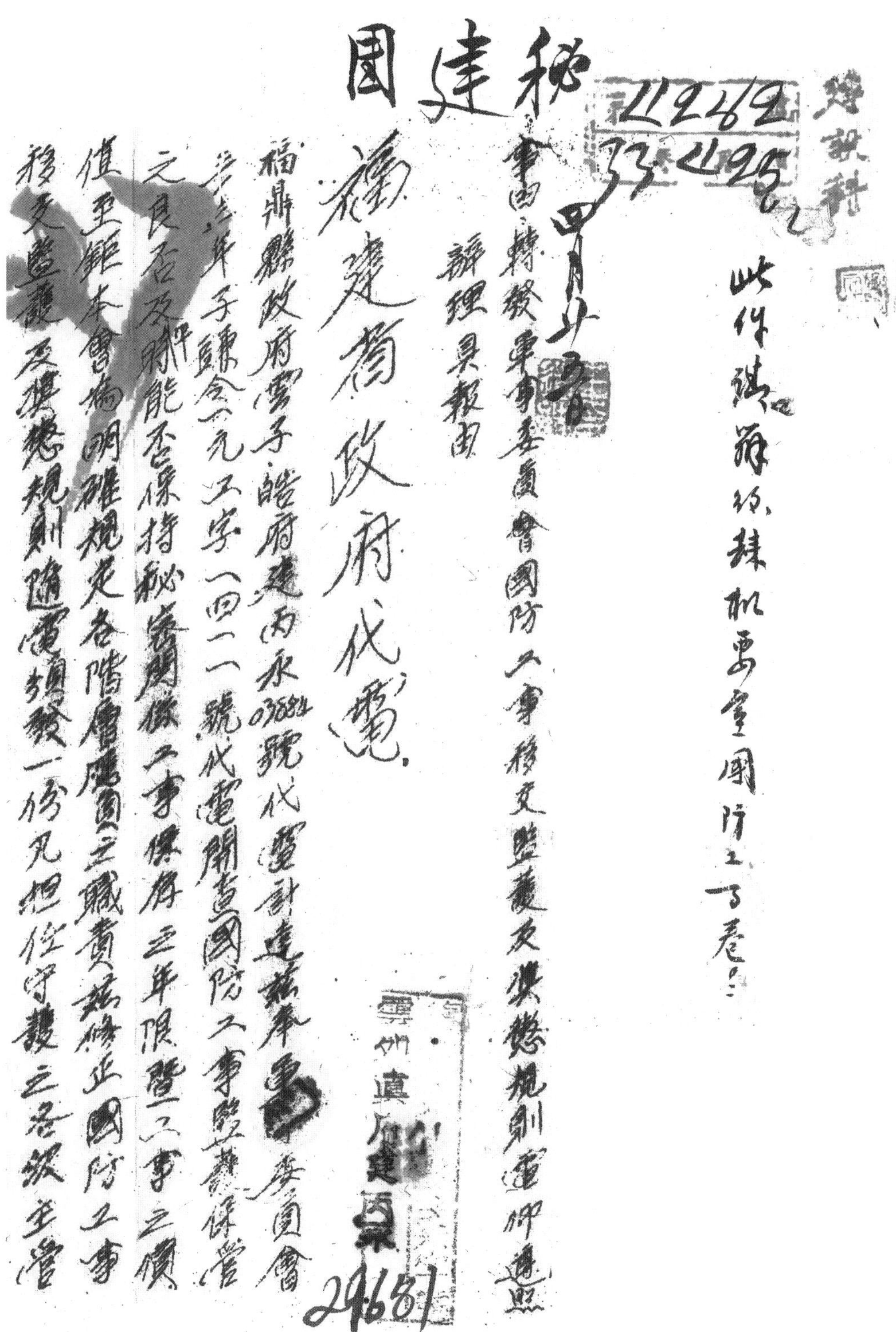

福建省政府关于转发军事委员会国防工事移交监护及奖惩规则的代电

(1944 年 3 月 11 日)a 面　G133-003-0182

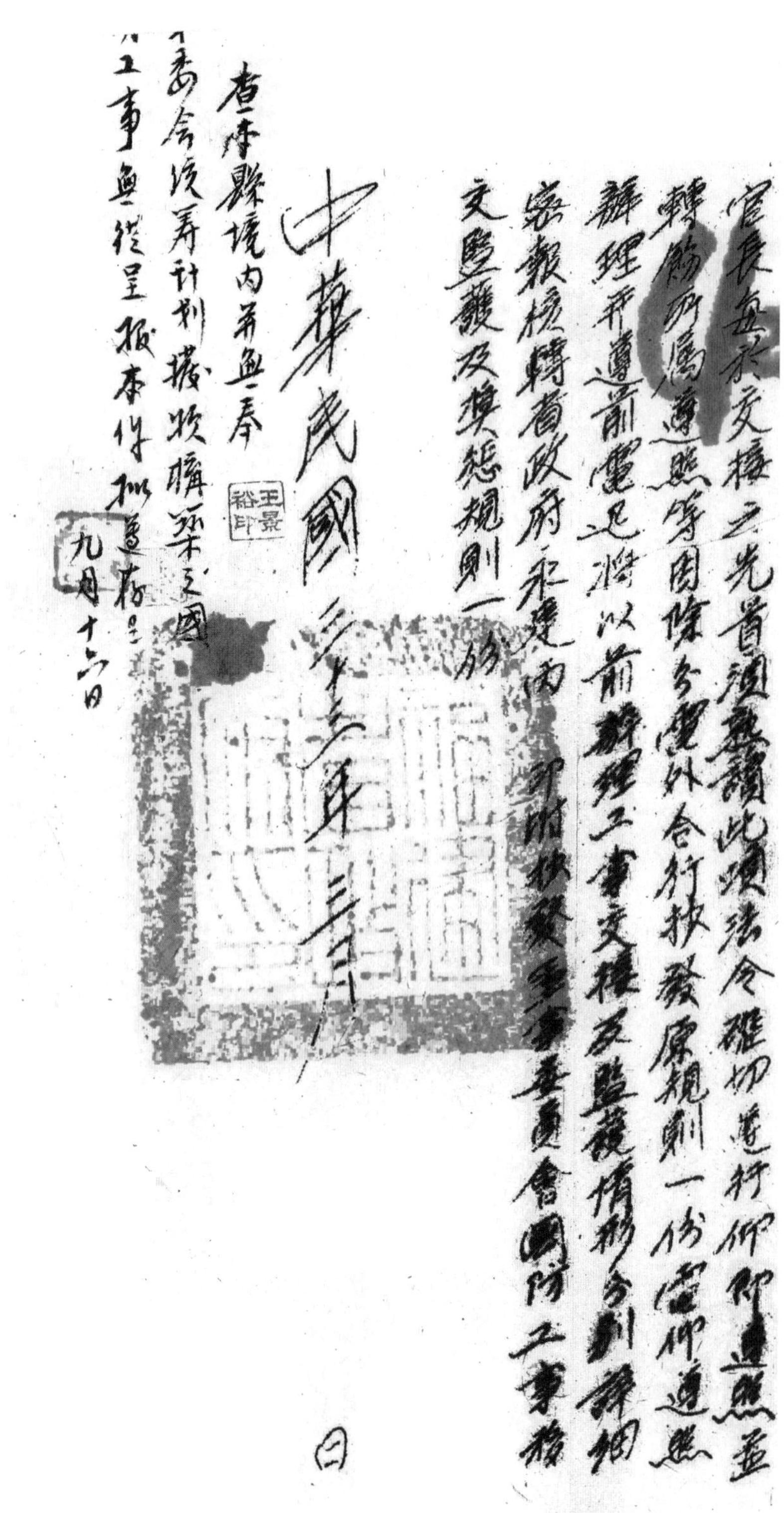

福建省政府关于转发军事委员会国防工事移交监护及奖惩规则的代电

(1944年3月11日)b面 G133-003-0182

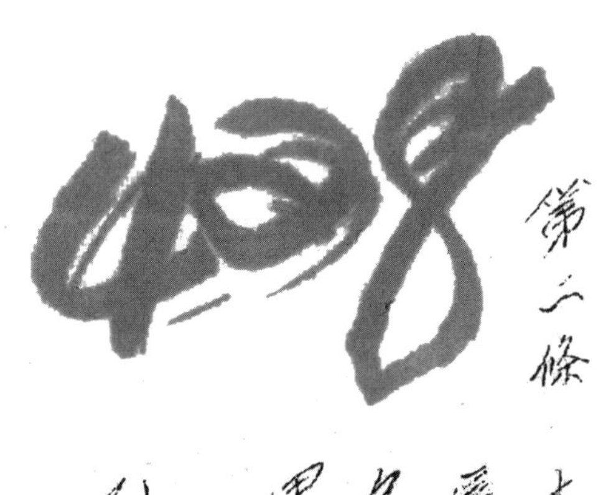

軍事委員會國防工事移交監護及獎懲規則（民國卅三年子刪令一元工代電頒佈）

第一 總則

第一條 凡已構築完竣之國防工事除在要塞司令管轄範圍者外為嚴密移交及監護並不使受外界或天時之影響隨時保持效用與完整起見特訂國防工事移交監護及獎懲規則以下簡稱本規則

第二條 本規則所稱之國防工事係指本會統籌計劃（交由戰區部隊）構築或呈奉核准交用構築經費請領工物而包括左列各項者

甲、鋼筋水泥所構成之各種掩體掩蔽部指揮所觀測所通信所碉堡所堡壘等永久工事

乙、三合土磚石木材等所構成之各種掩體掩蔽部指揮所觀測所監視所通信所碉堡所堡壘等半永久

军事委员会国防工事移交监护及奖惩规则

(1944 年 1 月 15 日)a 面　G133-003-0182

工事

丙、掘開地面之坑道、壕溝，如外壕、交通壕、散兵坑、潛伏陰井、窨洞、阻塞區、棧橋等野戰臨時築城

丁、防禦物，如鐵絲網、杙條砦、鹿砦、阻塞物、拒馬、地雷等障礙物及偽裝迷彩

第三條 國防工事所在地帶視工事重要之程度及散佈狀況得劃為若干工事區域，以便分區監護與保管

第二 移交與接收

第四條 承築第二條所指各項工事機關部隊，在工事全部完成後，即調製大比例尺工事位置要圖及兵力配備說明表，呈報軍事委員會派員驗收，並即指定接管機關部隊接收。必要時得由承築機關部隊逕移使用機關驗收員，報其移交清冊如附件第一

军事委员会国防工事移交监护及奖惩规则
(1944 年 1 月 15 日)b 面 G133-003-0182

第五條　承築機關部隊於奉到移交命令後應即派員攜帶圖表（工事位置要圖說明表移交清冊）引導接收機關部隊人員前往工事地區詳細逐一點交並加以說明

第六條　工事交接時應將該區內之工事種類數量狀況連同原接收圖表點交接收俟交接完畢後各該交接主管長官應會同將交接情形呈報核備其呈報系統如左：

甲、師內各部隊互調防務時對工事之交接應呈報軍部

乙、軍內各師互調防務時對工事之交接應呈報集團軍總部

丙、集團軍所屬各軍互調防務時對工事之交接應呈報戰區長官部在戰區地境以外者須逕報本會

丁、戰區內所屬各集團軍調防時對工事之交接應呈

军事委员会国防工事移交监护及奖惩规则

(1944年1月15日)a面　G133-003-0182

報本會

第七條 戍無軍或無集團軍之指揮系統者對工事之交接係其辦為機關參照右列各項之規定並報

工事區內部隊為一因緊急事故他調或撤離時接收部隊未到須留置少數人員按第六條之規定暫為辦理該區內之一切交代俟完畢後再歸還建制

第八條 工事區內部隊他調而無其他部隊接防時得將工事移交當地軍師管區司令部或衛戍警備區保安等司令部或當地政府保安團隊及區鄉鎮保管在移交地方政府保安團隊及區鄉鎮保管時將其工事圖表不移交應交附近之最高軍事機關保管

右列機關復奉命移交接防部隊接管時其交接手續仍按第六條之規定行之

军事委员会国防工事移交监护及奖惩规则

（1944 年 1 月 15 日）b 面 G133-003-0182

军事委员会国防工事移交监护及奖惩规则

(1944 年 1 月 15 日)a 面　G133-003-0182

军事委员会国防工事移交监护及奖惩规则
(1944年1月15日)b面 G133-003-0182

第十三條　机関長官應督飭鄉鎮長嚴密組織保甲並辦理聯絡隨時檢查戶口如有嫌疑份子應即嚴行查究

各工事之管領由駐在該工事區之部或机関長官負責保管如無部隊或機関監護時得交由當地縣政府保管戰事發生之際縣府即應派妥慎人員火速交與守軍並負領導之責或由部隊先期派員前往接收

第十四條　國軍担任警戒之部隊應隨時增強之並增設副防禦以加強陣地之韌度

第十五條　工事附近道路境植樹木雜草或農作物及掩蓋草棚使成天然偽裝並須注意排水及不妨礙展望與射界

第四　限制與奬懲

军事委员会国防工事移交监护及奖惩规则

(1944年1月15日)a面　G133-003-0182

第十六條

國防工事區域之限制規定如左：

甲、非有最高軍事機關命令不得在工事區域附近測量攝影描繪及其他有關軍事上之偵察事項

乙、工事區域附近禁止中外人士遊覽及牧放並區域內居民應具連環保結必要時得令遷徙如認為有窺察軍事及奸細嫌疑者得扣留訊辦

丙、永久半永久工事前方六百公尺以內非經許可不得新設或改設各種建築物堆積物及變更地形地貌之工程

丁、永久半永久工事前方六百至一千二百公尺以內之建築物應以可燃性物質為主要材料如係不燃性物質建築其正面寬以不妨礙各該工事射界或觀測為限

军事委员会国防工事移交监护及奖惩规则

(1944年1月15日)b面 G133-003-0182

戊、永久半永久之軍事構築在戰術或戰略上有其工事價值有障礙之建築物在情況必要時得令拆除如在工事區新建築時事前須經呈請主管機關核准

第十七條 違犯第十六條甲乙二項者得按軍機防護法第一六丙條科罪違犯丙丁戊三項者得依照要塞堡壘地帶法（二十六年九月二十七日修正公佈）第八條之規定處理

第十八條 未經呈准在軍事區內私毀建築物及砍伐樹木或在工事近旁取用積土及擅行移動或損壞工事區內所設各種標誌及損壞材料者除責令照價賠償外並按陸軍刑法第一〇二至一〇五條規定情節之輕重科罪

第十九條 如有盜竊工事材料者除責令照價賠償外得按陸軍第七十八條科罪

军事委员会国防工事移交监护及奖惩规则

(1944年1月15日)a面 G133-003-0182

第二十條　負監護與保管工事之部隊或機關除對於第十一條已頃非人力所能抗禦之意外損毀外其他人為損毀或材料被盜等不能妥善預覺依本規則仍要當及處置時一經查覺其直接負責人員與主屬長官按海陸空軍懲罰法第二條各款規定情節之輕重予以處分並通知部隊本身並將材料將來按第十九條加重處罪

第二十一條　為考察工事之監護保管情形除照三十二年四月頒佈對戰地及後方一切防禦工事整辦總考核外本會派赴各戰區之聯絡參謀應隨時赴各工事地區考察不屬戰區範圍者由軍令部定期派員考察之各工事區域之軍政最高長官對工事之監護保管亦應定期派員考察

第二十二條　監護保管工事之成績軍政機關均須列入年終考績

军事委员会国防工事移交监护及奖惩规则

（1944年1月15日）b面　G133-003-0182

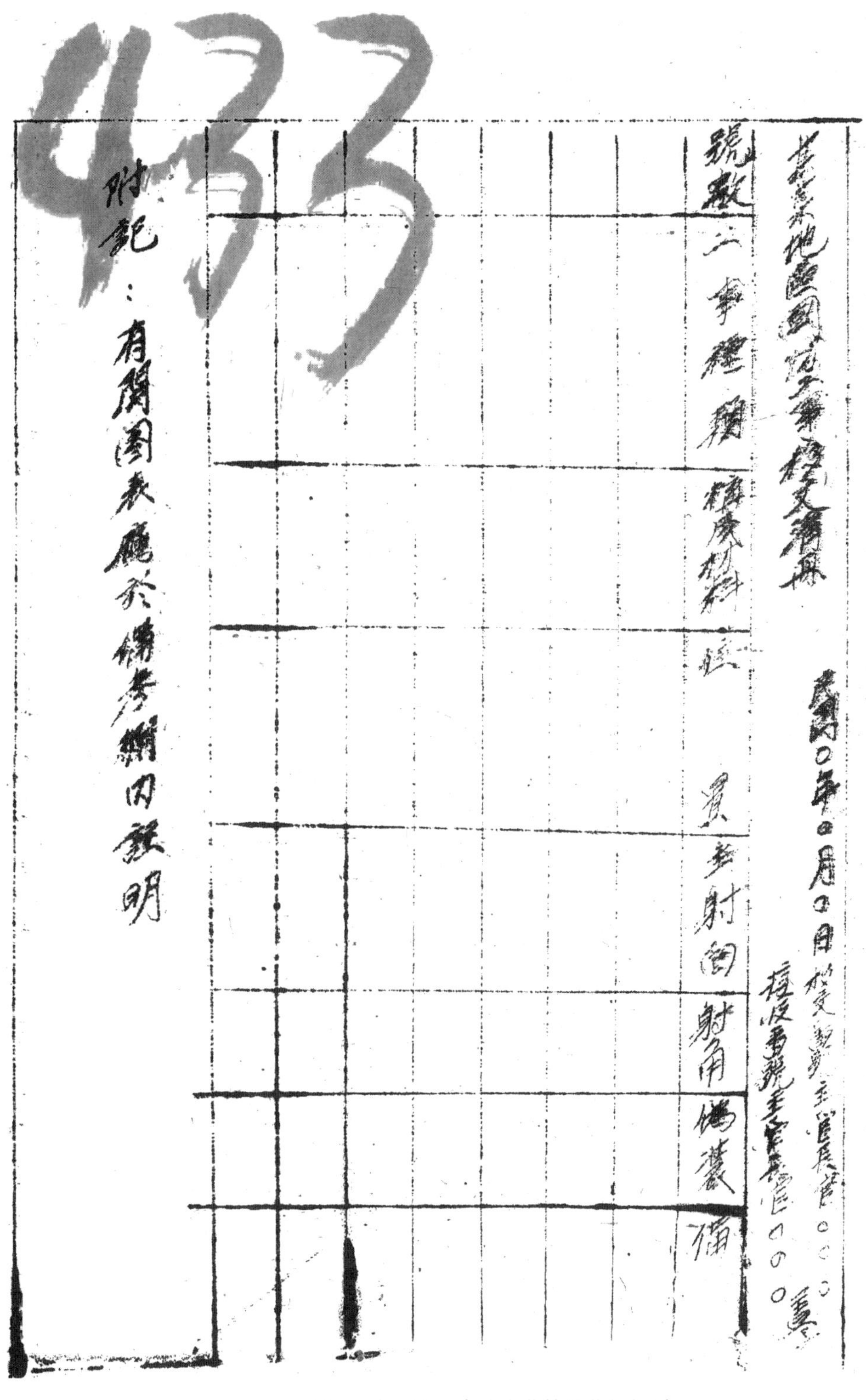

某某地區國防工事移交清冊

號數	工事種類	構築材料	[illegible]貫	射向	射角	偽裝	備考

附記：有關圖表應於備考欄內註明

民國〇年〇月〇日　移交部隊主官長官〇〇〇

接收部隊主官長官〇〇〇　蓋章

军事委员会国防工事移交监护及奖惩规则

(1944年1月15日)a面　G133-003-0182

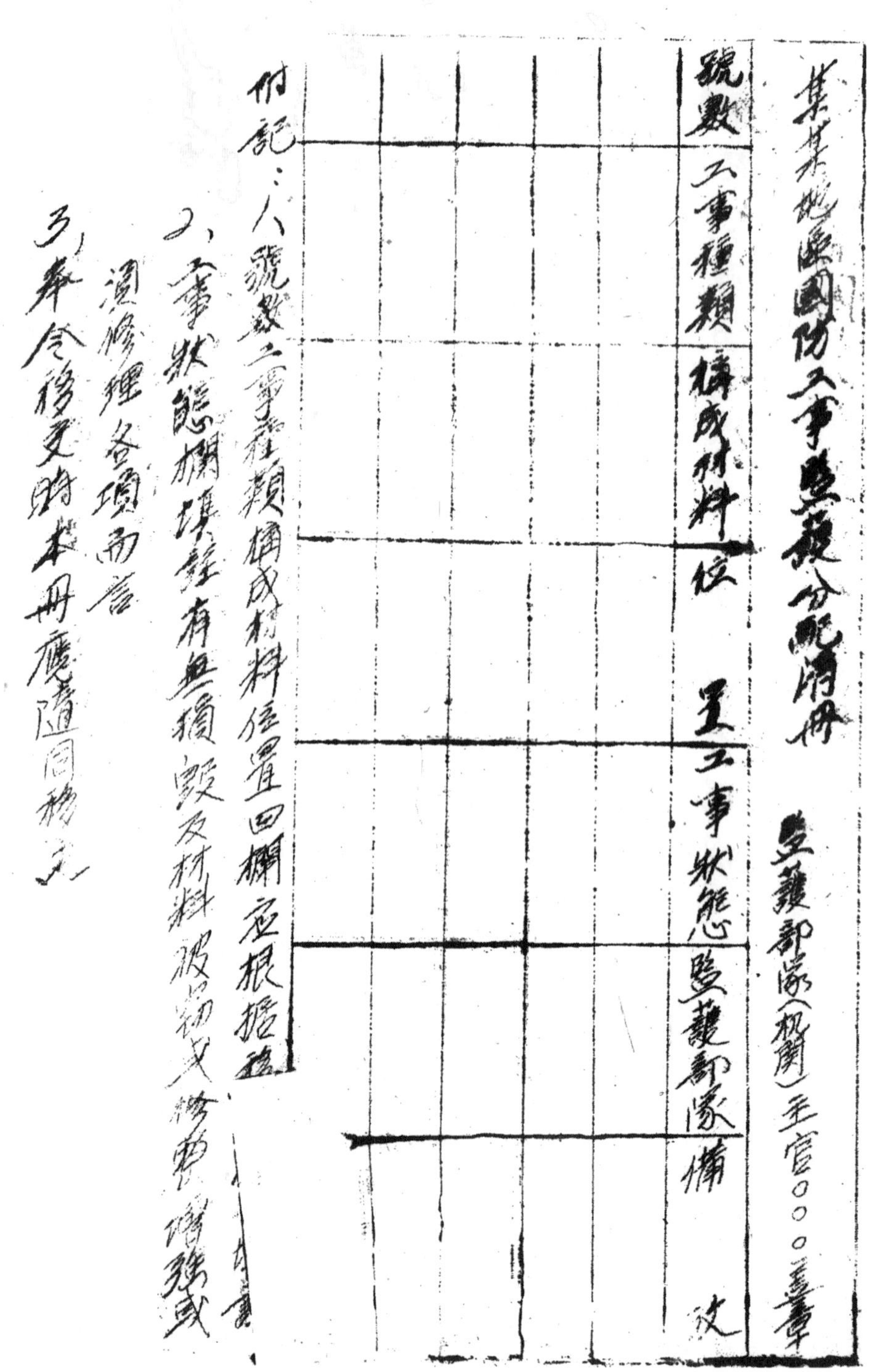

某某地區國防工事監護分配清冊

號數	工事種類	構成材料	位置	工事狀態	監護部隊	備考

監護部隊（機關）主官〇〇〇蓋章

附記：1、號數、工事種類、構成材料、位置四欄應根據[illegible]
2、工事狀態欄填註有無損毀及材料被竊或修理增強或[illegible]
週修理各項而言
3、奉令移交時本冊應隨同移交

军事委员会国防工事移交监护及奖惩规则
（1944年1月15日）b面　G133-003-0182

附錄有關法規

（一）陸海空軍刑法

第七八條　盜賣械彈以外之軍用品者處三年以上有期徒刑

知其為盜賣品而買受者處五年以上有期徒刑

第一〇二條　燒燬或炸燬軍用倉庫工廠艦艇船舶砲塔飛機汽車電車或橋樑其他軍用物者處死刑或無期徒刑

第一〇三條　損壞前條所列各物或軍用鐵道電線水陸道路或使之不堪使用者處十年以上有期徒刑

第一〇四條　燒燬囤積之兵器彈藥糧食被服馬匹或其他軍用品者依左列之處斷

一、軍中或戒嚴地域死刑或無期徒刑

二、其餘十年以上有期徒刑

第一〇五條　毀棄或損傷兵器彈藥糧食艦船飛機被服馬匹或

军事委员会国防工事移交监护及奖惩规则

(1944 年 1 月 15 日)a 面　G133-003-0182

其他軍用物品者處一年以上七年以下有期徒刑

第一條(二)軍機防護法

洩漏交付或公示因職務上所知悉或保管之軍事上
機密之消息文書圖畫或物品者處死刑或無期徒刑
間接犯本條之罪者處無期徒刑[illegible]過失犯本條之罪
者處五年以上有期徒刑

第[illegible]條

未受允准或以詐術取得允准擅入[illegible]條第一
項之處所建築物[illegible]者處一年以上七年
以下有期徒刑[illegible]犯第四條之罪者處三年以上
十年以下之有期徒刑

第[illegible]條(三)[illegible]懲罰法

懲罰種類如左
[illegible]之懲罰

军事委员会国防工事移交监护及奖惩规则

(1944年1月15日)b面 G133-003-0182

军事委员会国防工事移交监护及奖惩规则

(1944 年 1 月 15 日)a 面　G133-003-0182

第八條（四）要塞堡壘地帶法
違背本法所規定禁止及限制事項無論新設變更改築增築之房屋倉庫工事及他之建築物或堆集物等應限期令其自行拆除如係變更地形應令其回復原狀但在限期內不能完全去除或回復原狀或其辦法不適合時官署得逕自執行或令第三者執行之其費用由違背者担負

（五）軍事委員會對戰地及後方一切防禦工事考核辦法

（1）凡防禦工事含永久半永久臨時一切對空對地築城無論已成未成均應由考核處負責考核以憑獎懲而資改進各種大小工事必須按地圖編定號次確實遵照本會頒發之國防工事移交監護規則移交檢查時必須按圖點查為要

军事委员会国防工事移交监护及奖惩规则

（1944 年 1 月 15 日）b 面　G133-003-0182

（2）各校閱組於每期總校閱應將各級人事作為校閱課目之一列表呈報

（3）必要時由本會組派工事視察團分赴各重要工事地區視察並指導駐軍對於工事應行注意之處

（4）各戰區及後方各衛戍區對於轄境內工事除定期派員檢查隨時修復外須不時派員抽查之並將檢查修復情形呈報本會

（5）陣地之編成強度以及射界觀察道路障礙交通掩蔽偽裝防毒等設備是否合用

（6）已成立工事之保管檢查修整是否確實依照本會頒佈之國防工事移交監護規則辦理其修復時所使用之各項材料是否符合原構築之程度

（7）未完成工事是否依照預定

军事委员会国防工事移交监护及奖惩规则

（1944年1月15日） G133-003-0182

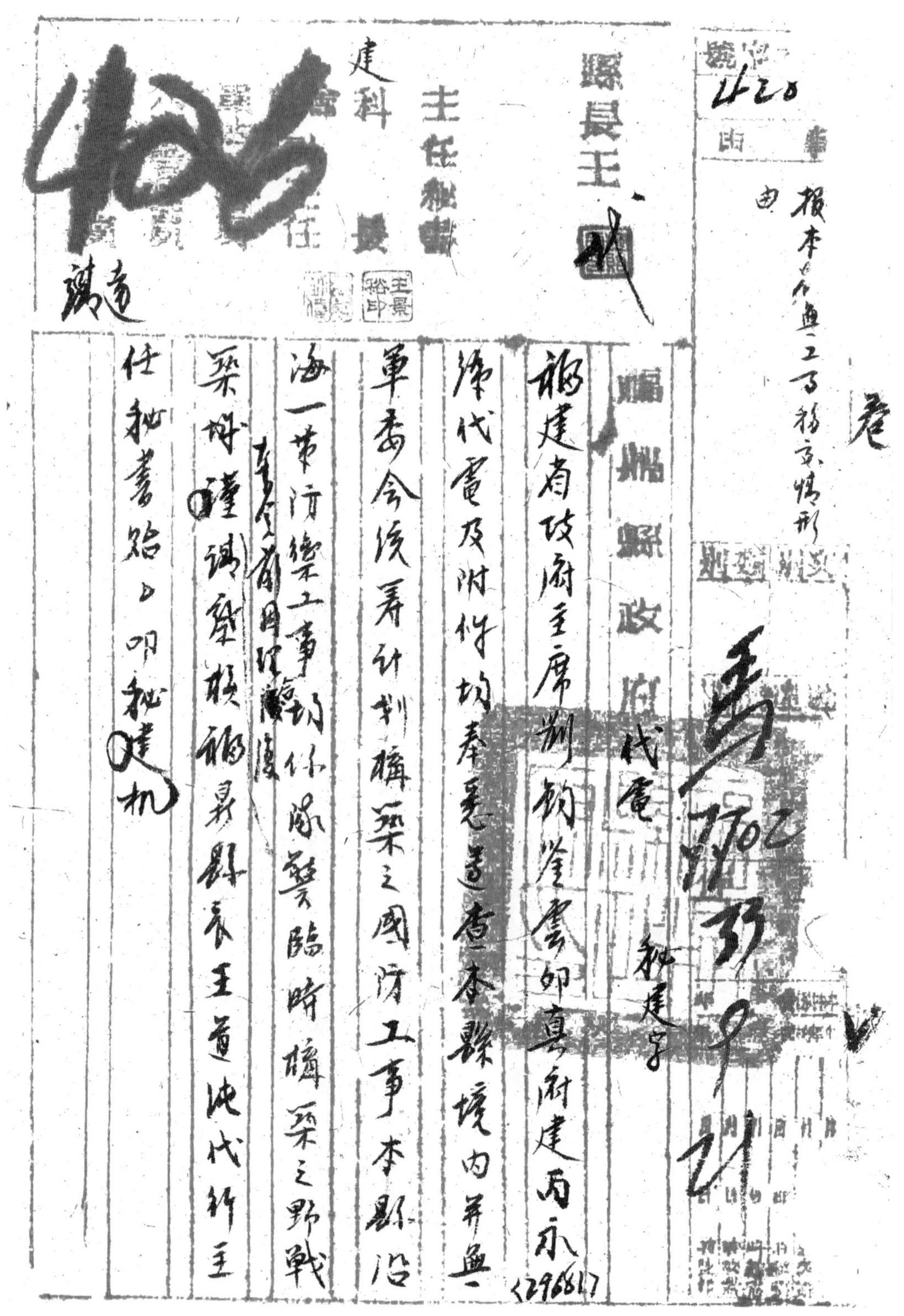

福鼎县政府关于呈报本县无工事移交情形的代电

（1944年9月21日）　G133-003-0182

会

李

将城区及附郭部工事绘报

青

查照奉司令长官电示各地工事完成后应注意事项仰遵照由

福建省政府代电

民国卅三年十一月　日

雷戌府建辨永（一）六〇七号

福州县政府案奉司令长官顾戌文㧞工电开兹将各地工事完成后应注意事项指示如次（一）各部机关应将工事种类数量位置详绘图表先行移交当地县府接收监护并会衔报告，附图表本部验收（二）如系第一线增筑工事即由该防区内部队自行监护并附图表报验（三）如由各县构筑工事即由该地县府监护并附图表报验（四）无监护机关应按照军委会颁布国防工事移交监护及奖惩规则切实办理上列各项希饬属遵照等因除电复并分行外合行电仰遵照。省政府永建辨篠印

福建省政府关于奉司令长官电示各地工事完成后应注意事项的代电

（1944年11月17日）　G133-003-0182

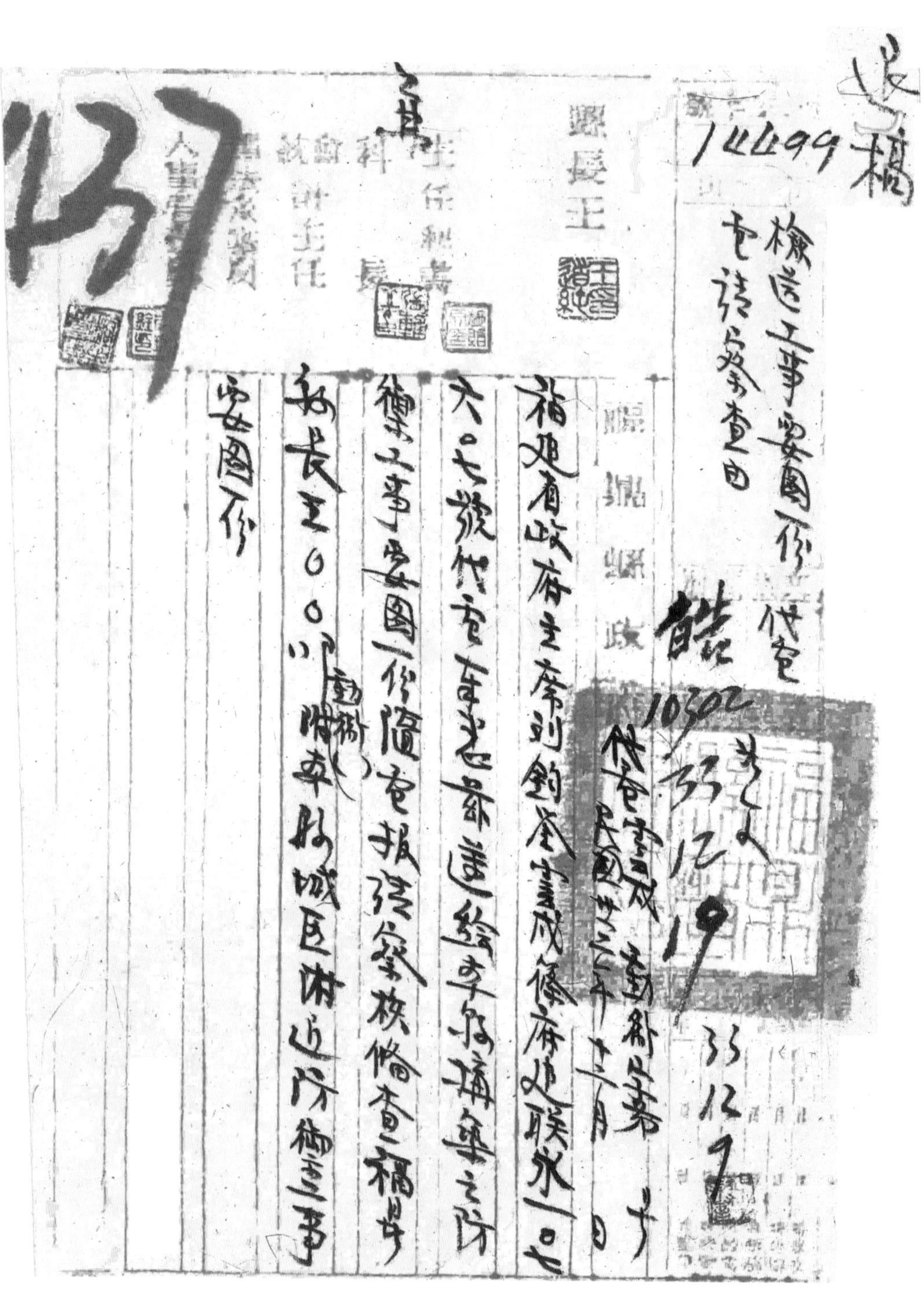

送稿 14499

检送工事要图一份代电请察查由

号 10302

代电 寰戌 动树字第 号 民国卅三年十二月 日

福建省政府主席刘钧鉴：寰戌府建联永一已七六〇七号代电奉悉。兹遵绘本县辖境之防御工事要图一份，随电报请察核备查。福鼎县长王〇〇叩 寰戌 动树 附本县城区附近防御工事要图一份

福鼎县政府关于检送防御工事要图的代电

（1944 年 12 月 19 日） G133-003-0182

福建省政府密代電 騰丑灰府建丙未〇九一三號

民國三十四年二月　日

事由：奉委座電示構築工事原則仰遵照由

福鼎縣政府：奉 委座子文會一亢工電開：查年來各地所構築之國防工事多不能適應作戰需要，徒增地方負擔與人民痛苦。此後野戰工事及半永久工事除第一線防禦即行應用者外，應停止預行構築，俟守備部隊到達必要時始行構築；至要點據點之永久工事另行計劃，以節人財物力，并恤民艱等因。除電司令長官部請示本省各縣必要構築各項工事及征工料可免徵辦理地點俟奉復另行飭遵并分電外，合行電仰遵照。省政府

建丙 印

福建省政府关于奉委座电示构筑工事原则的密代电

（1945 年 2 月 10 日） G133-003-0182

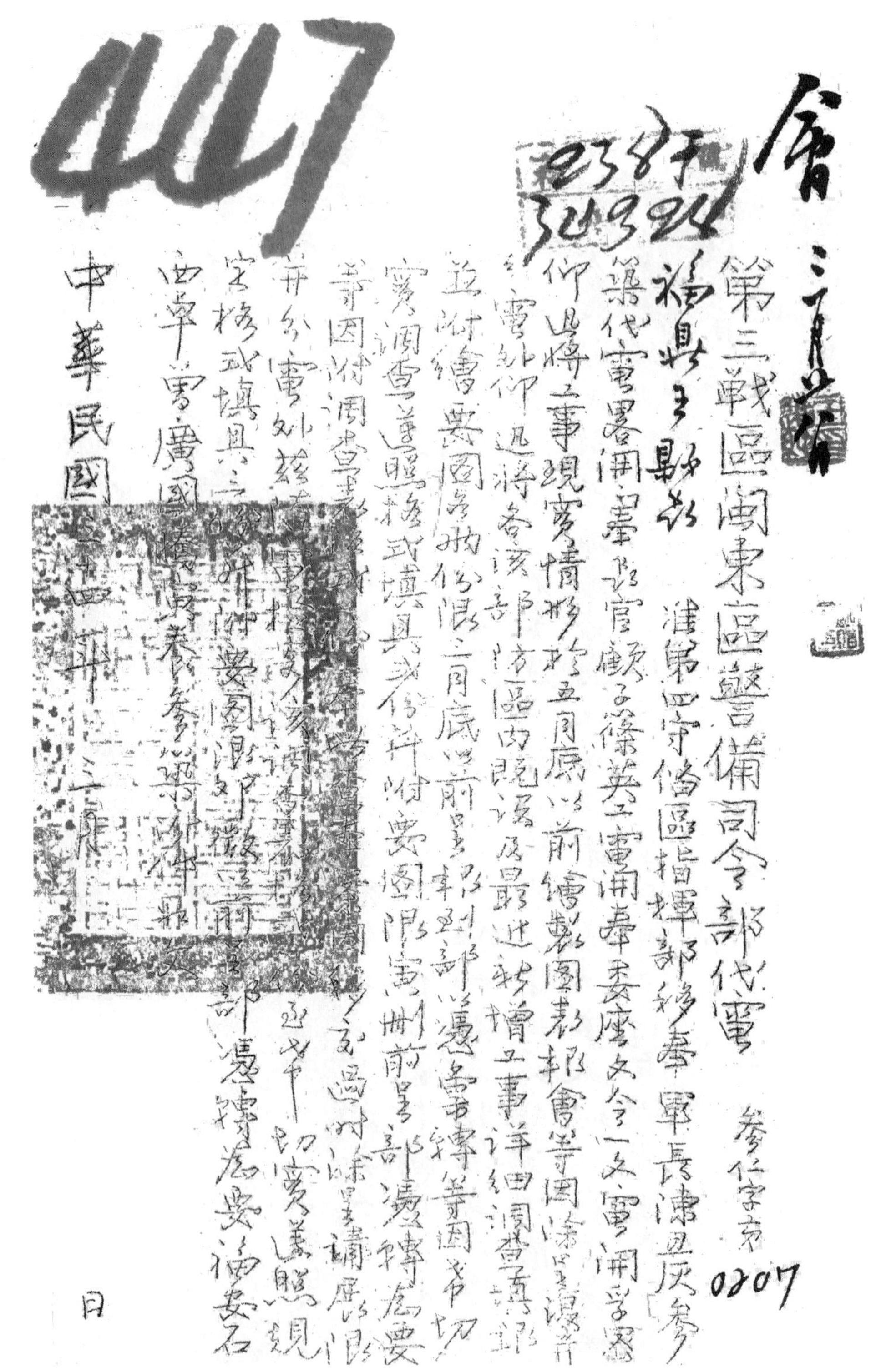

第三戰區閩東區警備司令部代電 參任字第0207

中華民國三十四年三月 日

第三战区闽东区警备司令部关于限期填报国防工事位置调查表并附要图的代电(附表格式)

(1945年3月22日) G133-003-0182

（甲）表格式

第○戰區國防工事位置調查表

○年○月○日

工事名稱	工事所在地	永久（半永久）工事	工事種類	數量	開工年月	主办者	作業部隊	監護機關	工事現狀	備考

一、填表之說明

1.工事名稱……核心（據點外圍複廓要塞）工事 2.工事所在地……地或○○地附近 3.永久……（半永久要塞） 4.工事種類……各種輕重火砲掩体、各種掩蔽部及其他附屬工事（此項工事係用一格，按工事之多寡可向左增加格數） 5.數量……按第（4）項各種工事之種類分別填明數量 6.開工年月……○時開○時完工 7.作業部隊……×軍○師 8.監護機關……機關（部隊） 9.工事現狀……良好或損壞，應詳明其程度與應否補修

2.用紙與各格之大小多寡可按需要適宜增減伸縮之

（二）、調製要圖應繪注事項

1.已完成與構築中之永久及半永久工事位置應標名該工事詳確位置，如要塞據點之所在不可留一端，并須與表符合

2.計劃構築之永久或半永久工事位置

3.各種工事須照現用軍隊符號用各不同顏色表示之

4.一般圖比例尺二十万之一分圖適宜自定之

第×战区国防工事位置调查表（×年×月×日）

（1945年3月22日） G133-003-0182

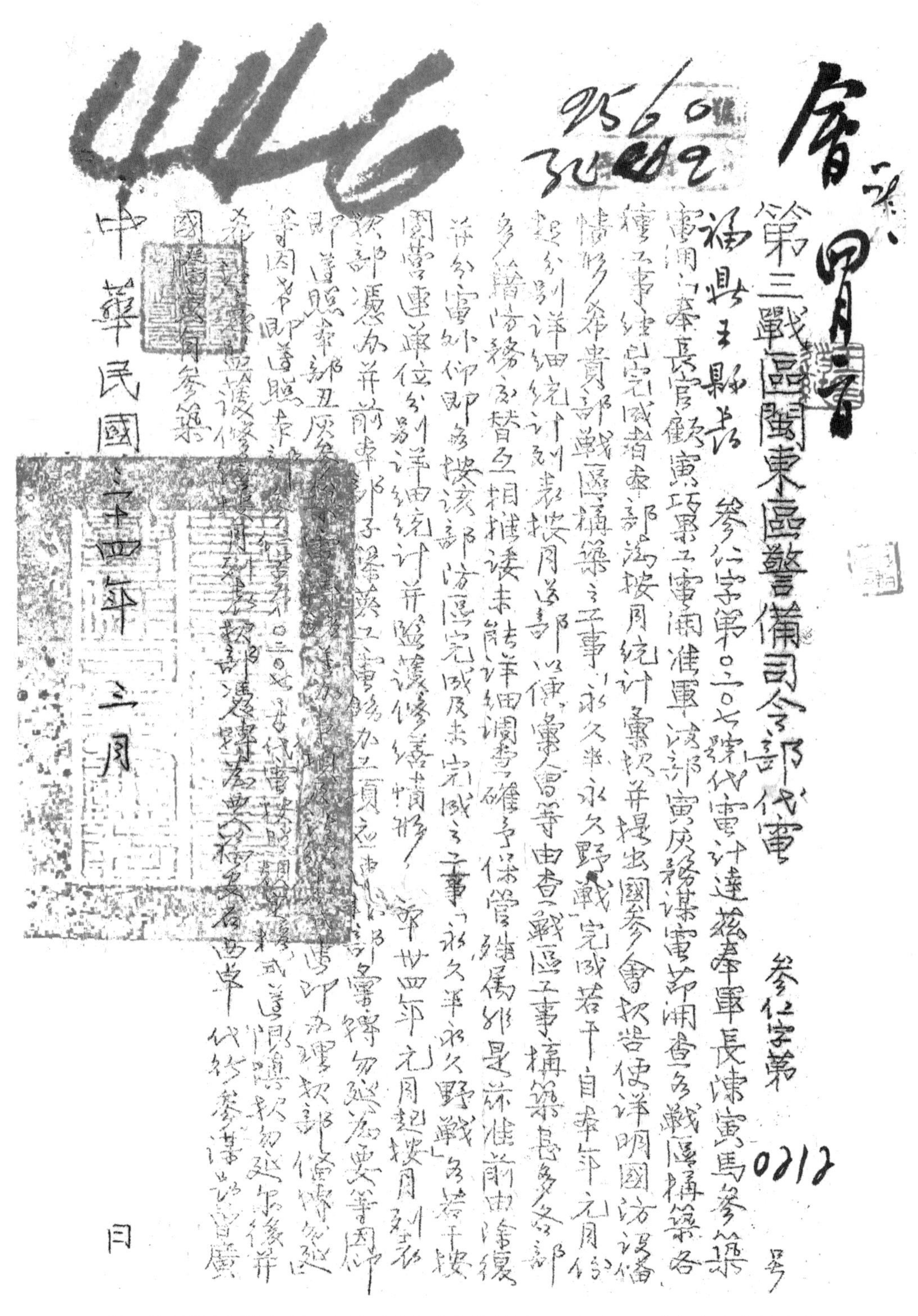

第三戰區閩東區警備司令部代電　參仁字第0212號

福鼎縣王縣長：參仁字第○二○七號代電計達。茲奉軍長陳寅馬參築寅删代電開：奉長官顧寅巧累工電開：准軍政部寅灰務谋電節開：查各戰區構築各種工事經已完成者，希按月統計彙報，並提出國參會報告，使詳明國防設備情形，希貴部將戰區構築之工事永久、半永久、野戰完成若干，自本年元月份起分別詳細統計，列表按月呈部，以便彙呈等由。查戰區工事構築甚多，各部多輪防務交替，互相推諉，未能詳細調查確予保管，殊屬非是。茲准前由，除復並分電外，仰即分飭該部防區完成及未完成之工事永久、半永久、野戰各若干，按團營連單位分別詳細統計，並監護修繕情形，自卅四年元月起按月列表報部憑[illegible]

中華民國三十四年三月　日

第三战区闽东区警备司令部关于注意监护修缮国防工事按月列表报部凭转的代电

（1945 年 3 月 25 日）　G133-003-0182

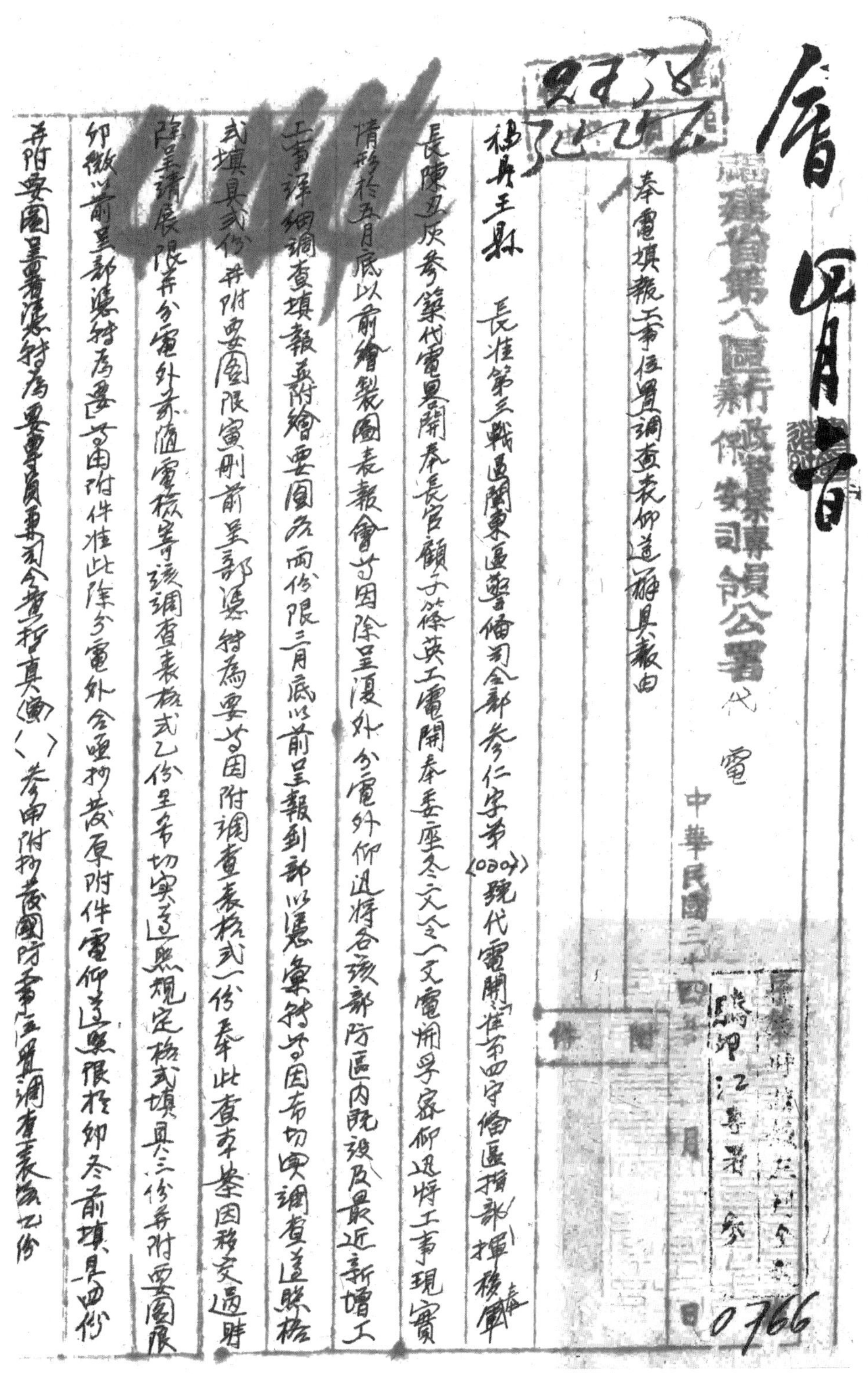

福建省第八區行政督察專員兼保安司令公署代電

奉電填報工事位置調查表仰遵辦具報由

福鼎王縣長：准第三戰區閩東區警備司令部參仁字第（0207）號代電開：准第四守備區指揮部揮務（奉）長陳五辰參築代電開：奉長官顧子篠英工電開：奉委座冬三文令一文電開：尋密，仰迅將工事現實情形於五月底以前繪製圖表報會等因，除呈復外，分電外，仰迅將各該部防區內既設及最近新增工工事詳細調查填報並附繪要圖各兩份，限三月底以前呈報到部，以憑彙轉等因，希切實調查遵照格式填具式份，并附要圖，限寅刪前呈部，以憑轉為要等因，附調查表格式一份。奉此，查本案因移交遇財〔……〕陰呈請展限，并分電外，希仍電核等該調查表格式乙份，呈希切實遵照規定格式填具三份，并附要圖，限卯微以前呈部，以憑轉為要等由，附件，准此，除分電外，合亟抄發原附件，電仰遵照，限於卯冬前填具四份，并附要圖呈署，以憑轉為要。專員兼司令黃〇抄真（寅）〔一〕參甲附抄發國防工事位置調查表格乙份

中華民國三十四年　月　日

0766

福建省第八区行政督察专员兼保安司令公署关于奉电填报国防工事位置调查表限期遵办具报的代电（1945 年 4 月 3 日）　G133-003-0182

第○戰區國防工事位置調查表

○年○月○日

工事名称	工事所在地	永久（或半永久）	工事種類	數量	開完工年月	主办者	作業部隊	監護機關部隊	工事現状	備考
一										

一、填表之說明

1、工事名称……核心（据点外圍複廓要塞）工事 2、工事所在地……地或○地附近 3、永久——（半永久要塞） 4、工事種類……各種輕重火砲掩体各種掩蔽部及其他附屬工事（每項工事佔用一格按工事之多寡可向左增加格數） 5、數量——按每項各種工事之種類分別填明數量 6、開完工年月——○時開工○時完工 7、作業部隊——○軍○師等 8、監護機關——機関（部隊） 9、工事現状——良好或損坏須註明其程度與否補修

2、用紙與格式之大小多寡可按需要適宜增減伸缩之

（乙）調製表要圖應繪注事項

1、已完成與構築中之永久及半永久工事位置应標各項工事詳確位置如要塞据点之所在不可画一線並須與表符合

2、計劃構築永久或半永久工事位置

3、各種工事須照現用軍隊符號用各不同顏色表示之

4、一般圖比例尺三十万之一分圖適宜自定

第×战区国防工事位置调查表（×年×月×日）

（1945年4月3日） G133-003-0182

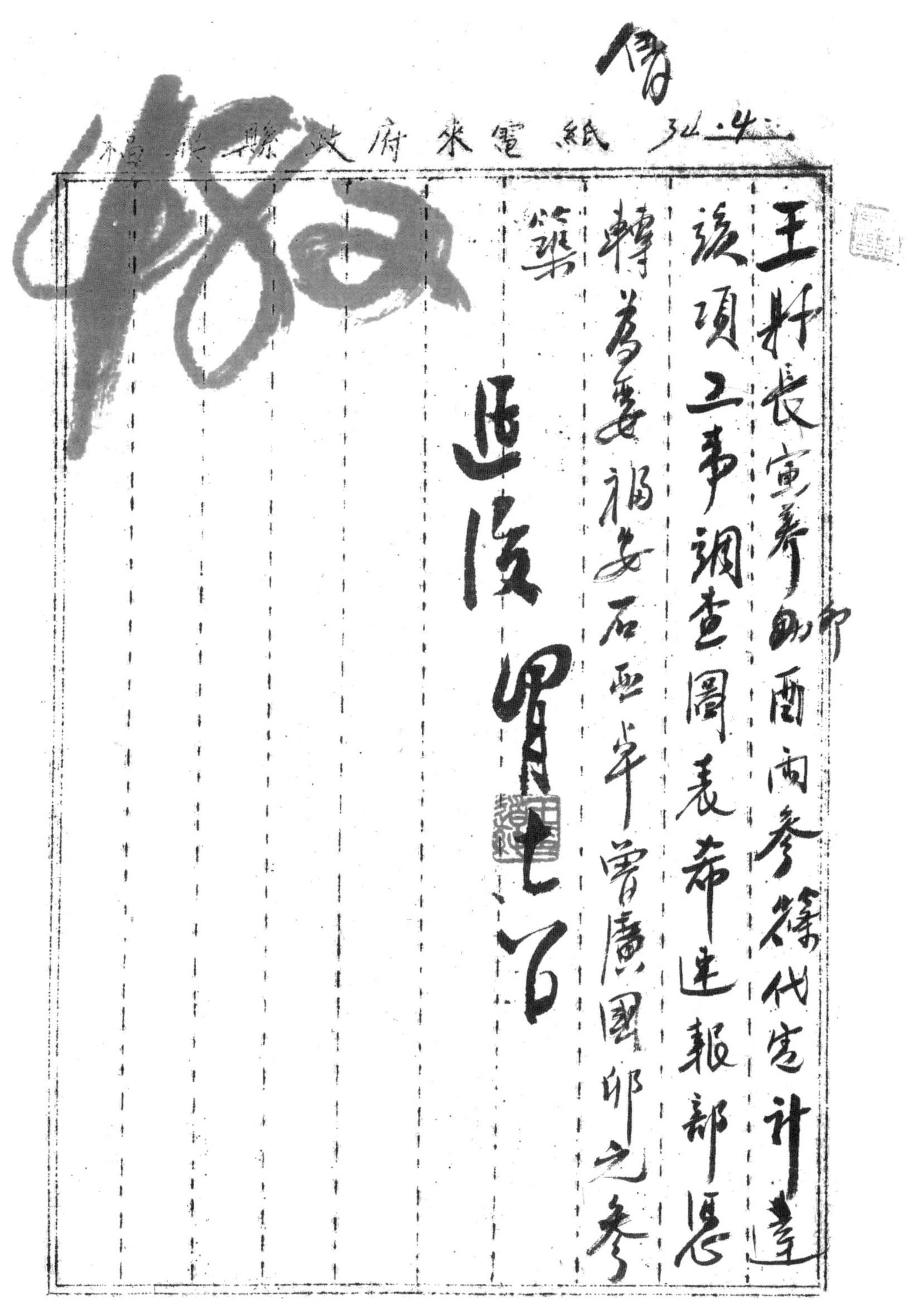
福鼎縣政府來電紙 34.4.13

王縣長寅養勛酉两参謀代電計達

該項工事調查圖表希速報部恩

轉為要 福安石西岸曾廣團卯之参

築

匪復胃七百

福鼎县政府译第三战区闽东区警备司令部关于速报国防工事调查表的电文

（1945年4月13日） G133-003-0182

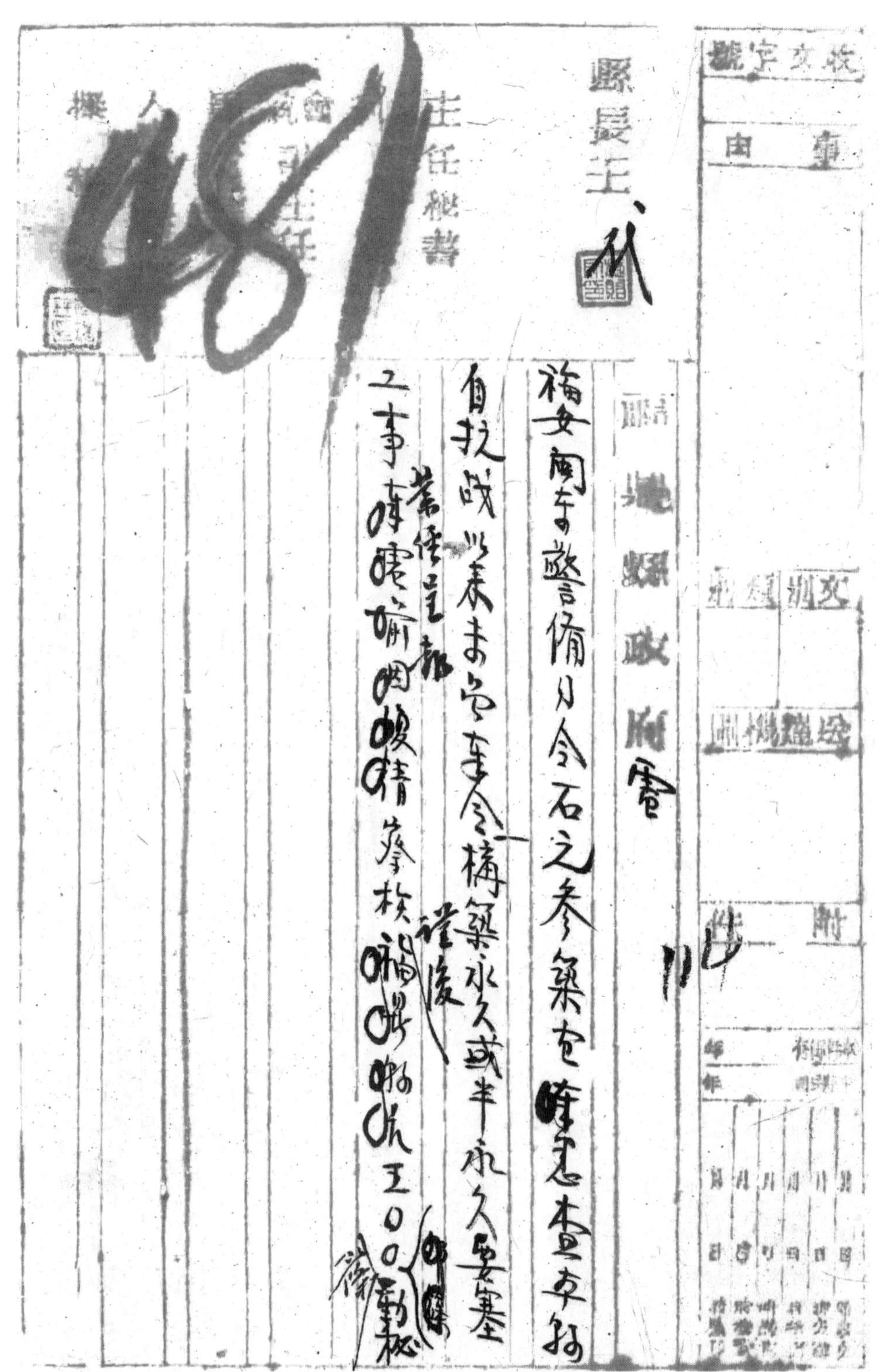

县长王

主任秘书

福鼎县政府电

福安闽东警备司令石　之参筑电悉。查本县自抗战以来未曾奉令构筑永久或半永久要塞工事。奉电前因，理合电复，敬祈鉴核。福鼎县长王○○　勤秘

福鼎县政府关于本县自抗战以来未曾奉令构筑永久或半永久要塞工事的复电

（1945 年 4 月 17 日）　G133-003-0182

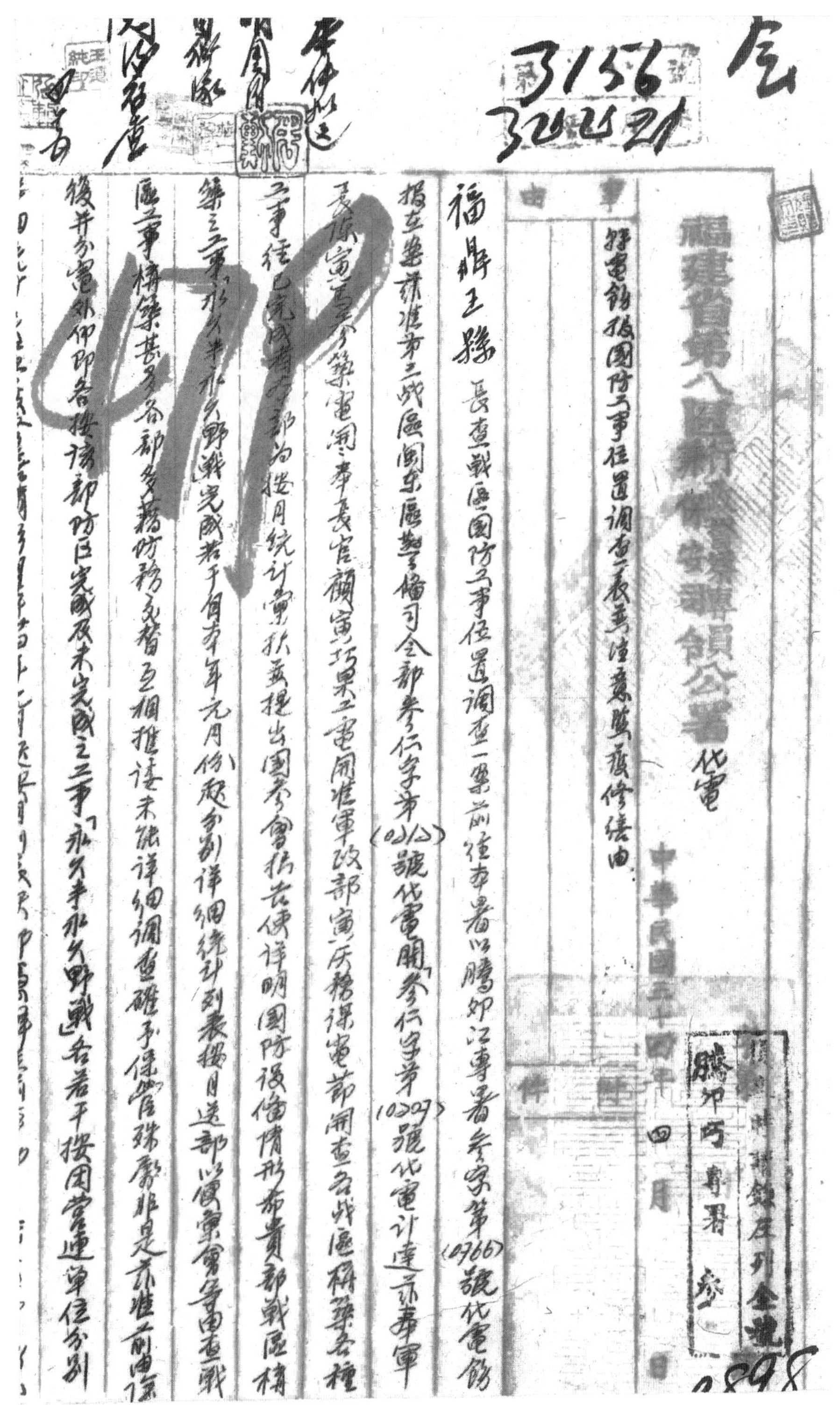

福建省第八区行政督察专员兼保安司令公署关于转电饬报国防工事位置调查表并注意监护修缮的代电(1945 年 4 月 18 日) G133-003-0182

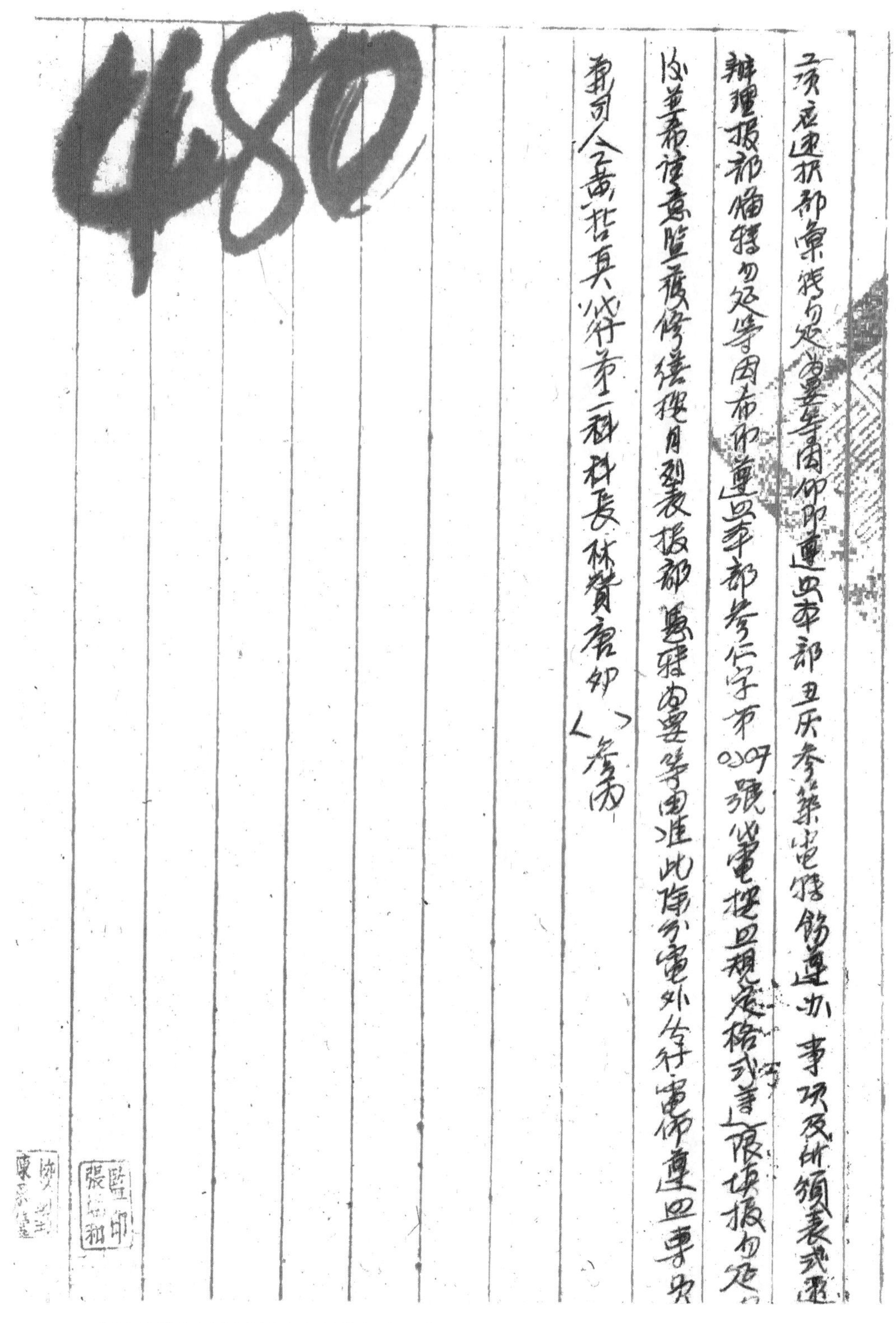

480

二项应速报部汇转勿延为要等因仰即遵照本部丑庆参筑电转饬遵办事项及所须表式迅

办理报部备转勿延等因希即遵照本部参仁字第0307号代电暨照规定格式并上限期报勿延

以并希注意监护修缮按月列表报部汇转为要等由准此除分电外合行电仰遵照办理为要

兼司令黄哲真战符第一科科长林贊青卯〈 〉参印

监印 张□和

校对 東□□

福建省第八区行政督察专员兼保安司令公署关于转电饬报国防工事位置调查表并注意监护修缮的代电(1945 年 4 月 18 日) G133-003-0182

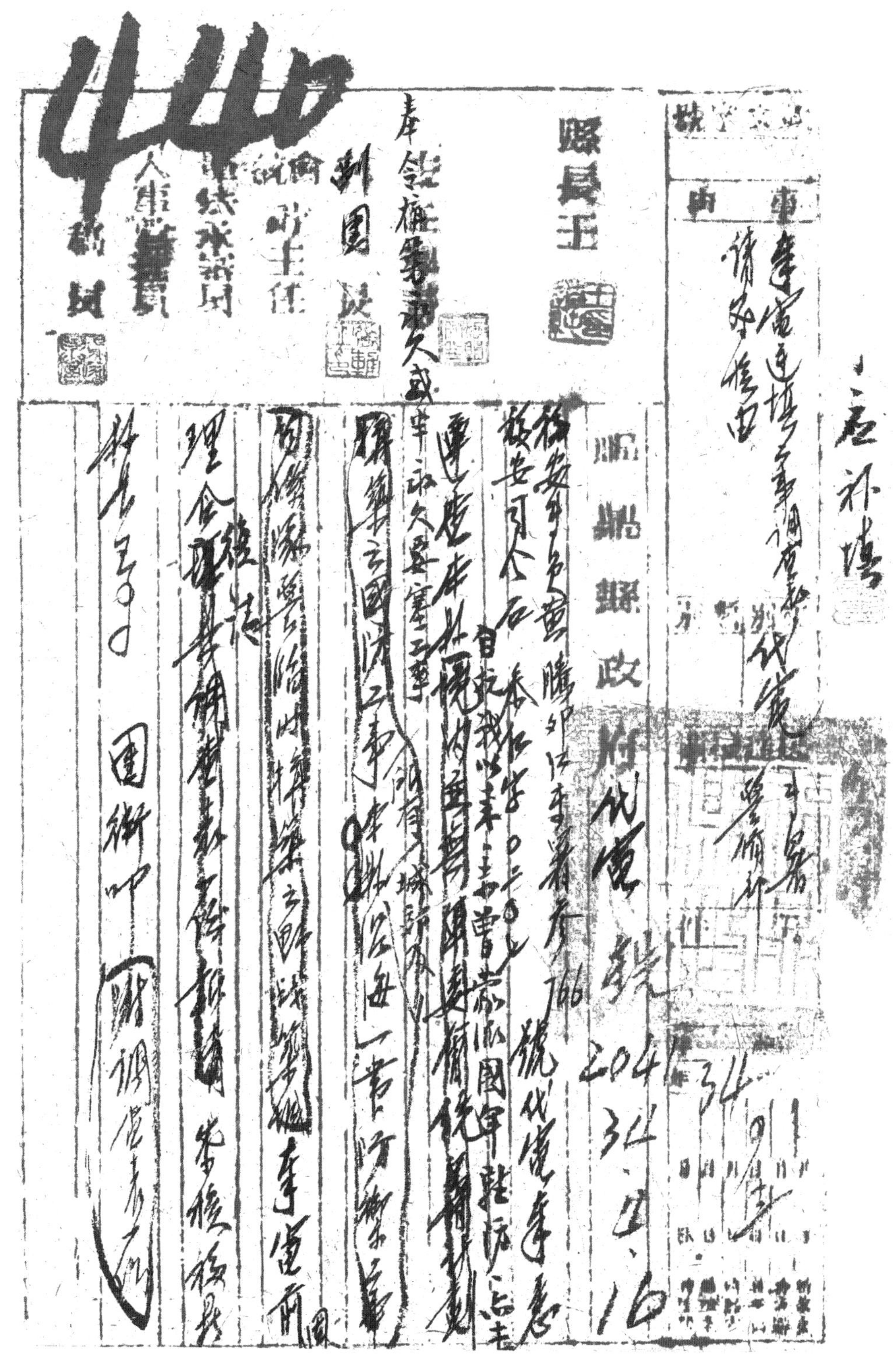

福鼎县政府关于奉电遵填工事位置调查表请察核的代电

（1945 年 4 月 16 日）　G133-003-0182

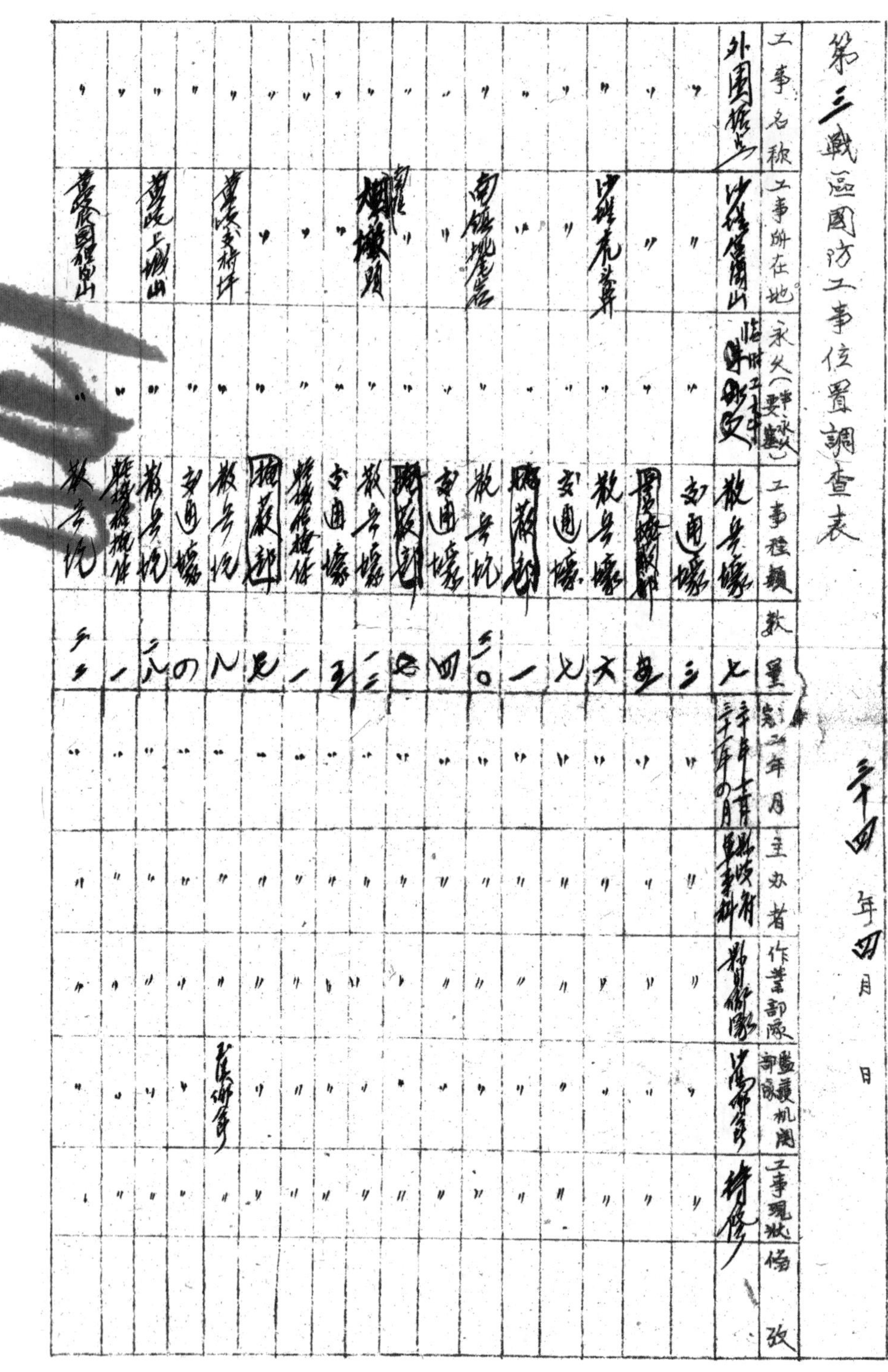

第三戰區國防工事位置調查表

三十四年四月 日

工事名稱	工事所在地	永久(半永久、要塞)臨時	工事種類	數量	完工年月	主办者	作業部隊	監護機關部隊	工事現狀	備考
外圍據點	沙埕箬蘭山	臨時工事	散兵壕	七	三十三年十一月 三十四年四月	縣政府軍事科	縣自衛隊	沙埕鄉公所	待修	
〃	〃	〃	交通壕	三	〃	〃	〃	〃	〃	
〃	〃	〃	掩蔽部	五	〃	〃	〃	〃	〃	
〃	沙埕虎頭岕	〃	散兵壕	六	〃	〃	〃	〃	〃	
〃	〃	〃	交通壕	七	〃	〃	〃	〃	〃	
〃	〃	〃	掩蔽部	一	〃	〃	〃	〃	〃	
〃	南鎮桃花岩	〃	散兵坑	二〇	〃	〃	〃	〃	〃	
〃	〃	〃	交通壕	四	〃	〃	〃	〃	〃	
〃	〃	〃	掩蔽部	七	〃	〃	〃	〃	〃	
〃	南鎮烟墩頭	〃	散兵壕	一二	〃	〃	〃	〃	〃	
〃	〃	〃	交通壕	五	〃	〃	〃	〃	〃	
〃	〃	〃	機槍掩体	一	〃	〃	〃	〃	〃	
〃	〃	〃	掩蔽部	七	〃	〃	〃	〃	〃	
〃	黄岐支村坪	〃	散兵坑	八	〃	〃	〃	黄岐鄉公所	〃	
〃	〃	〃	交通壕	[illegible]	〃	〃	〃	〃	〃	
〃	黄岐上城山	〃	散兵坑	二八	〃	〃	〃	〃	〃	
〃	〃	〃	機槍掩体	一	〃	〃	〃	〃	〃	
〃	黄岐回龍山	〃	散兵坑	五五	〃	〃	〃	〃	〃	

第三战区国防工事位置调查表(三十四年四月)

(1945 年 4 月) G133-003-0182

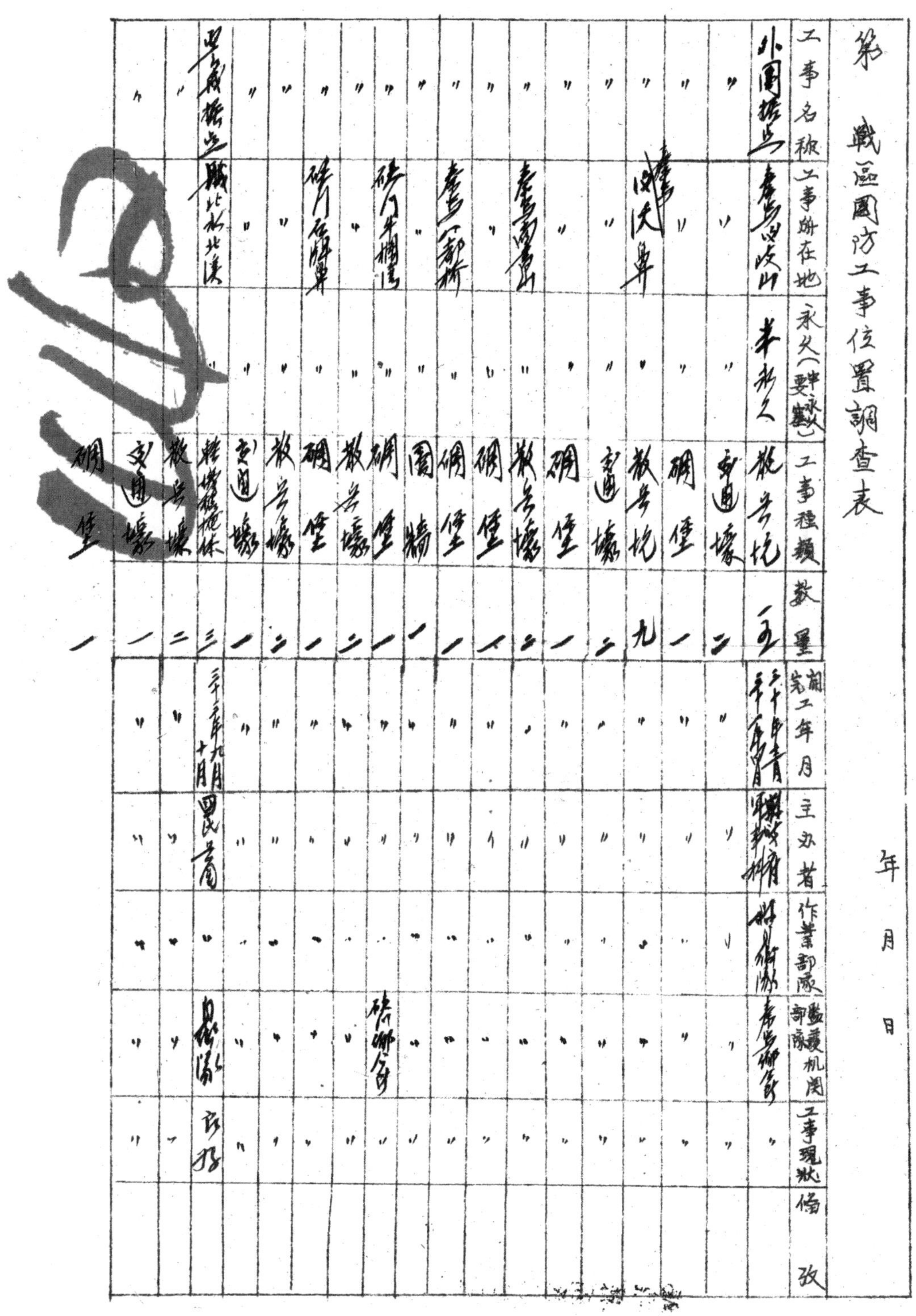

第 戰區國防工事位置調查表

年 月 日

工事名稱	工事所在地	永久(半永久)要塞	工事種類	數量	開完工年月	主办者	作業部隊	監護部隊机関	工事現狀	備攷
外圍據点	秦岭[illegible]山	半永久	散兵坑	五	三十[illegible]年[illegible]月	[illegible]	[illegible]	秦岭乡[illegible]	〃	
〃	〃	〃	交通壕	二	〃	〃	〃	〃	〃	
〃	〃	〃	碉堡	一	〃	〃	〃	〃	〃	
〃	[illegible]沃岸	〃	散兵坑	九	〃	〃	〃	〃	〃	
〃	〃	〃	交通壕	二	〃	〃	〃	〃	〃	
〃	〃	〃	碉堡	一	〃	〃	〃	〃	〃	
〃	秦岭[illegible]	〃	散兵壕	二	〃	〃	〃	〃	〃	
〃	〃	〃	碉堡	一	〃	〃	〃	〃	〃	
〃	秦岭[illegible]橋	〃	碉堡	一	〃	〃	〃	〃	〃	
〃	〃	〃	圍牆	一	〃	〃	〃	〃	〃	
〃	砖门牛[illegible]	〃	碉堡	一	〃	〃	〃	砖[illegible]乡公所	〃	
〃	〃	〃	散兵壕	二	〃	〃	〃	〃	〃	
〃	砖门[illegible]	〃	碉堡	一	〃	〃	〃	〃	〃	
〃	〃	〃	散兵壕	二	〃	〃	〃	〃	〃	
〃	〃	〃	交通壕	一	〃	〃	〃	〃	〃	
中段據点	[illegible]北水北溪	〃	輕機槍掩体	三	三十[illegible]年九月 十月	[illegible]	〃	[illegible]	[illegible]	
〃			散兵壕	二	〃	〃	〃	〃	〃	
〃			交通壕	一	〃	〃	〃	〃	〃	
			碉堡	一						

第三战区国防工事位置调查表(三十四年四月)

(1945年4月) G133-003-0182

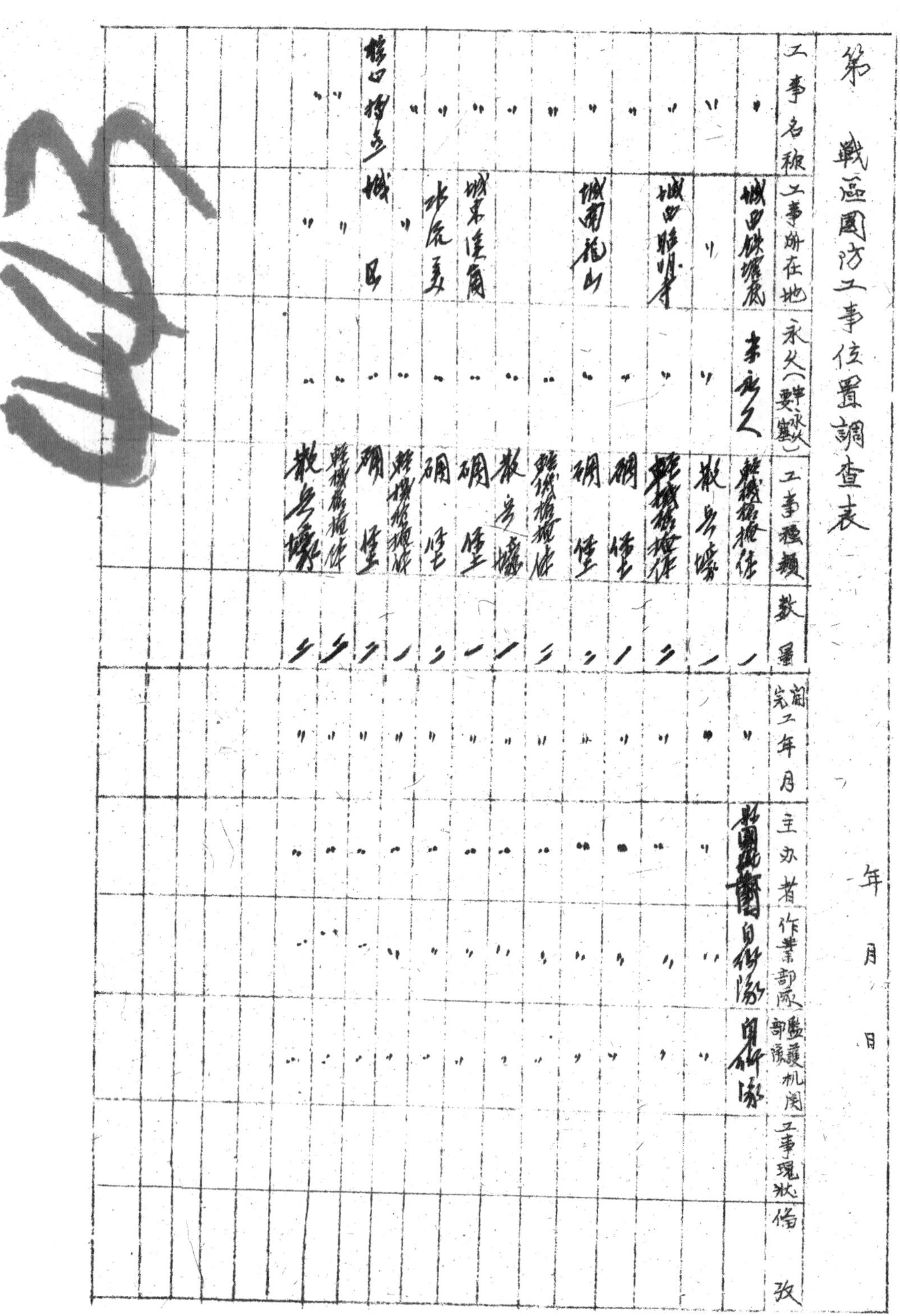

第 戰區國防工事位置調查表　　年　月　日

工事名稱	工事所在地	永久(野戰)(永久要塞)	工事種類	數量	完工年月	主办者	作業部隊	監護机関部隊	工事現狀	備考
〃	城西鉄爐底	永久	鉄絲網掩体	1	〃	當地自衛隊	自衛隊	自衛隊		
〃	〃	〃	散兵壕	1	〃	〃	〃	〃		
〃	城西睦明寺	〃	鉄絲網掩体	2	〃	〃	〃	〃		
〃		〃	碉堡	1	〃	〃	〃	〃		
〃	城南龍山	〃	碉堡	2	〃	〃	〃	〃		
〃		〃	鉄絲網掩体	2	〃	〃	〃	〃		
〃		〃	散兵壕	1	〃	〃	〃	〃		
〃	城東溪角	〃	碉堡	1	〃	〃	〃	〃		
〃	水尾美	〃	碉堡	2	〃	〃	〃	〃		
〃	〃	〃	鉄絲網掩体	1	〃	〃	〃	〃		
據口[illegible]	城区	〃	碉堡	2	〃	〃	〃	〃		
〃	〃	〃	鉄絲網掩体	2	〃	〃	〃	〃		
〃	〃	〃	散兵壕	2	〃	〃	〃	〃		

第三战区国防工事位置调查表(三十四年四月)

(1945年4月)　G133-003-0182

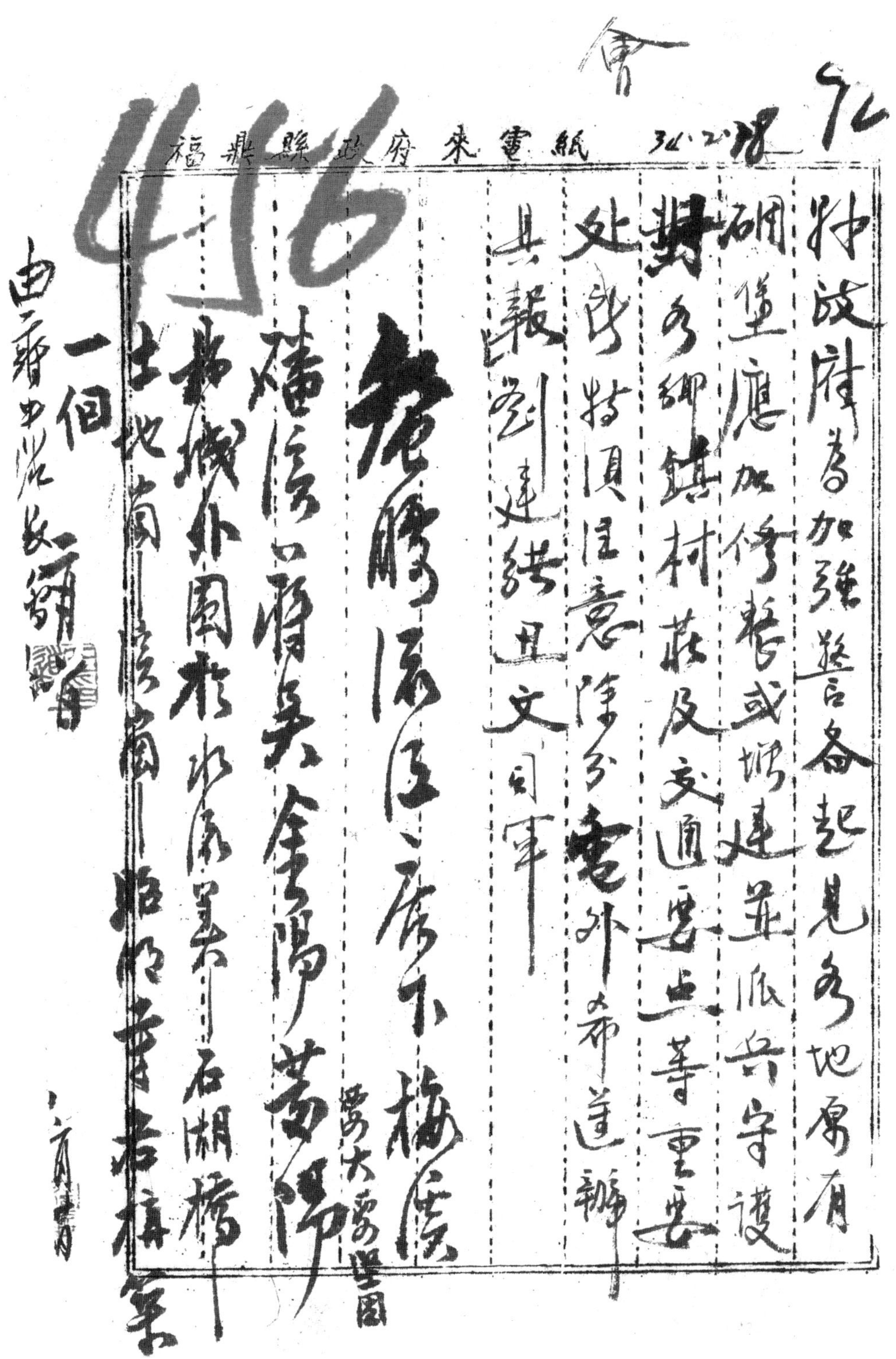
福鼎縣政府來電紙 34.2.18

特政府為加強警备起見各地原有碉堡應加修整或增建並派兵守護對各鄉鎮村莊及交通要點等重要處所特須注意除分電外希遵辦具報 劉建緒丑文司軍

福鼎县政府译福建省保安司令部关于为加强警备应修整或增建重要处之碉堡并派兵守护的电文

（1945 年 2 月 12 日） G133-003-0182

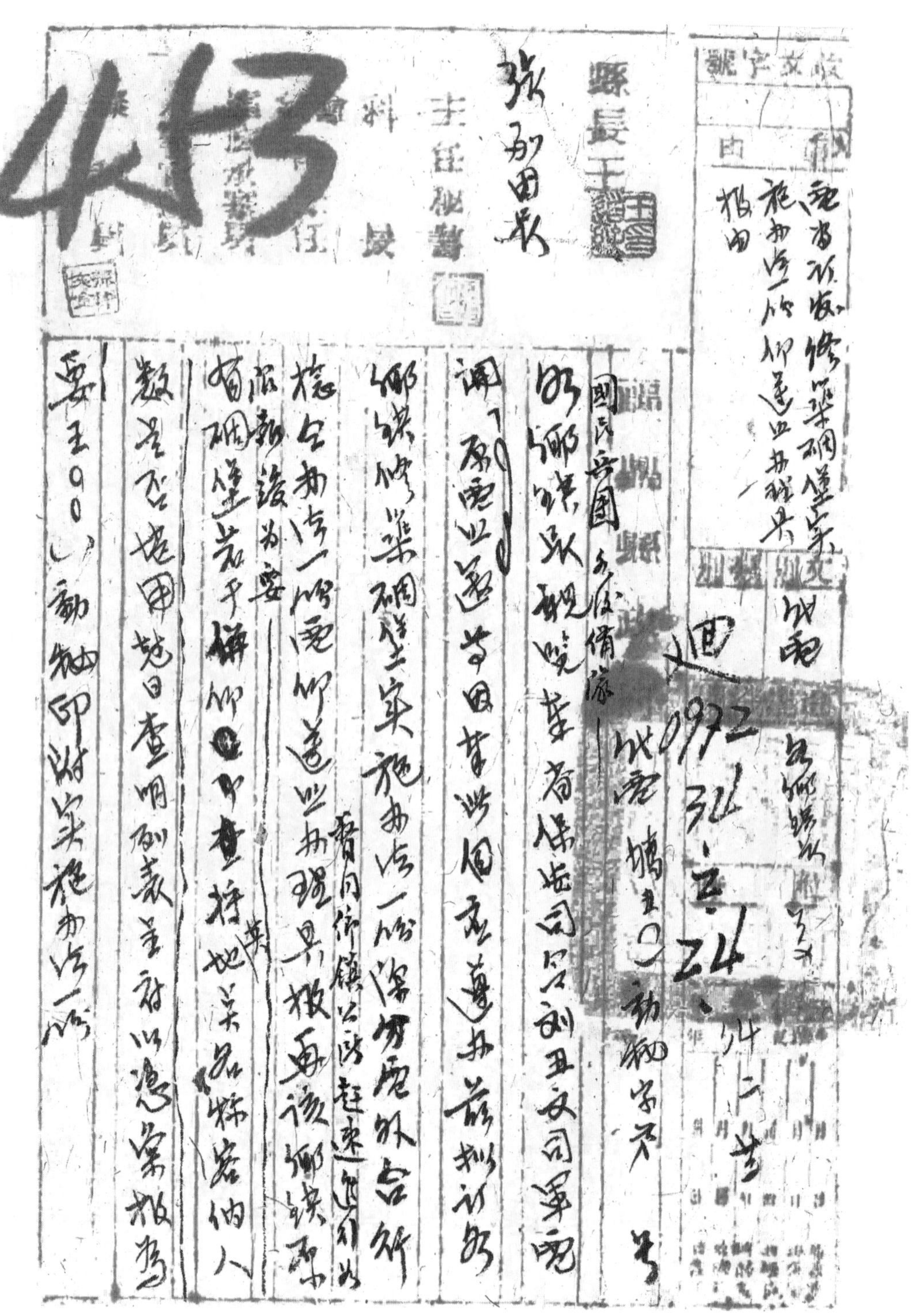

福鼎县政府关于订发修筑碉堡实施办法并遵办具报的代电

（1945 年 2 月 24 日） G133-003-0182

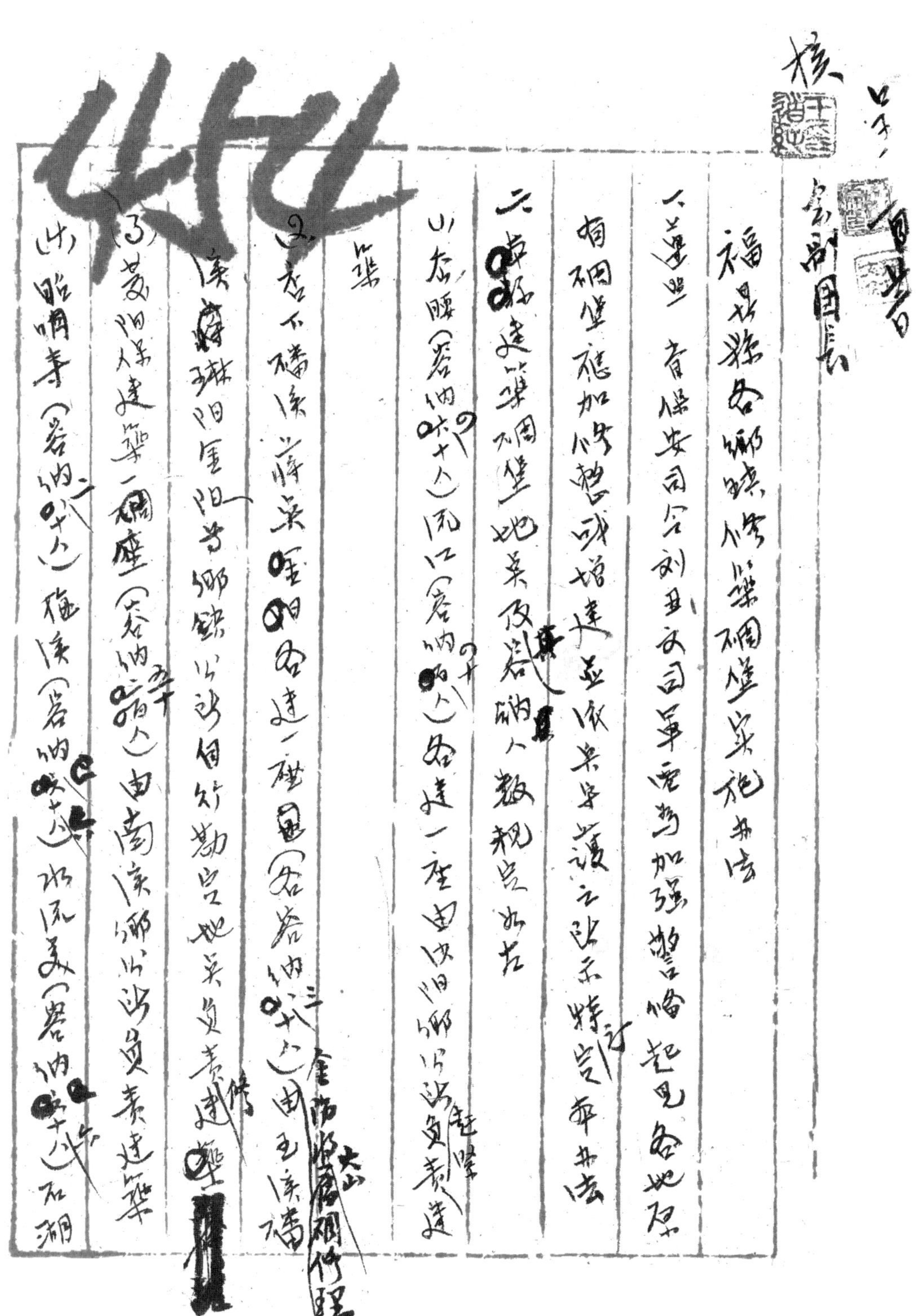

福鼎县各乡镇修筑碉堡实施办法(1945 年 2 月 24 日)a 面　G133-003-0182

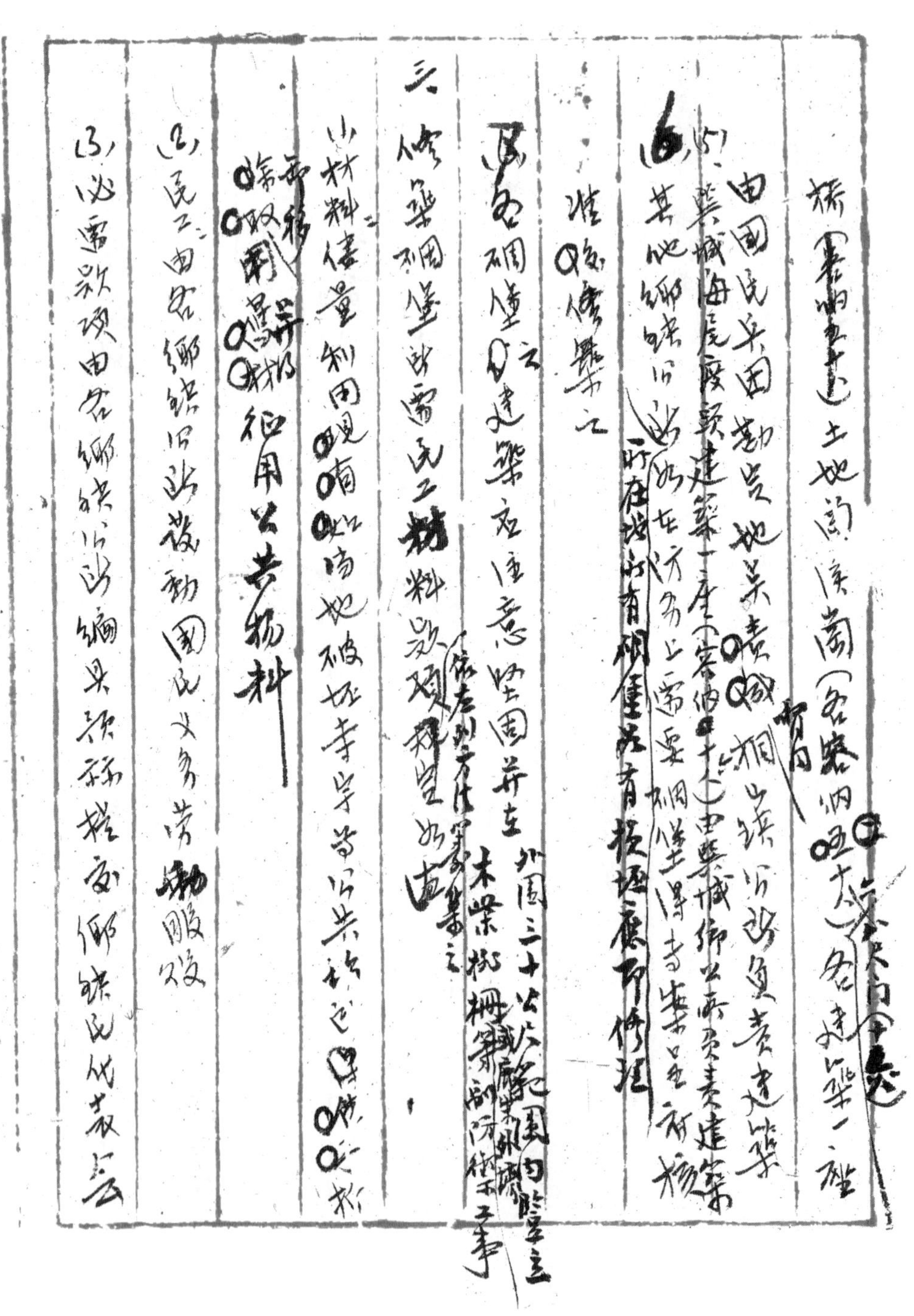

福鼎县各乡镇修筑碉堡实施办法(1945 年 2 月 24 日)b 面 G133-003-0182

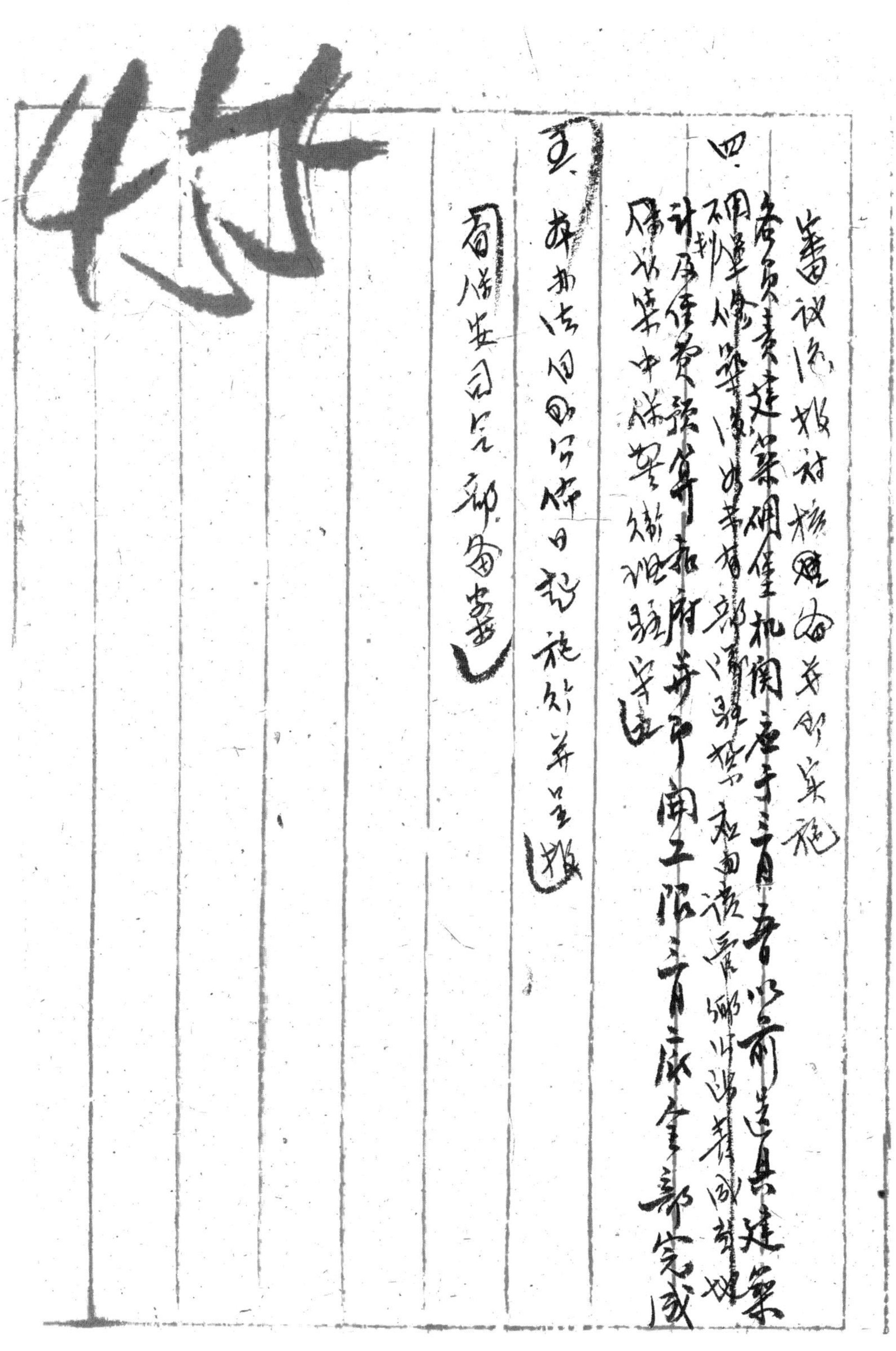

筹设后报村核准备并即实施

四、各负责建筑碉堡机关应于三月廿五日以前造具建筑碉堡修筑人数、材料、部门驻扎地点设置乡以上联络地址计划及经费预算呈府并即开工限三月底全部完成俾碉筑中保警卫班驻守

五、本办法自公布日起施行并呈报省保安司令部备案

福鼎县各乡镇修筑碉堡实施办法(1945 年 2 月 24 日)　G133-003-0182

碉堡立面图（样式）（1945 年 2 月 24 日）a 面　G133-003-0182

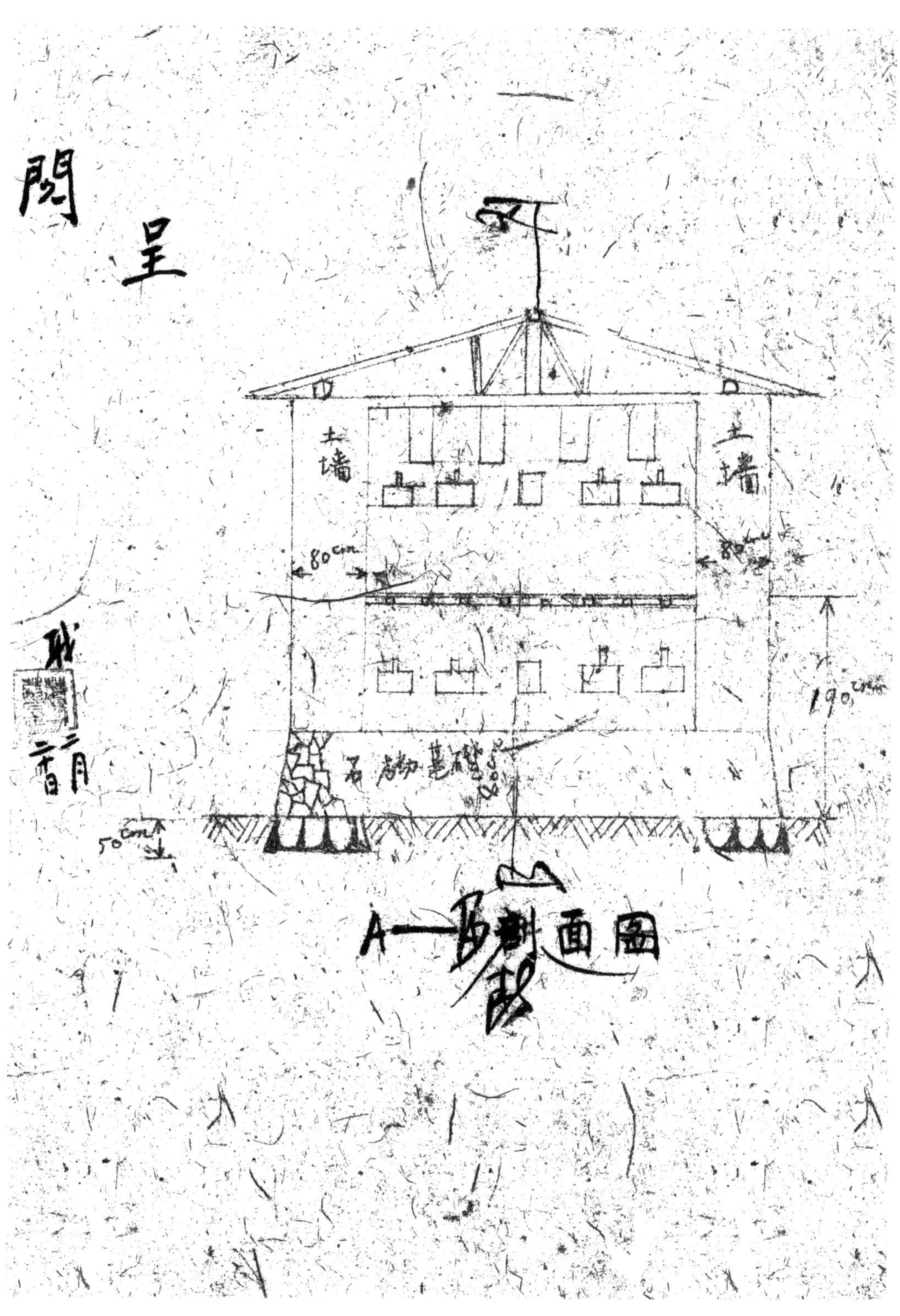

碉堡立面图(样式)(1945 年 2 月 24 日)b 面　G133-003-0182

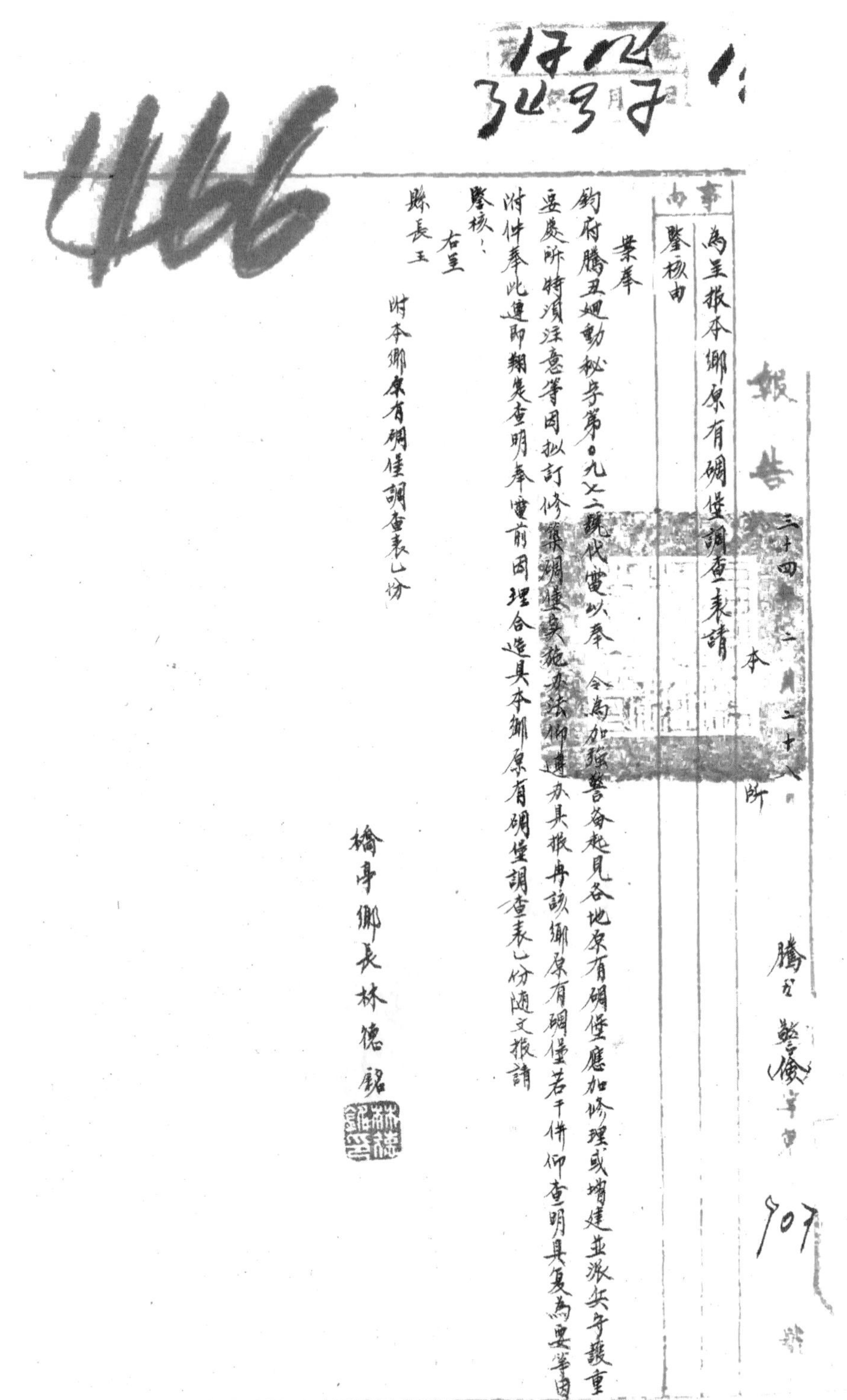

报告　三十四年二月二十八日　本所　腾丑警侦字第707号

事由：为呈报本乡原有碉堡调查表请鉴核由

案奉
钧府腾丑翘动秘字第〇九〇二号代电以奉
令为加强警备起见各地原有碉堡应加修理或增建并派兵守护重要处所特须注意等因拟订修筑碉堡实施办法仰遵办具报并该乡原有碉堡若干件仰查明具复为要等由附件奉此遵即翔实查明奉电前因理合造具本乡原有碉堡调查表乙份随文报请
鉴核！
右呈
县长王
附本乡原有碉堡调查表乙份
桥亭乡长林德铭

福鼎县桥亭乡公所关于呈报本乡原有碉堡调查表的报告

（1945年2月28日）　G133-003-0182

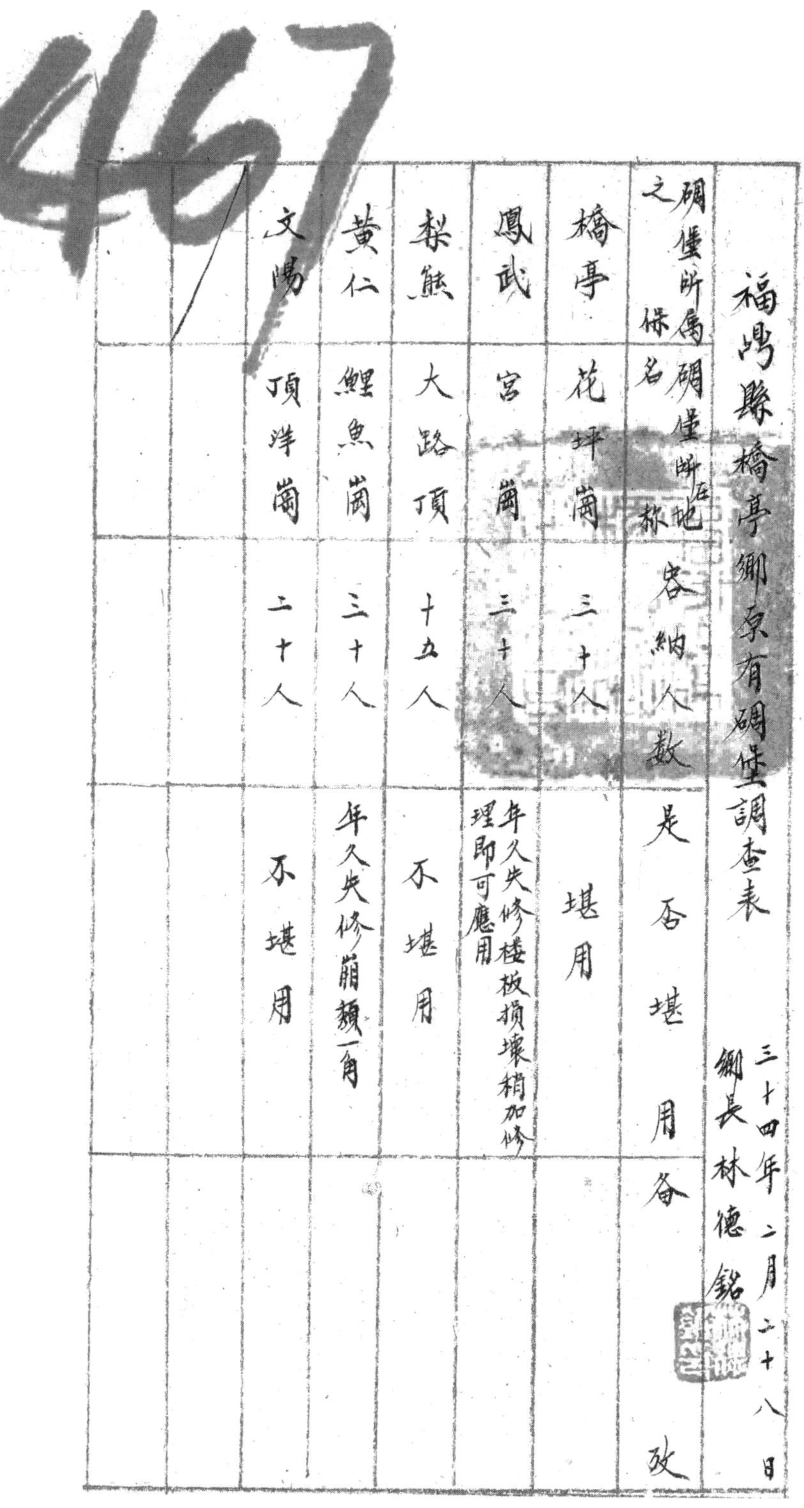

福鼎縣橋亭鄉原有碉堡調查表

碉堡所屬之保名	碉堡所在地名稱	容納人數	是否堪用	備考
橋亭	花坪崗	三十人	堪用	
鳳武	宮崗	三十人	年久失修樓板損壞稍加修理即可應用	
梨熊	大路頂	十五人	不堪用	
黃仁	鯉魚崗	三十人	年久失修崩頹一角	
文陽	頂垟崗	二十人	不堪用	

鄉長林德銘
三十四年二月二十八日

福鼎县桥亭乡公所原有碉堡调查表(1945年2月28日)　G133-003-0182

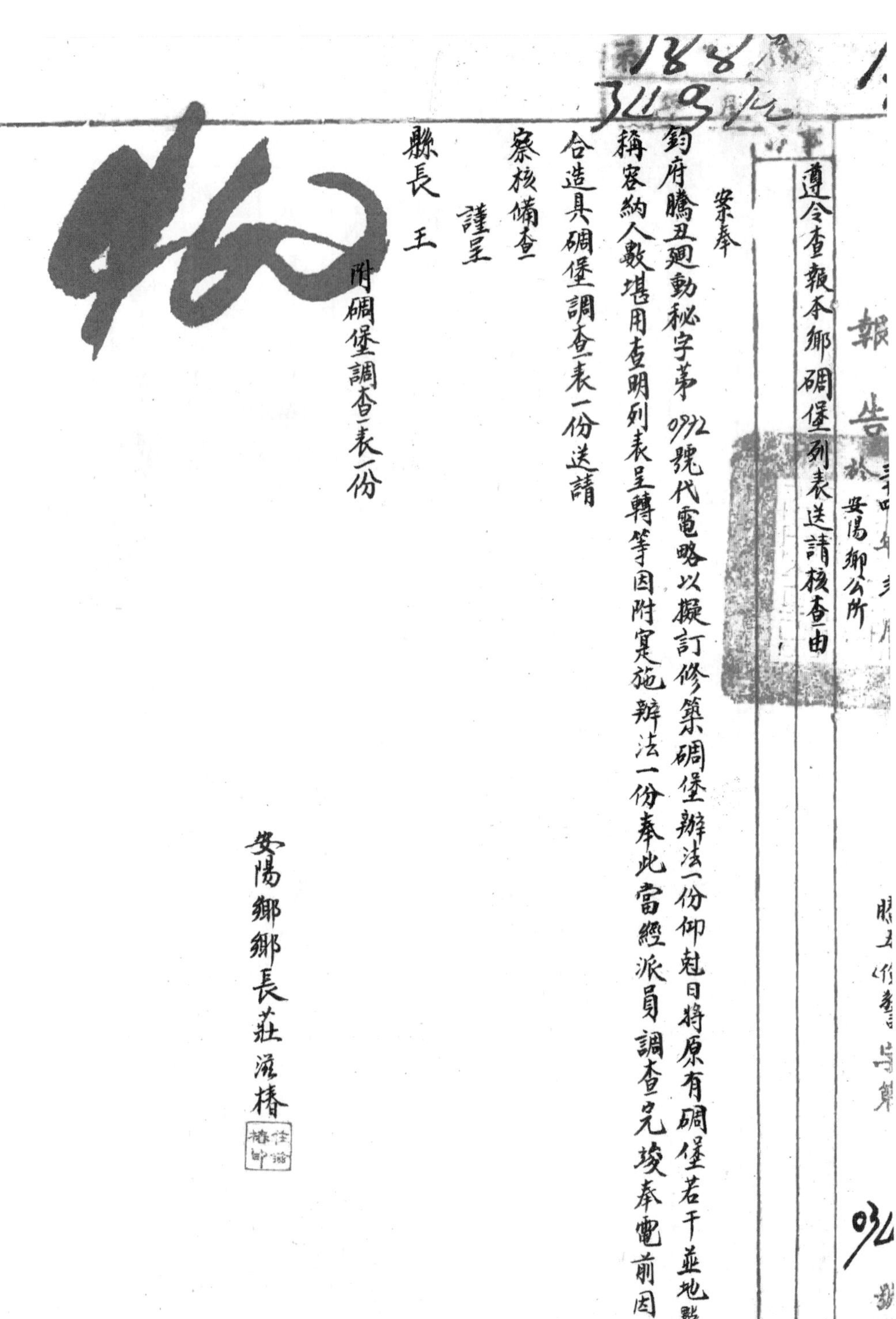
報告　於安陽鄉公所

遵令查報本鄉碉堡列表送請核查由

案奉

鈞府籐丑廻動秘字第0912號代電略以擬訂修築碉堡辦法一份仰尅日將原有碉堡若干並地點名稱容納人數堪用查明列表呈轉等因附寔施辦法一份奉此當經派員調查完竣奉電前因理合造具碉堡調查表一份送請

察核備查

謹呈

縣長　王

附碉堡調查表一份

安陽鄉鄉長莊湛椿

福鼎县安阳乡公所关于遵令查报本乡碉堡调查表的报告

(1945年2月28日)a面　G133-003-0182

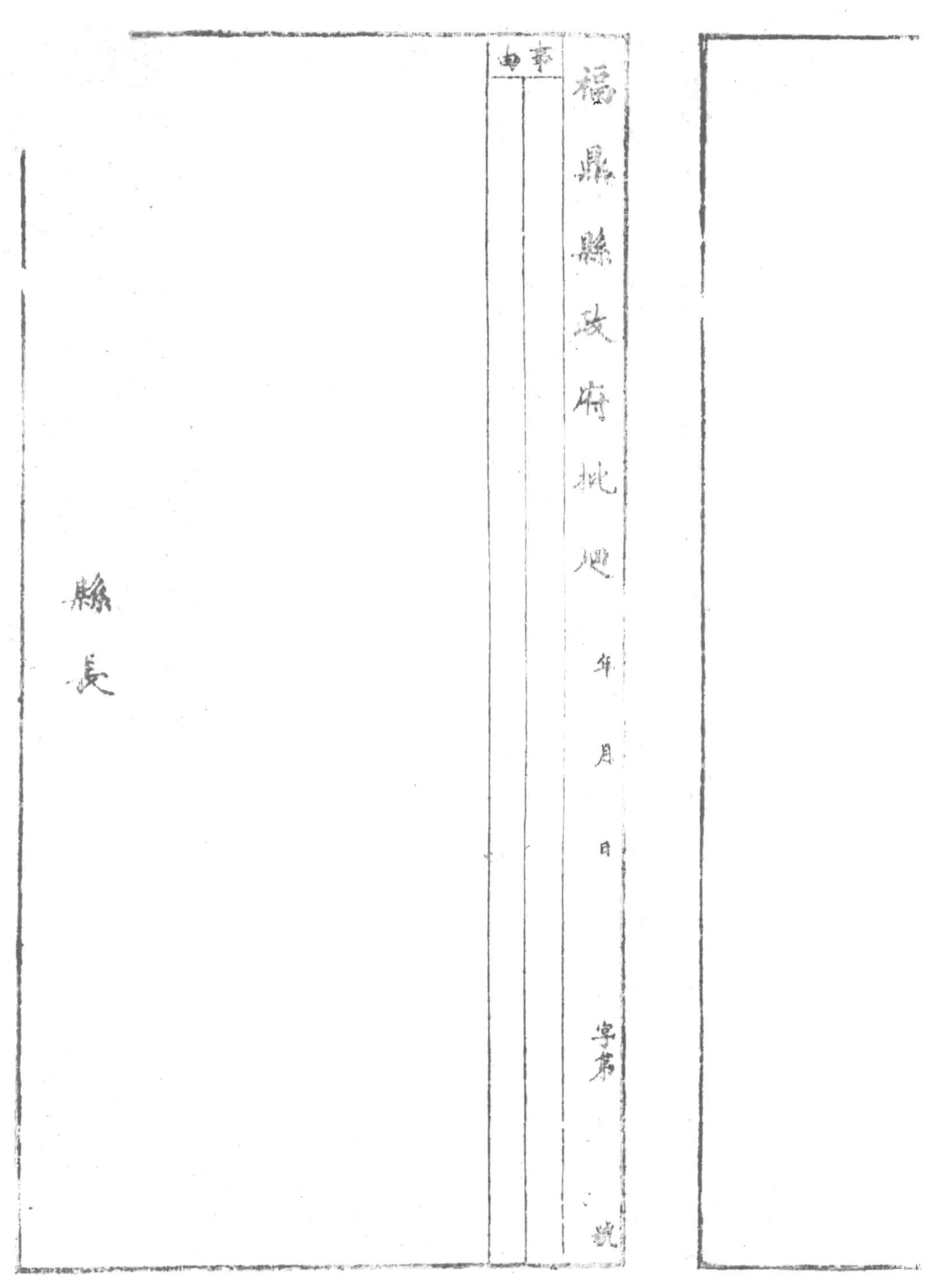
事由
福鼎縣政府批

年 月 日

字第 號

縣長

福鼎县安阳乡公所关于遵令查报本乡碉堡调查表的报告
(1945年2月28日)b面 G133-003-0182

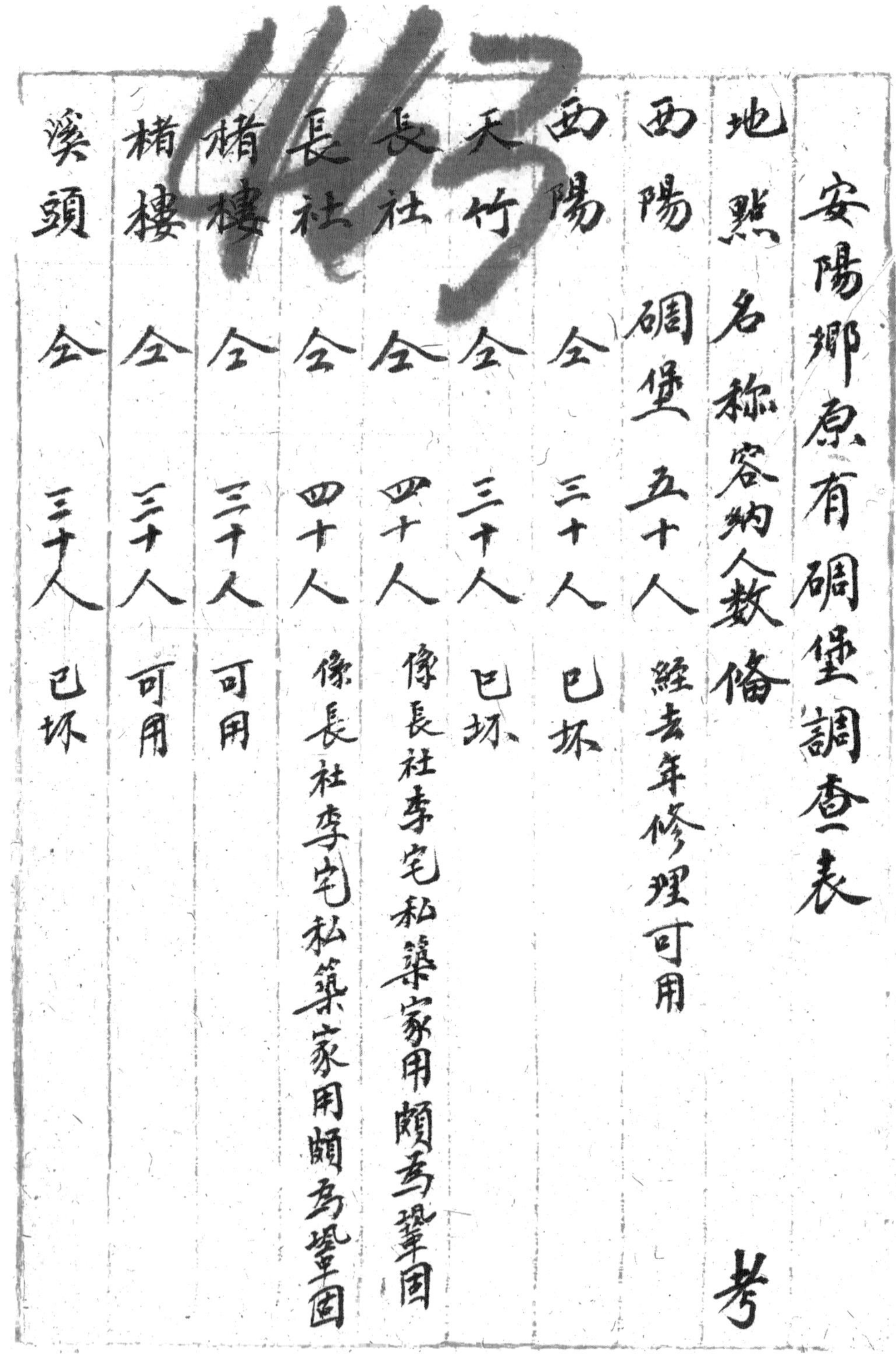

安陽鄉原有碉堡調查表

地點	名稱	容納人數	備考
西陽	碉堡	五十人	經去年修理可用
西陽	仝	三十人	已坏
天竹	仝	三十人	已坏
長社	仝	四十人	係長社李宅私築家用頗爲鞏固
長社	仝	四十人	係長社李宅私築家用頗爲鞏固
楮樓	仝	三十人	可用
楮樓	仝	三十人	可用
溪頭	仝	三十人	已坏

安阳乡原有碉堡调查表(1945年2月28日)a面 G133-003-0182

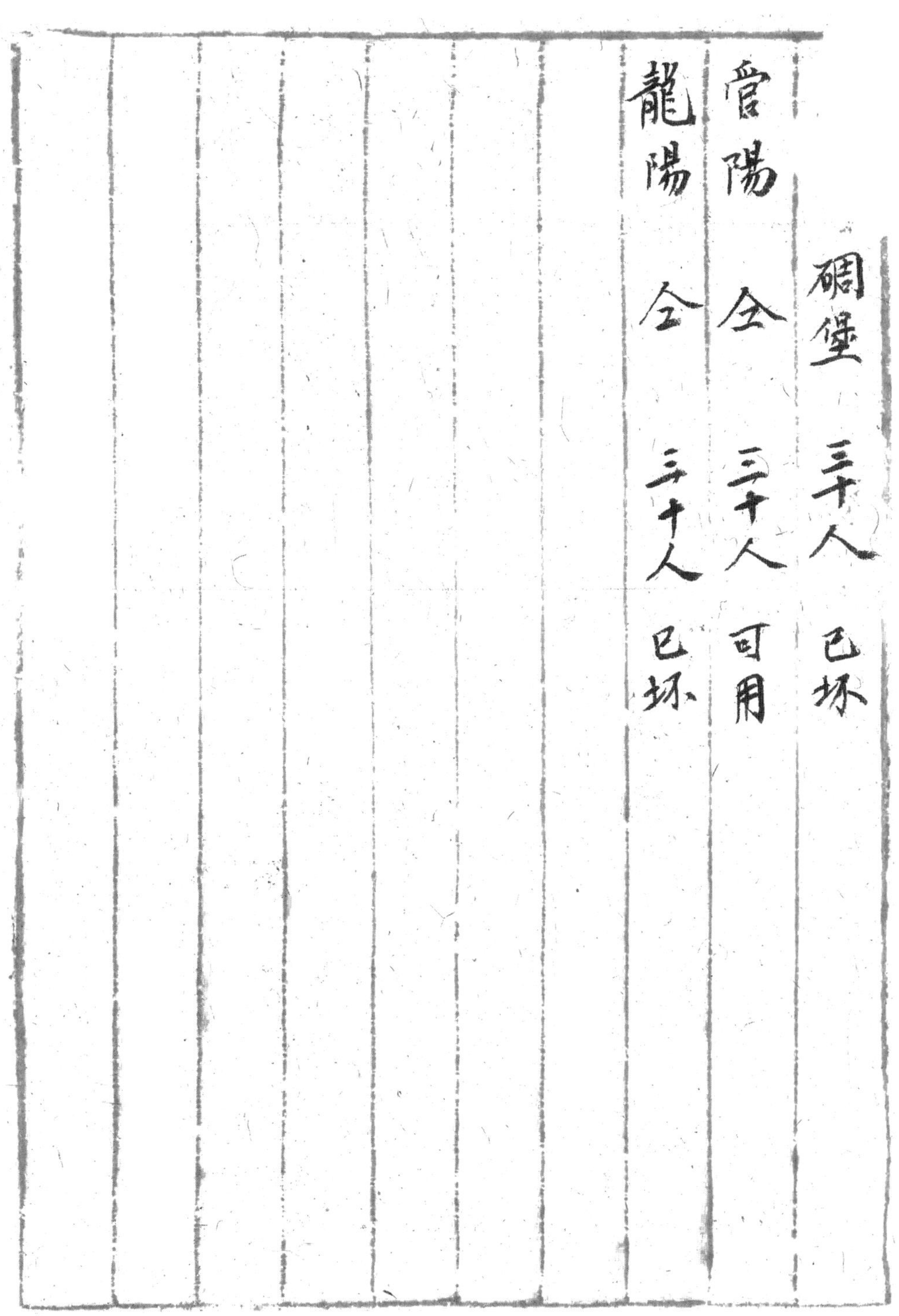

碉堡　三十人　已坏
曾陽　仝　三十人　可用
龍陽　仝　三十人　已坏

安阳乡原有碉堡调查表(1945年2月28日)b面　G133-003-0182

來報紙 RECEIVING FORM 交通部電報局

TELEGRAPH OFFICE

MINISTRY OF COMMUNICATIONS

由 From	流水號數 Running No.	報類 Class	發報局名 Office From			來報號數 Telegram No.
時刻 Time	原來號數 Original No.	字數 words		日期 Date	時刻 Time	派送員 By
值機員 By	備註 Service Instructions					

注意：如有查詢事項請帶此紙

Notes; Any enquiry respecting this telegram, please produce this form

福鼎县政府译福建省保安司令部关于迅报附城及重要乡镇碉堡修整情形的电报

（1945 年 3 月 3 日） G133-003-0182

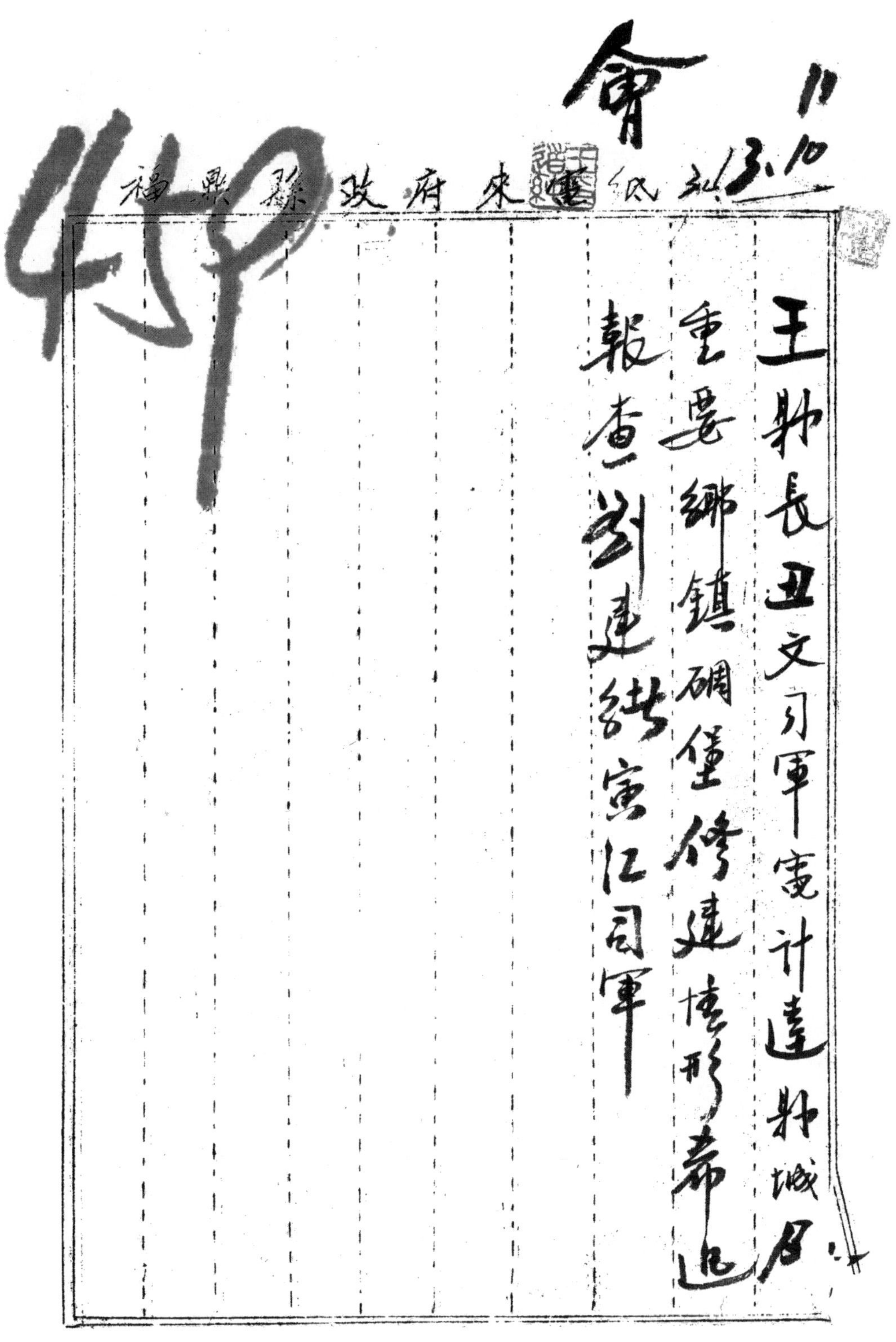

福鼎縣政府來電紙

王部長丑文司軍電计速報城及重要鄉鎮碉堡修建情形希迅報查劉建緒寅江司軍

福鼎县政府译福建省保安司令部关于迅报附城及重要乡镇碉堡修整情形的电报

（1945年3月3日） G133-003-0182

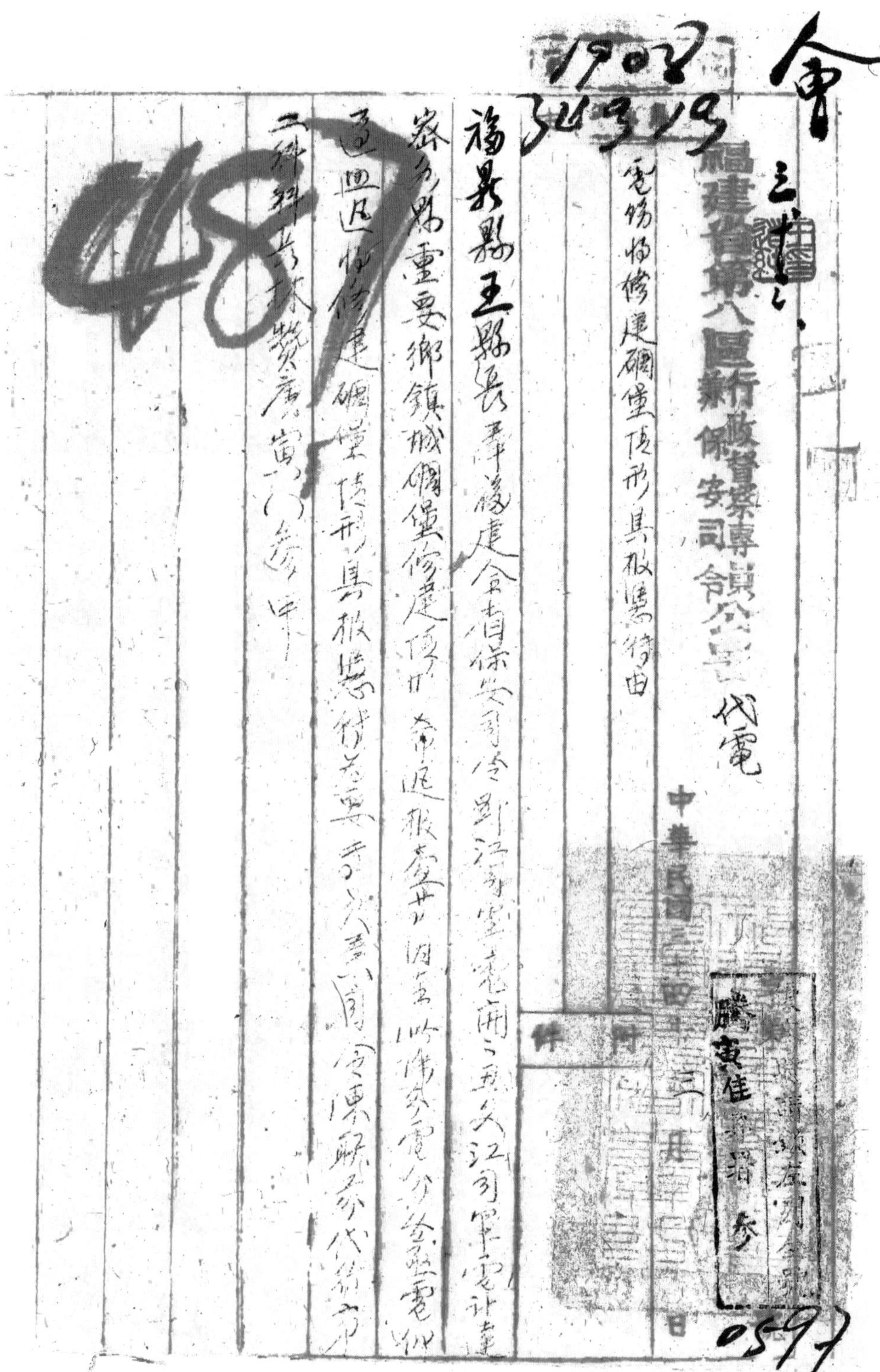

福建省第八区行政督察专员兼保安司令公署关于电饬将修建碉堡情形具报凭转的代电

（1945 年 3 月 9 日）　G133-003-0182

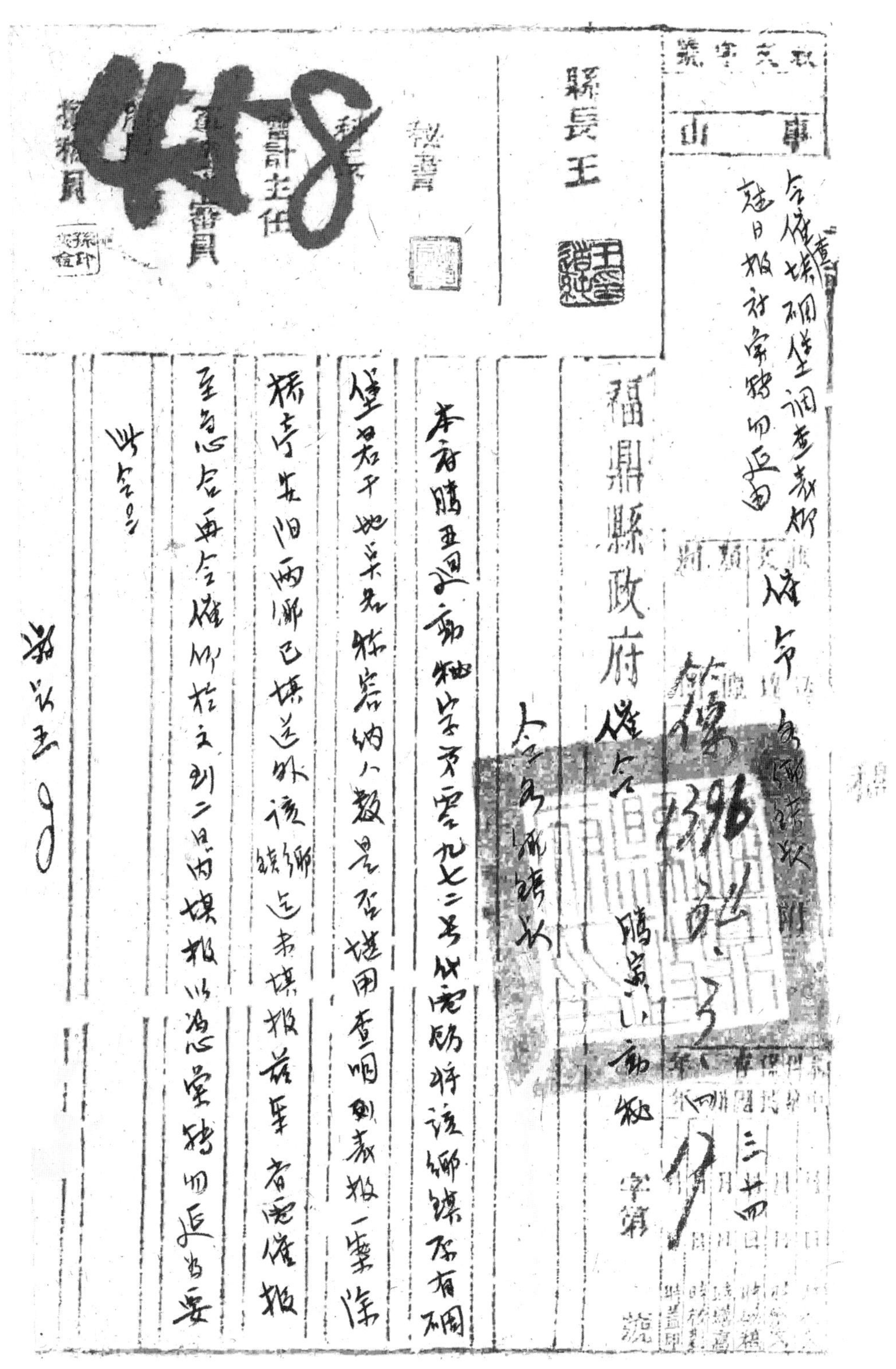

福鼎县政府关于电催各乡镇查填碉堡调查表克日报府汇转勿延的命令

（1945 年 3 月 17 日） G133 003 0182

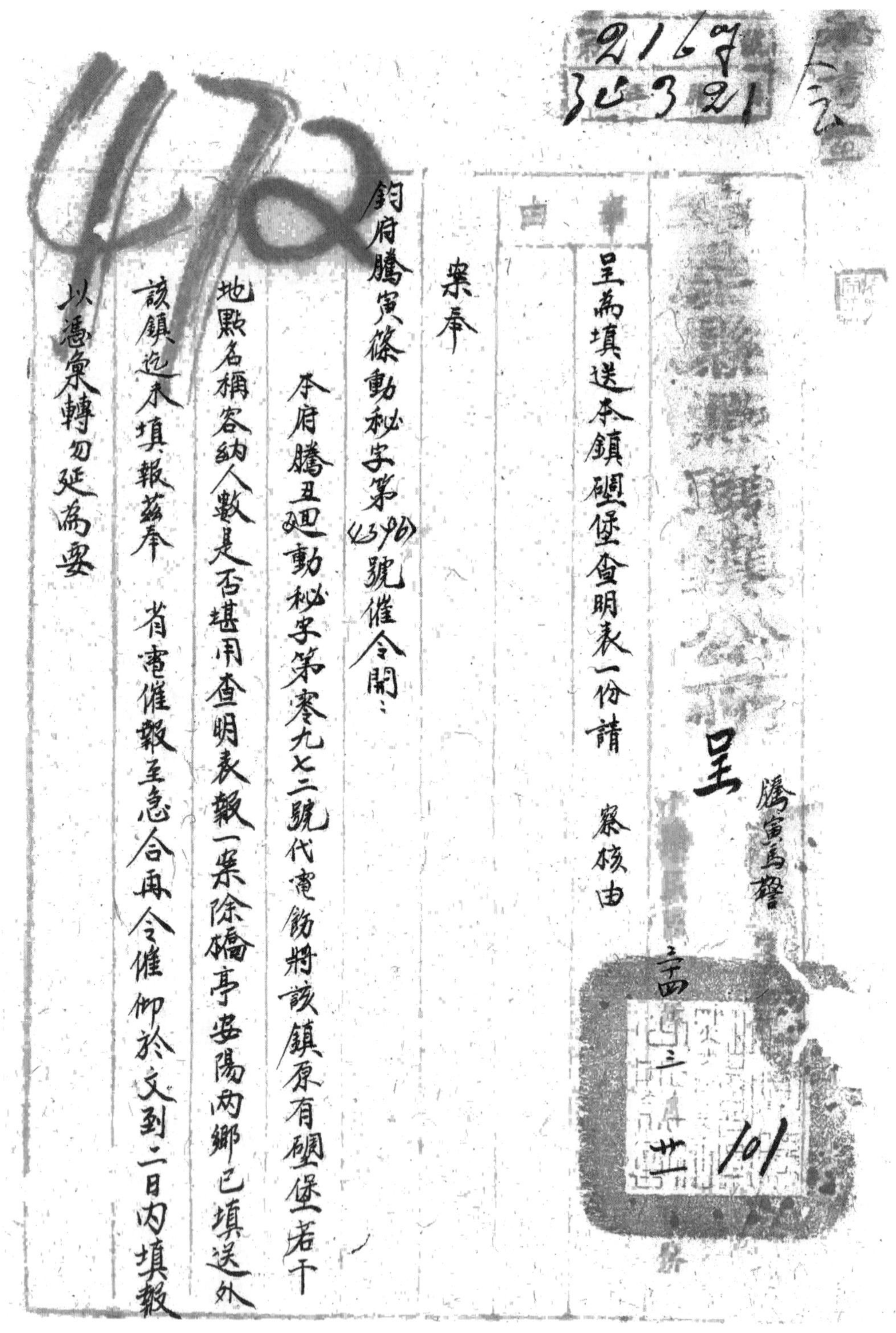
呈為填送本鎮碉堡查明表一份請 察核由

呈 騰寅馬

案奉
鈞府騰寅篠動秘字第1396號催令開：
本府騰丑廻動秘字第零九七二號代電飭將該鎮原有碉堡若干地點名稱容納人數是否堪用查明表報一案除橋亭安陽兩鄉已填送外該鎮迄未填報茲奉 省電催報至急合再令催仰於文到二日內填報以憑彙轉勿延為要

福鼎县点头镇公所关于填送本镇碉堡查明表的呈文

（1945 年 3 月 21 日） G133-003-0182

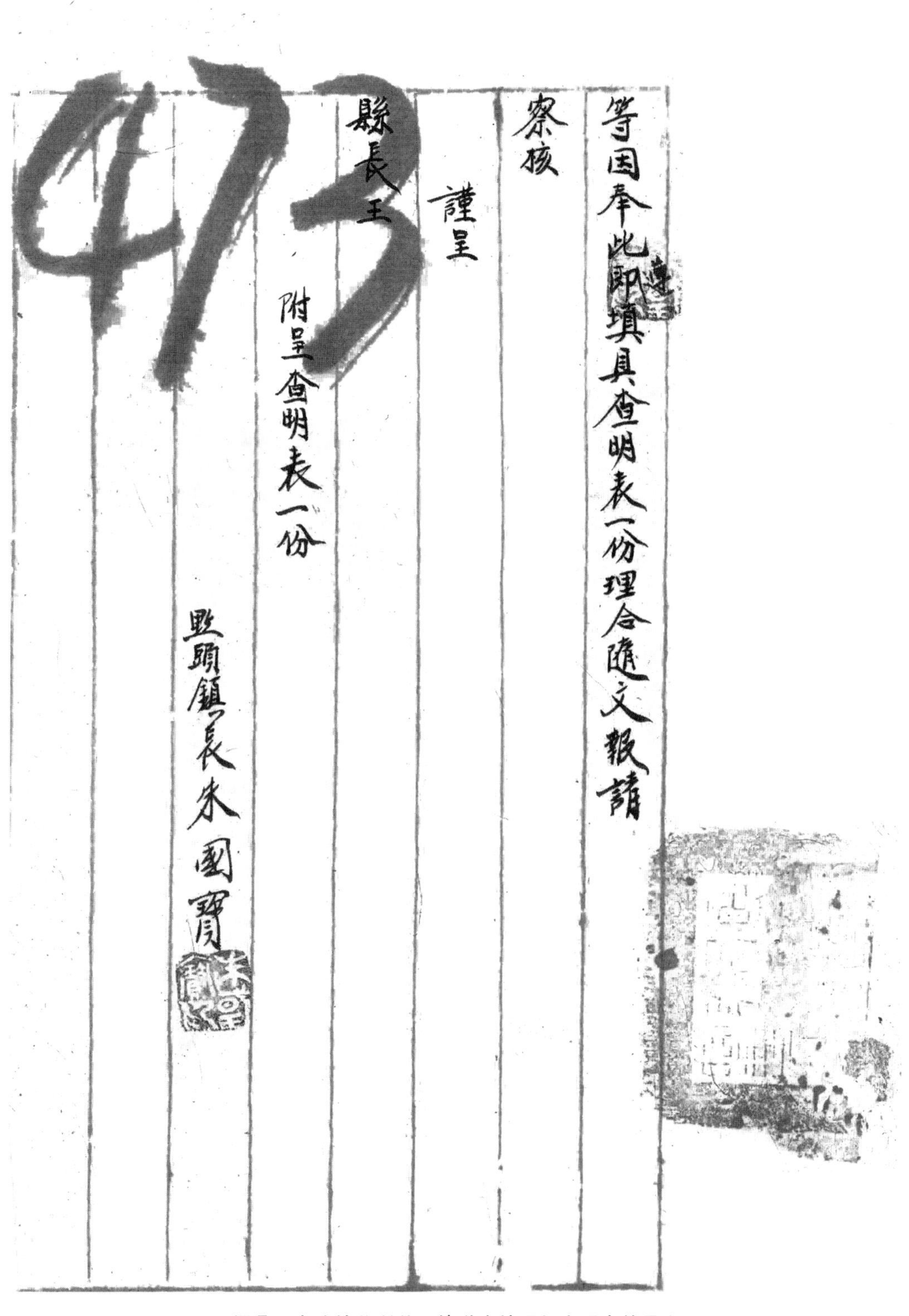

等因奉此即填具查明表一份理合随文报请

察核

謹呈

縣長王

附呈查明表一份

點頭鎮長朱國寶

福鼎县点头镇公所关于填送本镇碉堡查明表的呈文

（1945年3月21日） G133-003-0182

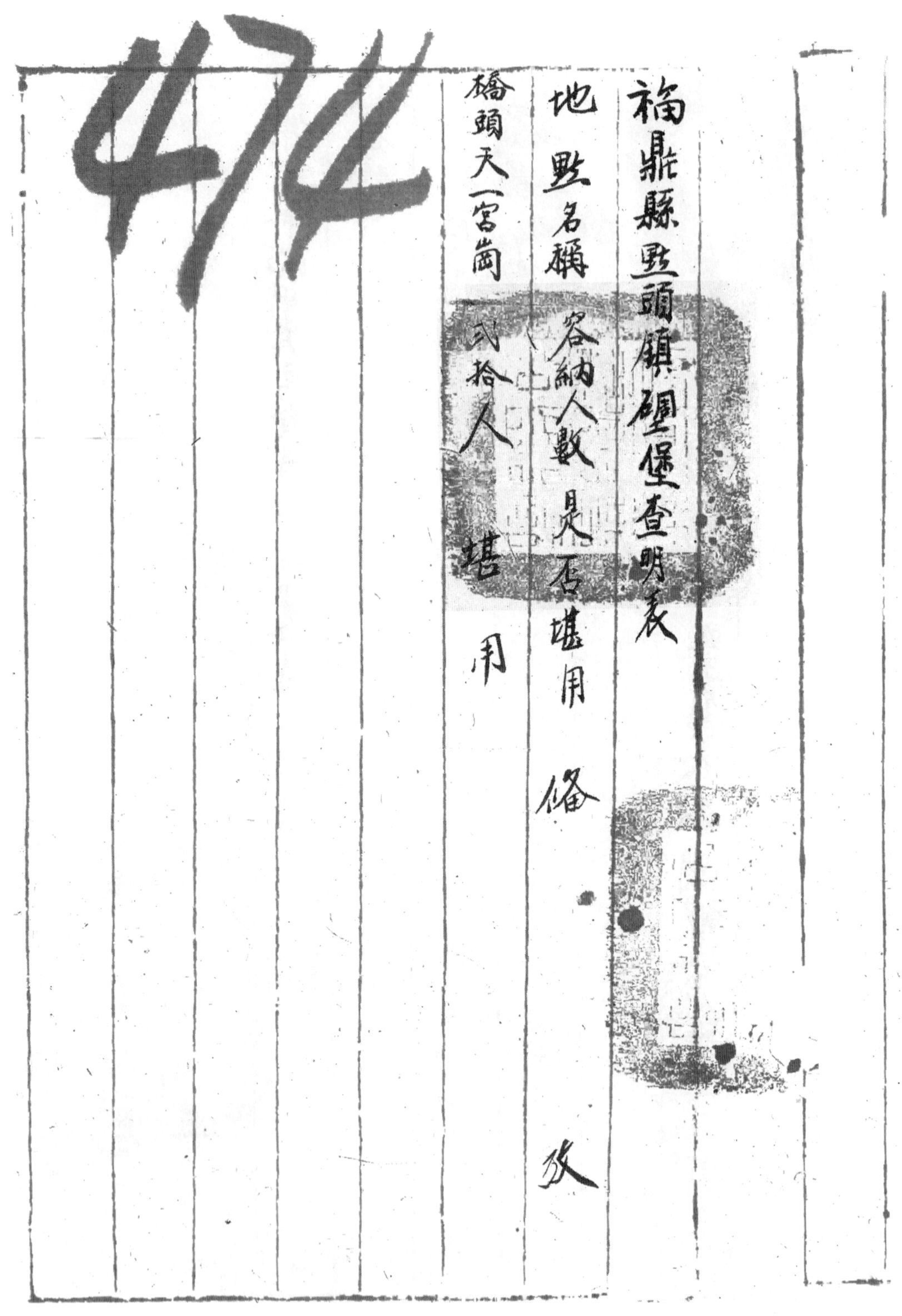

福鼎縣點頭鎮碉堡查明表

地點名稱 容納人數 是否堪用 備攷

橋頭天一宮崗 弍拾人 堪用

福鼎县点头镇碉堡调查表(1945年3月21日) G133-003-0182

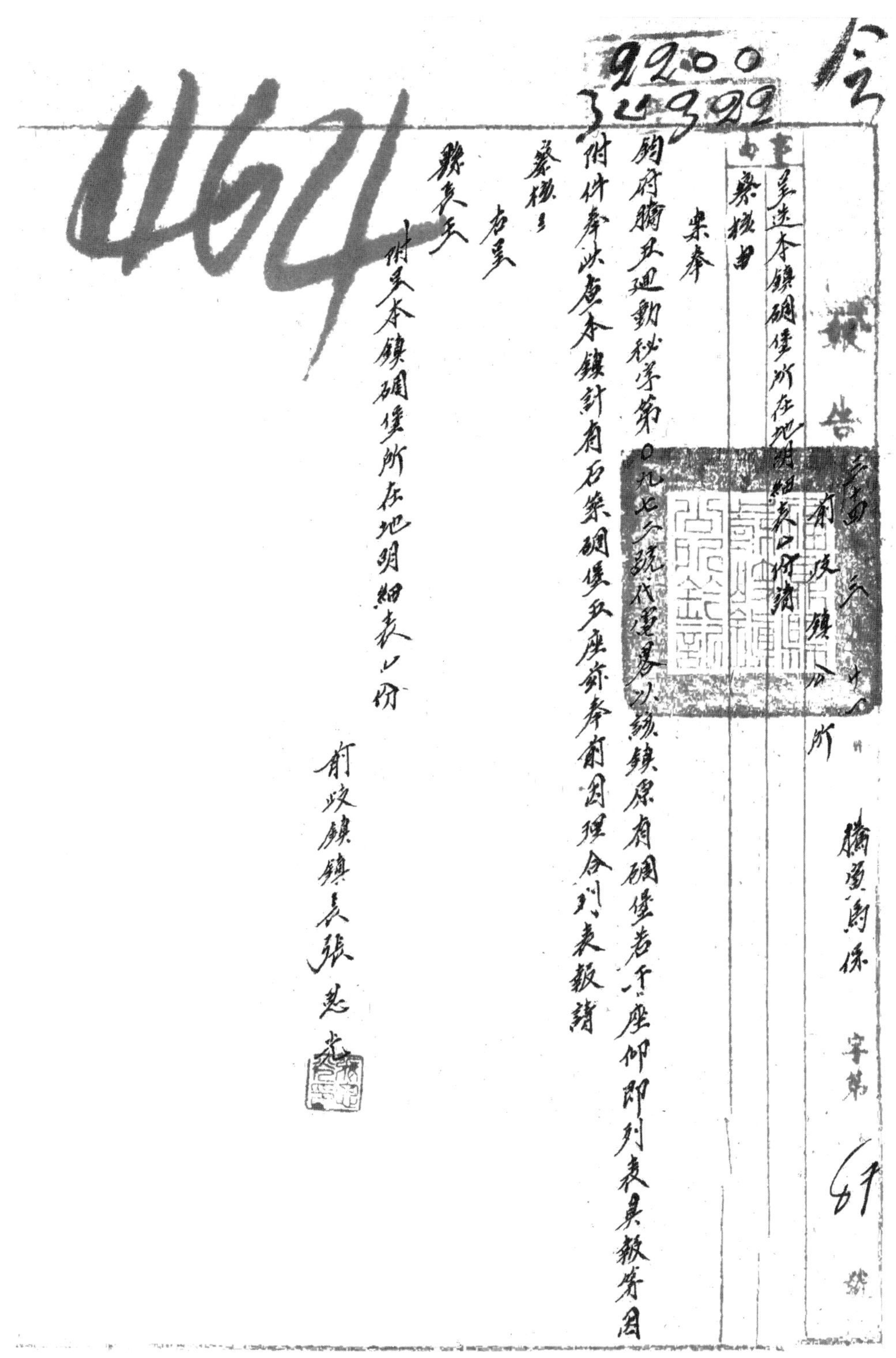

報告

前岐鎮公所

事由：呈送本鎮碉堡所在地明細表乞核由

案奉

鈞府腈丑迴勤秘字第〇九七六號代電嘱以該鎮原有碉堡若干座仰即列表具報等因

附件奉此，查本鎮計有石築碉堡五座，奉因理合列表報請

察核。

謹呈

縣長王

附呈本鎮碉堡所在地明細表一份

前岐鎮鎮長張惠光

福鼎县前岐镇公所关于呈送本镇碉堡所在地明细表的报告

（1945 年 3 月 21 日） G133-003-0182

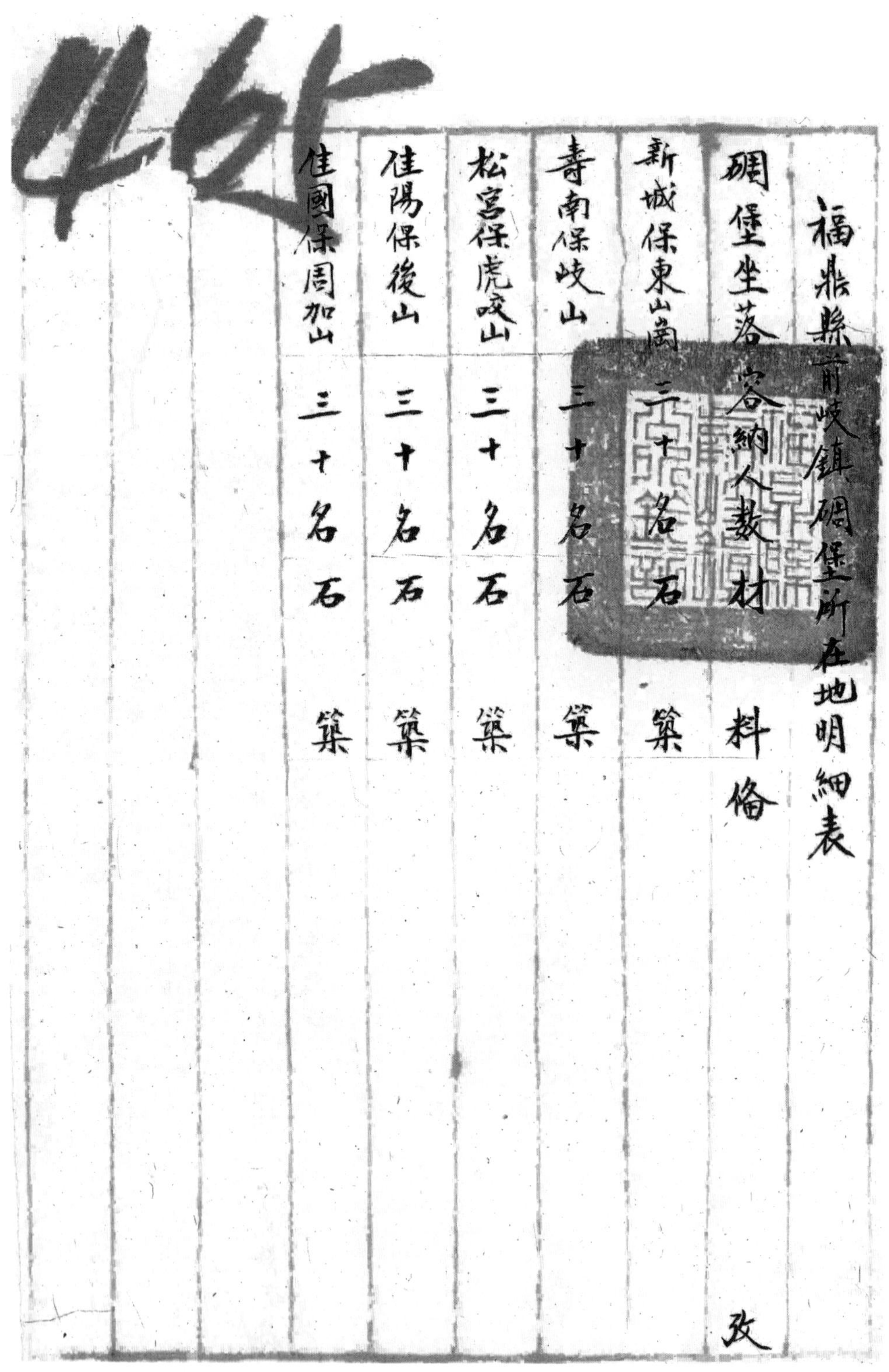

465

福鼎縣前岐鎮碉堡所在地明細表

碉堡坐落	容納人數	材料	備攷
新城保東山崗	三十名	石築	
壽南保岐山	三十名	石築	
松宮保虎咬山	三十名	石築	
佳陽保後山	三十名	石築	
佳國保周加山	三十名	石築	

福鼎县前岐镇碉堡所在地明细表(1945 年 3 月 21 日)　G133-003-0182

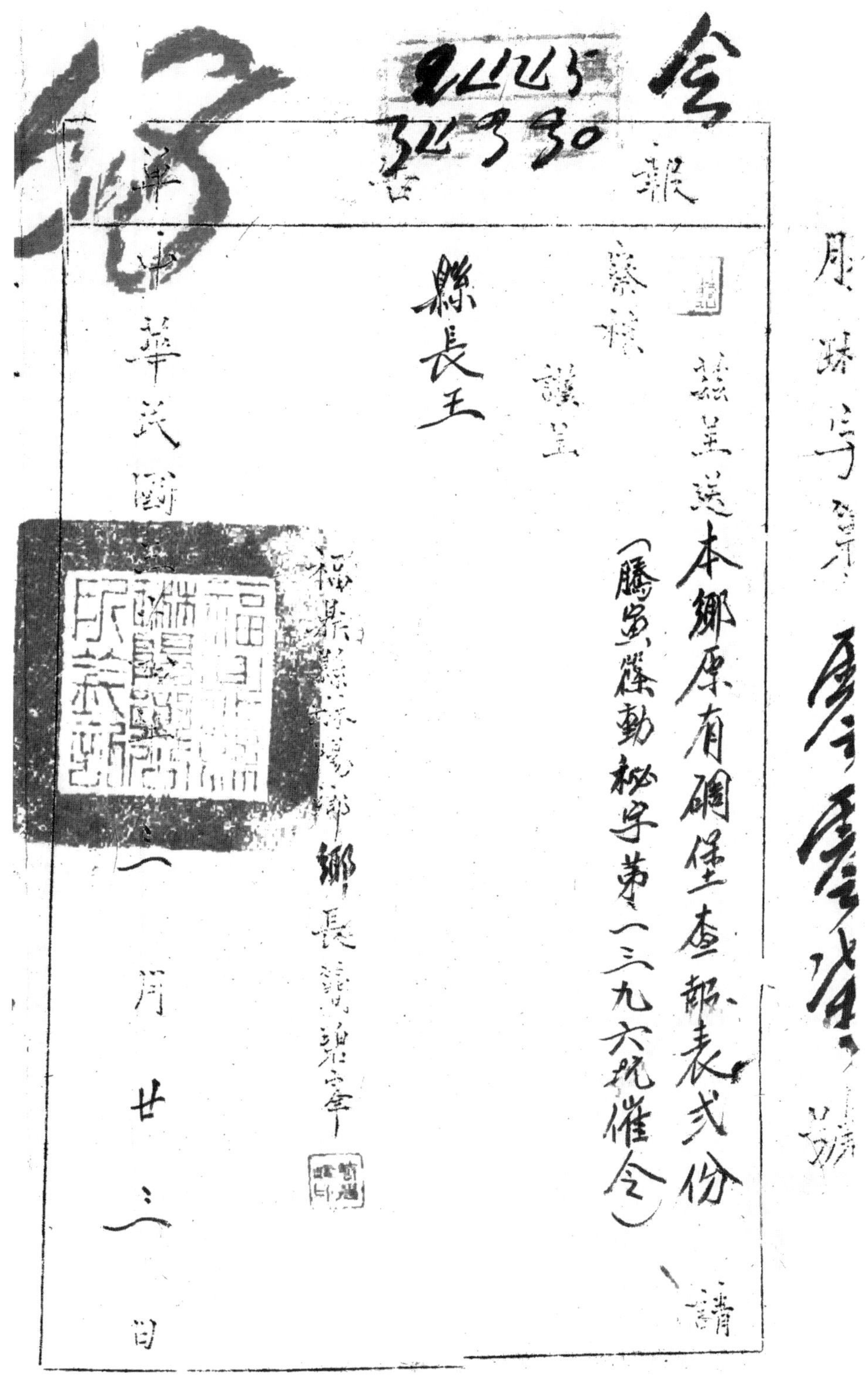

報告

事由：為呈送本鄉原有碉堡查報表式份（縢寅篠動秘字第一三九六號催令）請察核

謹呈

縣長王

福鼎縣琳陽鄉鄉長

中華民國三十四年三月廿三日

福鼎县琳阳乡公所关于呈送本乡原有碉堡调查表的报告
(1945年3月23日)a面 G133 003 0182

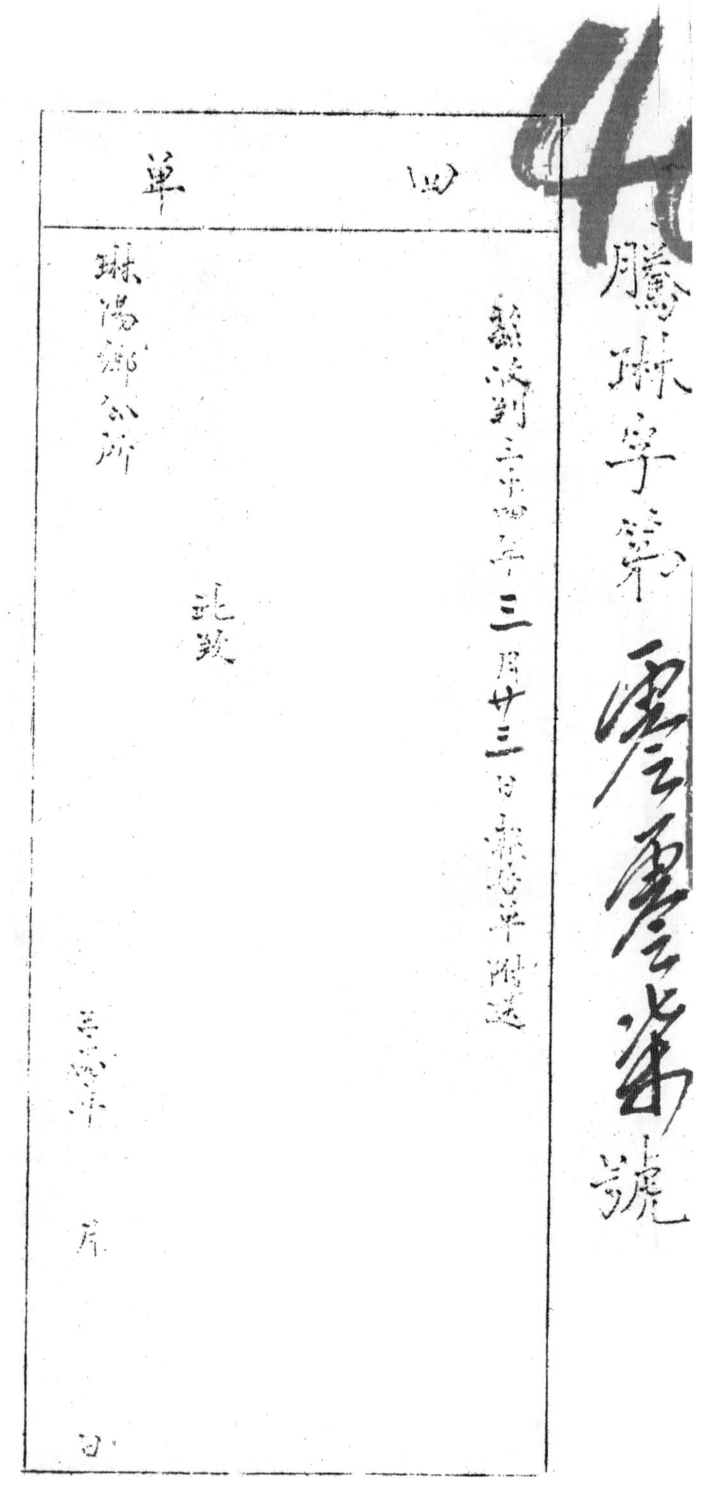

騰琳字第零零柒號

單　四

謹檢附三十四年三月廿三日報告單附送

此致

琳陽鄉公所

三十四年　月　日

福鼎县琳阳乡公所关于呈送本乡原有碉堡调查表的报告

(1945年3月23日)b面　G133-003-0182

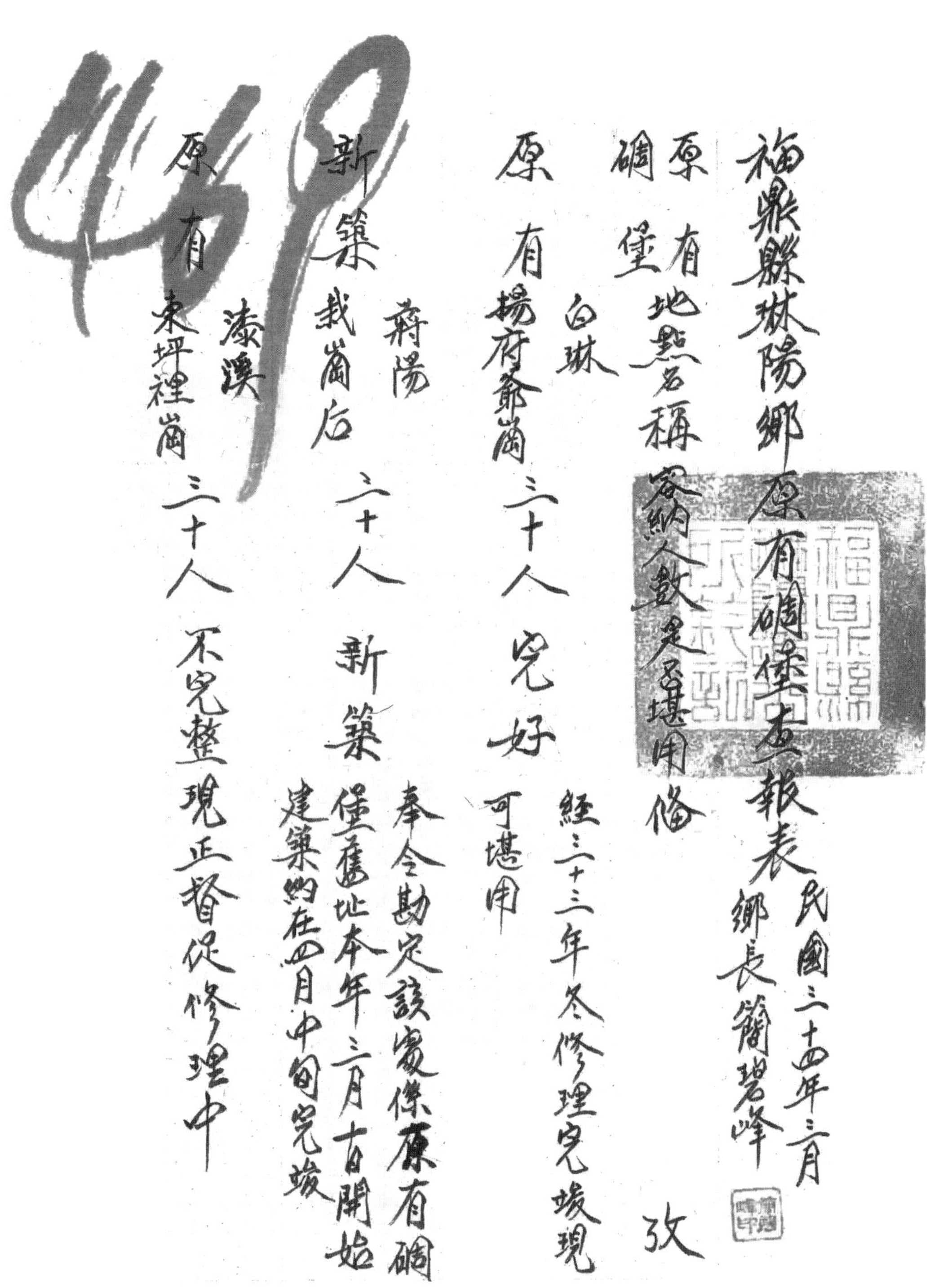

福鼎縣林陽鄉原有碉堡查報表

民國三十四年三月　鄉長翁碧峰

原有碉堡	地點名稱	容納人數	是否堪用	備攷
原有	白琳 揚府爺崗	三十人	完好	經三十三年冬修理完竣現可堪用
新築	蔣陽 栽崗后	二十人	新築	奉令勘定該處係原有碉堡舊址本年三月十日開始建築約在四月中旬完竣
原有	漆溪 東坪裡崗	三十人	不完整	現正督促修理中

福鼎县琳阳乡原有碉堡调查表(1945 年 3 月 23 日)　G133-003-0182

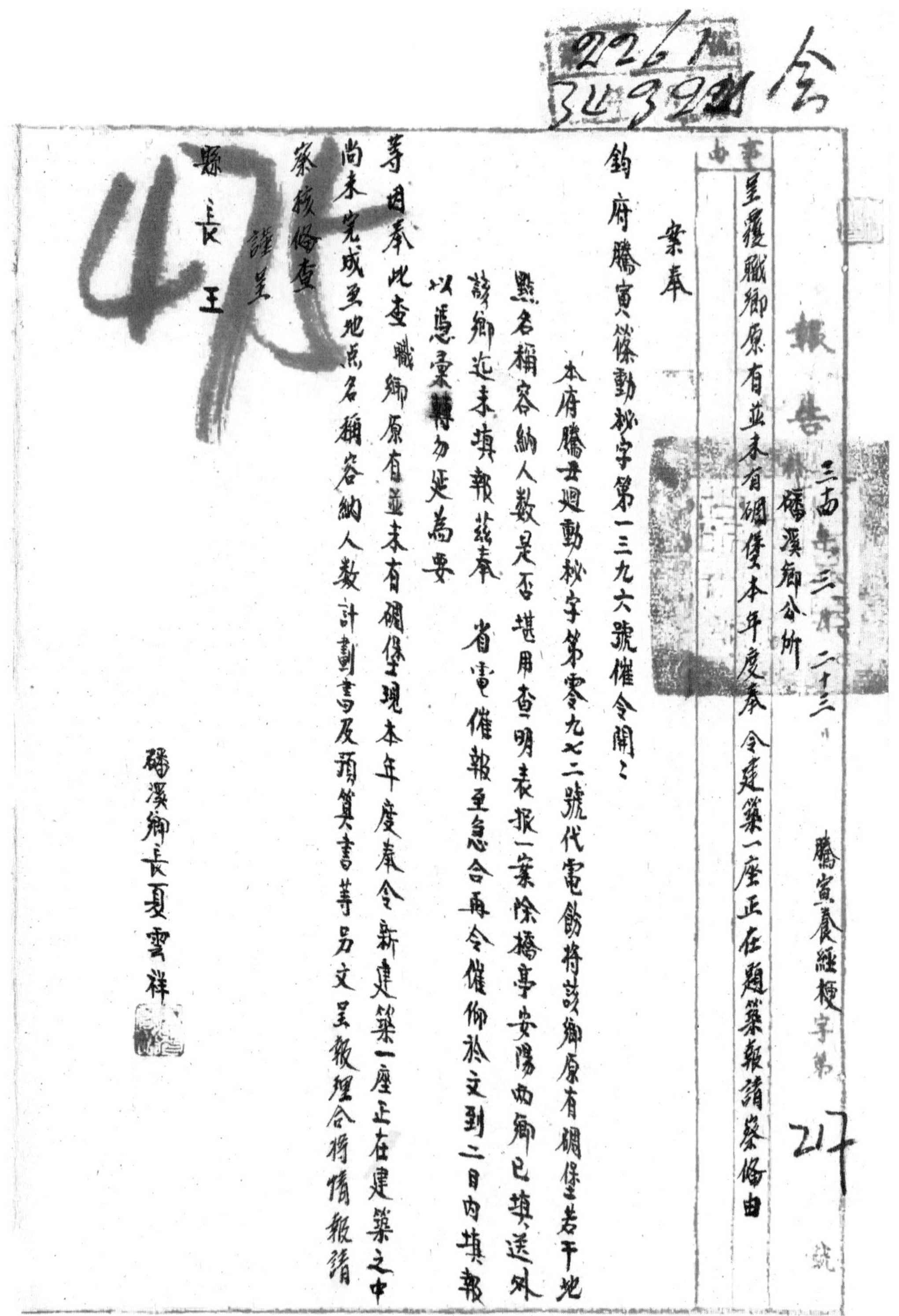

報告

三十四年三月二十三日

磻溪鄉公所

騰寅養經字第217號

事由：呈覆職鄉原有並未有碉堡本年度奉令建築一座正在趕築報請鑒備由

案奉

鈞府騰寅篠動秘字第一三九六號催令開：

本府騰丑廻動秘字第零九七二號代電飭將該鄉原有碉堡若干地點名稱容納人數是否堪用查明表報一案除橋亭安陽兩鄉已填送外該鄉迄未填報茲奉省電催報至急合再令催仰於文到二日內填報以憑彙轉勿延為要

等因奉此查職鄉原有並未有碉堡現本年度奉令新建築一座正在建築之中尚未完成至地點名稱容納人數計劃書及預算書等另文呈報理合將情報請

鑒核備查

謹呈

縣長王

磻溪鄉長夏雲祥

福鼎县磻溪乡公所关于呈复本乡原未有碉堡本年奉令建筑一座正在赶筑的报告

（1945 年 3 月 23 日）　G133-003-0182

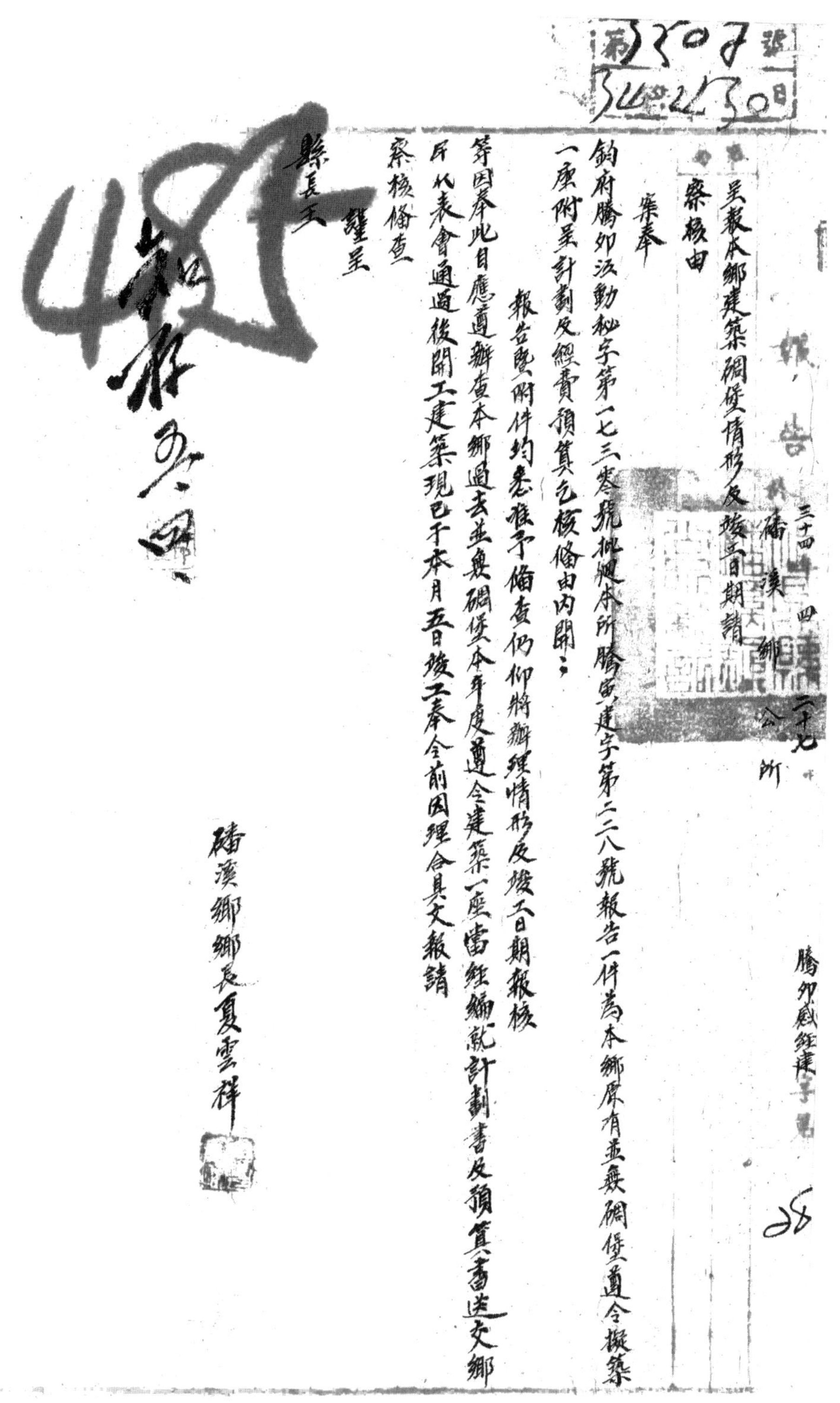

報告

騰卯戚經建字第　號

呈報本鄉建築碉堡情形及竣工日期請

察核由

三十四年四月二十七日

磻溪鄉公所

案奉

鈞府騰卯汲動秘字第一七三零號批據本所騰寅建字第二二八號報告一件為本鄉原有並無碉堡遵令擬築一座附呈計劃及經費預算乞核備由內開：

報告暨附件均悉准予備查仍仰將辦理情形及竣工日期報核

等因奉此自應遵辦查本鄉過去並無碉堡本年度遵令建築一座當經編就計劃書及預算書送交鄉民代表會通過後開工建築現已于本月五日竣工奉令前因理合具文報請

察核備查

謹呈

縣長王

磻溪鄉鄉長夏雲祥

福鼎县磻溪乡公所关于呈报本乡建筑碉堡情形及竣工日期的报告

（1945年4月27日） G133-003-0182

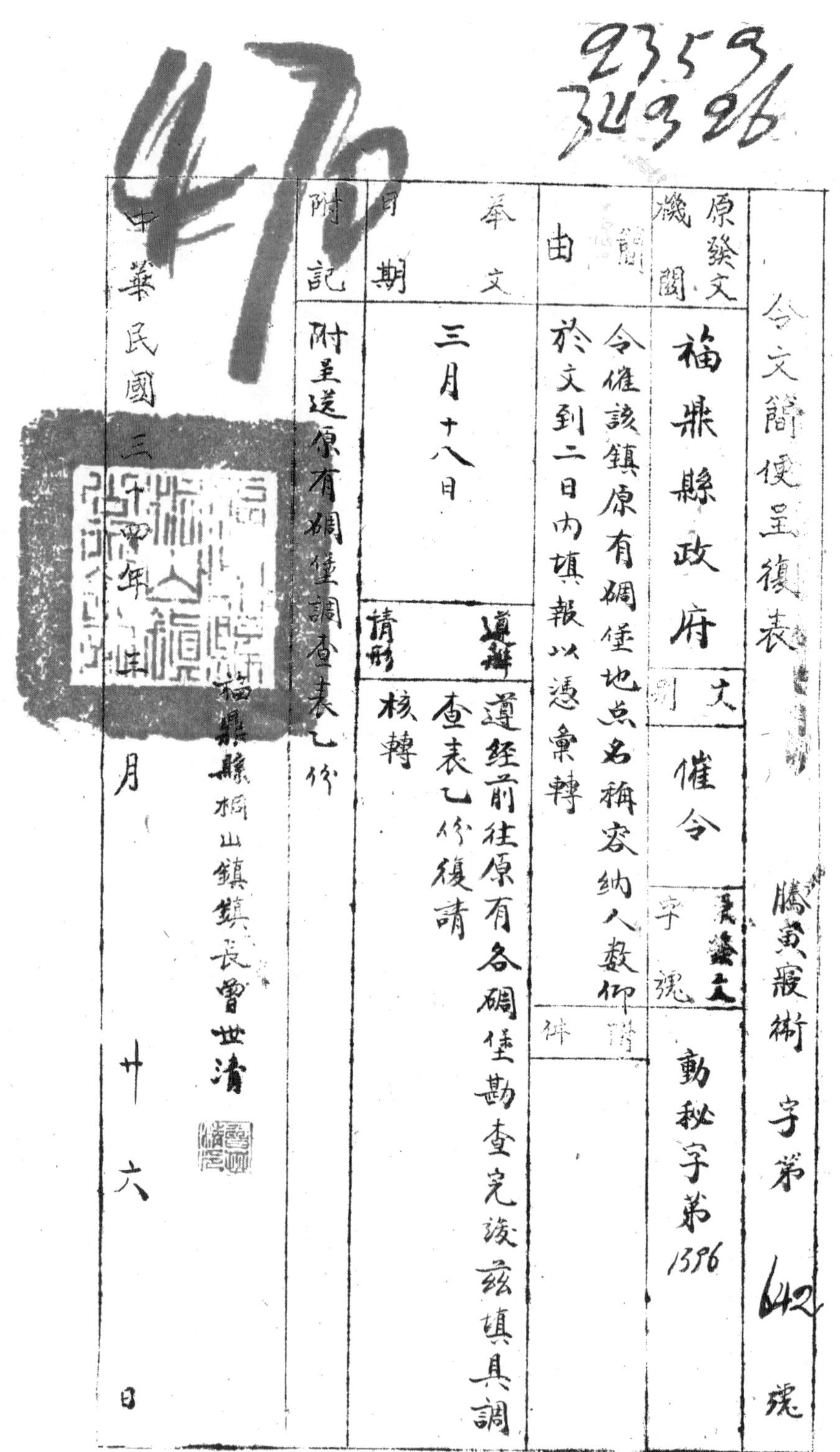

令文简便呈复表

腾寅霞衔字第642号

原发文机关：福鼎县政府

别：大 催令

字号：动秘字第1386

简由：令催该镇原有碉堡地点名称容纳人数仰于文到二日内填报以凭汇转

奉文日期：三月十八日

遵办情形：遵经前往原有各碉堡勘查完竣兹填具调查表乙份复请核转

附记：附呈送原有碉堡调查表乙份

中华民国三十四年三月廿六日

福鼎县桐山镇镇长曾世清

福鼎县桐山镇公所关于本镇各碉堡勘查完竣填具调查表请核转的令文简便呈复表

（1945年3月26日） G133-003-0182

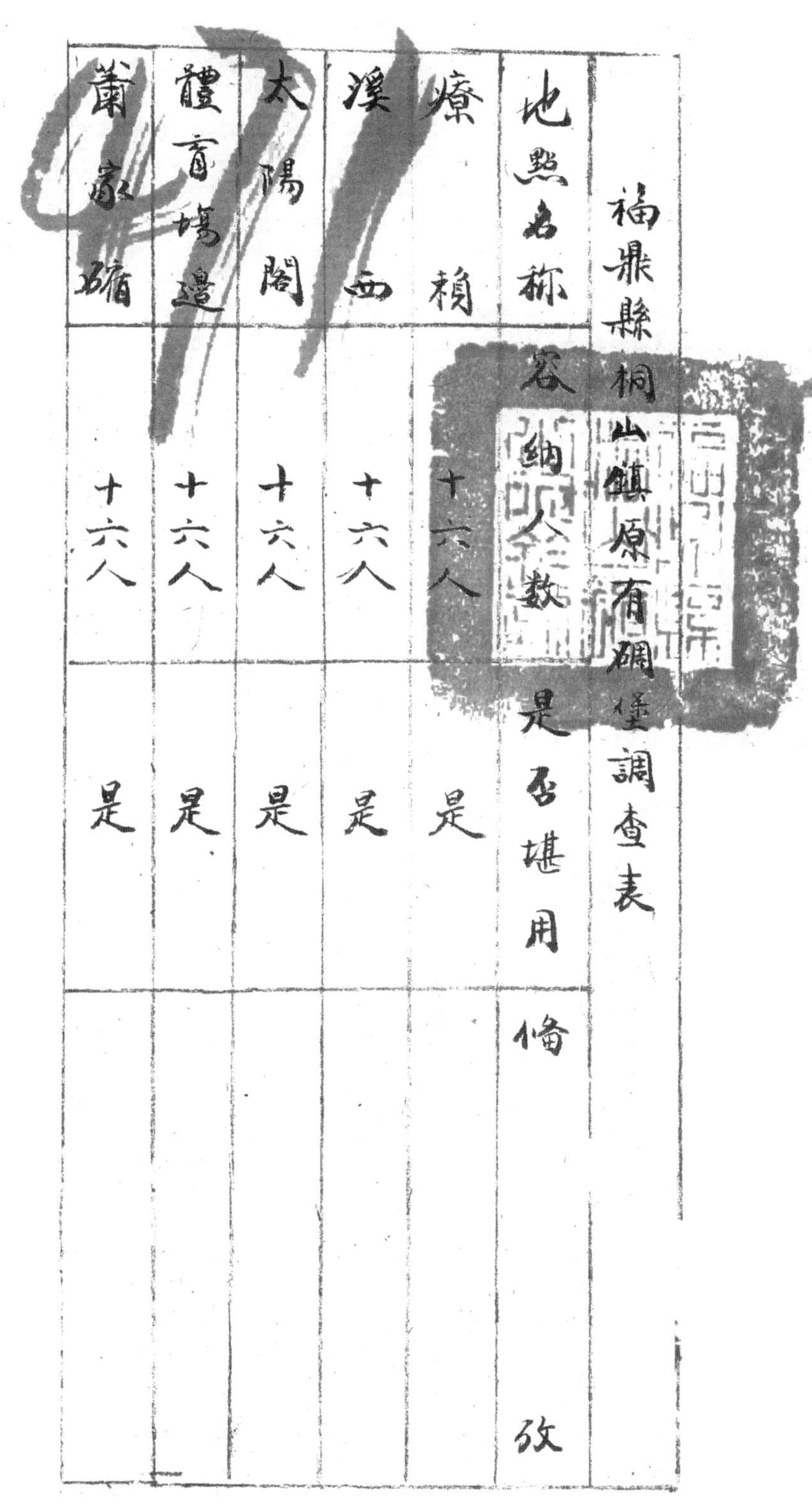

福鼎縣桐山鎮原有碉堡調查表

地點名称	容纳人数	是否堪用	備考
燎賴	十六人	是	
溪西	十六人	是	
太陽閣	十六人	是	
體育場邊	十六人	是	
蕭家墻	十六人	是	

福鼎县桐山镇原有碉堡调查表(1945 年 3 月 26 日)　G133-003-0182

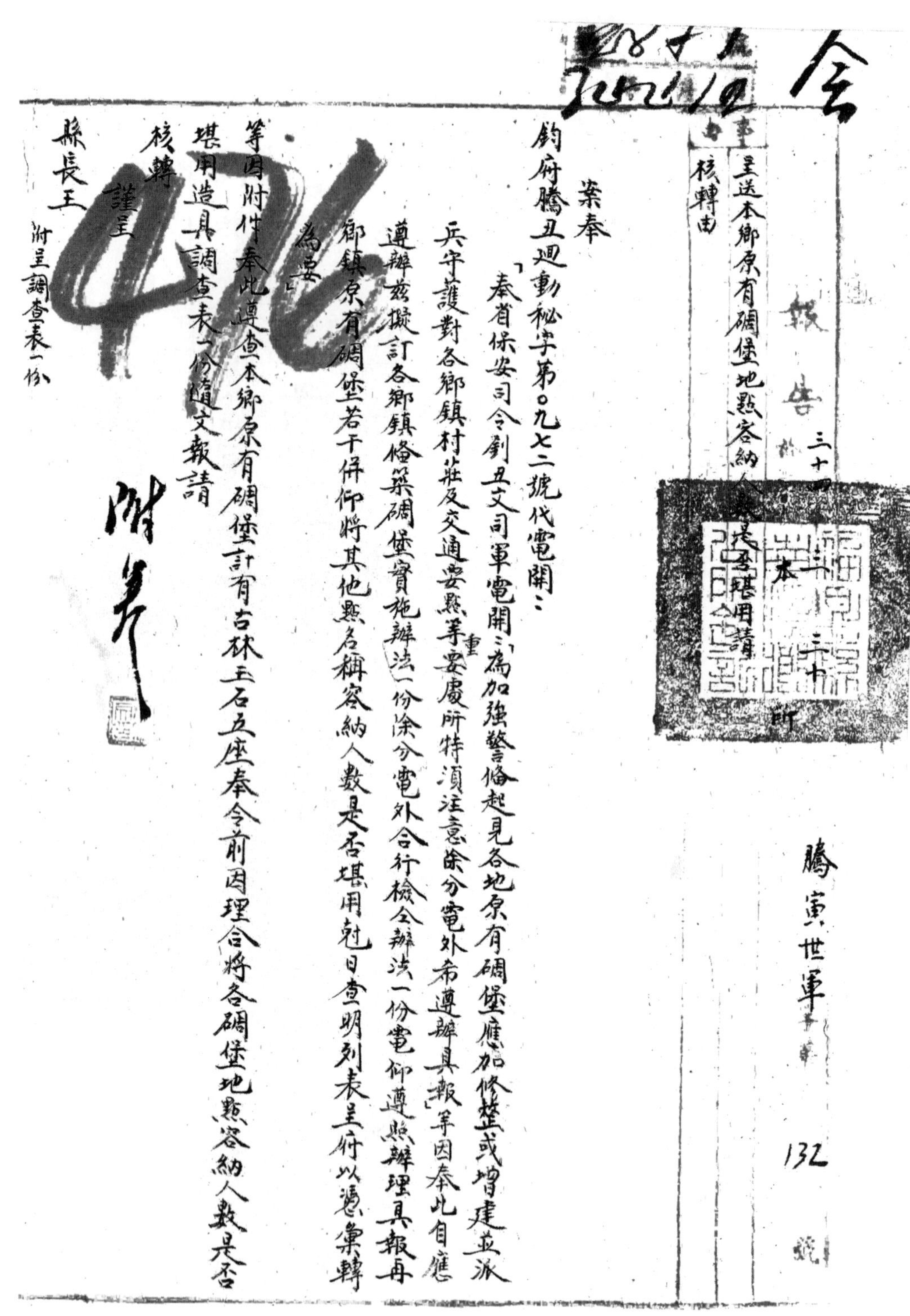

報告 三十四年三月三十日 於本所

騰寅世軍字132號

事由：呈送本鄉原有碉堡地點容納人數是否堪用請核轉由

案奉

鈞府騰丑迴動秘字第〇九七二號代電開：「奉省保安司令劉丑文司軍電開：「為加強警備起見，各地原有碉堡應加修整或增建，並派兵守護。對各鄉鎮村莊及交通要點等重要處所，特須注意，除分電外，希遵辦具報」等因。奉此，自應遵辦。茲擬訂各鄉鎮修築碉堡實施辦法一份，除分電外，合行檢發辦法一份，電仰遵照辦理具報。再，鄉鎮原有碉堡若干，併仰將其他點名稱、容納人數、是否堪用，剋日查明列表呈府，以憑彙轉為要」等因；附件。奉此，遵查本鄉原有碉堡計有古林、玉石五座。奉令前因，理合將各碉堡地點、容納人數、是否堪用造具調查表一份，備文報請

核轉。謹呈

縣長王

附呈調查表一份

福鼎县南溪乡公所关于呈送本乡原有碉堡调查表的报告

(1945年3月30日)a面 G133-003-0182

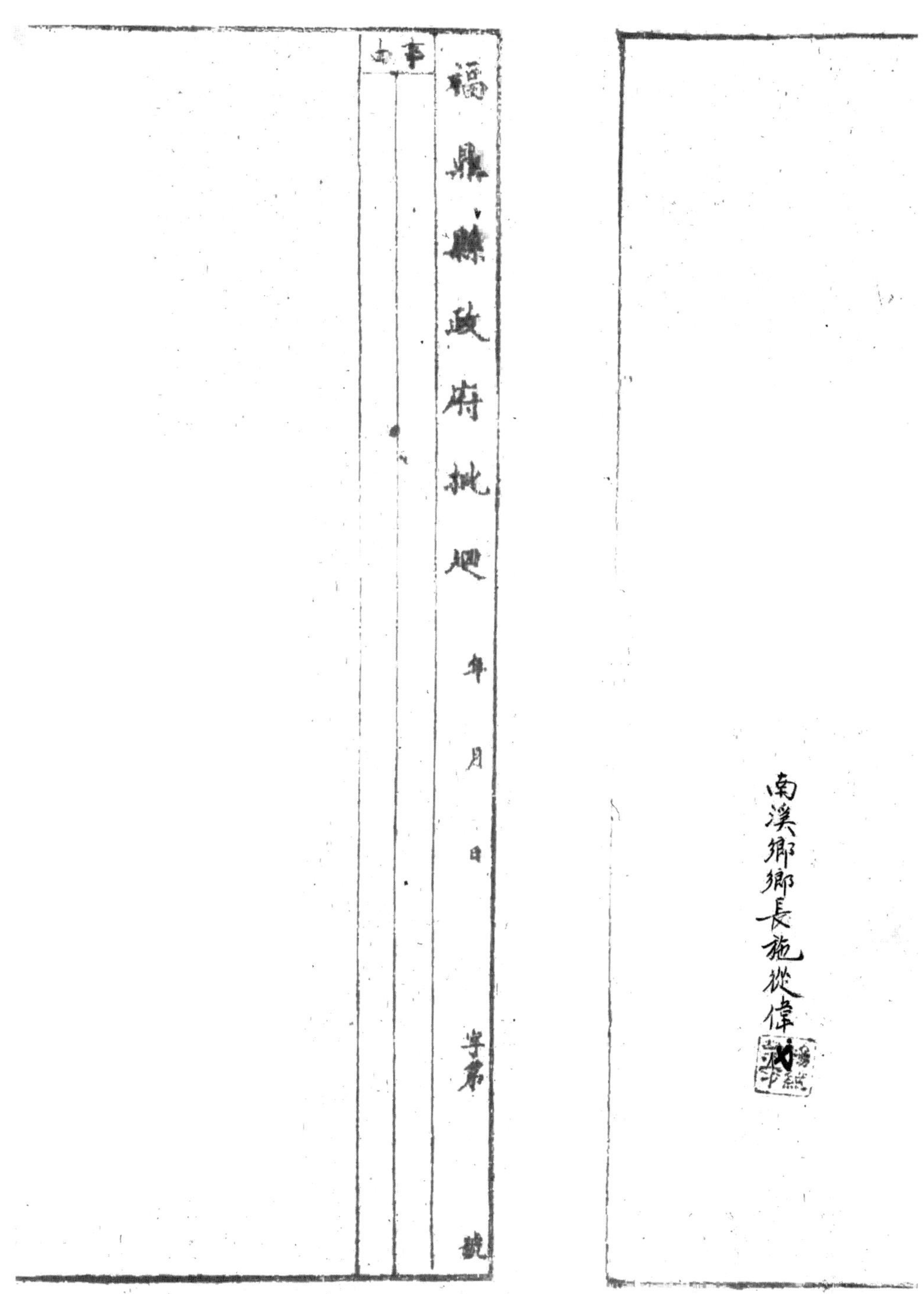

福鼎县南溪乡公所关于呈送本乡原有碉堡调查表的报告

(1945年3月30日)b面　G133-003-0182

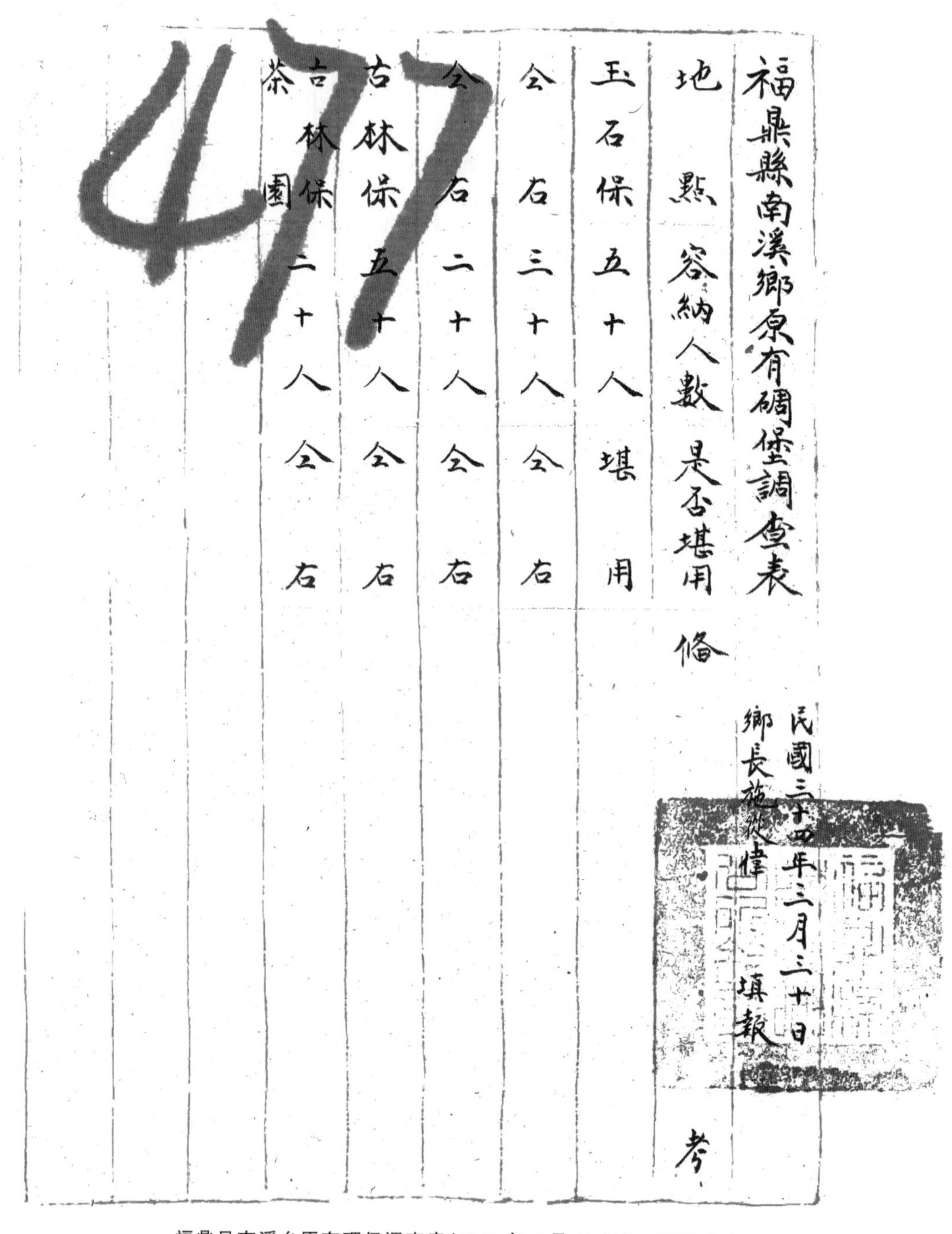

福鼎縣南溪鄉原有碉堡調查表

地點	容納人數	是否堪用	備考
玉石保	五十人	堪用	
仝右	三十人	仝右	
仝右	二十人	仝右	
古林保	五十人	仝右	
古林保茶園	二十人	仝右	

民國三十四年三月三十日

鄉長施從偉 填報

福鼎县南溪乡原有碉堡调查表(1945 年 3 月 30 日) G133-003-0182

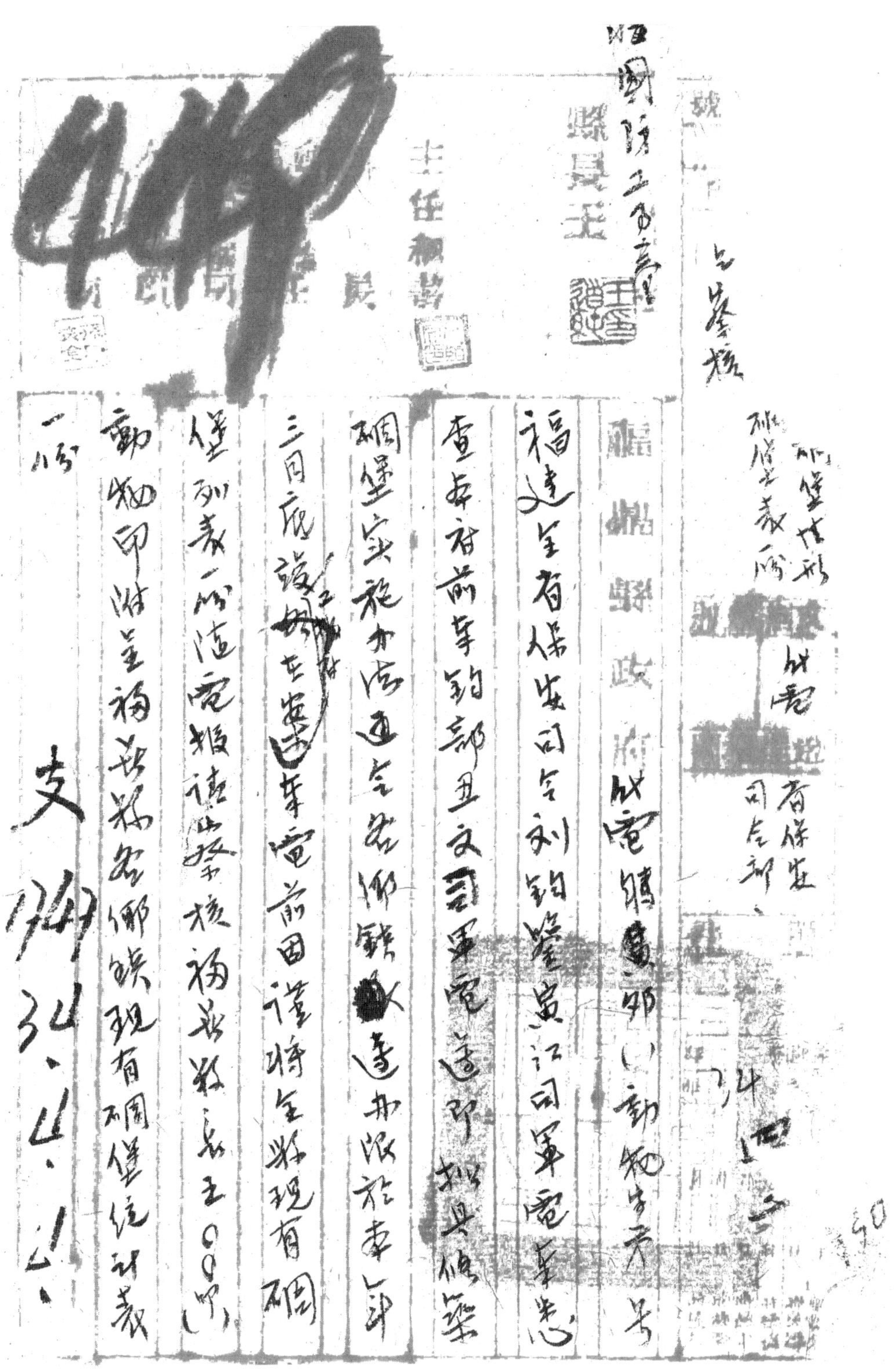

福鼎县政府关于呈送本县修筑碉堡情形及各乡镇碉堡统计表的代电

（1945 年 4 月 4 日） G133-003-0182

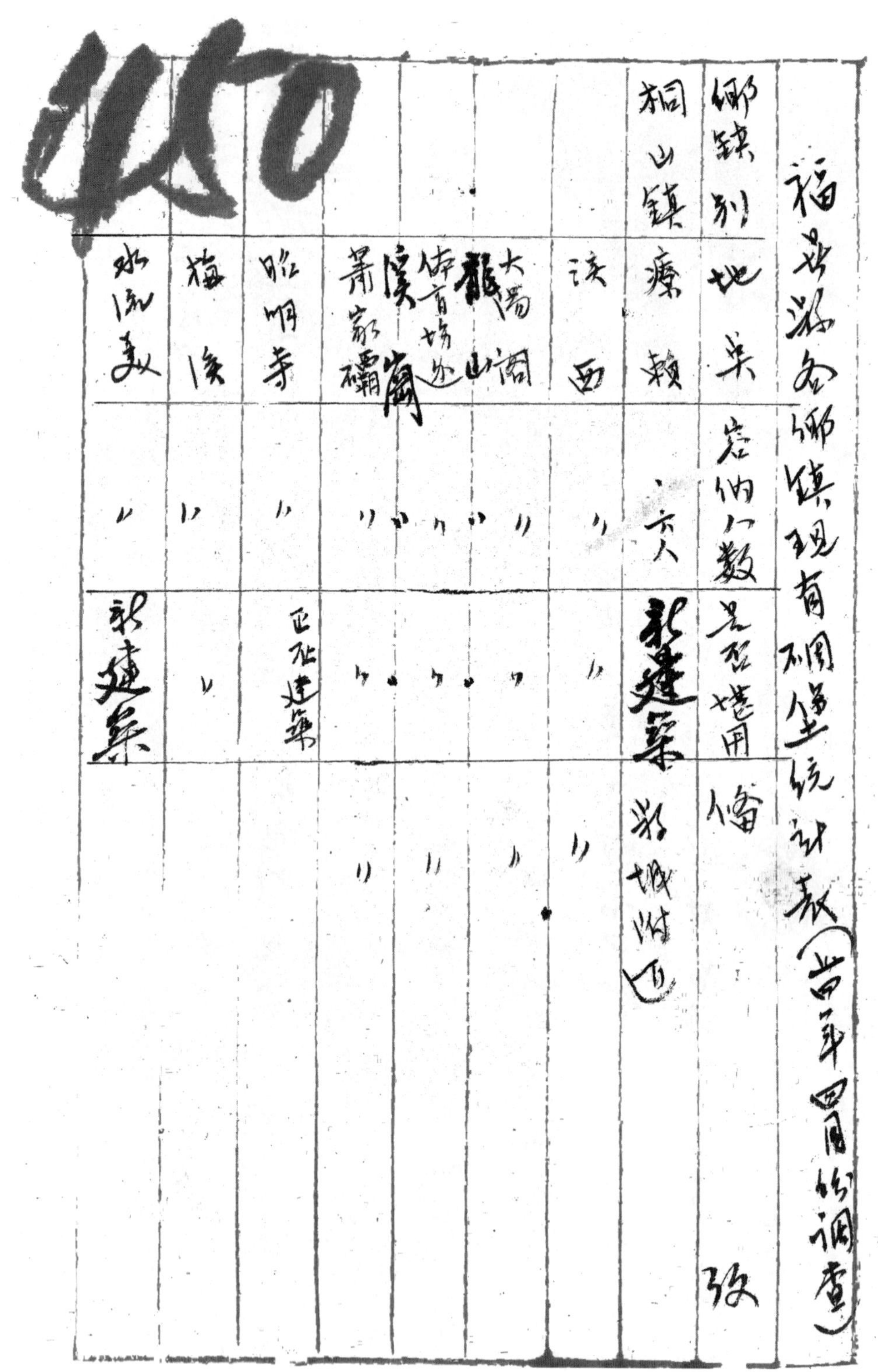
福鼎县各乡镇现有碉堡统计表（卅四年四月份调查）

乡镇别	地点	容纳人数	是否堪用	备考
桐山镇	[illegible]	六人	新建築	[illegible]
	溪西	〃	〃	〃
	龍山閘	〃	〃	〃
	体育场边	〃	〃	〃
	萧家衢	〃	〃	〃
	昭明寺	〃	正在建築	
	梅溪	〃	〃	
	水流美	〃	新建築	

福鼎县各乡镇现有碉堡统计表（三十四年四月份调查）

（1945 年 4 月）a 面　G133-003-0182

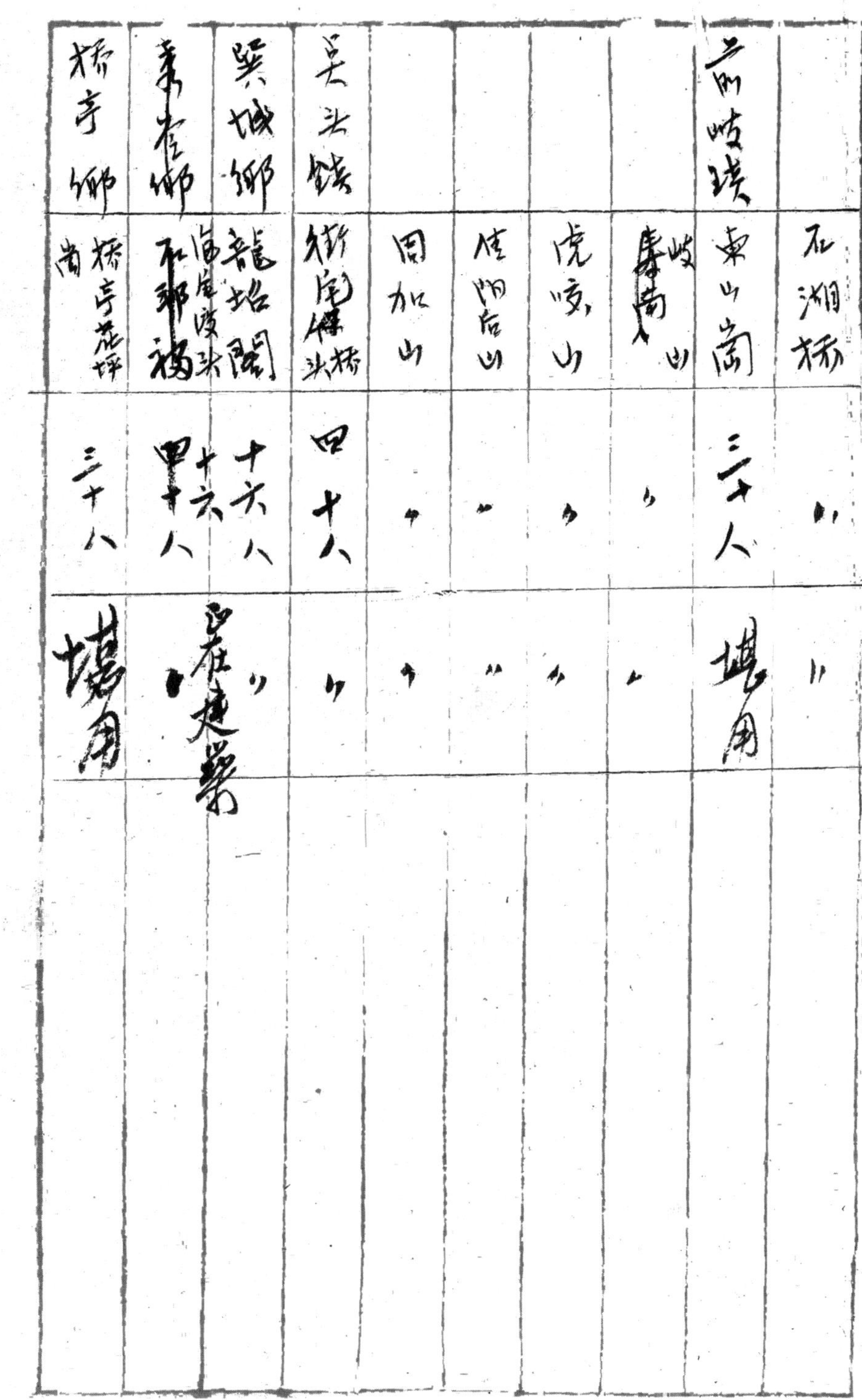

	石湖橋	〃	〃
前岐鎮	東山崗	三十人	堪用
	岐峰崗山	〃	〃
	虎咬山	〃	〃
	佳陽后山	〃	〃
	同加山	〃	〃
吴头鎮	街尾橋头	四十人	〃
巽城鄉	龍培閣	十六人	〃
	白岩渡头	十六人	
秀杏鄉	和鄉橋	四十人	正在建築
橋亭鄉	橋亭花坪崗	三十八	堪用

福鼎县各乡镇现有碉堡统计表(三十四年四月份调查)

(1945年4月)b面　G133-003-0182

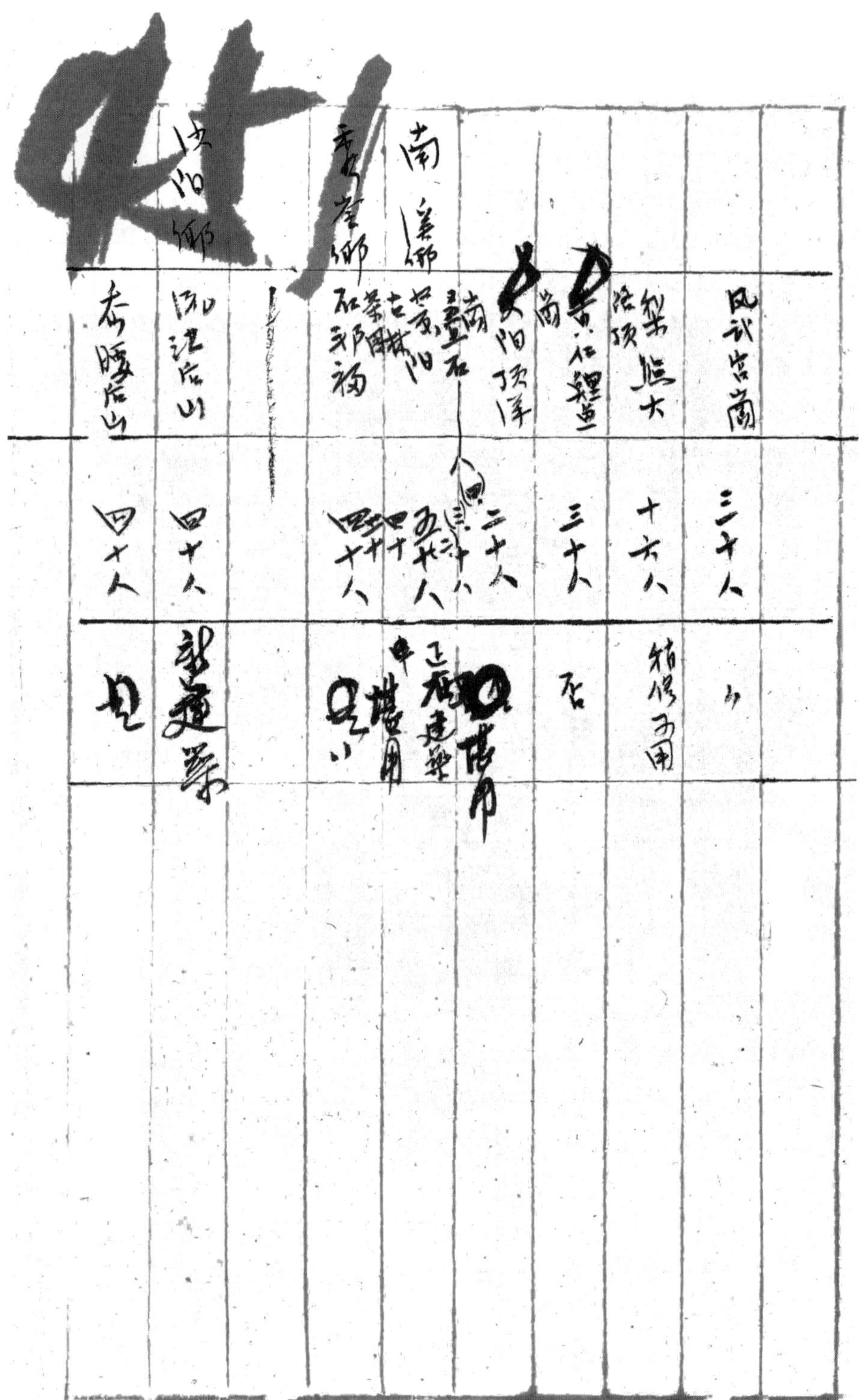

福鼎县各乡镇现有碉堡统计表(三十四年四月份调查)
(1945 年 4 月)a 面　G133-003-0182

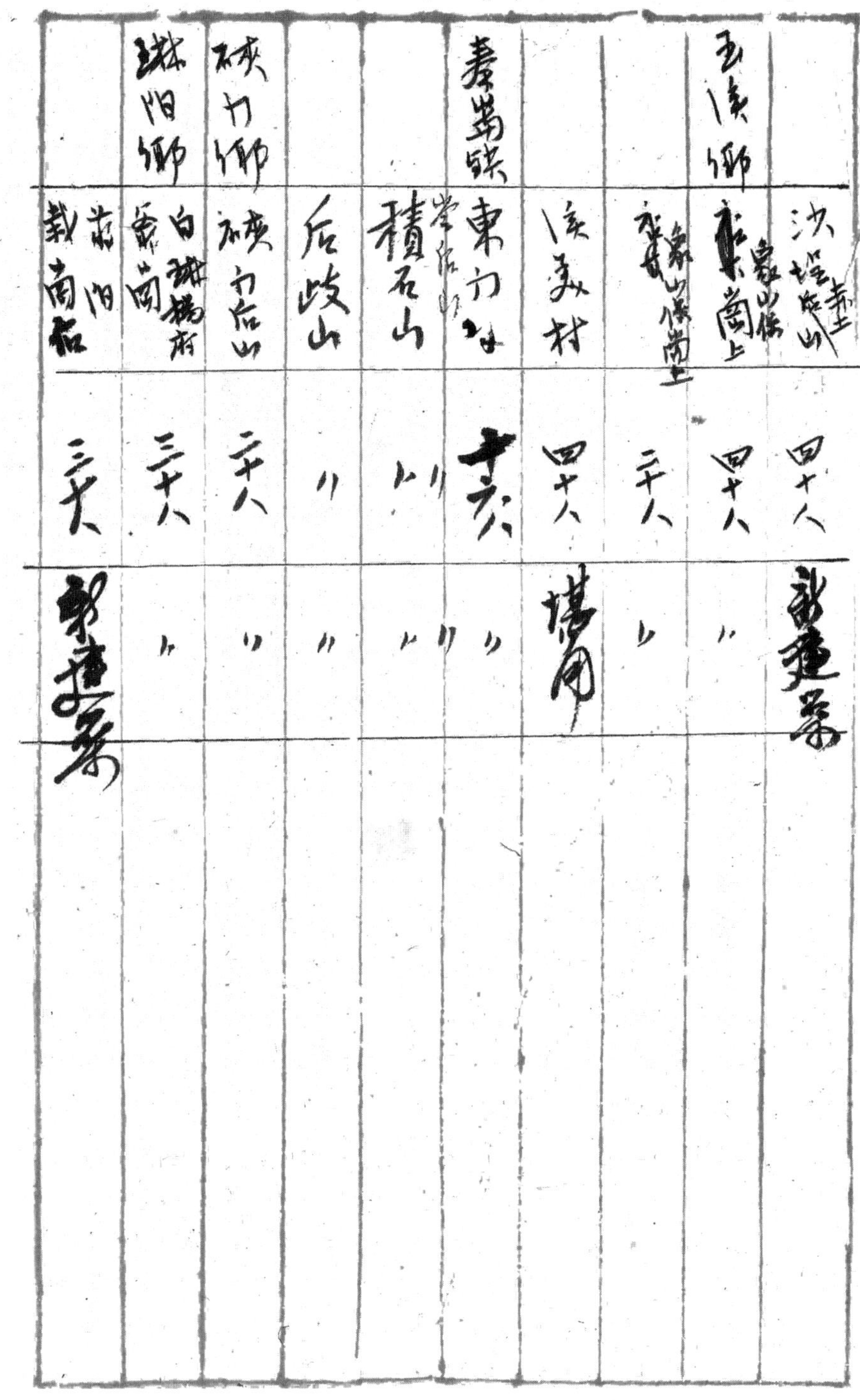

	沈埕赤山	四十八	新建筑
玉塘乡	象山保后岗上	四十八	〃
	象山保后岗上	二十八	〃
	溪美村	四十八	借用
秦屿镇	东门外 学校后	十六	〃
	积石山	〃	〃
	后岐山	〃	〃
硖门乡	硖门后山	二十八	〃
琳阳乡	白琳杨府 翁岗	三十八	〃
	茶阳 栽岗石	三十八	新建筑

福鼎县各乡镇现有碉堡统计表(三十四年四月份调查)

(1945年4月)b面　G133-003-0182

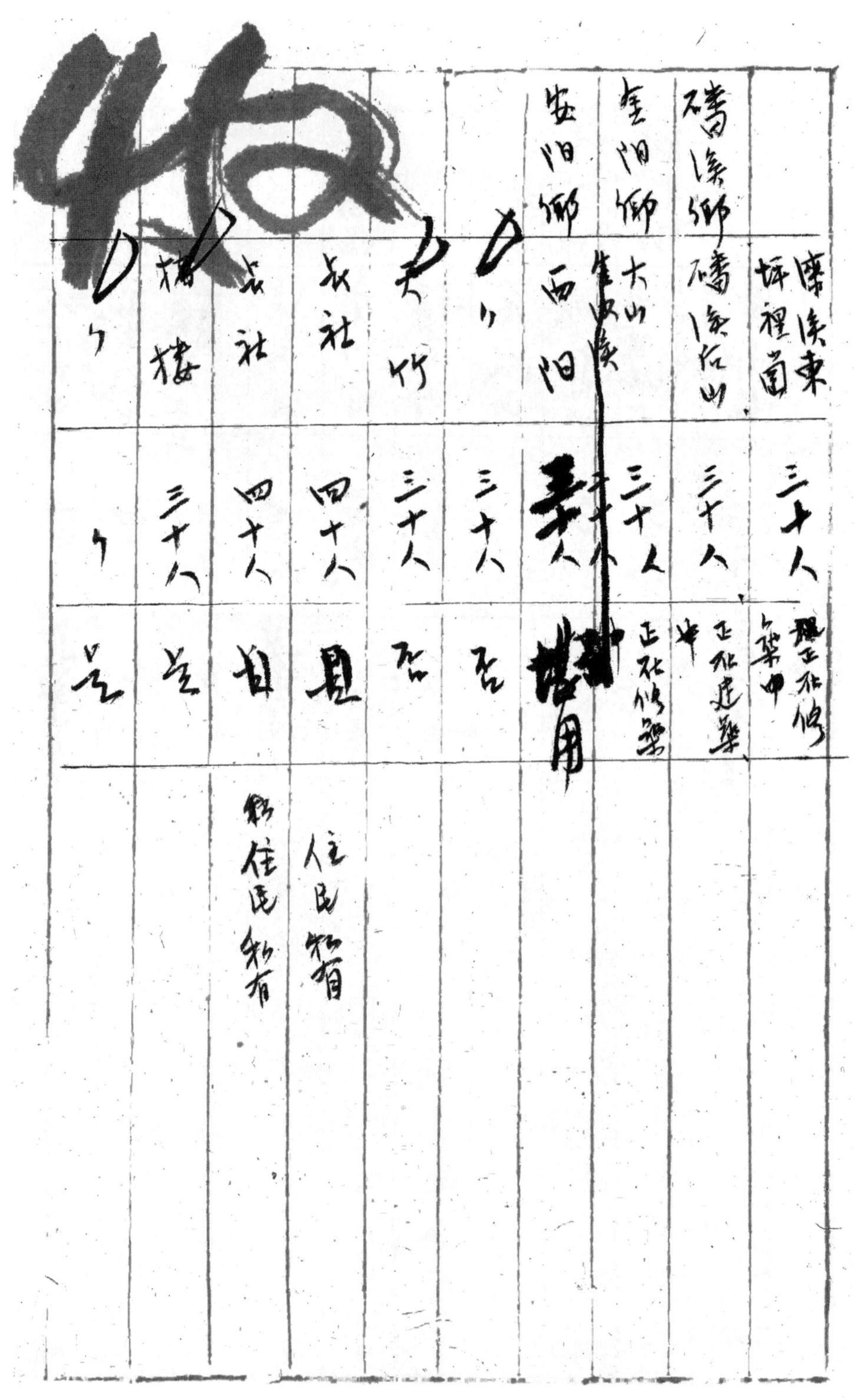

磻溪乡	溪东坪里岗	三十人	正在修築中	
	磻溪后山	三十人	正在建築	
金阳乡	大山集溪	三十人	正在修築中	
安阳乡	西阳	三十人	堪用	
	〃	三十人	否	
	大竹	三十人	否	
	长社	四十人	是	住民私有
	长社	四十人	是	住民私有
	横楼	三十人	是	
	〃	〃	是	

福鼎县各乡镇现有碉堡统计表(三十四年四月份调查)

(1945年4月)a面 G133-003-0182

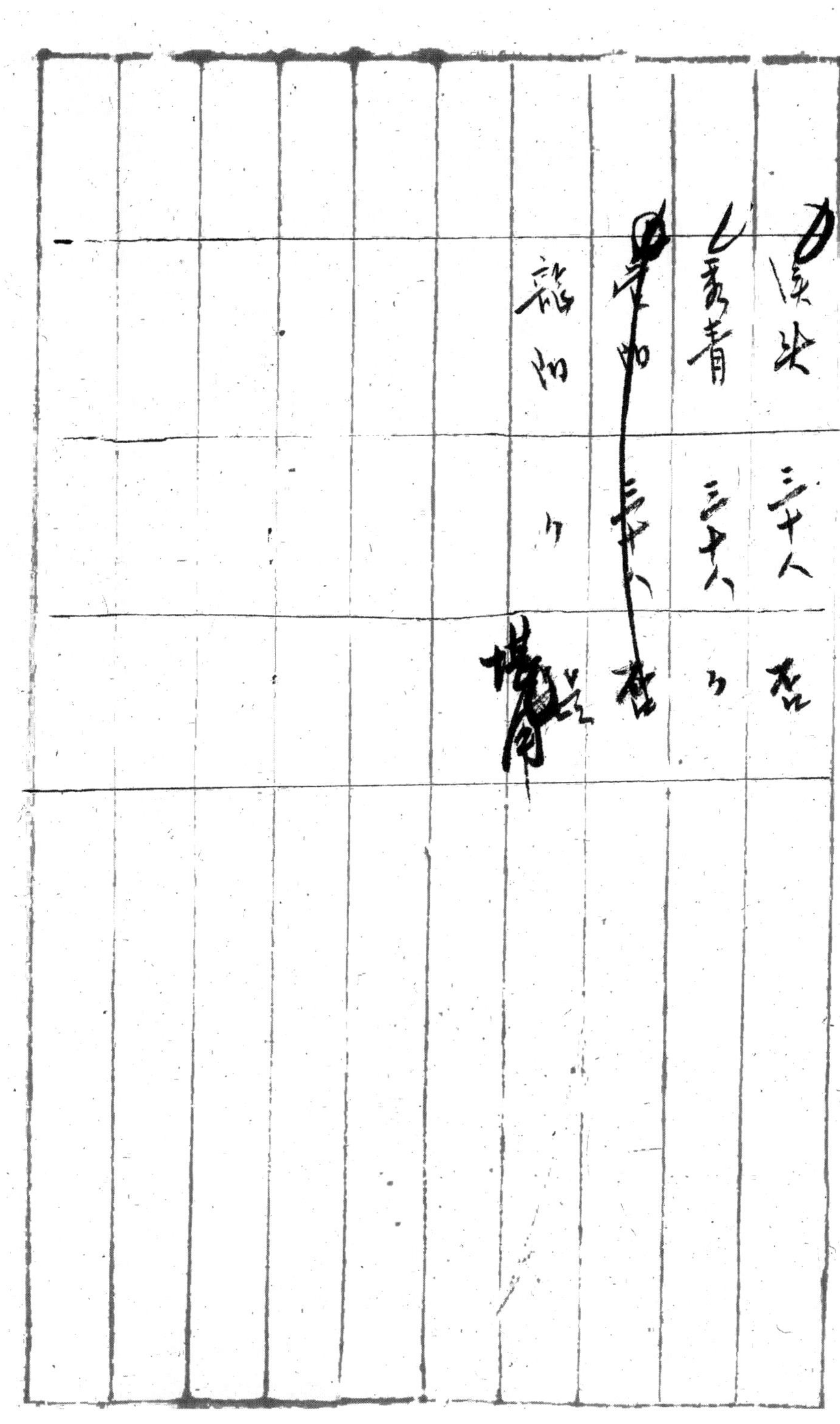

溪坎	三十八	否
秀青	三十八	〃
昊阳	三十八	否
龍阳	〃	

福鼎县各乡镇现有碉堡统计表(三十四年四月份调查)

(1945年4月)b面　G133-003-0182

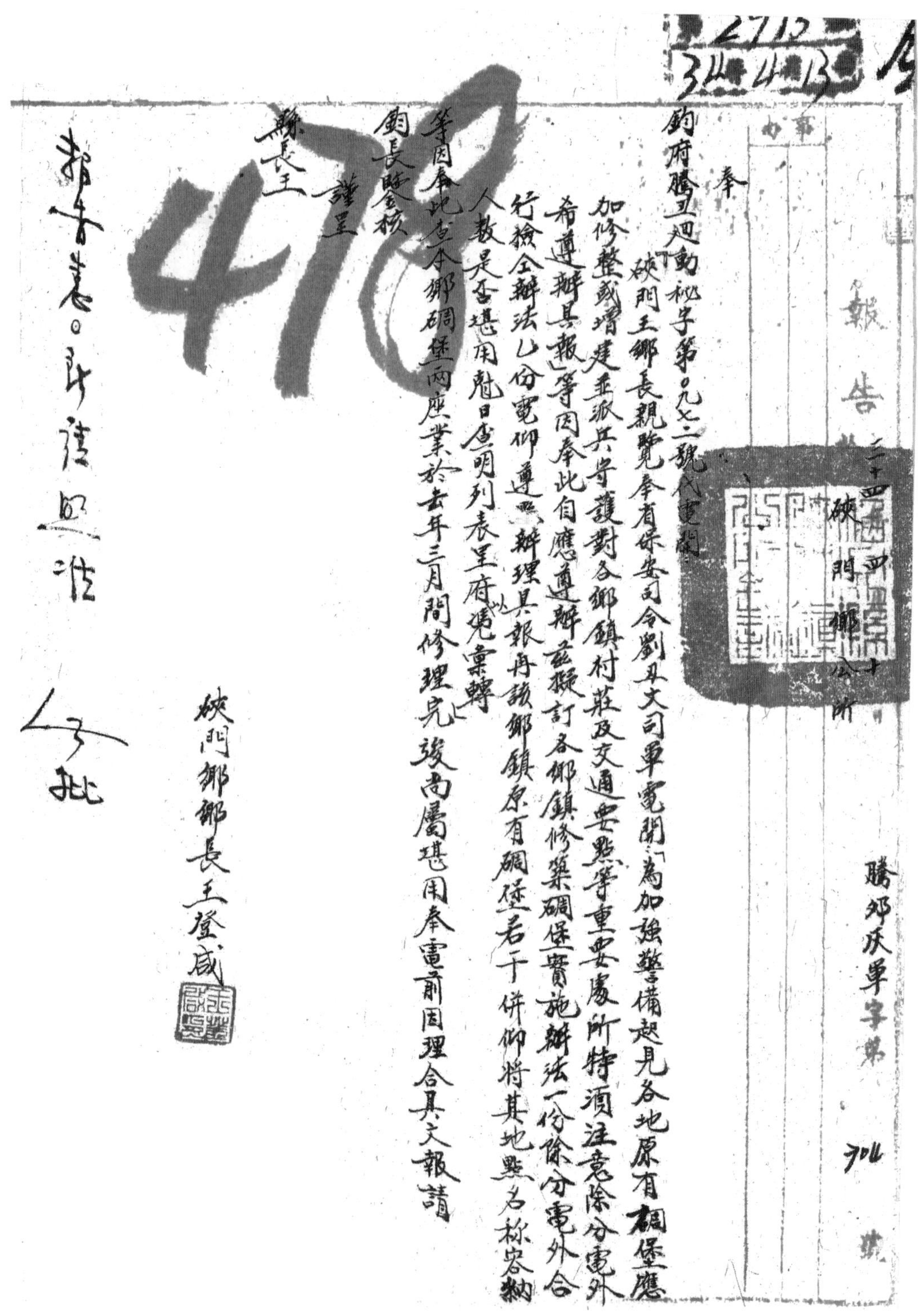

騰郊庆單字第 號

報告 三十四年四月十日 於硤門鄉公所

奉

鈞府騰丑迴動秘字第○九七二號代電開：硤門王鄉長覽奉省保安司令劉丑文司單電開「為加強警備起見各地原有碉堡應加修整或增建並派兵哨護對各鄉鎮村莊及交通要點等重要處所特須注意除分電外合希遵辦具報」等因奉此自應遵辦茲擬訂各鄉鎮修築碉堡實施辦法一份除分電外合行檢仝辦法一份電仰遵照辦理具報再該鄉鎮原有碉堡若干併仰將其地點名稱容納人數是否堪用逐日查明列表呈府以憑彙轉等因奉此查本鄉碉堡兩座業於去年三月間修理完竣尚屬堪用奉電前因理合具文報請

鈞長鑒核

謹呈

縣長王

硤門鄉鄉長王登咸

擬存卷。所請照准

批

福鼎县硖门乡公所关于本乡两座碉堡于去年修理完竣尚属堪用的报告

(1945年4月10日)a面 G133-003-0182

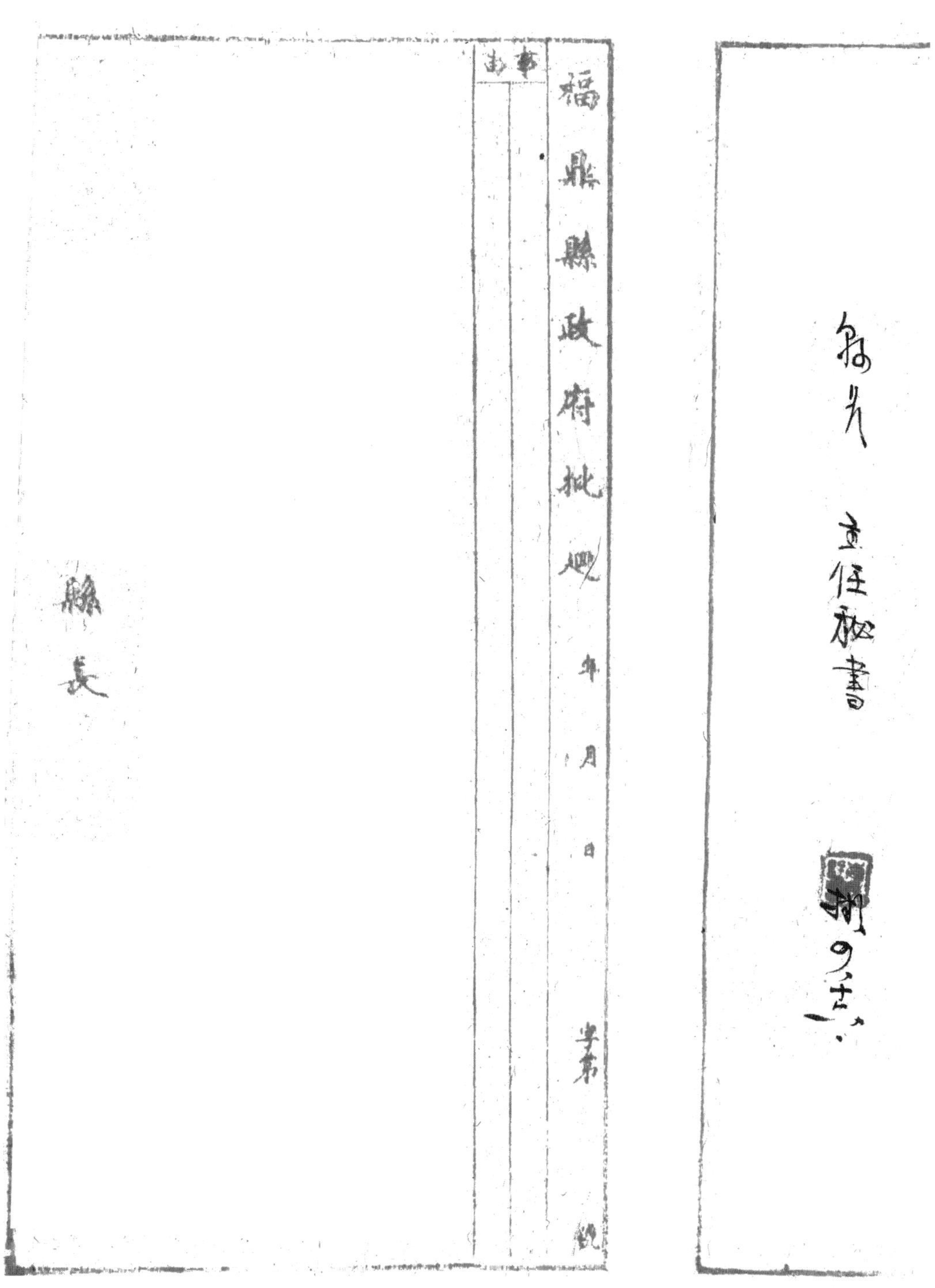
福鼎县政府批
年 月 日
字第 號
事由
縣長
擬存
主任秘書

福鼎县硖门乡公所关于本乡两座碉堡于去年修理完竣尚属堪用的报告
(1945年4月10日)b面 G133-003-0182

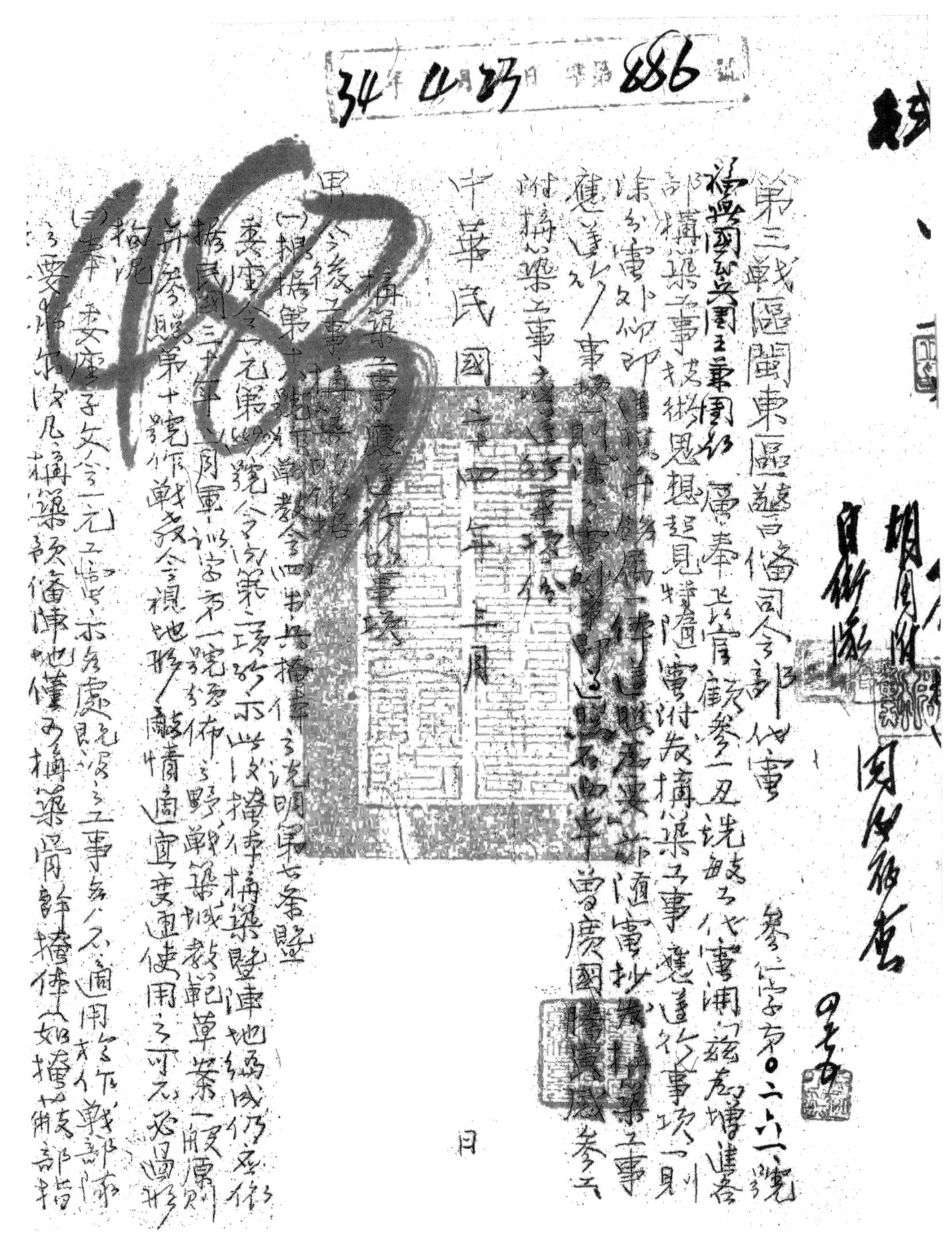
第三戰區閩東區警備司令部代電

中華民國三十四年三月　日

第三战区闽东区警备司令部关于电转构筑工事应遵行的事项的代电

(1945 年 3 月 27 日)a 面　G133-003-0182

擇附觀測所、輕重機槍掩體，其間便工事必須依各部隊逐次增接兵力需要自行構築，而以完成陣地編成。

(三)各部隊構築之工事關係特殊技術者，仍由工兵指導其作業，量大者應由工兵担任，指導他兵種構築之。

(四)偵察陣地，凡團以上陣地由軍師長偵察決定，連以上陣地由團長以上軍官實地指導。偵察時應偕同有經驗之工兵軍官，俾便作技術上之研究。

(五)主陣地之選擇，須適合地形，使步兵抵抗地帶與前陣地之關係，務以能隱避敵人由地上觀測之地域為有利，并能設施側防禦工事，以確保陣地獨立之強韌及縱之防禦。

(三)工事宜取縱深配備，形成細胞式之據點工事，以求獨立作戰之確實性（如連為第一線據點與其後之預備隊據點，排為第一線排與支援排，又班為機槍組與步槍組），務可使火力互相支援，以減少敵炮及奇襲之損害。

(四)工事範圍應遵要塞令須防禦要領，適合預想可期用之兵力暨前之地形，事前須慎重考慮，而後決定工事之大小。

(六)工事實施時應注意事項：

(一)工事位置宜分散，取低姿勢，務得以減小目標及敵火之損害。

(二)輕重機槍掩體宜選定於能行側射斜射之位置，如設有障礙物須將其與障礙物形成一線（交叉射擊於障礙物之前緣），以增強火力之交叉。

(三)結構須堅牢合用，切忌內外粉飾，徒求美觀而無實際，如配框須形，應直不受外力，需要連接處須密接，不減少材料抗力。

构筑工事应遵行的事项(1945年3月27日)b面　G133-003-0182

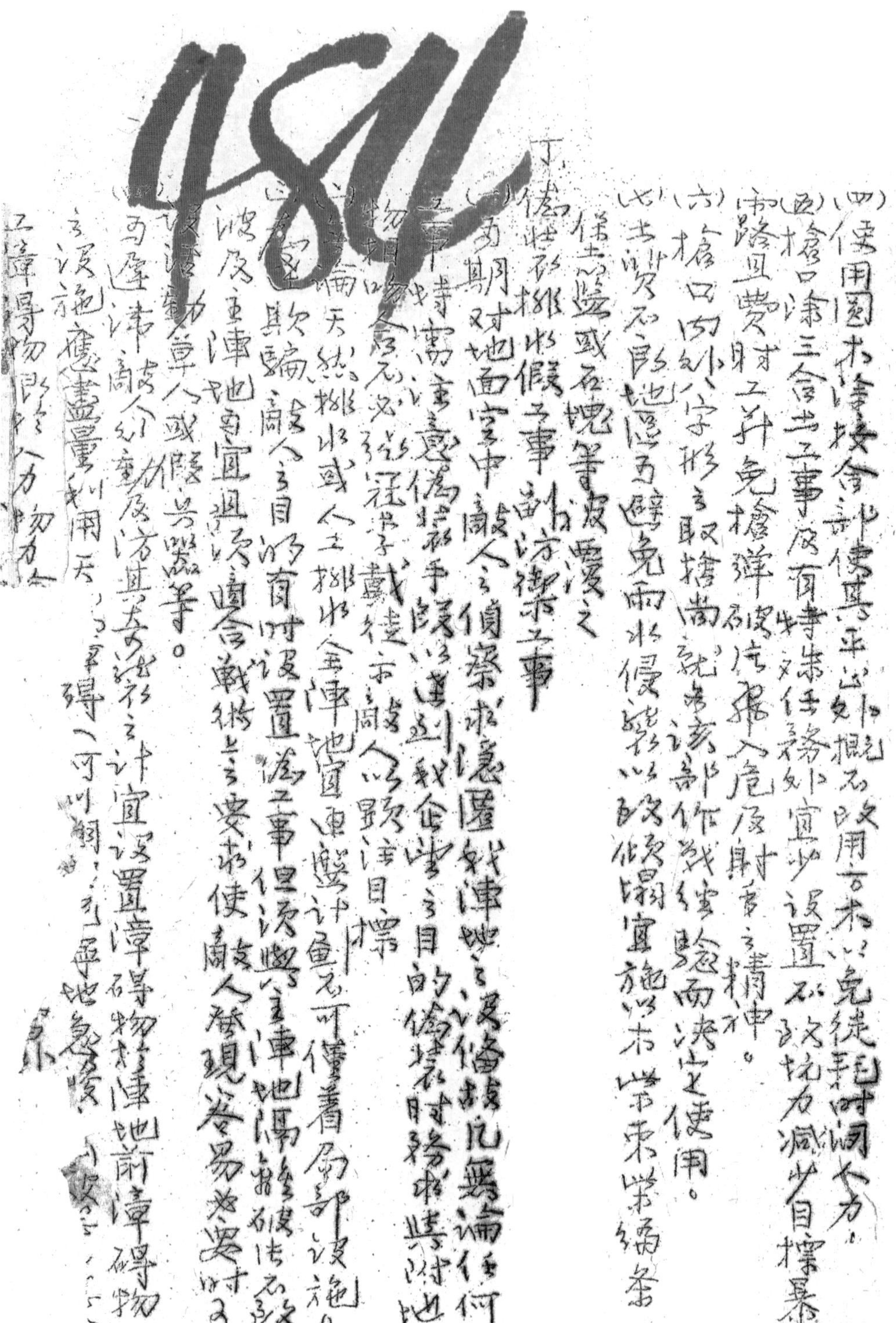

构筑工事应遵行的事项(1945年3月27日)a面 G133-003-0182

過暫長壞時間充裕仍應

戊 其他

(一)工事完成由構築指導人員將工事種類強度位置詳繪二萬分一要圖，附以工事說明數註記顯明地物之方向距離並於附工事點畧記材料消耗數目，繕具三份，兩份呈戰區長官部備查，憑時一份送交本指部，俾便研究改進。

(二)工事監護無論係部隊或地方政府機構，以長官部負責監督，劃一管理，須軍委會國防工事條例監護條例總則，慎為保管。

(三)各部隊接防陣地後，即派員偵察，如發現與方案陣地不合或配備變更時，應即準備改修補充或另築之。

构筑工事应遵行的事项(1945 年 3 月 27 日)b 面 G133-003-0182

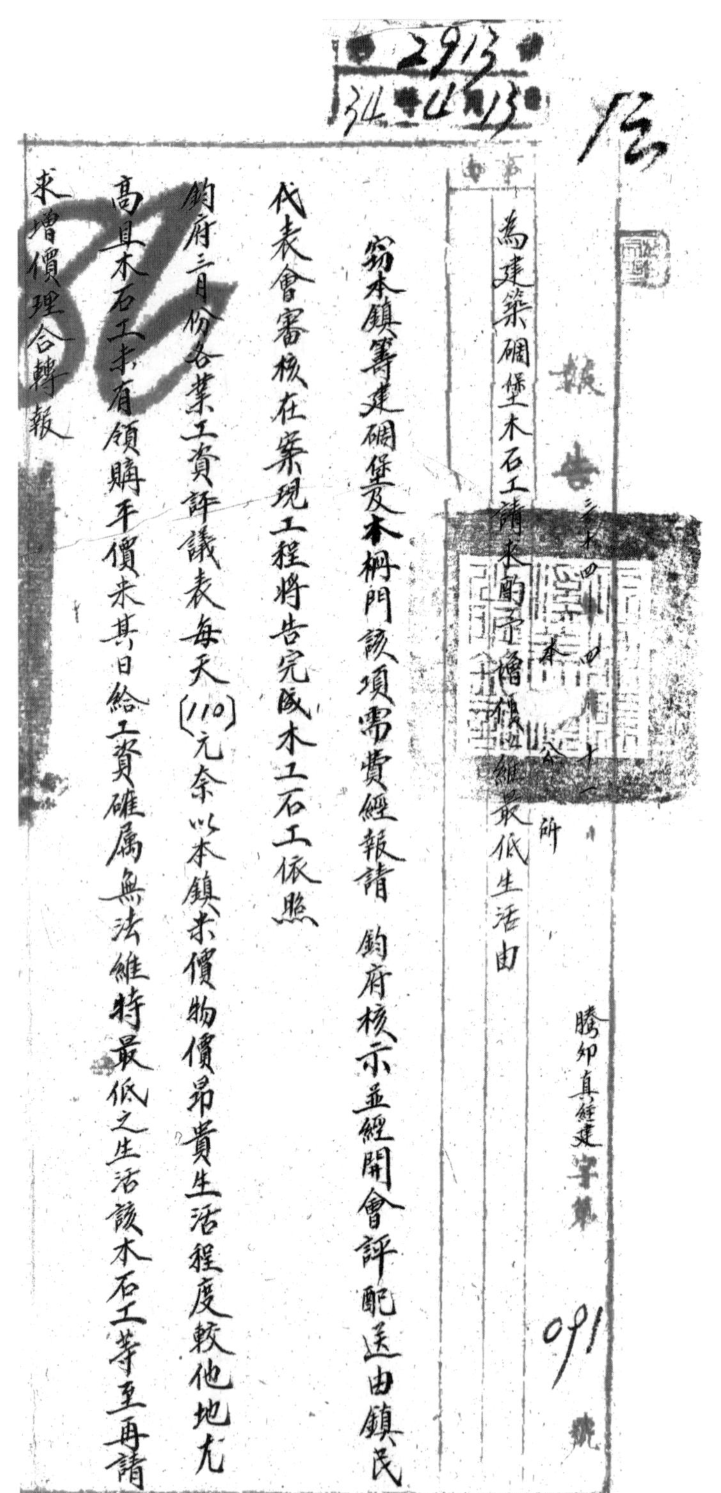

騰卯真經建字第091號

報告　三十四年四月十一日

為建築碉堡木石工請求酌予增價以維最低生活由

竊本鎮籌建碉堡及本桐門該項需費經報請
鈞府核示並經開會評配送由鎮民
代表會審核在案現工程將告完成木工石工依照
鈞府三月份各業工資評議表每天〔110〕元奈以本鎮米價物價昂貴生活程度較他地尤
高且木石工未有領購平價米其日給工資確屬無法維特最低之生活該木石工等至再請
求增價理合轉報

福鼎县玉溪镇公所关于建筑碉堡木石工请求酌予增价以维最低生活的报告

(1945年4月11日)a面　G133-003-0182

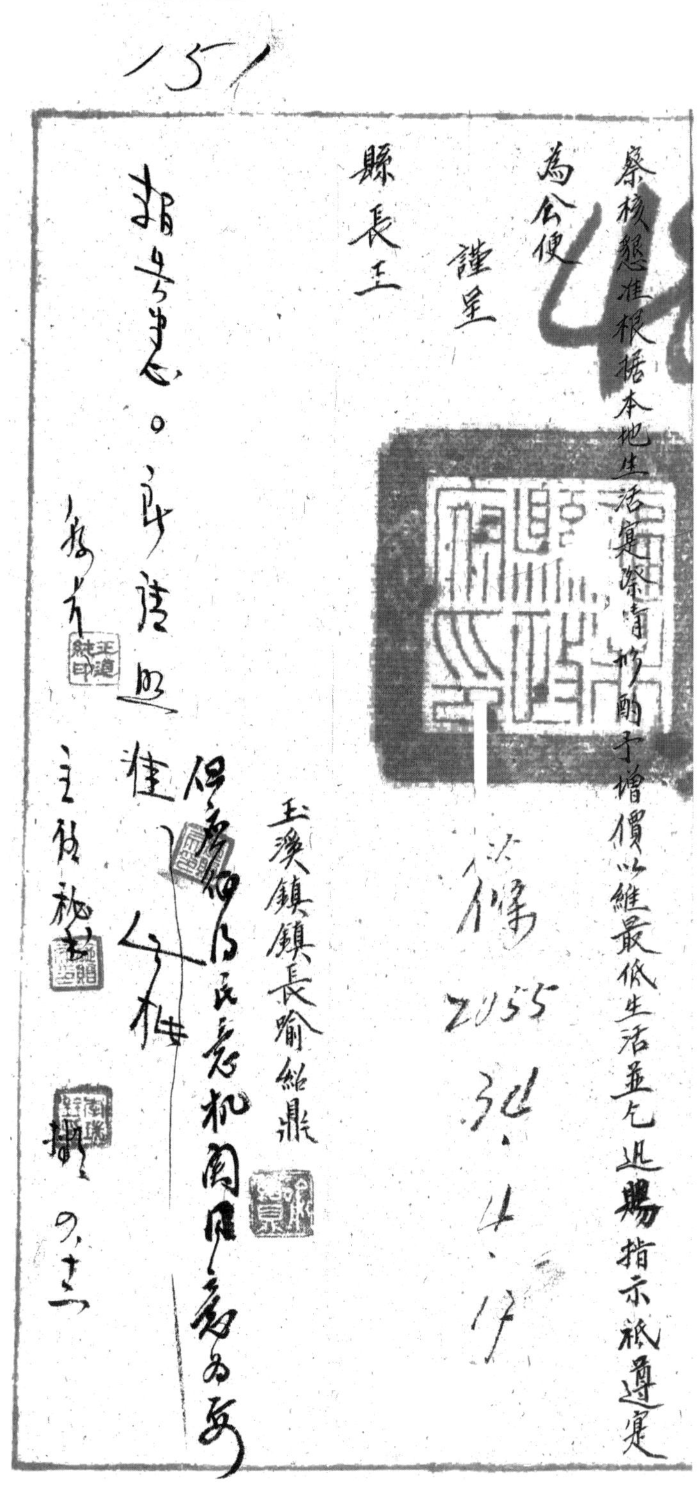
151

察核，恳准根据本地生活实际情形，酌予增价，以维最低生活，并乞迅赐指示，祇遵定

为公便。

谨呈

县长王

玉溪镇镇长喻绍鼎

福鼎县玉溪镇公所关于建筑碉堡木石工请求酌予增价以维最低生活的报告

(1945年4月11日)b面　G133-003-0182

具保管结升平保张君奇今向

福鼎县国民兵团团部结得负责保管梅溪地方碉堡壹座如有无故被人损坏保管人愿负赔偿之责合具保管结是实

具保管结升平保保长　张君奇

十二甲长　许承和

中华民国三十四年四月卅日

阅呈

道动员会议保管

福鼎县玉塘示范乡升平保具关于负责保管梅溪地方碉堡一座的保管结

（1945年4月30日）　G133-003-0182

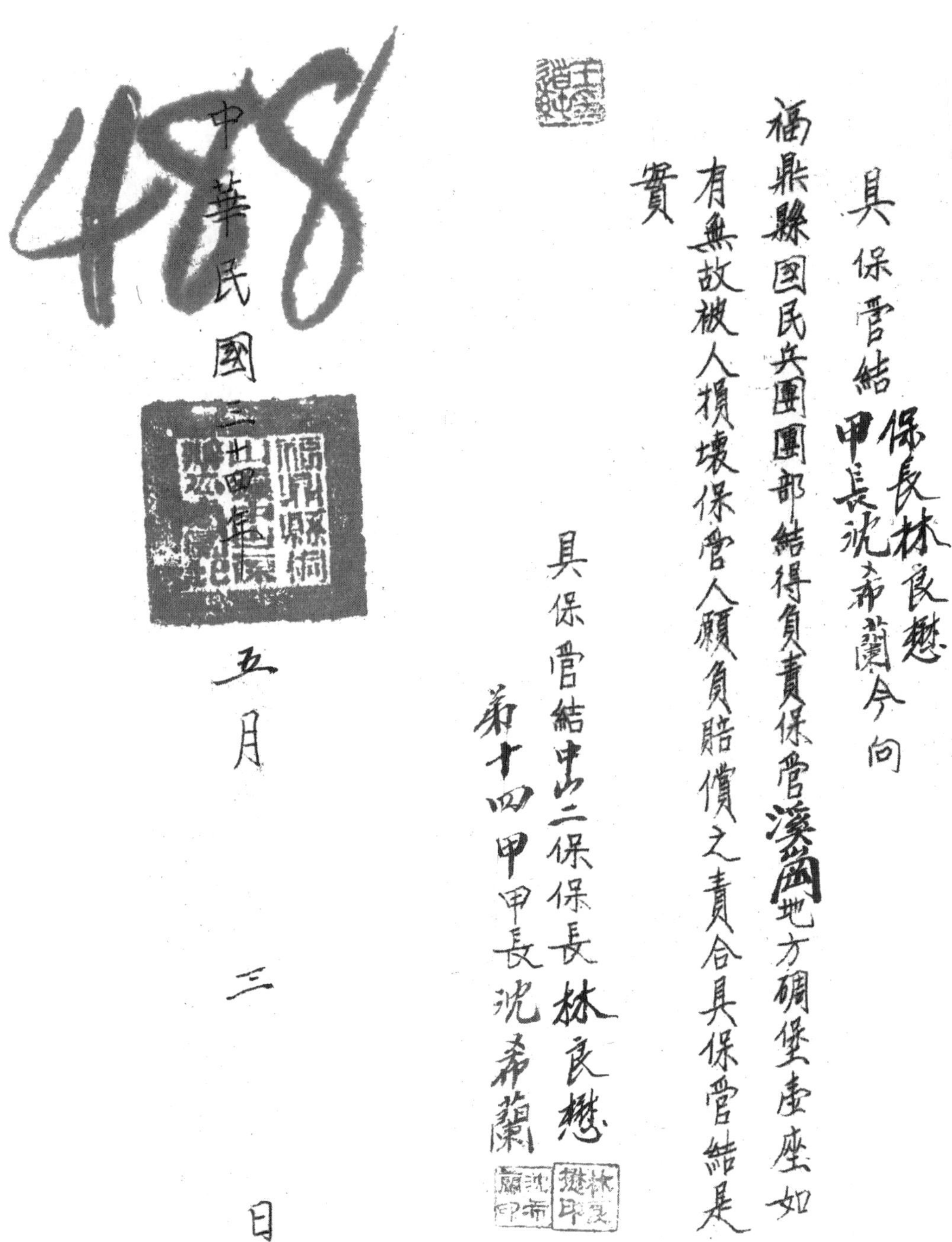
具保管結保長林良懋、甲長沈希蘭今向

福鼎縣國民兵團團部結得負責保管溪崗地方碉堡壹座，如有無故被人損壞，保管人願負賠償之責，合具保管結是實。

具保管結中山二保保長林良懋

第十四甲甲長沈希蘭

中華民國三十四年五月三日

福鼎县桐山镇中山二保具关于负责保管溪岗地方碉堡一座的保管结

（1945年5月3日） G133-003-0182

具保管結

福鼎縣桐山鎮流美保辦公處今向

福鼎縣國民兵團團部結得負責保管水流美地方碉堡壹座如有無故被人損壞保管人願負賠償之責合具保管結是實

具保管結

保保長

甲長

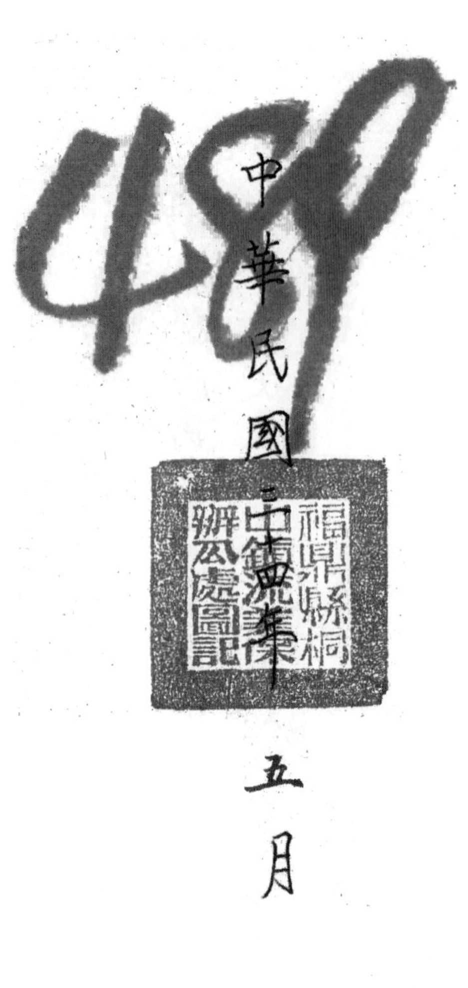

中華民國三十四年五月三日

福鼎縣桐山鎮流美保辦公處圖記

福鼎县桐山镇流美保具关于负责保管水流美地方碉堡一座的保管结

（1945年5月3日）　G133-003-0182

事由：為電飭查填奉築各處工事領用及征用自購材料及現存數量調查表希文到三日內報部憑轉由

第三戰區閩東區警備司令部代電 參謀字第 號

福鼎王縣長覽：奉長官顧參一午銑工代電開：准陳部長辭修以代電開：查貴戰區歷年奉築各地永久工程及野戰工事所領自購或征用各項材料除使用外尚多剩餘者，因駐地分散不便繳銷，亦不能自由變賣，因而堆積腐朽或被竊盜，費種種損失，為數不貲，應切實明瞭現存數量起見，特檢送現存材料調查表式一份，即請查填送部，以便配發使用，勞材悉處理為荷等由，附現存材料調查表式一份，准此，除浚並分電各集團軍及直屬軍師團隊外，仰即查填，限不月卅日前報部憑轉為要等因，奉此，除分電外，將調查表式以外隨電抄發，仰將該縣（區）先後奉築各工事所領用各項材料經使用剩餘者切實查填，限文到三日內報部憑轉為要。司令曾

第三战区闽东区警备司令部电饬查填奉筑各处工事领用及征用自购材料及现存数量调查表十文到二日内报部凭转的代电(1945年8月13日)a面 G133-003-0182

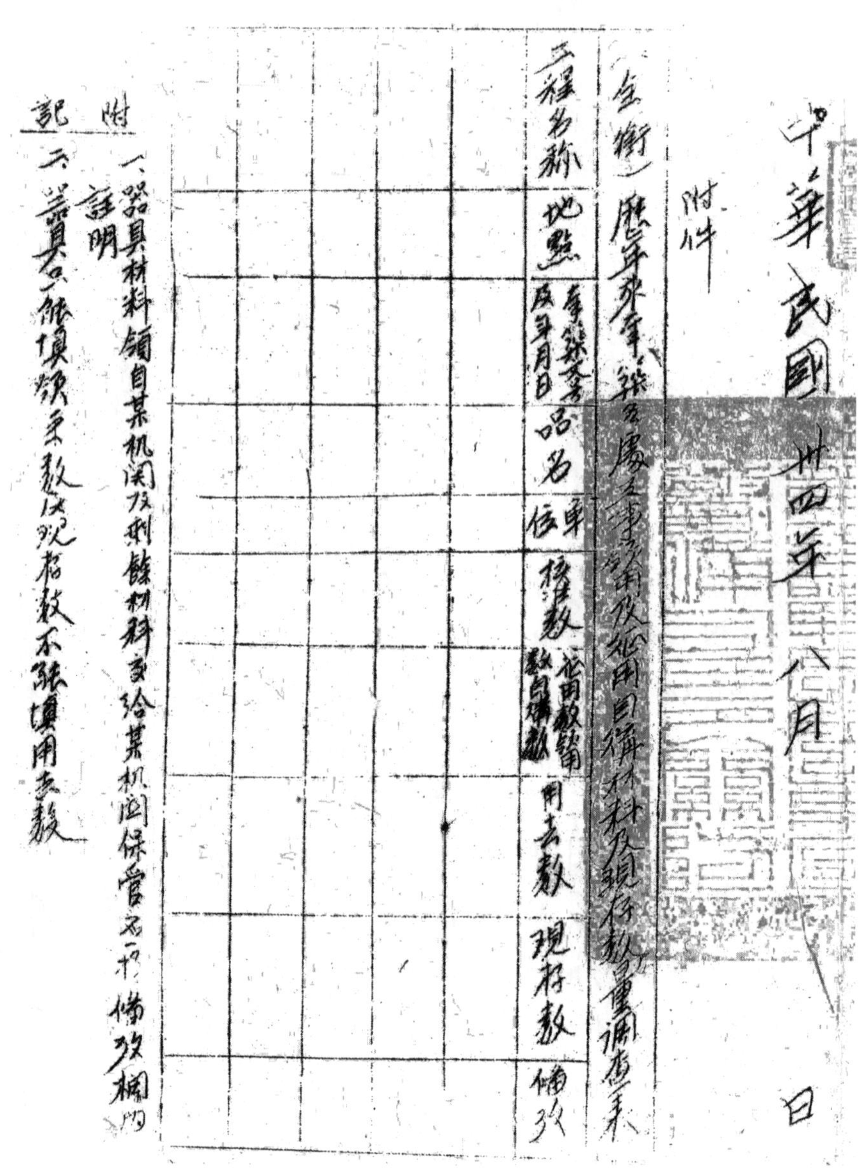

第三战区闽东区警备司令部电饬查填奉筑各处工事领用及征用自购材料及现存数量调查表于文到三日内报部凭转的代电(1945年8月13日)b面 G133-003-0182

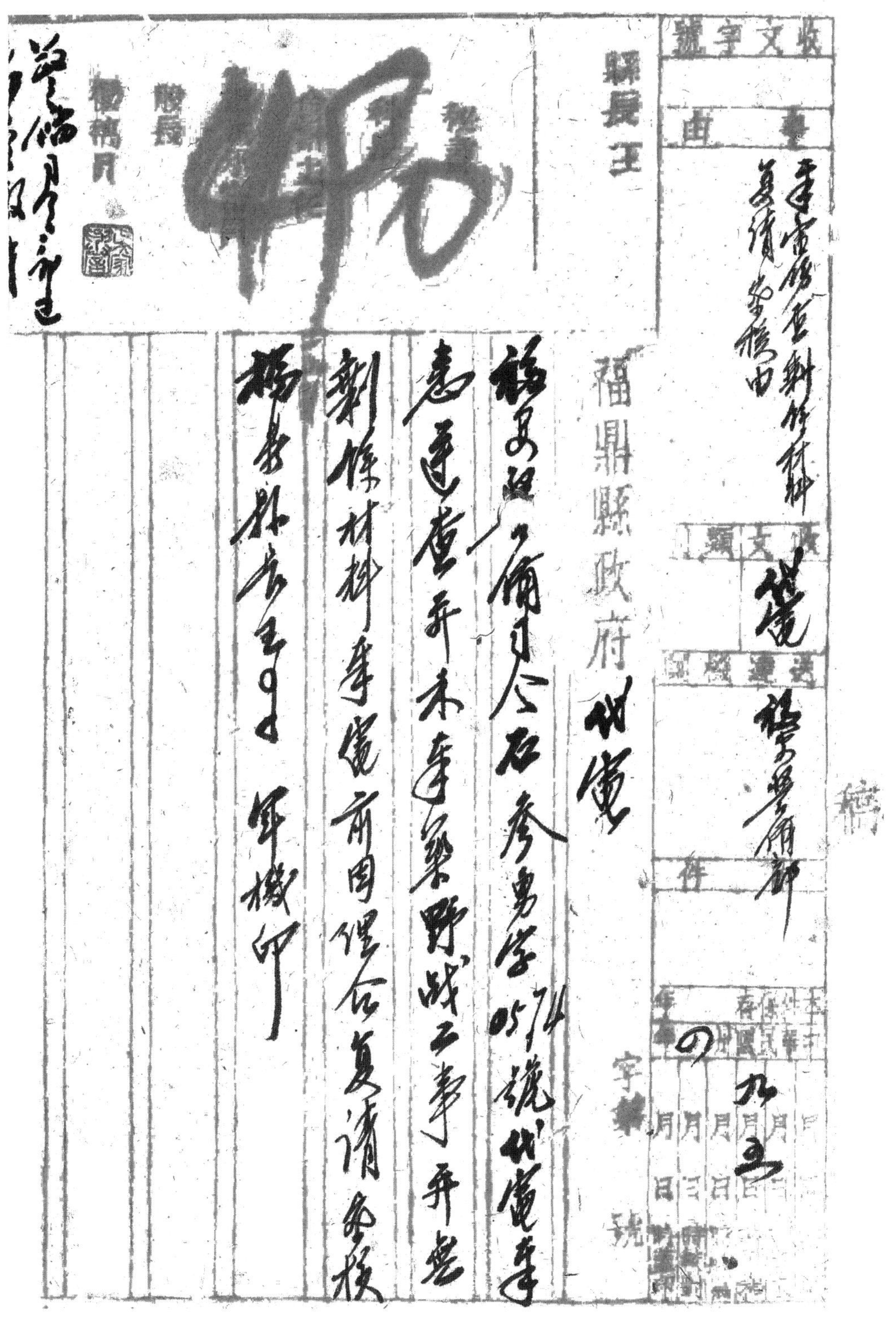

福鼎县政府关于奉电饬查剩余材料复请察核的代电

（1945年9月5日） C133-003-0182

附录

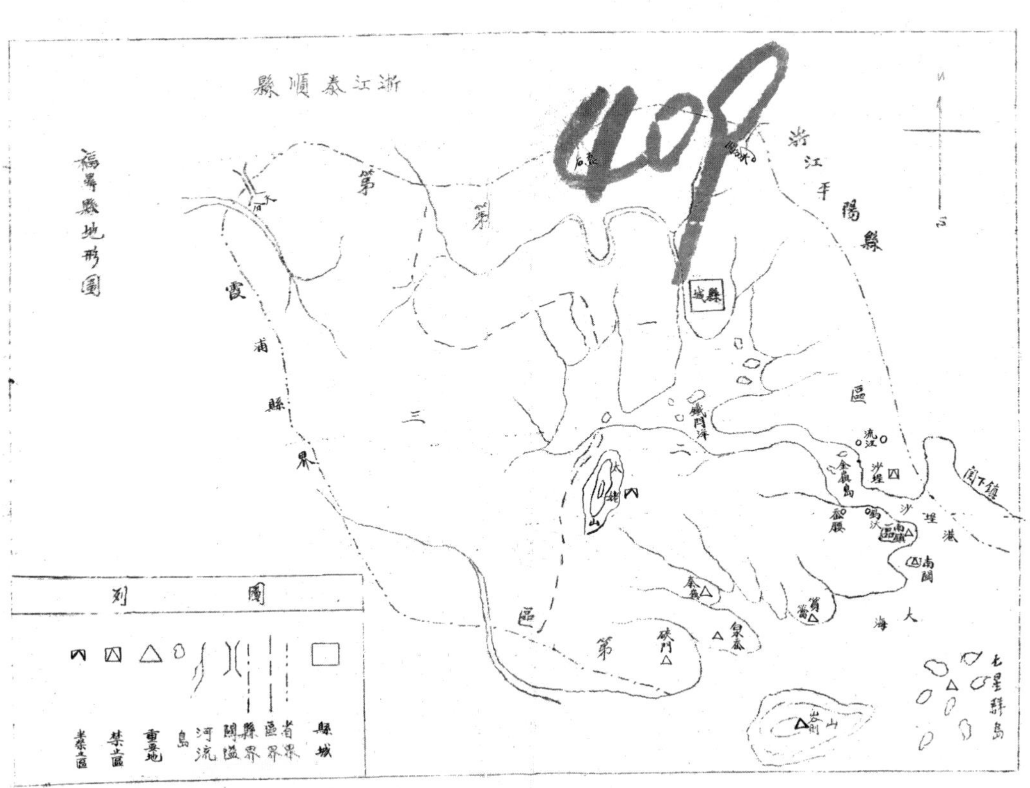

福鼎县地形图　G133-003-0181